1 MONTH OF
FREE
READING

at

www.ForgottenBooks.com

By purchasing this book you are eligible for one month membership to ForgottenBooks.com, giving you unlimited access to our entire collection of over 1,000,000 titles via our web site and mobile apps.

To claim your free month visit:
www.forgottenbooks.com/free1005281

ISBN 978-0-364-33963-3
PIBN 11005281

This book is a reproduction of an important historical work. Forgotten Books uses
state-of-the-art technology to digitally reconstruct the work, preserving the original format
whilst repairing imperfections present in the aged copy. In rare cases, an imperfection in
the original, such as a blemish or missing page, may be replicated in our edition. We do,
however, repair the vast majority of imperfections successfully; any imperfections that
remain are intentionally left to preserve the state of such historical works.

Die Deutschen

in Ungarn und Siebenbürgen.

Von

Dr. J. H. Schwicker.

Wien und Teschen.
Verlag von Karl Prochaska.
1881.

Buchdruckerei von Karl Prochaska in Teschen.

Vorwort.

Die historische und ethnographische Schilderung der Teutschen in Ungarn und Siebenbürgen bildet den Gegenstand des vorliegenden Buches. Der Verfasser hat im Verlaufe seiner Arbeit die vielen Schwierigkeiten, welche die besondere Natur des Stoffes geboten, im vollen Maße kennen gelernt. Das weitschichtige Material konnte nur aus zerstreuten Einzeldaten zusammengestellt werden, deren verschiedener Werth und Charakter vor der Verwendung erst noch geprüft und festgestellt werden mußte, was namentlich bei ethnographischen Daten eben keine leichte Sache ist. Dabei lag die Gefahr nahe, daß das Ganze zur bloßen mosaikartigen Notizen-Sammlung werden konnte, wodurch die pragmatische Natur historischer Darstellung argen Schaden gelitten hätte. Ob diese Klippe gänzlich vermieden wurde, wagt der Verfasser auch jetzt nicht zu behaupten; doch wird der Leser das Streben nach einer möglichst anschaulichen und zusammenhängenden Geschichtserzählung und abgerundeten ethnographischen Schilderung nicht verkennen.

Die Ungleichheit des vorhandenen Materials hängt mit der historischen und ethnographischen Bedeutung des betreffenden deutschen Volksteils im Zusammenhang. Die Teutschen in Ungarn und Siebenbürgen haben weder in alter noch in neuer Zeit ein einheitliches Gebiet gebildet. Die Zeit, die Veranlassung, Zeit und Art ihrer Einwanderung und Ansiedelung, so daß auch ihre sonstigen historischen und ethnographischen Verhältnisse, die ursprüngliche Heimat, Dialekte, ihre Ansiedelung, deutsche Zeitung.

Die Deutschen

in Ungarn und Siebenbürgen.

Von

Dr. J. H. Schwicker.

Wien und Teschen.

Verlag von Karl Prochaska.

1881.

Die

Völker Oesterreich-Ungarns.

Ethnographische und culturhistorische Schilderungen.

Dritter Band.

Die Deutschen

in Ungarn und Siebenbürgen.

Von

Dr. J. H. Schwicker.

Wien und Teschen.

Verlag von Karl Prochaska.

1881.

Die Deutschen

in Ungarn und Siebenbürgen.

Von

Dr. J. H. Schwicker.

Wien und Teschen.
Verlag von Karl Prochaska.
1881.

Buchdruckerei von Karl Prochaska in Teschen.

Vorwort.

Die historische und ethnographische Schilderung der Deutschen in Ungarn und Siebenbürgen bildet den Gegenstand des vorliegenden Buches. Der Verfasser hat im Verlaufe seiner Arbeit die vielen Schwierigkeiten, welche die besondere Natur des Stoffes geboten, im vollen Maße kennen gelernt. Das weitschichtige Material konnte nur aus zerstreuten Einzeldaten zusammengestellt werden, deren verschiedener Werth und Charakter vor der Verwendung erst noch geprüft und festgestellt werden mußte, was namentlich bei ethnographischen Daten eben keine leichte Sache ist. Dabei lag die Gefahr nahe, daß das Ganze zur bloßen mosaikartigen Notizen-Sammlung werden könnte, wodurch die pragmatische Natur historischer Darstellung argen Schaden gelitten hätte. Ob diese Klippe gänzlich vermieden wurde, wagt der Verfasser auch jetzt nicht zu behaupten; doch wird der Leser das Streben nach einer möglichst anschaulichen und zusammenhängenden Geschichtserzählung und abgerundeten ethnographischen Schilderung nicht verkennen.

Die Ungleichheit des vorhandenen Materials stand mit der historischen und ethnographischen Bedeutung des betreffenden deutschen Volkstheiles im Connexus. Die Deutschen in Ungarn und Siebenbürgen haben weder in alter noch in neuer Zeit ein einheitliches Ganzes gebildet. Wie die Veranlassung, Zeit und Art ihrer Einwanderung und Niederlassung, so sind auch ihre sonstigen historischen und ethnographischen Verhältnisse, als: ursprüngliche Heimat, Charakter ihrer Ansiedlung, politische Stellung,

Sprache, Beschäftigung, Sitte und Brauch u. s. w. verschieden und
von einander oft weit abweichend. Diese Verschiedenheiten gestalteten
sich in neuerer Zeit noch erheblicher als sie früher waren.

Das vorliegende Buch versucht demnach vorerst eine
übersichtliche allgemeine Geschichte des Deutsch=
thums in Ungarn=Siebenbürgen von den ältesten Zeiten
bis auf die Gegenwart zu bieten. Darauf folgt eine ein=
gehendere Darstellung der Vergangenheit und Gegen=
wart jeder einzelnen bedeutendern deutschen Volks=
gruppe. Sowohl in jener allgemein=historischen Erzählung wie
auch in dieser Einzelschilderung mußte der Verfasser auf eine
erschöpfende Mittheilung des vorhandenen Stoffes Verzicht leisten,
wollte er nicht die nothwendig gebotenen räumlichen Schranken
dieses Buches ungebührlich überschreiten. Der Zweck war hierbei:
Aus der Fülle des Materials die charakteristischen
Züge auszuwählen und diese zu einem möglichst
abgerundeten anschaulichen Ganzen zusammen zu
fassen. Diesen Zweck glaubt der Verfasser erreicht zu haben.

Die Natur des Gegenstandes brachte es ferner mit sich, daß
der Verfasser wiederholt die Rolle des bloß erzählenden Historikers
oder schildernden Ethnographen mit der weniger angenehmen eines
Beurtheilers moderner Tagesströmungen vertauschen mußte.
Wo dies vonnöthen war, da geschah es in der pflichtgemäßen
Absicht, vorgefaßte Meinungen und einseitige Ansichten zu berich=
tigen, die Gemüther durch ruhige Erörterungen zu besänftigen, den
„Streit der Meinungen" auszugleichen. Freilich wird damit nicht
Jedermann zufrieden sein. Mit Charles Boner, dem trefflichen
Schilderer Siebenbürgens, muß der Verfasser hier bekennen: „Meine
Worte werden, ich fürchte gar sehr, Vielen unangenehm sein;
allein wenn man die Wahrheit nur zur Hälfte sagte, so würde
dadurch der falsche Schein nicht zerstört, sondern er führe fort,
das Urtheil zu täuschen." Die Wahrheit und Gerechtigkeit waren
aber die alleinigen Leitsterne, welche in den Urtheilen den Verfasser
geleitet haben und wenn er trotzdem geirrt, so möge das nur be
menschlichen Schwäche zugelegt werden, keineswegs aber irgend

welchen Parteitendenzen, die dem Verfasser dieses Buches gänzlich fern liegen.

Gerne hätte derselbe auch den reichen Quellen= und Literaturapparat, der ihm bei der Verfassung des Werkes zu Gebote stand, im Einzelnen vollständig angeführt. Aber eine solche Behandlung des Materials lag außerhalb des Planes dieser literarischen Unternehmung, welche zwar auf wissenschaftlicher Basis aufgebaut ist, aber dennoch das Gewand strenger Wissenschaftlichkeit vermeidet, weil es sich vor Allem darum handeln mußte, die Resultate ernster Forschung in allgemein verständlicher Form dem gebildeten Lesepublikum darzubieten.

Der Fachmann wird sofort erkennen, daß der Verfasser bemüht gewesen, seine Geschichtserzählung auf die ersten Quellen aufzubauen und daß er sonst nur bewährten Führern gefolgt ist. Die Geschichte des Deutschthums in Ungarn=Siebenbürgen hat bisher noch keine zusammenhängende Darstellung gefunden; das vorliegende Buch bietet hierin den ersten Versuch. Doch sind demselben bereits manche treffliche Vorarbeiten zu Hilfe gekommen. Mit großem Danke wird jeder Arbeiter auf dem Gebiete der Volkskunde Ungarns das großartig angelegte, leider unvollendet gebliebene Werk: „Österreichische Ethnographie" vom Freiherrn von Czoernig benutzen; insbesondere die Bände II und III, welche, vom Historiker und Ethnographen V. Häuffler bearbeitet, reichliches Material bieten. Nicht minder verdienen die älteren Arbeiten von M. von Schwartner, Bredetzky, Csaplovics u. A. dankbare Erwähnung sowie die neueste wissenschaftliche Bearbeitung der „Ethnographie von Ungarn" aus der Feder des eminenten Sprach= und Geschichtsforschers, Dr. P. Hunfalvy. Außer diesen Schriften hat der Verfasser aber noch zahlreiche andere historische und ethnographische Werke zu Rathe gezogen; die wichtigsten derselben sind betreffenden Ortes im Buche angegeben, doch ist diese Literaturangabe keineswegs vollständig.

Das ethnographische Material wurde zum großen Theile vom Verfasser selbst aus dem Volke zusammengetragen, theils aus eigener Erinnerung geschöpft; anderes verdankt er nebst der Ausbeute aus verschiedenen Zeitschriften, Volksbüchern, Kalendern, Lieder=sammlungen ꝛc. noch der gefälligen Mittheilung der Herren Samuel Kurz, Lehrer, Rudolf Weber, Professor, Ernst Lindner, Bibliothekar, Edm. Steinacker, Reichstags = Abgeordneter, in Budapest, Dr. C. Wolff, Redacteur und Reichstags=Abgeordneter, in Hermannstadt, Dr. Fr. Teutsch, Professor, ebendort, S. We=ber, Pfarrer, in Béla (Zips), Dr. B. Emericzy, kön. Seminar=Director, in Neudorf (Igló, Zips), Karl Wünschendorffer, Pfarrer, in Deutschendorf (Poprád, Zips), Josef Kirchner, qu. Lehrer in Rudolfsgnad (Torontál) u. A., wofür denselben hiermit öffentlich der wärmste Dank ausgedrückt wird.

Budapest, 15. Juni 1881.

Prof. Dr. Schwicker.

Vorbemerkung.

In der Schreibung von Personen= und Localnamen wurde der Einheit=lichkeit wegen überall die ungrische Orthographie beibehalten. Hin=sichtlich der Aussprache einzelner Laute und Buchstaben merke man in Kürze Folgendes: Das magyarische c oder cz lautet wie deutsches z oder tz; cs = tsch; gy = dj; ly = lj; ny = nj; s = sch; sz = ß; ty = tj; v = w; z = scharfes s im Anlaute; zs = scharfes sch im Anlaute.

Erste Abtheilung.

Geschichte des Deutschthums in Ungarn.

Germanen in Ungarn bis zur Zeit Karl des Großen.

Das Gebiet des heutigen Königreichs Ungarn war von An=
beginn unserer historischen Kenntnisse von Völkern verschiedener
Abstammung und Art bewohnt. Wir sehen hier ab von den
unsicheren Spuren der „prähistorischen" Funde, welche auch für
Ungarn das Vorhandensein untergegangener vorhistorischer Menschen
auf niederster Culturstufe beurkunden. Allein schon die ersten
spärlichen Berichte der antiken Culturnationen, der Griechen und
Römer, melden uns für die Zeit des IV. Jahrhundert vor Christi
Geburt, daß innerhalb des siebenbürgischen Hochlandes die (thra=
kischen?) Agathyrsen, im Westen Ungarns, dann in Kroatien und
Slavonien zahlreiche kelto-illyrische Stämme hausten. Am meisten
bekannt wurden davon die Skordisker südlich von der Save und
Drau, die Kolapier an der Kulpa, das Führervolk der Breuker
in Slavonien, die Bojer im Süden des Neusiedler=Sees, die Azaler
am heutigen Zala=Flüßchen und bis in die Gegend des heutigen
Wien, die illyrischen Aravisker an der Raab, entlang der Donau
die Andiaten, um das Südende des Plattensees die Oseriaten
u. a. Diese Stämme führen auch den Collectivnamen der Pan=
nonier (oder Päonier), der sonach Kelten, Illyrer und Kelto=
Illyrer umfaßt. Ostwärts hin bildete die Donau (Danubius,
im Unterlaufe „Ister") die Grenze.

Im Zwischenstromlande der Donau und Theiß lebte auf den
weithin aufgerollten Flächen und in den unzugänglichen Sümpfen

das Völkergemisch der Sarmato-Jazygen, die nur dann in der Geschichte auftreten, wenn sie mit den Nachbarn in vorüber-gehender Bundesgenossenschaft oder kriegerischer Feindseligkeit stehen. Ob es slavische oder finnisch-ugrische Stämme gewesen, das entzieht sich der genaueren ethnographischen Bestimmung.

Jenseits der Theiß und im siebenbürgischen Hochlande trifft man bei Beginn der osteuropäischen Geschichte nach den goldreichen Agathyrsen die (ihnen verwandten?) thrakischen Geten, später nur als Daker (Dacier) bezeichnet. Ihr Hauptsitz ist das südwestliche Siebenbürgen, ihre Macht reicht westwärts bis an die Theiß, zeitweilig auch über dieselbe, südwärts bis an die Donau in deren Unterlaufe nach dem schwarzen Meere, östlich verlor sich das getische oder dakische Gebiet in die Fläche Skythiens oder Sarma-tiens, nördlich erstreckte sich ihre Macht bis in die Waldkarpathen. Die Geten und Daker waren ihrerseits wieder in einzelne Stämme getheilt. Die historischen Quellen bezeugen es jedoch, daß schon um diese Zeit auch Völker germanischer Abstammung auf dem Boden Ungarns wohnten.*) Im Nordwesten und im Norden dieses Landes hatten nämlich die Quaden (d. h. die Bösen, Zornigen) ihre Sitze von der March und Thaja bis in das südöstliche Gebirge (das ungarische Erzgebirge?) aufge-schlagen. Die Quaden gehörten mit ihren nordwestlichen Nachbarn und Stammesgenossen, den Markomannen, zu den suevischen Völker-schaften. Die damaligen Wohnsitze germanischer Stämme hatten aber noch wenig den Charakter stabiler Seßhaftigkeit; man bemerkt vielmehr ein fortwährendes Wandern, Drängen und Schieben der Stämme, wodurch die Germanen stets größere Gebiete occupierten. Schon vor dem Jahre 6 n. Ch. wollten markomannische und quadische Ansiedler auch zwischen der Donau und dem Plattensee sich nieder-lassen; aber die Römer duldeten die unbequeme Nachbarschaft nicht.

---

*) Vergleiche Leo, Vorlesungen über die Geschichte des deutschen Volkes Band I. (Halle, 1854). Dahn, Urgeschichte der germanischen und roma-nischen Völker. (Berlin). Wietersheim, Geschichte der Völkerwanderung. Büdinger, österreichische Geschichte. Hunfalvy, Ethnographie von Ungarn (deutsch von Schwicker). Krones, Geschichte Österreichs u. a.

Die sogenannte „Völkerwanderung" war deshalb auch keine plötzliche und ungewöhnliche Erscheinung; das Wandern, Stoßen und Schieben der Völker trat hierbei nur in größerem Maße und mit weit= tragenderen Folgen auf.

So kann man auch in dem Bestande der vorrömischen germa= nischen Völker in Ungarn die Wahrnehmung machen, daß die Quaden allmählich weiter südöstlich zogen; ihnen folgten die in gleicher Richtung sich ausbreitenden Markomannen. Die Quaden hatten anfangs im Osten die Gran, später die Eipel, zur Gränze, ja zur Zeit ihrer größten Ausbreitung soll ihre Herrschaft bis an die Theiß gereicht haben, wo sie mit den Dakern in Berührung gerieten. Mit den Sarmato=Jazygen zwischen Donau= Theiß unterhielten die Quaden freundnachbarliche Beziehungen; desgleichen mit den westwärts wohnenden Markomannen, von denen sie der halbmondförmige Gebirgszug der kleinen Karpathen trennte.

Leben und Bewegung kam in die pannonisch=dakisch=nord= danubischen Völkerschaften durch die römische Eroberung, welche von dem illyrischen Küstenlande Dalmatien aus schon im III. Jahrhunderte vor Christi Geburt ihren Anfang nahm und im langsamen aber unaufhaltsamen Vordringen bis in den Anfang des II. Jahrhunderts nach der Geburt des Herrn, also über dreihundert Jahre dauerte. Für das pannonische Gebiet begannen die römischen Eroberungen im Jahre 35 vor Christi Geburt an der Save und waren um das Jahr 16 vor Christo vollendet. Der Donau=Strom bis zur Save=Mündung bei Belgrad schied die römische Provinz Pannonien von dem Gebiete der Markomannen und Quaden im Norden und der Sarmato=Jazygen im Osten. Diese Gränze wurde durch eine Reihe fester Plätze und Castelle sowie durch eine Donauflotille geschützt und gegen die Einbrüche der unruhigen Nachbarn im Norden und Osten vertheidigt. Als dann Kaiser Trajan in zwei Feldzügen (101 und 107 nach Christi Geburt) auch das mächtige Reich der Daker unterworfen hatte, konnten die barbarischen Völker außerhalb des limes noch besser niedergehalten werden.

Uns interessiert an dieser Stelle vor Allem das Verhältniß der damaligen germanischen Stämme zu den Römern in Pannonien. Die unterworfenen Pannonier duldeten nur unwillig das römische Joch; wiederholt versuchten sie dessen Abschüttelung. Der gefährlichste Aufstand der Pannonier geschah in den Jahren 6—9 nach Christi Geburt; er war um so gefähr= licher für Rom, als er zeitlich zusammenfiel mit den Kriegen der Römer gegen die Markomannen und gegen die Cherusker. Marbod, der Markomannen=Fürst, hatte als Jüngling in Rom verweilt und sich daselbst die Gunst des Augustus erworben. Nachdem er sodann in seiner Heimat sich zum Könige emporgeschwungen und seine Macht auch über die benachbarten Quaden und Jazygen ausgedehnt hatte, ward er den Römern gefährlich, so daß Augustus den Tiberius zur Bezwingung des trotzig gewordenen Markomannen= Königs aussandte. Aber gerade in derselben Zeit brach der große Aufstand der Pannonier los. Die Römer machten deshalb eiligst mit Marbod Frieden, um vor Allem den Feind im Innern zu bändigen. Es war von Seite Marbods der erste verhängnißvolle Fehler, den er in seiner Politik begieng. Die Pannonier wurden nach blutigem Widerstande für immer unterworfen. Der zweite Fehler Marbods gründete in seiner Eifersucht und Rivalität mit dem Cheruskerfürsten Armin, demzufolge dieser Letztere ohne Mitwirken des Markomannen=Königs im Jahre 9 nach Christo, also nach Unterwerfung der Pannonier, den Krieg gegen Rom begann. Den ersten Siegen Armins folgten spätere Niederlagen als Frucht der Uneinigkeit unter den Germanen. Armins Gemahlin und sein Sohn mußten den Triumphzug des siegreichen Feldherrn in Rom verherrlichen.

Nun kam die Reihe an Marbod selbst. Dieser hatte durch seine Strenge auch im eigenen Lande sich unbeliebt gemacht und unter Anderen auch einen edlen Markomannen (oder Quaden?) Catuald (Katwalda) vertrieben. Dieser floh zu den Gothen und erhielt von diesen bewaffnete Hilfe gegen Marbod. Auch die Römer benützten geschickt den Zwist unter den germani= schen Häuptlingen, indem sie dieselben insgeheim aufreizten und unterstützten. So gelang es Catuald, den Markomannen=König Marbod aus dessen Burg zu vertreiben und dieser flüchtete zu den benachbarten Römern, deren Hilfe er anrief. Doch auch Catuald unterlag bald der römischen Staats= und Kriegskunst und diese sorgte dafür, daß der danubische Limes gegen germanische Angriffe besser geschützt werde. Unter römischer Schutz= herrschaft wurde nämlich über die markomannisch=quadischen Stämme zwischen der March und Gran (oder Eipel) der Häuptling Vannius von quadischer Abkunft als römischer Vasallenkönig eingesetzt. Das so gebildete quadische Königreich umfaßte etwa die Gebiete der heutigen Komitate Preßburg, Neitra, Trencsin, Árva, Liptau, Turócz, Bars, Sohl, Hont und Neograd, eine genaue Feststellung der Gränzen ist allerdings nicht möglich. Vannius gebot über Markomannen, die im Westen saßen, über die eigentlichen Quaden und über die suevischen Baimen, das äußerste germanische Volk im Süd=Osten. Markomannen und Quaden sind als bergbaukundige Völker bekannt. Es unterliegt deshalb kaum einem Zweifel, daß die Anfänge des nordungarischen Bergbaues auf diese germanischen Volksstämme zurückzuführen sind. Die Quaden trieben mit den Producten des Bergbaues einen lebhaften Handel.

Vannius, der auch mit den Jazygen gute Nachbarschaft unterhielt, regierte von 19—51 nach Christo. Im letztgenannten Jahre wurde er von seinen beiden Neffen Vangio und Sido gestürzt, denen auch der König der benachbarten Hermunduren, Vibilius, Hilfe geleistet hatte. Vannius hatte durch seine Raubzüge in die germanischen Nachbarländer und durch Hochmuth und Härte im eigenen Lande seinen Untergang veranlaßt. Doch wich er nicht ohne kräftigen Widerstand. Er hatte in dem gebirgigen Lande feste Bergschlösser angelegt und diese mit quadischem Fuß= volke und jazygischen Reitern besetzt, weil er den zahlreichen Feinden im offenen Felde nicht gewachsen war. Aber die jazygische Reiterei konnte in den Burgen eine Belagerung nicht lange aus= halten, da es an Futter für ihre Rosse mangelte. Deshalb suchte dieselbe mitten durch die umringenden Feinde das offene Land zu gewinnen. Vannius war nun auch genöthigt, die Feldschlacht anzunehmen. Er verlor sie nach tapferer Gegenwehr, wurde selbst verwundet und floh mit seinen Gefolgschaften auf die zu seinem Empfange bereit stehende römische Donau=Flotille. Die Römer empfiengen den vertriebenen König und die Seinigen ehrenvoll und wiesen ihnen Ansiedlungsgebiete in Pannonien an. Eine Wieder= einsetzung des verjagten Vasallen wurde aus kluger Politik um so weniger versucht, als die beiden Sieger, Vangio und Sido, ebenfalls ihre Ergebenheit an Rom gelobten und durch die Theilung des quadischen Königreiches nicht bloß dessen Macht und Bedeutung geschwächt wurde, sondern die Möglichkeit einer Rivalität zwischen beiden neuen Königen eine noch bessere Handhabe zur Niederhaltung derselben darbot. Die Römer suchten überdies die Donau=Gränze noch mehr zu befestigen und legten selbst auf dem linken Ufer, also auf „barbarischem" Gebiete, feste Plätze an.

Die Besorgniß war auch nicht unbegründet. Roms größter Historiker, Tacitus, berichtet, daß die „Barbaren" genau die Übel kannten, an denen das damalige Römerreich dahinsiechte und es war nur ein Glück für Rom, daß die gefürchteten Daker und die Germanen stets zu verschiedener Zeit die römischen Provinzen angriffen. Ein Bündniß dieser Völker gegen das damalige Rom würde das Reich unter einem Domitian sicherlich gestürzt haben; war doch dieser römische Kaiser im Jahre 90 nach Christo genöthigt, den Frieden mit den Dakern um Geld zu erkaufen und dem dakischen Könige Dekebalus Tribut zu leisten.

In dieser Zeit brach auch im quadischen Königreiche neue Verwirrung aus. Von den westlich wohnenden Lygiern bedroht, baten die Quaden die Römer um Unterstützung und Hilfe. Aber Kaiser Domitian konnte diese dem römischen Schutzvolke nicht leisten. Was thaten nun in dieser Bedrängniß die Quaden? Als sie die Schwäche ihrer Schutzherren erkannten, verbündeten sie sich mit den Lygiern und brachen vereint mit diesen und mit den Markomannen und Jazygen über die Donau auf pannonisches Gebiet, wo sie die römischen Legionen in die Flucht trieben und das Land verwüsteten.

Die Bezwingung Dakiens durch Trajan (101—107) brachte wieder festen Halt in die Römerherrschaft an den Gestaden der Donau; aber diese neue Ausdehnung des Reiches konnte dennoch dem Andringen der stets zahlreicher erscheinenden germanischen Völkerschaften für die Dauer keinen erfolgreichen Widerstand leisten. Während man in der römischen Provinz Dakien sich noch geraume Zeit der Einfälle der freien Daker sowie der mit diesen zusammenwirkenden Aufstände der unterworfenen Daker zu erwehren hatte, dauerte im Norden zwar die Schutzherrschaft der Römer fort, die noch um das Jahr 140 den Quaden einen König gaben; aber es offenbarten sich am Donau=Limes dennoch immer deutlicher die wuchtigen Vorstöße germanischer Völker. Einer der gefährlichsten erfolgte in den Tagen des Kaisers Marc Aurel (166—180 nach Christi Geb.) Unter Führung des Markomannen= Königs Ballomer bildete sich ein Völkerbund, der außer Marko= mannen, Quaden, Buren, Hermunduren, Varisfern und Vandalen noch eine Menge anderer germanischer Völkerschaften umschloß und auch die Jazygen sowie sonstige sarmatische (slavische?) Stämme umfaßte; ja selbst die östlich von den Quaden und Baimen in den Karpathen zurückgebliebenen keltischen Gothoni sowie die tiefer im Lande noch vorhandenen thrakischen Osi und Beffi (Stammverwandte der Geten oder Daker?) traten in den Bund gegen den gemein= schaftlichen Feind, gegen Rom. Mit großer Übermacht und wilder Kampflust stürzte dieser germanisch=sarmatische Kriegsbund auf Pannonien, schlug die römischen Legionen unter Furius Victorinus (166) und erschien verwüstend und raubend bis vor den Thoren Aquileja's. Von 166—175 dauerte die erste, von 177—180 die zweite Periode des Markomannenkrieges, der zum ersten Male die Grundfesten des römischen Reiches bedrohte und die Völker von der Nordsee bis zum Pontus in Aufruhr brachte.

Der nachhaltigen Kraft des tüchtigen Kaisers Marc Aurel gelang es, die Feinde vom römischen Boden wieder zu vertreiben und dieselben in wiederholten Schlachten zu besiegen. Die Jazygen wurden im Jahre 172, die Germanen zwei Jahre später auf quabischem Gebiete aufs Haupt geschlagen. Wie überaus gefährlich diese Feinde Roms waren, lehrt schon die Thatsache, daß Marc Aurel 16 Legionen (an 200.000 Mann) aufbieten mußte, um die Gefahr abwenden zu können. Trotzdem schrieb man den glücklichen Ausgang der Entscheidungsschlacht im Quadenlande bei Kotino (Sommer 174) nur einem Wunder zu. Die Legende erzählt nämlich: die melitische (maltaische) Legion (legio fulminatrix) habe aus Christen bestanden. Von der glühenden Sommerhitze ermattet, von den Anstrengungen und Kämpfen erschöpft und verschmachtend vor Durst waren die Legionäre dem Untergange nahe. Da flehten die Christen zu Gott um Regen und siehe! es erhoben sich plötzlich Wolken, aus denen unter Blitz und Donner ein Regen herniederströmte, welcher die ermatteten Kriegsscharen der Römer erquickte und stärkte. Im Lande der Quaden am Gran-Flusse (Grannua) schloß Kaiser Marc Aurel das erste Buch seiner „Meditationen"; das zweite vollendete er zu Carnuntum (dem heutigen Petronell); der tüchtige Kaiser und edle Mensch starb am 17. März 180 zu Vindobona, nachdem er von 177 an noch einen zweiten Feldzug gegen die Germanen unternommen und rastlos an der Befestigung der Thalengen an den Zuflüssen der Donau gearbeitet hatte. Sein Sohn Commodus, der „Gladiatorenkaiser" und dem Vater ganz unähnlich, beeilte sich mit den „Barbaren" Frieden zu schließen, wobei viele Tausende gefangener Römer die Freiheit wieder erlangten. Die Jazygen gaben 100.000 römische Gefangene heraus, die Quaden zuerst 13.000 und stellten noch 50.000 in Aussicht.

Die Folgen der großen Markomannenkriege waren von erheblicher Tragweite. Zwischen der Donau und den Karpathen entstand ein bedenkliches Völkergedränge; die hervorgebrochenen Stämme forderten Land zur Ansiedlung und die Römer mußten besorgt sein, durch Separatverträge die verbündeten Germanen von einander zu trennen, um eventuell die Einen gegen die Andern zu gebrauchen. Am ersten scheinen die vom Nordrande der Karpathen herübergekommenen Buren, Lygier (Ligier), Viktofalen und Lakringer im oberen Ungarn ihre Sitze gewonnen zu haben; der letztgenannte germanische Volksstamm

tritt mit den Römern sogar in ein Bundesverhältniß. Auch die
keltischen Gothinen hatten die Römer für sich gewonnen; später
jedoch lehnten sich dieselben auf und wurden vernichtet.

Eine treffliche Praxis römischer Staatsklugheit bestand auch
darin, größere und kleinere Völkerschaften auf dem Boden Panno=
niens oder Dakiens anzusiedeln, wodurch die so schwach bevölkerten
und oft verwüsteten Landschaften bevölkert und urbar gemacht,
ferner die angesiedelten feindlichen Völker nicht bloß unschädlich,
sondern auch dem Dienste Roms unterworfen wurden. Allerdings
konnte durch diese Mischung der Volkselemente in Pannonien und
Dakien auch keine einheitliche, zusammenhaltende Bevölkerung
geschaffen werden; die lose Anhäufung von Bruchstücken der ver=
schiedenartigsten Nationalitäten bot dann den Stürmen der vor=
bringenden Germanen keinen ernsthaften Widerstand. Ein Beispiel
für alle diese Momente liefern die asdingischen Vandalen.
Diese hatten in Nordungarn keine befriedigenden Wohnplätze
gefunden, standen auch mit Markomannen und Quaden in steter
Feindschaft, so daß Commodus für sie den Frieden bedingen
mußte. Um der bösen Nachbarschaft verwandter Stämme zu
entgehen, baten sie unter ihren Heerkönigen Rhaus und Rhaptus
um Aufnahme in Dakien. Das Verlangen wurde abgeschlagen;
darauf überfielen die Vandalen die (dakischen) Kistoboken, beun=
ruhigten aber auch fortgesetzt Dakien. Dieser Umstand weckte nun
bei den germanischen Lakringern die Besorgniß, die Römer könnten,
um Dakien von diesen Einfällen zu befreien, den Vandalen die
Sitze der Lakringer zusprechen. Deshalb überfielen Letztere das
stammverwandte vandalische Volk der Asdinger und richteten dessen
Hauptmacht zu Grunde. Den Rest nahmen nun die Römer in
Dakien auf und siedelten denselben an der Westseite Siebenbürgens
von der Maros bis zur schnellen Körös an, wo diese Vandalen eine
Schutzwehr gegen die sarmatischen Jazygen bildeten und wo wir
ihnen später noch wiederholt begegnen werden.

Zwischen diesen asdingischen Vandalen und den Quaden hatten
die germanischen Buren ihre Sitze erhalten. Dieselben waren zu
Anfang des markomannischen Krieges von den Weichselquellen über

die Karpathen gekommen und standen im engen Bündniß mit den
streitbaren Jazygen, so daß sie den Römern viel zu schaffen
gaben. In dem Frieden mit Commodus verpflichteten sich Buren,
Jazygen und „andere Völker" (wahrscheinlich die Viktofalen
und Lakringer), ihr Land gegen Dakien hin 40 Stadien weit
nicht zu bewohnen.

Am Ausgang des großen Markomannenkrieges behielt Rom
zwar seine bisherigen Gränzen in Pannonien und Dakien, auch
hatte dasselbe einige neue Bundesvölker gewonnen; aber es war
doch kein entscheidender Sieg, den die Römer erfochten hatten, da
sie die Ansiedlung zahlreicher germanischer Volksstämme zwischen
der Donau und den Karpathen dulden mußten, wodurch die
pannonisch=dakischen Provinzen einer permanenten Gefahr ausgesetzt
blieben.

Von der Anwesenheit dieser germanischen Völkerschaften in
Oberungarn hat man außer den Zeugnissen der römischen Historiker auch noch die Beweise aus den archäologischen Funden.
Und zwar fand man in den Komitaten Abauj, Borsod, Hont,
Zemplin, Sáros 2c. allgemein jene dem „Eisenzeitalter" eigenthümlichen massiven Schildbuckel, dann radlose Eisensporen und die pri-
mitiven Schafscheeren, daneben aber auch die charakteristischen germanischen Waffenformen der Spata, der Scramasachs und der
Francisca. Die in den Gräbern Oberungarns zahlreich vorgefundenen Schmuckgegenstände erscheinen meistens als römische
Erzeugnisse, welche jedoch von einheimischer Technik manchmal zu
ihrem Nachtheile verändert wurden.

Von befestigten Bergschlössern auf dem Gebiete den
nordungarischen Germanen haben wir schon aus der Geschichte
des Vannius gehört; hier fanden sich aber auch eigentliche Städte
vor, wahrscheinlich Gründungen der vertriebenen oder unterjochten
Kelten, so Bormanum an der mittleren Eipel, Uskenon im
Gran=Thal; ferner eine Reihe von Städten am linken Donau=Ufer
von Waitzen bis zur Marchmündung, als: Anabon, Siggone,
Kelamantia, Anduaition u. a. Die Lage derselben läßt
sich heute kaum mehr genau bestimmen.

In friedlichen Zeiten gieng, wie wir schon angedeutet, zwischen den römischen Provinzen und den germanischen Sitzen ein reger Handels- und Tauschverkehr hin und her. Die Handelsstraße, welche die Länder zwischen der mittlern Donau und den Karpathen mit Italien verband, kam über Aquileja in der Richtung von Laibach, Cilli, Pettau, Steinamanger und Ödenburg bei Carnuntum (Petronell) an die Donau. Hier mündete auch die „Bernsteinstraße“, die von den Nordseeküsten her führte und die dorttigen germanischen Völker (die Gutonen, Gothen) schon frühe mit den südlichen Ländern Europas in Beziehungen brachte. Von der Hauptstraße zweigten sich dann wichtige Seitenlinien ab. So lief eine Handelslinie von Laibach entlang der Save über Siscia (Sissek) zur Donau. Von Pettau zweigten sich noch Römerwege in die Murinsel und über Halicanum (N. Limbach) in das östliche Ober-Pannonien ab. Von Sabaria (Steinamanger) giengen dann weitere Verbindungslinien südwärts über Lugio (Szekcsö) nach Mursa (Essek), nordostwärts nach Aquincum (Altofen) und nordwärts nach Arrabo (Raab oder Körmend). Alle diese Linien suchten die Donau-Straße zu gewinnen, welche ihrerseits wieder von Carnuntum ostwärts auslief und dem Strom entlang eine große Anzahl römischer Plätze, die zugleich als Handels- und Verkehrspunkte mit den linksufrigen Barbaren dienten, mit einander verband. Die Waren der etruskischen und italischen Händler, sowie die Erzeugnisse der Barbaren wurden aber auch auf Schiffen und Kähnen („Einbäumen“) auf der Donau und deren Nebenflüssen verfrachtet. Ebenso stellen die archäologischen Funde sicher, daß die Händler an passenden Marktstationen ihre Warenlager besaßen, von wo aus dann die Waren zum Einzelverkauf mittelst Saumpferden oder auf dem Rücken des Hausierers in das Innere der Barbarensitze, oft bis in entfernte Bergthäler, geschafft wurden. *)

Solche Depots der Händler aus römischer Zeit hat man in den nordungarischen Gegenden häufig aufgefunden. Die meisten

---

*) Vgl. Karl Goos, Skizzen zur vorrömischen Culturgeschichte der mittleren Donau-Länder. (Hermannstadt, 1877).

enthalten zahlreiche Bronce = Gegenstände, diese Producte etrus=
kischer Gewerbsthätigkeit. So im Comitate Bihar (Hajdu=Bößör=
mény), Szabolcs (Habház), Bereg (Kis=Dobrony, Pudpolócz,
Maszárfalva), Abauj (Felsö=Dobsza), Zemplin (Wily), Liptau,
Árva, Gömör u. a. O. Man ersieht daraus, daß die „Barbaren“
ein Bedürfniß nach diesen Industrie=Erzeugnissen hatten, folglich
keineswegs als rohe Wilde betrachtet werden dürfen.

Die nordungarischen Germanen ihrerseits boten den Händlern
zum Tausche oder Verkaufe: Sklaven (meist Kriegsgefangene),
Schlachtvieh, Häute und Felle, insbesondere aber auch Bergwerks=
producte aus dem nordungarischen Erzgebirge.

Der römischen Staatskunst und Staatsklugheit gelang es
noch für einige Zeit, die herandrängenden germanischen Völker
von dem Einbruche auf römisches Gebiet zurückzuhalten. Der
Friede im Norden der Donau dauerte im Ganzen bis in das
zweite Decennium des III. Jahrhunderts nach Christi Geburt fort.
Geldgeschenke und die zweideutige Politik Roms hielten Marko=
mannen und Quaden nieder, die benachbarten Jazygen, diese steten
Bundesgenossen jener, wurden unter Caracalla (211—218) mit
den Waffen besiegt.

Mittlerweile kam aber das Verderben Roms sowohl durch
innern Verfall wie durch wachsende Gefahr von außen immer
näher. In den Donau=Gegenden treten seit dem Jahr 215 die
von der Ostsee her vorgedrungenen Gothen auf, durchbrechen
den „Trajanswall“ am Prut und occupieren das Gebiet an den
Mündungen der Donau, aus dem Caracalla sie nicht verdrängen
konnte, ja es ist wahrscheinlich, daß schon dieser römische Kaiser
den Gothen ein Jahrgeld bezahlte.

Die Gothen waren kein einheitlicher Volksstamm, sondern der
Name begreift eine größere Anzahl germanischer Völkerschaften in
sich, von denen die bedeutendsten waren: die eigentlichen Gothen,
die wieder in Ost= und Westgothen zerfielen, dann die Vandalen,
die Heruler, die Gepiden, Rugen, Skiren und Turkilingen. Die
Vandalen, und zwar die „asdingischen“ (zum Unterschiede von
den „silingischen“) erscheinen von diesen gothischen Stämmen zuerst

in dem mittlern Donau=Gebiete, wohin sie von der Weichsel her gekommen waren.

Als gemeinsame Einrichtung der Gothen erscheint vor Allem das Königthum, welches oft von zwei Königen eingenommen wurde. Die Könige besaßen bei den Gothen eine größere Gewalt als dies bei anderen Germanen der Fall war, ohne daß jedoch ihre Herrschaft der Volksfreiheit geschadet hätte. Die Gothen trugen auch eine besondere Verehrung für ihre Könige zur Schau. Die Bewaffnung der Gothen bestand aus runden Schildern und kurzen Schwertern.

Der Historiker J. Dahn nimmt an, daß die Scheidung der eigentlichen Gothen in Ost= und Westgothen erst bei der Niederlassung der beiden Gruppen am schwarzen Meer entstand, wo sie vom Don bis an die Donau=Mündungen und die südwest= lichen Abhänge der Karpathen wohnten; das Ostland dort ist sandige Steppe, das Westland dichter Wald. Dem würde ent= sprechen, daß die im Osten wohnenden den Namen „Greutungen" (von griut, gries = Sand), die im Westen wohnenden die Bezeich= nung „Thervingen" (von triu = Baum) erhielten; Benennungen, welche mit der Unterscheidung von Ost= und Westgothen zusam= menfallen.

Bis zum Jahre 238 herrscht ein ziemlicher Friede zwischen Gothen und Römern; von da ab hören aber die Einfälle der Gothen nach Mösien, Thrakien und bald auch nach Dakien nicht mehr auf. Die Ostgothen unter dem sagenberühmten Königs= geschlechte der Amaler (Amelungen, von ambl = sich mühen, also „die mühevollen Helden") beunruhigten und brandschatzten aber nicht bloß zu Land und zu Wasser die römischen Provinzen, sondern sie bezwingen auch die stammverwandten und benach= barten Gepiden; auch nichtgermanische Völker, wie die Boranen und Karpen, schlossen sich den Gothen an und plünderten mit ihnen gemeinsam die Küstenländer des schwarzen Meeres, ja die Schiffe dieser Barbaren drangen selbst durch den Hellespont in den Archipelagos; unter Kaiser Claudius (268—270) brachte diese Flotte ein Heer von 330.000 Gothen, Herulern, Peukinen 2c.

nach Rhodus und Kreta und landete dann bei Thessalonika. Von hier zogen die Gothen gegen Nordwesten und wurden (im Jahre 269) von Claudius bei Naissus (Nisch) in Dardanien geschlagen; ihr Verlust wird auf 50.000, darunter viele gefangene Frauen, ange= geben. Aber die Gothen blieben trotzdem im Süden der Donau; erst Kaiser Aurelian (270—274) drängte sie über den Strom zurück.

Allein gerade dieser Kaiser mußte den Gothen die wichtige Provinz des Trajan'schen Dakiens (das heutige Temeser Banat, Siebenbürgen und die Walachei) für immer überlassen. Während die Ostgothen das römische Reich mehr an den Küsten des schwarzen Meeres, dann durch Einfälle in Mösien und Thrakien beunruhigten, wählten die Westgothen von ihren ostkarpathischen Sitzen her mehr und mehr Dakien zum Angriffsobjecte. Der faktische Verlust dieser Provinz datiert höchst wahrscheinlich schon aus der Zeit des Kaisers Gallienus (253—268), unter dessen Regierung die Gothen zu Ende des Jahres 257 oder mit Anfang 258 Herren von Dakien wurden. Im westlichen Theile dieser Provinz, im heutigen Banate, scheinen die römischen Legionen noch einige Zeit gelegen zu haben; aber auch von hier müssen die dakischen Truppen bald abberufen worden sein, denn im Beginn der Sechziger = Jahre stehen sie bereits jenseits der Donau in Mösien; Dakien befand sich in gothischem Besitz. Kaiser Aure= lian kämpfte im Jahre 270 in Pannonien mit Vandalen und Gothen; wie hätten die Letzteren dahingelangen können, wenn Dakien nicht in ihrem Besitze gewesen wäre? Der Friedensschluß Aurelians mit den Gothen fand wahrscheinlich im Jahre 271 statt und darin wurde die Verzichtleistung Roms auf das Trajan'sche Dakien förmlich anerkannt. Es war das nur die officielle Bestä= tigung faktischer Verhältnisse. Desgleichen waren die römischen Legionen wohl schon früher aus dem unhaltbar gewordenen Dakien abgezogen. Einzelne Punkte am Donau=Limes mochten jedoch noch im Besitze Roms geblieben sein. Diese letzten festen Stellungen auf dem linken Donau=Ufer scheint nun Aurelian ver= tragsmäßig ebenfalls aufgegeben zu haben, wogegen die Gothen den in Dakien noch ansässigen Römern freien Abzug gewährten. Aurelian übersiedelte Truppen und Auswanderer in das südwärts gelegene Mösien, das in Folge der Kriege entvölkert worden war, und gründete aus diesen Colonisten ein neues Dakien, das Aurelian'sche.

Im Norden der Donau herrschten die Westgothen; doch neben ihnen findet man noch andere deutsche Stämme; so im walachischen Tieflande die Thaifalen, im Nordosten Dakiens die Gepiden und im Westen Siebenbürgens bis zur Theiß und Maros die Vandalen. Mit Letzteren hatten die Gothen noch einen harten Strauß zu bestehen. Wir haben weiter oben erzählt, wie die asdingischen Vandalen, nachdem sie von den Lakringern aufs Haupt geschlagen worden, von den Römern an der Nordwestgrenze Dakiens zwischen der Maros und der Körös angesiedelt wurden. Hier hat dieses Volk im Laufe von nicht ganz einem Jahrhunderte neue Macht und Ausdehnung gewonnen, so daß es beim Zerfalle der Römerherrschaft in Dakien sein Gebiet südwärts bis zur Donau ausdehnen konnte. Mit den Gothen vereint kämpfen sie dann in Pannonien gegen die Römer und machen im Jahre 271 abermals einen verheerenden Einfall auf römisches Territorium. Im letztgenannten Jahre zwang sie jedoch Aurelian zum Frieden unter der Bedingung der Gewährung friedlichen Abzugs und der Verstattung des Handelsverkehrs auf der Donau. Die Vandalen mußten überdies den Römern 2000 Reiter zur Kriegshilfe stellen. Im Tieflande der Donau-Theiß hatte die vandalische Reiterei große Berühmtheit erlangt. Die Vandalen standen damals noch immer unter zwei Königen, die ihre Kinder als Friedensgeisel stellten; dasselbe thaten auch die dem Könige Nächststehenden, d. h. die Adeligen, aus deren Mitte wohl auch die Heerführer hervorgiengen. Welche Gewalt übrigens die vandalischen Könige selbst über diese edlen Heerführer ausübten, lehrt die Thatsache, daß der König einen dieser Führer tödtete, weil derselbe auf dem Rückweg unter Verletzung des abgeschlossenen Friedens römisches Gebiet verwüstet hatte.

Zwischen den Vandalen und ihren östlichen Nachbarn, den West=
gothen, herrschte geraume Zeit ein friedliches Verhältniß.   Als
aber der Gothenkönig Geberich seine Macht westwärts ausbreiten
wollte, kam es zu einem harten Zusammenstoße.   Von 336—340
dauerte der Kampf; an den Ufern der Maros wurde endlich die
die Entscheidungsschlacht geschlagen.   Diese blieb geraume Zeit
unentschieden, endlich fiel der Vandalen=König Visumer und mit
ihm ein großer Theil seines Heeres.   Der Rest des Volkes fühlte
sich zu schwach, die bisherigen Wohnsitze gegen die Gothen zu be=
haupten; die Vandalen erbaten deshalb von den Römern schützende
Aufnahme auf dem rechten Donau=Ufer.   Kaiser Constantin ge=
währte ihnen diese Bitte; die auswandernden Vandalen erhielten
im nordwestlichen Theile Pannoniens Ansiedlungsplätze gegen die
Verpflichtung des Reiterdienstes im römischen Heere.   Vandalische
Reitergeschwader als römische Soldtruppen trifft man später selbst
in Ägypten.

In Pannonien saßen die Vandalen bis zu Anfang des
V. Jahrhunderts.   Das Volk hatte durch starke Vermehrung nicht
mehr Raum im Lande; „Hungersnoth", also Übervölkerung bewog
den größten Theil des Volkes zur Auswanderung.   In Gemein=
schaft mit den (nichtgermanischen) Alanen und einer suevischen
(wahrscheinlich markomannischen) Völkerschaft brachen die Vandalen
unter ihrem Könige Godegisel als Hauptführer aus ihren
Sitzen in Pannonien auf und zogen gegen Westen an den Rhein
und von dort bis nach Spanien und Afrika, wo ihrer noch eine
bedeutende geschichtliche Rolle harrte.   Den zurückgebliebenen Vandalen
ergieng es nach dem Abzuge ihrer Brüder „reichlich", d. h. es
war nunmehr genügend Land zur Ernährung der Verbleibenden
vorhanden.   Die vandalische Volkssage erzählt, daß die Zurück=
gebliebenen allerdings auch das Land der Ausgewanderten besetzten
und bewirthschafteten, dasselbe aber noch immer als Eigenthum
jener Emigranten betrachteten.   Diese pannonischen Vandalen konnten
sich jedoch nicht erhalten; sie sind im Laufe der folgenden Völker=
me untergegangen oder haben sich mit anderen germanischen
schaften verschmolzen.

Der Entscheidungskampf zwischen Westgothen und Vandalen war hauptsächlich eine Folge der Niederlage, welche die Gothen im Jahre 336 durch Kaiser Constantin erlitten hatten. Diese versperrte dem eroberungs= und beutelustigen Volke für einige Zeit die Wege nach den süd=danubischen römischen Provinzen. Darum mußten die Vandalen verjagt werden; denn auf solche Weise war genügend breiter Raum für das mächtig angewachsene Gothenvolk gewonnen. Es darf nämlich der fortgesetzte Einbruch in die römischen Provinzen nicht als bloße Folge germanischer Beutesucht angesehen werden; vielmehr weisen die großen Volksmassen, womit diese Züge unternommen wurden, darauf hin, daß die Gothen eine dauernde Niederlassung für die zu Haufe nicht mehr zu ernährende Volksmenge suchten. Nur so erklärt sich die Anwesenheit der zahlreichen Weiber bei den gothischen Heeren, die unabsehbaren Wagenreihen u. dgl. Es waren „mehr wandernde Volksgruppen als streifende Heere."

Unter dem Ostgothen=König Ermanarich (Hermanrich, von 350—376) breitete sich die Macht der Ostgothen über zahlreiche germanische, finnische und slavische Völker aus und man meldet, daß dieses Königs Macht von der Donau bis zur Ostsee gereicht habe. Auch die Westgothen mußten sich dem mächtigeren Bruderstamme unterordnen, obgleich dieses Verhältniß mehr den Charakter einer Bundesgenossenschaft hatte. Dieses freundschaftliche Verhältniß hatte jedoch gegen das Ende der Regierung Ermanarichs nach einem Zerwürfnisse mit den Westgothen eine erhebliche Lockerung erfahren und das gerade zu jener Zeit, als dem hinterkarpathischen Gothenreiche die größte Gefahr in den hunnischen Reitervölkern erstand.

Die Hunnen überfielen von der Wolga her andringend im Jahre 376 das oftgothische Reich, wobei sie anscheinend von den durch die Ostgothen beleidigten Alanen unterstützt wurden und in einer großen Schlacht eroberten sie das Reich der Amaler. Der greise König Ermanarich, dem die Sage ein Alter von 110 Jahren beilegt, wurde verwundet und erlag entweder seinen Wunden oder einem Mordplane oder machte seinem Leben selber ein Ende. Man

2*

darf jedoch nicht annehmen, als ob die Oftgothen vernichtet oder
nach der verlornen Schlacht aus ihren bisherigen Sitzen vertrieben
worden wären. Die Unterworfenen behielten vielmehr ihre bis=
herigen Wohnsitze und ihre Könige; diese wurden aber abhängig
von dem Chan der Hunnen, hatten ihm unbedingte Heeresfolge
und vermuthlich auch Schatzung zu leisten.

Als das Ostgothenreich den Hunnen erlag, herrschte im Reiche
der stammverwandten Westgothen nicht geringe Verwirrung
durch das Eindringen des Christenthums. Die Gothen
theilten sich in zwei Parteien, die einander bekriegten. Der
christenfreundliche Theil unter Fritiger suchte Hilfe bei Kaiser
Valens, mit dessen Unterstützung die dem alten Väterglauben getreue
Partei unter Athanarich geschlagen wurde. Athanarich ließ
hierauf die ihm unterthänigen (und gefangenen) Christen hinrichten.
Die Westgothen unter Fritiger baten um Aufnahme in das
römische Reich und Valens siedelte sie in den römischen Provinzen
südlich der Donau an.

Athanarich hatte sich mit den heidnischen West=
gothen in das siebenbürgische Hochland zurückgezogen, ward aber
wegen seiner unbeugsamen Feindseligkeit gegen die Hunnen vom
eigenen Volke vertrieben und flüchtete zu den römischen Westgothen,
die ihn als Fürsten anerkannten und an deren Spitze er mit Kaiser
Theodosius Frieden und Waffenbündniß schloß. Bei seiner Flucht
aus Siebenbürgen vergrub Athanarich seinen Schatz bei Piatraossa
am walachischen Buzeo. Hier hat man denselben später gefunden,
.drei Viertel Centner Goldes schwer und darunter auch jenen
Armring mit dem Runenspruch: „Gota niopi hailag“, „dem
Bedürfnisse der Gothen geweiht“. Athanarich hat Schatz und
Land nicht wieder gesehen; über beide schlugen die Wogen der
Völkerwanderung zusammen. Nach der Flucht Athanarichs unter=
warfen sich auch die Westgothen der hunnischen Herrschaft.

Ein Theil der Westgothen flüchtete auf römisches Gebiet nach
Pannonien. Diese Provinz stand dem Namen nach noch immer
unter der Herrschaft Roms; in der That war sie aber seit langem
ebenfalls der Schauplatz drängender, stoßender und verwüstender

Völkerschaften geworden. Wir müssen einige Jahre zurückgehen, um hier die fernere Geschichte der Provinz und der germanischen Quaden im Norden von Pannonien zu erzählen. Die Provinz litt fortwährend durch die Einfälle der benachbarten Völker, ins=besondere brachten die Quaden zur Zeit des Kaisers Valen=tinian I. dem römischen Gebiete vieles Unheil. Valentinian ließ deshalb zur Sicherung der römischen Provinz auch auf quadischem Gebiete am linken Donau=Ufer Castelle errichten. So wurde im Jahre 371 in 48 Tagen ein solches Castell gegenüber von Salva (Gran) erbaut, zwei andere, Quabriburgium (man achte auf den römisch=deutschen Namen!) und Vincentia lagen gegenüber vor Aquincum. Aber auch diese neuen Schutzwehren bewahrten Pannonien nicht vor den weiteren verheerenden Einbrüchen der germanischen Nachbarn. Im Jahre 374 unternahmen sie einen großen, verheerenden Rachezug über die Donau. Die Ursache war folgende: Kaiser Valentinian ließ stets mehr Befestigungen am linken Donau=Ufer, also auf quadischem Gebiete errichten. Die Quaden erhoben deshalb Klage und Equitius, der Magister armorum in Jllyricum wurde angewiesen, die Bauten einzustellen, bis er von dem gegen die Allemannen kämpfenden Kaiser neue Weisungen erhalten werde. Dieser sendete hierauf seinen Sohn Marcellinus, damit derselbe die ganze Angelegenheit zu Ende bringe. Marcellinus war ein leichtfertiger Jüngling, der den zur Verhandlung eingeladenen Quaden=König verräthcrischer Weise ermorden ließ. Nun brach bei den Quaden ein allgemeines Rache=gefühl durch; in Verbindung mit ihren alten Bundesgenossen, den Jazygen, überfielen sie unter Anführung ihres neuen Königs Gabinius Pannonien, zerstörten das glänzende Carnuntum, ver=nichteten zwei Legionen und da gerade Ärntezeit war, so verwüsteten sie Äcker und Dörfer bis nach Sirmium. Valentinian eilte zornentbrannt nach der heimgesuchten Provinz, um das Volk der Quaden auszurotten. Von des Kaisers Wuth in Schrecken versetzt, suchten die Quaden den erbosten Cäsar durch eine Botschaft zu besänftigen Die Zusammenkunft fand in Bregetio (dem heutigen Alt=Szöny) statt; doch die Entschuldigungen der Quaden versetzten

Valentinian in derartige Aufregung, daß er eines plötzlichen Todes
starb (375). Interessant ist ferner die Thatsache, daß in der
pannonischen Provinz Valeria zwischen dem Plattensee, der Donau
und Drau um das Jahr 377 der Germane Frigerid die
römischen Legionen commandierte und in dieser Eigenschaft an der
ganzen ihm anvertrauten Donau-Strecke Befestigungsarbeiten ausführen ließ. Mittlerweile war im Südosten schon der entscheidende
Schlag geschehen, welcher auch der Römerherrschaft in Pannonien
das Verderben bereitete.

Im Jahre 376 erfolgte nämlich der Entscheidungskampf der
Hunnen gegen die Ostgothen und bald rückten jene mongolischen
Eroberer auch über die Theiß und Donau. Das Vordringen
derselben hatte eine weitere Verschiebung der germanischen
Völker zur Folge. Die Westgothen zogen theils auf
römisches Gebiet jenseits der Donau und Save, theils besetzten sie
das südliche Pannonien zwischen Drau und Save und einen Theil
von Noricum. Von hier aus machten sie dann wiederholte Streifzüge nach Italien. Die Gepiden stiegen vom siebenbürgischen
Hochlande in die Niederungen an der Theiß herab und nahmen
die Sitze ein, welche die Vandalen ehedem inne hatten. Wir
finden die Gepiden unter hunnischer Herrschaft noch lange in
dieser Gegend; gleich anderen unterworfenen Völkern mußten sie
den Hunnen Heeresfolge leisten.

Ein Theil der Ostgothen blieb als besiegte Bevölkerung
ebenfalls in dem bisherigen Lande; ein anderer Theil wich nach
Westen und bat um Aufnahme in Pannonien. Diese Bitte
fand um so mehr Bewilligung, als diese Provinz nur nominell
noch zum römischen Reiche gehörte. Gegen reiche Jahrgelder ver-
pflichtete sich das gothische Volk, den Römern Mannschaft zu
stellen und jene Landschaften zugleich für sich selbst und den Kaiser
gegen andere Barbaren zu vertheidigen. Die Ansiedlung der
Gothen erfolgte in Ober-Pannonien; zu Anfang des V. Jahrhunderts wird uns Athaulf als Gothen-König in Pannonien
genannt, der im Jahre 409 mit einem großen Theile seines Volkes
nach Italien und von dort nach Südgallien zieht. Nach Pannonien

rücken indessen später andere Gothen als Verstärkung ein. Die Hunnenfluth, welche unter Attila, dem „Etzel" der deutschen Heldensage, (443—455) ihren Höhepunkt erreicht hatte, zertheilte sich nach des gewaltigen Hunnenfürsten Tode in rascher Weise. Schon im Jahre 456 erfolgt die Entscheidungsschlacht am Netab= Flusse in Pannonien, welche die Auflösung des Hunnenreiches herbeiführt und die unterworfenen Völkerschaften befreit.

Auf den Trümmern des ephemeren Hunnenreiches, dessen Haupttheile Dakien und Pannonien gewesen, erhoben sich aber= mals einige germanische Reiche. Die Gepiden, welche unter ihrem Könige Arbarich zuerst gegen die Hunnen aufgestanden waren, nahmen abermals das Gebiet jenseits der Theiß und Siebenbürgen, also das alte Dakien, in Besitz und dieser Landstrich erhielt auch den Namen „Gepidia". Die Gothen in Pannonien schieden sich in drei Theilfürstenthümer: Theodemir herrschte in Ober=Pannonien in der Gegend des Neusiedler=Sees (Pelso=Sees), Walamir in Unter=Pannonien bis zur Save und Widemir zwischen beiden. Von diesen drei Gothenfürsten fiel Walamir in der Schlacht; der jüngste, Widemir, zog mit einer Schar nach Italien und Gallien; die übrigen pannonischen Gothen erkannten hierauf Theodemir als ihren gemeinsamen König an. Doch auch unter der Gothenherrschaft, die von Wien bis Belgrad reichte, hatte sich die romanische Stadt-Bevölkerung im Ganzen noch erhalten, die Gothen mochten sich als „hospites" bei den Grundbesitzern einquartiert haben, ohne diese mehr als ihr Interesse verlangte, zu benachtheiligen.

In die Hauptsitze der Hunnen zwischen Donau und Theiß, wo ehedem die Jazygen hausten, zog das germanische Volk der Heruler und begründete daselbst seine vorübergehende Herrschaft. Dieser Volksstamm war schon an der untern Donau den Gothen diensthaft gewesen. Die Heruler waren durch ihre Behendigkeit, leichte Bewaffnung und kurzen Schwerter berühmt; sie fochten fast nackt. Oft erscheinen sie als römische Söldner und man trifft sie in Gemeinschaft mit anderen germanischen Völkerschaften auf den verheerenden Streifzügen in Illyrien und Italien. Das benach=

barte Noricum hatte ihre Plünderungs= und Verwüstungszüge eben=
falls wiederholt zu erbulden.

Westlich von den Quaden erscheinen die Rugen oder Rugier,
die vordem an den Küsten und auf den Inseln der Ostsee (vgl.
die Insel Rügen) saßen. Das „Rugiland“ erstreckte sich nördlich
von Noricum von Krems bis an die kleinen Karpathen. Es war
zum Theil das frühere markomannische Gebiet. Die Rugen zogen
im Heere Attilas nach Gallien; sie bekannten sich zum arianischen
Christenthume.

Es war aber unter diesen germanischen Nachbarvölkern ein
permanenter Krieg; der unbändige Sinn, die Abenteurerlust
und die engen unzureichenden Territorien führten zu fortgesetzten
Befehdungen und Kämpfen, zu unablässigen Einfällen und Beute=
zügen auf das römische Gebiet. Die Herrschaft der Rugen stürzte
(487) Odovachar (Odoaker), der siegreiche Anführer der Sueven
und Skirren, der sich Ober=Italien unterworfen hatte. Friedrich,
der Sohn des gestürzten Rugen=Königs, floh zu dem Ostgothen=
Könige Theodorich, Sohn Theodemirs, der seit 474 mit einem
Theile der Ostgothen aus Pannonien nach Moesien ausgezogen
war, weil das pannonische Land der angewachsenen Bevölkerung
abermals keine ausreichende Subsistenz mehr bieten konnte. Ein
anderer Theil der Gothen war wieder westwärts nach Italien und
Gallien gewandert.

Theodorich „der Große“ (in der deutschen Heldensage der
vielbesungene „Dietrich von Bern“) folgte dem Racherufe seines
rugischen Verwandten und machte sich, von Kaiser Zeno auch noch
hiezu aufgemuntert, von Moesien aus gegen Italien auf den Weg.
Der Zug gieng von Singidunum (Belgrad) an der Save aufwärts.
Hier mußten die Gothen und die ihnen angeschlossenen Rugen
mit den mittlerweile westwärts vorgedrungenen Gepiden harte
Kämpfe bestehen, bis sie an den Isonzo gelangten und durch eine
Reihe blutiger Siege Odovachar bezwangen und das Ostgothenreich
in Italien aufrichteten (489). Dasselbe erstreckte sich ostwärts
bis nach Sirmium hin, das Theodorich den alten Feinden der
Gothen, den Gepiden, wieder entriß. Mit den Herulern zwischen

der Donau und Theiß stand der große Gothen=König in freund=
schaftlichen Beziehungen; er ehrte den König der Heruler durch
Adoption mit den Waffen und forderte ihn zur Bundesgenossenschaft
gegen die Franken auf.

Die Heruler scheinen ihre Herrschaft mittlerweile auch
nördlich über die Baimen und Quaden ausgedehnt zu haben; ja,
es wurden ihnen auch die Nachfolger der Rugen, die Lango=
barden, zinsbar. Dieses niederdeutsche Volk befand sich schon
lange auf der Wanderung, bevor es die verlassenen rugischen
Gebiete an der mittlern Donau einnahm. Hier empfiengen sie
auch das arianische Christenthum, ließen sich aber schon 509 in
den Ebenen jenseits der Donau und Theiß nieder, wo ihre
Abhängigkeit von den Herulern noch drückender ward. Der
Langobardenführer Tato erhebt sich deshalb gegen die herulische
Oberherrschaft und verdrängt das Volk der Heruler (um 526).
Diese lassen sich erstlich ebenfalls im „Rugiland" nieder, theilen
sich dann aber in zwei Scharen; die eine kehrt gegen Skandinavien
in die Ursitze zurück, die andere erhält jenseits der Donau vom
byzantinischen Kaiser einen Landstrich, wo sie theils in den
römischen Kriegsheeren, theils unter den Gepiden verschwindet.

Die Langobarden traten nach diesem Siege über die
Heruler in den Vordergrund der germanischen Völker an der
mittlern Donau. Bis in den fernen Westen drang der Ruf ihrer
Tapferkeit und die Frankenkönige suchten ihre Freundschaft und
Verbindung. Aber auch das schlaue Byzanz richtete sein Augen=
merk auf diese „langbärtigen" Germanen. Als die Gepiden nach
Abzug der Ostgothen und Heruler ihre Macht auch über Panno=
nien ausdehnen wollten, da verlieh Kaiser Justinian den
Langobarden diese nur mehr dem Namen nach „römische Provinz".
König Auduin führte seine Langobarden dahin. Auf solche Weise
traten diese den benachbarten Gepiden als offene Feinde und
Rivalen gegenüber. Ein Kampf auf Leben und Tod war unaus=
bleiblich und Byzanz fand dabei seine kluge Rechnung. Anfangs
kämpften zwar Langobarden, Heruler und Gepiden neben einander
in den Reihen der Römer; so z. B. im Jahre 552 gegen den

Ostgothen=König Totilas. Die germanischen „Hilfstruppen", d. i. 5000 Langobarden, 3000 Heruler und 400 Gepiden gaben in der Entscheidungsschlacht zu Gunsten der Römer den Ausschlag. Der byzantinische Feldherr Narses schaffte sich dann seine wilden Bundesgenossen, die Langobarden, von der Seite; reichlich beschenkt entließ er sie aus dem italienischen Lande. Aber diesen trotzig= rauhen Söhnen des Krieges hatte das Land jenseits der Alpen wohlgefallen; sie behielten die Erinnerung an dasselbe lebhaft im Gedächtnisse und nährten den heftigen Wunsch nach gelegentlicher Wiederkehr.

Zunächst galt es freilich noch mit den Gepiden den langge= führten Strauß endgiltig auszufechten. Im Jahre 567 fiel die Entscheidung: die Gepiden erlagen im Kampfe. Sage und Geschichte verherrlichen dieses Ringen der beiden Germanenvölker. Die Gepiden hatten sich in dem Kampfe auch einer kuturgischen Hilfs= schaar bedient. Die Kuturguren, ein hunnischer Volksstamm, saßen an den Ufern der Mäotis und machten von dort aus verheerende Streifzüge bis nach Mösien.

Der langobardische Königssohn Alboin tödtete in einer Schlacht einen Sohn des Gepidenkönigs Turisend. Die über solche Tapferkeit erfreuten Langobarden wünschen, daß an dem Siegesfeste auch der Königssohn theilnehme; doch König Auduin verwehrt es, da Alboin nach altlangobordischem (eigentlich „ger= manischem") Brauche noch nicht die Waffen= oder Schwertleite aus der Hand eines fremden Königs erhalten habe. Alboin macht sich also mit vierzig auserlesenen Genossen auf zu König Turisend und der Gepidenkönig empfängt ihn mit Gastfreund= schaft, ja er sichert ihn gegen jedwede Beleidigung und stattet den Besieger seines Sohnes mit den Waffen des Getödteten aus.

Damals mochte Alboin auch die sagenberühmte Rosa= munde, Kunimunds Tochter, gesehen haben. Kunimund wurde nach Turisends Tode König der Gepiden gleichwie Alboin nach seinem Vater die Herrschaft über die Langobarden antrat. Die Sage berichtet, daß der entscheidende Kampf zwischen den beiden Germanenvölkern um eines Weibes willen ausgebrochen sei. Alboins erste Gemahlin, die fränkische Chlodosvinda, war gestorben; der Langobarde freite nun um Rosamunden, die schöne Gepidin; allein die Werbung wurde abgeschlagen. Da brachte Alboin die Königstochter durch List und Gewalt in seinen Besitz. In dem hierauf ausgebrochenen Kriege blieben jedoch die Gepiden Sieger und Alboin mußte die geraubte Prinzessin wieder heraus= geben. Darob zu höchster Wuth und Rache aufgestachelt, verband er sich mit Bajan, dem Chagan der wilden Avaren, welche kürzlich erst über die Hunnenreste an der Mäotis gesiegt hatten, und schreckenverbreitend auf dem Völkerschauplatze an der untern Donau erschienen waren. In dem Vertrage wurde den Avaren der zehnte Theil des sämmtlichen Viehes der Langobarden zuge= sagt, außerdem im Falle des Sieges die Hälfte der Beute und endlich der Besitz des gepidischen Landes. Die Gepiden, welche diesmal auch von den Römern keine Unterstützung erhielten, wurden total geschlagen; selbst ihr König Kunimund fiel in der Schlacht. Nach der rohen Sitte jener Zeit ließ der Sieger Alboin aus des gefallenen Königs Schädel eine Trinkschale verfertigen, deren er sich bei festlicher Mahlzeit bediente; Rosamunde aber mußte jetzt Alboins Gemahlin werden.

Auf solche Weise gieng das Gepidenreich unter. Die gefan= genen Gepiden vertheilten die Sieger unter sich zu gleichen Theilen, das Land aber nahm der Avarenchan Bajan in Besitz. Die Macht dieses wilden, zerstörungs= und beutelustigen Volkes reichte nun von der Theiß bis an das schwarze Meer.

Der Sieg über das krieggewohnte Gepidenvolk erhöhte gewaltig den Ruhm Alboins, dessen Heldenthaten in Sage und Lied Jahrhunderte lang gefeiert wurden. Von allen Seiten strömten ihm germanische und nichtgermanische Völkerreste zu, wie solche in den Donau=Ländern zahlreich vorhanden waren und mehrten auf diese Weise seine Kriegerscharen. Wieder wurde der „arme, aus= gesogene Boden Pannoniens" dem Volke zu enge. Da gedachten die Langobarden des schönen und reichen Landes Italien und Alboin beschloß, dieses Land, wo die Byzantiner vor wenig Jahren das Ostgothenreich gestürzt hatten, für sich zu gewinnen.

Im Jahre 568 verließ der Langobarden=König mit seinen Scharen Pannonien und trat jenseits der Alpen die Erbschaft der Gothen an. Binnen wenigen Jahren entrissen die Langobarden den Byzantinern den größten Theil von Italien; nur Ravenna und die Südspitze der Halbinsel verblieben dem Kaiser und in Rom errangen die Bischöfe durch Muth und Klugheit allmählich eine bedeutsame selbständige Stellung.

Das von den Langobarden verlassene Pannonien wurde nun auch von den Avaren besetzt, die ihre Grenzen noch weiter westwärts bis an den Enns=Fluß ausdehnten und durch mehr als zweihundert Jahre die Herrschaft behaupteten. Zur Zeit des Langobarden-Auszuges wird auch zum letztenmale ein anderer deutscher Volksstamm genannt, der länger als 600 Jahre unter wechselnden Geschicken im Süden der Karpathen seine Wohnsitze hatte. Wir meinen die Quaden und die denselben untergebenen Baimen. Die Macht der Quaden war seit dem letzten Kriege gegen Rom dauernd gesunken; sie wurden abwechselnd die Vasallen mächtiger Nachbarn. So läßt sich annehmen, daß sie auch den Hunnen dienst= und zinsbar werden mußten; doch hat dieses Reiter= und Steppenvolk die quadischen Bergbewohner in ihren Sitzen kaum gestört, um so weniger, als der Fortbetrieb der Bergwerke weit reichere Beute verschaffte. Nach dem Untergange des Hunnenreiches geriethen die Quaden für einige Zeit in die Gewalt der Heruler; später unterwarfen sie sich dem Langobarden= Könige Wacho. Als nun Alboin im Jahre 568 gegen Italien zog, da schlossen sich seinem Heere auch zahlreiche Quaden und Sueven (Baimen) an. Man darf aber kaum eine vollständige Auswanderung des quadischen Volksstammes annehmen; nur der kriegslustige Theil zog weg, die Masse blieb und es zeigen die archäologischen Funde, daß diese im Stande war, sich auch ferner= hin den Avaren und den Slaven gegenüber fortzuerhalten. Es unterliegt nämlich kaum einem Zweifel, daß die sogenannten „heidnischen Befestigungen" im Liptauer Komitate, dann im obern Waag= und im Gran=Thale Überreste quadischer Bauten sind. Die fortgesetzte Bearbeitung der oberungarischen Bergwerke durch diese germanischen Bewohner auch nach der Besitznahme des Landes durch die Avaren, ja vielleicht bis in die Zeit der Ankunft des magyarischen Volkes, ist demnach keine allzukühne Annahme.

Als nomadisierendes Reitervolk schalteten die Avaren in ihren Landen nur als Herren; zur Bebauung des Landes, soweit solche stattfand, zogen sie slavische Colonisten herbei, die nun geräuschlos in Pannonien sich ausbreiteten, ohne daß uns die geschichtlichen Quellen hierüber nähern Aufschluß bieten würden. Doch nicht bloß als friedliche Ackersleute traten die Slaven auf, im Gefolge der Avaren und später auch selbständig werden sie durch kriegerische Einfälle und Angriffe der Schrecken ihrer Nachbarn im Westen und Süden. Bis weit in das Alpenland in die Nähe der Drau=Quellen drang das slavische Volkselement und vernichtete größtentheils die noch vorhandenen Reste der romanischen Cultur. Hier, im Alpengebiet, begann dann auch zuerst der Kampf des Slaventhums mit dem abermals ostwärts dringenden Deutschthume, dem schließlich der Sieg verblieb.

Daß unter der avarischen Herrschaft auch germanische Stämme in den Ländern an der Donau=Theiß fortlebten, lehrt unter Anderem folgende Thatsache. Im Jahre 600 brach der byzantinische Feldherr Priscus siegreich über die Donau und zog durch das Gebiet der heutigen Comitate Temes und Torontál nach der Theiß. Hier schickte er 4000 Mann über den Fluß zur Auskundschaftung. Die Späherschar traf drei gepidische Ansiedelungen, deren Bewohner, ohne Kenntniß von dem Vorgefallenen, in großer Versammlung irgend ein nationales Volksfest gefeiert hatten und nach dem nächtlichen Trinkgelage nun in tiefem Schlafe versunken waren. Die Menge wurde von der römischen Streifschar größtentheils getödtet und geplündert. Nach einer neuen siegreichen Schlacht machten die Römer zahlreiche Gefangene, darunter 3000 Avaren, 8000 Slaven und 6200 „andere Barbaren“, d. h. also wohl gepidische und sonstige germanische Völker.

Noch mehr! Die Gepiden werden uns bis zu Ende des VIII. Jahrhunderts genannt. Der Langobarde Paulus Diakonus (Warnefried) erzählt um das Jahr 790: „Die Gepiden selbst,

welche Alboin nicht mit sich geführt hatte, seufzen bis zum heutigen
Tage in harter Knechtschaft der Hunnen", d. i. der Avaren.

Die Knechtschaft scheint jedoch in Wahrheit nicht sehr „hart"
gewesen zu sein; denn wir sahen, daß die unterworfenen Gepiden,
deren Ansiedlungen im heutigen Bácser Comitate gelegen waren,
sich ungestört versammeln und Feste feiern konnten. Man findet
ferner gepidische Unterthanen als Diener bei vornehmen Avaren;
im Heere der Römer gebraucht man die Gepiden wohl als Spione
gegen die Slaven, nicht aber gegen die Avaren. Wie es scheint,
haben diese Letzteren die Gepiden als Feldbauer in ihren Sitzen
belassen und sie zum Stande der Hörigen, die auch zu persönlichen
Dienstleistungen, wohl auch zu Kriegsdiensten verpflichtet waren,
herabgedrückt, ohne jedoch ihre Lage besonders hart zu gestalten.
Im andern Falle würden ja die Gepiden sich gerne mit den herein=
gedrungenen siegreichen Römern gegen ihre avarischen Unterdrücker
zur Abschüttelung dieses Joches verbündet haben. Auch hätte der
kluge Priscus sich diese Mitwirkung sicher nicht entgehen lassen.
An eine „Ausrottung" der Gepiden durch die Avaren ist also nicht
zu denken; da ja noch um die Mitte des IX. Jahrhunderts eine
historische Quelle meldet: „Die Hunnen (d. i. die Avaren) vertrieben
die Römer, die Gothen und die Gepiden. Von diesen Gepiden
wohnen auch jetzt noch einige daselbst." Das heutige südliche
Ungarn und Slavonien gerieth mit der Schwächung des Avaren=
reiches allmählich in slavischen Besitz; insbesondere dehnten die
Bulgaren ihre Macht auch bis zur Drau aus. Unter dem slavischen
Einflusse verschwanden dann die Reste der Gepiden; ihr Name
wird nicht weiter erwähnt.

Pannonien unter fränkischer Herrschaft.

Während auf solche Weise im Nordwesten und im Süden das germanische Volkselement im heutigen Ungarn von der sich ausbreitenden Slavenflut überdeckt, vertilgt oder absorbiert wurde: rückten von Westen her abermals Deutsche in das alte Pannonien ein. Dieses neuerliche Vorrücken des Deutschthums steht in ursächlichem Zusammenhange mit dem Untergange des Avarenreiches, das in der Zeit von 791—803 durch wiederholte Heerzüge der mächtigen Franken vernichtet wurde. *) Westlich von den Avaren, von der Enns bis zum Lech, hatten sich schon seit dem Ende des V. Jahrhunderts die suevischen Baiwaren (Baiern) angesiedelt und hier mit dem Christenthume und der Gründung eines besondern Stammesfürstenthums (Herzogthums) die Stufen höherer Gesittung betreten.

Nach dem Sturze der Avarenherrschaft wurden an den öst= lichen Grenzen des fränkischen Reiches die Friauler und die Ostmark gegründet. Die Erstere umfaßte die Landschaft Friaul mit dem Görzischen, dann Istrien, Liburnien, das binnenländische Dalmatien, Unter=Pannonien zwischen Drau und Save und das südliche Karantanien bis an die Drau. Dieser letztere Fluß bildete die Grenze gegen die Ostmark. Diese reichte in ihrem weitesten

---

*) Vgl. Dümmler, Über die südöstlichen Marken des fränkischen Reiches. Desselben, De Arnulfo francorum rege und Geschichte des Ost= fränkischen Reiches. Dann Kaemmel, die Entstehung des österreichischen Deutschthums Bd. I ; Meiller, Babenbergische Regesten und Diöcesan-Grenz= regulirung Ludwig des Baiern u. a.

Umfange von der Enns entlang der Donau bis zur heutigen Stadt Waitzen, von da im Osten bis zum Einflusse der Drau in die Donau und im Süden von dieser Einmündung bis über die Stadt Warasdin hinaus, umfaßte also das heutige Nieder-Österreich, Westungarn bis zur Drau und das nördliche Karantanien. Im Westen läßt sich die Grenze heute nicht mehr genau bestimmen. Dabei zeigt sich nun eine interessante Erscheinung. Als eigent= liches fränkisches Reichsgebiet wurde bloß der Landstrich von der Enns bis an die Rabnitz und die Raabmündung bezeichnet; das war die „provincia Avarorum", „Avaria" oder der „limes orientalis" und dieses Gebiet wurde mit Baiern, Franken und Sachsen besiedelt. Die bairischen Bisthümer: Salzburg, Passau, Regensburg und Freising und die Klöster St. Emmeran in Regensburg, Nieder=Altaich, Mondsee, Kremsmünster u. a. erhielten in den neuerworbenen Gebieten große Donationen. Des= gleichen wurden bairische Edle hier mit freigebiger Hand begabt. So findet man die Grafen Wilhelm und Ratbod in Ober= Pannonien begütert. Der Zweck war ein deutlicher: das menschen= arme, veröbete Land sollte bevölkert, colonisiert und bebaut und dadurch auch der fränkischen Herrschaft gesichert werden. Die deutschen Einwanderer trafen jedoch fast überall auf bereits vor= handene slavische Bewohner; nur war diese Bevölkerung insbesondere in den Hochthälern der Gebirge eine sehr spärliche.

Weit dichter saßen die Slaven in jenem Gebiete der Ostmark, das von der Raab südwärts an die Donau und Drau sich erstreckte und als „limes pannonicus" in der Eigenschaft eines bloß tribu= tären Avaren= und Slavengebietes unter fränkischer Oberhoheit aufzufassen ist. Hier erhielten sich die Avaren noch einige Zeit, aber stets bedrängt von ihren früheren slavischen Unterthanen. Seit dem Jahre 871 verschwindet Volk und Name der Avaren aus der Geschichte nach dem altrussischen Sprichworte: „Sie sind untergegangen wie die Avaren", d. h. kein Vetter, kein Erbe ist mehr von ihnen vorhanden.

Die Ostmark und die beiden Pannonien wurden stets als Nebenländer Baierns behandelt und standen unter einer

Centralverwaltung, welche in oberster Instanz ein Beamter leitete, dem auf der einen Seite der Markgraf der Ostmark, auf der anderen zunächst die einheimischen slavischen Fürsten in Ober= und Unter=Pannonien untergeben waren. Er selbst hatte direct nur das central gelegene Ober=Pannonien unter sich. An die Stelle der slavischen Stammeshäupter in Unter=Pannonien traten jedoch um das Jahr 830 bairische Grafen. Der erste jener zuhöchst ge= stellten fränkischen Grafen war Gerold I., ein geborner Schwabe und Schwager Karl des Großen. Er fiel am 1. September 799 im Kampf gegen die Avaren. Auch seine Nachfolger gehörten den hervorragendsten deutschen Abelsgeschlechtern an und zeichneten sich durch Tapferkeit aus.

Die Nachkommen des großen Karl hatten freilich für die östlichen Marken nicht mehr jenen scharfen Blick, jene Umsicht und Fürsorge, um durch die allmähliche Verwandlung der slavischen Vasallenfürstenthümer in fränkische Gaugrafschaften das Interesse des Reiches hier im Osten zu wahren und zu sichern. Es war nämlich ein Abfall von der Tradition des großen Ahnherrn, wenn Ludwig der Deutsche noch als Herr von Baiern und dessen Nebenlanden (seit 841) die abermalige Errichtung slavischer Fürsten= thümer auf pannonischem Boden gestattete.

Seit dem Jahre 822 erscheinen zwischen der Donau, March und Waag, also auf altgermanischem Boden, den ehedem Quaden, Rugen, Langobarden, Heruler u. a. innehatten, zwei slavische Fürstenthümer: das „Reich" Mojmirs mit dem Hauptorte Dovin (Dovina, Theben, d. i. die „Mädchenburg" bei Preßburg = Bracislaws Burg) und das „Reich" Priwinas mit dem Haupt= orte Nitrawa (Neitra). Der letztere Fürst wurde von Mojmir ver= trieben, suchte den Schutz der Ost=Franken und ließ sich zu Trais= mauer (im heutigen Nieder=Österreich) taufen. In sein Fürsten= thum zurückkehrend nimmt Priwina bairische Priester mit sich; der Salzburger Bischof Abalram weiht in Nitrawa (Neitra) die erste christliche Kirche. Priwina muß jedoch neuerdings flüchten und Ludwig der Deutsche übertrug ihm (841) zu Regensburg fast ganz Unter=Pannonien als Lehens=Fürstenthum, das zwischen dem

Plattensee und der heutigen Unter=Steiermark lag und in kirchlicher
Hinsicht dem Salzburger Kirchsprengel unterstand. Der Mittel=
punkt des neuen Lehensstaates war die Mosaburk (Moosburg
b. i. Moorburg). Priwina hatte als getreuer fränkischer Vasall
auch die Colonisierung mit bairischen Ansiedlern zu
befördern. Sein Herrschersitz an der Szala, die Moosburg (jetzt
Szalavár) hat bereits einen deutschen Namen.

Die fränkischen und bairischen Colonisten fanden,
wie erwähnt, bei ihrer Einwanderung in die Gebiete der Ostmark,
dann Karantaniens und Pannoniens ein von Slaven, Avaren und
romanischen Volksresten dünn bevölkertes Wild= und Waldland vor,
das in den Thalungen meist Sumpf und Moor, an den großen
Flußläufen menschenleer und nur in einzelnen Rodungen und
Lichtungen bewohnt war. Es galt also vor allem die wüst
liegenden Strecken urbar zu machen und zwischen den Slaven=
dörfern und Avarensitzen deutsche Ortschaften zu gründen.
Die politische Verwaltung schützte die Colonisation kräftig, die
Kirche beförderte sie eifrigst und der nahezu hundertjährigen deutschen
Colonistenarbeit gelang es, das pannonische Wald= und Sumpf=
land in einen blühenden Zustand zu versetzen, den selbst die Ver=
wüstungen der Mährer und die Einfälle und Eroberungen der
Magyaren nicht gänzlich vernichten konnten.

Das eroberte Gebiet wurde von der Krone theils an Kirchen
und Klöster oder an weltliche Edle verschenkt, theils auch von
diesen als herrenloses Gut occupiert und erst dann von dem Könige
bestätigt. So heißt es in einem Diplome Ludwigs des Deutschen
für das Kloster Nieder=Altaich: „Unser Herr Großvater Karl
ertheilte seinen Getreuen die Erlaubniß, zur Vermehrung des
Kirchenbesitzes in Pannonien Land zu nehmen und zu besitzen;
was bekanntlich an vielen Orten und auch zu Gunsten dieses
Klosters geschehen ist.“ Die Slaven und Avaren behielten ihr
Eigenthum, wurden aber der Krone zinspflichtig; doch erscheinen
slavische Edle und Großgrundbesitzer namentlich im Fürstenthume
Priwinas noch bis zu Ende des IX. Jahrhunderts. Die große
Mehrzahl der Slaven war allerdings unfrei oder wenn sie

persönliche Freiheit genossen, doch ohne Grundbesitz, „ein Ver=
hältniß, das in vielen Fällen die Baiern nicht schufen, sondern
vorfanden". (Kämmel.) Der Name „Slave" galt schon im
Jahre 828 als gleichbedeutend mit „Sklave" b. i. Leibeigener.

Im Allgemeinen überwog bei der deutschen Colonisation der
Großgrundbesitz, obwohl es auch an kleineren freien
Eigenthümern nicht fehlte. Die Ansiedlung erfolgte meist durch
Anlage neuer Orte auf frisch gerodetem Boden. Zu diesem Behufe
brachte der Besitzer des Gutes abhängige Leute aus der Heimat
und verpflanzte dieselben auf die östliche Besitzung. Deutsche Auf=
sichtsbeamte leiteten die Besiedlung und die neue Wirthschaft.
Oder es wurden im Anschlusse an bestehende slavische Ortschaften
deutsche Bauern angesiedelt. Die Form der Ansiedlung war in
der Wald= und Moorgegend meist der Hof, der Herrenhof, dessen
dienende Leute die Felder bestellten; in der leichter cultivierbaren
Fläche das Dorf (vgl. z. B. die pannonischen Orte Kundpoldesdorf,
Wisitendorf, Reginiwartensdorf u. a.) Selten erscheinen die Orte
als befestigte „civitas" oder „Burg", so die „civitas" Sabaria
(auf „Savaria"), die Mosaburg (geradezu als „munimentum" be=
zeichnet), die „öde Burg" (Ödenburg). Der Mangel an festen
Plätzen in Pannonien erleichterte ja auch die Verwüstungen der
Mährer und die Eroberung durch die Magyaren. Aus demselben
Grunde der mangelnden sichern Wohnorte blieb auch die Donau=
Linie von den deutschen Einwanderern unbesetzt. Die Nähe der
Mährer und Bulgaren schreckte hier von der Niederlassung ab.

Die deutsche Besiedlung fand vor Allem in dem Hügellande,
das sich an die steirische Gränze lehnt und theilweise noch Spuren
römischer Cultur trug, einen schützenden Halt. Die „öde Burg"
an der Stelle des alten Scarabantia wird zuerst im Jahre 860
genannt. „Königshufe" daselbst beweisen deutschen Anbau; doch
reichte der Wald vom Gebirge noch tief hinab. Vielleicht lag in
dieser Gegend auch das salzburgische Kundpoldesdorf.

Dichter waren die Ansiedlungen weiter südwärts, an den Neben=
flüssen der obern Raab. Das altrömische Sabaria wird in den Jahren
791 und 805 als „civitas" genannt und war erstlich königlicher

Besitz, dann salzburgisches Eigenthum. Von Sabaria heißt auch das
Güns-Flüßchen in seinem Oberlaufe Sevira. Hier, zwischen Zöbern
und Spreitzbach (Spraza), war der Kern deutscher Colonisierung in
diesem Landstrich. Das Kloster Matsee, vor Allem aber das Erzstift
Salzburg hatte an den Zuflüssen der Raab, an der Zöbern, an
der Pinka, an der Lafnitz, an der Jlz, in Nestelbach (Nezilinpach)
seine Höfe: dazwischen lagen die Güter königlicher Vasallen. Ober-
Pannonien erscheint überhaupt gegen das Ende des IX. Jahrhunderts als eine wohl bevölkerte und blühende Landschaft. Im
Jahre 884 war es möglich, ein pannonisches Aufgebot gegen die
Mährer zu führen, angesehene Grundbesitzer werden damals erwähnt,
zahlreiche Leibeigene bevölkern ihre Höfe und Dörfer und es ist
eine Frage von Bedeutung, die Flucht solcher Leute über die Raab
zu hindern. Nach der mährischen Verwüstung von 883 und 884
beklagt das „einst glückliche Pannonien" ein bairischer Geistlicher,
nachdem er „des Vaterlandes Jammer und elenden Untergang"
geschildert.

Nicht minder rüstig war die deutsche Colonisierung südlich
von der Raab vorgeschritten. Der Fürst Priwina begünstigte
dieselbe. Die Gründung zahlreicher Kirchen machte den Anfang,
denn sie setzte überall die Anstellung deutscher Geistlichen und die
Anlage deutscher Wirthschaftshöfe voraus; zuweilen war auch eine
Kirche mit ihrem Grundbesitz als Eigenthum in den Händen eines
Geistlichen, wie z. B. Quartinaha am Plattensee. Gleichzeitig
erwarben auch hier bairische Bisthümer und Klöster Grundbesitz.
Von Salzburg haben wir schon oben gesprochen; das Freisinger
Bisthum erwarb Wampaldsdorf am Plattensee (861) mit Wein-
gärten, Wiesen und Wäldern, ebenso Regensburg Güter an dem-
selben See und an der Szala; Nieder-Altaich zu Salabiug u. a.
Der Vasall Froprecht besaß vor 879 Güter an der Szala,
Engilder und seine Söhne zu Quartinaha am Plattensee. Daher
stammen auch die deutschen Dorfnamen wie Lindolfskirch, Jsan-
grimskirch, Otacharskirch, Palmunteskirch, Beatuskirch u. a.

Die Wirthschaftsverhältnisse waren im Allgemeinen
noch primitiver Natur; der Ackerbau wurde nach dem System der

Dreifeldercultur: für Brache, Winter= und Sommersaat, betrieben; Wald und Weide waren gemeinsames Gut der Ansiedlung und dienten zur Viehzucht. Noch begegnet man in dieser Zeit der Bienenzucht und dem Weinbaue (an der Szala, am Plattensee). Die Feldarbeiten wurden auf den Herrenhöfen von Hörigen und Leibeigenen, auf den Bauernhöfen von freien Leuten und deren Knechten besorgt. Handwerke und Künste betrieben theils zugewan= derte Gewerbsleute, theils auch Geistliche und Mönche. So wird Altfried, der erste Erzpriester von Mosaburk, ein Meister in jeder Kunst genannt.

Zu Ende des IX. Jahrhunderts erscheinen in Ober = Panno = nien neben 3—4 slavischen und 5 sicher romanischen 14 deutsche Ortsnamen, von denen dem heutigen Ungarn angehörten: Kundpoldesdorf, Nezilinbach (Nestelbach), Odinburch (Ödenburg), Omuntesberch (Münzenberg?), Stepiliperc, Wisitindorf, Castellum Guntionis (Güns). In Unter=Pannonien kennt man außer 4 romanischen und 8 slavischen folgende 21 deutsche Local= namen: Beatuseschirichun, Palmunteschirichun, Ecclesia Erinperti, Isangrimeschirichun, Chirichstetten, Lindolveschirichun, Mosapurc, Muzzilicheschirichun, Ortahu, Otachareschirichun, Hrabagisceit, Reginiwartesdorf, Rosdorf, Ruginesveld, Salapiugin, Ecclesia Sandrati, Waltungesbach, Wiebhereschirichun, villa Wampalbi, Velih? und Zistanesfeld. Dazu noch Quartinaha und ad Quinque basilicas (Fünfkirchen). Die Lage der meisten dieser Orte ist heute nicht mehr zu ermitteln.

In kirchlicher Beziehung wurde „Avarien" und das angrenzende Tributär=Land im Jahre 829 in der Weise getheilt, daß der Landstrich von der Raab bis zur Drau, also das ehe= malige Nieder=Pannonien, zur Salzburger Erzdiöcese gehörte; das Gebiet von der Rabnitz und der Raab angefangen gegen Nord= westen war dem Passauer Bisthume zugewiesen. Wie eifrig diese bairischen Bischöfe in den neuen Gebieten für das Christenthum gewirkt, geht aus mehrfachen Thatsachen hervor. Der Erzbischof Arno von Salzburg fand sich schon im Jahre 798 auf dem neueroberten Gebiete ein, lehrte den christlichen Glauben, weihte

Kirchen und bestellte Priester daselbst. Als Regionarbischof für Karantanien und Unter=Pannonien wurde Theodorich eingesetzt. Diesem folgte Bischof Otto, dann (im Jahre 872) Oswald u. a. In dem Fürstenthume Priwina's am Plattensee fand die christliche Lehre allgemeine Verbreitung. In der Begleitung Priwina's befand sich schon bei seiner Ankunft ein salzburgischer Priester Dominicus. In Moosburg (Mosapurk) ließ Priwina drei Kirchen erbauen, davon eine durch Bauleute, die ihm sein kirchlicher Oberhirt, der Erzbischof von Salzburg gesandt hatte. Der Erz=bischof Liutpram (836—859) weihte selbst die erste Kirche in Priwina's Residenz. In Moosburg war die erste Kirche der hl. Jungfrau, die andere dem hl. Ruprecht, dem Salzburger Schutz=heiligen, geweiht; außerdem gab es daselbst später noch zwei Kirchen. Bald erhoben sich an vielen Orten des Landes Gottes=häuser. Unter diesen Orten waren die meisten von Deutschen bewohnt. Es gab Kirchen zu Salabiug (Salaburg), zu Pettau, Stepilberg, Lindolfskirch, Keis, Wiederhers oder Weitersherrskirch, Isangrimskirch, Beatuskirch, Ottakarskirch, Palmunteskirch, Fünf=kirchen („ad Quinque Basilicas“ oder „Quinque Ecclesiae“) u. a. O. Die Zahl der in dem Fürstenthume Priwinas von 836 bis 865 geweihten Kirchen beträgt über 30. Die Erzbischöfe von Salzburg fanden sich daselbst zu wiederholten Malen ein. Die zahlreichen Geistlichen waren zumeist Deutsche. Priwina beschenkte auch das Kloster Nieder=Altaich mit Besitzungen in Pannonien. Für seine Treue an das fränkische Herrscherhaus und seine Ergebenheit gegen die Kirche erhob Kaiser Ludwig das bisherige Lehensfürstenthum Priwina's zu einem eigenen „Herzog=thum“ (um 848); nur die Besitzungen der Salzburger Erzbiöcese wurden von diesem Eigenthume ausgenommen. Als Salzburger Besitzungen nennt eine kaiserliche Donations=Urkunde vom Jahre 861 in Pannonien folgende Güter in der „Stadt“ (civitas) Sabaria (Steinamanger), Peinicaha (Pinkafeld) und in Mosaburk; in letzterem Orte bestand namentlich die Abtei zum hl. Hadrian. Ferner hatte der Salzburger Erzbischof theils durch kaiserliche, theils durch Schenkungen anderer Personen, insbesondere Priwinas noch eine

Reihe von Gütern oder Höfen zu Eigen erhalten, so z. B. einen Hof (curtem) von 300 Mansen (Hufen) und mit Weingärten sammt Zugehör zu Salabiug, dann ähnlichen Grundbesitz (Äcker, Weingärten und Wälder) zu Quartinaha am Plattensee, Güns (Gensi), Kobelsdorf (Kundpolbesdorf), Ad rapam (an der Rabnitz), bei Sabaria.

Auch in dem Passauer Bisthumsantheil der Ostmark entfalteten die bairischen Geistlichen die doppelte Thätigkeit der Colonisierung und der Bekehrung. Unter der Oberaufsicht des Passauer Bischofs leiteten hier ebenfalls Landbischöfe (Regionarbischöfe) das christliche Werk.

Das Verhältniß zwischen der deutschen Geistlichkeit und den slavischen Bewohnern scheint aber niemals ein besonders freundliches gewesen zu sein. Eine gegenseitige Annäherung wurde einmal schon durch die Sprachverschiedenheit verhindert; sodann behandelten die bairischen Priester ihre unbekehrten Gläubigen mehr als Hörige, die den geistlichen Grundbesitzern Zins zahlen und sonstige Arbeiten leisten mußten. Endlich kam zu diesem Verluste der persönlichen und dinglichen Freiheit noch die Last des Zehnten, den die Kirche trotz eindringlicher Warnungen einsichtsvoller Männer (z. B. Alcuins an den Erzbischof Arno) von den Gläubigen mit unnachsichtiger Strenge eintreiben ließ.

So kam es, daß die pannonischen Slaven das Auftreten der Slavenapostel Cyrill und Method mit Freuden begrüßten. *) Priwinas Sohn und Nachfolger Kozel nahm sie ehrenvoll auf und gab ihnen sofort fünfzig Schüler, um diesen das von ihnen erfundene slavische Alphabet zu lehren.

Dies geschah zu Ende des Jahres 867. Method kehrte als Bischof von Mähren und Pannonien aus Rom zurück (869) und abermals wurde er von Kozel mit großen Ehrenbezeugungen empfangen, ja dieser slavische Fürst schickte den Bischof mit zwanzig

---

*) Vgl. Wattenbach, Beiträge zur Geschichte der christlichen Kirche in Mähren und Böhmen. Dümmler, die pannonische Legende. Ginzel, die Slavenapostel Cyrill und Method.

Edeln seines Volkes an den Papst und erbat die Wiederherstellung
des pannonischen Erzbisthums, das einst zu Sirmium (bei Mitrowitz)
bestanden hatte und die Übertragung desselben auf Method.
Papst Hadrian II. willfahrte diesen beiden Ansuchen und
Method begann mit dem Jahre 871 seine erzbischöfliche Wirk=
samkeit. Er lehrte in der Volkssprache und richtete den slavischen
Gottesdienst ein. Was Wunder, wenn die Slaven, Fürst Kozel
voran, ihrem Apostel sich zuwendeten und die bairischen und frän=
kischen Priester verließen! Unverkennbar lag in dem Vorgehen
Kozels zugleich das Bestreben, sich von der drückenden Freundschaft
der Salzburger Erzbischöfe zu emancipieren und sich der fränkischen
Oberhoheit ebenfalls zu entziehen.

Der Abfall des slavischen Volkes von der bairi=
schen Geistlichkeit war ein allgemeiner; der Erzpriester und
Vikar Richbald in Mosaburk verließ in Folge dessen das Fürsten=
thum Kozels und gieng zur Klage nach Salzburg. Der damalige
Erzbischof und seine Suffragane erhoben sodann Beschwerde vor
dem Könige, daß „ein gewisser Grieche, Methodius mit Namen,
mit neu erfundenen slavischen Buchstaben die lateinische Sprache
und die römische Lehre nebst den althergebrachten lateinischen Buch=
staben in dünkelhafter Weisheit verdränge und einem Theil der
Gemeinde die lateinische Messe und die Evangelien und den Gottes=
dienst verächtlich mache“. Seit 75 Jahren (d. i. seit 796) seien die
„Bewohner des östlichen Pannoniens von den Salzburger Erz=
bischöfen geleitet worden;“ kein Bischof außer ihnen hatte daselbst
irgend eine geistliche Gewalt und kein fremder Priester wagte es
dort länger als drei Monate sein Amt zu verwalten, ehe er dem
Bischof seine Entlassung aus der andern Diöcese vorgezeigt hatte.

In demselben Jahre 871 wurde dann in Gegenwart des
Königs, der die Entfremdung Pannoniens durch den Papst und
die slavischen Fürsten besorgen mochte, eine Synode abgehalten,
Methodius vorgeladen und hierauf ins Gefängniß geworfen, wo
er zwei und ein halbes Jahr verblieb. Mittlerweile hatte der
mährische Fürst Swatopluk (Swentibold) sich gewaltsam an die
Spitze seines Volkes gestellt und trat immer deutlicher als der

gefährlichste Feind des fränkischen Reiches im Osten hervor. Als im Jahre 874 der Fürst Kozel starb, erhielt sein Land Arnulf, der Sohn Karlmanns, der es bis zum Jahre 887 verwaltete. Während dieser Zeit konnte die slavische Liturgie und das Werk des aus seinem Kerker entlassenen Erzbischofs Methodius in Pannonien keine weitere Verbreitung finden. Darum begab sich Letzterer zu dem hochstrebenden Mährerfürsten Swatopluk, der den Apostel gerne aufnahm, weil die Gründung einer unabhängigen mährischen Kirche auch seinen politischen Zielen entsprach. Method starb im Jahre 886. Südpannonien war indessen der Salzburger Erzdiöcese für alle Zeiten verloren. Damit erlitt zugleich der deutsche Einfluß am Plattensee einen schweren Schlag, der auch die Fortentwickelung der deutschen Colonisation in Frage stellte.

Zwischen Arnulf und Swatopluk brach im Jahre 885 offene Feindseligkeit aus. Der Mährerfürst und sein chorwatischer Verbündeter Braslaw, dessen Fürstenthum zwischen der Drau und Save gelegen war, überfielen „Wölfen gleich" Pannonien und verwüsteten dasselbe. Ähnliches geschah auch im nächsten Jahre. Der Haß des Slaventhums gegen das Deutschthum offenbarte sich in der deutlichsten Weise.

Im December 887 bestieg Arnulf, Swatopluks entschiedener Gegner den deutschen Thron. Der neue König suchte vor Allem das pannonische Gebiet gegen die Gewaltherrschaft des Mährerfürsten zu schützen. Deshalb bestellte er im Jahre 889 für Oberpannonien einen neuen Markgrafen und da die Zusammenkunft Arnulfs mit Swatopluk zu Omuntesberg in Pannonien (Fastenzeit 890) keinen Erfolg hatte, so brach das feindliche Verhältniß zwischen dem Frankenreiche und Mähren abermals aus. Der Krieg dauerte mit wechselndem Glücke bis zum Herbste 894. In diesem Jahre starb auch Swatopluk; seine drei Söhne geriethen der Herrschaft wegen bald unter einander in Streit.

Folgenschwer für das Mährenreich sowie für die ganze künftige Gestaltung der staatlichen Dinge an der mittlern Donau war es, daß an den Kämpfen der Franken gegen die Mährer seit dem Jahre 892 auch das in Europa bisher unbekannte Volk der

„Ungern" oder Magyaren Antheil nahm. Im Jahre 894
machten dann die Magyaren einen verwüstenden Einfall nach
Unter=Pannonien, das von nun an ihre Nachbarschaft schwer zu
empfinden hatte. · Hier zogen sie im Jahre 898 nach Italien durch
und im Jahre 900 mußte Unter=Pannonien abermals die Ver=
wüstungen der magyarischen Reiter ertragen. Ja den Angriffen
dieses kühnen Reitervolkes unterlag schließlich das auch durch
innern Zwist geschwächte großmährische Reich (905 oder 906.)
„Gänzlich vernichteten die Ungarn" (so berichtet der purpurgeborne
Kaiser Constantin) „die Mährer und eroberten ihr Land; die
übrig bleibenden zerstreuten sich, zu den Nachbarvölkern fliehend."
Dadurch war den Magyaren auch der Weg nach dem Norden
geöffnet. Schon im Jahre 906 streiften sie bis Sachsen.

Die Deutschen in der erſten Zeit der ungriſchen Herrſchaft.

Die Ankunft und Niederlaſſung des magyariſchen Volkes war auch für die Deutſchen im alten Pannonien von weittragenden Folgen begleitet. Die Eroberung der Magyaren hatte allerdings zunächſt das mähriſche Reich im Auge; denn nur dieſes konnte den aus ihrer Heimat vertriebenen Magyaren an der mittleren Donau kräftigen Widerſtand leiſten. Dieſer Kampf wogte zunächſt um den Beſitz von Pannonien, das beim Ausgange des Jahr-hunderts den neuen Ankömmlingen überlaſſen werden mußte. Die hier zahlreich anſäſſigen Slaven ſcheinen aber nach ihrer Bezwin-gung mit ihren ſiegreichen Herren raſch gemeinſame Sache gemacht zu haben gegen die verhaßten Deutſchen. *)

Das klagen mindeſtens die bairiſchen Biſchöfe in ihrem Schreiben aus der erſten Hälfte des Jahres 900 an den Papſt Johann IX. Dieſer Brief iſt für die Kenntniß der Veränderungen in Pannonien ſehr wichtig. Wir erfahren daraus, daß die Biſchöfe die Mährer in weltlicher und geiſtlicher Beziehung als Unterthanen des fränkiſchen Reiches betrachteten, daß die Biſchöfe und Grafen unge-hindert dahin gegangen waren und alle ihre Obliegenheiten ohne Widerſtand verrichtet hatten; „bis jene (die Mährer) anfiengen,

---

*) Nebſt den ungariſchen Geſchichtsquellen insbeſondere zu vergleichen die Werke von Feßler-Klein, Geſchichte der Ungern; dann noch die Werke von Horváth und L. Szalay (letztere in ungariſcher Sprache), K. Szabó, das Zeitalter der Herzoge (ungariſch). Endlicher, die Geſetze des heiligen Stefan, Pauler, der heilige Stefan und ſeine Conſtitution (ungariſch), Krones, Geſchichte Öſterreichs, Büdinger, Öſterreichiſche Geſchichte u. a.

das Chriſtenthum zu verabſcheuen, indem der Teufel ihre Herzen
verhärtete und alle Gerechtigkeit zu verbannen, zum Kriege zu
reizen und ſich heftig zur Wehr zu ſetzen, in dem Maße, daß dem
Biſchof und den Prieſtern der Weg dahin verſperrt wurde."

Nach dieſer übertriebenen Darſtellung der Abhängigkeit
Mährens vom fränkiſchen Reiche und nachdem ſich die Biſchöfe
über die Einſetzung einer neuen Hierarchie in Mähren, die von
dem Paſſauer Bisthume unabhängig ſein ſollte, beklagt, werden
die mähriſchen und pannoniſchen Slaven der Unbotmäßigkeit, der
Frechheit, des Abfalles von der Kirche u. ſ. w. beſchuldigt. „Die
Falſchheit deſſen," (heißt es dann wörtlich) „was uns (nämlich den
bairiſchen Biſchöfen) die beſagten Slaven Schuld geben, wir hätten
mit den Ungern den katholiſchen Glauben verletzt und durch einen
Hund und Wolf und andere abſcheuliche und heidniſche Dinge den
Frieden beſchworen und ihnen Geld gegeben, damit ſie nach Italien
zögen, würde offenbar werden, wenn unſere Sache vor dem allwiſſen-
den Gott und vor Euch, ſeinem Stellvertreter, zur Prüfung käme.
Denn weil ſie (d. i. die Ungern) unſere fern von uns wohnenden
Chriſten (in Pannonien) ſtets bedrohten und ihnen durch heftige
Verfolgung zuſetzten, haben wir ihnen nicht Summen Goldes
gegeben, ſondern nur eine Anzahl unſerer leinenen Gewänder,
damit wir einigermaßen ihre Wildheit beſänftigten und ſie von
der Verfolgung zurückhielten. Jene (die Slaven) ſelbſt haben das
Vergehen, deſſen ſie uns einmal bezüchtigten, ſeit vielen Jahren
verübt. Sie ſelbſt haben eine beträchtliche Anzahl von Ungern
zu ſich genommen und nach deren Weiſe auf heidniſche Art ihr
Haupt ganz abgeſchoren und ſie über unſere Chriſten losgelaſſen,
die ſie theils zu Gefangenen machten, theils erſchlugen, theils vor
Hunger und Durſt umkommen ließen; unzählige aber ſchleppten
ſie in die Verbannung, brachten vornehme Männer und angeſehene
Frauen in Sklaverei, ſteckten Gotteshäuſer in Brand und zerſtörten
alle Gebäude, ſo daß in ganz Pannonien, unſerer größten Provinz,
faſt keine Kirche mehr zu erblicken iſt, wie Euch Eure Biſchöfe melden
könnten, wenn ſie geſtehen wollten, wie viele Tage ſie hindurch
reiſten und das ganze Land als Einöde trafen."

Aus diesen heftigen Anklagen geht vor Allem der leidenschaftliche Antagonismus zwischen Deutschen und Slaven hervor; sodann
ersieht man daraus, daß die Verwüstung Pannoniens durch die
Slaven in den Jahren von 883—884 wahrscheinlich in Gemeinschaft mit den Magyaren verübt wurde; denn letztere waren bereits
um das Jahr 862 an den östlichen Grenzen des fränkischen Reiches
erschienen. Bei dieser Verwüstung brach über die deutschen Ansiedlungen in Pannonien und Karantanien die Katastrophe herein.
Dieselben wurden zerstört und geplündert, die Menschen getödtet
oder gefangen oder sie retteten sich durch Flucht. Letzteres thaten
nach dem Beispiele Richbalds wohl die meisten übrigen Geistlichen, die
durch ihr unkluges Benehmen, durch ihre Herrsch- und Habsucht
nicht wenig beigetragen zur Erbitterung der Slaven gegen die
Deutschen, so daß jene weit lieber den heidnischen Ankömmlingen
sich anschlossen, um auf solche Weise ihre persönliche Freiheit zu
retten und Rache zu nehmen an ihren bisherigen Peinigern und
Unterdrückern. Aus der Verschmelzung des zahlreichen slavischen
Volkselements mit den Magyaren erklärt sich auch am ungezwun-
gensten die große Anzahl slavischer Worte in der ungarischen Sprache,
die alle auf eine Zeit der Entwickelung des Magyarenvolkes hinweisen, als dieses den Übergang vom wildumherstreifenden kriegerischen Nomadenleben in den Zustand des seßhaften Ackerbauers
vollbrachte.

Dem ersten Anprall des magyarischen Volkes folgte jedoch
nicht sofort die dauernde Occupation Pannoniens durch dasselbe.
Kaiser Arnulf verlieh noch im Jahre 895 Ober-Pannonien an
seinen Verwandten Liutpold, Unter-Pannonien aber an den ihm
treugebliebenen slovenischen Herzog Braslaw, wodurch die
Moosburg abermals in slavische Hände kam (896). Jenseits der
Donau, im Zwischenstromlande der Donau-Theiß, hatten die
Magyaren ohne Mühe ihre erste Niederlassung gefunden. Aber
sie blieben hier nicht lange; schon im Jahre 898 unternahmen sie
den ersten verheerenden Streifzug nach Italien. Der Krieg führte
sie augenscheinlich durch Unter-Pannonien, wo Herzog Braslaw
ihnen keinen ernstlichen Widerstand zu leisten vermochte. Als dann

Kaiser Arnulf im Jahre 899 gestorben war und Ludwig das Kind den fränkischen Thron bestiegen hatte, da ergossen sich die ungarischen Reiterschwärme zu beiden Seiten der Donau nach dem Westen, drangen bis über die Enns und verwüsteten die überfallenen Gegenden mit solcher Schnelligkeit, daß sie an einem Tage einen Flächenraum von zehn Meilen in der Länge und Breite durchstreift haben sollen. Große Beute wurde von ihnen nach Unter=Pannonien geschleppt, das sie nunmehr dauernd in Besitz nahmen. Seitdem wurden diese verheerenden Einfälle nach Italien und Deutschland ziemlich jedes Jahr wiederholt.

Das Gebiet der Ostmark hatte hievon das Meiste zu leiden. Dennoch verblieb ein großer Theil desselben für einige Jahre noch unter fränkischer Herrschaft. Man mochte damals in Deutschland an keine ernste Gefahr von Seite der Magyaren glauben; hatte man doch bisher schon so oft über Nomadenvölker des Ostens triumphiert. Es kommen noch im Jahre 903 Schenkungen in Pannonien vor; in Ober=Pannonien tauschte der Landbischof Madalwin noch im Jahre 904 Güter der Passauer Kirche ein; die östlichen Marken stehen fortdauernd unter den bestellten Grafen; unter ihnen walten an der Enns und Erlaf Gaugrafen. Der allgemeine Zustand war in den Marken nach den vorübergebrausten Stürmen der Magyaren bis zum Jahre 906 im Allgemeinen unverändert geblieben. Um diese Zeit fand fortwährend ein lebhafter und einträglicher Handelsverkehr zwischen dem Osten und Westen statt. An der Donau zu Raffelstetten (unweit der Enns) konnte noch zwischen 903 und 907 eine Versammlung der angesehensten Männer aus der Ostmark und ihren Unterabtheilungen stattfinden, um die erhobenen Beschwerden über Zoll und Mauth zu beheben. Man ersieht aus der hier geschaffenen Zollordnung, daß ein reger Handelsverkehr mit Salz, Wachs, Lebensmitteln, Sklaven, Pferden u. dgl. zwischen Baiern, Böhmen und Mähren stattfand und daß eine der Zollstätten weiter ostwärts zu Mautern an der Donau sich befand.

Die große Ungernschlacht vom 28. Juni 907, in welcher die Baiern eine entscheidende Niederlage erlitten, sicherte den

Magyaren die Ansiedlung in ihrer neuen Heimat. Wenige Schlachten können an weittragender Bedeutung für die Sieger wie für die Besiegten mit dieser verglichen werden. Seitdem verblieb auch Pannonien unter magyarischer Herrschaft und bildet einen integrierenden Theil des ungrischen Reiches bis zu diesem Tage.

Was ist nun aus den deutschen Ansiedlungen in Unter= und Ober=Pannonien geworden? Wenn man den historischen Quellen aufs Wort glauben wollte, dann hätten die Magyaren daselbst keine Schonung geübt; weder das ergraute Haar der Greife noch die zarte Unschuld der Kinder ihnen Mitleid eingeflößt; alle seien ohne Unterschied erbarmungslos niedergemetzelt worden. Daß die Magyaren barbarische Thaten verübten, liegt in der Natur der Sache, da ein beutesüchtiges Erobervolk in alter und neuer Zeit Schonung und Großmuth nicht gekannt hat. Daß sie aber gegen die Völker im eigenen Lande in solcher Wild= heit gewüthet hätten, das widerstrebte schon ihren Interessen, weil sie ja des unterworfenen Volkes zum Dienste und zur Arbeit bedurften. Auch der von verschiedenen Quellen gemeldete häufige Weiber= und Kinderraub, den die Magyaren bei ihren Einbrüchen in die westlichen Staaten begiengen, läßt sich weit ungezwungener aus dem Bedürfnisse als aus der „natürlichen Wildheit des Charakters" erklären. Zudem hatten sich den Magyaren wie ehedem den Hunnen, Gothen, Vandalen, Langobarden, Avaren ꝛc. viel fremdes Gesindel, der Auswurf und Bodensatz verschiedener Stämme zugesellt, um mit den neuen Ankömmlingen vereint gute Beute zu machen.

Die späteren Ereignisse bekunden es, daß die Magyaren die Bevölkerung nur dort ausrotteten, wo sie auf Widerstand trafen; dies war in den befestigten Orten der Fall und so mochten aller= dings die Deutschen in den pannonischen Städten und Burgen (wie Moosburg, Ödenburg, Sabaria, Fünfkirchen ꝛc.) bei dem vereinten Anpralle der Magyaren und Slaven großentheils ihren Untergang gefunden haben. Aber ganz verschwunden sind die deutschen Ansiedlungen kaum. Von der Fortdauer des Deutsch= thums in West=Ungarn zeugen die Ortsnamen Gensi (Güns),

Peinichaha (Pinkafeld), Lindolfskirch (Limbach?), Fünfkirchen. Aber auch in Ober-Ungarn dürften noch bergbauende Quaden, Baimen u. a. germanische Reste übrig geblieben sein. Der mährische Fürst Swatopluk war in politischer Hinsicht allerdings ein heftiger und gefährlicher Gegner der Franken und der fränkischen und bairischen Geistlichkeit, insofern diese Mähren als eine Dependenz des Passauer Bisthums betrachteten und darauf Anspruch erhoben. Aber es war bei ihm keinerlei nationale Abneigung gegen die Deutschen überhaupt. Ja, wir sehen, daß er nach dem Tode des Slaven-Apostels Method dessen Nachfolger und Anhänger aus seinem Lande vertrieb, an deren Stelle deutsche Priester berief, die Liturgie in slavischer Sprache abstellte und die lateinische einführte; daß er einen Deutschen, Wiching, zum Bischof von Neitra einsetzte. So mochte er auch schon aus rein financiellen und merkantilen Rücksichten die bergbaukundigen Deutschen im ungarischen Erzgebirge nicht bloß geduldet, sondern wohl noch gefördert haben.

Und ein Gleiches läßt sich später auch von Seite der Magyaren annehmen. In dieser Hinsicht enthält auch die ungarische Sage einen geschichtlichen Kern. Der ungenannte Notar eines Königs Bela, welcher die Eroberung Ungarns in sagenhafter Weise berichtet, erzählt, daß die Bevölkerung von Neograd, Bars und Sohl, an den Flußläufen der Eipel und Gran, sich den erobernden Ankömmlingen freiwillig unterworfen und Geiseln ihrer Treue gestellt hätte. Auch schlossen sich diese Bewohner ohne weiters dem Kampfe der Magyaren gegen die „Czechen" und Polen an. Man vermuthet, daß in dieser Sage die Bestätigung der Fortdauer des germanischen Volkselementes liege; wie man auch den Namen des Comitats „Gömör" vom deutschen „Hammer" zu erklären sucht, weil in dieser Gegend schon vor der Niederlassung der Slaven die daselbst wohnenden Quaden Bergbau betrieben und Eisenhämmer besessen haben.

Inzwischen dauerten die verheerenden Beute- und Kriegszüge der Magyaren in die benachbarten Länder fort; aber um die Mitte des X. Jahrhunderts erlitten sie fast auf allen Schauplätzen

ihres Erscheinens empfindliche Niederlagen. Kaiser Heinrich I.
schlug sie im Jahre 924; seit dem Jahre 938 wagen sie in Folge
erneuter Niederlagen keinen weitern Einfall nach Nord=Deutschland;
am 9. August 944 trägt Herzog Bertold von Baiern zu Wels
im Traungau einen glänzenden Sieg über die Magyaren davon.
Noch größere Erfolge errang Herzog Heinrich, Kaiser Otto I.
Bruder, der im Jahre 950 bis an die Theiß siegreich vordrang
und mit reicher Beute und vielen Gefangenen, darunter auch
Weiber und Kinder der Vornehmen, heimkehrte. Fünf Jahre
später erfolgte dann die entscheidende Schlacht auf dem Lech=
felde bei Augsburg (10. August 955), wodurch den weiteren
Einfällen der Magyaren in das Innere von Deutschland für immer
ein Ende gemacht wurde. Von jetzt ab rückte vielmehr die deutsche
Gränze wieder weiter nach Osten hin; in den Siebziger Jahren
des X. Jahrhunderts melden die Urkunden und Chroniken aber=
mals von einer „Ostmark", die jedoch fortdauernd mit den Ungern
harte Kämpfe zu bestehen hatte. Wenn aber der Bischof von
Passau bereits im Jahre 973 eine Schenkung bei Krems erhält
und Kaiser Otto II. im Jahre 976 demselben Bischofe das Kloster
St. Pölten an der Trafen bestätigt: so zeugt das nicht bloß für
die Wiedergewinnung von Landstrichen östlich der Enns, sondern
auch von der abermals aufgenommenen occupierenden und culti=
vierenden Thätigkeit, deren sich nunmehr insbesondere die Bischöfe
von Passau befleißigen.

Auf dem Bischofsstuhle von Passau saß gerade zu jener Zeit
(seit dem Jahre 971) Piligrim, ein Mann von weitausgreifenden
Plänen, gerühmt in der Geschichte wie im Liede.*) Für die
Geschichte der Deutschen und des deutschen Einflusses in Ungarn
ist die zwanzigjährige Wirksamkeit dieses Bischofs († 991) von
besonderer Bedeutung.

Nach den wiederholten Niederlagen, welche die Ungern auf
ihren Streifzügen erlitten hatten, war für sie die Gefahr nahe
gerückt, entweder das Schicksal der Hunnen und Avaren zu theilen,

---

*) Das Hauptwerk ist (trotz einzelner Irrthümer) noch immer:
Dümmler, Piligrim von Passau und das Erzbisthum Lorch.

d. h. im Kampfe mit den vereinigten Nachbarn und im Aufstande
der eigenen Unterthanen den Untergang zu finden oder aber durch
die Annahme des Christenthums und durch den Anschluß an die
christlichen Mächte in den Kreis der abendländischen Völker einzutreten und sich dadurch auch die eigene Zukunft zu sichern.
Wir müssen hier auf eine ausführlichere Darstellung der Bekehrung
des magyarischen Volkes zum Christenthume verzichten. Sicher
ist, daß die christliche Lehre den Magyaren schon in ihrer frühern
Heimat bei den Chazaren, dann an den Ufern des Seret und
Prut bekannt war; daß ferner die zahlreichen christlichen Kriegsgefangenen die Zahl der noch übrig gebliebenen Christen in
Ungarn, namentlich im Westen und Nordwesten, beträchtlich vermehrten; daß endlich einzelne magyarische Heerführer schon um
das Jahr 950 das Christenthum in griechischer Form angenommen
hatten. Der Patriarch von Constantinopel, Theophylaktos, weihte
damals einen Mönch, Hierotheus, zum „Bischof von Ungarn"
und von diesem wird erzählt, daß er „viele Heiden" zum Christenthume bekehrte, ja daß der „Fürst Gylas" (Gyula in Siebenbürgen?) deshalb die Einbrüche in die christlichen Nachbarländer
unterließ und den kriegsgefangenen Christensklaven die Freiheit
schenkte. Die griechische Kirche fand jedoch nur im Süden des
heutigen Ungarn einigen Boden, im ersten Viertel des XI. Jahrhunderts bestand dort zu Csanád ein griechisches Mönchskloster.

Auf das magyarische Volk übten diese Bestrebungen von
Byzanz her keinen bedeutenden Einfluß. Für die gesammte künftige
Entwickelung Ungarns, ja selbst Mittel-Europas war es von
entscheidender Bedeutung, daß die christliche Missionsthätigkeit
abendländischer Priester in Ungarn auf fruchtbarern Boden traf.

Mit der Herrschaft des Herzogs Geisa (seit dem Jahre 942)
beginnt dieser Einfluß des Westens. Geisa selbst war Heide
und nahm wahrscheinlich erst in späteren Jahren die Taufe an;
zeitlebens opferte er dem Gotte der Christen und den Göttern
seiner Väter. Er gestattete aber christlichen Glaubenspredigern
den Zutritt und die Ausübung ihres Bekehrungswerkes. Der
erste christliche Missionär, welcher in Deutschland von dem Zustande

friedlicher Beziehungen zwischen Deutschland und den Magyaren Gebrauch machte, war der Schwabe Wolfgang, welcher in dem Kloster Einsiedeln in den Alpen sich als Lehrer sehr hervorgethan und viele Schüler um sich versammelt hatte. Er reiste im Anfange des Jahres 972 als Missionär nach Ungarn, hatte aber daselbst kaum einige Zeit gewirkt und mit geringem Erfolge den Samen des Evangeliums ausgestreut, als Bischof Piligrim seiner Thätigkeit ein Ziel setzte und ihn zu sich nach Passau berief, wozu er einem fremden Geistlichen gegenüber, der in seiner Diöcese predigen wollte, vollkommen berechtigt war, — angeblich um zu prüfen, ob er ein müßiger Herumstreicher oder ein wahrhafter Glaubensbote sei. Die Prüfung fiel zu Gunsten Wolfgangs aus; doch schickte Piligrim denselben nicht nach Ungarn zurück, sondern verschaffte dem frommen Klosterbruder das Bisthum Regensburg.

Ob die Wirksamkeit Wolfgangs wirklich von Erfolg begleitet war, bleibe dahingestellt; einige Geschichtsquellen negieren es, da „die Blindheit der Heiden das Heil zurückgestoßen habe." Fruchtbarer erscheint dann die Thätigkeit Piligrims selbst. Dieser machte sich wahrscheinlich in den ersten Monaten des Jahres 973 auf die Reise nach Ungarn, das er in Erinnerung an die einstigen Besitzungen des Passauer Bisthums in Ober=Pannonien als zu seiner Diöcese gehörig betrachtete und in dieser Eigenschaft erhalten wollte. Hier wurde dem Bischof gute Aufnahme zu Theil und man darf vermuthen, daß es über sein Einrathen geschehen ist, wenn Herzog Geisa zum Osterfeste 973 zwölf ungrische Große mit Geschenken zu Kaiser Otto I. an das Hoflager in Quedlinburg sandte, wo diese freundliche Beziehungen zu dem mächtigen Nachbar im Westen anzuknüpfen suchten. Diese Sendung war ebenfalls von Erfolg begleitet. Kaiser Otto schickte den Bischof Bruno (wahrscheinlich von Verden) als kaiserlichen Gesandten nach Ungarn und gab diesem ein Empfehlungsschreiben an Piligrim mit, worin diesem aufgetragen wird, den Sendboten des Kaisers mit Reisebedürfnissen, mit Pferden und Leuten reichlich zu versehen und ihn bis an die Grenze geleiten zu lassen, da seine Sendung, wenn sie von Erfolg wäre, ihm (Piligrim) und den Seinigen zum Vortheil dienen würde.

4*

Das war die erste frieblich=freundschaftliche Begeg=
nung zwischen Ungarn und dem beutschen Reiche; die
Einleitung zu einer mehr als neunhundertjährigen Einwirkung
dieses letzteren Reiches auf das erstere, woburch dieses Mittel und
Wege gewann, sich seinen Ehrenplatz unter den Culturnationen zu
erringen und zu behaupten. Jene kaiserliche Senbung bestätigt
aber auch die Vermuthung, daß Bischof Piligrim in dieser
Angelegenheit den geschickten Vermittler gemacht hatte. Über seine
anderweitigen Absichten und über seine bisherige Missionsthätigkeit
in Ungarn unterrichtet ein Schreiben Piligrims an Papst
Benedict VI. vom Jahre 973.

Bischof Piligrim nennt sich darin den „bemüthigen Diener der Kirche
Lorch"; denn das angebliche Lorcher Erzbisthum wollte er wieder aufrichten
und bessen geistliche Jurisbiction über ganz Pannonien (ein bamals schon
unbestimmter geographischer Begriff) ausbehnen. Er meldet in dem Schreiben
bem Papste, daß er die „Schwelle der Apostel" (Rom) nicht besuchen könne,
weil ihn davon das „neubekehrte Volk der Ungern abhalte", bei welchem
er „nach Abschluß des Friedensvertrages" (zu Queblinburg ober früher?)
das Amt der Predigt auszuüben gewagt habe, „denn die Furcht vor diesem
Volke", heißt es weiter, „verschloß seit langer Zeit auch den Predigern anderer
Provinzen den Eintritt in meine Diöcese, nichtsbestoweniger bewog mich die
Gunst des gegenwärtigen Augenblickes mich borthin (nach Ungarn) zu
begeben" . . . .

„Von dem besagten Volke der Ungern wurde ich durch viele Bitten ein=
gelaben, entweder selbst zu ihnen zu kommen ober Abgesanbte zum evangelischen
Lehramt borthin zu schicken. Als ich barauf taugliche Leute von den Mönchen
Kanonikern, Priestern und Geistlichen aller Grade entsanbte, nachbem ich ihr
Verhalten und ihren Wanbel so geregelt hatte, wie ich aus der Geschichte der
Angeln (Angelsachsen) erlernt: so gewährte bie göttliche Gnabe mir sogleich so
reichliche Frucht, daß von den vornehmeren Ungern beiberlei Geschlechtes
ungefähr fünftausend im katholischen Glauben unterwiesen und burch bie
heilige Taufe Christo zugeführt wurden. Die Christen aber, welche bie
größere Zahl des Volkes ausmachen und aus allen Welt=
gegenden als Gefangene borthin geschleppt sinb, bringen
ihre Kinder, bie sie vorher nur heimlich bem Herrn weihen
burften, jetzt um bie Wette ohne Furcht zur Taufe. Alle preisen
sich glücklich, als wären sie aus der Verbannung wieder in bie Heimat zurück=
gekehrt, weil sie nach christlicher Weise Gotteshäuser erbauen bürfen und es
ihnen erlaubt ist, bie gebundene Zunge zum Lobe des Heilanbs wiederum zu
lösen. Denn vermöge der wunderbaren Gnabe des allmächtigen Gottes ver=

bieten die Barbaren selbst, obgleich ein Theil von ihnen noch im Heidenthume befangen ist, keinem ihrer Unterthanen, sich taufen zu lassen und den Priestern verwehren sie nicht, zu reisen, wohin sie wollen; so einträchtig leben vielmehr die Heiden mit den Christen und in so inniger Freundschaft, daß daselbst die Weissagung des Propheten Jesaias (65, 25) sich zu erfüllen scheint: „Wolf und Lamm sollen weiden zugleich, der Löwe wird Stroh essen wie ein Rind." So ist es also dahin gekommen, daß fast die ganze ungrische Nation bereit ist, den heiligen Glauben anzunehmen; aber auch andere Provinzen der Slaven sind zur Bekehrung geneigt."

„Es ist dort eine reiche Ärnte, aber der Arbeiter sind wenige. Deßhalb ist es schon jetzt nothwendig erschienen, daß Eure Heiligkeit daselbst einige Bischöfe weihen lasse, da auch einst zur Zeit der Römer und Gepiden das nämliche östliche Pannonien und Mösien seine eigenen sieben Bischöfe hatte, welche meiner heiligen Lorcher Kirche, deren unwürdiger Diener ich bin, unterworfen waren. Von diesen verblieben auch noch vier in Mähren, wie dem gegenwärtigen Zeitalter bekannt ist, bis die Ungern in das bairische Reich eindrangen. Dies ist aber mühevoll und sehr beschwerlich für mich, daß ich so viele Parochien meines Sprengels allein als Prediger durchreisen soll, denen ich bisweilen nothgedrungen und aus Mangel an Beistand meine Gegenwart entziehen muß."

Piligrim bittet sodann den Papst um Übersendung des Palliums und der Inful, „welches besondere Ehrengeschenk von diesem Sitze den Metropoliten ertheilt wird, wie es auch meine (Piligrims) Vorgänger von den Vorstehern dieser ersten aller Kirchen (d. i. von Rom) zu empfangen pflegten." Nicht minder ersucht der Bischof den Papst um Bestätigung der apostolischen Privilegien der „Lorcher" Kirche, und um die Sanction und den Segen des päpstlichen Stuhles, damit er nicht bloß das ihm anvertraute Volk richtig zu leiten vermöge, sondern daß auch „in jenen Gegenden unter den Heiden eine neue Kirche für den Herrn erworben werde."

Wir ersehen aus diesem merkwürdigen Schreiben mehrere interessante Thatsachen. Dasselbe bestätigt die namentlich bei den vornehmeren Ungern, also insbesondere in der herzoglichen Familie vorwaltende Neigung, das Christenthum anzunehmen oder dasselbe mindestens zu dulden. Sodann findet man darin die Bekräftigung jener Nachrichten, daß die Magyaren zahlreiche Kriegsgefangene aus aller Herren Länder, die meisten jedoch ohne Zweifel aus Deutschland, nach Ungarn geschleppt und daselbst sich dienstbar gemacht hatten. So lange die offene Feindschaft der heidnischen Magyaren gegen christliches Wesen dauerte, durften diese Christensklaven ihren Glauben nur insgeheim bekennen. Anders wurde es

jetzt. Die Mehrzahl des Volkes in Ungarn war fchon im letzten
Viertel des X Jahrhunderts chriftlich; allerdings gehörte dazu
nicht der herrfchende, fondern bloß der unterworfene und dienende
Theil der Bevölkerung. Daß übrigens der Bericht Piligrims zu
optimiftifch gefärbt war, bewiefen die fpäteren Aufftände und
Empörungen der heidnifchen Magyaren gegen das Chriftenthum
und gegen das mit diefem eng verbündete chriftliche Königthum.
Bis tief in das XI. Jahrhundert, alfo etwa hundert Jahre, dauerte
der Kampf des heidnifchen mit dem chriftlichen Elemente, bis
fchließlich erfteres zum vollftändigen Siege gelangte.

Piligrims weitere Angaben über die alten pannonifch=mäh=
rifchen Bisthümer, über das Lorcher Erzbisthum und deffen
befondere Vorrechte und Auszeichnungen gehören in das Reich der
Erfindungen, welche bei dem ehrgeizigen Bifchofe einen ganz
beftimmten, weitgreifenden Zweck verfolgten. Es follte dadurch
nicht bloß die Unabhängigkeit des Paffauers vom Salzburger
Erzbifchofe vorbereitet und die Metropolitenwürde für Piligrim
gewonnen werden: fondern der ftaatskluge Bifchof hatte (wohl in
Übereinftimmung mit Kaifer Otto) das weitere Beftreben, das
Land der Magyaren durch die kirchliche Abhängigkeit von
einem deutfchen Bisthume zugleich der politifchen Unterthä=
nigkeit vom deutfchen Reiche zuzuführen. Es war die=
felbe Zeit, da durch die Errichtung des Erzbisthums Magdeburg
(968) die flavifchen Lande im Nordoften Deutfchlands diefer
Metropolie unterworfen und dadurch auch der deutfchen Oberhoheit
gefichert wurden. In gleicher Weife wollte Piligrim im Südoften
das Bisthum Paffau zu ähnlicher Bedeutung bringen. Wie dort
durch den Metropoliten das neubekehrte böhmifche Land und Volk
auch in die Vafallenfchaft des deutfchen Kaifers gerieth, fo würde
ein ähnliches Abhängigkeitsverhältniß zwifchen Ungarn und Deutfch=
land zu Stande gekommen fein. Wir haben ja weiter oben gefehen,
welche Anfprüche die bairifchen Bifchöfe fchon im Jahre 861 auf
Mähren und Pannonien erhoben hatten. An diefe prätendierte
kirchliche und politifche Zugehörigkeit der Länder an der Donau
und Theiß knüpfte nun Bifchof Piligrim wieder an.

Der Versuch mißlang; zunächst scheiterte er an der energischen Einsprache des Salzburger Erzbischofs, der seine Metropolitanrechte nicht schmälern ließ. Nicht minder nachtheilig wirkten die seit 974 in Baiern ausgebrochenen Empörungen, denen erneute Einfälle der Magyaren in die Ostmark nebenhergiengen. Auch der Tod Otto II. († 982), die darauf folgende Herrschaft eines Kindes, Otto III., der bei der Krönung erst vier Jahre alt war, endlich das im Jahre 991 erfolgte Hinscheiden des Bischof Piligrim verhinderte eine weitere kräftigere Verfolgung der kirchenpolitischen Pläne, welche dieser letztere ohne Zweifel im Einverständnisse mit Otto II. in Angriff genommen hatte. Ob Herzog Geisa ein solches Project, wie es Piligrim geplant hatte, angenommen haben würde, bleibt allerdings auch sehr fraglich, obgleich der Passauer Bischof bei dem Magyarenfürsten eine freundliche Aufnahme gefunden hatte. Es ist immerhin bemerkenswerth, daß der Sohn Geisa's, Wajk, in der Taufe den Namen S t e f a n erhielt, also gerade des Patrons der bischöflichen Kirche zu Passau. Ob der Taufact durch Piligrim oder durch Adalbert von Prag und wann derselbe vollzogen wurde, läßt sich aus den Quellen nicht mehr deutlich entnehmen. *)

Gewiß ist, daß nach den vorübergehenden Grenzfehden, bei denen der Markgraf Liutbold in der Ostmark siegreich gegen die Magyaren kämpfte und deren westliche Landesgrenze bis an den Wiener Wald zurückschob, — daß nach diesen Conflicten bald wieder ein freundnachbarliches Verhältniß zwischen Ungarn und Deutschland hergestellt ward. Ihren bezeichnendsten Ausdruck und zugleich ihre Bürgschaft empfiengen diese freundschaftlichen Beziehungen durch die V e r m ä h l u n g d e s S o h n e s G e i s a s,

---

*) Die freundlichen Beziehungen Piligrims zu den Magyaren und insbesondere zu Herzog Geisa fanden ihren sagenhaften und poetischen Nachklang noch in der Nibelungensage, im Nibelungenliede und in der „Klage." Historische Verhältnisse und Zustände spiegeln sich hier im Gewande der Poesie wieder. Vgl. den Abschnitt: „Das Nibelungenlied und die ungrischen Chroniken" bei H u n f a l v y, die Ungern oder Magyaren. (Bd. V. der „Völker Österreich=Ungarns ")

Stefan, mit der Tochter des bairischen Herzogs Heinrich II.
Diese Heirat war ein folgereicher Schritt. Sie bedeutete die
Aufnahme des magyarischen Volkes in den Schoß der christlichen
Völker, sie sicherte den Bestand Ungarns und bot Garantie gegen
eine Wiederaufnahme der nahezu hundertjährigen verwüstenden
Einfälle in die Nachbarländer. Aber auch dem Ungarn-Fürsten
und seinen christlichen Unterthanen war durch diese eheliche Ver-
bindung mit der kaiserlichen Familie der Schutz und Rückhalt
gegeben, wenn es galt, den noch im Heidenthume verharrenden
Theil der Magyaren zum Christenthume zu bekehren, etwaigen
Widerstand zu beugen und die Macht des Fürsten zu befestigen.
Endlich eröffnete sich dem menschen- und culturarmen Lande die
günstige Aussicht, durch reichliche Zuwanderungen das so überaus
nöthige Menschen- und Culturcapital zu erhalten.

Die Vermählung fand im Jahre 995 statt; die deutsche
Herzogstochter Gisela erwarb sich um ihr neues Vaterland große
Verdienste. Ihrem Einflusse schreibt man die raschere Verbreitung
des Christenthums in Ungarn zu; sie brachte ferner die hiezu
erforderlichen Geistlichen mit sich und in ihrer Begleitung kamen
zahlreiche Ritter und Knechte in das Land. Eine Schar
von Getreuen begleitete die Anverwandte des Kaisers zu dem
Magyarenvolke, das in Deutschland noch immer als heidnisch und
barbarisch gefürchtet und gemieden wurde.

Die Tradition erzählt, Herzog Geisa habe seiner Schwiegertochter als Brautgeschenk weitläufige Besitzungen an der Westgrenze
Ungarns, dann Preßburg, Ödenburg, Steinamanger und andere,
an der Fischa gelegene Städte angewiesen. In diesen Orten
befanden sich ohne Zweifel noch Reste deutscher Bevölkerung, die
jetzt durch die neuen Ankömmlinge vermehrt wurden. Auch hat
man davon Spuren, daß aus den Getreuen Giselas ganze
Colonien gegründet werden konnten. So behaupteten die Deutschen
in Szatmár-Németi (= Deutsch-Szatmár) an der Szamos,
daß ihre Vorfahren mit der Königin Gisela ins Land gekommen
wären. Seitdem eine deutsche Prinzessin die Gemahlin des
ungrischen Herzogssohnes, des spätern Herzogs und Königs

geworden, richtete sich der Strom deutscher Auswanderer mehr und mehr dem Osten zu. Es wurden jetzt nicht bloß die zurück= gewonnenen Gebiete in Nieder=Österreich mit zunehmenden bairischen Ansieblern bevölkert; sondern auch in das eigentliche Ungarn begaben sich deutsche Ritter, Geistliche, Handwerker und Bauern in wachsender Zahl.

Die Ritter kamen gewöhnlich mit größerem oder geringerem Gefolge und wurden bei Hofe gut aufgenommen; denn sie vermehrten des Fürsten bewaffnete Macht und konnten als sichere Stützen der beginnenden christlichen Monarchie gelten. Die Ankömmlinge empfiengen in den Theilen jenseits der Donau, also im alten Pannonien, ausgedehnte Güter und wurden hier die Gründer neuer Abelsgeschlechter, von denen einige noch in der Gegenwart fortblühen. Die ungrischen Chroniken nennen als solche deutsche Ritter, die sich schon unter Herzog Geisa in Ungarn niederließen: den Grafen Tibold aus dem Geschlechte der Tannenberg, von dem die ungrische Familie der Babocsai ihren Ursprung ableitete; die schwäbischen Ritter Hont (Hunt) und Pázmán (Paznan), die mit ihren Reisigen nach dem heiligen Lande ziehen wollten, von Geisa aber zum Verbleiben in Ungarn bewogen und später durch Stefan zu hohen Ehren erhoben wurden. Von ihnen stammen die Familien Batthyanyi, Forgach, Kubinyi und Ujhelyi; der Ritter Wenzelin von Wasserburg, der als Heerführer gegen die aufständischen heidnischen Magyaren dem Könige Stefan große Dienste leistete; er wurde der Stammvater der Familien Nitzky und Sztáray. Ebenso sollen die Brüder Wolfger und Hedrich mit 300 Gepanzerten bei Geisa erschienen sein und die Schlösser von Güffing und Hedervár erbaut haben; von ihnen stammen die Familien Pálfy und Hedervárh ab, doch werden diese letztgenannten Ankömmlinge mit mehr Wahrscheinlichkeit erst in die Mitte des XII. Jahrhunderts verfetzt.

Diese Zuwanderungen deutscher Ritter, Mönche und anderer Leute wurden noch zahlreicher, seitdem der eifrige Apostel=König Stefan (von 997? bis 1038) den Thron bestiegen und die Einrichtung seines Hofes und Landes nach dem Muster

Deutschlands mit kräftiger Hand begonnen hatte. Vorwiegend mit
Hilfe der deutschen Ritter bewältigte Stefan die trotzigen Großen
seines Volkes, welche ihren stolzen Nacken weder unter das abend=
ländische Christenthum noch unter das mit diesem verbündete König=
thum beugen wollten. Die Empörung der ungrischen Heiden und
deren Bezwingung wird in der Stiftungs=Urkunde der Abtei von
St. Martinsberg geradezu als ein „Krieg zwischen Deutschen und
Ungern" (seditio maxima inter Theotonicos et Ungaros)
bezeichnet, woraus mindestens so viel hervorgeht, daß am Hofe
Stefans deutscher Einfluß maßgebend war und die Zahl der
deutschen Ritter und ihrer Knechte keineswegs niedrig anzusetzen ist.

S t e f a n der Heilige, dem die Ritter Hont und Pázmán nach
deutscher Sitte die Schwertleite verliehen hatten, bewies sich in
der ganzen Zeit seiner Regierung als ein Freund und Gönner der
fremden Einwanderer, die als „Gäste" (hospites) Aufnahme fanden.
In den „Ermahnungen" an seinen Sohn bezeichnet er die Herbei=
rufung gebildeter Ausländer als eine nothwendige Maßregel zur
Stütze des Thrones und zur Erhöhung der Blüthe und Macht des
Reiches. „Ein Theil des königlichen Amtes," ermahnt der König
seinen Sohn Emmerich, „beruht darin, fremde Ankömmlinge
auf das Beste aufzunehmen, damit sie lieber in Ungarn als
irgendwo sonst wohnen. Durch die Ankunft der Äneaden ist
auch Rom groß geworden. Die Eingewanderten bringen fremde
Sprache und Sitte, fremde Kenntnisse und Waffen in das Land,
wodurch sie den Glanz des Hofes und die Stärke des Reiches
vermehren. E i n R e i c h v o n e i n e r l e i S p r a c h e u n d S i t t e
i s t k r a f t l o s u n d g e b r e c h l i c h; darum sollst du sie gütig auf=
nehmen und halten, damit du nicht verderbest, was ich gebaut,
und zerstreuest, was ich gesammelt habe." Dieses Capitel der
„Ermahnungen des Königs an seinen Sohn" entsprang den innersten
Zuständen des ungrischen Königthums. Der König erkannte, daß
die Bevölkerung seines Landes zu dünn sei; daß das ungrische Volk
in seiner damaligen Rohheit der fremden Leitung und Führung
zur Civilisation bedürfe. Das war nur so zu erreichen, wenn
fremde Ansiedler hereingelockt und festgehalten wurden, damit sie

das Volk belehrten, civilisierten und mit der Zahl der Bevölkerung auch die Macht und das Ansehen des Königes erhöhten.

Diesen Standpunkt haben auch die folgenden Könige aus dem Árpáden-Geschlechte in Ehren gehalten nnd hierin nach den Weisungen des großen Königs gehandelt. Stefan hatte bei seinen Rathschlägen keinerlei moderne Nationalitäts-Politik im Auge. Er war ein christlicher König im Sinne des glaubenseifrigen Mittelalters voll Enthusiasmus und selbstloser Hingebung für die Kirche. Sein scharfer Blick war indessen auch in weltlichen Dingen geklärt, doch auch hier nur von jenem Gesichtspunkte aus, den die Kirche aufgestellt hatte. Dieser Gesichtspunkt bewog Stefan in erster Reihe, sein Land dem „heiligen Peter" zu weihen, die Vertheidigung und die Verbreitung des katholischen apostolischen Glaubens als die erste, als die höchste Aufgabe seiner Gewalt zu betrachten. Neben der kirchlichen Auffassung waren es ohne Zweifel auch politische Gründe, welche Stefan bewogen, seinem Land und Volke durch die Errichtung einer selbständigen Hierarchie und durch die directe Unterstellung unter den päpstlichen Stuhl nicht bloß die kirchliche Autonomie zu verschaffen, sondern auch die politische Unabhängigkeit vom deutschen Reiche zu behaupten. Die Beispiele von Böhmen und Polen lagen nahe genug, um Stefan in dieser Beziehung zur Vorsicht zu mahnen und der weitere Verlauf der Geschichte Ungarns bestätigt, daß Stefan hierin klug gehandelt hatte.

In seinen politischen Reformen erscheint Stefan als Nach= ahmer deutscher Vorbilder und auch in diesem Punkte folgten ihm die späteren Könige getreulich nach. Es ist nämlich eine charakteristische Erscheinung, auf welche der ungrische Historiker, Dr. Julius Pauler, neuestens hingewiesen hat, daß trotz seiner stark ausgeprägten nationalen Individualität das magyarische Volk aus sich selbst niemals irgend eine eigenthümliche, nationale Institution geschaffen hat, nicht einmal in jenem Maße, wie solches bei den germanischen oder slavischen Völkern der Fall ist. Der fremde Einfluß zeigte sich zur Zeit Stefans selbstverständlich am meisten am Hofe und bei der nächsten Umgebung des Königs.

Wir haben schon erwähnt, daß Stefan seinen Namen wahrscheinlich dem Schutzheiligen der Passauer Kirche zu verdanken hat; bemerkens= werth bleibt auch, daß Stefans Sohn und Erbe, der frühverstorbene Emmerich, bereits einen deutschen Taufnamen trägt. Auf deutsche Art wurde Stefan zum Ritter geschlagen, nach der Sitte deutscher Könige gieng seine Salbung und Krönung vor sich; desgleichen war die Krönung seiner Gemahlin Gisela ein rein fränkischer Brauch. Der in den Gesetzen des hl Stefan vorkommende „senatus" war nach fränkischem Vorbilde aus den Bischöfen und den weltlichen Hofbeamten und Würdenträgern zusammengesetzt. Die Münzen, welche Stefan prägen ließ, haben baierischen Charakter, seine Urkunden sind vorwiegend nach deutschen Mustern ausgestellt. Die Einrichtung des Hofes hatte gleichfalls deutsches Gepräge. Der comes palatinus, der später zu großer Macht gelangte Palatin, war der deutsche Pfalzgraf, der damals freilich bloß über die Hofbediensteten richtete und sich vom bloßen Hofamte erst allmählich zur Reichswürde emporschwang.

Die Stefan dem Heiligen zugeschriebene Comitatseinrichtung läßt sich historisch nicht begründen; was sich an territorialen Ein= theilungen und Verwaltungsformen vorfand, beruhte im Wesentlichen auf der altslavischen Burgverfassung. Eine durchgreifende, einheit= liche politische Eintheilung des Landes kann für die Zeiten Stefans ebenfalls noch nicht angenommen werden. Die Grundlage der dama= ligen Burg=Gespanschaften bildeten die weitläufigen königlichen oder Krongüter, bei deren Administration der financielle Gesichtspunkt, das Erträgniß, die Hauptsache war. Auf diese königlichen Güter wurden auch viele Einwanderer als „Gäste" angesiedelt; dasselbe geschah auf den Gütern der geistlichen und weltlichen Großen. Es ist begreiflich, daß namentlich Handwerker, Winzer und andere verwendbare „Gäste" für die Grundherren in jener Zeit von besonderem Vortheil sein mußten. Darum mochte es häufig vorgekommen sein, daß die Gutsbesitzer einer dem andern diese „Gäste" abzulocken suchten. König Stefan der Heilige sah sich deshalb veranlaßt, schon in seinem ersten Gesetzbuche (cap. 24) dessen Abfassung in den Anfang seiner Regierung fällt, zu verordnen,

daß der „Gaft" d. i. der fremde Anſiedler ſeinen Herrn, auf
deſſen Gut er ſich angeſiedelt, ſo lange dieſer Herr die feſtgeſtellten
Bedingungen einhält, nicht verlaſſen, noch die „Gaſtfreundſchaft"
eines Anderen in Anſpruch nehmen dürfe. Übrigens waren dieſe
Einwanderer, von denen die Mehrzahl aus Deutſchland ſtammte,
p e r ſ ö n l i ch　f r e i e　L e u t e, die ſchon frühe auch in einzelnen
p r i v i l e g i e r t e n　Gemeinden beiſammen wohnen mochten.

Die Geſeßgebung des heiligen Stefan, wie ſolche namentlich
in den beiden erhaltenen Geſeßbüchern vorliegt, lehnte ſich ebenfalls
zumeiſt an deutſche (fränkiſche) Vorbilder. Die geiſtlichen Vor=
ſchriften Stefans ſchließen ſich dem Inhalte und der Form nach
genau an bekannte Synodalbeſchlüſſe des fränkiſchen Reiches an;
mehrere Capitel ſind den Canonen der Mainzer Concilien aus den
Jahren 847 und 888 wörtlich entnommen. Andere deutſche Quellen
für die Geſeße Stefans bilden die fränkiſchen Capitularien, das
bairiſche Geſeß und noch andere deutſche Volksgeſeße. Die Rath=
geber, welche dem Könige hierbei zur Seite ſtanden, waren wohl
auch größtentheils Ausländer (Deutſche und Italiener); denn nur
dieſen waren die obigen Rechtsquellen bekannt.

Auch mit hervorragenden b e u t ſ ch e n　K l ö ſt e r n ſeßte ſich
Stefan und ſeine Gemahlin G i ſ e l a in Beziehungen. Leßtere
ſchickte dem Kloſter Niedermünſter zu Regensburg ein prächtiges
goldenes Kreuz; König S t e f a n beſchenkte das Kloſter St. Peter
in Salzburg reichlich. Nicht minder lebhaft war aber des Königs
Verkehr mit der Congregation von Clugny, namentlich mit Odilo,
dem damaligen Vorſteher dieſer weltberühmten geiſtlichen Genoſſen=
ſchaft. Desgleichen ſtand der König in reger Verbindung mit
Monte Caſſino. Der Benediktiner=Orden erhielt in Ungarn unter
Stefan die erſten großartigen Schenkungen. In den Klöſtern zu
Martinsberg, Bakony=Bél u. a. fanden ſich italieniſche und
b e u t ſ ch e　M ö n ch e　u n d　L e h r e r ein, deren Ruf gar bald die
engen Mauern ihres Kloſters überſchritt. Bald kamen gleich den
Rittern auch Geiſtliche und Mönche aus Deutſchland in hellen
Scharen in das Land des Königs Stefan. Wir treffen daſelbſt
im Jahre 1007 den Biſchof B r u n von Querfurt, einen Ver=

wandten des liudolfingischen Kaiserhauses; drei Jahre später kommt der heilige Romuald mit 24 Schülern nach Ungarn; aber diese geistlichen Ankömmlinge, wenn sie auf eigene Faust als „Missionäre“ einwanderten, fanden keineswegs willige Aufnahme; denn Stefan besorgte mit Recht durch solche vagierende Prediger eine Störung der kaum begonnenen kirchlichen Ordnung.   Der Eremit Günther hielt sich zeitweise am Hofe des Königs und in den Einöden des Bakonyer Waldes auf, ebenso wurde schon zu Stefans Zeiten ein Verkehr des deutschen und ungarischen Episkopats eingeleitet.

Außer diesen Ankömmlingen fanden sich am ungrischen Königshofe noch Gesandte von Kaiser und Fürsten aus Deutschland ein, ferner Flüchtlinge, Kreuzfahrer, Kaufleute u. dgl. Für kurze Zeit (1027—1030) wurde das gute Verhältniß zwischen Deutschland und Ungarn getrübt, weil Kaiser Konrad II. durch seine Verbindungen mit Byzanz die Unabhängigkeit Ungarns bedrohte.   In dem Feldzuge des Jahres 1030 drang das deutsche Heer bis an die ungarische Grenze vor; der Friede ward im Jahre 1031 geschlossen.   Schon im Jahre 1033 begab sich der junge König Heinrich persönlich nach Ungarn und erneuerte daselbst den Frieden.

Nationale Reaction gegen das Deutschthum in Ungarn.

König Stefan der Heilige († 20. August 1038) sah seinen Sohn und Erben in der Blüthe seiner Jahre dahin sterben (1031); er bestellte Peter, den Sohn seiner Schwester und des venetianischen Dogen Otto Urseoli, zu seinem Nachfolger in der ungarischen Königswürde. War schon diese Bestellung eines Halbfremden und die damit verbundene Verdrängung der übrigen männlichen Mitglieder des Árpád'schen Geschlechts von der Thronfolge für die Magyaren eine harte Hinterlassenschaft ihres ersten Königs: so steigerte deren Groll und Unzufriedenheit noch das sinnlose und und unwürdige Benehmen Peters. *)

Man ist gewohnt, diesen König als einen „Knecht der Deutschen" zu betrachten und ihm demgemäß übertriebene Vorliebe für deutsches Wesen und deutsche Rathschläge zuzuschreiben. Das ist jedoch ein Irrthum. Peter umgab sich allerdings mit Ausländern, allein diese waren wohl Wälsche und Slaven und seine ganze Lebensart, wie sie in den Geschichtsquellen und nach der Tradition geschildert wird, erinnert weit eher an das Gebaren eines orientalischen Despoten als an deutsches Ritterthum. Zudem

---

*) Vgl. nebst den angeführten allgemeinen Geschichtswerken über diese Periode noch: Meyndt, Beiträge zur Geschichte der älteren Beziehungen zwischen Deutschland und Ungarn (Leipzig, 1870). Thausing, die Neumark Österreich (in den „Forschungen zur deutschen Geschichte." Bd. IV, Heft 2). Gfrörer, Papst Gregor VII. Büdinger, Ein Buch ungarischer Geschichte. Leipzig, 1866) u. A.

ist es bezeugt, daß Peter schon im Jahre 1039, also bald nach seiner Thronbesteigung, in die benachbarte bairische Ostmark ver= wüstend einfiel.   Zwei Jahre später zieht er mit 3000 Hilfstruppen nach Böhmen, um dort dem Herzoge Bretislaw im Kampfe gegen den deutschen Kaiser Heinrich III. beizustehen.   Auch mißhandelte und beraubte er die Königin Gisela, die Witwe Stefan des Heiligen.   Das sind doch deutliche Zeichen, daß Peter eher ein Hasser der Deutschen genannt werden sollte.

Als seine Willkürlichkeiten im Lande alles Maß überschritten, und die erbosten Großen seinen Günstling Buda (also einen Slaven) vor den Augen des Königs ermordet hatten: da verlor Peter den Muth und flüchtete als feiger Despot zu seinem Schwager Adalbert, dem Markgrafen in der Ostmark, und begab sich mit diesem zu Kaiser Heinrich III. nach Regensburg, wo er fußfällig um Verzeihung und um Hilfe gegen sein empörtes Volk bat.

Heinrich III. hatte Böhmen unter die deutsche Reichsgewalt gezwungen; er gedachte nun ein Ähnliches auch in Ungarn durch= zuführen.   Hier war mittlerweile unter dem eingesetzten Könige Aba (Samuel) die Reaction gegen die kirchlichen und bürgerlichen Einrichtungen Stefans losgebrochen; insbe= sondere richtete sich der Haß gegen die „Fremden,“ welche nun nicht als „Gäste“ betrachtet und behandelt wurden, sondern die man zu Sklavenarbeiten zwang oder sie in Kerker warf.   Aba selbst führte gleichfalls ein Willkürregiment, suchte dann den deutschen Kaiser erstlich durch Gesandte zu gewinnen und als das nicht gelang, fielen drei Ungarnheere in die deutschen Grenzpro= vinzen verheerend ein   Darauf zog Kaiser Heinrich im August 1042 an der Spitze des deutschen Heeres und vom Böhmenherzoge Bretislaw unterstützt gegen Ungarn.   Haimburg und Preßburg wurden erobert und bis Gran vorgerückt, wo König Aba eine zweimalige Niederlage erlitt.   Peter nahm wieder den Thron ein; der Kaiser ließ ihm 2000 Baiern und Böhmen zum Schutze zurück

Aber die Macht Aba's war noch nicht gebrochen; der Schützling des deutschen Kaisers mußte nach Böhmen fliehen.   Hierauf schickte

Aba wiederholt (Weihnachten 1042 und Pfingsten 1043) Gesandte zu Heinrich und bat um Frieden; Peter wußte aber die Gewährung dieser Bitte zu vereiteln und so beschloß der Fürstentag zu Regensburg einen neuen Kriegszug gegen Ungarn. Das deutsche Heer gelangte widerstandslos bis an die Rabnitz; da erbot sich Aba, alles Land bis zur March und Leitha abzutreten, die Gefangenen herauszugeben, eine große Geldsumme zu bezahlen und 400 seidene Mäntel als Buße zu erlegen, auch jeden Schaden, den die Königin-Witwe Gisela erlitten, zu vergelten. Ebenso schickte er Geiseln. Kaiser Heinrich nahm diese Bedingungen an, deren Einhaltung Aba eidlich gelobte.

Dieser Friedensschluß rief jedoch im Lande große Entrüstung hervor; es bildete sich eine Verschwörung gegen Aba und als diese entdeckt wurde, flüchteten die Theilnehmer zum deutschen Kaiser, dessen Hilfe sie ansuchten. Heinrich III. beschloß einen dritten Feldzug nach Ungarn, um so mehr, als Aba die beschworenen Bedingungen nicht erfüllt hatte. Diesmal nahm das deutsche Heer seinen Weg auf dem rechten Donau-Ufer über Ödenburg an die Raab, wo am 5. Juli 1044 in der Ebene von Mén-fő das Heer Aba's gänzlich geschlagen wurde. Kaiser Heinrich zog weiter bis nach Stuhlweißenburg, setzte hier seinen Schützling Peter wieder auf den Thron Ungarns, doch verlieh er ihm dieses Land nur als deutsches Lehen auf Lebenszeit. Zugleich hinterließ er seinem Vasallen eine starke Bedeckung von Deutschen und dictierte den Ungarn (angeblich auf deren Bitte) die Satzungen des bairischen Landfriedens.

Dieser Sieg der deutschen Waffen wurde von den Zeitgenossen überaus gefeiert und eine mittelalterliche Geschichtsquelle aus jener Zeit preist den Kaiser Heinrich, der Ungarn in edlem und glorreichem Siege „bezwungen und nach dem Siege durch hochweisen Rathschluß sich und seinen Nachfolgern dauernd gewonnen hat."

An der Rechtmäßigkeit und Gesetzlichkeit dieses Actes ist nicht zu zweifeln, da man weit spätere staatsrechtliche Begriffe und constitutionelle Einrichtungen nicht in das XI Jahrhundert übertragen darf. Ob das Lehensverhältniß Ungarns zu

Deutschland aufrechterhalten bleiben konnte, war auch keines=
wegs eine Frage des Rechtes und Gesetzes, sondern eine Frage
der Umstände. Diese schienen anfänglich den Zwecken Heinrichs
ganz günstig zu sein. König Aba war gefangen genommen und
auf Befehl Peters enthauptet worden; Kaiser Heinrich aber
folgte zu Pfingsten 1045 einer Einladung Peters und erschien zu
dessen Besuch in Gran. Hier übergab Peter seinem Lehens=
herrn unter dem Symbol einer vergoldeten Lanze vor allem
Volke das Reich und bewirthete und beschenkte den Kaiser reichlich.

Das war aber auch der letzte Triumph Heinrich III. in
Ungarn; denn jetzt erhob sich die nationale Reaction mit
unwiderstehlicher Gewalt. Die Freiheitsliebe und der Unabhän=
gigkeitssinn der Ungern trieb auch diejenigen in die Opposition,
welche sonst keine Gegner des Christenthums und des westlichen
Einflusses waren. Ihnen schlossen sich die Anhänger des Heiden=
thums und die Feinde der Deutschen und aller Ausländer über=
haupt an. Diesen vereinten Gegnern, an deren Spitze die
geflüchteten Arpád'schen Prinzen (namentlich Andreas und
Béla) traten, konnte Peter und sein Anhang keinen
dauernden Widerstand leisten. Im Jahre 1046 brach die
Empörung los. Dieselbe war ebenso gegen den König wie gegen
das Christenthum gerichtet. Alle christlichen Priester und Mönche
wurden dem Tode überliefert; die Kirchen und Klöster unbarm=
herzig zerstört. Desgleichen ereilte das Verderben die meisten
Fremden, Deutsche und Italiener, welche geplündert, vertrieben oder
getödtet wurden. Dasselbe Schicksal erlitten die einheimischen
Anhänger Peters. Dieser selbst suchte abermals zu seinem Schwager
Adalbert nach der Ostmark zu fliehen; er wurde aber an der
Grenze von seinen Feinden ereilt und fiel nach kurzer Gegenwehr
sammt seiner Gemahlin in die Gefangenschaft der Aufständischen.
Diese mißhandelten erstlich die beiden Gefangenen und stachen dann
dem unglücklichen Könige die Augen aus. Noch über ein Jahr=
zehent lebte Peter im Kerker; doch scheint seine Gefangenschaft
später erheblich gemildert worden zu sein, da er um das Jahr 1055
die Witwe des Böhmenherzogs Bretislaw heiraten konnte.

Mit der Blendung Peters hatte die Empörung ihren Höhepunkt erreicht; König Andreas I., der nach Peters zweiter Absetzung den Thron bestiegen hatte, erkannte mit Schrecken den Abgrund, an den die losgebrochene Volkswuth das Land gebracht hatte und beschloß, den Leidenschaften abermals die Zügel anzulegen. Die Anstifter der Gewaltthätigkeiten gegen Peter wurden gefangen genommen und theils getödtet, theils in den Kerker geworfen. Nachdem er selbst durch die feierliche Krönung von bischöflicher Hand sich als christlichen Herrscher bekundet hatte (Sommer 1047), befahl er strenge die Ablegung jeglicher heidnischen Sitte, führte das Christenthum wieder in seine Rechte ein und stellte auch die Gesetze und Einrichtungen Stefans wieder her.

Nicht minder groß war aber die Gefahr, welche die Herrschaft Andreas I. von außen her bedrohte. „Ungarn war, wie wir oben gesehen haben, ein Lehensstaat des deutschen Reiches geworden und sein oberster Schirmherr war der deutsche König. Konnte dieser ruhig zusehen, wie sein Schützling vom Thron gestoßen wurde? Konnte er es dulden, daß man die zurückgelassenen Deutschen aus dem Lande jagte, umbrachte, die christlichen Priester tödtete und die Gotteshäuser zerstörte? Mit nichten! Die deutsche Herrschermacht war gerade damals auf der Mittagshöhe ihrer Entwickelung angelangt und sie ruhte in der Hand eines Mannes, welcher Energie, Einsicht und äußere Mittel besaß, sie in diesem Stande zu erhalten, in der Hand des Saliers Heinrich III." (Dr. Meyndt.)

Es war eine glückliche Fügung für Ungarn und seinen König, daß zu derselben Zeit, als der Sturm gegen Peter losbrach, Heinrich sich auf dem Zuge nach Rom zur Einholung der Kaiserkrone befand. „Bei dieser Nachricht wurde er sehr traurig," sagt der Chronist Hermann von Reichenau, „aber dennoch gab er den unternommenen Zug nicht auf." Dieser Umstand gab dem ungarischen Könige Andreas die erforderliche Zeit, nicht bloß Peter und dessen Partei zu beseitigen, sondern auch die heidnische Reaction niederzukämpfen und auf solche Weise seine Macht und Stellung im Lande zu befestigen. Kaiser Heinrich kehrte erst im Frühjahr 1047 wieder nach Deutschland zurück; das

5*

Pfingstfest (7. Juni) feierte er in Speier und hier wurde auch der neue Feldzug gegen Ungarn beschlossen.

Auf dem Wege dahin trafen den Kaiser die Gesandten des Königs Andreas, welche um Verzeihung über das Geschehene baten und betheuerten, Andreas habe das Reich nur gezwungen angenommen, der Kaiser möge die Gewaltthätigkeiten gegen Peter entschuldigen; Andreas habe die Thäter ohnehin bereits gestraft. Auch bot er dem Kaiser seine Unterwerfung, einen jährlichen Tribut und unterthänige Dienstbarkeit an, wenn er ihm (Andreas) den Thron Ungarns ließe. Der Kaiser mochte zweifeln an der Aufrichtigkeit dieser Friedensanerbietungen, allein er war genöthigt, dieselben mindestens vorläufig anzunehmen, weil eine in Deutschland ausgebrochene Empörung jede größere Action nach außen hin verhinderte.

König Andreas wußte diese Zeit wohl zu benützen: er ordnete die Zustände und Verhältnisse im Innern, übertrug seinem kriegstüchtigen Bruder Béla den Schutz der Landesgrenze gegen Deutschland, befestigte die Grenzstadt Preßburg, zog den König von Polen, den Schwager seines Bruders, in sein Interesse und machte sich auf diese Weise bereit, den Angriffen des deutschen Kaisers Widerstand leisten zu können.

Das Vorspiel des Krieges mit Deutschland begann der Bischof Gebhard von Regensburg im Winter 1049. Er fiel in Ungarn ein und führte reiche Beute weg. Zur Vergeltung brachen ungarische Scharen in die Ostmark, eroberten und zerstörten das feste Schloß Haimburg und machten viele Gefangene. Im Sommer 1050 beschloß dann Kaiser Heinrich III. zu Nürnberg die neue Heerfahrt gegen Ungarn; der Grenzkrieg hatte daselbst ununterbrochenen Fortgang. Das zerstörte Haimburg wurde im Jahre 1050 wieder hergestellt, als König Andreas im September gegen die noch nicht beendigte Feste abermals heranzog. Zweimalige heftige Angriffe auf Haimburg wurden von der deutschen Besatzung glücklich abgeschlagen. Das waren in diesem Kriege die letzten Siege der deutschen Waffen.

Erst im Sommer des Jahres 1051 zog das deutsche Reichsheer gegen Ungarn aus. „Mit den Bannern der

Sachsen, Franken, Schwaben und Baiern kam auch Kriegsvolk aus Burgund, der Lombardei, aus Böhmen und Polen an der Donau im Baiernlande zusammen und selbst die fernen Wenden aus der Nordmark stellten ihr Contingent. Nur selten sammelte sich ein so gewaltiges Heer, sonst wurden gewöhnlich nur die Nachbarvölker des Landes zu den Fahnen gerufen, gegen welches der Krieg gieng." Kaiser Heinrich wollte diesen Krieg nicht bloß als einen nationalen betrachtet wissen, sondern es war offenbar seine Absicht, den Gegner derart niederzuwerfen, daß derselbe für alle Zukunft dem deutschen Reiche unterthan sein mußte. Zugleich beweist der große Aufwand von Streitkräften die Achtung, die Heinrich vor der Macht des ungarischen Königs hatte.

Dieser war inzwischen auch nach anderer Richtung hin bemüht gewesen, die drohende Gefahr von seinem Lande abzuwenden. Im Herbste des Jahres 1050 sandte er den Kalocsa'er Erzbischof an den Papst Leo IX., um durch dessen Fürsprache bei dem Kaiser diesen von Ungarn fern zu halten. Der Papst, der Ungarn ja als einen „päpstlichen" Staat ansehen mußte, beauftragte mit der Vermittelung den Oberabt Hugo von Clugny; aber der Kaiser blieb unbeweglich bei seinem Entschlusse. In den ersten Tagen des August begab er sich von Nürnberg nach Regensburg, von wo das Heer zu Wasser und zu Lande abwärts an die ungarische Grenze zog. Es war ein nasses, regenreiches Jahr und alle Flüsse hoch angeschwollen oder gar über die Ufer getreten; selbst die sonst bescheidene Leitha erschien als „wogende Wasserwüste" und hemmte das Fortkommen des schwerfällig dahinziehenden Heeres. Dieses theilte sich in zwei Haufen; der eine zog auf der Nordseite der Donau nach Ungarn, mit dem andern drang der Kaiser selbst von Südwesten her in das Land. Der Vormarsch in das „eidbrüchige Königreich" begegnete keinem Widerstande, aber die beschwerlichen Wege, der Mangel an Nahrungsmitteln in dem wenig bebauten und bewohnten Lande, in welchem überdies auf königlichen Befehl die Vorräthe verbrannt oder verscharrt, die Herden weggetrieben wurden, die hereinbrechende Herbstzeit und andere Unfälle lichteten die deutschen Scharen bedeutend. Andreas wich jedem ernsten Zusam-

menstoße sorgfältig aus, das deutsche Heer zog aber stets tiefer in
das unbekannte und unwirtliche Land, ohne jedoch einen Erfolg zu
erzielen; was blieb da dem Kaiser schließlich anderes übrig, als
den Rückzug anzutreten? Unter tausenderlei Schwierigkeiten, Mühen
und Gefahren, stets umschwärmt von den flüchtigen ungrischen
Bogenschützen kam Kaiser Heinrich um die Mitte October in
Haimburg an. Auf dem Rückwege kam es an der Rabnitz zu
einem größern Kampfe, wobei es der deutschen Vorhut
gelang, den befestigten Brückenkopf zu erobern und so dem
übrigen Heere den Weg offen zu halten. In Haimburg war auch
die nördliche Abtheilung des deutschen Heeres wieder eingetroffen;
ihre Expedition hatte auch nichts Wesentliches erreicht. Der ganze
Feldzug war mißlungen.

Der Kaiser beschloß die Fortsetzung des Kampfes für das
nächste Jahr und wies deshalb auch die erneuerten Friedensaner=
tungen des ungarischen Königs und die Vermittelung des Mark=
grafen Adalbert zurück. Im Jahre 1052 war Kaiser Heinrich
schon Ende Juli wieder in Ungarn und schritt zunächst zur Bela=
gerung von Preßburg.

Länger als einen Monat dauerte schon die Berennung dieser
Feste; da kam den Ungarn der Papst zu Hilfe. Leo IX. erschien
zu Ende August persönlich im Lager vor Preßburg, um den
Frieden zwischen dem deutschen Kaiser und dem ungarischen
Könige wieder herzustellen. Andreas versprach auf Alles ein=
zugehen, was der Papst für gut finden werde und dieser bewog
endlich den Kaiser, die Belagerung aufzuheben und sich auf das
rechte Donau=Ufer zurückzuziehen. Als das geschehen war, wider=
rief König Andreas seine Zusagen und weigerte sich, trotz der
Androhung des Papstes mit der Excommunication, die ihm vor=
gelegten Bedingungen anzunehmen. Was sollte Heinrich thun?
Den Krieg konnte er wegen Mangel an Lebensmitteln und wegen der
herannahenden nassen Jahreszeit nicht fortsetzen und so kehrte
er mit dem Papste nach Deutschland zurück. Der Feldzug von
1052 hatte nach den Worten des Annalisten von Altaich „weder
Ehre, noch Vortheil dem Reiche gewonnen.“

Im nächsten Jahre sollte der Krieg gegen Ungarn wiederholt werden; es kam nicht dazu. Ungarns Unabhängigkeit war gerettet, die Oberlehnsherrschaft des deutschen Reiches über Ungarn für immer abgeschüttelt. Zwar dauerte die Fehde in den Grenzmarken noch geraume Zeit fort; aber zu einer ernstlichen Bedrohung Ungarns in seiner staatlichen Selbständigkeit kam es nicht mehr. Kaiser Heinrich III. starb am 5. October 1056, ohne Ungarns Los= lösung vom deutschen Reiche anerkannt zu haben; erst dessen Witwe Agnes schloß im Jahre 1058 mit König Andreas den Frieden, den dieser freiwillig angeboten hatte.

Andreas I. suchte dabei zugleich um die Hand der eilfjäh= rigen Tochter Heinrich III., Juditha (in Ungarn „Sophia" genannt) für seinen ebenfalls noch minderjährigen Sohn Salomon an. Friede und Braut wurden dem Ungar=Könige gewährt. Die Kaiserin Agnes begab sich mit ihren Kindern, König Heinrich IV. und der Braut Juditha (Sophie), im September 1058 an die ungarische Grenze, ließ dort den Frieden von den Fürsten beider Reiche beschwören und übergab dem Könige Andreas ihre Tochter als Braut seines Sohnes zur Erziehung. Bei diesem Friedens= schlusse wurde auch die Grenze zwischen Deutschland und Ungarn an den Flüssen March und Leitha definitiv festgestellt und diese Grenzlinie ist, abgesehen von einigen unwesentlichen Schwan= kungen, bis zum heutigen Tage unverändert die gleiche geblieben.

. Noch dauerte der Kriegszustand zwischen Ungarn und Deutsch= land fort, die Kriegsfurie machte nur einzelne Pausen und schon lebte der geschäftliche Verkehr sowie die geistigen Bezie= hungen der beiden Nachbarländer wieder auf. Fromme Pilger nahmen ihren Weg nach Jerusalem abermals durch Ungarn, so der Abt Dietrich von St. Hubert in den Ardennen (im Jahre 1054). Auch der Bischof Lietbert von Cambray soll damals nach Ungarn gekommen sein, wo ihn Andreas ehrenvoll aufnahm, aber auch beobachten ließ, ob er nicht noch andere, politische Zwecke verfolge. Im Jahre 1058 war der Herßfelder Geschichtschreiber Lambert ebenfalls in Ungarn, als er nach Jerusalem pilgerte. Allerdings erschien auch oft allerlei verdächtiges Volk unter der

Kutte; gegen diese „ausweislosen clericalen Baganten" erließen die Könige Ungarns strenge Verordnungen. König Andreas hatte bereits eine permanente Grenzwache eingeführt.

Aber auch politische Malcontenten aus Deutsch= land suchten gerne Zuflucht bei den Ungern. Einer der bedeu= tendsten Empörer gegen Heinrich III, Herzog Konrad von Baiern, floh im Jahre 1053 zu König Andreas und war die Hauptursache, daß dieser den mit dem Kaiser geschlossenen Frieden wieder verwarf und im Bunde mit dem geflüchteten Herzoge den Krieg gegen das deutsche Reich fortsetzte. Seit der Wiederherstellung des Friedenszustandes zwischen Deutschland und Ungarn, insbeson= dere seit der Verlobung des ungarischen Königssohnes mit der deutschen Kaisertochter nahm die Anzahl der deutschen Einwanderer nach Ungarn stets zu. So war es denn auch ein deutscher Graf, Dietbald (Tietpald), vermuthlich mit der Prinzessin Judith (Sophie) eingewandert, unter dessen Schutz König Andreas I. im Jahre 1060, als der Streit mit seinem ehrgeizigen Bruder Béla ausgebrochen war, seinen Sohn und Thronerben Salomon und dessen präsumtive Gemahlin nach Melk in Österreich schickte, zu= gleich bat er die Kaiserin=Regentin von Deutschland um Hilfe.

Es war ein politischer Mißgriff, den der König mit diesem Schritte gethan; in Ungarn erwachte neuerdings die Besorgniß, daß des Landes Unabhängigkeit bedroht werden könne und die Anhänger Béla's mehrten sich. In Deutschland fand das Ansuchen des ungarischen Königs eine getheilte Aufnahme. Die Kaiserin= Regentin war jedoch entschlossen, dem Vater ihres Schwiegersohnes die erbetene Hilfe zu leisten. Ein bairisch=thüringisches Heer kam nach Ungarn; ihm schloß sich König Andreas mit seinen Getreuen an; erst jenseits der Theiß kam es zur Schlacht, welche Béla verlor. Aber der Abfall der Ungarn von der Sache des Königs griff immer weiter um sich, das deutsche Hilfsheer mußte bei Zeiten auf den Rückzug denken, wenn es nicht im Innern des Landes völlig aufgerieben werden sollte. Der Rückmarsch wurde unter ähnlicher Mißlichkeiten und Gefahren wie im Jahre 1051 angetreten; an der Grenze, wahrscheinlich bei Wieselburg,

kam es mit den verfolgenden Scharen Bélas zum abermaligen
Kampfe. Trotz der tapfersten Gegenwehr wurde das deutsche Heer
geschlagen, König Andreas stürzte vom Pferde und wurde
wahrscheinlich im Gewühl zertreten. Die deutschen Heerführer,
Markgraf Wilhelm von Thüringen, Boto, der Sohn des
bairischen Pfalzgrafen, Bischof Eberhard von Naumburg=Zeitz
u. a., geriethen in Gefangenschaft, wurden aber von Béla ehrenvoll
behandelt, ja Béla verlobte seine Tochter mit dem Thüringer=
Fürsten. Andreas' Witwe, ihr Sohn Salomon und dessen Ver=
lobte erschienen im Jahre 1061 vor König Heinrich IV. und baten
um fortgesetzte Hilfe, die ihnen auch zugesagt ward.

Die eingetretenen politischen Wirren in Deutschland verzögerten
jedoch die Ausführung dieses Entschlusses bis in das Jahr 1063.
Damals wurde um die Mitte August zu Mainz auf einem Reichstag
die Heerfahrt gegen Ungarn neuerdings förmlich beschlossen
und sofort strömten die Streiter aus allen Theilen des Reiches
herbei, den König Heinrich IV. auf seinem ersten Heereszuge nach
Ungarn zu begleiten. König Béla suchte der drohenden Gefahr
durch Friedensanträge zu begegnen, er wollte auf die Königswürde
zu Gunsten Salomons verzichten und sich mit der herzoglichen
begnügen. Diese Anträge wurden abgewiesen.

Das deutsche Heer stand zu Ende September an der ungarischen
Gränze, welche Béla's Scharen bewachten. Auf einem Wege durch
Moorgrund gelangten jedoch die Deutschen in den Rücken der
Ungern, so daß diese sich zurückziehen mußten. Hierauf schritt das
deutsche Heer zur Erstürmung von Wieselburg, die auch gelang.
Auf der Raaber Ebene hatte das Heer Béla's seine Aufstellung
genommen. Da brachte der plötzliche Tod des ungrischen Königs
(Anfang October 1063) eine unerwartete Wendung. Die Ungern
zeigten sich bereit, Salomon anzuerkennen; das deutsche Heer
führte denselben nach Stuhlweißenburg zur Krönung und
Huldigung; hier endlich wurde auch des jungen Königs Hochzeit
mit der deutschen Kaisertochter gefeiert. Die Deutschen überwanden
dann noch die wenigen Widerstrebenden und kehrten reich beschenkt
in die Heimat zurück.

Deutsche Rathgeber scheinen indessen auch fernerhin in König Salomons Umgebung geblieben zu sein. So wird namentlich erwähnt, daß ein Graf Wid (Veit) aus dem schwäbischen Geschlechte Guthkele, das sich der Verwandtschaft mit den Hohenstaufen berühmte, bei König Salomon den größten Einfluß hatte. Dieser Wid soll auch die Ursache von dem nachherigen Bruche Salomons mit dessen Vetter Geisa gewesen sein. König Salomon erfreute sich fortdauernd des Schutzes von Deutschland. Auf seine Bitte rückten im Herbste 1073 deutsche Hilfsscharen unter dem Grafen Markward von Eppenstein nach Ungarn, um den König in dem Thronstreite gegen Geisa zu unterstützen. Letzterer hatte seinerseits bei den russischen und mährischen Fürsten um Hilfe angesucht und dieselbe auch zum Theil erhalten. In einer Schlacht geschlagen, gelang es dem Heere Geisa's unter der Leitung seines Bruders Ladislaus die Entscheidungsschlacht bei Mogyoród (März 1074) zu gewinnen. Graf Markward wurde gefangen, König Salomon aber flüchtete westwärts, wo er in den befestigten Orten Wieselburg und Preßburg sich einschloß und Hilfe vom Markgrafen der Ostmark erhielt.

König Salomo bot in seiner Bedrängniß seinem Schwager, dem Könige Heinrich IV., einen großen Theil des ungarischen Reiches an, wenn dieser seine Wiedereinsetzung in die königliche Gewalt durch deutsche Waffen bewirke. Heinrich besann sich nicht lange und zog mit einem in aller Eile geworbenen Heere gegen Ungarn, aber schon in Regensburg kehrte er wieder um. Da erschienen im Juli von Neuem ungarische Gesandte vor dem Könige und baten noch flehentlicher um Hilfe. Salomon machte seinerseits noch größere Anerbietungen: er wollte sich zur Anerkennung der deutschen Lehnsherrlichkeit, zu unbedingtem Gehorsam verpflichten und für Einhaltung dieses Versprechens nicht bloß zwölf Geiseln stellen, sondern auch sechs wohlbefestigte ungarische Städte als dauerndes Unterpfand der Treue abtreten.

Heinrich kam nun mit einem angeworbenen Heere nach Ungarn, wo sein Schwager König Salomon die westlichen Festungen noch inne hatte; Geisa zog sich nach der oftbewährten

Praxis in das Innere des Landes zurück, nachdem vorher alle Vorräthe auf dem Einzugswege des deutschen Heeres vernichtet worden waren. Zwar führten Schiffe auf der Donau dem letztern Lebensmittel nach, aber diese reichten nicht aus. Hunger und Krankheiten traten ein, das feste Neitra widerstand den Angriffen des deutsch= ungarischen Heeres; dennoch drang Heinrich bis Waitzen vor. Hier brach die Unzufriedenheit in seinem Heere aus, so daß der deutsche König den Rückweg nehmen mußte! Trotz des üblen Aus= ganges dieser Heerfahrt erfüllte Salomon einen Theil seiner Zusagen; von dem Gebiete, das er noch inne hatte, trat er ein Stück an der Reichsgrenze mit Einschluß der wichtigen Festung Wieselburg an den deutschen König ab.

Dieses Gebiet reichte von dem Leithagebirge bis ungefähr an den Unterlauf des Raab=Flusses. Heinrich ordnete dasselbe in November 1074 und nahm dann zahlreiche Vergabungen vor, alle mit der Verpflichtung, dem Könige in jeglicher Burg, die hier erbaut werde, insbesondere in Wieselburg, zu dienen. Diese Bedingung findet man insbesondere in einer Schenkungsurkunde Heinrichs vom 26. November 1074 für das Bisthum von Freifing, worin demselben hundert Bauernhöfe am Leitha=Gebirge, dann zwischen dem Leitha=Flusse und dem Neusiedler=See vergabt werden. Diese Höfe lagen in durchwegs deutschen Orten, die Aschewisches= brugge (Bruck an der Leitha?) Chuningsbrunnen, Nowendorf (Neudorf?) und Hasilowe (Haslau an der Leitha) und bekunden eine fortdauernde deutsche Bevölkerung in dieser Gegend. Wiesel= burg führt darin noch seinen alten Namen „Miesenburc", d. i. Moos= oder Moorburg, von der sumpfreichen Umgebung in der Nähe des Hanság. Dieser Umgebung verdankte der Ort auch seine damalige strategische Bedeutung und Festigkeit. Heinrich IV. behält sich im Leitha=Gebirge die Jagd und den Wildbann vor; ob er wohl dachte, in friedlicheren Tagen daselbst dem Waidwerke nachgehen zu können?

Diese Tage kamen für Heinrich nicht; König Salomon hielt sich noch bis zum Jahre 1081 in Preßburg. Die neue Gefahr für Ungarn, in die Vasallenschaft des deutschen Reiches zu verfallen,

ward jedoch glücklich abgewendet; zum guten Theil geschah dies auch
durch das abermalige Eingreifen der päpstlichen Gewalt, deren
Vermittelung Geisa bereits im Jahre 1071 angerufen hatte.
Aber der gewaltige Papst Gregor VII. ließ seine Hilfe um den
nicht minder hohen Preis der Geltendmachung jener Ansprüche,
daß Ungarn „Eigenthum" der römischen Kirche sei. Diese
Bedrohung der Unabhängigkeit Ungarns von Kaiser und Papst
hatte den Anschluß Geisa's an Byzanz zur Folge. Kaiser
Michael VII. schickte ihm den erbetenen Königsreif, mit dem
Geisa sich krönen ließ (Ende 1075). Nach dem Tode Geisa I.
(† 24. April 1077) gelangte dessen Bruder Ladislaus auf den
Thron; diesem gelang die Aussöhnung mit Salomon (1081); weil
dieser aber trotzdem wieder nach der Herrschaft strebte, wurde er
gefangen gesetzt und erhielt seine Freiheit erst im Jahre 1083
wieder, als die Gebeine des hl. Stefan, des ersten Ungar=Königs,
in feierlicher Weise erhoben wurden.

König Ladislaus (1077—1095) befestigte das einheitliche
ungrische Königthum wieder, er regelte mit kräftiger Hand die
zerrütteten innern Zustände, wahrte den päpstlichen Ansprüchen
gegenüber die Unabhängigkeit seines Landes mit Klugheit und
nahm unter den Fürsten des Abendlandes eine angesehene
Stellung ein.

Noch einmal, im Jahre 1108, hatte Ungarn seine Unabhän=
gigkeit gegen Deutschland zu vertheidigen. Damals kam König
Heinrich V. zur Unterstützung des Herzogs Álmos, Bruder des
ungarischen Königs Koloman, mit einem Heere bis Preßburg, das
jedoch vergeblich belagert ward. Seitdem hörten die ernsten Ver=
suche zur Geltendmachung deutscher Lehnsherrlich=
keit über Ungarn auf und das gegenseitige Verhältniß gestaltete
sich mehr und mehr zu einem dauernd freundnachbarlichen. Dieser
Zustand war dann auch von wesentlichem Einflusse auf die
Gestaltung und die Schicksale des Deutschthums in Ungarn.

Deutsche Colonisierungen unter den Árpáden.

Die bisherigen Einwanderungen der Deutschen nach Ungarn waren vorwiegend ein Werk des Zufalles oder der individuellen Neigung und Entschließung. Die zahlreichen Fremblinge, welche seit den Tagen des Herzogs Geisa in das Land kamen und hier nach slavischem Vorbilde als „Gäste" (hospites, ungarisch vendégek) aufgenommen wurden, erschienen theils in der Begleitung könig- licher Bräute, theils waren es freiwillige adelige Abenteurer, Glücksritter und Kampflustige oder auch Verbannte und Flüchtlinge. Viele unter ihnen brachten reisiges Gefolge mit. Sie boten dem Könige ihr Schwert an und empfiengen dafür Ländereien, die sie besiedelten und dazu meist Knechte und Hörige aus der frühern Heimat verwendeten. Das war namentlich in den Theilen des westlichen Ungarn der Fall. Durch diese Besiedlungen entwickelte sich in diesem Landstriche auch frühzeitig eine höhere Cultur. Befestigte Orte, Städte und weitläufige Klöster erhoben sich daselbst zahlreich. Interessant erscheint, daß noch um die Mitte des XI. Jahrhunderts ein deutscher Schriftsteller dieses westliche Ungarn als „Pannonien" von dem östlich, jenseits der Donau beginnenden eigentlichen „Ungarn" (Ungaria) unterschied.

Wir haben gesehen, welche bedeutende Rolle diese deutschen Ritter in den langwierigen Thronstreitigkeiten (von 1038—1075) spielten. Auch nach denselben hörten die deutschen Zuwanderungen nicht auf, wenngleich man sie schrittweise nicht verfolgen kann. Zu Ende des XI und im ersten Viertel des XII. Jahrhunderts gedenkt auch die ungrische Gesetzgebung

bereits der „Ausländer" als angesiedelter Zinsbauern. Im
Heere König Stefan II. (1114—1131) kämpften 700 deutsche
Krieger; den Deutschen verdankte König Béla II. (der Blinde
1131—1142) die Erhaltung seines Thrones u. s. w.

Aber all diese Zuwanderungen und Ansiedlungen erfolgten
(wie gesagt) nur zufällig, nicht planmäßig; die Einwanderer
erschienen auf eigene Gefahr und Kosten und die Angesiedelten
erwarben höchstens solche Rechte, die sie in Privatverträgen mit
dem Grundbesitzer festgestellt hatten. Auch war die gesammte
Einwanderung gegenüber dem wachsenden Bedürfnisse an Menschen=
kraft ganz unzureichend. Denn man kann für diesen Zeitraum
(XII. Jahrhundert) nur im Westen und in der Mitte (vielleicht
auch noch im Süden zwischen Donau, Theiß und Maros) eine
dichtere Bevölkerung annehmen. Das gebirgige Ober=Ungarn,
der Nordosten und der größere Theil Siebenbürgens waren gar
nicht oder doch nur sehr spärlich bewohnt. Ungeheure Waldungen,
die wildreichen Forstgebiete ungarischer Könige und Prinzen,
bedeckten diese Landstriche.

Aber nicht bloß die Urbarmachung und Bevölkerung dieser
Gebiete erheischte eine Vermehrung der Population; diese war
zugleich dringend nothwendig, wenn in Ungarn der Ackerbau, der
Gewerbfleiß, der Bergbau, der Handel und Verkehr eine Stätte
finden sollte. Nicht weniger wichtig war die Besiedelung der öden
und menschenleeren Grenzdistricte zur Sicherheit und Vertheidigung
des Landes.

Welches Aussehen das damalige Ungarn auch in seinem
bewohnten Innern darbot, ersieht man aus der Schilderung des
babenbergischen Fürstensohnes und Geschichtschreibers, Otto von
Freisingen, der im Jahre 1147 auf einer Reise durch Ungarn
Land und Leute aus persönlicher Anschauung kennen lernte. Bei
aller Einseitigkeit der Auffassung behält diese Schilderung dennoch
ihren Werth. Otto theilt uns mit, daß die deutschen „Gäste"
im königlichen Heere eine bedeutende Menge ausmachen, daß sie
auch des Königs Leibwache bilden und in dessen Sold stehen;
ihnen verdanke der König hauptsächlich seine kriegerischen Erfolge.

Das Land war auch im Innern nur dünn bevölkert. Die Ungern wohnen den Sommer und Herbst über größtentheils unter Zelten; ihre Häuser und Städte sind armselig, meistens aus Rohr, selten aus Holz und nur wenige aus Stein gebaut. Damit ist der noch unentwickelte Zustand des Hirten= und Ackerbaulebens gekennzeichnet, in welchem sich das ungrische Volk damals noch befand. Eine höhere Stufe konnte es nur erklimmen, wenn ihm neue Kräfte zugeführt wurden.

Das geschah nun zu derselben Zeit, aus der Otto's Schilderung stammt, nämlich unter der Regierung des Königs Geisa II. (1142—1161), dem es zu danken ist, daß an die Stelle der zufälligen, individuellen Einwanderung des deutschen Volkselements die planmäßige Colonisierung ganzer Landstriche durch Regierungsmaßregeln trat. König Geisa folgte dabei augenscheinlich den Rathschlägen seiner deutschen Umgebung; denn nach der allgemeinen Annahme ergiengen noch während der Minderjährigkeit des Königs im Jahre 1143 königliche Einladungen und Zusicherungen, wodurch die „Flandrer" vom Niederrhein ins Land gerufen wurden. Es war damals (um die Mitte des XII. Jahrhunderts) aus verschiedenen Gründen eine allgemeine „niederländisch=westdeutsche Wanderung" von den nördlichen Rhein= gegenden nach den Elbelanden im Zuge. Auf diese Wanderung richtete auch die ungarische Regierung ihr Augenmerk und es darf wohl der Verbindung König Geisa II. mit dem Welfen Heinrich dem Löwen zugeschrieben werden, daß es ihm gelang, nicht allein sächsisches Kriegsvolk, sondern auch zahlreiche Ansiedler für seine colonisatorischen Absichten zu gewinnen.

Man ist nach der ganzen historischen Entwickelung der deutschen Einwanderung und Niederlassung von der Mitte des XII. Jahrhunderts an gezwungen, eine vertragsmäßige Vereinbarung zwischen der Krone und den berufenen Colonisten anzunehmen. Der Inhalt dieser Verträge ergibt sich aus den Freibriefen und Privilegien, womit diese deutschen Colonisten begabt wurden. Die Ankömmlinge mußten auch zahlreich gewesen sein; denn es galt nicht mehr bloß einzelne Orte mit „Gästen" zu

versehen, sondern es waren ganze Gegenden und Landschaften zu
bevölkern. Es erfolgten zwar auch noch vereinzelte deutsche
Ansiedlungen, namentlich in West=Ungarn auf den Gütern einzelner
deutscher Edelleute. So bringen die Brüder Gottfried und
Albrecht von Guthkele im Jahre 1141 Deutsche aus Meißen
nach Luchman (Lócsman) im Ödenburger Comitate; Graf Hederich
gründet angeblich im selben Jahre die Hedrichsburg (Hedervár)
auf der Schüttinsel; im Jahre 1157 baute Wolfger Graf von
Güssing, der Bruder Hederichs, im Eisenburger Comitate die Burg
Güssing, um welche er Deutsche ansiedelte und stiftete ein Kloster
bei seiner „neuen deutschen Burg" (= Német Ujvár) an der
Zicken. Diese Grafen von Güssing, welche einem tirolischen Ritter=
geschlechte entstammen und mit einer Anzahl wehrhafter Männer
zu König Geisa II. gekommen waren, wurden dann im XIII. Jahr=
hunderte die gefürchtetsten Magnaten im westlichen Ungarn. Auch
im Innern des Landes wurden einzelne deutsche Colonien angelegt
oder vorhandene Orte durch deutsche Zuwanderer vergrößert. So
wurde um das Jahr 1161 auf dem rechten Donau=Ufer der Ort
„Geisas Markt" („forum Geisae") mit einer gemischten
Bevölkerung (Ungarn, Deutsche, Italiener) gegründet; aus dem
Orte entstand später die „Dreifaltigkeitsstadt", heute bildet der
Ort als „Landstraße" einen Theil von Ofen. Auch das am
linken Ufer liegende Pest soll schon unter Geisa II. von Deutschen
gegründet worden sein. In der Zeit des Mongolensturmes war
es eine reiche deutsche Stadt.

    Die hervorragendsten deutschen Ansiedlungen unter König
Geisa II. waren jedoch die sächsischen Colonien in der
Zips und in Siebenbürgen. Diese Colonisierungen stehen
ohne Zweifel zeitlich und ethnographisch einander nahe, obgleich
der unmittelbare Zusammenhang nicht mehr nachgewiesen werden
kann. Die erste Ansiedlung in der Zips erfolgte am
rechten Ufer der Popper; ihre älteste Grundlage ist in der That
flandrisch, d. h. sächsisch. Das „Zipserhaus", diese stolze Comitats=
burg der Zips, die schon vor 1198 bestanden haben muß, bildet
den Kern dieser anfänglichen deutschen Colonisierung in der rauhen

Waldgegend am Fuße der Hoch=Karpathen. Nachwanderungen folgten in den ersten Decennien des XIII. Jahrhunderts, und zwar zunächst aus Tirol; andere Siedler kamen selbst aus dem fernen Elsaß. Die Hauptmasse der Colonisten in der Zips erschien jedoch erst nach dem Mongolensturme (1240—1242) aus Schlesien und Thüringen; spätere Zuwanderer (um 1259) aus Baiern vermehrten das bunte Gemisch deutscher Sprach= und Volksstämme. Gegen das Ende des XIII. Jahrhunderts war die Colonisation der Zips im Wesentlichen beendigt. Im Jahre 1271 erhielten sämmtliche Zipser „Sachsen" ein gemeinsames Privilegium, das jedoch im Grunde nur bereits vorhandene Rechte und Zustände neu bestätigte.

In Siebenbürgen geschah die erste deutsche Niederlassung im Thale der Szamos, in den Ortschaften Karakó (Krakó), Chrapundorf (Grabendorf? heute Magyar=Igen) und Rams, wo die Sachsen des Berg= und Weinbaues wegen angesiedelt wurden. Diese Sachsen standen außer Gemeinschaft mit den übrigen Siebenbürger Deutschen und ihr erhaltenes Privilegium vom Jahre 1206 ist älter als das der Bewohner des spätern sächsischen „Königsbodens" oder des sogenannten „Sachsenlandes". Auf diesem erfolgten die ersten deutschen Ansiedlungen im Süden Siebenbürgens an der Aluta aufwärts bis zur Einmündung des Homorobbaches. Am rechten Alt=Ufer wurden die Capitel Hermann= stadt, Leschkirch und Schenk zuerst begründet; ihnen folgte das Kosder Capitel, dann Reps im Thale des Homorod. Jene drei erstgenannten Capitel entstanden noch unter Geisa II., sie bilden das „alte Land". Die weiteren Ansiedlungen geschahen in westlicher Richtung; es folgte die Bevölkerung der späteren Stühle von Schäßburg, Broos, Mühlbach, Reußmarkt; ferner von Mediasch und Schenk. Diese Colonisierungen fallen bereits in die Zeit nach Geisa II. Verschiedene Anzeichen deuten ferner darauf hin, daß die sächsischen Ansiedlungen im Norden Siebenbürgens, im Bistritzer Districte, gleichfalls zu den ältesten deutschen Colonien des Landes gehören, welche man selbst vor die Einwanderung unter Geisa II. setzen will. Die Bistritzer hatten

schon im Jahre 1222 ihren eigenen Grafen. Die Besiedelung des
Burzenlandes oder des Kronstädter Districtes fällt dagegen
erst in das XIII. Jahrhundert.

Da wir weiter unten bei Behandlung der Zipser und Siebenbürger Sachsen auf die Ansiedlungsverhältnisse näher eingehen
müssen, so vermeiden wir hier die Angabe weiterer Einzelheiten.
Nur das sei noch bemerkt, daß die Zahl der Einwanderer
keineswegs niedrig angesetzt werden darf; denn eine geringe Anzahl
von Ansiedlern wäre nicht im Stande gewesen, namentlich in dem
entfernten siebenbürgischen Gebiete, umgeben von wenig cultivierten
Nachbarn und an der Grenze gegen die räuberischen Kumanen sich
zu erhalten, das Land zu bebauen und die bedrohte Grenze zu vertheidigen. Auch ist eine Urkunde vorhanden, welche uns belehrt, daß
zwanzig Jahre nach dem Tode des Königs Geisa II. († 1161) die
„fremden Gäste" in Siebenbürgen einen Kronzins von 15.000
Mark (?) an den König entrichteten. Die junge Ansiedlung muß also
einerseits ursprünglich schon stark gewesen sein, andererseits kräftigen
Nachschub erhalten haben, wie dies auch die fortschreitende Besiedlung Siebenbürgens mit deutschen Einwanderern beweiset.

Denn die Nachfolger der Königs Geisa II., insbesondere
die Könige Stefan III., Béla III. und Andreas II. wendeten
der Gewinnung deutscher Einwanderer ebenfalls ihre eifrige Sorgfalt zu. Vor Allem war es König Andreas II., der im Anfange
des XIII. Jahrhunderts die Zahl der deutschen Ansiedlungen in
bemerkenswerther Weise vermehrte.

Den südöstlichsten Theil Siebenbürgens bildet das Burzenland (terra Borza), welches noch zu Anfang des XIII. Jahrhunderts ein ödes und menschenleeres Gebiet war, zu nichts tauglich, als um den streifenden Kumanenhorden zum Einfallsthor zu
dienen. König Andreas verlieh im Jahre 1211 dieses Gebiet
den Deutsch-Ordens-Rittern oder den „Marianern",*) indem

---

*) Vgl. Friedrich Philippi, die deutschen Ritter im Burzenlande.
X. Bethlen, Geschichtliche Darstellung des deutschen Ordens in Siebenbürgen. Voigt, Geschichte Preußens. F. Pesty, die verschwundenen
alten Comitate (ung.)

er dieselben von der Jurisdiction des siebenbürgischen Wojwoden eximierte und ihnen gestattete, auf dem verliehenen Territorium Holzburgen und Städte zu erbauen.

Das besetzte Gebiet reichte (seit 1222) im Süden bis an die Donau; die Ritter hatten dasselbe zu bevölkern, doch durften sie zu Ansiedlern keine Deutschen vom siebenbürgischen Königsboden oder andere Einwohner des Landes aufnehmen, sondern sie mußten um Einwanderer aus der Fremde, und zwar aus Deutschland, besorgt sein. Der Orden erbaute im Burzenlande zum Schutze und zur Vertheidigung des Landes gegen die Einfälle der Kumanen vier Burgen: Törzburg, Schwarzburg (? Zeiden), Heldenburg (?) und Marienburg und eine (die Kreuzburg) außerhalb des burzen-ländischen Territoriums.

Neue Begünstigungen gewährte den Rittern ein königliches Privilegium vom Jahre 1212, welches unter anderem den königlichen Geldwechslern den Eintritt in das Gebiet des Ordens verbietet. Vom siebenbürgischen Bischofe erhielt der Orden im Jahre 1213 die Erlaubniß, den kirchlichen Zehent von allen Einwohnern des Burzenlandes nehmen zu dürfen, nur nicht von den etwa daselbst sich niederlassenden Magyaren und Széklern. Diese Cession bestätigte der Papst Honorius III. im Jahre 1218.

Der deutsche Ritterorden trug sich bald mit weitreichenden Plänen. An seiner Spitze stand der berühmte Großmeister H e r m a n n v o n S a l z a. Wie unter dessen Leitung später der deutsche Ritter-Orden in Preußen Land und Leute zu einem unabhängigen Lehen-staate erwarb, so wollte derselbe diese Absicht schon früher in Siebenbürgen und in der angrenzenden Walachei (im Kumanen-Lande) verwirklichen. Der Orden besaß die besondere Gunst der Päpste und der deutschen Kaiser und bei den damals in Ungarn herrschenden zerrütteten Zuständen hoffte er, seine Ziele um so leichter erreichen zu können. Im Morgenlande wurde die Thätigkeit des Ordens durch das Vorschreiten der Türken mehr und mehr ein-geschränkt; hier, gegen die heidnischen Kumanen und Petschenegen konnte er seinen geistlichen Gelübden ebenso genügen wie bei der spärlichen Bewohntheit und der Abgelegenheit des Landes auch die

Gelegenheit zur dauernden Seßhaftmachung und Besitzergreifung günstig schien. Vor Allem anerkannte der Orden nicht die geistliche Jurisdiction des siebenbürgischen Bischofs. Das war der erste Zwist. Folgenschwerer wurden aber die Streitigkeiten des Ordens mit dem Könige. Im Widerspruche mit seinem Privilegium ließ der Orden Münzen schlagen, erbaute Burgen aus Stein und dehnte die Grenzen seines Gebietes eigenmächtig weiter aus. König Andreas II. gerieth darüber in Zorn, zog im Jahre 1221 seine Verleihungs=Urkunde zurück und forderte die Ritter zum Verlassen des Burzenlandes auf. Der Orden wandte sich an den Papst und durch dessen Vermittelung gelang eine Aussöhnung mit dem Könige. Ja, dieser ertheilte im Jahre 1222 den Rittern die Erlaubniß, ihre Burgen nicht bloß aus Holz, sondern auch aus Stein zu bauen; er genehmigte die erfolgte Gebietsausdehnung und erweiterte das Land der Ritter bis an die Donau; sämmtlichen Einwohnern des Burzenlandes, mögen sie welcher Nationalität immer angehören, wurden die erhaltenen Freiheiten garantiert. Nur sollten die Ritter aus den Landen des Königs keine Ansiedler in ihr Gebiet auf= nehmen und auch kein Geld prägen dürfen. Der Papst bestätigte am 19. December 1222 die neue königliche Verleihung.

Damals oder kurz vorher war der Großmeister Hermann von Salza persönlich in Rom und es dürfte schon bei dieser Gelegenheit jener Plan gereift sein, der dem Orden das Land an der Aluta und Donau in den Eigenbesitz bringen sollte. Der Orden trug nämlich das von ihm besetzte Gebiet dem Papste als Lehen an und Honorius III. willigte in diesen Antrag, der die Rechte des Königs von Ungarn empfindlich verletzte. Schon im Jahre 1223 verbot der Papst dem Bischofe von Siebenbürgen jede geistliche Function im Burzenlande, weil dieses unmittelbar der Jurisdiction des römischen Stuhles unterstehe. Im folgenden Jahre 1224 erklärte er das Burzenland als „Eigenthum des heiligen Petrus." König Andreas II. war jedoch nicht gewillt, dieses Auftreten des Ritter=Ordens und die Ansprüche des Papstes zu dulden. Er zog den Orden zur Rechenschaft; dieser aber beharrte auf seiner Absicht, weshalb der Papst unter dem 10. Juli 1225 ihn wegen der Feſtigkeit lobte, mit welcher der Orden das „päpſtliche‟ Burzenland gegen den König vertheidigte. Da nun alle Ausgleichs- und Vermittelungs-Verſuche ſcheiterten, gieng König Andreas II. mit ungewohnter Energie an die Wahrung ſeiner Souveränetätsrechte. Er annullierte die Schenkungen an den deutſchen Ritter-Orden, zog noch im Jahre 1225 mit bewaffneter Macht in das Burzen- land und vertrieb die Ritter aus dem Lande. Der Papſt machte im Jahre 1225 und 1226 wiederholt Schritte zur Umwandlung des königlichen Entſchluſſes und zur Wiederberufung des Ordens. Vergebens; König Andreas II. blieb feſt. Eben damals (1226) begann der deutſche Ritter-Orden ſeine erfolgreiche Miſſion in Preußen, wo ihm die Erlangung jenes Zieles gelang, das er in Siebenbürgen vergebens angeſtrebt hatte.

Nach Abzug der Ritter kam ein kleiner Theil des Burzen- landes an das Gebiet der Ungarn und Székler; der größere Theil war von deutſchen Anſiedlern bewohnt, die in Kronſtadt ihren neuen Vereinigungspunkt fanden und um das Jahr 1252 bereits als „Kronſtädter Sachſen‟ (saxones de Barassu) erſcheinen. Ihre municipale Selbſtändigkeit ſowie die Vereinigung mit den übrigen Sachſen im Siebenbürgen erfolgte jedoch erſt in ſpäterer Zeit.

Der Mongolenſturm, welcher in den Jahren von 1240 bis 1242 über Ungarn verheerend dahin gebrauſt war, hatte das arg heimgeſuchte Land insbeſondere auch in ſeinem Populations- ſtande tief erſchüttert. Die deutſchen Colonien in Sieben- bürgen, in der Zips und im Innern des Landes hatten von dieſer Invaſion ebenfalls viel zu leiden. Die deutſchen Bürger der ſiebenbürgiſchen Bergſtadt Radna (Rodna, Rodenau) ſtellten ſich der Mongolenflut zuerſt muthig entgegen und ſchlugen die wilden Horden; doch brachte bald darauf ein Überfall die Stadt trotz mannhafter Gegenwehr in die Gewalt der Feinde. Wie volkreich damals Radna und die Umgebung geweſen ſein muß, erhellt aus der Thatſache, daß trotz der vorangegangenen Kämpfe der Burggraf Ariskald dennoch mit 600 Bewaffneten ſich den Mongolen gezwungen anſchließen konnte. Auch die deutſchen Orte Pereg (Berg, an der Maros) und Peſt wurden von den Mon-

golen erſtürmt und verheert. Eine Mongolenhorde drang über
Galizien nach dem Zipſer Lande herein und zerſtörte die dortigen
deutſchen Orte, deren Bewohner zum großen Theile in den benach=
barten Gebirgswäldern in Höhlen und verſchanzten Berglagern
Zuflucht ſuchten und fanden. Auch in Gran, Stuhlweißen=
burg u. a. a. O. ſetzten die deutſchen Bürger ihr Leben zur
Vertheidigung ihres neuen Vaterlandes ein.

Konig Béla IV. wurde der Wiederherſteller des Reiches,
wobei eine ſeiner Hauptſorgen auf die Mehrung des ſtark gelich=
teten Bevölkerungsſtandes durch erneute Zuwanderungen
gerichtet war. Er lud (nach ſeinen eigenen Worten) von allen
Seiten Leute (Ackerbauer wie Krieger) zu Niederlaſſungen nach
Ungarn ein, um die entvölkerten und menſchenleeren Landſtriche zu
bevölkern; den alſo berufenen Ankömmlingen aber verlieh er Grund
und Boden und andere Begünſtigungen, damit die Fremdlinge auf
ſolche Art eine neue Heimat und ihr angenehmes Daſein fänden.
In zahlreichen Urkunden dieſer Periode erſcheinen wieder die
„Teutones“, „Flandrenses“ und „Saxones“ und was in Zeiten der
Noth und Bedrängniß dieſe Deutſchen dem Könige Gutes und Treues
erwieſen, das vergalt er gerne wieder durch reiche Begabungen.

In der nachmongoliſchen Zeit wurde die Coloniſierung
der Zips beendigt, es erhielten damals aber auch die ober=
ungariſchen Bergdiſtricte eine zahlreichere deutſche Bevöl=
kerung, die dann auch oſtwärts vorrückte und die „Gründner“
Orte im Süden der Zips ſowie die benachbarten Gegenden mit
deutſchen Coloniſten verſah. Damals füllte ſich der Raum von
Preßburg an der Donau bis tief in die Hoch= und Waldkarpathen
hinein allmählich mit vorwiegend deutſcher Bevölkerung. Eine
große Anzahl blühender Städte und Märkte erhob ſich daſelbſt;
Ackerbau, Gewerbe und Handel ſchufen einen wachſenden Wohl=
ſtand und mit dem gefeſtigten bürgerlichen Gemeinweſen hob ſich
auch die geiſtige und moraliſche Bildung des Volkes, das zudem
in ſeiner tapfern Kriegstüchtigkeit und in ſeiner Königs= und
Landestreue eine mächtige Schutzwehr der öffentlichen Ordnung und
Sicherheit bildete.

Die Deutschen und das Städtewesen in Ungarn.

Der ungrische Historiker und Ethnograph Paul Hunfalvy sagt: „Die Magyaren errichteten in Ungarn den Staat, die Deutschen schufen die Städte; wie jene die Hauptfactoren in der Besitznahme und Vertheidigung des Landes gewesen und es bis heute sind, ebenso sind diese die Hauptfactoren in der Entwickelung der bürgerlichen Gesellschaft und der Industrie." Und der Historiker Michael Horváth erklärt in einer preisgekrönten Schrift: „Einzig und allein die Deutschen waren (in Ungarn) die Beförderer der nationalen Industrie und Civilisation; nur sie betrieben mit erforderlichem Fleiße jene Handwerke, welche der Natur die Schätze entlocken; der Acker- und Bergbau, das Gewerbe und der Handel waren ihre Hauptbeschäftigungen." Die Geschichte der ungarisch-siebenbürgischen Deutschen fällt also im Wesentlichen zusammen mit der Geschichte des Städtewesens und des Bürgerthums in Ungarn überhaupt. *)

*) Vgl. außer den allgemeinen ungarischen Geschichtswerken noch insbesondere: Albrecht, das ungarische Municipalwesen (in Hormayr's Taschenbuch für vaterländische Geschichte 1832). Wenzel, Geschichte des ungarischen Bergwesens (ungarisch). Desselben Abhandlungen über einzelne Zweige der ungrischen Städtegeschichte, alle in ungarischer Sprache in den Schriften der ungarischen Akademie der Wissenschaften; Kachelmann, Geschichte der ungarischen Bergstädte und Alter und Schicksale des ungarischen Bergbaues. Lichner und Michnay, das Ofner Stadtrecht. Krajner, die ursprüngliche Staatsverfassung Ungarns (Wien, 1872). Szalay, das ungarische Städtewesen im XIII. Jahrhundert (ungrisch). Ipolyi, Geschichte von Neusohl (ungrisch und deutsch). Krones, zur ältern Geschichte der Stadt Kaschau u. a.

Das blühende Gedeihen eines Staatswesens beruht auf einer
gleichmäßigen Vertretung der verschiedensten materiellen und geistigen Interessen des betreffenden Landes. Sowie die einseitige
Naturalwirthschaft des Ackerbaues und der Viehzucht nur die
ersten Stufen der Cultur bezeichnet, so vermag auch das Hinzu-
treten adeliger Geschlechter, bevorrechteter Groß-Grundbesitzer die
Bedingungen zum Gedeihen und zum Bestande eines Staatswesens
noch nicht zu schaffen. Herren und Knechte, Adelige und Leibeigene sind unvermittelte Gegensätze, die nicht im Stande sind, für
die schöpferische höhere Culturarbeit die geeigneten Kräfte und
Pfleger zu liefern. Diese bietet erst das Bürgerthum, das im
Schoße der Städte seinen fruchtbaren Boden findet und von da
aus materielle und geistige Cultur verbreitet. In Staaten mit
bodenständigem kräftigem Volksthum entwickelt sich das Städtewesen und Bürgerthum aus der eigenen Kraft des Volkes heraus;
anders war dies in Ungarn. Die Ungarn kannten bei ihrer Einwanderung und Niederlassung an den Ufern der Donau und
Theiß keine Städte, also auch kein Bürgerthum; sie waren kriegerische Nomaden, Zeltbewohner.

In westlichen Ungarn, dem alten Pannonien, hatten sich
zahlreiche Reste der ehemaligen römischen Colonien und
Standlager erhalten. Diese boten vor Allen die Grundlagen
zu neuen Stadtbildungen in christlicher Zeit. Auf oder in den
Ruinen von Aquincum entstand das spätere Altofen; Arrabona
bildete den Vorläufer des heutigen Raab, Bregetio den des jetzigen
Alt-Szöny; Scarabantia lag dort, wo dermalen Ödenburg
(magyarisch Soprony) sich erhebt; Steinamanger (Szombat-
hely) ist das alte Sabaria, Stuhlweißenburg (Székes-
fejérvár) das einstige Cimbriana, Essek das römische Mursa;
Mitrowitz liegt in der Nähe des altberühmten Sirmium u. s. w.
Man darf annehmen, daß diese römischen Orte bei Ankunft der
Magyaren zum größten Theile bewohnt waren, wie das z. B.
von Steinamanger, Ödenburg u. a. Orten bekannt ist. Die
Magyaren scheinen auch den Bewohnern dieser Stadtreste ihre
festen Wohnungen kaum geneidet zu haben; denn das Leben unter

freien luftigen Zelten blieb noch für lange Zeit die liebgehegte
Gewohnheit des kriegerischen Nomadenvolkes.

Aber die Magyaren trafen noch auf andere Keime
städtischer Ansiedlungen. In den slavischen Fürstenthümern
an der Neitra und am Plattensee hatte (wie wir oben gesehen)
das Christenthum die Herrschaft errungen und daneben auch deutschem
Volkselemente Raum geschaffen. Die Moosburg (Mosapurc,
heute Szalavár), Salapiug (Salabug), Gensi (Güns), Fünfkirchen
u. a. Orte im Westen, dann Neitra und Preßburg im Norden
bezeugen die Anfänge städtischer Anlagen mit vorwiegend deutscher
Bürgerschaft.

Noch eine dritte Art fester Wohnplätze fanden die
magyarischen Reiter bei ihrer Ankunft vor; wir meinen die von
den Slaven erbauten Burgen. Wie in anderen von Slaven
bewohnten Gebieten, so erhoben sich auch in Ungarn gemäß der
slavischen Geschlechterverfassung zahlreiche Stammburgen (grad),
und zwar entweder inmitten von Sümpfen und fließenden Gewässern oder aber an den Ausläufern eines Bergrückens. Diese
Burgen waren mit Wällen und Gräben geschützt. Im Schutze
einer solchen Burg sammelte sich dann das zugehörige Geschlecht,
dessen gemeinsames Besitzthum überdies durch einen Grenzwald
gegen friedlose Nachbarn behütet wurde. Solche altslavische
Geschlechterburgen waren in Ungarn Neograd, Wischegrad,
Csongrad, Szolnok, Dowina (Theben), Gran; in Siebenbürgen Belgrad (Weißenburg, heute Karlsburg) u. a.

Die Magyaren erkannten bald die Wichtigkeit solcher befestigter
Orte für die Vertheidigung ihres Landes und insbesondere wendeten die Könige später den Burgen und Städten ihre sorgfältige
Aufmerksamkeit zu. Die Burgen wurden die Mittelpunkte der
allmählich sich entwickelnden ungarischen Comitats-Verfassung; in
ihrem Schutze lagen die königlichen Domänen, auf denen die
Burgunterthanen angesiedelt wurden, welche theils zur Vertheidigung der Burg bestimmt waren, theils die königlichen Güter bewirthschafteten oder gewisse Hofdienste zu versehen hatten. Aus solchen
Burgflecken entstanden dann größere Ansiedlungen, die mit der

Einwilligung oder auf Befehl des Königs sich mit Mauern umgaben und sowohl dadurch, als in Folge anderer königlicher Begünstigungen allmählich eine hervorragende Bedeutung gewannen.

Eine andere Quelle städtischer Communalbildung waren die Bischofsitze, die meist an volkreicheren Orten sich befanden und oft auch der Mittelpunkt für die weltliche Verwaltung der Umgebung wurden. Die Bischöfe übten darin gewisse grundherrliche Hoheitsrechte aus, aber sie begabten ihre Städte auch mit allerlei Freiheiten und Privilegien. Als solche bischöfliche Städte erscheinen schon frühzeitig Fünfkirchen, Weszprim, Csanád u. a. Den Bischöfen eiferten in dieser Beziehung auch die reichdotierten Capitel und Abteien sowie einzelne weltliche Große nach.

Die ältesten Spuren gesetzlicher Bestimmungen über städtische Ansiedlungen finden sich in dem Decrete des Königs Andreas I. (1061); dieselben mehren sich namentlich seit König Koloman, der Dalmatien erwarb, wo er ein bereits blühendes Städtewesen vorfand. Die ältesten städtischen Privilegien sind die von König Emerich im Jahre 1201 für die „Hospites de villa Olaszi prope Potok" (d. i. Wallendorf in der Zips) und die von König Andreas II. im Jahre 1206 den „Hospitibus Regnis de villis ultrasilvanis Karakó, Chrapundorf et Rams" verliehenen Freiheitsbriefe. Den „Gästen" zu Olaszi gewährleistet König Emerich freie Richterwahl und Appellation von diesem Richter an den Palatin oder König, Befreiung vom Zoll, freie Disposition über das Vermögen auch für den Fall der Erblosigkeit und besondern Schutz des Königs, sowie Bestätigung aller früheren Freiheitsverleihungen.

Aus dem Jahre 1209 datiert die Urkunde für die „Gäste" unter der Warasdiner Burg, welche für ähnliche Verleihungen als Vorbild galt. Man findet daran die Exemtion von dem Comitats-Gerichte, die freie Wahl des eigenen Richters, die Befreiung von Maut und Zoll mit Ausnahme einer mäßiger Abgabe von den nach Deutschland ausgeführten Waren, Freiheit des Vermögens, genaue Abmarkung des städtischen Gebiets. Vom Jahre 1230 **umt** das Privilegium für die „deutschen Gäste" in Szatmár-

Németi; es war dies eine goldene Bulle mit den obigen Freiheiten und folgenden Besonderheiten: Der Schultheiß stellt sich nach
Art der Sachsen mit vier gerüsteten Pfeilschützen unter das Banner
des Königs, vom städtischen Richter geht die Appellation an den
König oder an den königlichen Schatzmeister, dem städtischen
Richter wird auch die Criminal-Gerichtsbarkeit verliehen, der Stadtpfarrer ist der Jurisdiction des Archidiaconats enthoben, die Bürger
genießen freie Überfahrt auf dem Szamos-Flusse, sie erhalten eine
an ihr Gebiet grenzende Länderei und haben den König, wenn er
in ihre Stadt kommt, mit Mittags- und Nachtmahl zu bewirten.

Auch in der Stadt Valkó gab es „Deutsche und Sachsen“
neben Ungarn und Slaven („Hungaris et Sclavis“), denen Herzog
Koloman im Jahre 1231 ein Privilegium verlieh, worin neben
den bekannten Bestimmungen noch die vollkommene Freizügigkeit
und das Recht, daß niemand ohne Gerichtsurtheil einen aus ihrer
Mitte binden oder gefänglich einziehen könne, ertheilt wurde; es
wird darin auch das Duell oder der gerichtliche Zweikampf abge-
schafft. Einen ähnlichen Freibrief erhielten von demselben Herzoge
die „Gäste“ von Veröcze im Jahre 1234.

In der berühmten goldenen Bulle des Königs Andreas II.
vom Jahre 1222 gedenkt der Artikel 19 insbesondere der „Gäste“
oder Einwanderer, von denen es heißt: „Die Gäste, mögen sie
welcher Nation immer angehören, sollen nach der ihnen vom
Anfang ertheilten Freiheit gehalten werden.“ Dadurch wurden
also die bisher den einzelnen Districten und Orten verliehenen
Privilegien unter den Schutz des allgemeinen Landes-
gesetzes gestellt.

Bis um die Mitte des XIII. Jahrhunderts befand sich indessen
die aus so mannigfachen Quellen entspringende Städtebildung in
Ungarn noch immer auf einer niedrigen Entwickelungsstufe.
Weder waren die Bedingungen und Attribute eines städtischen
Gemeinwesens genau festgestellt, noch bemerkt man in der Grün-
dung dieses Gemeinwesens irgend welche Folgerichtigkeit. Der
Zufall, die Gelegenheit war dabei maßgebend. Erst nach dem
Mongolen-Einfalle begegnet man systematischen Veranstaltungen zur

Gründung, Hebung und Vermehrung der Städte und befestigten Plätze in Ungarn.

König Béla IV. hatte den hohen strategischen Wert solcher fester Orte kennen gelernt. Neben der Wiedererstarkung der erschütterten Bevölkerung durch leistungsfähige Volkselemente faßte dieser König hauptsächlich die Anlage ummauerter Städte als Schutz= und Trutzpunkte ins Auge. König Béla IV. verdient deshalb mit Recht auch den Beinamen eines „Städtegründers;" denn er hat den meisten Städten des Landes, die im Mongolensturme ihrer Privilegien verlustig giengen, diese rechts= und schutzverleihenden Urkunden nicht bloß erneuert, sondern auch vielfach erweitert und überdies anderen Orten und Gegenden ordentliche Stadtrechte verliehen.

Aus dieser nachmongolischen Zeit, und zwar aus dem Jahre 1243 stammen die Privilegien für die Sachsen in den Lanzenträger= Orten der Zips (es waren dies: Abrahamsdorf, Bethelsdorf, Ladendorf, Pikendorf, Michelsdorf, Hannsdorf, St. Andrä, Filsdorf, Habersdorf u. a.). Diese (später 14) Ortschaften bildeten einen adeligen Bezirk, der hauptsächlich von Deutschen bevölkert war. Diese deutschen Adeligen wurden dann die Gründer noch dauernder Geschlechter; so ist Graf Jordan der Ahnherr der Görgey, desgleichen Rikolf und Polan die der Berzeviczy, Graf Botyz, Rutker u. a. Im selben Jahre erhielten die Zipser Sachsen zu Olaszi oder Tirnau Freiheitsbriefe, in welchen ihnen das Recht eigener Gerichtsbarkeit und freier Disposition über ihr Eigenthum neuerdings bestätigt wird. Für die Deutschen in Pest stellte Béla IV. im Jahre 1244 eine goldene Bulle aus; im gleichen Jahre empfiengen noch Privilegien die Bergstädte Karpfen, Alt=Sohl und Schemnitz, ferner die „Gäste" (Ungarn und Deutsche) in der Unterstadt der Burg Bars. Der Freiheitsbrief von Karpfen gewährt außer den gewöhnlichen Begünstigungen noch die Befreiung von den königlichen Abgaben und, was besonders bemerkenswerth ist, stellt er fest, daß die Zeugenschaft der Ungern allein gegen die Bürger als ungiltig anerkannt werde. Überdies ertheilt der König dieser Stadt die Länderei Pomagh und verspricht ihr noch ein anderes Besitzthum unter der Bedingung, daß nach den üblichen fünf Freijahren die Bürger gehalten seien, im Verhältnisse zu ihrer Anzahl und zu ihrem Vermögen im königlichen Heere Kriegs= dienste zu leisten. Die Orte Keszthely, Suk, Szala und die Burg Hitros verlieh König Béla IV. ebenfalls im Jahre 1244 den wieder zu Gnaden aufgenommenen Deutsch=Ordens=Rittern.

Im Jahre 1246 wurde Klein=Pest (Pest minor) am Fuße des Blocksberges (die heutige „Raizenstadt") gegründet und als Hafen für Pest privilegiert. Ein Jahr darauf (1247) legte der König die Veste Ofen (Castrum novi montis Pestiensis) an und ertheilte derselben die Freiheiten von Pest. Beide Städte waren damals und auch später vorwiegend von Deutschen bewohnt; in Pest werden „Teutones" (also Süddeutsche), in Ofen „Saxones" (Nord= oder Mitteldeutsche) genannt. Pest erhielt im Jahre 1244 die Befreiung von der Leistung der „Cibriones" von den Weingärten; die Ländereien von Kuer (d. i. Köér = Stein= bruch) sollten nach dem Verhältniß der Kräfte eines jeden Bürgers zum Ackerbau vertheilt werden; von besonderer Wichtigkeit für Pest war ferner die Verleihung des Stapelrechtes, wornach alle zu Schiffe oder zu Wagen ankommenden Waren in der Stadt abgelagert und verkauft werden mußten.

Auch die „Gäste" von Szegedin erhielten im Jahre 1247 die Ländereien der Burg Csongrád. Aus dem letztgenannten Jahren stammen noch die Privilegien für die Deutschen in St. Jakobsdorf (jetzt „Neustift" in Ofen) und der Sachsen in Bereghszász. Den Letzteren wird außer der gewöhnlichen freien Richter= und Pfarrerwahl die freie Verfügung über das Vermögen eines Jeden, der unbedingte Genuß ihrer Ländereien und die Mastung im Walde Bereg, endlich die Befugniß zur Abhaltung eines Wochenmarktes ertheilt, jedoch mit ausdrücklicher Ausnahme der Criminal=Gerichtsbarkeit und ohne Befreiung von Maut und Zoll und mit genauer Feststellung der Leistungen, nämlich: von jeder Porte zwei Pfund, verhältnißmäßige Theil= nahme an der allgemeinen königlichen Collecta (Steuer) und ein= tägige Bewirthung des königlichen Grafen.

Bedeutsam für das Deutschthum in Ungarn uud Siebenbürgen war das Jahr 1248. Denn in diesem Jahre schlossen die Pfarrer der 24 Zipser Städte einen Bund (Fraternitas), der nach der Tradition nur die Erneuerung eines ältern Verbandes gewesen und zugleich die Einigung dieser Städte überhaupt bezeichnet. Dadurch wurde der Bestand dieser Deutschenstädte im Norden Ungarns gekräftigt, ihr materieller und geistiger Aufschwung gesichert. In demselben Jahre erhielten die Sachsen zu Unter=Winz (Alvincz) und Weindorf (Borberek) in Siebenbürgen königliche Privilegien.

Nach einem vorübergehenden Versuche, die Bürger Grans innerhalb der Burg, dann im Umfange der eingetauschten erzbischöflichen Wohnung anzusiedeln, erlaubte König Béla den Bürgern im Jahre 1256 die Stadt Gran am vorigen Orte wieder zu erbauen und zu befestigen. Weiters erhielten städtische Privilegien: Neustadtl an der Waag (Vág-Ujhely, im Jahre 1253), von Deutschen und Slaven bewohnt; Schmegen in der Zips (1254); den Sachsen daselbst wird der Kauf einer Länderei von den benachbarten königlichen Hundewärtern (Caniferi) bestätigt und ihnen die Gunst eigener freier Gerichtsbarkeit, „more aliorum Saxonum nostrorum in Scypus" verliehen; weiter: Altsohl (1254) mit Schenkung des Landgutes Halász, wo sonst die königlichen Fischer wohnten; Dobronyiva (Dobrona) und Bábaszék (Babina, beide 1254), denen nebst den gewöhnlichen Freiheiten noch gewährt wurde: directe Appellation von dem Stadtrichter an den König, Befreiung von Maut und Zoll, von aller Arbeit und Dienstbarkeit an die Burg Zólyom und von der Last der Bewirthung des Königs oder seiner Grafen, die Freizügigkeit und endlich das Recht, im Kriege mit den Bürgern von Karpfen in derselben Reihe zu fechten. Auch wurde ihnen ihr bisheriges Gebiet mit der Benützung der Holzung und des Steinbruches bestätigt.

Vom Jahre 1255 datieren die Privilegien der Stadt Neusohl (Nova villa de Bistricia prope Lypzhew = Lipsce), die gleich den oben genannten Städten auch von Sachsen bewohnt war. Darin wird neben der freien Richter= und Pfarrerwahl noch insbesondere verliehen: das Recht, auf Gold und andere Metalle im ganzen Sohler Comitat zu bauen, mit Ausnahme der Jagd und Fischerei. Vom Gold sollten sie den zehnten, vom Silber und anderen Metallen den achten Theil zahlen. Der gerichtliche Zweikampf (der sonst ausdrücklich verboten ist) wird den Neusoh= lern gestattet, und zwar unter sich und ihres Gleichen mit runden Schilden und Schwertern „nach der Sachsen Brauch;" ist aber das Duell mit einem Fremden, dann steht die Bestimmung der Art und Weise desselben dem Könige zu. Niemanden als den König sind sie schuldig zu bewirthen. Gleich den Schemnitzern sind sie von Maut und Zoll frei, ebenso vom Grundzinse. Hinsichtlich der damals üblichen jährlichen Geldeinlösung sind sie durch sieben Tage von der Macht der hiezu bestellten königlichen Beamten (nummularis, Geldwechsler) frei; nach dieser Zeit unterliegen sie deren Gewalt wie die Bürger von Gran und Ofen. Auch werden den Neusohlern abgemarkte Gründe von Wäldern, Äckern und Wiesen zugetheilt.

Die deutsch=ungarische Stadt Raab erhielt im Jahre 1255 ein Privilegium, welches die Zollabgaben der aus Deutschland eingeführten Waren regelt. Die Sachsen der Zipferburg (Szepes-Váralja) wurden im Jahre 1258 mit der Länderei Kalbbach begabt, weil diese den „Zipfer Gästen" („hospitibus de Scepus") nützlich erschien. Die früheren Besitzer wurden vom Könige anderweitig entschädigt. Die Bürger von Neitra (Cives Castri Nitriensis), welche deutsch=slavischer Nationalität waren, erhielten im Jahre 1258 zur Belohnung für ihre Treue und Tapferkeit, womit sie die Burg gegen die Mongolen vertheidigt und dadurch vieler Menschen Leben und Habe erhalten, auch den König selbst auf seiner Flucht nach der Meeresküste mit Bewaffneten unterstützt hatten, die Freiheiten der Stadt Stuhlweißenburg, also: eigenes selbstgewähltes Gericht bestehend aus einem Villicus und zwölf Geschworenen für Civil= und Criminal=Angelegenheiten und mit der Appellation an den königlichen Tavernicus; einen Wochenmarkt mit zollfreier Zufuhr und ein freieigenes Gebiet. Dafür haben die Neitraer jederzeit zwölf Bewaffnete unter des

Königs Fahne zu stellen. Im Jahre 1259 gewannen auch die
Bürger zu Käsmark einen Freiheitsbrief, der im Jahre 1269
bestätigt und erweitert wurde. Außer den allgemein üblichen
städtischen Freiheiten kommen in diesem Privilegium noch als
besondere Punkte vor: Diebstähle, Criminalfälle, Zehnt= und Münz=
streitigkeiten gehören vor den eigens bestellten königlichen Richter,
der aber von den Strafgeldern ein Drittheil an den städtischen
Richter abtreten mußte; der jährliche Grundzins und die Abgabe
beträgt 20 Mark zur Hälfte in feinem Silber, zur Hälfte in
Pfennigen, der Zehent ist nach dem Gebrauche der übrigen Sachsen,
nämlich in Früchten auf dem Felde, zu entrichten. Im Jahre 1260
erhielten die Deutschen zu Ödenburg und Deutsch=Lipcse
Freiheitsbriefe. In dem Privilegium der letztern Stadt kommen
außer den sonst üblichen Verleihungen noch folgende besondere
Begünstigungen vor: Befreiung von aller Bewirthung der Liptauer
Grafen und jedes Andern, Zollfreiheit und Dreißigstfreiheit von
eigenen Waren durchs ganze Land, die Befugniß, Gold= und
Silberbergwerke gegen die gewöhnlichen Leistungen anzulegen, das
Recht eines freien Wochenmarktes und Zehentfreiheit für ihren
Pfarrer gleich den Bürgern in Karpfen und Schemnitz, endlich die
Abmarkung des eigenen städtischen Gebietes, die Leistung der
Bürger von einem Pfunde Gold nach jedem Hause als Grundzins
und Abgabe. Die Bedeutung und Wohlhabenheit der Stadt
Ödenburg geht auch aus einer spätern Urkunde Béla IV. vom
Jahre 1269 hervor, durch welche den Bürgern für die geleisteten
Kriegsdienste und vorgestreckten Geldsummen die ihnen benachbarte
Länderei Udvornik mit dem Rechte verliehen wurde, daß jeder
Ödenburger sich dort ohne Nachtheil seiner bürgerlichen Rechte
frei niederlassen könne.

König Béla IV. Sohn und Nachfolger, König Stefan V.,
trat hinsichtlich der Begünstigung des deutschen Ansieblungs= und
Städtewesens in die Fußstapfen seines Vaters. Noch als „jüngerer
König“ begabte er im Jahre 1261 seine „Gäste von Kaschau“
(Cassa), seine Getreuen Samphleben und Obl, mit jenem Terri=
torium, auf dem die oberungarische Metropole, das deutsche Kaschau,

sich erhob, befreite es von der Jurisdiction der dortigen Burg und gab den Ansiedlern daselbst die Befugniß der freien Richter= wahl nach dem Gebrauche anderer Gäste. Die neue Stadt nahm in der Zeit von 1261—1290 einen überaus raschen Aufschwung. Weitere städtische Privilegien Stefan V. sind vom Jahre 1270 für die „Gäste" von Deutsch=Lipcse; vom selben Jahre für die Stadt Karpfen. Besonders wichtig für das oberungarische Deutschthum wurde der Freibrief vom Jahre 1271 für die Gesammtheit der Sachsen in der Zips, welche auch unter dem Namen der „Gesammtheit der 24 Zipser Städte" vorkömmt; Leutschau wurde als die „Civitas provinciae Capitalis" zum Vororte der Zips bestimmt. Gleichzeitig mit dem Zipser Frei= briefe, auf dessen Inhalt und Bedeutung wir weiter unten noch des Nähern zurückkommen, ist das neue Privilegium für die „Gäste" in Raab. Diese Stadt wurde im Kriege mit Ottokar von Böhmen durch diesen zerstört, deshalb befahl König Stefan die Übersiedlung der Bürger unter die schützende Obhut der Raaber Burg und bestätigte ihnen bei dieser Gelegenheit nicht bloß die früheren Pri= vilegien, sondern verlieh ihnen überdies die Freiheiten der Stuhl= weißenburger mit der Befreiung vom Grundzins; doch ist das tri= butum fori des samstägigen Wochenmarktes an den Burggrafen zu entrichten. Von der Heeresfolge sind die Raaber „Gäste" befreit, auch genießen sie das freie Überfahrts=Recht über die Donau. Die Zahl der Einwohner mochte durch die kriegerischen Ereignisse sehr gelitten haben, deshalb vermehrte der König dieselben durch die Einkörperung der in den Vorwerken ansässigen Dienstleute (populi) und verlieh der Stadt außer einigen Burgländereien noch die Stapelgerechtigkeit, wornach alle Waren, welche aus Ungarn nach Österreich oder von Österreich nach Ungarn zum Handel gebracht wurden, in Raab niedergelegt und daselbst vertauscht oder verkauft werden mußten.

Auch unter König Ladislaus IV., dem „Kumanier", litten die Städte im westlichen Ungarn Vieles durch die Kriege mit König Ottokar von Böhmen. Ladislaus suchte dann seinerseits durch Bestätigung, Erneuerung und Erweiterung der städtischen

Rechte und Freiheiten den Schaden wieder gut zu machen. Im
Jahre 1274 wurden den Bürgern von Alt-Sohl und Karpfen
ihre Freiheiten bestätigt; drei Jahre später, im Jahre 1277,
verlieh der König der arg heimgesuchten Stadt Ödenburg die
Rechte von Stuhlweißenburg und der übrigen Städte und ertheilte
ihr außerdem Zehent-Antheile, Zolleinkünfte, Ländereien, Markt-
rechte u. s. w. Im Jahre 1279 wurde Eisenstadt (Kis-
Márton) zum Range einer königlichen Freistadt erhoben. Das
Jahr darauf erhielt die Stadt Preßburg zwei Dörfer als
königliche Donation, im Jahre 1287 wurden die Freiheiten der
Neusohler Bürger erneuert und den Ofnern ein förmliches
Jahrmarkts-Privilegium, das älteste dieser Art, verliehen. Besondere
Privilegien regelten noch den Verkehr deutscher Kaufleute mit
Ungarn, bestimmten Wesen und Umfang des wichtigen Stapelrechtes
an der Donau, die schon damals die Haupt-Verkehrsader des Landes
bildete.

Ein besonderer Freund der Städte und des Bürgerthums
war auch König Andreas III. (1290—1301), der letzte Árpáde
auf dem Throne Ungarns. In Venedig geboren und erzogen,
hatte er die Bedeutung städtischer Einrichtungen, die Wichtigkeit
des Bürgerthums für Industrie, Verkehr und Handel und für
feinere Gesittung genugsam kennen gelernt. Wir sehen ihn deshalb
den Städten eine vorzügliche Aufmerksamkeit widmen. Seine Gunst
genoß in hervorragender Weise die Stadt Preßburg, die er im
Jahre 1291 mit einem umfassenden Privilegium begabte. Die
Stadt hatte in den Kriegen mit Ottokar von Böhmen und Herzog
Albrecht von Österreich großen Schaden gelitten, so daß die .
Einwohner sich zerstreuten. Um sie wieder zu vereinen und sie
gehörig sicher zu stellen, ertheilte ihnen der König folgende haupt-
sächliche Privilegien: Sie können sich alljährlich am Georgitag
ihren Richter und die zwölf Geschwornen „more hospitum“ selbst
wählen; dieses Gericht entscheidet in allen Streitigkeiten. Von
ihren Weingärten zahlen sie keine Steuer, geben auch kein Bergrecht und besitzen ihre Waldungen frei. Nicht minder genießen
sie auf dem Donau-Arme „Challowo“ (daher „Csallóköz“ =

Schüttinsel) das Überfuhrsrecht mit dem Eigenthume beider Ufer; dann Zollfreiheit durchs ganze Land, selbst Fremde, die nach Preßburg reisen, sind auf dem Heimwege frei. In Streitsachen sind die Preßburger nicht gehalten, fremde Zeugen anzunehmen, wenn nicht auch einige ihrer Mitbürger darunter vorkommen. Die Ansiedlung in der Stadt steht jedermann frei; auch die Juden haben daselbst gleiche Rechte mit den Bürgern; den Frucht= zehent zahlen die Preßburger wie vorher nach deutscher Sitte; keine eigenmächtige Bewirtung wird erlaubt, die Bürger unter= liegen in keinem Falle der Jurisdiction des Palatins u. s. w.

Es folgten dem Preßburger Privilegium die Freiheitsbriefe für die österreichischen Einwanderer des Marktes Thoroczkó in Siebenbürgen, dann für die Sachsen in Thorenburg (Thorda) ebendaselbst, für die Deutschen zu Szeuden im Graner und zu Rosenau im Gömörer Comitate, alle diese Beurkundungen fallen in das Jahr 1291. Zwei Jahre später empfangen die Deutschen zu Deutsch=Praben (gewöhnlich „Deutsch=Bronn") in der Neitraer Gespanschaft eine Erneuerung ihres Freiheitsbriefes, ebenso im Jahre 1299 die Sachsen zu Kerz in Siebenbürgen.

Wie tief damals bereits das Ansehen und die Macht des Königthums in Ungarn gesunken war und wie sehr der Übermuth des Aristokratismus überhand genommen hatte, beweist der Umstand, daß die Bürger sich veranlaßt sahen, die königlichen Verleihungen durch mächtige Magnaten nochmals bestätigen zu lassen. So bestätigte z. B. Matthäus Csáky von Trencsin den Preßburgern die königliche Schenkung über das Dorf Széplak und die Bernold= réver Überfuhr.

Die vorangeschickten Thatsachen beweisen zur Genüge den Eifer und die Sorgfalt der Árpádschen Könige hinsichtlich der Gründung und Förderung des Städtewesens in Ungarn. Sie bekunden aber auch die Richtigkeit jener Behauptung, daß Ungarns Städtewesen und Bürgerthum auf deutschen Grundlagen beruht, vorzüglich von Deutschen weiter entwickelt wurde. Sie geben endlich auch hinreichendes Material zur Erkenntniß des Wesens und der Natur der ungarischen Städte am Ausgang des

XIII. Jahrhunderts, über deren Stellung nach Außen hin und über ihre inneren Verhältnisse.

Der Ursprung, die Anlage und die Veranlassung der Städtegründungen war (wie wir oben gesehen) verschieden; aber das Wesen derselben gleichartig. Und dieses Wesen erscheint durchwegs aus fremdartigen Stoffen gebildet. Deutsche (und theilweise Italiener) sind es, welche das Städtewesen nach Ungarn gebracht haben. Selbst jene Städte, die später als vorwaltend magyarisch erscheinen, wie z. B. Stuhlweißenburg, Waitzen, Szegedin, Großwardein, Csanád, Arad u. a. verdanken ihre Entstehung und erste Einrichtung deutschen „Gästen", hatten in ihren Freiheiten deutsche Stadtrechte zum Vorbilde. Als rein (oder überwiegend) deutsche Städte trifft man im Anfange des XIV. Jahrhunderts: Pest, Ödenburg, Kaschau, Eperies, Preßburg, Tirnau, Schemnitz, Karpfen, Neusohl, die Zipser und die Siebenbürger Sachsenorte. Die Städte Ofen, Raab, Gran, Bars, Neustadtl an der Waag, Beregszász u. a. hatten gemischte Bevölkerung, doch mit dem bemerkenswerten Unterschiede, daß selbst in diesen Orten den Deutschen der erste Platz und sonstige Vorrechte gebührten.

Städte mit ungemischter magyarischer oder slavischer Bevölkerung kommen in dieser Periode noch kaum vor. Die Mischung in der städtischen Einwohnerschaft wurde theils dadurch hervorgerufen, daß die ortsnahen Burgunterthanen in die Stadt übersiedelt oder daß königliche Dienstleute aus den Vororten dahin einverleibt wurden. Theils zogen auch einzelne Personen der Umgebung adeligen und bäuerlichen Standes freiwillig auf das Stadtgebiet. Den Edelleuten wurde in einzelnen städtischen Privilegien (z. B. bei Ödenburg, Gran, Tirnau u. a.) die Niederlassung in der Stadt ausdrücklich erlaubt, mit der Begünstigung, daß über sie nicht der Stadtrichter, sondern der König richte. Das größte Contingent der Zuwanderung vom Lande lieferten schon in früher Zeit die freien Bauern, die dadurch zugleich der Gefahr entgiengen, in die Hörigkeit der Grundherren zu verfallen.

Obgleich nun das stadtbildende bürgerliche Element in Ungarn ausländisch war und demgemäß auch fremde Sitten, Gebräuche,

Rechte und Gewohnheiten mit sich brachte, wodurch zwischen Stadt und Land von Anbeginn her auch ein gewisser n a t i o n a l e r und c u l t u r e l l e r Gegensatz geschaffen wurde: so hatte sich dieses fremde Volks- und Cultur-Element doch schon in der Árpádenzeit ziemlich acclimatisiert und den eigenthümlichen Bedürfnissen und Institutionen des Landes angepaßt. Trotz aller Gemeinsamkeit in den Grundlagen, welche diese Städte mit ihren Vorbildern in Deutschland (und Italien) bekunden, bilden sie dennoch diesen ausländischen Städten gegenüber eine e i g e n   g e a r t e t e, s e l b s t - s t ä n d i g e Individualität.

Das W e s e n   d e r   d a m a l i g e n   C o m m u n a l f r e i h e i t der ungarischen Städte bestand nicht so sehr in der unmittelbaren Unterordnung unter die Jurisdiction des Königs, als vielmehr in der Autonomie, in dem Selbstverwaltungsrechte und in der Befreiung von jenen Einschränkungen und Verpflichtungen, welche die nicht freien Ortsgemeinden bedrückten und deren Gedeihen verhinderten. Es gab außer den vom Könige oder der Königin privilegierten „königlichen Freistädten", die allerdings unter verschiedener Bezeichnung erscheinen (als: civitas, urbs, burgum, burga, villa. Die Bürger hießen: cives, hospites, burgenses, populi, selbst jobbagiones) auch auf den Besitzungen der geistlichen und weltlichen Großen Stadtgemeinden, welche kraft abgeschlossener Verträge von den Grundherren städtische Rechte und Freiheiten erlangt hatten. Zu rechter Blüthe gelangten in Ungarn jedoch nur die vom Könige gefreiten Städte, daher die Angst und Besorgniß dieser letztern, falls der König die Stadt verpfänden oder gar verschenken wollte. Denn im Grunde wurden die Städte doch als k ö n i g l i c h e s   E i g e n t h u m betrachtet, als Quellen des Einkommens für die königliche Kammer (den Fiscus), wohin sie auch ihren Grundzins und ihre sonstigen Leistungen entrichten mußten. Andererseits galt das verliehene Privilegium aber nicht als bloßer Gnadenact, sondern als ein b i l a t e r a l e r   V e r t r a g, dessen Erfüllung Krone und Bürgerschaft in gleicher Weise zu beobachten hatten.

Die R e c h t e   u n d   F r e i h e i t e n   d e r   u n g a r i s c h e n   S t ä d t e im XIII. Jahrhunderte umfaßten folgende Punkte: 1. Die freie

Richter= und Pfarrerwahl, wobei der Pfarrer zumeist der Juris=
diction des Archidiakons (Erzdechants) enthoben und dem Bischofe
unmittelbar unterstellt wurde; 2. die eigene Gerichtsbarkeit im
Innern der Stadt, meist für Civil= und Criminal=Angelegenheiten;
3. den Ausschluß des Zeugnisses solcher Personen, die fremd sind
oder doch kein Bürgerrecht besitzen; 4. die Befreiung der Bürger
von öffentlichen Arbeitsleistungen; 5. der Besitz eines abgemarkten
Stadtgebietes (Weichbildes); 6. die Zoll= und Handelsfreiheit für
die Bürger; 7. das Marktrecht, 8. das Recht der Freizügigkeit.
Schied jedoch der Bürger aus dem Verband der Gemeinde, so
hörte er auf Bürger zu sein und erhielt jenen Stand, dem er
nun angehörte.

Dagegen waren die Städte verpflichtet: a) zur Leistung des
Grundzinses (terragium) an den König als dem Eigenthümer der
Stadtgründe; b) zur Heeresfolge unter dem Banner des Königs
oder bei größeren Gemeinschaften (z. B. den Zipser Städten)
unter eigenem Grafen; in den Städten, die zugleich Burgen hatten,
mußten die Bürger auch bei der Vertheidigung der Burg mit=
helfen; c) zur Leistung sonstiger Abgaben und auch des Zehents.

Eine politische Stellung als Reichsstand und in Folge
dessen das Recht der Antheilnahme bei der Gesetzgebung besaßen
die Städte Ungarns im Anfange des XIV. Jahrhunderts noch
nicht, obgleich einzelne Städte und Bürger gelegentlich auch als
Zeugen oder Functionäre bei Staatsactionen erscheinen. Denn
es waren, wie schon erwähnt, die Rechte der Städte in Ungarn
nicht in allgemeinen Landesgesetzen begründet, sondern sie beruhten
hauptsächlich auf königlichen Privilegien.

Ein Unterschied im Range der Städte kann auch
höchstens in der Weise beobachtet werden, daß diejenigen Städte,
welche ihre Freibriefe dem Könige (oder der Königin) verdankten,
als „größere Städte" („maiores civitates") betrachtet wurden,
denen die städtischen Freiheiten und Rechte im vollen Ausmaße
zutheil wurden. Eine Haupt= oder Residenzstadt gab es im
XIII. Jahrhunderte noch nicht; die Könige lebten auf ihren
Pfalzen oder Burgen, reisten auch häufig durchs Land, weshalb

sich die Städte zumeist von der Pflicht der Bewirthung des Königs und seines Gefolges entweder ganz oder theilweise befreien ließen; denn es war diese Bewirthung eine harte Last. Durch Ansehen ragten schon seit den Tagen Stefan des Heiligen die Städte Gran und Stuhlweißenburg hervor. Der letztern Stadt, welche auch als Krönungsstadt in den Vordergrund trat, hatte schon König Stefan I. ein Privilegium verliehen und diese „libertas" von Stuhlweißenburg, deren Grundzüge deutsches, vorzugsweise süddeutsches Gepräge tragen, wurde dann später auch anderen Städten ertheilt; so z. B. Neusohl, Raab, Szatmár, Gran u. a. Später trat Ofen als Vorort an die Stelle von Stuhlweißenburg; dies geht schon aus einer Urkunde König Andreas II. von 1217 für den Klosterort des hl. Benedict an der Gran hervor.

Die deutschen Einwanderer empfiengen übrigens in den ihnen verliehenen „Handfesten" oder königlichen Privilegien in erster Reihe die urkundliche Bescheinigung und Gewähr= leistung jener Bedingungen, unter denen sie sich niedergelassen hatten. Darum wurden diese Urkunden auch öfters von den Bürgern selbst „gekürt", d. h. aufgestellt und hierauf vom Könige bestätigt. Oder es waren diese Privilegien Belohnungen für geleistete Dienste, Anerkennung bewährter Treue oder Anlockungen neuer Zuwanderung, um die betreffende Stadt und das königliche Einkommen zu heben. In den ersten Zeiten stellten die Einwanderer ihre Bedingungen selbstverständlich nach dem Muster und Vorbilde in ihrem deutschen Heimatlande. Daher kommt es, daß in einzelnen Stadtrechten Ungarns, z. B. im Ofner, Zipser, Karpfener, Kaschauer ꝛc. die Rechte von Magdeburg, Breslau und Teschen oder auch deutsche Landesrechte berufen sind; die Stadt Kremnitz lebte nach Kutten= berger Recht u. s. w. Eine eigentliche Unterordnung der deutsch= ungarischen Städte unter auswärtige Städte fand jedoch nur ausnahmsweise (z. B. später bei Sillein für Teschen) statt.

Im Besitze und Genusse des freien Verkehrs= und Umzugs= rechtes hatten die deutschen Städtebürger in Ungarn schon früh= zeitig örtliche Auswanderungen, Übersiedlungen und

Neucolonisierungen im Lande selbst vorgenommen, wodurch auch das Recht der Mutterstadt verbreitet wurde. Diese Thatsache von der Gründung neuer Filialen ist von den Zipser Städten und von den nordungarischen Bergorten bezeugt. Nur so lange diese Progression eines Volkselements dauert, befindet sich dessen Lebenskraft in Gesundheit und fruchtbarer Energie.

Die abgeschlossenen städtischen Gemeinwesen erhielten aber auch frühzeitig einen bestimmten deutsch=nationalen Charakter; denn selbst die königlichen Privilegien unterstützten die Wahrung dieses Bestrebens der deutschen Stadtbürger. Schon unter König Béla IV. begegnet man nämlich der Rücksicht auf das nationale Moment in der städtischen Bevölkerung. Obgleich die Verleihung bürgerlicher Freiheiten und Rechte an keinen bestimmten Volksstamm gebunden war, so mochte die Erfahrung den König und seine Rathgeber dennoch belehrt haben, daß die deutschen Colonisten und Bürger nur dort am besten gedeihen, wo sie von der Durchdringung mit anderen Volkselementen verschont bleiben. Der Stadt Tirnau bewilligt demnach das Privilegium vom Jahre 1238, daß gegen die Bürger („hospites“) dieser Stadt kein Anderer Zeugniß ablegen könne, als nur wieder andere „Gäste“, die sich ähnlicher Freiheiten (wie die Tirnauer) erfreuen. Im gleichen Sinne ertheilte König Béla IV. der Bergstadt Karpfen im Jahre 1244 ein Privilegium, worin es unter Anderem heißt, daß das Zeugniß von Magyaren allein gegen die „hospites“ (Deutschen) keine Rechtskraft habe, sondern erst in Verbindung mit dem Zeugnisse von Sachsen und anderen Deutschen. Dieses Karpfener Recht wurde später auch an Dobschau, Thurócz=Szent= Márton, Loppena, Sillein, Deutsch=Lipcze u. a. Städte verliehen. In dem Freiheitsbriefe vom Jahre 1254 für Dobrona und Babina im Sohler Comitate wird bestimmt, daß bei entstehenden Streitigkeiten die deutschen und magyarischen Bürger sofort in gleicher Weise verhört werden sollen, damit der Same der Zwietracht nicht ausgestreut werde. Das Zipser Grafenamt sowie die Stadtrichterwürde war in den deutschen Städten nur deutschen Bürgern zugänglich. Die nordungarischen Berg=

städte wurden insbesondere vor dem Eindringen einer andern Nationalität geschützt. Das Privilegium von Neufohl setzte ausdrücklich fest, daß in dieser Stadt nur Deutsche Grund und Boden besitzen dürfen. Im Pester Freiheitsbriefe vom Jahre 1244 heißt es ähnlich, daß keiner der „Gäste", also kein Deutscher einem „Fremden" (d. i. Nicht=Deutschen) ein Haus oder sonstige Liegen=schaften verkaufen konnte, es sei denn einem solchen, der bei ihnen wohnen und an allen städtischen Lasten theilnehmen wolle. Von 1249 bis 1439, also nahezu durch 200 Jahre, hatte Ofen nur deutsche Stadtrichter. Es konnte daselbst Niemand zu diesem Amte gewählt werden, der nicht ein Deutscher von vier Ahnen (nach beiden Ältern) gewesen; von den zwölf Rathsherren mußten zehn Deutsche, der Rathsschreiber desgleichen ein Deutscher sein. Die neugewählten Magistratsbeamten leisteten den Eid in deutscher Sprache und dankten ihren Wählern erst auf deutsch, dann auf ungrisch. Mittwoch war Wochenmarkt bei der deutschen Lieb=frauenkirche, Freitag bei der ungrischen St. Margaretenkirche; doch hatten die Ofner Deutschen überdies noch besondere Markt=tage an den Kirchfesten und zu Weihnachten.

Auf dem siebenbürgischen Königsboden der Sachsen konnte ebenfalls nur ein Deutscher das Bürgerrecht erlangen, nur ein Deutscher zum Sachsengrafen bestellt werden, nur Deutsche gerichtliches Zeugniß ablegen u. s. w.

Die historischen Nachrichten melden von nahezu hundert Orten im ungarischen Königreiche, welche im XIII. Jahrhunderte mit städtischen Privilegien begabt waren und die Mehrzahl davon war von Deutschen gegründet, hatte ganz oder theilweise deutsche Bevölkerung. Es geht daraus die staatsmännische Einsicht und die Culturfreundlichkeit der Könige aus dem Árpáden=Geschlechte deutlich hervor. Diese Könige schufen dadurch in ihrem Vater=lande das Städtewesen und Bürgerthum und die hereingerufenen und bevorrechteten deutschen Bürger haben dann durch Arbeit und Treue diesem Rufe in glänzender Weise entsprochen.

Die Blüthezeit des Deutschthums in Ungarn.

Zunächst war allerdings die kampfreiche Zeit nach dem Aussterben der Árpáden (1301) bis zur Festigung des ruhigen Besitzes der Krone durch König Karl Robert aus dem Hause der Anjou für die ungarischen Deutschenstädte, namentlich in Ober=Ungarn, eine Zeit der harten Prüfung. Die mächtigen Oligarchen, ein Matthäus Csák von Trencsin, ein Omodé, ein Ladislaus Apor u. a. bedrängten in dieser königslosen Zeit das Bürgerthum in arger Weise. Die Deutschen standen erstlich fest und treu zu dem Könige Otto aus dem niederbairischen Herzogs= geschlechte. Die Ofner Bürger trotzten seinetwegen dem Kirchen= banne, ebenso hielten zu ihm die Sachsen in Siebenbürgen.

Eine große Stütze besaß Otto auch an den Grafen Heinrich und Johann von Güssing, die dem stammverwandten Fürsten zur Seite traten. Die Ofner hatten ihre Anhänglichkeit an Otto durch einen blutigen Überfall der Karlisten (11. Juni 1307) schwer zu büßen. Otto selbst war dem schlauen Oligarchen Ladislaus Apor, dem Wojwoden Siebenbürgens, in die Hände gefallen und mußte das Land verlassen Als dann der Sieg dem Angiovinen Karl Robert zufiel, da versöhnte sich dieser sowohl mit den Ofner Deutschen als mit den Grafen von Güssing und fand seit= her in den Bürgern seine getreuesten Anhänger gegen die trotzige Oligarchie. In der entscheidenden Schlacht gegen Matthäus von Trencsin auf dem Felde bei Rozgony (1312) gab das Banner der Zipser Sachsen den Ausschlag zu Gunsten des Königs. Die Bürger von Kaschau hatten ihrerseits schon ein Jahr früher

ben Oligarchen Omodé, der ihre Rechte und Freiheiten angegriffen
hatte, im offenen Kampfe getödtet. Omodé's Witwe und Söhne
mußten der Stadt Kaſchau Schadenerſatz leiſten und 45 Geiſeln
ſtellen, auch dem Könige Treu und Gehorſam ſchwören. *)

In dieſen Kämpfen tritt zum erſten Male der Gegenſatz
zwiſchen dem Adel (der Oligarchie) und dem (vorwiegend
deutſchen) Bürgerthume deutlich hervor. Die ſtolzen Herren
blickten voll Unwillen auf die erſtarkenden Städte, innerhalb deren
Mauern nicht bloß materieller Reichthum und ein reges Culturleben ſich entwickelte, ſondern wo auch ein ſelbſtbewußtes, kampf-
bereites Volk den Beſitz und ſeine wohlerworbenen Rechte mit dem
Schwerte in der Hand zu vertheidigen entſchloſſen und befähigt
war. Der Wohlſtand des „Krämerthums" reizte die Zwingherren
auf ihren Burgen und Schlöſſern und ſie ſtrebten darnach, die Bürger
unter ihre Gewalt zu bringen, damit ſie von dem Ertrage des
Fleißes derſelben ihre Einkünfte vermehren könnten. Außerdem
erkannten dieſe trotzigen und herrſchſüchtigen Magnaten, daß ihre
Abſicht, das Königthum ihrem Belieben unterzuordnen, an den
Städten einen erheblichen Widerſacher gefunden hatte. Es geſellten
ſich alſo ſociale und politiſche Gründe zu einander, um den Adel
zum Kampfe gegen das Bürgerthum aufzuſtacheln.

Was jedoch die Städte und das Bürgerthum dem Adel
gehäſſig machte, das gerade hob ihren Werth in den Augen der
Könige. Die Angiovinen hatten in ihrer italieniſchen Heimat das
Weſen der Städte kennen und hochachten gelernt; ſie erblickten in
denſelben mit Recht auch in Ungarn einen wichtigen culturellen
und politiſchen Factor, der insbeſondere den Intereſſen der Krone
höchſt nützliche Dienſte zu leiſten vermochte. Die Könige aus dem

*) Vgl. hierüber insbeſondere einige Abhandlungen von Dr. Krones
über die Thronkämpfe nach dem Ausſterben des Arpádengeſchlechtes, dann
über den Kampf der Anjous gegen die ungariſche Oligarchie; ferner des-
ſelben Verfaſſers Studien zur älteſten Geſchichte der Stadt Kaſchau ſowie
über die Deutſchen Geſchichts- und Rechts-Quellen in Ober-Ungarn (in den
Schriften der Wiener Akademie). Ferner die preisgekrönten Abhandlungen
von Horváth und Koſſovich über die Geſchichte der Induſtrie und des
Handels im Mittelalter (in ungriſcher Sprache.)

Haufe Anjou Karl Robert (1308—1342) und Ludwig I.
(der Große, 1342—1382) wurden deßhalb Freunde und Gönner
der Städte, die unter ihrer Herrschaft in ihre Blüthezeit eintraten
und sich auf dieser Höhe der Entwickelung und der Bedeutung
auch unter dem Luxemburger Könige Sigismund (1387—1437),
unter den Habsburgern Albrecht (1437—1439) und Ladis=
laus V. (1445—1457) bis zum Tode des Corviners Mathias I.
(Hunyadi, 1458—1490) erhielten. Nahe an zweihundert Jahre
umfaßt dieser für das Städtewesen und deutsche Bürgerthum in
Ungarn wichtige Zeitraum, den wir an dieser Stelle in seinen
Hauptmomenten schildern wollen.

König Karl Robert bewies den Städten seine Zuneigung
auf nachdrückliche Weise. Er regelte den Rechtsgang derselben,
verlieh zahlreichen Orten die Rechte königlicher Freistädte; so
z. B. den deutschen Orten Bartfeld (1320), Neustadt oder
Groß=Maros (1324), Dobschau (1326), Bars (1328)
u. a.; er befahl offene Orte mit Mauern und Gräben zu umfangen,
wofür er ihnen zehnjährige Steuerfreiheit ertheilte u. dgl.

Einer besondern Gunst erfreuten sich unter Karl Robert die
deutschen Bergstädte Schemnitz, Kremnitz und Schmölnitz so=
wie die Bergorte in der Gömörer Gespanschaft. Der Bergbau bildete
bekanntlich einen wichtigen Theil der königlichen Einkünfte und es
erklärt sich die Sorgfalt der Könige für die Förderung des Montan=
wesens demnach schon aus Rücksicht auf den Status ihrer Finanz=
kammern. Den Preßburgern wurde im Jahre 1323 die wichtige
Begünstigung zu Theil, sich jeder Art Münze zu bedienen und zur
alljährlichen Annahme der königlichen Neupräge nicht gezwungen
zu sein. Ferner erhielten die Bürger von Preßburg die Bestäti=
gung ihrer Zoll= und Mautfreiheit durchs ganze Land (1328), die
Schenkung eines Landgutes, und die Ausdehnung der städtischen
Gerichtsbarkeit über die Vorstädte (1333, 1336) u. s. w.

Nicht minder bedeutsam ist die Thatsache, daß der König im
Jahre 1328 den Zipser Sachsenstädten ihre Privilegien „auf
ewige Zeit" in deutscher Sprache bestätigte und vermehrte, weil
er erkannt der Sachsen „Treue und Dienst, die sie uns (dem

Könige) von unserer Kindheit gutwillig erwiesen haben, beid demütig=
lich und begierlich in Streiten, die wir hatten wider Mathäum
von Trentschin und Detrium, und wieder Omodeus Sohn auf dem
Felde bei Rozgony und dieselbigen Zipser unser Getreuen männlich
stritten und schonten nicht ihrer Güter, noch eigner Person, sondern
sich vor unser königlich Majestät dargeben hoben in Fertigkeit."

Der Gesammtheit der Hermannstädter Sachsen in
Siebenbürgen bestätigte Karl Robert im Jahre 1317 ebenfalls die
von Andreas II. verliehenen Freiheiten.

Was Karl Robert begonnen, das setzte sein großer Sohn und
Nachfolger, Ludwig I., in rühmlicher Weise fort. Zahlreiche
Urkunden beweisen seine Vorliebe für die Städte und das Bürger=
thum. Von ihm erhielten Freiheitsbriefe die Orte Güns (1342),
Kaschau (1346 und 1361), Frauenmarkt (Nagy=Bánya, 1347),
Raab (1361), Bartfeld (1379), Eperies (1378), Briesen
(1380), Liebethen (1382), Königsberg, Sillein u. a.
Zu königlichen Freistädten erhob Ludwig I.: Modern (1361),
Skalitz (1372), Königsberg (Uj=Bánya, 1345), Altenburg
(1354), Loppena (1358), Debreczin (1360), Liebethen
(1382). Alle diese Städte waren theils nur von Deutschen bewohnt,
theils bildeten die Deutschen einen bedeutsamen Bruchtheil der
Bevölkerung, so z. B. in Modern und Skalitz (Deutsche und
Slaven), in Debreczin (Deutsche und Magyaren) u. s. w.

Die Freistadt Preßburg hatte auch von Ludwig I. ganz
besondere königliche Begünstigungen erfahren. Merkwürdig ist
namentlich eine Verordnung des Königs vom Jahre 1361, wornach
alle in der Stadt besitzhabenden Leute, wes Standes sie auch wären,
demnach nicht bloß Bürger und Juden, sondern ebenso der Adel
und die Geistlichkeit, nach ihren in der Stadt befindlichen Häusern
alle bürgerlichen Lasten zu tragen verpflichtet waren. Ferner
hatte der König den Preßburger Magistrat schon im Jahre 1359
ermächtigt, Räuber und Mörder aus Kirchen, Kirchhöfen und
Klöstern, wenn sie sich dahin geflüchtet hatten, ungeachtet aller
Einsprüche und Verbote der Geistlichkeit auch mit Gewalt hinaus=
zutreiben und gesetzlich zu verurtheilen.

Man bedenke, was für außerordentliche Vorrechte hier den
deutschen Bürgern von Preßburg zu einer Zeit eingeräumt wurden,
wo im Staate der Adel und die Geistlichkeit die ersten, ja fast
ausschließlich bevorrechteten Stände bildeten! Die Anordnung der
bürgerlichen Rechtsgleichheit und die Beseitigung des geistlichen
Asylrechtes beurkunden die hohe Achtung und das Vertrauen, womit
König Ludwig dem Bürgerthume begegnete.

Für die günstige Fortentwickelung des ungarischen Deutschthums war auch die Bestätigung, respective Erneuerung der Freiheiten der Siebenbürger Sachsen (in den Jahren 1353, 1364,
1366, 1370 und 1371) von großem Einflusse. Im Jahre 1371
bestätigte der König diesen Deutschen ihre municipale Einheit.

Auch die Zipser Sachsen, die 24 königlichen Orte des
Zipserlandes, erfreuten sich der fortgesetzten Gunst des Königs.
Zeuge dessen ist Ludwigs offener Brief vom Jahre 1363 und die
im Jahre 1370 mit königlicher Genehmigung gefaßte „Willkür der
Sachsen in der Zips," auch das „Leutschauer Rechtsbuch" genannt,
auf dessen interessanten Inhalt wir im weitern Verlaufe dieses
Werkes noch des Näheren zurückkommen.

Noch seien erwähnt des Königs Prachtbauten zu Wischegrad und Ofen, die Erlassung von Innungs= und Zunft-
gesetzen, wodurch der bürgerliche Gewerbfleiß, voran das deutsche
Handwerk, in Ungarn zu einer erfreulichen Blüthe gedieh.

Ein Freund der Städte und ihrer Bürger war auch der
Luxemburger Sigismund, der während seiner langen Regierungszeit vieles beitrug zur Hebung des Städtewesens, allerdings
aber auch zuerst an dem kräftigen Bestande derselben Hand anlegte.
Unter anderen Veranstaltungen, welche König Sigismund im
Interesse der Städte traf, gedenken wir vor Allem der Einführung
eines geschriebenen Privatrechtes der königlichen Freistädte (des sogenannten „Tavernical=Rechts,") das durch Verordnete der Städte Ofen, Pest, Kaschau, Bartfeld, Tirnau, Eperies
und Ödenburg in Ofen ausgearbeitet wurde.

Außerdem verdanken einzelne deutsche Städte und
Provinzen diesem Könige besondere Privilegien, so namentlich

Preßburg, Ofen, Tyrnau, Zeben, Güns, Kaschau, Eperies, Pest, Ödenburg, Publein, Käsmark. Den Siebenbürger Sachsen erneuerte er die Handvesten älterer Könige, bestätigte ihnen die eigene freie Gerichtsbarkeit, ihren Waffendienst unter eigenem Banner. Er fügte der Gesammtheit der Siebenbürger Sachsen noch die beiden Stühle Schäßburg und Mediasch (Medwisch) und das Burzenland hinzu (1422).

Die Regierung Sigismund's war auch von bedeutender Wichtigkeit für die Stellung der Städte im ungarischen Staatswesen. Die Städte entbehrten nämlich noch immer der Anerkennung als Stände des Reiches und waren deshalb an der Gesetzgebung nicht betheiligt. Diese Stufe erstiegen sie erst unter König Sigismund, obgleich einzelne öffentliche Acte bekannt sind, an denen die Städte schon früher mitbestimmenden Antheil hatten. Weit entschiedener tritt aber diese legislatorische Theilnahme der Städte nun zu Tage. Es sind urkundliche Spuren vorhanden, daß einige Städte, z. B. Preßburg und Ödenburg, bereits in den Jahren 1402 und 1405 an der Landesgesetzgebung mitwirkten. Aber die älteste Nachricht von den sogenannten „Regales“ oder königlichen Einberufungsschreiben (zum Landtag), welche an die Städte erlassen wurden, stammt aus dem Jahre 1419.

Trotz dieser Freundlichkeit und Geneigtheit Sigismund's für die Städte hatten diese dennoch durch ihn die ersten empfindlichen Schläge zu erleiden. Diese verursachten die Verpfändungen der Städte an einzelne Fürsten und Herren. Ein anderer Schlag traf die oberungarischen deutschen Orte in Folge der Hussiten-Einfälle (1425—1433); dann kamen die zerstörenden Folgen des 28jährigen Parteikrieges nach dem Tode des Königs Albrecht († 1439). Nichts destoweniger erhielten sich diese Deutschenstädte noch in lebenskräftigem Bestande.

Die Könige Albrecht (1438 - 1439), Wladislaw I. (1439—1444) und Ladislaus V. (1445—1457) konnten in der kurzen Zeit ihrer Herrschaft nichts von Bedeutung für die Städte thun, doch erwiesen sie denselben manche Gunst. Wie bedeutend damals die Städte Ungarns auch in politischer Hinsicht

gewesen, lehrt die Thatsache, daß alle Könige ihnen die Rechte
und Freiheiten gerne bestätigten und durch neue erweiterten; daß
in den Parteikämpfen um die Mitte des XV. Jahrhunderts diese
deutschen Orte viel umworben wurden, weil ihr Einfluß auf dem
Landtage, ihr Wohlstand sowie ihre strategische Bedeutung gewich-
tige Factoren bildeten.

Kaiser Friedrich III. (IV.) ersuchte z. B. im Jahre 1443
die Stadt Käsmark, daß sie auf dem Landtage zu Pest die
Rechte seines Mündels (Ladislaus Posthumus) vertreten möge.
Die Städte Bartfeld, Eperies, Kaschau und Leutschau
spielten auf den damaligen Landtagen eine einflußreiche Rolle.
Vom Jahre 1447 ist der älteste Wortlaut einer förmlichen Ein-
berufung der Stadt Bartfeld zum Landtage datiert. Darin werden
die Städte als ein „bedeutender Mitstand des Reiches"
(„non mediocrius membrum") bezeichnet, deren Mitwirkung von
Erheblichkeit sei.

Auch der Gubernator Graf Johann Hunyadi (1444 bis
1452) war den Städten und den deutschen Bürgern in denselben
freundlich gesinnt. Er bestätigte im Jahre 1447 den Preßburgern die Freiheiten und erneuerte ihnen im Jahre 1452 die wichtige Befugniß, alle Arten von Übelthätern, mögen sie adeligen
oder nichtadeligen Standes sein, nach ihrer Ergreifung zu richten
und nach Gebühr zu strafen.

Große Sorgfalt widmete der Gubernator auch den Sachsen
in Siebenbürgen. Als Erbgraf von Bistritz ertheilte er im
Jahre 1453 der Stadt Bistritz ein Privilegium. Leider konnte
er den oberungarischen Deutschen die sehnlichst erwünschte
Befreiung von der Gewaltherrschaft Giskras und seiner böhmischen
Söldner nicht verschaffen. Der Landtag mußte vielmehr in dem
zu Anfang 1450 in Ofen geschlossenen Vergleiche Giskra den
Besitz der Städte Kaschau, Leutschau, Bartfeld, Eperies, Kremnitz,
Schemnitz und Neusohl überlassen. Bei Abschließung des Bündnisses gegen Friedrich III. (IV.), das am 5. März 1452 in Wien
zu Stande kam, waren auch Abgeordnete der Städte Ofen, Stuhlweißenburg, Preßburg, Kaschau, Leutschau, Bartfeld und Pest

gegenwärtig. Die Reichsstandschaft dieser Städte und die politische Wichtigkeit derselben wird auch dadurch abermals bezeugt.

Den oberungarischen Städten wurde freilich auch nach dem Regierungs=Antritte des dreizehnjährigen Habsburgers Ladis= laus V. (6. Februar 1453) kein dauernder Friede zu Theil. König Ladislaus bewies sich in der kurzen Zeit seiner Regierung den Städten gleichfalls gewogen. Seine Gunst erfuhren die Bürger von Preßburg und Kremniz, insbesondere aber die Sachsen in Siebenbürgen, welche damals (mindestens bei außerordent= lichen Gelegenheiten, so z. B. bei der Huldigung im Jahre 1453) auch zu den ungarischen Reichstagen einberufen wurden. Der Gesammtheit der Siebenbürger Sachsen bestätigte König Ladislaus nicht bloß die ältern Rechte und Freiheiten, sondern er vereinigte mit der sächsischen Communität noch den Talmatscher Stuhl sammt dem Rothenthurmpasse (1453), befahl dem Siebenbürger Wojwoden, die Sachsen in ihren Rechten und in ihrem Eigen= thume auf alle Weise zu beschützen (1456) und verlieh der Sachsen= Gesammtheit das damals seltene und hochgeschätzte Recht, ihre Urkunden in rothem Wachs zu siegeln und das Siegel entweder beizudrücken oder anzuhängen.

Als Mathias I. (Corvinus) zum Könige gewählt worden war, da machte dessen Oheim, der Gubernator Michael Szilágyi, dies den Bürgern von Kaschau (und wohl auch noch anderen Städten) mittelst eines eigenen Boten bekannt. Ebenso bemerkens= werth erscheint die Thatsache, daß die Eidesformel für alle Städte des Reiches zur Huldigung an König Mathias und dessen Guber= nator Michael Szilágyi vom Jahre 1458 in deutscher Sprache abgefaßt war; — ein neuer Beweis davon, daß zu jener Zeit die Städte Ungarns zum überwiegenden Theile von Deutschen bewohnt waren, oder das deutsche Volkselement in denselben doch die sociale und politische Vorherrschaft hatte.

König Mathias bezeigte den Städten übrigens fortdauernd seine Gunst und seinen Schutz, den sie gegenüber den Adeligen häufig vonnöthen hatten. Viele und wichtige Urkunden zur Geschichte des Städtewesens stammen von diesem Könige her. Er

begabte mit Rechten und Freiheiten die Städte Szatmár (1461),
Komorn (1482), Güns (1483 und 1484), Tirnau, Preß=
burg (1459, 1464, 1475), Käsmark (1462), Ödenburg
(1465) u. a.

Von Bedeutung ist unter Anderem die Privilegial=Urkunde
für Preßburg vom Jahre 1475 auch deshalb, weil darin den
Preßburgern das Recht ertheilt wird, auf ihrer Schiffbrücke den
Brückenzoll auch von Adeligen einzuheben. Ausgenommen waren
nur der König, sein Hofstaat, die Prälaten und Reichsbarone und
der Preßburger Domprobst. Diese Gleichstellung des Adels mit
den übrigen Staatsbürgern behagte dem Aristokratismus nicht im
Mindesten und vermehrte nur dessen Groll gegen das städtische
Bürgerthum.

Bedeutsam sind auch die Verleihungen, welche Mathias den
Siebenbürger Sachsen zu Theil werden ließ. Im Jahre 1461
bestätigte er dem Rösner oder Bistritzer Lande alle alten
Freiheiten; drei Jahre später setzte er den jährlichen Zins auf
100 Goldgulden fest: im Jahre 1468 annullierte er alle Ver=
ordnungen, welche den Vorrechten der sächsischen Gesammtheit zu=
widerlaufen; ja im Jahre 1474 ertheilte er den Bistritzern das
seltsame Recht, gegen Jedermann, ohne Verschuldung des Hochver=
rathes, sich widersetzen zu dürfen, der mit einer königlichen Ver=
gabung des Rösner Landes auftreten würde.

In demselben Jahre versetzte König Mathias eine Colonie
von Siebenbürger Sachsen auch nach Wischegrad, also in seine
unmittelbare Nähe, und verlieh denselben besondere Vergünsti=
gungen.

Die Städte bildeten einen mächtigen Rückhalt des Königs
gegen die vielfach störrigen und nur unwillig gehorchenden Oli=
garchen, die das stramme Regiment des gerechten Mathias nur
mit Widerstreben ertrugen. Die wohlhabenden deutschen Orte
waren dem Könige aber auch eine ergiebige Geldquelle, deren er
bei seinen vielen Kriegsfahrten gar sehr bedurfte. Wie wichtig die
Städte im politischen Leben Ungarns damals gewesen, beweisen
die Ereignisse nach Mathias Tode, da die verschiedenen Thron-

Prätendenten die Gunst und Zustimmung derselben zu gewinnen suchten. So wandte sich der römische König Max in einem Schreiben vom 1. Juni 1490 an die Bürger von Bartfeld und ersuchte dieselben um ihre Mitwirkung, damit er die Krone Ungarns erlange. Dasselbe that im selben Jahre auch der Herzog Johann Corvin, der uneheliche Sohn des Königs Mathias, der sich in seinem Schreiben bereits des Majestäts-Titels bediente und die Bürger ermahnt, ihre Reise zu ihm zu beschleunigen und seine Wahl zum Könige öffentlich zu befördern. Ähnliche Ansuchen giengen dann auch an die übrigen Städte des Landes.

Man kennt den Ausgang dieser Thronstreitigkeiten; der Jagellone Wladislaw II., der König von Böhmen, gewann die Krone Ungarns, weil er den herrschenden Oligarchen als der ungefährlichste Bewerber erschien. Sie wollten ja einen König, den sie „beim Schopfe" halten konnten. Nun brach auch der langverhaltene Groll gegen das Bürgerthum offen hervor und fügte dem Städtewesen und dadurch auch dem Deutschthum in Ungarn schwere Wunden bei. Doch ehe wir diesen Kampf des Adels gegen das Bürgerthum näher verfolgen, werfen wir noch einen Blick auf die äußeren und inneren Verhältnisse der Städte und ihrer deutschen Bewohner in dieser Zeit ihrer höchsten Blüthe.

Was vor Allem die Stellung der Städte zum Könige anbelangt, so darf nicht übersehen werden, daß dieselben fortdauernd zinsbares Eigenthum der Krone waren und als solches dem königlichen Schatzmeister oder Tavernicus unterstanden. An diesen war der Grundzins (terragium) und die sonstigen Zahlungen zu leisten; aber auch der weitere Rechtszug der Städte von ihren eigenen Gerichten gieng an den Königshof. Bei der großen Anzahl privilegierter Orte wurde diese Appellation an den Tavernicus eine schwere Last; deshalb bestellte König Karl Robert für eine Anzahl Städte hinsichtlich der Appellation den „Stellvertreter der königlichen Gegenwart in Gerichtssachen" (personalis praesentiae regiae in judiciis locumtenens). Darnach gab es „Tavernical-" und „Personalstädte", je nachdem sie mit Bezug auf die Appellation an den „Tavernicalstuhl" (sedes tavernicalis) oder an den

„Gerichtsstuhl des königlichen Personals" gewiesen waren. „Taver-
nical-Städte" waren in der hier behandelten Zeit: Bartfeld,
Ofen, Pest, Karpfen, Kaschau, Debreczin, Komorn, Eperies, Güns,
Raab, Eisenstadt, Modern, Preßburg, Ödenburg, Skaliß, Szatmár-
Németi, Szegedin, Tirnau; „Personal-Städte": Stuhlweißen-
burg, Briesen, Zeben, Kremniß, Käsmark, Leutschau, Liebethen,
Neusohl, Rust, Fünfkirchen, Schemniß, Gran, St. Georgen, Trencsin,
Altsohl, Frauenmarkt (Uj-Bánya).

„Arbeit ist des Bürgers Zierde." Dieses Wort des Dichters
verwirklichten die Deutschen in Ungarn auf rühmliche Weise. In
den offenen Orten und Landstrichen betrieben sie Ackerbau und
Viehzucht, in den geschlossenen Städten vorwiegend Gewerbe,
Bergbau und Handel. Der Ackerbau lieferte nebst den Getreidearten insbesondere noch Hanf und Flachs und die Weberei in
der Zips und bei den Siebenbürger Sachsen bot so reichliche
Erzeugnisse, daß mit denselben nicht nur die einheimischen Märkte
versehen werden konnten, sondern diese Producte auch in großer
Menge nach fremden Ländern ausgeführt wurden. Außer der
Leineweberei waren die Handwerke in Holz, Eisen und Metallen
überhaupt vorwiegend in deutschen Händen. Wie zahlreich und
mannigfaltig bereits im Anfang des XV. Jahrhunderts das Handwerk in Ungarn vertreten war, ersieht man aus den Satzungen
des „Ofner Stadtrechts", das in der Zeit von 1413 bis 1421
aufgezeichnet wurde.

Damals gab es in Ofen folgende Handwerker: Münzer
(munser), Goldschmiede, Maler, Goldschläger, Apotheker, Wund-
ärzte, Fleischer (fleischhagher), Wildbreter, Selcher (pechler
oder bächler), Fischer, Huf-Schmiede, Messerschmiede, Schwertfeger,
Glocken- und Kannengießer, Radschmiede, Flaschner, Schlosser,
Sporer, Eisenzieher, Nadler, Plattner, Seilwirker, Zimmerleute,
Steinmetze, Maurer, Ziegelstreicher, Pflastrer, Wagner, Binder,
Bogner und Pfeilschnitzer, Tischler, Drechsler, Seiler, Riemer,
Lederer, Sohlenschneider, Keßler, Kürschner, Weißgerber („irher"
vom ungrischen „irhatimár"), Handschuhmacher (hantschuester),
Taschner, Beutler, Gürtler, Hosennestler, Tuchbereiter, Wollschläger‘

Schneider, Leinweber (leinbibir), Gewandscherer, Joppner, Mäntler, Färber, Walker, Bleicher, Wagmeister, Müller, Bäcker mit den Unterabtheilungen: Weißbäcker („müttelpegken") und Schwarz= bäcker („wechtelpegken").

Welch eine Fülle gewerblicher Thätigkeit! Welche tiefgehende Arbeitstheilung! Aber auch wie mannigfaltige Bedürfnisse und Luxusansprüche offenbaren sich aus dieser Liste! Dazu kamen noch die verschiedenen einheimischen und fremden („Gast=") Kaufleute und Krämer, die Händler mit Getreide und Viehfutter; die Schmer= schneider, Ölerinnen, Fragner, Brunner und Wasserträger, die Packträger (gemaintrager), Schäfer, Wirte, Winzer (weinziedel) die Arbeiter und Dienstboten überhaupt. Es bekundet dieses Stadtrecht somit eine überaus entwickelte, mannigfach gegliederte Societät innerhalb der damaligen Deutschenorte in Ungarn; denn obgleich Ofen die vornehmste der damaligen Städte war, so hatten doch auch die übrigen privilegierten Orte des Landes je nach Lage und Entwicklung ein schwungvolles gewerb= liches Leben. Außer in Ofen befand sich das Gewerbe noch in Neusohl, Kaschau, Leutschau, dann in Hermannstadt, Kronstadt und Bistriz auf einer ziemlichen Stufe der Aus= bildung. Im Sachsenlande Siebenbürgens gab es z. B. Pulver= und Büchsenmacher hundert Jahre früher als in England. Die Zinngießerzunft in Markt=Schelken zählte mehr als 100 Meister. Berühmt und alt war das Messerschmiedhandwerk der Deutschen in der Zips, im westungarischen Berggebiete, im Sachsenlande Siebenbürgens. Zu den bedeutendsten und ältesten Innungen gehören nebst den Messerschmieden die Goldschmiede. In Fünf= kirchen, Schemniz, Neusohl werden letztere schon im XI. Jahrhundert erwähnt, ebenso die Glockengießer, die Siegel= und Petschaftstecher u. a.

Diese gewerbliche Regsamkeit beförderte dann den Handel in vorzüglicher Weise. Die Haupthandelstraße war schon damals die Donau; hier gewannen namentlich die Stapelorte Preßburg, Raab, Gran und Ofen einen blühenden Handel. Um das Stapelrecht gab es wiederholten Streit unter diesen Städten.

Ofen suchte dieses Recht als ein ausschließliches Privilegium für sich zu behaupten. Aber schon König Ludwig befreite hievon die Kaufleute und Tuchweber von Hermannstadt (1367) und Kronstadt (1369). Außerdem besaßen dieses Recht der Zwangs=Niederlage und des Verkaufs der dahin gebrachten Waren im XV. Jahrhunderte noch Kaschau, Ödenburg und Tirnau. Später kamen nach Bartfeld, Eperies, Leutschau, die Bergstädte, dann Agram und Warasdin dazu. Durch diese Vermehrung wurde das Monopol von Ofen bedeutend geschmälert; aber es ist leicht erklärlich, daß auch in solcher Erweiterung das Stapelrecht für Handel und Verkehr viel Drückendes behielt.

Zu Lande zogen die wichtigsten Handelslinien unter der Herrschaft der Anjou aus dem Oriente wieder durch Ungarn. Die eine Linie kam aus der Walachei nach Hermannstadt und Kronstadt und gieng von dort über Bistritz nach der Moldau und Polen. Dadurch wurde im nördlichen Siebenbürgen Bistritz das Handelsemporium; die Straße zog über den Rodnaer Paß und wie lebhaft der Verkehr auf diesen Wegen gewesen, bezeugen die Zollsatzungen vom Jahre 1409. Die Zölle trugen jährlich an 7000 Goldgulden. Hermannstadt bildete für die Waren aus der Walachei den Hauptstapelplatz; die ausländischen Kaufleute waren zumeist Armenier, welche Safran, Pfeffer und anderes Gewürze einführten. König Ludwig I. regelte auf Bitten der Hermannstädter Bürger den armenischen Handel, da diese Armenier sich nicht bloß mit dem Engros=Handel begnügen wollten, sondern auch den Detailverkauf betrieben und so die einheimischen Kaufleute und Krämer schädigten. Für die Kronstädter war der im Jahre 1368 mit dem walachischen Wojwoden Demeter Lepes geschlossene Handelsvertrag von großer Wichtigkeit. Die Kronstädter Sachsen erhielten durch denselben die Freiheit, in der Walachei überall unbeschränkten Handel treiben zu können und es wurde ihnen aller Schutz zugesagt. Die Holz= und Leinenwaren von Kronstadt fanden nicht bloß in Bukurescht und in anderen Städten der Walachei reichen Absatz, sondern sie wurden bis Smyrna, Ägypten und Arabien verfrachtet.

Im Westen und Norden war der lebhafteste Handelsbetrieb mit Österreich, Böhmen und Polen. Die Wiener Kaufleute erhielten von Karl Robert und Ludwig I. besondere Privilegien zum Handelsverkehr in Ungarn; ähnliche Freibriefe besaßen später auch die Kaufleute aus Prag, Nürnberg, Breslau u. a. Im Innern des Landes waren die deutschen Städte O f e n, G r a n und P r e ß b u r g wichtige Handels=Emporien. Mit ihnen wett= eiferten im Norden die Z i p s e r = S t ä d t e, dann E p e r i e s, B a r t f e l d und vor Allem K a s c h a u, das von König Ludwig I. das Privilegium erhielt, gemäß welchem die polnischen und russischen Kaufleute ihre nach Ungarn eingeführten Waren hier aufstapeln und verkaufen müssen. Den Weiter=Verschleiß besorgten dann nur die Kaschauer. Diese Bürger wurden auf solche Weise die Vermittler des Verkehrs zwischen dem südwestlichen Europa und den nördlichen Pelzländern und gelangten dadurch zu großem Reichthum. Die weitläufigen Lauben und Warenhallen in Kaschau legten von dem regen Verkehr äußerliches Zeugniß ab.

Im Westen Ungarns treten neben P r e ß b u r g als blühende Handelsorte Ö d e n b u r g und G ü n s hervor . Diese betreiben nach Österreich und weiter, ja bis in die Niederlande einen schwungvollen Ausfuhrhandel mit ungarischen Weinen. Letztere wurden übrigens schon damals auch nach Deutschland, Polen und Rußland verfrachtet. Die Stadt Güns stand hierin im Vorder= grunde. Die Günser wurden dadurch sehr wohlhabend, so daß sie den Neid der Preßburger und Ödenburger erregten und diese ihnen den Durchzug durch ihre Städte verboten. Man begegnet sächsischen Kaufleuten aus Siebenbürgen in Wien, Prag, Krakau, Venedig u. a. Orten. Die Kaufleute aus Ungarn gewannen in den von ihnen betretenen Ländern, namentlich in Österreich und Böhmen, dieselben Freiheiten, welche die ausländischen Kaufleute in Ungarn genossen.

Den Handelsverkehr im Innern regelten nicht bloß die verschiedenen Privilegien und die darauf begründeten Statute und Rechtsbücher; sondern es wurden auch durch W o c h e n = u n d J a h r m ä r k t e, durch gesetzliche Bestimmungen der Zoll= und

Mautgebühren, durch Herstellung von Brücken, Fähren und Straßen
der Verkehr und Warenaustausch erleichtert. Eine strenge H a n d e l s =
p o l i z e i wachte über die Güte der Waren, über die Richtigkeit
des Handelsbetriebes, über die Ächtheit von Münzen, Maßen und
Gewichten u. dgl. In dieser Beziehung haben die Könige Karl
Robert, Ludwig I. und Sigismund das Meiste gethan.

Wir schreiben keine Geschichte der Städte oder des ungarischen
Handels und müssen uns deshalb mit diesen allgemeinen Angaben
begnügen. Ebenso können wir an dieser Stelle nur andeuten, daß
durch die blühende gewerbliche und Handelsthätigkeit in den
deutschen Städten Ungarns und Siebenbürgens auch der Wohl=
stand gedieh und damit gieng Hand in Hand die V e r f e i n e r u n g
d e s   L e b e n s , der Luxus und die Bequemlichkeit, aber auch die
P f l e g e   d e r   g e i s t i g e n   I n t e r e s s e n . Aus dem deutschen Mutterlande kamen ohne Unterlaß Nachschübe von Ansiedlern und Arbeitern;
der deutschungarische Handwerksbursche und Kaufmann suchte seinerseits wieder gerne „das Reich" auf. Dahin führten die Deutsch=
ungern aber keineswegs bloß materielle Interessen; vielmehr erblicken
wir schon frühe an den d e u t s c h e n   H o c h s c h u l e n   l e r n b e g i e r i g e
J ü n g l i n g e   a u s   U n g a r n   u n d   S i e b e n b ü r g e n in wachsender
Anzahl. Die Universitäten von Wien, Krakau, Leipzig wurden
schon im XV. Jahrhunderte häufig von Studierenden aus Ungarn
besucht. Die Deutschen hierzulande beriefen dann ihrerseits
wieder Lehrer und Magister aus Deutschland herbei und übergaben
denselben die Leitung ihrer S t a d t s c h u l e n . König Mathias zog
allerdings mit Vorliebe italienische Gelehrte und Künstler an seinen
freigebigen Hof, der so zum Sitze der Wissenschaften und der
Musen wurde. Aber auch hervorragende Deutsche findet man in
den mittleren und höheren Lehr=Anstalten dieser ungarischen
Renaissance=Periode. So wirkten an der im Jahre 1465 zu
P r e ß b u r g gestifteten „Academia Istropolitana" der Mathe-
matiker Johannes M ü l l e r   v o n   K ö n i g s b e r g ; die Theologen
Nikolaus S c h w i c k h e r (Schricker?) aus Hüttendorf, Mathias
G r u b e r und Lorenz K o c h aus Krumpach (Krompach in Ober=
Ungarn), der Mediciner Magister Peter T h ö r i n g e r (Thüringer?).

Auch der Vicekanzler dieser Universität, Georg Schomberg
(† 1486) war ein Deutscher. Ebenso war der erste Rector der
Ofner Universität Peter Niger (Schwarz) aus Würzburg, dann
die dortigen Professoren Pankraz Korbeck und Johann Eydn-
reich Deutsche. Hervorragend waren in den letzten Decennien des
XV. Jahrhunderts die Stadt- und Lateinschulen zu Schemnitz,
Kaschau, Leutschau, Bartfeld, Neusohl, Pest, Preß-
burg, Ödenburg u. a. Orte. In Schemnitz waren im
Jahre 1478 Thomas Fabri, in Leutschau der Engländer Leon-
hard Coxe, der ehemalige Erzieher des englischen Königs
Heinrich VIII., in Bartfeld Valentin Eck die ersten Schulrectoren.
Dieser geistige Wechselverkehr war insbesondere lebhaft bei den
Zipser und Siebenbürger Sachsen.

Von der materiellen und geistigen Blüthe des ungarischen
Deutschthums im XIV. und XV. Jahrhunderte geben ferner bis
heute Zeugniß die vorhandenen Rechtsbücher, dann die
Kirchen, Rathhäuser, Burgen u. s. w., welche freilich
gegenwärtig fast durchwegs in Trümmern liegen oder mindestens
dem Verfalle nahe sind, auch mit ihrer derzeitigen ärmlichen
Umgebung, die schon längst auch nicht mehr deutsch ist, im grellen
Widerspruche stehen. Die einstige Pracht und Herrlichkeit und
der jetzige Verfall dieser Denkmäler sind deutliche Symbole des
ungarischen Deutschthums überhaupt. Wir nennen nur als Beispiele
den Zipser Dom zu Kirchdrauf, der zu Ende des XIII. Jahrhunderts seine Entstehung fand; den Kaschauer Dom (1270
durch den Franzosen Villard de Honnecourt begonnen, im Innern
von deutschen Meistern ausgestattet), die Kirchen zu Leutschau,
Bartfeld, Hermannstadt, Kronstadt, Mühlbach, Klausenburg u. s. w.

Unter den damaligen Städten des Landes tritt Ofen als
Vorbild städtischer Freiheit mit allem Glanze in den Vordergrund
und behauptet diese Würde bis zu seinem Fall (1541). Mit
Ofner Recht wurden ausgestattet: St. Benedict an der Gran,
Kaschau, Komorn, Klausenburg, Preßburg, Altenburg, Eperies,
Privigye, Sillein, Bartfeld, Kronstadt und Lippa. Für die

ungarischen Bergstädte war ursprünglich das Kuttenberger
Recht vorbildlich; später wurden Karpfen und Schemnitz das
Muster für städtische Montanorte. Es bildete sich überhaupt die
Praxis heraus, daß die größeren Städte für die kleineren gefreiten
Nachbarorte das rechtliche Muster abgaben, so z. B. Hermann=
stadt für Mediasch, Deutsch=Lipcse für Rosenberg, Kaschau
für Lublau, Ödenburg für Güns u. s. w.

Den Rechtszug der Städte an auswärtige Schöppen=
stühle sahen die ungarischen Könige begreiflicher Weise nicht gerne,
weshalb z. B. König Ludwig I. der Stadt Sillein im
Jahre 1379 den Rechtszug nach Teschen (woher sie ihr Stadtrecht
erhalten hatte) untersagte und ihr das Karpfener Recht verlieh.
Die Zipser berufen sich in ihrer „Willkür" auf einige Magde=
burgische „Schöpfenfragstücke". Bei ihnen und bei den ober=
ungarischen „Gründner Städten" (deren Vorort Göllnitz war)
findet man noch im XVI. und XVII. Jahrhunderte den Sachsen=
spiegel, das Magdeburger Recht, das „Land=" oder Kaiserrecht
(den Schwabenspiegel), das Leipziger Schöppenrecht und das Land=
recht der Siebenbürger Deutschen als subsidiäre Rechtsquellen
verwendet. Das „Ofner Stadtrecht" beruht ebenfalls auf dem
alten Magdeburgischen Rechte, daneben werden aber auch die
Urtheilssprüche des städtischen Gerichts, die „gute löbliche Gewohn=
heit" und die Handvesten der Könige als die Grundlagen dieser
Stadtrechte erwähnt. Man darf überhaupt nicht außer Acht
lassen, daß aus der Verfassung und den Rechtsgewohnheiten der
Städte Ungarns zwar die uralte Gemeinschaft mit dem deutschen
Bürgerwesen hervorleuchtet, daß aber schon im XIV. und XV. Jahr=
hunderte eigenthümliche Züge bemerkbar sind, die nach Art und
Wesen das Gepräge des Inlandes an sich tragen. Verschmelzung
des Fremden mit dem Einheimischen und Herausgestaltung eines
selbständig Neuen ist ja allerorten Zeugniß von kräftiger Lebens=
fähigkeit.

Der regelmäßige Rechtszug der königlichen Städte gieng (wie
wir dies weiter oben erwähnt) von dem städtischen Gericht an den
König (oder dessen Stellvertreter) oder an den Tavernicus. Richter

und Geschworne wurden von den Bürgern aus ihrer Mitte auf ein Jahr gewählt. Der Wahltag war meist zu St. Georg (25. April). Die Art der Amts-Niederlegung und der Neuwahl ist in den städtischen Rechten genau vorgeschrieben. Welche persön= liche Eigenschaften von den „vier obristen amptleüt" einer Stadt gefordert wurden, sagt das „Ofner Stadtrecht" in seinem 21. Artikel in folgender Weise:

„Der pharrer sol sein ein gelebter (erfahrener), bestentiger, weiser und wol gelerter man; durch (um) der vngelaubigen willen. 2. Item, der richter sol sein ein gefrewnter, weiser und mechtiger man; durch der übelteter wegenn. 3. Item, by ratherrn sullen sein fürsichtig, fleißig, eintrechtig und nicht sawmig in dem Gericht; durch der vngehorsam willen. 4. Item, der statschreiber sol sein kündig, getrew, listig, weis und wol wissend; durch der petrieger willen."

Nur Majestäts=Verbrechen gehörten nicht zur Jurisdiction des freistädtischen Gerichts; jeder andere Rechtsstreit mußte vor dasselbe kommen und wurde vor diesem entschieden. Permanente Schöffenstühle gab es keine; kleinere Städte durften sich in schwie= rigeren Rechtsfällen freundnachbarlich an größere wenden. So wies König Ludwig I. im Jahre 1361 die Bürger von Modern bei Processen um Schulden nach Tirnau, in Streithändeln wegen liegender Habe nach Preßburg. Eine eigenthümliche Superiorität über sieben benachbarte Orte besaß die Bergstadt Göllnitz, dieser Vorort des „Gründnerbodens," worüber das Nähere weiter unten.

Im Innern ihrer Gemeinden führten die deutschungari= schen Städte und Orte ein strenges und ehrbares Regiment. Die vorhandenen Stadtrechte, Willküren, Formelbücher u. a. Documente zeigen uns eine auf Zucht, Sitte und Religiosität begründete Ordnung. Wir entnehmen hierüber dem „Ofner Stadtrechte" noch einige Züge.

Der Pfarrer in Ofen wurde vom Stadtrichter und dem Rathe gewählt und vom Graner Erzbischofe oder dessen Vicar bestätigt. Der bestellte Pfarrer mußte „altzeit gegenwurtigklich pey der kirchen pleiben" und durfte ohne des Magistrats Einwilligung für sich keinen Verweser einsetzen. Der Stadtrichter und die zwölf Rathsherren (zehn Deutsche und zwei Ungern) wählten „der Stadtgemeinde wohl gesessen und geerbt, vernünftige Leut;" der Richter mußte sein „von deütscher art von allem seinem geschlächt, von allen seinen vier annen," also von rein deutscher. Abstammung, und mußte mindestens sechs Jahre bereits Rathsherr gewesen sein. Den Stadtschreiber wählten der Richter und die Rathsherren. Die Wahl des Richters unterlag der königlichen Bestätigung. Aus der Mitte der Rathsherren oder aus den „geschwornen Bürgern" bestellte der Stadtrichter einen „Geltrichter," der „aus deütscher art sei" und der über alle Geldschulden bis zu 40 Gulden zu richten hatte.

Das Ofner Stadtrecht bezeichnete ferner für jedermann seinen bestimmten Rechts= und Berufskreis; die Vorschriften über das Betragen der Bürger gegenüber dem Rath, wobei insbesondere alle Arten geheimer Zusammenkünfte, Conventikel u. dgl. strengstens verboten wurden, die Rechte und Pflichten des Magistrats und der sonstigen obrigkeitlichen Personen und städtischen Bediensteten; die Bestimmungen über Handel und Wandel, über Vermögen und Eigenthum, liegenden Besitz und fahrende Habe, über Erbschaft und Vermögenstheilung gehen bis ins Detail, damit Ungerechtigkeiten, Zwietracht, Übervortheilungen oder Streit vor Gericht vermieden, respective das geschädigte Recht wieder hergestellt werde.

Man findet außerdem vielfach treffliche Einrichtungen zur Sicherung des Lebens und Eigenthums, eine aufmerksame Polizei und strenge Überwachung der Mauern, Türme und Thore der Stadt, was in jenen Tagen der häufig aufgelösten Ordnung, der Übergriffe eines mächtigen Abels gar sehr vonnöthen war. Die deutschen Bürger sorgten aber auch dafür, daß in ihrer Mitte ehrbare Zucht und Sitte herrsche, daß die Handwerker ihr Geschäft tüchtig erlernen und redlich betreiben, daß kein unehrenhafter Mann in die Bürgerschaft oder in eine Zunft aufgenommen werde, daß Richter, Geschworne, Stadtschreiber und Stadtdiener ihre Ämter getreu verwalten.

Für die Armen, Kranken und Arbeitsunfähigen wurde eben=
falls auf Gemeindekosten gesorgt. Daneben erfüllt diese ungarischen
Deutschbürger ein edler Stolz und ein erhebendes Selbstbewußtsein,
das seinen Werth kennt ohne Überhebung, aber auch ohne Selbst=
erniedrigung. Getreu dem Könige und anhänglich ihrem neuen
Vaterlande brachten diese Bürger deutscher Zunge es in Ungarn
zu Ansehen, Ehren und Wohlstand und förderten dadurch zugleich
das Ansehen, die Macht und die Cultur dieses Landes überhaupt.

Was die Anzahl und relative Stärke der damaligen
Deutschen in Ungarn betrifft, so ist bei dem Mangel ausreichen=
der Daten eine genaue Bestimmung derselben sehr schwierig. Man
nimmt an, daß die Deutschen zu ihrer Blüthezeit an Volkszahl $1/6$
des Landes, $1/4$ der Magyarenzahl betragen hätten. Läßt man
die Grundholden außer Betracht und setzt man nur die Freien im
Lande, also die Adeligen, in Vergleich, so waren diese an der
Zahl nicht mehr als die Deutschen, die in bürgerlicher Gleichheit
unter sich lebten. Vom Grund und Boden hatten die Deutschen
$1/10$ des Landes inne; ihr Viehstand war obenan; ihnen gehörten die
geschlossenen ummauerten Orte. Sie waren die Meister des Berg=
und des Weinbaues; $9/10$ der Industrie und des Handels vertraten
sie. Für die Kriege konnten sie $1/8$ der Streiter ins Feld stellen.
Im Befestigungskrieg leisteten sie die Hauptstärke des Handels, wie
auch in der Steuerkraft. Als das Deutschthum in Ungarn von
seiner Blüthe niederwärts gieng, da sank zugleich auch das Reich
von seiner Höhe herab. Von diesen Kämpfen haben wir zunächst
zu erzählen.

Kampf des Adels gegen das Bürgerthum.

Die Oligarchen hatten in König Wladislaw II. einen Fürsten nach ihrem Herzen gefunden. Der gebildete und seelengute Monarch besaß eine solche Energielosigkeit, daß er in Alles willigte und die mächtigen Herren des geistlichen und weltlichen Magnatenstandes ungestört gewähren ließ. Diese richteten nun ihre Angriffe vor Allem gegen die Städte und das Bürgerthum, weil diese bisher der Krone die besten Stützen gewesen und zugleich als Rückhalt gegen den Übermuth, die Zügellosigkeit und Unbotmäßigkeit einzelner Großen gedient hatten.

Ein Schimmer von dem Glanze des Städtewesens und der darin heimisch gewordenen geistigen Cultur leuchtete auch noch in das erste Jahrzehent nach dem Tode des Königs Mathias herüber. Wladislaw II. war ein Freund und Gönner der Wissenschaften und Künste. Er sammelte gleich seinem glänzenden Vorbilde Mathias Gelehrte um sich. Wenn am Hofe des Corviners vorzugsweise Italiener auftraten, so findet man jetzt an deren Stelle Deutsche und Böhmen. Unter den Ersteren sind namentlich die Humanisten Augustinus Käsenbrot von Olmütz und Georg Neideck aus Österreich zu nennen. Im Jahre 1497 erschien Konrad Celtes zum zweiten Male in Ofen und stiftete daselbst die „Sodalitas Litteraria Danubiana"; diese „literarische Donau-Gesellschaft" bildete übrigens nur eine Filiale (ein Contubernium) der gleichnamigen Wiener Gesellschaft, deren Haupt der Bischof von Wien und Preßburg, Johann Vitéz, war. Auf die höheren ungrischen Kreise übten jedoch diese Gesellschaften und

die ihr angehörigen Humanisten nur geringen Einfluß. Die hohe
Geistlichkeit hielt sich aus nationaler Abneigung von den „Böhmen"
fern, die weltlichen Magnaten besaßen nicht die erforderliche Bil=
dung zur Theilnahme an den Bestrebungen der Humanisten.
Bemerkenswerth bleibt immerhin, daß neben dem Bischofe Vitéz
von sonstigen einheimischen Mitgliedern dieser Sodalitäten nur
Deutsche hervorragen. Es sind die Sachsen Jakob Piso aus
Mediasch, der Erzieher König Ludwig II. und Valentin Krauß
aus Kronstadt und der Stadtpfarrer Josef Wel in Preßburg.
Mit dem Jahre 1510 hört das Ofner „Contubernium" auf.

Bald schwanden alle Reste einer höheren geistigen Thätigkeit
in dem allgemeinen politischen und socialen Elende, das über das
damalige Ungarn hereinbrach. Am meisten hatten sich noch die
Städte des Landes von dem Verfalle und der eingerissenen Corrup=
tion, welche den Clerus und Adel ergriffen, frei erhalten. Das
Königthum war unter der Schwäche seiner Träger dem Zuge des
Niederganges unaufhaltsam gefolgt und schädigte in seiner Decadence
auch das Bürgerthum, welches den feindlichen Angriffen der
höheren Stände seitdem schutzlos preisgegeben war.

Ein verhängnißvolles Geschick hatte es übrigens verursacht,
daß die ersten Schädigungen des Bürgerthums gerade von der
Krone ausgiengen. König Sigismund, dieser Städtefreund,
hatte den königlichen Freistädten die Hallen der Gesetzgebung eröff=
net; aber er war es auch, der dem deutschungarischen Bürgerthum
die ersten tiefen Wunden schlug. Schon seine Gunsttheilung,
durch welche er zahlreichen Bürgern den persönlichen oder soge=
nannten „Briefadel" (Armales) verlieh, brachte Zwiespalt in
das bisher in Rechten und Freiheiten geeinte Bürgerthum und
störte das Gleichgewicht und den Gemeingeist in den Städten.

Noch schädlicher für das Deutschthum in Ungarn waren
Sigismund's Verpfändungen königlicher Städte, um
sich dadurch aus seinen permanenten Geldverlegenheiten mindestens
zeitweilig zu befreien. So wurde im Jahre 1385 die Stadt
Preßburg an die Markgrafen Jodok und Prokop von Mähren
verpfändet; doch gieng die Gefahr hier bald vorüber, denn schon

nach vier Jahren (1389) hörte die Verpfändung wieder auf. Weit folgenschwerer für das oberungarische Deutschthum wurde die am 8. November 1412 erfolgte Verpfändung der dreizehn Zipser Städte Béla, Leibitz, Menhartsdorf, Georgenberg, Deutschen- dorf, Michelsdorf, Wallendorf, Neudorf, Rißdorf, Felka, Kirchdrauf, Matzdorf und Durelsdorf sammt den Schlössern Lublau und Publein und dem Orte Kniesen (Gnesen) an den Polenkönig Wladislaw für 37.000 Schock breite böhmische Groschen oder 155.400 ungarische Ducaten (im Jahre 1631 auf 88.800 fl. berechnet.) Durch diese, auch vom allgemein politischen Gesichtspunkte bedauerliche und schädliche Maßregel wurde die Einheit der XXIV. Zipser Städte- Communität zerrissen, der bürgerliche und sociale Zusammenhang dieser Deutschen aufgehoben. Der bei Ungarn verbliebene Theil, die eilf Städte, verlor seine municipale Selbständigkeit; diese Orte wurden allmählich dem adeligen Comitate einverleibt und der Adel machte gar bald die freien Bürger und Besitzer zu seinen Unterthanen und Hörigen. Der Aristokratismus feierte daselbst den ersten Sieg über das Bürgerthum. Aber es war ein trau- riger Triumph. Die unfrei gewordenen Orte verfielen unrettbar der Slavisierung, die Deutschen zogen fort oder giengen im Slaventhume unter. Heute sind diese ehemals blühenden deutschen Kleinstädte elende slovakische Dörfer; nur Mauerreste und Ruinen erinnern noch an die einstigen besseren Tage.

Weitere Gefahren brachten dem oberungarischen Deutschthum die Einfälle der Hussiten (1425—1433). Die „böhmischen Brüder" verwüsteten insbesondere die Bergstädte Schemnitz, Kremnitz und deren Umgebung, auf das Gräulichste und drangen einerseits bis in die Zips, andererseits bis in die Gegend zwischen der Gran und Eipel vor. Die Bewohner flüchteten sich massen- haft vor diesen schlimmen Gästen.

Bald folgte dieser Heimsuchung die nicht weniger verderbliche der Thronkämpfe, welche nach dem Tode König Albrechts († 1439) ausgebrochen waren. In diesen Kämpfen trat Johann Giskra als Vorkämpfer der habsburgischen Rechte gegen den polnischen Wladislaw auf. Er zog zahlreiche böhmisch-mährische

Soldknechte herbei, die nach der endlichen Beilegung des 28jähri-
gen Parteikrieges fich im Lande felbft niederließen und im Honter,
Gömörer, Sohler und Neograder Comitate die verwüfteten Länder-
reien befiedelten und dort die Stelle der geflohenen oder getödteten
Deutfchen einnahmen.   Seitdem ift hier der vordem breite Streifen
deutfchen Volksthums, der fich von der ungarifch-fteirifchen Grenze
nordoftwärts bis tief in das Sárofer Comitat erftreckt hat, für
immer durchbrochen, das hiefige Deutfchthum in feinem Beftande
erfchüttert worden; das Slaventhum macht ftatt deffen kräftige,
unaufhaltfame Fortfchritte und hat auch fchon manch beträchtlichen
Bruchtheil magyarifchen Volkselements abforbiert.

     Der offene, fyftematifche Kampf des Adels gegen die
Städte und das Bürgerthum begann indeffen erft nach dem
Tode des Königs Mathias. Die Adelsherrfchaft, welche unter dem
fchwachen Wladislaw II. und feinem noch fchwächern Sohne Ludwig II.
(1490—1526) überhand nahm, würde das verhaßte freie Bürgerthum vielleicht ganz und gar unterdrückt und dienftbar gemacht
haben, wenn nicht die hereinbrechende Türkennoth in erfter Linie
den Adel felbft am meiften bedroht hätte. Auf feinen Gütern
fchutzlos lebend fah er fich genöthigt, vor den Verheerungen der
Janitfcharen Schutz und Schirm innerhalb der fonft gemiedenen
Stadtmauern zu fuchen.   Die füdlichen Theile des Landes waren
zuerft und zumeift den Verwüftungen der türkifchen Renner und
Brenner ausgefetzt; deshalb flohen die Adeligen von dort mehr
landeinwärts und kamen in zunehmender Anzahl in die entfernteren, nördlichen Gebiete.

     Der vermehrte Zuzug des adeligen Elements war
an fich fchon eine Gefahr für die ftädtifchen Freiheiten, denn der
Edelmann wollte trotz der gegentheiligen Vorfchrift vieler Stadtprivilegien auch innerhalb des ftädtifchen Weichbildes feine Vorrechte und Exemtionen im vollen Umfange genießen und trotz
feiner Ablehnung der bürgerlichen Laften dennoch an den Rechten
des Bürgers und namentlich am Stadtregimente Theil nehmen.
Seitdem kommen wiederholt Conflicte zwifchen den Deutfchen und
den Magyaren in den Städten vor.   Befonders heftig war ein

solcher Streit im Jahre 1438 zu Ofen. Die an der Zahl stark vermehrten Magyaren wählten nämlich (den bestimmten Vorschriften des Stadtrechts und der Privilegien zuwider) einen Ungern zum Stadtrichter. Diese Wahl erbitterte die Deutschen derart, daß sie den magyarischen Richter in der Donau ertränkten. Diese Gewalt= that vergrößerte natürlich nur den Aufruhr und verschlimmerte die Sache der Deutschen, die es sich gefallen lassen mußten, daß in Zukunft das Amt eines Ofner Stadtrichters abwechselnd einem Deutschen und einem Ungern zukam. Ähnlich war es in Klau= lenburg, wo die Gleichstellung der Deutschen (Sachsen) und Magyaren bei der Stadtverwaltung im Jahre 1440 erfolgte. Dasselbe geschah in den Sachsenorten Broos, Straßburg, (Groß-Enyed), Fogaras u. a. O. Dieser Terrainverlust des Deutschthums in den Städten ist nebst dem vermehrten Zuzug des Adels wohl auch dem Umstande zuzuschreiben, daß die bürger= lichen Beschäftigungen allmählich auch beim magyarischen Volke Eingang fanden und das Gewerbe nicht mehr ausschließlich in deutschen Händen verblieb.

Das Streben der Adeligen illustriert anschaulich das Gesetz vom Jahre 1491, durch welches die Häuser des Adels in Ofen von den bürgerlichen Zahlungen und Lasten befreit wurden. Desgleichen wurde den deutschen Bürgern der Bergstädte das ausschließliche Recht der Schürfung nach Metallen genommen und die Bearbeitung der Bergwerke für jedermann frei gegeben. Nicht minder bezeichnend ist der Gesetzesbeschluß, durch welchen die Frei= heiten der Sachsen von Wischegrad für null und nichtig, ja im Jahre 1498 dieselben sogar „als den Freiheiten des Reiches" (d. i. des Adels) nachtheilig erklärt wurden.

Eine ganze Reihe von Gesetzartikeln aus den Jahren von 1490—1526 lehrt deutlich, daß der Adel bemüht war, seine Jurisdiction auch über die Bürger der Städte auszudehnen, daß er deren Rechte und Freiheiten in jeder Weise anzufechten, zu schmälern, zu beseitigen strebte.

Höchst schädlich für die ungestörte Fortentwickelung und das Gedeihen der Städte waren außer diesen landtäglichen Einschrän=

kungen und Eingriffen noch die allenthalben auftauchenden F e h d e n
d e r B ü r g e r m i t d e n u m w o h n e n d e n A b e l i g e n, welch
letztere insbesondere die Zoll= und Mautfreiheit, den ungestörten
Handelsverkehr, das uneingeschränkte Schürfungs= und Holz=
nutzungsrecht der Bürger zu Gunsten ihres Säckels aufheben
wollten. Es entspannen sich demzufolge förmliche Kriege zwischen
der Stadt und den benachbarten Burgherren. Vieles litten unter
diesen Verhältnissen namentlich die oberungarischen Bergstädte sowie
die Zipser und Sároser Deutschenorte.

Zu all diesen Übeln gesellte sich die üblich gewordene V e r =
p f ä n d u n g d e r S t ä d t e an einzelne geistliche und weltliche
Magnaten, die sobann dem städtischen Freithum allerlei Zwang
anthaten. Die permanente Geldnoth des Hofes erklärt, aber
entschuldigt nicht dieses Vorgehen. So waren im Jahre 1518
verpfändet T i r n a u und S k a l i t z (an Johann Zápolya),
Ö d e n b u r g (an Georg von Plathy), G r a n (an den dortigen
Erzbischof), E s s e k (an den Palatin), B a r t f e l d u. a. Ebenso
die Einkünfte des Königs aus den Städten P r e ß b u r g, O f e n,
K a s c h a u, K r e m n i t z, A l t o f e n u. a.

Der Kampf des Adels gegen das Deutschthum schlug zu
Ende des XV. und im Anfange des XVI. Jahrhundert noch
andere Richtungen ein. Wir haben gesehen, daß schon nach dem
Aussterben des Árpád'schen Königshauses Otto der Baier der
magyarischen Oligarchie weichen mußte. Er fand nur bei den
Deutschenstädten und bei Magnaten deutscher Abstammung Unter=
stützung.` Dieser Vorfall wurde vorbedeutlich auch für künftige
Ereignisse. Seitdem ein Habsburger (Albrecht) zuerst die Krone
des hl. Stefan getragen (1438) bestanden in Ungarn unter dem
Adel zwei Gegenparteien, eine deutsche und eine „natio=
n a l e". Der Kampf zwischen den deutschen und magyarischen
Bürgern in Ofen brach gerade bei Anwesenheit des Königs Albrecht
aus. Die Reiterei des Banus von Croatien mußte schließlich die
tobenden Menschenhaufen auseinander treiben, nachdem solches dem
Franziskanermönche Jakob Marchini mit dem Kreuze in der Hand
nicht gelungen war. Deutsche und Magyaren mit einander im

9*

Kampfe, gebändigt durch Slaven — war das nicht auch ein bedeutsames Vorbild?

Und nun kam die heillose Zeit unter dem nachgebornen Sohne Albrechts, unter Ladislaus V., dem die antideutschen Magnatenpartei den Jagjellonen Wladislaw I. (1439—1442) vorzog. Die offene Feindschaft dieser Partei gegen den Fürsten deutscher Abstammung und dessen deutsche Umgebung trat in der Ermordung des Grafen Ulrich von Cilli (10. November 1456) klar zu Tage und fand sobann in der Hinrichtung des Urhebers dieser That, des Grafen Ladislaus Hunyadi (16. März 1457) ihre blutige Vergeltung.

Nach König Ladislaus V. frühem Tode (23. November 1457) gestaltete sich der Kampf um die ungarische Krone insbesondere zu einer Reaction des magyarischen Adels gegen die „Fremden". Dieser Reaction verdankt Mathias Hunyadi wesentlich seine Erhebung auf den Thron, den er jedoch gegen die Ansprüche des Kaisers Friedrich III. (IV.) in langwierigen Kriegen vertheidigen mußte. Friedrich wurde am 17. Februar 1459 vorwiegend durch Magnaten von deutscher Abkunft zum Gegenkönige gewählt. Man findet da den Grafen Sigmund von St. Georgen und Bösing, den Bertold Ellerbach auf Monyorókerek, den Ulrich von Grafeneck, den gewandten, kriegstüchtigen und ehrgeizigen Andreas Baumkircher, Herr zu Schlaning, Graf von Preßburg und Obergespan von Ödenburg u. s. w. Diese „deutsche" Partei erfocht auch zu Beginn des Thronstreites am 7. April 1459 bei Körmend den ersten Sieg über die „ungrische Diet" (d. i. die ungarischen Völker).*) Vier Jahre dauerte mit wechselndem Glücke der Krieg; im Ödenburger Frieden vom Jahre 1463 anerkannte Friedrich das lebenslängliche Königthum Mathias', wogegen dieser 60.000 (nach anderer Version 80.000) Goldgulden Lösegeld für die ungarische Reichskrone, die in Friedrichs Händen war, erlegte und überdies die Grenzorte Forchtenstein, Eisen

---

*) So singt der Chronist Michael Behaim (Vgl. „Quellen und Forschungen zur vaterländischen Geschichte" Wien, 1849).

stadt, Güns, Kobelsdorf und Rechniß im Eisenburger
Comitate an den Kaiser abtrat, der auch den Titel eines Königs
von Ungarn fortführte. Der Ödenburger Vertrag fand in der
Übereinkunft von Stuhlweißenburg (1469) die ständische Bestätigung
und eine genauere Fassung des habsburgischen Erbrechtes
in Ungarn.

Nach dem Tode des Königs Mathias erhob (wie wir schon
erwähnt) König Maximilian auf Grund dieses Vertrages
Ansprüche auf den ungarischen Thron und er besaß auch im Lande
eine Partei, allein diese erwies sich als zu schwach gegenüber jenen
Oligarchen, die dermalen freilich auch keinen aus ihrer Mitte
wählten, weil sie diese Erhebung einander neideten und ihnen des
Königs Mathias Strenge noch in zu lebhafter Erinnerung war.
Es sollte jedoch auch kein Ausländer von Macht und Ansehen sein,
wie dies der König Maximilian schon damals war. Endlich
überwog noch die Abneigung gegen das Deutschthum und so wendete
man die Blicke auf die polnischen Brüder, auf die Jagiellonen
Wladislaw und Albert, jener König von Böhmen, dieser Prinz
von Polen. Die Gesandten Wladislaws unterließen es auch nicht,
bei ihrer öffentlichen Werbung um die ungarische Krone die Ungern
vor den Deutschen zu warnen und auf die „alte Feind=
schaft“ zwischen diesen beiden Völkern hinzuweisen; die Wahl
Maximilians würde dem Lande „eine fremde Herrschaft“ auf=
zwingen; dieser sowie Albert von Polen seien „ehrgeizige, gewalt=
thätige Tyrannen?“ *)

Die Stände lehnten Maximilian gegenüber die Anerkennung
der Verträge ab, wiewohl dieselben in rechtlicher Weise geschlossen
worden waren und übertrugen die Entscheidung dem mächtigen

---

*) Vgl. Firnhaber, Beiträge zur Geschichte Ungarns unter der Regie-
rung Wladislaw II. und Ludwig II.; dann desselben Verfassers Abhandlung in den „Quellen und Forschungen zur vaterländischen Geschichte (Wien,
1849). Ferner: Welleba, das Successionsrecht der Habsburger auf den
ungarischen Thron (Wien, 1870; Programm des Schotten-Gymnasiums.)
Gindely, über die Erbrechte des Hauses Habsburg auf die Krone von
Ungarn (Wien, 1873.)

Erbgrafen der Zips, Stefan Zápolya, damals Statthalter in Österreich und dieser entschied auf Grund geheimer Verabredung und durch Bestechung gewonnen zu Gunsten des Böhmen=Königs Wladislaw. Unter den Gründen dieser Entscheidung führt Zápolya ebenfalls die „alte Feindschaft und den angebornen Haß zwischen Ungern und Deutschen" an und weil eine „tyrannische Herrschaft zu fürchten wäre".

So kam Wladislaw II. zur Krone des hl. Stefan und Ungarn zu einem Könige, der ein Spielzeug in der Hand des hohen Adels sein sollte. Die nächsten Folgen dieser Wahl waren freilich der Krieg. Der Herzog Johann Corvin (natürlicher Sohn des Königs Mathias) wurde bald beschwichtigt; nicht fo Albert von Polen und König Max. Letzterer rückte nach der Rückeroberung Wiens in der zweiten Hälfte des Septembers 1490 an der Spitze seines Heeres über die ungarische Grenze. Die Bürger von Ödenburg erklärten fich in dem Thronstreite für neutral, die von Güns huldigten dem Könige, dasselbe thaten auch einige Magnaten, wie z. B. die Brüder Ladislaus und Stefan von Kanischa. Die Stadt Eisenstadt ergab fich nach zwei= tägigem Widerstande, Steinamanger nach 14 Tagen. Täglich kamen Edelleute aus der Umgebung vor König Max und aner= kannten ihn als rechtmäßigen Herrn von Ungarn; auch der gelehrte Bischof Johann Vitéz von Weszprim trat zu ihm über. Dadurch gewann Maximilian Stadt und Schloß Weszprim und die Veste Sümegh. Am 17. November langte das Heer Maxmilians vor Stuhlweißenburg an, das sofort im ersten Sturmlauf auch genommen wurde. Eine Meuterei feiner Landsknechte wegen Soldrückstandes zwang jedoch den König zur Umkehr. Die eroberten Städte und Plätze wurden übrigens mit Besatzungen versehen, denen noch manche weitere Eroberung gelang. Dennoch giengen die meisten Kriegserfolge schon im nächsten Jahre wieder verloren. Aber König Wladislaw II. hatte an feinen Siegen auch wenig Freude. Abgesehen davon, daß die rückeroberten Plätze keineswegs gesichert waren, fo hatte auch fein Bruder Albert den Krieg wieder aufgenommen; noch bedrohlicher erschien indessen die

Türkengefahr; endlich mochte die wachsende Übermacht der Oligar=
chie dem Könige die Nothwendigkeit eines entsprechenden Rück=
haltes nahe gelegt haben. Eine Verständigung mit Maximilian
war deshalb für Wladislaw das beste Mittel zur Erleichterung
seiner Lage. Nach mehrmonatlichen Verhandlungen kam es am
7. November 1491 zum Frieden von Preßburg, der zugleich
ein Schutz=, Freundschafts= und Erbbündniß zwischen dem Könige
von Ungarn=Böhmen und dem römischen Könige enthielt. Das
Königthum Wladislaws und das Erbrecht seiner männlichen Nach=
kommen auf dem Throne Ungarns wird von Maximilian anerkannt,
dagegen verpflichten sich Wladislaw und das Reich, die alten,
über das habsburgische Successionsrecht in Ungarn
abgeschlossenen Verträge zu erneuern und zu bestätigen, so daß
beim Mangel eines directen männlichen Erben Wladislaws das
ungarische Reich ohne weiters an Maximilian oder an dessen directe
männliche Nachkommen übergehen solle.

Dieser Vertrag sollte nach der darin gestellten Bedingung von
den landtäglich einberufenen Ständen, Corporationen und ein=
zelnen Magnaten anerkannt und beschworen werden. Das geschah
erstlich auf dem für den 11. November 1491 einberufenen Land=
tage, wo acht Prälaten und sieben Magnaten unter dem 29. November
die Consensual=Urkunde zum Preßburger Frieden ausstellten. Am
6. December ratificierte König Wladislaw den Frieden für sich,
am 20. dieses Monats genehmigte ihn König Maximilian und
am 14. Jänner 1492 Kaiser Friedrich. Weil aber jener Landtag
vom November 1491 so schwach besucht war, so berief König
Wladislaw für den 2. Februar 1492 abermals eine Reichsver=
sammlung nach Ofen. Hier fanden nun die Friedensbedingungen
die heftigste Opposition, welche in offenen Tumult ausartete. Man
beschuldigte den König und seine Räthe, daß sie die Nation an
die Deutschen verrathen, die Ehre des Landes geschädigt hätten.
Dennoch gelang es einigen einsichtigen Männern die Gemüther zu
beschwichtigen, so daß der Landtag am 7. März 1492 den
Vertrag beschwor und die Stände überdies einen Vertrags=
brief ausstellten, der mit 70 Siegeln behängt und dem Könige

Max eingehändigt wurde; von den kroatisch=slavonischen Landständen erhielt Max eine mit 63 Siegeln versehene Bestätigungsurkunde.

Unter den Ausstellern finden sich auch die Städte Preß=burg, Klausenburg, Hermannstadt, Schäßburg und die sieben sächsischen Stühle, sodann Kronstadt, Bistritz und Mediasch.

Durch diesen feierlich und förmlich anerkannten Friedens= und Erbvertrag war das Successionsrecht der Habsburger auf den Thron Ungarns in aller denkbar rechtlichen Weise begründet. Daraus erklärt sich aber auch die Abneigung der Optimaten gegen diesen Vertrag und die fortdauernde Inten=tion derselben, die Bestimmungen dieses Vertrages illusorisch zu machen. Die Partei Zápolya war ja dadurch in erster Linie getroffen; denn die ehrgeizigen Bestrebungen des Grafen Stefan und später seines Sohnes Johann Zápolya hatten einen harten Stoß erlitten.

Diese Partei richtete nun ihre fortgesetzten Angriffe gegen das Bündniß des Königs mit dem deutschen Kaiserhause und gegen die Deutschen überhaupt. König Wladislaw hatte nämlich die Vortheile seines Anschlusses an die Habsburger bald erkannt. Es kamen in Folge dessen neue Arbeits= und Geldkräfte ins Land; insbesondere gewann der nordungarische Bergbau unter der fach=gemäßen Ausbeute durch die Thurzonen und durch die mit ihnen seit 1496 verbundenen Fugger aus Augsburg einen blühenden Aufschwung und vermehrte erheblich die Einkünfte der königlichen Kammer. Die Fugger wurden dann auch die Bankiers des ungarischen Königs; nicht minder hatten die Gesandten der habs=burgischen Fürsten am ungarischen Hofe großen Einfluß. Diesen zu brechen und zugleich den Erbvertrag vom Jahre 1491 zu beseitigen, war das Ziel der Zápolya=Partei; sie brachte darum auch auf dem Herbstlandtage des Jahres 1505 jenen Beschluß zu Stande, daß bei Strafe des Hochverrathes Niemand einen „Fremd=länder" auf den Thron Ungarns befördern dürfe.

Kaiser Max antwortete darauf mit einem Abmahnungs=schreiben an die ungarischen Stände und rüstete zugleich zum

Kriege, wobei er dem deutschen Reichstag unter Beschwerde über
die thronräuberischen Absichten Zápolyas die Pflicht nahelegte, ihm
beizustehen, „damit noch bei Zeiten des jetzigen Königs Böhmen
und Ungarn an das Reich gebracht werden, wie solches vor Zeiten
gewesen ist." Und dem Worte folgte die That. Das deutsche
Heer besetzte ohne Schwertstreich Preßburg, Ödenburg, die
Insel Schütt und Eisenburg und Max erließ von hier aus
am 24. Juni 1506 die Aufforderung an Wladislaw zu neuen
Vereinbarungen. Der ungarische König war hierzu um so mehr
bereit, als er schon im März zu Wiener-Neustadt und Ofen mit
den habsburgischen Gesandten Unterhandlungen angeknüpft hatte,
welche nicht bloß die Ausgleichung der jüngsten Differenzen zum
Ziele hatten, sondern zugleich eine weitere, engere Verbindung der
Jagjellonen mit den Habsburgern ins Auge faßten. Der später
zustande gekommene Vertrag über die Wechselheiraten zwischen beiden Fürstenhäusern fand hier seine erste bestimmte
Anregung. Der jetzige Friede von Wien (19. Juli 1506) gewährleistete neuerdings das habsburgische Erbrecht auf Ungarn; am
12. November 1507 wurde dann die Übereinkunft geschlossen,
wornach einer der beiden Enkel des Kaisers, Karl oder Ferdinand, mit der ungarisch-böhmischen Prinzessin Anna und
Ludwig, der jagjellonische Thronfolger in Ungarn und Böhmen
mit Katharina oder mit deren älterer Schwester Maria, Töchter
Philipps des Schönen, verbunden werden sollte.

König Wladislaw hatte also den Angriff Maximilians
vom Jahre 1506 nicht als feindselige Action gegen sich betrachtet;
sondern nur als erwünschten Schlag gegen die Zápolya-Partei, die
nun ihrerseits wieder die Verhandlungen mit den Habsburgern auf
dem Aprillandtage von 1507 in der gehässigsten Weise angriff, so
daß Wladislaw den spätern Heiratsvertrag gar nicht vorzulegen wagte, ja sogar versprechen mußte, für seinen Todesfall
weder Maximilian noch einen andern ausländischen Fürsten zum
Vormunde seiner Kinder zu bestellen. Zápolya warb selbst
wiederholt und in ungestümer Weise um die Hand der Prinzessin
Anna, um auf solche Art sich ein gewisses Anrecht auf die Krone

zu sichern und die habsburgischen Pläne zu vereiteln. Es gelang dem ehrgeizigen Manne nicht; nach mehrjährigen Verhandlungen kamen endlich im Jahre 1515 zu Preßburg die Verträge zu Stande, gemäß welchen der bereits gekrönte Thronfolger Ludwig sich mit Maximilians Enkelin Maria sofort vermählte; die Prinzessin Anna von Ungarn-Böhmen sollte sich mit Kaiser Max vermählen, wenn binnen drei Monaten nicht einer seiner Enkel, Ferdinand oder Karl, ihr die Hand reichen würden. Die Vermählung des Erzherzogs Ferdinand von Österreich mit der Prinzessin Anna fand im Mai 1516 statt. Mit diesen Heirats-bündnissen wurde auch ein wechselseitiger Erbvertrag geschlossen. Max adoptierte ferner den damals neunjährigen Ludwig und ernannte ihn eventuell zum „Generalvikar des deutschen Reiches und Nachfolger in demselben." Obgleich diese Ernennung praktisch werthlos erscheinen mußte, bekundet sie doch das beiderseitige Streben, den Anschluß des ungarisch-böhmischen Königshauses an die Habsburger auf das Intimste zu gestalten.

Trotzdem nahmen die ungarischen Stände diese Verträge an, denn einmal war ihnen der Prälatenstand freundlich gesinnt, und dann hatte das Haupt der Oppositionspartei, Johann Zápolya, soeben an der türkischen Grenze eine arge Schlappe erlitten, und war durch diese Niederlage, die seine ohnehin wohlfeil errungenen Kriegs-Lorbeeren arg schädigte, ganz kleinlaut geworden. Sein Muth wuchs ihm jedoch bald wieder, als nach dem Tode König Wladislaw II. (13. März 1520) dessen zehnjähriger Sohn, Ludwig II., auf den Thron kam. Unter den Vormündern des-selben war auch Kaiser Maximilian, in dem Regentschafts-rathe der Markgraf Georg von Brandenburg, der eigent-liche Mentor des königlichen Knaben. Wir übergehen das wüste Parteitreiben und die Intriguen, welche damals um und gegen den Hof gesponnen wurden. Einen festern Halt gewann die Sache des Königs erst nach dessen Vermählung mit Maria von Habs-burg-Spanien (13. Jänner 1522), deren gereifter, männlicher Geist auch in die zerfahrenen öffentlichen Angelegenheiten ordnend eingriff.

Um so größer war der Haß der Zápolya-Partei gegen diese „Fremde" und der geschäftige Klatsch überhäufte die Habsburgerin mit allerlei Schimpf und Verläumbung. Derselbe Haß und Groll traf dann auch die deutschen Hofbeamten und Räthe, sowie die Gesandten des Kaisers, die reichen Fugger und deren Geschäfts=freund und Schwager, den Schatzmeister Alexius Thurzó u. A. Zápolya hatte den niedern Adel aufgereizt, so daß dieser auf dem Landtage zu Pest (1525) erklärte: „Die Deutschen am Hofe sind Lutheranen, wir (d. i. der Kleinadel) aber gute Katholiken, die mit solchen Leuten keine Gemeinschaft haben sollen." Darum forderte man nicht bloß die Entfernung dieser Deutschen, sondern auch die Ausweisung des kaiserlichen Gesandten, die Vertreibung der Fugger und die Confiscation ihres Vermögens u. s. w. Noch gelang es durch dilatorische Antworten und Vertröstungen des Königs die Leidenschaften zu beschwichtigen. Diese brachen jedoch zu offenem Sturme auf dem Hatwaner Landtage im Juni 1525 hervor. Hier wurden die königstreuen Reichswürdenträger entsetzt, die Ausweisung der Fremden beschlossen, den Fuggern die Pachtung der Neusohler Kupfergruben genommen, ihr Vermögen für confis=ciert erklärt u. dgl. m. Der nationale Haß feierte einen vollen Triumph, da der eingeschüchterte König diesen Beschlüssen seine Zustimmung geben und den Wortführer der Opposition, Stefan Verböczy, als Palatin annehmen mußte.

Auf solche Weise hatte der Adel gegen das Deutschthum zu einer Zeit gehandelt, als das Verderben des Reiches bereits in unmittelbarer Nähe stand. Zwar dauerte dieser Sieg des Adels nicht lange; die in ihrer Alleinherrschaft bedrohten Oligarchen verbanden sich mit der Hofpartei und stürzten das ephemere Regiment des Kleinadels; aber der Haß und Groll gegen die „Fremden," namentlich gegen die Deutschen blieb, denn darin stimmten ja Hoch= und Klein-Adel überein, und wir werden diesem schlimmen Geiste noch öfter in seinem traurigen Wirken begegnen.

Nun kam der blutige Tag von Mohács (29. August 1526) und nach demselben ein mehrjähriger Thronstreit und Bürger=krieg, während dessen Dauer die Türken das Land wiederholt

heimsuchten und brandschatzten.*) In dem Kampfe der beiden
Gegenkönige, Ferdinand von Österreich und Johann Zápolya,
spielte auch das nationale Moment eine bedeutende Rolle. Es
ist nämlich historisch nachgewiesen, daß zahlreiche Magnaten und
Edelleute dem Siebenbürger Wojwoden Zápolya ihre Stimme bei
der Königswahl nur deshalb gegeben haben, weil sie in Ferdinand
von Österreich den Deutschen haßten oder weil sie durch die Herr=
schaft des Habsburgers in Ungarn den Einfluß der Deutschen zu
sehr erweitert und hiedurch die eigene magyarische Nationalität
gefährdet glaubten. Jener Haß und diese Besorgniß vereinigten
sich mit anderen oppositionellen Elementen und daraus entwickelte
sich ein Kampf, der nahezu 200 Jahre (1526—1711) dauerte.

Die Deutschen in Ungarn=Siebenbürgen zeigten sich den
Habsburgern sofort geneigt; die westungarischen Deutschen und
die deutscher Ankunft angehörigen Magnaten traten auf Ferdinands
Seite, ebenso die Siebenbürger Sachsen. Die beiden Gegenkönige
erkannten übrigens ganz wohl die nützlichen Dienste, welche ins=
besondere die ummauerten deutschen Städte in dem Thron=
kampfe den streitenden Theilen leisten konnten. Darum suchten sie
den Städten bei jeder Gelegenheit ihre Gunst zu bezeugen, theils
durch die Bestätigung ihrer bisherigen Privilegien, theils durch die
Verleihung neuer Rechte und Freiheiten. Zápolya war auch
hier in Folge seiner Anwesenheit im Lande vor seinem Gegner
anfänglich in manchem Vortheile. Als Erbgraf der Zips nahm
er sofort die Städte Leutschau, Eperies, Bartfeld, Zeben
und Kaschau in Besitz und wußte von diesen Orten Geld und
Geschenke zu erzwingen. Dagegen huldigten Ferdinand die Städte
Preßburg, Tirnau, Raab, Komorn, Gran nnd später auch
Ofen. Auch an die übrigen Städte und an die Siebenbürger Sachsen
waren Aufforderungsschreiben ergangen, um sie dem rechtmäßigen
Könige zuzuwenden. Ödenburg, Güns und andere westlich
gelegene Deutschen=Städte blieben auch im Ganzen der Partei
Ferdinands getreu.

---

*) Außer der obgenannten Abhandlung vgl. insbesondere Smolka
Ferdinand I. Bemühungen um die Krone von Ungarn (Wien, 1878.)

Zápolya confirmierte im Jahre 1531 der Stadt Ofen nicht bloß die alten Rechte, sondern er ertheilte dieser Stadt unter Anderem noch die Befreiung von aller ordentlichen und außerordentlichen Besteuerung; ja im Jahre 1533 erhob er sämmtliche Ofner Bürger in den erblichen Adelsstand und beschenkte die Stadt als Anerkennung geleisteter Dienste mit einem neuen Adelswappen. In demselben Jahre erhielten auch die Bürger von Zeben neue Rechte von Zápolya.

König Ferdinand I. bestätigte im Jahre 1538 die Freiheiten der Stadt Neusohl; als im Jahre 1550 die Stadt Leutschau von einer Feuersbrunst schwer heimgesucht ward, erhielt sie vom Könige 600 fl. Die Städte Bartfeld, Eperies und Zeben durften die Steuer eines Jahres zur Herstellung ihrer öffentlichen Gebäude verwenden. Im Jahre 1563 erneuerte Ferdinand den Städten Kremnitz, Schemnitz, Neusohl, Pukancz, Dilln (Bélabánya), Liebethen und Königsberg die im Laufe der wirrvollen Zeiten oft verletzten städtischen Privilegien.

Auch die Gesetzgebung sorgte wiederholt für das Wohl der Städte und es ist gerade für das Interesse der Fürsten aus dem Hause Habsburg bezeichnend, daß im Laufe des XVI. Jahrhunderts kaum ein Landtag abgehalten wurde, der nicht Gesetze geschaffen hätte, welche die unverletzte Aufrechterhaltung der städtischen Rechte und Freiheiten anordneten. Aber gerade die Nothwendigkeit dieser wiederkehrenden Vorkehrungen der Legislative beweist neben dem Interesse der Könige für die Städte doch auch einerseits die ungenügende Durchführung der geschaffenen Gesetze, anderseits die Fortdauer der Anfeindungen und Bekämpfungen des städtischen Bürgerthums, insbesondere von Seite des Adels.

Die Abneigung der adeligen Stände gegen das überwiegend deutsche Städtethum hörte auch inmitten der Türkennoth nicht auf. Im Jahre 1536 wurden den Städten Contributionen auferlegt, welche dann wiederholte Erhöhungen und Vermehrungen erfuhren; nach dem Gesetze vom Jahre 1537 sollten die liegenden Güter der Städter dem betreffenden adeligen Ober-

gespan unterstehen; adeliges Grundeigenthum zu erwerben wird
den Städten untersagt (1542). Dabei wird aber stets die Formel
gebraucht: „die königlichen Freistädte seien bei ihren Freiheiten
aufrecht zu erhalten" — eine leere Redensart. Drang doch das
adelige Element Schritt für Schritt in das städtische Bürgerthum
hinein und wirkte daselbst zersetzend und auflösend. Zwar die
Massen=Nobilitierung wie in Ofen schadete im Grunde dem
Bürgerthume wenig; denn die Rechtsgleichheit blieb dabei gewährt;
anders war die Wirkung des G. A. IX. vom Jahre 1545,
welcher lautet: „Adelige, welche wegen Verlust ihres Grund=
eigenthums und wegen größerer Sicherheit ihre Zuflucht in
Städten suchen oder dort sich ansäßig machen, sind von allen
Zahlungen, auch vom Zehent frei, und der städtischen Gerichts=
barkeit in keinem Falle unterworfen."

Diese gesetzliche Vorschrift stand mit den Bestimmungen vieler
Stadtprivilegien, welche Einheitlichkeit des Gerichtswesens auf
städtischem Gebiete gewährleisteten, im grellen Widerspruche und es
offenbarten sich die Folgen dieses Gesetzes namentlich in der Richtung,
daß in der Stadt bald das adelige Recht und Gericht mit dem
bürgerlichen concurrierte. Da nun das Erstere durch die politische
und sociale Übermacht des Adels noch gestützt wurde, so erlitten
die Bürger auch hierin empfindliche Einbußen. Ein Gesetzartikel
vom Jahre 1550 gesteht es auch geradezu, daß die „königlichen
freien und die Bergstädte gegen ihre Freiheiten und Privilegien
oftmals bedrückt und verkürzt wurden", die Abhilfe war aber
immer nur die Drohung, die Rechte und Freiheiten derselben
sollen von allen Ständen bei schwerer Strafe beobachtet werden.
Ähnliche Vorschriften mit gleichem Erfolge enthalten auch die
Gesetzartikel XXIX vom Jahre 1553, LVII von 1569, XXXV
von 1574, XVI von 1575 u. a.

Die deutschen Bürger ergaben sich jedoch keineswegs willenlos
der adeligen Invasion, sondern setzten sich in Vertheidigung
und hielten lange Zeit mit zäher Ausdauer an ihren Rechten
 Freiheiten unabwendbar fest. Sie verweigerten den Edelleuten
itt und die Niederlassung in der Stadt, so daß ein

Gesetzartikel vom Jahre 1563 neuerdings verordnen mußte, es sei den in die Städte sich zurückziehenden Adeligen erlaubt, sich daselbst Häuser anzukaufen, doch (und das war allerdings eine wesentliche Modification der ähnlichen Vorschrift vom Jahre 1545) mußten diese Edelleute auch an der Tragung der bürgerlichen Lasten gemeinschaftlichen Antheil nehmen und die städtischen Rechte respectieren.

Aber selbst in dieser gemilderten Form war der vermehrte Zutritt des Adels in die Städte für das Bürgerthum in politischer und nationaler Hinsicht eine Gefahr. Die Edelleute forderten nämlich auch Antheilnahme am Stadtregiment. Dagegen wehrten sich die Bürger mit besonderer Energie und suchten deshalb den Adel vom Hauskaufe wie von den städtischen Ämtern fern zu halten. So klagte die Partei Bocskay's auf dem Landtage zu Karpfen im Jahre 1605, daß die deutschen Einwohner der Städte im Vertrauen auf das deutsche Reich und dessen Regierung Haß, nicht selten sogar Verfolgung gegen die Magyaren äußern und überhaupt nicht gestatten, daß diese in ihren Mauern Häuser kaufen oder ein Amt bekleiden. Diese Haltung der Deutschen entspringe aber keineswegs der Abneigung gegen Einzelne, sondern sei als eine allgemeine nationale Abneigung zu betrachten, da ja die deutschen Magistrate nicht mehr die ungrischen Gesetze befolgen und den Gemeinden die Appellationen verbieten. Deswegen verlangte diese Landtagsversammlung, daß „die Bauern (!) der Städte nicht mehr unter den Ständen des Reiches Platz finden sollten, wie das auch ehedem der Fall gewesen".

Die Partei Bocskay vergaß anzugeben, daß gerade ihre Richtung die Ursache und fruchtbare Quelle dieser Abneigung zwischen Deutschen und Magyaren gewesen; daß die Exclusivität und Verfolgungssucht des „nationalen" Adels in den Kreisen des deutschen Bürgerthums eine entsprechende Reaction hervorrufen mußte, so daß die ablehnende Haltung dieses letztern gegen den Adel sehr begreiflich erscheint. Der Edelmann wollte in der Stadt die Früchte bürgerlichen Fleißes und bürgerlicher Rechte genießen, ohne durch entsprechende Arbeit und Leistung dazu etwas beigetragen zu haben. Und dieses Ärnten ohne Aussaat wollte sich das deutsche Bürgerthum nicht gutwillig gefallen lassen.

Da bestimmte der XIII. Gesetzartikel vom Jahre 1608 (vor der Krönung), daß „in Zukunft in den königlichen Freistädten (und privilegierten Marktflecken) die Richter und Rathsmitglieder sowie die anderen Beamten abwechselnd und gemischt aus den Magyaren, Deutschen, Czechen und Slovaken und zwar ohne Rücksicht auf das Religionsbekenntniß gewählt werden müssen." Daneben wird die Vorschrift vom Jahre 1563 hinsichtlich des ungehinderten Hauskaufes und der Antheilnahme der Adeligen an allen städtischen Freiheiten, Privilegien und Immunitäten wiederholt, überdies noch hinzugefügt, daß die Edelleute auch in den Städten ihre besonderen (adeligen) Privilegien behalten sollen. Und diese Anordnungen schärfte dann den XXXXIV. Gesetzartikel vom selben Jahre (nach der Krönung) mit dem Beisatze ein, daß jene Stadt, welche den obigen Bestimmungen zuwider handelt, mit 2000 fl. Strafe gebüßt werde.

Und was thaten die Bürger? Fügten sie sich dieser einseitigen und darum ungerechten Vorschrift, welche im Wesentlichen das gesammte Bürgerthum mit Untergang bedrohte? Trotz der bedeutenden Schwächung des damaligen Deutschthums in den Städten gaben die Bürger den Kampf gegen die übermächtige Adelschaft nicht auf. Freilich blieb den deutschen Städten, die auch eine confessionell beschränkte Hofpolitik nicht unterstützte, nur mehr der passive Widerstand übrig, von dem sie jedoch fortgesetzten Gebrauch machten, um auf diese Weise der Zuwanderung und Niederlassung des adeligen Elements innerhalb der Mauern der Stadt wo möglich Einhalt oder doch Abbruch zu thun. Man ersieht diese Selbstvertheidigung des bürgerlichen Standes aus der noth= wendig gewordenen Wiederholung jener obigen gesetzlichen Vor= schriften in den Jahren 1613 und 1649; denn Neusohl wider= setzte sich offen dem Gesetze und die (deutschlutherische) Stadt Kaschau wollte weder den Katholiken noch den Reformierten passende Plätze zum Baue ihrer Kirchen, Schulen und Pfarrer= wohnungen einräumen.

Aber auch auf socialem Gebiete suchten die deutschen Stadtbürger jedes fremde Volkselement aus ihrer Mitte und Gemeinschaft fern zu halten. Die Exclusivität gieng so weit, daß die ungarischen Deutschen z. B. auch vom Handel jeden anderen auszuschließen versuchten. Noch zu Anfang des XVI. Jahrhunderts wollten die Bürger von Ödenburg und Kaschau es nicht dulden, daß die Edelleute ihre Producte selbst ins Ausland verfrachten. Ähnlich war es mit den Zunftgenossenschaften deutscher Gewerbe, wo diese Ausschließlichkeit sich wohl am längsten erhielt, übrigens später ein gemeinsamer Charakterzug aller Zünfte ohne Unterschied der Nationalität ihrer Mitglieder ward. Noch im Jahre 1554 mußte z. B. der Magistrat von Schemnitz die dortige Schusterzunft freundlich bitten, einen Wenden (Slaven) auf Lebenszeit zu gebulden, „nachmals sollte kein Wende zu ewigen Zeiten in die Zech genommen werden." Das Zunftstatut der Tuchweber von Leutschau aus dem Jahre 1598 schreibt vor, daß ein Jeglicher, der sich daselbst niederlassen und das Handwerk betreiben wolle, den schriftlichen Beweis beibringen müsse, „daß er rechter deutscher Nation sei."

In der Zeit, da die Abelschaft des Landes das deutsche Bürgerthum in seinem nationalen Bestande, in seinen Rechten und Freiheiten am meisten bedrohte, kam dem letzteren außer der eigenen Kraft, dem Selbstbewußtsein und dem ausbauernden Muthe der Selbstvertheidigung noch eine mächtige Stütze und Hilfe in diesem Kampfe, nämlich die Kirchenreformation.*) Durch die lebhaften Beziehungen, welche die ungarisch=siebenbürgischen Deutschen ununterbrochen mit Deutschland unterhielten, fanden

---

*) Außer den allgemeinen Geschichtswerken über Ungarn und der Geschichte Österreich von Krones vgl. noch: G. v Teutsch, Urkundenbuch der evangelischen Landeskirche A. B. in Siebenbürgen. (Hermannstadt 1862); Fabó, Monum. evangelic. A C. in Hung. (Pest, 1863); Ribini, Memorabilia eccl. Aug. Confess. in regno Hung. (Posony, 1787, 1789.) Majláth, Religionswirren in Ungarn (Regensburg 1845). Révész, Mathias Dévay (ungrisch); Fabritius, Mark. Pemphlinger und die Reformation (ungrisch); Schwicker, Karb. Martinuzzi und die Reformation in Ungarn und Siebenbürgen (Wien, 1867.) u. a.

die reformatorischen Ideen und Lehren Luthers bald nach dem
Auftreten des Wittenberger Mönches den Weg auch nach Ober=
Ungarn und in das Siebenbürger Sachsenland; schon im Jahre
1518 begegnet man den Spuren dieser Neuerungen. Im Jahre
1520 predigte Thomas Preisner zu Leibitz in der Zips im
Sinne der Wittenberger; ihm folgten bald andere nach. Zipser
und andere Deutsche finden sich in größerer Anzahl auf der
Hochschule zu Wittenberg ein und werden dann eifrige Apostel
der neuen Lehre in der Heimat. Aber es kommen auch aus der
Fremde Verkündiger der reformatorischen Ideen nach der Zips
und nach Siebenbürgen. Ambros aus Schlesien und Konrad
Veich lehren um 1522 zu Hermannstadt das neue Evangelium,
ebenso der Mönch Georg und Johann Surbaster, auch ein
Schlesier. Der Sachsengraf, Markus Pemphlinger, schließt
sich der neuen Lehre an, desgleichen das Sachsenvolk überhaupt.
Auch in Ofen gewinnt Luthers Lehre Anhänger bis in die Nähe
der Königin Maria, die selber den neuen Ideen nicht ganz abhold
war. Der ehemalige Prinzenerzieher Markgraf Georg von
Brandenburg begünstigt die reformatorische Thätigkeit der
Ofener Theologen Simon Grynäus und Veit Winsheim
Die Ofener Bürger treten zur neuen Lehre über und berufen
im Jahre 1522 den Reformator Speratus als Prediger; der
Beichtvater der Königin, Henkel, betrachtet die Reformation
wohlwollend, ohne sich ihr jedoch anzuschließen; ja Luther selbst
widmet der Königin Maria seine Übersetzung der Psalmen.
Zahlreiche Magnaten wenden sich gleichfalls der Kirchen=
neuerung zu.

Die Bewegung nimmt solche Dimensionen an, daß der Reichs=
tag wiederholt (in den Jahren 1523, 1524 und 1525) die
strengsten Maßregeln gegen die Schriften und Anhänger Luthers
decretieren mußte, ohne daß er jedoch damit irgend welchen
Erfolg zu erzielen vermochte. Wir haben schon gesehen, daß der
Adel, namentlich der niedere, in der Verfolgung der Lutheraner
zugleich einen Kampf gegen das ihm verhaßte Deutschthum erblickte.
Die Kirchen=Reformation machte inmitten der politischen Partei=

kämpfe und der langen Thronstreitigkeiten, welche auf die Schlacht bei Mohács folgten, riesige Fortschritte in Ungarn. Auf dem siebenbürgisch-sächsischen Königsboden war dieselbe im Jahre 1545 bereits allerwärts siegreich durchgeführt; in der Zips geschah dies um das Jahr 1569; dasselbe war bei den Deutschen in Westungarn der Fall.

Dabei macht man die interessante Beobachtung, daß die Deutschen fast durchwegs dem Augsburger Bekenntnisse getreu blieben, so zwar, daß diese Confession seitdem in Ungarn der „deutsche Glaube“ genannt wird. Und in der That! Die evan= gelisch=lutherische Kirche mit der deutschen Predigt, mit dem deutschen Gesangbuche und mit der deutschen Bibel oder Postille als Haus= und Erbauungslectüre, bildete von nun an eine mächtige Schutzwehr des Deutschthums in Ungarn. Zur Kirche trat dann deren „Tochter“, die deutsche Volks= und Bürger= schule, die auch bei den ungarischen und siebenbürgischen Deutschen zur fruchtbaren Quelle allgemein geistiger und sittlicher Bildung wurde, sowie zur Stärkung und Wahrung des deutschen Volksthums diente.

Bei den deutschen Protestanten in Ungarn=Siebenbürgen wurde es ferner schon frühe zur bindenden Vorschrift, daß die Candi= daten für das Schul= und Predigeramt einige Jahre an einer deutschen Universität (Wittenberg, Jena, Leipzig, Halle, selten Heidelberg oder Zürich) zubringen mußten. Dadurch kamen die= selben mit den Kirchenreformatoren in persönlichen Verkehr und diese, insbesondere Melanchthon, standen in regem Briefwechsel mit den Glaubensgenossen in Ungarn und Siebenbürgen. Letztere wandten sich wiederholt um Rath und Auskunft an die Witten= berger, erbaten sich von ihnen Lehrer und Prediger und wurden daselbst stets gern und bereitwillig aufgenommen. Durch diesen geistigen und persönlichen Wechselverkehr hob sich neuerdings das deutsche Bürgerthum in Ungarn=Siebenbürgen; aus seiner Mitte gieng eine Reihe tüchtiger Männer hervor, die an den geistigen Kämpfen des XVI. Jahrhunderts in Wort und Schrift ehrenvollen Antheil nahmen.

Die Schulen in den deutschen Städten vermehrten sich
rasch und wurden nach den Lehrplänen von Luther, Melanchthon,
Valentin Trotzendorf oder Johannes Sturm eingerichtet. Die
Schule war ja die Vorbedingung der Kirchenreformation und bald
wetteiferten die Städte in Ungarn-Siebenbürgen in der Hebung
ihrer Lehranstalten. Insbesondere zeichneten sich hierin aus Bart=
feld, Neusohl, Eperies, Kaschau, Käsmark, Kremnitz,
Leutschau und Schemnitz in Ungarn, Kronstadt und
Hermannstadt in Siebenbürgen. Man scheute keine Kosten,
um für die Schüler der Stadt vorzügliche Lehrer zu gewinnen.
Oft fand eine wahre Meistbietung statt oder man schickte Deputa-
tionen ins Ausland, um ausgezeichnete Männer zu berufen. So
lehrten im XVI. Jahrhunderte in Bartfeld Nikolaus Erhard
aus der Pfalz, Konrad Gera aus Brandenburg, Johann Geist=
mann aus Schlesien; in Béla (Zips) Andreas Critius, Paul
Magorita und Gregor Meltzer aus Mähren, Christof von
Glogau und Samuel Bratz aus Schlesien, Georg Lindner aus
Thüringen; in Neusohl Abraham Schremmel aus Straßburg;
in Käsmark Nikolaus Gabelmann aus Mecklenburg, Johann
Mylius aus Mähren; in Kremnitz Georg Grünfelder aus
Sachsen, Nikolaus Florus aus Würtemberg, Nikolaus Gäbel
aus Mähren; in Leutschau Benjamin Libschowitz aus
Schlesien; in Modern Kaspar Agricola aus Baiern; in
Rosenau Thomas Schrötter und Simon Schumann aus
Meißen; in Schemnitz Valentin Tilgner und Fabian Döring
aus Schlesien, Johann Egeranus aus Meißen, Paul Lentz
aus Mähren u. s. w.

Da diese Schulen der deutschen Städte auch von Schülern
anderer Nationalität zahlreich besucht wurden, so trugen sie auch
in dieser Weise zur Verbreitung, respective Befestigung
deutscher Sprache und Schrift bei, trotzdem der Unterricht
hauptsächlich in lateinischer Sprache geführt wurde. Es gab jedoch
in jeder dieser Schulen auch ausreichende Lehrstunden für das
Deutsche. Die historischen Thatsachen bezeugen es auf das Deut=
lichste, daß hauptsächlich durch die evangelische Kirche und Schule

das ungarische Deutschthum im XVI. und XVII. Jahrhunderte seine Existenz behaupten konnte. Katholicismus oder auch die Lehre Calvins und Verlust des deutschen Volksthums giengen damals in Ungarn Hand in Hand. Doch die ungarischen Deutschen standen erst im Beginne ihrer harten Prüfungen; die schwersten Tage brachen indessen bald herein.

Verfall des Deutschthums in Ungarn.

Die Kirchen=Reformation hatte dem Deutschthum in Ungarn neue Kraft zugeführt; diese stählte wohl zum Widerstande, sie führte jedoch nicht zum Siege. Schritt für Schritt drang das nicht= deutsche Volkselement auf deutschem Terrain vor; Schritt für Schritt mußten die Deutschen der Übermacht weichen; es geschah das freilich nur nach ehrenvollem Kampfe, nur nach Erschöpfung aller Kräfte. Wie sollte aber auch der Sieg möglich sein, da sich der nationalen und politisch=socialen Abneigung des Adels noch die verderbliche Trias: Türkennoth, Bürgerkrieg und Gegen= Reformation zugesellte und diese Gegner oft vereint gegen das Deutschthum in Stadt und Land ankämpften!

Wie in Deutschland selbst so ist auch für die Deutschen in Ungarn und Siebenbürgen die zweite Hälfte des XVI. Jahrhun= derts und das ganze siebzehnte Säculum die Zeit des tiefsten Verfalles, der politischen, socialen, materiellen und geistigen Zer= rüttung, des allgemeinen Niederganges. Am Schlusse dieser trau= rigen Periode begegnet man allenthalben nur Verwüstungen oder spärlichen Resten der einstigen Blüthe des Deutschthums in Ungarn. Der Historiker hat aber nicht bloß das Keimen, Wachsen, Blühen und Ausreifen eines Volkes zu schildern; sondern er muß auch den Spuren des Verfalles folgen und die Todtenstätte betreten; oft bietet gerade dieser Zersetzungs= und Verwesungs=Proceß die lehrreichsten Einblicke in das politisch=sociale Gefüge, dessen Ver= gehen man betrauert.

Die Türkennoth wuchs seit dem Trauertage von Mohács in furchtbarer Weise heran. Wie ein tödtlicher Alp lagerte der Türke inmitten des Landes. Von Großwardein bis Neuhäusel und von Erlau bis Fünfkirchen und Temesvár war ihm Alles unterthänig und was von dem Türkensäbel nicht unmittelbar beherrscht wurde, das hatte die Gräuel der Verwüstungen durch Raub, Mord und Brand des barbarischen Nachbars zu ertragen. Schwer lasteten diese nahezu permanenten Türken-Einfälle namentlich auf den deutschen Gebieten; die blühenden Städte und Ortschaften der Siebenbürger Sachsen wurden zum wiederholten Male von den wilden Horden überflutet und verwüstet. Ähnliches erlitten die deutschen Gegenden im eigentlichen Ungarn und es kehrte für diese jene Zeit wieder, wo sie Pflug und Handwerkszeug gar oft mit der Kriegswaffe vertauschen mußten. Reisende Kaufleute, die stets nur in größerer Anzahl und mit bewaffneter Begleitung sich auf die Straße wagten, wurden nichtsdestoweniger häufig von türkischen Streifhorden, Wegelagerern oder selbst von einzelnen Paschen und Burgvögten angefallen, beraubt, geplündert, getödtet oder unter Mißhandlungen in Kerker geworfen, aus denen sie nur durch hohes Lösegeld befreit werden konnten. Im Jahre 1599 überfiel z. B. eine Schar Tataren und Osmanen das nord-westliche Ober-Ungarn und verwüstete es bis Tirnau, Waag-Neustadtl und Neusohl; ungefähr 150 Ortschaften wurden in Asche gelegt, nahe an 30.000 Einwohner in die Sklaverei geschleppt. Tausende fielen damals in der Vertheidigung von Hab und Gut, Weib und Kind. Das Elend für die Deutschenstädte wuchs durch den fernern Umstand, daß mit dem Vordringen der Osmanen der ruhige Handels-Verkehr im Orient gestört ward. Der Orienthandel vermied seither den unsichern Landweg und gerieth völlig in die Hände der Genueser und Venetianer. Überdies hatten die großen überseeischen Entdeckungen, sowie die rapide Entwickelung der westeuropäischen Staaten dem Handel Europas überhaupt eine andere Richtung gegeben. Die Folge dieser Umgestaltungen war, daß die ungarisch-siebenbürgischen Handelsstraßen veröbeten und die reichen Kaufhäuser und Handelsherren verfielen und verarmten. An

die Stelle des Großhandels trat der Localverkehr sowie statt der
in Siebenbürgen und in der Zips betriebenen Großindustrie das
Kleinhandwerk die deutschen Bürger beschäftigte. Hand in Hand
mit diesem mercantilen und industriellen Rückschritte gieng auch
der Verfall des ungarischen Bergbaues der an Ergiebigkeit bedeu=
tend abgenommen hatte. Von jetzt ab entwickelt sich in den
meisten deutschen Städten ein k l e i n l i c h e r , s p i e ß b ü r g e r l i c h e r
G e i s t , der jede Initiative verlor und seinen Beruf nur in leiden=
schaftlichem Festhalten am Bestehenden zu erkennen glaubte. Dieser
böse Geist einer kurzsichtigen Lebensanschauung verbunden mit der
zunehmenden Verarmung beschleunigte die innerliche Verkümmerung
und Verknöcherung deutschen Lebens in Ungarn. Die Sieben=
bürger Sachsen hatten bei all den Leiden, welche Türkennoth,
Stockung des Handels und Verkehrs und Parteikämpfe mit sich
brachten, gegenüber ihren Stammesgenossen im eigentlichen Ungarn
immerhin einen doppelten Vortheil: sie geriethen niemals unter
directe Türkenherrschaft und blieben von der Gegen=Reformation
verschont. An Kämpfen aller Art fehlte es ihnen allerdings auch
nicht; Tapferkeit, Wachsamkeit und Umsicht rettete ihnen die muni=
cipale Selbständigkeit, die in einer politisch=nationalen Geschlossen=
heit (der Sachsen=Universität) culminierte, erhob die Sachsen zu
einem gleichberechtigten Factor gegenüber den beiden andern gesetz=
lichen Nationen (Ungern und Széklern) im Lande und schützte
dadurch auch ihr Volksthum in Sprache, Recht, Sitte und Ein=
richtung vor dem Verfalle.

Über die Deutschen in Ungarn brachten die mehr als hundert
Jahre (1604—1711) dauernden i n n e r e n U n r u h e n , Ver=
schwörungen, Aufstände und Parteikriege (Bocskay, Bethlen, Wesse=
lényi=Zrinyi, Tökölyi, Rákóczi) gleichfalls unsägliches Elend, da
der Schauplatz dieser Kämpfe größtentheils das nördliche Ungarn
war. Die deutschen Städte der Zips, des Sároser und Abaujvárer
Comitats wurden bei allen diesen Ruhestörungen arg in Mitleiden=
schaft gezogen und hatten von Freund und Feind, von den Kaiser=
lichen wie von den Aufständischen, von den „Labanzen“ wie von
den „Kuruzen“ in gleichem Maße Brandschatzungen, Beraubungen,

Plünderungen, Freiheitskränkungen und sonstige Willkürlichkeiten aller Art zu ertragen. Die Folge war, daß die verarmte Bevölkerung sich lichtete; zahlreiche Einwohner flohen aus dem Lande nach Mähren und Polen oder erlagen dem Kriege, dem Hunger, den Epidemien, der allgemeinen Noth. Man braucht nur die Geschichte der deutschen Städte des Sároser und Zipser Comitats in den Tagen des Rákóczischen Aufstandes (1704—1711) zu lesen, um ein Bild von der Größe dieser Drangsale zu erhalten; erließ doch der General-Feldherr Rákóczis, der namentlich gegen die Deutschen von Haß erfüllte Graf Nikolaus Bercsényi, unter dem 15. September 1706 den Befehl, die Städte Eperies, Zeben, Bartfeld, Leutschau und Käsmark seien nach Abzug der Bürger mit Hab und Gut völlig zu schleifen und niederzubrennen, um den Kaiserlichen alle diese Orte als gelegentliche Stützpunkte ihrer Kriegsmacht zu entziehen. Am 22. September desselben Jahres wird für die Bartfelder und Zebener dieser Befehl wiederholt; falls die Kaiserlichen herannahen, sollten sie ihre Städte verlassen und nach Eperies wandern. Letztere Stadt hatte nämlich für sich Pardon zu erwirken gewußt. Die Kriegskosten der Rákóczischen „Conföderation" hatten vor Allem die Deutschen-Städte Ober-Ungarns zu tragen. So berichtet die Eperieser Chronik, daß diese Stadt vom 1. November 1708 bis Ende April 1709 dem Conföderationsheere liefern mußte: 6000 fl. rheinisch an Geld, 6000 Kübel Korn, 8000 Kübel Hafer, 10.000 Ctr. Fleisch. Und damals dauerte der Aufstand bereits fünf Jahre! Es herrschte darum auch in den deutschen Orten der Zips und des Gründner Bodens grenzenloses Elend. Das gesammte Metallgewerbe stockte, die Ärnten und das Vieh fraß größtentheils der Krieg und als dritte Plage kam dazu der schwarze Tod, die Pest. Diese wüthete am meisten im Jahre 1710. Es starben in Leutschau 1953, in Neudorf 3364, in Käsmark 2178, in Leibitz 2000, in Kirchdorf 1600 und in Großlomnitz 600, im kleinen Orte Rißdorf 302 Personen. Ebenso wüthete die Seuche in Kaschau, in Eperies, wo bei abnehmender Seuche täglich 10—12 Menschen dahingerafft wurden,

in Zeben, in Rosenau, von wo sie nach Göllnitz eingeschleppt
ward u. s. w. „Schon überall sind die Ortschaften öde", heißt
es in einem Briefe Bercsényi's vom 29. August 1710.

Dem Deutschthum in Ungarn versetzte aber die empfindlichsten
Wunden die Gegenreformation. Diese begann in der Zips
schon im Anfange des XVII. Jahrhunderts und dauerte von da
ab in allen deutschen Gebieten Ungarns mit abwechselnder Heftigkeit
bis in das XVIII. Jahrhundert fort. Die Graner Erzbischöfe
Szelepcsényi und Peter Pázmány, welche die Jesuiten
herbeiriefen oder verbreiteten und bei der katholischen Restauration
hauptsächlich verwendeten, eröffneten diese auch von der Regierung
begünstigte Bewegung, deren Resultat in kirchlicher Hinsicht aller=
dings erfolgreich erscheint, aber in politischer und cultureller
Beziehung von sehr fraglichem Werthe war. Die Reformation
hatte bekanntlich vor Allem in den Kreisen der Deutschen ihre
weiteste Verbreitung und ihre eifrigsten Anhänger gefunden. Indem
der Protestantismus hier bekämpft wurde, gestaltete sich der Kampf
zugleich zu einem Angriffe auf das Deutschthum und man ist auf
Grund historischer Thatsachen berechtigt zu behaupten, daß es sich
bei der katholischen Gegenreformation in vielen Fällen nicht sowohl
um die Bekehrung der deutschen Protestanten als vielmehr um die
Vertreibung und Unterdrückung der Deutschen überhaupt handelte.
Die nationale Antipathie hüllte sich in die Maske der katholischen
Kirchlichkeit, um dem verhaßten Deutschen die Geisel fühlen zu lassen.
Zu dieser Trennung zwischen Deutschen und Magyaren hatte auch die
Spaltung der Protestanten in Lutheraner und Cal=
viner das Ihrige beigetragen; dem Augsburger Bekenntnisse
blieben, wie oben erwähnt, die Deutschen getreu; die protestantischen
Magyaren dagegen wendeten sich der Lehre Calvins zu, welche
als „magyarischer Glaube" mit dem Lutherthume auch hier in
häufige Fehde gerieth und demzufolge auch die nationell verschiedenen
Bekenner auseinanderhielt, so daß oft Volks= und Religionshaß
gemeinschaftlich gegeneinander wirkten. In den oberungarischen
Deutschenstädten ebenso wie bei deren westungarischen Schicksals=
genossen begnügten sich die Restaurationscommissäre keineswegs

bloß mit der Entfernung der protestantischen Prediger und Schul=
lehrer, sondern die deutschen Stadtgemeinden mußten sich neben
Sperrung oder Wegnahme ihrer Kirchen und Schulen und der
Einführung der Jesuiten insbesondere noch die Aufdrängung
magyarischer Stadtrichter und Rathsherren gefallen lassen. Wider=
setzten sich die Deutschen, so waren Musketiere und Kroaten zur
Hand, um sie mürbe zu machen oder es wurden ihnen schwere
Geldbußen auferlegt. Die Stadtgeschichten von Leutschau, Käs=
mark, Eperies, Zeben, Bartfeld, Schemnitz, Preßburg,
Ödenburg, Güns u. a. sind reich an traurigen Beispielen dieser
kirchlichen und politisch=nationalen Vergewaltigung. Wir werden
weiter unten diesen Theil der Leidensgeschichte der ungarischen
Deutschen noch im Einzelnen näher schildern. Was Wunder,
wenn die derart bedrängten und gehetzten Deutschen auch gegen
die Wiener Regierung kein Zutrauen fassen konnten und
sich lieber den Aufständischen anschlossen, die mindestens ihre
Glaubensgenossen waren oder aus politischen Rücksichten das
Lutherthum schonten! Der Glaube, das „reine Evangelium", galt
ja den Menschen des XVI. und XVII. Jahrhunderts als das
Höchste auf Erden. Sahen sie sich doch durch deutsche Beamte
des deutschen Kaisers in ihrem Glauben verfolgt und erblickten
sie jene an der Seite ihrer confessionellen und nationalen Gegner.

Und der Erfolg der siegreichen katholischen
Restauration? Die Zips und Ober=Ungarn zeigen es uns.
Die katholisierten Orte wurden zugleich slavisiert, denn das
Ungerthum konnte daselbst auch nicht Wurzel fassen und die einstens
blühenden Deutsch=Gemeinden sanken schließlich auf eine Stufe
herab, daß sie heute kaum mehr das Bewußtsein von dem haben,
was sie einstens gewesen. Was im Jahre 1724 der Gniesener
Chronist von seiner Vaterstadt sagt, gilt leider von den meisten
nordungarischen Deutschenstädten: „Vor etlich Jahren warst du
wie eine schöne und wohlgezogene Jungfrau; jetzt aber bist du
wie ein armes Spitalweib, welches um Almosen bittet."

Das Wiedererstarken des Deutschthums in Ungarn.

Eine neue Periode für das Deutschthum in Ungarn begann nach der Türkenvertreibung am Schlusse des XVII. Jahrhunderts. Es ist nicht unsere Aufgabe, die lange Reihe der oft mißlungenen Befreiungskriege vom Türkenjoche hier des Näheren zu schildern. Diese Kämpfe wurden vorwiegend von deutschen Heerführern und mit deutscher Heeresmacht geführt. Das ungrische Volk selbst war durch die türkische Gewaltherrschaft decimiert und der nicht unmittelbar unterworfene Theil desselben stand in der geringern Anzahl unter dem Könige von Ungarn. Um die Mitte des XVII. Jahrhunderts beherrschte der Türke gerade jene Gebiete des Landes von Belgrad bis Gran und von Kanischa bis Großwarbein, in denen das magyarische Volkselement seinen Hauptsitz hatte. Das östliche Ungarn mit Siebenbürgen war unter türkischen Vasallenfürsten gleichfalls dem rechtmäßigen ungarischen Könige entzogen. Diesem Letztern war nur ein schmaler Grenzstreifen im Westen und Osten und das gebirgige Nord-Ungarn geblieben; doch schwankte auch hier die Grenze, je nachdem das Kriegsglück seine Würfeln warf.

Die kaiserlichen Heere bestanden größtentheils aus geworbenen deutschen (und slavischen oder wälschen) Truppen, die freilich bei dem häufigen Geldmangel der vielfach in Anspruch genommenen Regierung und bei einer nicht immer musterhaften und getreuen Verwaltung oft in Meuterei ausarteten oder nach dem barbarischen Grundsatze lebten, daß „der Krieg den Krieg ernähren müsse". Es fehlte deshalb bei Freund und Feind im Lande nicht an heftigen Klagen und Beschwerden gegen die „wilde deutsche Soldateska". Trotzdem trugen diese Truppen (häufig auch vom deutschen Reiche oder von einzelnen Fürsten derselben, z. B. von Baden, Sachsen, Brandenburg ꝛc. beigestellt) das Wesentlichste zur Landesbefreiung bei. Wenn deshalb malcontente Parteien im XVII. Jahrhundert immer wieder die „Entfernung der deutschen Truppen" forderten, so lag das freilich im Interesse der Türken und ihrer ungrischen Parteigänger und Schützlinge, keineswegs aber im wohlverstandenen Interesse des Landes; hier muß der Historiker vielmehr dankbar anerkennen, daß deutsches Gut und Blut dem ungarischen Königreiche die Wiederaufrichtung erkämpft haben. Die „Türkensteuer" war in Deutschland permanent und die deutschösterreichischen Länder allein bezahlten für die 88 Grenz= besatzungen in Ungarn jährlich 300.000 fl. Daß übrigens der Haß gegen das habsburgische Herrscherhaus bei den ungrischen Malcontenten nicht stets eine Feindschaft gegen das Deutschthum überhaupt in sich schloß, lehren die Thatsachen der Geschichte. So ist es z. B. sehr bezeichnend, daß die Verschworenen Wesselényi und Peter Zrinyi im Jahre 1666 eine Vertragskunde entwarfen, worin sie unter Anderem von ihrem Protector, dem französischen König Ludwig XIV. verlangten, Ungarn solle durch französische Vermittelung in das deutsche Reich mit Sitz und Stimme seiner Vertreter im Reichstage aufgenommen werden. In so später Zeit kehrt der mißlungene Gedanke aus der Mitte des XI. Jahr= hunderts wieder.

Die Wiener Regierung gieng damals*) mit einem anderen Angliederungsplane um. Nach der Unterdrückung der Wesselényi=Zrinyischen Verschwörung, namentlich seit dem Jahre 1671 stand nämlich in Wien die Absicht fest, „in Hungaria die Sachen anderst einzurichten". Es sollte die oft erwiesene Unbot= mäßigkeit des ungrischen Adels gebrochen und Ungarns politische

---

*) Vgl. außer den Werken von Horváth, Szalay, Feßler, Klein, Krones u. a. noch die Schriften: Dr. Bidermann, Geschichte der öster= reichischen Gesammt-Staatsidee, Dr. J. Pauler, die Zrinyi-Wesselényi'sche Verschwörung (ungr.).

Ausnahmestellung beseitigt werden. Die Verwandlung Ungarns in ein Erbreich und die gleiche Verwaltung desselben wie in den übrigen habsburgischen Ländern war das Ziel einer politischen Action, die in ihrem Anfange gesetzwidrig, in ihrer Durchführung und in ihrem Verlaufe fehlerhaft, von Glaubensverfolgung, Grausamkeit und Maßlosigkeit begleitet, in ihrem Ausgange verderblich war. Die Einsetzung einer königlichen Statthalterei in Preßburg (1673) mit dem Hochmeister des deutschen Ordens, Johann Kaspar Ampringer, an der Spitze, war die politisch wichtigste Maßregel, welcher die Ausschreibung neuer Contributionen und Steuern ohne Landtagsbewilligung vorausgegangen war. Deutsche Beamte und Heerführer waren bei diesen verhängnißvollen Neuerungen oft die Werkzeuge und vermehrten dadurch den Haß gegen das Deutschthum überhaupt, das im Grunde mit den absolutistischen Centralisierungstendenzen eines Lobkowitz, eines Hocher u. a. Wiener Staatsmänner nichts gemein hatte. Standen doch diesen „deutschen“ Beamten und Offizieren größtentheils ungrische Geistliche und Magnaten aneisernd und mitwirkend zur Seite, so z. B. die Bischöfe Szelepcsényi, Kollonich, Bársony, Pongrácz u. a., die Magnaten und Edelleute Forgács, Majthényi, Pálffy, Eszterházy u. a.

Doch wir verlassen diesen bedauerlichen Mißgriff der Regierung, welcher insbesondere dem Deutschthume in den ungarischen Bergstädten und in der Zips unheilbare Wunden geschlagen, um nur noch zu erwähnen, daß endlich nach zehnjährigem Experimente der Ödenburger Landtag (1681) dem schwer heimgesuchten Lande wieder den Frieden zwischen Krone und Volk gebracht hat. Es war der erste Schritt zur Pacificierung Ungarns.

Nach dem glücklichen Entsatze von Wien (12. September 1683) begannen dann auch die bis zum Jahre 1718 mit wechselndem Glücke, doch im Ganzen mit herrlichem Erfolge geführten Befreiungs-Kämpfe gegen die Türkenherrschaft in Ungarn und gerade an diesen 35jährigen Kriegen haben die Deutschen einen hervorragenden, wenn nicht den hauptsächlichsten Antheil genommen. Wir nennen nur die Heerführer Karl von Lothringen, Kurfürst Max Emanuel von Baiern, die Markgrafen Ludwig und

Hermann von Baden, den Grafen Guido von Stahremberg, den brandenburgischen General Derfflinger u. v. A., denen die Leitung dieser Befreiungskriege anvertraut war. Und die Soldaten waren Österreicher, Sachsen, Brandenburger, Baiern, Schwaben, Hessen u. s. w. Was Ungarn als langbedrohte und schwer geprüfte „Vormauer der Christenheit" bis zum Jahre 1526 den deutschen Landen geleistet, das haben diese dann in der Zeit von 1527 bis 1718 (und auch später) durch ihre Betheiligung an dem abermaligen Zurückdrängen der Türkenherrschaft vergolten.

Nicht minder lohnend und folgenreich war aber das Werk der Wiederaufrichtung Ungarns, diese aufbauende materielle und geistige Arbeit, welche von deutschen Händen im wiederbefreiten Ungarn vollbracht wurde. Die zurückeroberten Landestheile befanden sich im Zustande der größten Verwahrlosung; sie waren verödet und entvölkert. Eine Wiederbevölkerung derselben aus der eigenen Volkskraft des Landes war unmöglich; wir haben weiter oben dargestellt, in welcher Weise die einheimische Bevölkerung durch die verderbliche Trias der Türkennoth, der Parteikriege und der Gegen-Reformation in ihrem Bestande erschüttert, gemindert worden war. Wenn also die wieder gewonnenen Gebiete keine unbewohnten Wüsteneien bleiben sollten, dann mußte die Regierung zu dem Mittel neuer Colonisierungen in größerem Maßstabe greifen. Das Material boten ihr hierzu einmal die seit dem Jahre 1690 zahlreich eingewanderten Serben, welche insbesondere in den südlichen Grenzstrichen als lebendiger Schutzwall gegen den Erbfeind des christlichen Namens angesiedelt wurden. Andererseits wendete man einer umfassenderen deutschen Einwanderung seine Aufmerksamkeit zu.

Die gesetzliche Grundlage hiezu schuf der Gesetzartikel CIII vom Jahre 1723, welcher den König bevollmächtigt, Personen beiderlei Geschlechts ins Land zu rufen und dieselben hier anzusiedeln. Insbesondere sollten solche Einladungspatente an die Bewohner des deutschen Reiches und der benachbarten deutsch-österreichischen Provinzen erlassen werden, um diese zur Einwanderung nach Ungarn zu bewegen. Den bäuer-

lichen Colonisten wurde eine zehn-, den Handwerkern eine fünfzehnjährige Steuerfreiheit zugesichert. Weitere Gesetze vom Jahre 1715
und 1723 regeln die Bevölkerung der Prädien und die Unterthans-
Verhältnisse; ebenso war es für die Colonisierung von wesentlichem Belange, daß der Kaiser und König die Verleihung der
zahlreichen Fiscalats-Güter sich vorbehielt, wodurch sodann die
damit beschenkten hervorragenden Personen ihrerseits veranlaßt
wurden, diese Donational-Güter durch eine ausreichende Besiedelung nutzbringend zu machen. Kaiserliche Patente luden deutsche
Einwanderer aus dem Reiche und aus den österreichischen Vor-
landen zur Ansiedelung nach Ungarn ein und lenkten den deutschen
Auswandererstrom bis zu Ende des XVIII. Jahrhunderts in erfolgreicher Weise in die Länder der ungarischen Krone. Man
muß angesichts der heute wiederholt aufgetauchten Behauptung
einzelner magyarischer Chauvinisten, welche die eingewanderten
Deutschen als „Eindringlinge," als „hungrige Fremde" ꝛc. betrachten, diese gesetzliche Basis der Berufung deutscher
Colonisten nach Ungarn besonders hervorheben.

　　Das ungarische Deutschthum hatte, wie wir gesehen,
unter den Stürmen der Zeit relativ am meisten gelitten. Die
nicht verpfändeten Zipser Städte, dann die deutschen Orte im
Maguraner Bezirke der Zips, ebenso die meisten deutschen Gemeinden und Städte im Sároser, Gömörer, Sohler, Barser, Honter
und Liptauer Comitate hatten mehr oder weniger ihr Deutschthum
eingebüßt und waren slavisiert. Die Handwerkszünfte bestanden,
mit Ausnahme der Zischmen- und der Schnürmacher, dann des
Schneider- und Kürschnerhandwerks, zwar größtentheils noch aus
Deutschen, allein selbst um die Mitte des XVIII. Jahrhunderts
betrug in ganz Ungarn die Zahl der zünftigen Meister, Gesellen
und Lehrjungen nur 30.921 und auch diese geringe Kleinindustrie
beschränkte sich auf den sächsischen Königsboden in Siebenbürgen
und auf die Zips. In anderen Theilen des Landes mangelte es
an Handwerkern für die ersten menschlichen Bedürfnisse. Der
Bergbau wurde zwar noch immer größtentheils von Deutschen
betrieben und man schätzte in der Mitte des vorigen Jahrhunderts

die Zahl der Bergleute auf 30.110; allein es war kein rechter
Segen bei dieser Industrie, sie sank von Jahr zu Jahr. Der
Kleinhandel lag zum Theil noch in deutschen Händen, aber der
Haupt=Verkehr wurde bereits von Griechen, Serben, Armeniern
und Juden betrieben.

Vor Allem bot jedoch das von den Türken erst kürzlich (von
1686 angefangen) befreite Nieder=Ungarn in jeder Beziehung
ein trauriges Bild der Verwahrlosung und des Verfalles dar.
Hier war auch die Colonisierung in erster Reihe bringliche Noth=
wendigkeit.

Zum Unterschiede von den älteren deutschen Ansiedlern in
Ungarn, die größtentheils Nord= und Mitteldeutsche waren, kamen im
XVIII. Jahrhunderte die meisten Colonisten aus Süd= und West=
Deutschland und wurden in Ungarn gewöhnlich insgesammt als
„Schwaben“ bezeichnet, obgleich nicht Alle dem eigentlichen schwä=
bischen Volksstamme angehörten. Die nächste Ursache dieser Aus=
wanderung aus den südlichen Gebieten Deutschlands hat man
wohl darin zu suchen, daß die damals österreichischen Vorlande im
Breisgau und Schwaben bei der Colonisierung in erster Reihe in
Betracht gezogen wurden und thatsächlich auch zahlreiche Einwan=
derer lieferten. Nicht minder war von Einfluß das katholische
Bekenntniß der Süd= und West=Deutschen; denn die Regierung
wünschte in den wiedergewonnenen Ländern nur Katholiken anzu=
siedeln. Endlich waren im Süden und Westen des deutschen
Reiches Übervölkerung und der Druck der Kleinstaaterei besonders
fühlbar.

Die Städte Ofen und Pest erhielten bald nach der Befrei=
ung von Türkenjoche schwäbische Bevölkerung und zwar wurden
nicht bloß in den Städten selbst — sondern auch in der Umgebung
von Budapest grundsätzlich nur katholische Deutsche angesiedelt.
Damals kamen die Schwaben auch in die Comitate Tolnau und
Baranya (in die „schwäbische Türkei“), ferner in das Zempliner
Comitat. Besonders zahlreich waren aber die Einwanderungen
nach dem Temeser Banate, das im Jahre 1716 zurückerobert
ward. Sofort unter der Verwaltung des vielverdienten Militär=

Gouverneurs Grafen Claudius Florimond Mercy (1717
bis 1734) fanden sich zahlreiche Deutsche in Banate ein und
wurden daselbst auf den menschenleeren Gebieten angesiedelt.   Aber
die planmäßigen Colonisierungen erfolgten im Banate
erst unter der Kaiserin-Königin Maria Theresia.   In zwei
Perioden (1762—1765 und 1768—1771) betrieb die Regierung
die Ansiedlung der zahlreichen Krongüter   Die durch kaiserliche
Ausschreiben berufenen Colonisten kamen aus Border-Österreich,
dann aus Lothringen und Elsaß, aus dem Trier'schen, dem
Schwarzwalde, aus der Pfalz, aus Mainz, Luxemburg, Franken,
Tirol, Ober-Österreich u. a. Ländern. Ordentlich bestellte Colonisierungs-Commissäre führten die Einwanderungen theils in früher
verlassene Ortschaften ein, theils legte man neue Orte für dieselben an.
    Eine starke Einwanderung geschah auch unter der Regierung
Kaiser Josef II. Auf das erlassene kaiserliche Patent vom
21. September 1782 kamen Colonisten aus den oberrheinischen
Kreisen Deutschlands, aus der Pfalz, aus Zweibrücken, Hessen
und Frankfurt. Der Hauptstrom der Einwanderung dauerte von
1784—1787. Es fanden sich darunter auch viele Handwerker Die
Ankömmlinge wurden theils in der Bácska, theils im Banate
oder in anderen Gegenden des Landes angesiedelt.
    Im Banate wurden von 1765—1772 neununddreißig Ort-
schaften mit 3.731 Colonisten, 9 Pfarr-, 26 Schul- und 17 Wirthshäusern, im Ganzen also mit 3783 Häusern neu erbaut, von
1762—1767 siebenundzwanzig Orte durch 1628 Häuser erweitert;
in diesem Zeitraume betrug also die Vermehrung an Wohn-
bauten 5411, welche mit ebenso vielen eingewanderten deutschen
Familien besetzt wurden. Für die Einwanderung und Ansiedlung
auf Staatskosten wurden von 1763—1772 jährlich 200.000 fl.,
im Ganzen also zwei Millionen Gulden verwendet. Außerdem
wanderten von 1772—1776 auf eigene Kosten 67 Familien mit
264 Personen in das Banat; man kann die Zahl der deutschen
Ankömmlinge daselbst von 1763—1776 auf ungefähr 25.000 Seelen
veranschlagen, so daß die Anzahl der dortigen Deutschen im
Jahre 1776 über 40.000 Seelen betrug.

Aber auch nach anderen ungarischen Landestheilen wanderten unter der Regierung M a r i a T h e r e s i a s Deutsche ein. So namentlich in die B á c s k a, in das A r a b e r Comitat, in den M a r o s e r Cameralbezirk u. s. w. Bringt man zu den obigen zwei Millionen Gulden für die Ansiedlung des Banats noch die Kosten für die Colonisierung in den übrigen Gegenden Ungarns in Anschlag, so stiegen diese auf etwa drei Millionen, wofür aber ungefähr hundert Orte theils neu angelegt, theils bedeutend erweitert und etwa 40.000 Menschen dem dünnbevölkerten Lande gewonnen wurden.

Nicht weniger erfolgreich war die Colonisations=Thätigkeit unter Kaiser J o s e f II., der außer der Vermehrung des Populationsstandes im B a n a t e insbesondere die intensivere Besiedelung der Prädien in der B á c s k a, dann der übrigen Cameral= sowie der Studienfonds= und Kloster=Güter im Auge behielt. Auf diese Güter sowie in das Banat wanderten vom 1. Mai 1784 bis letzten November 1785 insgesammt 5.663 Familien mit 25.896 Köpfen ein. Diese Zeit bezeichnet den größten Andrang der Einwanderer aus dem Reiche. In den drei Jahren von 1784 bis 1786 waren auf Staatskosten angekommen:

im Jahre 1784 . . . . . 2.225 Familien mit 10.133 Köpfen

„ „ 1785 . . . . 4.643 „ „ 21.854 „

„ „ 1786 . . . . 2.143 „ „ 9.253 „

Zusammen . . . 9.011 Familien mit 41 240 Köpfen.

Für diese Ansiedler wurden an Reisegeldern im Ganzen etwa 70.000 fl. verausgabt; an Baarvermögen brachten die Einwanderer nahe an 170.000 fl. mit. Bis zu Ende des Jahres 1789 betrugen die Kosten der Ansiedlung ungefähr vier Millionen Gulden. Rechnet man die Kosten zur Zeit der Kaiserin=Königin Maria Theresia mit drei Millionen dazu, so hat in den Jahren von 1763 bis 1789 der Staat für die Ansiedlung der Deutschen in Ungarn sieben Millionen Gulden verausgabt, dafür aber die Bevölkerung mit mehr als 80 000 Seelen gemehrt, die nebst der eigenen materiellen und intelligenten Arbeitskraft dem Lande auch noch erhebliche Capitalien zugebracht haben.

Diese Ansiedlungen des XVIII. Jahrhunderts erfolgten, wie soeben nachgewiesen worden, größtentheils auf Staatskosten; die Privat=Colonisierung kommt nur vereinzelt vor. Größere und kleinere Nachwanderungen aus Deutschland fanden auch später statt, namentlich während der langwierigen französischen Kriege; aber seit dem Jahre 1829 wurden nur solche Colonisten über die Grenze der Monarchie gelassen, die ein Vermögen von mindestens 300 fl. in Barem ausweisen konnten.

Seit dem Jahre 1848 hat diese Beschränkung aufgehört und der deutsche Einwandererzug nach Ungarn währt uncontroliert fort, nur ist an die Stelle der gemeindeweisen Ansiedlung die vereinzelt individuelle oder höchstens familienweise Einwanderung und Nieder= lassung getreten. Nichtsdestoweniger darf diese ununterbrochene stille Vermehrung des Deutschthums in Ungarn schon deshalb nicht gering angeschlagen werden, weil es zumeist intelligentere Individuen sind, die oft mit einem bedeutenden Vorrath an geisti= gem und materiellem Capitel durch ihre Arbeitskraft und Unter= nehmungslust sowie durch Fleiß und Redlichkeit die culturellen Factoren des Landes namhaft vermehren.

Das Deutschthum und der Josefinismus.

Die zahlreichen deutschen Ansiedlungen des XVIII. Jahr=
hunderts in Ungarn haben das Deutschthum daselbst numerisch
erheblich gestärkt, es aber weder politisch noch social gehoben.
Die deutschen Einwanderer erhielten zwar Grund und Boden,
Freiheit ihrer Person und Sicherung des Eigenthums für sich und
ihre Nachkommen; aber keinerlei politischen Rechte in dem
damaligen ungarischen Staate, der ein vorwiegend aristokratisches
Gepräge hatte. Nur die Adelschaft oder das besondere Privilegium
gestatteten den Zutritt in die Hallen der Gesetzgebung und zu den öffent=
lichen Ämtern. Die eingewanderten Deutschen des XVIII. Jahr=
hunderts traten dagegen fast ausnahmslos in das Verhältniß
persönlich freier Bauern, die dem Grundherrn (der königlichen
Kammer, geistlichen und weltlichen Gutsbesitzern) untergeben und
zinspflichtig waren; ihnen namentlich Zehent und Robot, außerdem
die Landescontribution leisten und Rekruten stellen mußten. Doch
war auch den Deutschen als solchen der Weg zum Vorwärtskommen in
Amt und Würden nicht versperrt. Gleich allen übrigen Volksstämmen
des Landes war dem Deutschen die Nobilitierung nicht vorenthalten;
er konnte Edelmann und dadurch vollberechtigter Staatsbürger
werden. Ferner stand den deutschen Bauern für ihre Söhne noch
der Weg des Studierens offen, auf welchem diese (insbesondere
wenn sie geistlich wurden) auch in die Reihen der leitenden Stände
einzutreten vermochten. Die katholischen Domcapitel und Bischofs=
sitze Ungarns nennen uns seit der Mitte des XVIII. Jahrhunderts
manchen Sprößling deutscher Bauernfamilien; ebenso begegnen wir

diesen in den Reihen der „Honorationen" als diplomierte Ärzte,
Advocaten und Professoren. Die deutschen Bürger in den Städten
genossen selbstverständlich fortdauernd ihre städtische Autonomie
und waren durch ihre Abgeordneten in allerdings sehr bescheidener
Weise auch an der untern Ständetafel des Landtages betheiligt.

Im Übrigen war das Verhältniß der verschiedenen
Volksstämme des Landes zu einander und zur Gesetzgebung
und Regierung ein gleichmäßiges und gleichberechtigtes. Die staats=
bürgerlichen Rechte der Landeseinwohner Ungarns waren in keiner
Zeitperiode von der Nationalität, Abkunft oder Sprache derselben,
sondern bloß von dem durch Geburt oder Adoption erworbenen
Indigenate oder Heimatsrechte abhängig; die politischen Rechte der
Reichsstandschaft hingegen bloß von der Eigenschaft des Reichs=
adels, zu welchem wie gesagt, jedem Landeskinde, ohne Unterschied
der Nationalität, der Zugang offen stand.

Daß es trotzdem an Reibungen, Rivalitäten und
Anfeindungen einzelner Volksstämme unter einander,
namentlich auch der Deutschen mit den Magyaren und Slaven,
schon in früheren Jahrhunderten nicht gemangelt, haben wir im
Verlaufe unserer historischen Darstellung gesehen. Im öffentlichen
Leben trat jedoch diese Vielfältigkeit des ethnographischen Ele=
ments deshalb minder in die Erscheinung, weil man sich daselbst
seit Ferdinand J. fast ausschließlich der lateinischen Sprache
als Verkehrs= und Geschäftssprache bediente. Zwar geschah die
Durchführung des Befehles, daß alle Großwürdenträger des Reiches
Latein verstehen müßten, nicht ohne Widerstand und die Ungern
verlangten in den Jahren 1550 und 1569, daß der Sohn ihres
Herrschers verbunden sein solle, die ungrische Sprache zu erlernen.
Auch in den darauf folgenden kampfreichen Zeiten des XVII. Jahr=
hunderts spielte das nationale Moment eine einflußreiche Rolle;
die Führer der Opposition: Bocskay, Bethlen, Rákóczy, Tököly
u. a. mußten sich desselben in erfolgreicher Weise zu bedienen.

Allein in den Tagen Kaiser Karl VI. (III.) und der Maria
Theresia war die Zwiespältigkeit in der Sprachenfrage derart
usgeglichen, daß der ungarische König lateinisch rescribirte, daßa

man am Reichstage zu Preßburg und in all den Comitaten lateinisch debattierte, bei den Landesstellen wie an allen Gerichtshöfen
lateinisch die Geschäfte und Processe führte, als ob sich das von
selbst verstünde.*)   Die Kaiserin-Königin Maria Theresia
wußte aber auch auf anderem Wege den Frieden und die Eintracht unter den verschiedenen Ständen und Nationalitäten des
Landes aufrecht zu erhalten.   Sie zog die ungrischen Magnaten
in ihre Nähe, leitete Familienverbindungen derselben mit dem
österreichischen und deutschen Adel ein und gewann dieselben dadurch
für das französisch-deutsche Culturleben, das den Ungern damals
freilich mehr zusagen mußte, als die Einsamkeit auf der Pußta
in halbroher Umgebung.   Die Magnaten sprachen und schrieben
deutsch, französisch oder lateinisch, gaben ihren Kindern deutsche
Namen, hielten deutsche Hofmeister und nahmen gerne Hof- und
Militärstellen an.

Diese Annäherung des ungrischen Hochadels an
die Standesgenossen in den übrigen Erbländern der Monarchie
schuf in diesen Kreisen das Gefühl der Zusammengehörigkeit, der
Solidarität der Interessen und übte auch in politischer Beziehung
großen Einfluß aus.   Die reine Personal-Union zwischen Ungarn
und Österreich entwickelte sich allmählich zu einer thatsächlichen
Realunion, wie solche in den Grundbestimmungen der pragmatischen
Sanction vom Jahre 1723 auch angestrebt wurde.

Der niedere Adel ahmte in seiner Bildung und öffentlichen Haltung entweder dem höhern nach, suchte gerne Ämter bei
den Centralstellen in Ofen und Wien und trat somit auch in die
Sphäre der westeuropäischen Culturelemente oder er lebte daheim
bei seinen Bauern in Halbcultur.

Diese abseits verharrenden Theile des Volkes ebenfalls in
die westliche Strömung hereinzuziehen, bildete eine der Hauptauf-

---

*) Nur als während des Krönungslandtages im Jahre 1741 Graf
Erdödy, Bischof von Erlau, statt des üblichen Latein anfieng, deutsch zu
sprechen, unterbrach ihn der Bischof von Weszprim mit den Worten: „Was
für ein Dämon spricht hier deutsch? Am Ende fängt man im ungarischen
Landtage gar an französisch zu sprechen und in 25 Jahren wird man hier
keine Silbe mehr ungrisch hören.“

gaben der theresianischen Regierung. Darauf zielte insbesondere auch die damals eingeleitete Schulreform hin. In der im Jahre 1777 erlassenen „Ratio Educationis", welche sich in den wesentlichen Grundsätzen der österreichischen „Allgemeinen Schul= ordnung" vom Jahre 1774 anschloß, werden in Ungarn sieben Hauptnationen unterschieden, nämlich: Magyaren (Hungari pro= prii dicti), Deutsche, Slovaken (Slavi), Kroaten, Ruthenen, Serben (Illyri) und Rumänen (Valachi). Für alle diese Nationen wird die deutsche Sprache überall als besonders nützlich (insi= gne utilis) empfohlen, da es „unumgänglich nothwendig" sei, daß „jeder Hungar (d. i. jeder ungarische Staatsbürger), welcher sich dem Militär= oder Handelsstande widmen oder zu einem Handwerk begeben will, der deutschen Sprache kundig sei". Diese Sprache bildete denn auch einen ordentlichen Lehrgegenstand an den niederen und höheren Lehranstalten.

Die königlichen Finanz=, Berg=, Post=, Zoll= zc. Ämter führten ihre Geschäfte vorwiegend in deutscher Sprache; desgleichen befand sich der Handel, die Industrie und das Gewerbe nach wie vor größtentheils in deutschen Händen. Damals (unter Maria Theresia) fanden die Producte der deutschen Literatur und Presse bereits vielfachen Eingang nach Ungarn, welches auf solche Weise materiell, social und geistig mit Westeuropa in innigere Bezie= hungen trat.

Was Maria Theresia durch kluge Vorsicht und Behutsamkeit, Schonung und Achtung des rechtlich Bestehenden und der Eigen= thümlichkeiten bei einem Volke erreicht hatte, das vernichtete der ungeduldige Feuereifer Josef II. Sein rücksichtsloses Vorgehen rief auch auf dem sprachlich=nationalen Gebiete eine ungeahnte, folgen= reiche Reaction hervor. Die politischen Reformen Josefs entsprangen ohne Zweifel den besten Intentionen dieses menschen= und cultur= freundlichen Monarchen; aber die angewandten Mitteln vereitelten die angestrebten Ziele.

Man ist gewohnt, Josefs Vorschriften zu Gunsten des allge= meinen amtlichen Gebrauches der deutschen Sprache einer entnationalisierenden „Germanisierungssucht" dieses „Schätzers

der Menschheit" zuzuschreiben. Diese Auffassung ist nicht stich=
hältig. Das beweist sein Schreiben vom 26. April 1784 an den
ungarischen Hofkanzler Graf Eszterházy ganz deutlich. Darin
heißt es: „Wenn die hungarische (Sprache) allgemein in ganz
Ungarn und dessen Provinzen wäre, so könnte sich selber auch
allein bedienet werden, aber vielleicht der mindeste Theil dessen
Inwohner redet hungarisch, die deutsche, illyrische (sc. Sprache),
mit allen ihren unterschieblichen Dialecten, die walachische machen
den größten Theil aus. Es kann also wohl keine andere Sprache,
als die deutsche, so zugleich jene der Monarchie sowohl bei Kriegs=
oder politischen Fache ist, ausgewählet werden." Der Kaiser weist
auf die staatlichen Vortheile einer einheitlichen Verwaltungssprache
in Frankreich, England und Rußland hin und meint: „Wie
nützlich es endlich auch für die Ungern selbst sein wird, wenn
sie nicht ihre Zeit in Erlernung so vieler, im Land nothwendiger
Sprachen zubringen müßten, die lateinische Sprache zum größten
Theil entbehren und sich sämmtlich durch Kenntniß der Monarchie=
Sprache in allen Theilen, und zu allen inländisch= und aus=
wärtigen Diensten fähig machen können."

Des Kaisers Befehl gieng dahin, daß „hinfüro niemand mehr
zu einem Amt von was immer für einer Gattung in Dikasterien,
Comitaten oder geistlichem Fach vorrücken oder gelangen könne,
der nicht der deutschen Sprache kundig ist, welches bei den
Dikasterien (den obersten Landesstellen) von nun an, bei den
Comitaten aber nach Verlauf eines Jahres, und bei den minderen
geist= und weltlichen Ämtern nach drei Jahren beobachtet werden
muß."

Der Hofkanzler Graf Eszterházy, machte in seinem a. u.
Vortrage vom 8. Mai 1784 gegen dieses a. h. Rescript einige
Vorstellungen, worin er hervorhob, daß die Durchführung
dieser Verordnung auf große Schwierigkeiten stoßen und Bedenken
hervorrufen werde. Hinsichtlich des wahren Standes der ungri=
schen Sprache in Ungarn und Siebenbürgen scheine der Kaiser
keine richtigen Informationen erhalten zu haben; denn die Magyaren
befinden sich ohne Zweifel den anderen Nationalitäten des Landes

einzeln gegenüber in der Majorität; nur die nichtmagyarische
Bevölkerung insgesammt sei zahlreicher als die Magyaren allein.
Der Abel sei (mit geringen Ausnahmen) der magyarischen Sprache
kundig; dieser Sprache bediene man sich zumeist bei den Comitats=
versammlungen und man sollte deshalb auch bei der Verhandlung
der Landesangelegenheiten im Landtage diese Sprache gebrauchen,
was ohne große Schwierigkeiten möglich sei, da ohnehin jeder
öffentliche Beamte die Sprache jedes Volkes, mit dem er verkehrt,
verstehen müsse. Es könnte überhaupt nur in später Zeit gehofft
werden, daß einige Millionen Menschen mit verschiedenen Sprachen
sich in Zukunft nur einer und zwar der deutschen, bedienen, die
zudem unter dem gemeinen Volke Ungarns nur von sehr Wenigen
gesprochen werde.

Übrigens habe man in Ungarn von jeher den
großen Nutzen der deutschen Sprache sehr wohl erkannt,
und die Kenntniß derselben namentlich in den Städten
und bei dem Adel zu verbreiten gestrebt. Weitere Erfolge
in dieser Richtung seien von der neuen Comitats= und Studien=
ordnung zu erwarten. Die sofortige Einführung der deutschen
Sprache in die Ämter, die Enthebung solcher Beamten, die des
Deutschen unkundig sind, die Bedingung dieser Kenntniß zur
Gewinnung einer amtlichen Anstellung und dgl. könnte für den
öffentlichen Dienst nur nachtheilig sein. Darum unterbreitet der
Hofkanzler eine Reihe von Erleichterungsvorschlägen, welche den
Befehl des Kaisers mildern, dessen Durchführung eher ermög=
lichen sollen.

Der Kaiser nahm diese Einwendungen des Kanzlers sehr
unwillig entgegen. Sein Reskript, meinte Josef, habe so zwin=
gende Argumente enthalten, daß er nichts weiter hinzufügen könne.
Der Kaiser erklärt es jedoch für einen sehr wesentlichen Irr=
thum, wenn der Kanzler meint, es handle sich um eine Aus=
merzung der magyarischen Sprache überhaupt. Davon
sei in dem Handschreiben kein Sterbenswörtchen zu lesen. Die
Frage sei nicht, ob Millionen Menschen ihre Sprache mit einer
andern vertauschen und daher in einer andern Sprache reden sollen,

sondern es handle sich nur darum, daß die öffentlichen Beamten statt der lateinischen die deutsche Sprache gebrauchen müssen und auch die Jugend diese und nicht jene erlerne. Wenn der Hofkanzler in-dem Reskripte des Kaisers nichts weiter gefunden, als diese „ganze falsche Auslegung des kaiserlichen Befehls", dann begreife es sich, wie derselbe von unmöglichen Dingen, Schwierigkeiten, großem Aufsehen und Schrecken sprechen konnte. Der Kaiser wiederholt deshalb seinen frühern Befehl und detailliert denselben, wobei er am Schlusse anfügt:: „Ebenfalls soll a 1-a Novembris a. c. (1784) kein Memorial als in deutscher Sprache (bei der ungarischen Hofkanzlei) mehr angenommen werden, und wird hinfüro auch diese als die allgemeine Geschäftensprache in Landtägen gebraucht und also nach den drei Jahren kein Deputierter dahin abgeschickt werden, der dieser Sprache nicht mächtig wäre." Die ungarisch-siebenbürgische Hofkanzlei machte im August 1784 noch einen Versuch, um den Kaiser zur Zurücknahme dieser Sprachenverordnung zu bewegen; Josef wies denselben energisch zurück.

Wie gegen alle übrigen Reformversuche Josefs in Ungarn, so erhob sich auch gegen diese Sprachenverordnung im Lande allenthalben eine mächtig anwachsende, schließlich unwiderstehliche Opposition, so daß der Kaiser mit anderen seiner Anordnungen am 28. Jänner 1790 auch den Befehl hinsichtlich der deutschen Sprache als alleiniger Amts= und Unterrichtssprache aufhob. Aber diese Zurücknahme der angefochtenen Verordnungen hatte nicht mehr die Kraft, die aufgeregten Gemüther in die ruhige Bahn zu lenken; die nationale Reaction war mächtig angewachsen und errang ungeahnte Erfolge.

Es liegt nicht in unserer Aufgabe, diese Bewegung in ihrem weitern Verlaufe zu verfolgen; wir bemerken nur in aller Kürze, daß das Wiedererwachen der ungrischen Nationalliteratur allerdings schon unter der Regierung Maria Theresia's erfolgt war, doch beschränkte sich diese Bewegung hauptsächlich auf einen kleinen Kreis von Gelehrten, Schriftstellern, Dichtern und Privatleuten. Seit dem Jahre 1790 aber betrachtete die Legis=

lative die Hebung und Verbreitung der ungrischen Sprache als eine Staats-Angelegenheit, welcher schrittweise ein stets größeres Terrain im öffentlichen Leben gewonnen wurde. Die adeligen Comitate unterstützten die Gesetzgebung auf diesem Gebiete mit besonderem Eifer, theils aus ehrenwerther Nationalliebe, theils aus persönlichen Interessen, denn Josefs Verordnung wegen der deutschen Sprache hatte in den Kreisen des Comitatsadels den Schrecken hervorgerufen, daß mit der deutschen Sprache auch deutsche, „fremde" Beamten ins Land gebracht und so die „ungarische Freiheit" (d. i. das ausschließliche Ämterrecht des Adels) geschädigt werden könnte.

Das Deutschthum als solches hatte jedoch mit Josefs Sprachzwang nichts gemein; das geht nicht bloß aus den maßgebenden Verordnungen des Kaisers, sondern auch aus anderen Kundgebungen desselben hervor, auf welche wir weiter unten zurückkommen werden. Thatsächlich bot jedoch Josefs Verordnung den Anlaß, daß nach der Zurücknahme dieser Verordnung an vielen Orten eine antideutsche Bewegung entstand. Man schaffte die deutsche Sprache in der Verwaltung ab, vernichtete die Protokolle, die Cataster-Aufnahmen und alle Acten in deutscher Sprache, verwies dieselbe aus den Schulen u. s. w.

Gleichwohl muß der Historiker anerkennen, daß Josefs Wirken auch für Ungarn heilbringend gewesen; nicht bloß deshalb, weil sein schonungsloses Vorgehen in nationaler Beziehung eine Reaction erweckte, welche das ungrische Volk aus einem schlummerähnlichen Zustand aufrüttelte; sondern vornehmlich auch darum, weil durch den Josefinismus die Aufklärungsideen Westeuropas ihren Eingang in Ungarn fanden. Die deutsche Sprache und Literatur wurde selbst durch die oft trüben Canäle der damaligen Wiener Brochüren- und Tagesliteratur die Vermittlerin zwischen West-Europa und Ungarn. Gerade diese Aufklärungstendenzen Josefs und seiner Regierung waren es auch, welche selbst aus den Kreisen des ungrischen Adels zahlreiche Männer dem Kaiser zuführten Die Grafen Franz Széchenyi, Fekete, Alois Batthyány, Stefan Illésházy, Franz Balassa und

Christof Nitzky, die Freiherren Simon Révay, Prónay, Podmanitzky, die Edelleute Izbenczy, Pásztóry, Szily, Marjássy, Kazinczy
u. a. beweisen es durch ihre Anhänglichkeit an das josefinische
System, daß dieses keineswegs die Entnationalisierung zum Zwecke
hatte. Dazu kamen dann die Protestanten und die gebildeten
Nichtadeligen in Ungarn, welche Josef durch sein Toleranz=Edict
sowie durch die allgemeine Ämterfähigkeit gewonnen hatte.

Aber auf der anderen Seite beweist der v o l l e S i e g d e r
R e a c t i o n nach Josef selbst auf denjenigen Gebieten, wie z. B.
auf dem der religiösen Toleranz, des Urbarialwesens u. a., daß
die Aufklärungsideen in Ungarn damals noch keinen fruchtbaren
Boden finden konnten. Die höheren Kreise coquettierten allerdings
gerne mit den Sätzen der französischen Encyklopädisten, lasen mit
Eifer Voltaire und Rousseau und deren Anhänger in Deutschland
und Österreich bis herab auf die Nuditäten eines Blumauer; aber
in die weiteren und tieferen Schichten des Volkes drangen jene
Ideen nur vereinzelt und auch hier wirkten sie eher verwirrend
als aufklärend und befruchtend. E s m a n g e l t e a n e i n e m
g e b i l d e t e n M i t t e l s t a n d ; die Ideen von 1789 waren in
ihrem Kerne bürgerlicher Natur. Der Bürgerstand in Ungarn
war jedoch geknickt, er führte ein kleingeistiges, materiell und
social beschränktes Dasein. Wie so ganz anders lagen die Dinge
im ersten Viertel des XVI. Jahrhunderts! Wie rasch konnten
damals die neuen Ideen auch über Ungarn=Siebenbürgen Verbreitung gewinnen und daselbst feste, lebenskräftige Wurzeln
schlagen! Die Vernichtung des selbstbewußten Bürgerthums rächte
sich am meisten in diesen Tagen des ausgehenden XVIII. Jahrhunderts; nur diesem Mangel an einem gebildeten und bildungseifrigen Bürgerstande ist die seltsame Erscheinung zuzuschreiben,
daß nach dem Jahre 1789 in Ungarn eine Verfassung wieder
hergestellt werden konnte, welche ein ausschließlich aristokratisches
Gepräge an sich hatte; daß die Ideen der bürgerlichen Freiheit
erst nach mehr als einem halben Säculum hier Geltung erhielten
und auch dieser Sieg mehr das Ergebniß einer zufälligen äußern
Katastrophe als einer naturgemäßen inneren Entwickelung war.

Man vergleiche nur, in welch verschiedener Weise die österreichischen Niederlande und Ungarn ihre siegreiche Opposition gegen die Reformen Josefs durchführten! Dort errang das blühende Städtewesen und Bürgerthum den köstlichen Schatz allgemeiner politischer Freiheit und Gleichberechtigung, hier wurden die ungerechten Privilegien der adeligen und geistlichen Stände wiederhergestellt.

Das Deutschthum, welches unter dem Einflusse der nationalen Reaction anfänglich Vieles zu dulden hatte, behauptete nichts destoweniger auch weiterhin im socialen Leben Ungarns eine bedeutende Stellung. Wir können hier nicht in die nähere Erörterung dieser Verhältnisse eingehen; wir begnügen uns mit der Anführung einiger Zeugnisse über Situation und Verbreitung des ungarischen Deutschthums im ersten Viertel unseres Jahrhunderts. Freiherr von Fiáth (geb. 1815) erzählt in seinen Memoiren, daß die Lieblingslectüre seines Vaters die „Augsburger Allgemeine Zeitung“ gewesen, daß die Mutter, eine geborne Baronesse Luzsenszky, ihre Erziehung bei den Salesianerinnen in Wien genossen hatte und in der deutschen und französischen Literatur bewandert war. Sie las gerne Goethe, Schiller, Wieland, Lafontaine, Kotzebue u. s. w., und erzählte daraus den Kindern in den Winterabenden. Bei Besuchen floß die Conversation in deutscher oder französischer Sprache, letztere war jedoch nur bei der damals ältern Generation beliebt, die jüngere Welt zog das Deutsche vor.

Die Familie Fiáth war im Weszprimer Comitate in der romantischen Umgebung des Bakonyer Waldes zu Hause und der Baron berichtet, daß in den Jahren von 1824—1830 auch an den Lehranstalten zu Raab der deutschen Sprache große Rücksicht geschenkt wurde, daß die Lehrer des Zeichnens und der Musik größtentheils Deutsche waren, die auch deutsch unterrichteten. Großen Einfluß auf den ungrischen Landadel übte das auf dem Lande stationierte Militär, mit welchem die Edelleute auf einem sehr freundlichen Fuße standen. Ein Ball ohne Uniform war undenkbar. Durch diese Offiziere der österreichischen Armee kam deutsches Element immer frisch in die Gesellschaft; ungrisch sprachen nur die Männer unter sich und es gab wenige Adels=Familien, in denen auch die Frauen ungrisch conversieren konnten.

Wie hier im Innern des Landes und bei katholischen Familien so war es damals auch im Norden Ungarns bei den Protestanten. F. v. Pulszky (geboren im Jahre 1814 zu Eperies) schildert uns im ersten Bande seiner „Memoiren" diese Verhältnisse in folgender Weise: „Im älterlichen Hause in Eperies wurde aus= schließlich deutsch gesprochen", . . . das Slovakische galt für so gemein, daß es „nur in den Mund der Bauern und des Gesindes gehörte;" ungrisch lernte Pulszky von seinem Kindsmädchen. „Im geselligen Leben von Eperies herrschte die deutsche Sprache; man betrachtete die Kenntniß derselben als einen Beweis von Bildung, besonders beim weiblichen Geschlechte; denn die Mädchen= erziehungsanstalten waren ohne Ausnahme deutsch." In der Schule wurde lateinisch und deutsch unterrichtet, deutsch war der Privatunterricht, deutsch die Bücher und Zeitungen, welche man damals las. Auch hier hatte die „Augsburger Allgemeine" die meisten Leser; denn sie war im Ganzen der liberalen Richtung treu geblieben und übte durch ihren reichen Inhalt auf die gebil= deten Kreise des damaligen Ungarn einen ungemeinen Einfluß. Sie war ein hauptsächlicher Canal, durch welchen die Ideen der außer= österreichischen Welt auch die damalige geistige Continentalsperre Metternichs durchbrechen konnten. Ungarns politische Neugestaltung hat diesem Weltblatte sehr viel zu verdanken. Es ist ferner jeden= falls charakteristisch, daß das epochale Buch des Grafen Stefan Szechenyi „Hitel" („der Credit"), womit dieser Reformator die Reihe seiner national=ökonomischen Schriften eröffnete, in den adeligen Kreisen Nord=Ungarns nur in der deutschen Übersetzung gelesen wurde; die ungrische Ausgabe konnten z. B. im Saroser Comitate kaum Einige lesen.

Und wie es damals (d. i. vor dem Jahre 1830) in Ungarn überhaupt um das Deutschthum bestellt war, das schildert uns der Schriftsteller Johann von Csaplovics (also auch ein Nicht= Deutscher) in seinem „Gemälde von Ungarn" (erschienen im Jahre 1829) in folgender Weise:

„Die beutſche Sprache reißt in Ungarn beim Abel und
Honorationen auß einer Art Mode täglich ſtärker ein. Aber kein
Wunder! Denn dieſe Sprache und ihre Außbreitung wird durch
ſo vielerlei und kräftige Mittel und Wege befördert, deren ſich
keine andere (Sprache) zu erfreuen hat. Die Hauptſache iſt, daß
ſie wegen deß Zuſammenhangeß mit Öſterreich daß Epithet der
„Geſchäftßſprache" mit der ungriſchen theilt. So ſchreiben
alle Bergcameral=Stellen deutſch, daß ungriſche Militär
hat ein deutſcheß Reglement, wird deutſch exerziert, correſponbiert
deutſch in allen ſeinen Branchen. Alle Poſtämter thun deß=
gleichen. Wie viele hunderttauſende Individuen müſſen ſchon deß=
halb deutſch lernen, um ihr Fortkommen zu ſichern; die ungriſche
Hofkanzlei iſt in Wien, alle dabei Angeſtellten lernen deutſch;
und der Zufluß deß ungriſchen Abelß ſowohl alß auch aller Cau=
ſanten und Bittſteller nach Wien iſt ununterbrochen groß. Die
Vermöglichſten wohnen allda meiſt beſtändig, oder halten
ſich dort wenigſtenß einen großen Theil deß Jahreß auf, oder
reiſen wenigſtenß mehrmalß im Jahre nach Wien. Natürlich
lernt ein Jeder ſchon darum deutſch. Wer in Wien eine Zeit=
lang lebte, kommt ganz verwandelt zurück und ſpielt zu Hauſe mit
einem gewiſſen (ſehr oft verunglückten) Vornehmthun einen Deutſchen
in Kleidung und Sprache. Wer muſikaliſch iſt, Männer und
Frauenzimmer, lernen in den Wienern Theatern eine Menge
deutſcher Liederchen außwendig. Andere (die noch nicht in
dem Elborado „Wien" waren) ſehen eß, bewundern den Glück=
lichen, der ſoviel von Wien erzählen kann und wünſchen ebenfallß
(für theureß Geld) ſo moderniſiert zu werden, weil daß ja ſo
ſchön läßt."

„Die proteſtantiſchen Prediger, welche alß Theologie=
Canbidaten außwärtige Univerſitäten beſucht haben, kommen von
da alß vollendete Deutſche nach Hauſe."

„Dazu kommt noch die unermeßliche Flut von Romanen,
womit lange Jahre hindurch Ungarns Boden verſchlemmt wurde.
Die Jugend verſchlingt ſie heißhungrig, die leckere Speiſe gefällt
ihr, und nun glaubt ſie nicht anderß, alß deutſch die Liebe

erklären zu können, weil ihr der Kopf ganz voll von deutschen Phrasen ist."

„Die eiserne Gewalt der Gewöhnung macht bis jetzt noch, daß der Unger Komödien nur in deutscher Sprache sehen zu können glaubt; er zieht also deutsche Schauspiele den ungrischen auch jetzt noch vor. Wer weiß es nicht, wie gewaltig Schauspielhäuser zur Verbreitung der Sprache beitragen? Der Schauspieler legt die Ausdrücke Tausenden auf einmal in den Mund. Es gibt theils stehende deutsche Bühnen (in Pest, Ofen, Preßburg, Temesvár, Kaschau), theils durchstreichen beständig „fliegende" deutsche Theatertruppen das Land. Ungrische Theater dagegen können sich nur mit Mühe erhalten; es gibt ihrer jetzt (d. i. im Jahre 1829) fünf; das sechste ist in Siebenbürgen."

„Keinen geringen Einfluß üben auch die Zeitungen aus. Es ist doch jedermann neugierig zu erfahren, was in der übrigen Welt vorgehe. Zeitungen werden daher stark gelesen und mit den Neuigkeiten auch die Sprache verschluckt. Ungrische haben wir nur eine einzige in Pest, die andere kommt zu Wien heraus; deutsche sind dagegen zwei, in Ofen und Preßburg, und eine schwere Menge ausländischer, wovon die ungrischen gleichsam erdrückt werden. Alles aus Gewöhnung!"

„Die Wirthsleute, Kaffeesieder sind im ganzen Lande fast überall deutsche; man bekommt selbst in Debreczin ein deutsches Conto. . . . ."

„So stark sich nun, nach dem bisher mit Wahrheit Gesagten, die deutsche Sprache bei dem Adel und bei Honorationen ausbreitet, so sehr kommt sie dagegen bei dem weit zahlreicheren gemeinen Volk immer mehr und mehr in Abnahme und die Zahl der sogenannten „Stockdeutschen" wird täglich geringer, weil sie sich entweder magyarisieren oder slovakisieren oder ruthenisieren, je nachdem sie nämlich mit diesem oder jenem Volke benachbart oder vermischt sind." Csaploudes führt als Beispiele hiefür die Zips, dann die Bergstädte des Sohler, Honter und Barser Comitats an und citiert für Neusohl den Ausspruch Brebetzky's, der „im gerechten Zorn" in seiner „Reisebeschreibung" (1809,

Bd. I. pag. 24) die Worte schrieb: „daß man nach zwei Mal 20 Jahren von der deutschen Sprache in Neusohl weder Gutes noch Böses wird sagen können. . . ."

Nun, so schlimm ist es mit dem oberungarischen Deutschthum noch nicht geworden, obgleich die Dinge in dieser Richtung allerdings eine wenig erfreuliche Entwicklung genommen haben, wie wir dieses weiter unten noch näher anführen werden.

Das Deutschthum und die ungrisch-nationale Bewegung.

Die nationale Bewegung des ungrischen Volkes *) erwachte, wie erwähnt, unter den Einwirkungen der Josefinischen Reformen und fand ihren ersten legislatorischen Ausdruck in dem XVI. Gesetzartikel vom Jahre 1790/1, welcher lautet: „Seine Majestät versichert die Stände, daß a. h. dieselbe in keine Ämter eine fremde Sprache einführen werde; damit aber die einheimische ungrische Sprache mehr verbreitet und gebildet werde, so wird an allen Gymnasien, Akademien und an der ungrischen Universität ein besonderer Professor der ungrischen Sprache und Schreibart angestellt". Diesem Gesetze folgten im Jahre 1792 der siebente Gesetzartikel, welcher vorschreibt, daß künftig alle Inländer, die um eine Anstellung in Ungarn ansuchen wollen, der ungrischen Sprache kundig sein müssen. Einen Schritt weiter gehen die Gesetzartikel IV und V vom Jahre 1805, welche nicht bloß die

---

*) Die Literatur über diese Periode ist überaus zahlreich. Wir haben hierbei insbesondere benützt: M. Horváth, fünfundzwanzig Jahre aus der Geschichte Ungarns (ungrisch und deutsch); und desselben „Geschichte des ungrischen Unabhängigkeitskampfes" (ungrisch); ferner Helfert, Geschichte Österreichs (bisher 4 Bde.), Krones Geschichte der Neuzeit Österreichs; Birozsil, das ungrische Staatsrecht (1865—1867); Friedenfels, Bedeus von Scharberg; Eötvös, die Gleichberechtigung der Nationalitäten; ferner Schriften vom Grafen St. Széchenyi, Ludwig Kossuth, Franz Pulszky, B. Fiáth; zahlreiche Brochuren, Flugschriften, Journalartikel u. A.

obigen Bestimmungen erneuern, sondern noch hinzufügen, daß an
Se. Majestät auch Repräsentationen in ungrischer Sprache (doch
mit beigelegter lateinischer Übersetzung) gerichtet, die Comitate mit
der Statthalterei magyarisch corresponbieren können; nur die Hofkanzlei habe noch das Recht, sich der lateinischen Verhandlungs-
sprache ausschließlich zu bedienen.

Von da ab ruhte für einige Zeit die Sprachfrage in
der Legislative, doch seit dem Wiedererwachen des constitutionellen Lebens im Jahre 1825 gewann auch diese Frage stets
lebhaftere Theilnahme und eine weitere Verbreitung. Besonders
wichtig ist der G. A. VIII. vom Jahre 1830, worin es heißt:
die Correspondenzen und Intimate der Statthalterei an die Comitate
sollen fürder in magyarischer Sprache geschehen; auch die königliche
Curie (der oberste Gerichtshof) habe die Urtheile bei magyarisch
geführten Processen in dieser Sprache zu erlassen. Bei allen
übrigen Jurisdictionen, bei den Comitats-, Consistorial- und Stadt-
gerichten kann die magyarische Sprache statt der lateinischen eingeführt werden. Diejenigen, welche innerhalb der Landesgrenzen
in ein öffentliches Amt treten wollen, müssen der ungrischen
Sprache mächtig sein; dasselbe gilt von allen künftigen Advokaten.
Der dritte G. A. vom Jahre 1832/36 erklärt den ungrischen
Text der Gesetze für das Originale und fügt den früheren Bestimmungen neu hinzu, daß dort, wo ungrisch geprebigt wird, auch
die Matrikeln in ungrischer Sprache geführt werden sollen.

Parallel mit diesen legislatorischen Verfügungen und denselben
oft auch voraus eilend, gieng die Bewegung zu Gunsten der
ungrischen Sprache auf socialem und literarischem
Gebiete. Schriftsteller und Dichter von Bedeutung schufen ihre
Werke, Sprachforscher begannen das Studium der ungrischen
Sprache von wissenschaftlichem Standpunkte, es entstand die
ungrische Gelehrten-Gesellschaft (im Jahre 1831 eröffnet), literarische Cirkel und Clubs bildeten sich, Jahrbücher, Musenalmanache
und andere periodische Unternehmungen vereinigten die besten
Geister. Die ungrische Sprache fand Zutritt und Gebrauch in
den geselligen Vereinen, in den öffentlichen Versammlungen, in

den Comitats- und Landtagssitzungen, so zwar, daß das Lateinische fast gänzlich außer Curs gerieth; ja man warf auf diese Sprache einen eigenthümlichen Haß, so daß man einem Prediger, der bei Übergabe der Kohárysschen Herrschaften an den Herzog von Koburg einen lateinischen Toast ausbringen wollte, zurief: „Lieber slovakisch, als lateinisch!" So tief war dieses einstige „Palladium ungrischer Freiheit" im Werthe gesunken! Was aber diese Bewegung bedenklich und gefährlich machte, das war der Übereifer, womit die „Ultra's" Alles Nichtmagyarische ausmerzen oder im Magyarischen sofort absorbieren lassen wollten. Dieser Hypereifer rief dann seinerseits wieder eine Gährung und Reaction bei den übrigen Nationalen des Landes hervor.

Diese Ultras wollten (so klagt eine deutsche Brochüre aus dem Jahre 1834) nichts Geringeres, als daß sich Alles, und zwar in einem Augenblick magyarisierte; alle Nationen Ungarns sollten ihre Nationalität verläugnen, ihre Sprachen gegen die der Magyaren und zwar augenblicklich umtauschen und sich auf diese Art mit ihnen zu einem Volke amalgamieren. Die nichtmagyarischen Volksstämme, denen man hie und da (insbesondere in slovakischen Gegenden) die ungrische Sprache mit Gewalt aufoctroyieren wollte, sammelten sich zum Widerstande; in Kroatien entstand die südslavische Bewegung des Illyrismus, welche auch die stammverwandten Serben ergriff, unter den Slovaken schufen einzelne begeisterte Männer eine Nationalliteratur; auch hier entstanden Gesellschaften, Vereine, Zeitschriften u. dgl. zur Hebung, Pflege und Verbreitung der betreffenden Nationalsprachen.

Und wie benahmen sich in diesem Streite die Deutschen in Ungarn? Diese waren der Begünstigung der ungrischen Sprache keineswegs abgeneigt; vielmehr unterstützten sie dieselbe und aus ihrer Mitte giengen ihre eifrigsten Pfleger hervor. Aber es gab auch schon damals Einzelne, von denen die obberührte Schrift aus dem Jahre 1834 sagt, die „als ungerathene Söhne deutscher Mütter ihrer Nation abtrünnig geworden sind." Doch „die Mehrzahl blieb ebenso gut für ihre Sprache eingenommen als der der Magyar für die seinige." Gerade von jenen abgefallenen

Deutschen (und Slaven) giengen die ärgsten Angriffe und Ver=
hetzungen gegen die anderen Nationalitäten aus; sie waren die
Hauptvertreter der erwachten „Magyaromanie", die sich nicht ent=
blödete, den Erzbischof und Dichter Ladislaus Pyrker zu verun=
glimpfen, weil er deutsch gedichtet; die den Grafen Johann
Majláth des Vaterlands=Verrathes beschuldigte, weil er seine
„magyarischen Sagen" deutsch herausgab und die auch des ungri=
schen Schriftstellers und Dichters Franz Kazinczy nicht schonte,
weil dieser die Dichtungen Pyrkers ins Ungrische übersetzt hatte.

Doch fehlte es schon in diesen ersten Tagen des aufkeimenden
Chauvinismus nicht an ernstmahnenden Stimmen der
Vernunft von Seite der Magyaren selbst. Im ersten Bande der
ungrischen Zeitschrift „Sas" („der Adler") heißt es z. B. „durch
Beschimpfungen und gemeine Herabsetzungen erwecken wir bei den
anderen Volksstämmen keine Liebe für unsere Sprache, sondern
bringen es nur zu Stande, daß jene unseren Bestrebungen einen
um so größern Widerstand leisten. Was der Zwang in Sachen
einer Nationalsprache thun kann, das weiß Jedermann, der die
Schicksale der ungrischen Sprache kennt und weiß, daß dieselbe
durch die Germanisations=Bestrebungen (?) Josef II. aus ihrem
langen Schlummer aufgeweckt wurde." Und Kazinczy schreibt
an den serbischen Dichter Lucian Muschitzky, Bischof von Karl=
stadt († 1837) das schöne Wort: „Mein Patriotismus ist in
keiner Opposition mit dem Kosmopolitismus und während ich das
Aufblühen der magyarischen Sprache wünsche und, so viel ich kann,
zu befördern trachte, flehe ich nicht zum Himmel, daß meine
Sprache mit dem Schaden anderer Sprachen blühe,
namentlich flehe ich nicht darum, daß jene Sprache keinen glücklichen
Erfolg haben soll, in welcher die himmlisch=schöne Elegie Azan
Aga gesungen wurde, welche ich aus Goethes Gedichten ins
Ungrische übersetzte. . . ." Und weiter: „Die Wahrheit ist für jede
Nation, für jede Partei gemeinsam und die Guten und Weisen
verstehen einander auch in getrennten Parteien. Wehe jenem
Elenden, dessen Augen am Kleide und am Laute
Anstoß nehmen!"

Franz von Kazinczy (1759—1831) war ein echter Sohn des XVIII. Jahrhunderts; voll Begeisterung für Freiheit, Aufklärung und Menschenwürde und voll Liebe und Anhänglichkeit für die eigene Nation; er ist ein Bild dessen, was aus Ungarns Volk hätte werden können, werden sollen, wenn die erforderliche Culturbasis vorhanden gewesen wäre, in welcher dann die Aufklärungs-Ideen fruchtbringende Wurzeln gefaßt haben würden. Kazinczy war ein begeisterter Freund und Verehrer der deutschen Sprache und Literatur und wurde ein eifriger Vermittler zwischen Deutschland und Ungarn. Seine Übersetzungen aus dem Deutschen sind zahlreich und übten auf die junge ungrische Literatur einen überaus wohlthuenden Einfluß aus. Er übersetzte Geßners Idyllen, Herders Paramythien, Wielands Dialoge des Diogenes von Sinope, Goethes „Stella," „Geschwister" „Egmont" und „Clavigo", Lessings „Emilia Galotti", „Sara Sampson", „Minna von Barnhelm;" Klopstocks „Messias" u. v. A. Leider waren die Patrioten von dem Charakter Kazinczy's nur spärlich im Lande. Die Ungeduld, die Überstürzung erfaßte die Mehrzahl und auch die Legislative konnte sich davon nicht gänzlich frei erhalten.

Der G. A. VI vom Jahre 1839/40 schrieb vor, daß die Repräsentationen an den König, die Gesuche der öffentlichen Behörden, sämmtliche Schriften der Statthalterei nur in ungrischer Sprache verfaßt würden; daß die geistlichen Behörden mit den weltlichen und diese unter sich innerhalb der Landesgrenzen nur ungrisch correspondieren sollten; daß auch dort, wo jetzt noch nicht ungrisch geprebigt wird, nach drei Jahren die Matrikeln in ungrischer Sprache zu führen seien; daß in Zukunft bei allen Confessionen nur solche Pfarrer, Prediger und Capläne angestellt werden dürften, welche der ungrischen Sprache mächtig seien; endlich, daß für die ungrischen Regimenter das Ungrische als Verkehrssprache zu gelten habe.

Noch weiter gieng dann der Artikel II. vom Jahre 1843/44 worin bestimmt wird, daß alle königlichen Resolutionen, Propositionen, Rescripte und Intimate künftighin bloß in ungrischer Sprache ausgegeben werden sollten; die Reichstagssprache wird von jetzt

ab ausschließlich die ungrische sein, den Abgeordneten von Kroatien,
Slavonien wird noch während sechs Jahren der Gebrauch des
Lateinischen gestattet. Bei allen öffentlichen Behörden darf in
ihrem Verkehr unter einander und mit den Privaten nur die
ungrische Sprache gebraucht werden; dasselbe gilt von den welt=
lichen und geistlichen Gerichten. Endlich heißt es: in den
Schulen innerhalb der Reichsgrenzen ist die all=
gemeine Unterrichtssprache die ungrische.

Vor dem ruhig prüfenden Historiker unterliegt es keinem
Zweifel, daß diese Sprachgesetze das Maß des Richtigen und
Gerechten weit überschritten haben. Der Gebrauch der einheitlichen
Geschäftssprache in der Legislative, bei den obersten Landesbehörden,
im Verkehre zwischen Regierung und Krone ist ein Postulat der
praktischen Vernunft und daß diese Geschäftssprache in Ungarn
nur die ungrische sein konnte, war aus historischen, staatsrechtlichen
und thatsächlichen Gründen vollkommen berechtigt. Damit steht
im organischen Zusammenhang, daß in den mittleren und höheren
Bildungsanstalten des Landes für eine gründliche Kenntniß und
Aneignung dieser amtlichen Sprache Sorge getragen werden mußte.
Aber über diese nothwendigen Gränzen hinaus sollte weder ein
legislatorischer noch ein sonstiger Zwang ausgeübt werden. Daß
es dennoch geschah, bleibt tief zu bedauern; denn die nachfolgenden
verderblichen Ereignisse giengen großentheils aus dem leidigen
Sprachenhader hervor. Man vergaß das wahre Wort Herders:
„Wer mir meine Sprache verdrängt, will mir auch meine Vernunft
und Lebensweise, die Ehre und die Rechte meines Volkes rauben.“

Wir müssen von einer weitern Verfolgung dieses verhängniß=
vollen Sprachenstreites hier absehen und beschränken uns
abermals nur auf die Hervorhebung einiger Momente, welche die
Haltung der ungrischen Deutschen charakterisieren.

Wir haben weiter oben gesehen, daß um das Jahr 1830 die
Mehrzahl der Städte in Ungarn noch vorwiegend deutsch gewesen;
das slavische und magyarische Volkselement spielte daselbst noch
eine untergeordnete Rolle. Der gesellschaftliche Verkehr, das
municipale Leben, die Tagesliteratur waren hier durchaus deutsch

und der gebildete Magyare nahm von diesen thatsächlichen Zuständen Act und fügte sich ihnen, ohne zu meinen, daß er dadurch seiner eigenen Nationalität etwas vergebe. Ja die ungrischen Familien schickten ihre Söhne und Töchter gerne in die Stadt, damit sie dort deutsch lernen oder es tauschten ungrische und deutsche Ältern ihre Kinder gegenseitig für einige Zeit aus, damit der Unger die deutsche, der Deutsche die ungrische Sprache sich aneigne. Auch in den Schulen der Städte wurde darauf gesehen, daß die ungrische Sprache ebenfalls gelehrt werde. Auf solche Weise war ein friedlich-freundschaftliches Verkehrs-Verhältniß eingetreten, das für Deutsche und Ungern von den besten Folgen begleitet war und sich ohne Zweifel in naturgemäßer Weise fortentwickelt hätte, würden nicht Überstürzung, Hast und Leidenschaft störend eingegriffen haben.

Das Gewerbe und die allerdings bescheidene Industrie lag noch immer vorwiegend in deutschen Händen. Auf der ersten ungarischen Gewerbe-Ausstellung in Pest im Jahre 1842 wurden im Ganzen 80 Auszeichnungen vertheilt. Davon erhielten: Fabriken 13, Deutsche 50, Slaven 9 und Magyaren 8. Die Fabriken waren ebenfalls größtentheils von Deutschen geleitet. Dabei ist charakteristisch, daß von den höchsten Auszeichnungen (goldene und silberne Medaillen) keine einzige einem Slaven oder Magyaren zutheil wurde; die deutschen Aussteller erhielten (ohne die Fabriken) zwei goldene und zehn silberne Medaillen.

Als nach dem Jahre 1830 der national-ungrische Aufschwung größere Dimensionen annahm und immer weitere Kreise in Bewegung setzte, da boten die Deutschen in den Städten diesem Andringen einen ziemlich ausgiebigen passiven Widerstand. Man hieng mehr aus Gewohnheit denn aus Überzeugung an deutscher Sitte und Sprache und machte den Forderungen der Chauvin's gegenüber mehr eine „gewisse Gefühls-Opposition als die Opposition des kritischen Gedankens, des klaren Bewußtseins" geltend. Aber selbst dieser Widerstand erschien den chauvinistischen „Stürmern und Drängern" als ein Verbrechen und die „Magyaronen" deutscher und slavischer Abkunft, welche ihre ererbten Namen magyarisiert hatten und diese That als einen Act des

Patriotismus betrachteten, standen bei diesen Angriffen auf
die deutschen Städtebürger in erster Reihe. Da hieß es,
die Deutschen seien „Bettler", ein „hergelaufenes Volk" von „Ein-
bringlingen", die nur ins Land gekommen sind, „um von dem
Fette Ungarns zu zehren"; der Deutsche sei der „Kehricht des
Landes", ja der Magyarone Stancsics (später „Táncsics")
entblödete sich nicht in seiner deutsch-ungrischen Grammatik folgende
Fragen und Antworten zu geben: „Wer ist der König von Ungarn?
A. Der deutsche Kaiser von Österreich. Wo wohnt der König
von Ungarn? A. In der deutschen Provinz Österreich zu Wien.
Wer ist ein Landesverräther? A. Der Deutsche, er nährt sich von
den Einkünften Ungarns" u. dgl. Derlei Invectiven waren an
der Tagesordnung, ja selbst im Schoße des Landtags von 1839
bis 1840 konnte der Sohn einer vorwiegend deutschen Stadt
(Eperies), der seine gesammte Geistesbildung und Erziehung deutschem
Einflusse verdankte, konnte Franz von Pulszky es sich erlauben,
die Städte Ungarns in nationaler und constitutioneller Hinsicht
als „Fremdlinge zu brandmarken", weil das bürgerliche Element
„deutsch und höfisch gesinnt" war. An diesem ungerechten Ausfall
gegen das Städtewesen und Bürgerthum hatte übrigens auch der
Haß des Edelmannes gegen die Bürger seinen großen Antheil.
Daraus erklärt es sich auch, wie es kam, daß im vormärzlichen
ungarischen Landtage sämmtliche Städte Ungarns nur ein Votum
repräsentierten. Das gibt auch den Grabmesser für die Werth-
schätzung, deren sich das Bürgerthum damals zu erfreuen hatte.
    Erklärlich wird es aber auch, weshalb nach dem Jahre 1840
die jüngere Generation der Deutschen sich der national-
ungrischen Bewegung mehr und mehr anschloß. Der Einfluß der
Schule, der Tagesliteratur und der Gesellschaft, die natürliche
Ambition, die Sucht zu glänzen sowie die Furcht vor der Isolierung
bei der Jugend, wohl auch die bestrickenden Ideen der Freiheit,
des allgemeinen Fortschrittes, des vollklingenden Pathos und der
neue Glanz der Reden in Vereinen und Versammlungen riß Alles
in die Reihen der Bewegung. So schreibt ein Beobachter dieser
Zustände im Jahre 1850: „Der Preßburger Bürger war seit

einer Reihe von Jahren ultramagyarisch, mochte es nicht leiden, daß seine Kinder anders als magyarisch sprachen, trug seine Attila mit Schnüren vorn und hinten und brauchte alle Jahre ein Paar Thaler, um seinen Schnurrbart in magyarische Formen zu bringen". Streift man das Karrikierende dieses Satzes ab, so trifft derselbe allerdings die Wahrheit.

Bei dieser „Wohldienerei" vieler Deutschen lag jedoch oft weniger die freie, aufrichtige Überzeugung, als vielmehr die bequeme Gelegenheitsmacherei zu Grunde oder man folgte dem Antriebe der eigenen Furcht. Der stolze Bürgersinn, das frohe Stammesbewußtsein des Deutschen in Ungarn war ja schon längst geknickt worden. Darum erschienen dieselben jetzt in der That als politische Nullen, über deren Wetterwendigkeit man sich hüben und drüben lustig machte. „Der deutsche Städtebürger (so schildert die obgenannte Quelle weiter) „wußte nichts Besseres zu thun, als Eljen zu schreien, wenn der Schatten von Kossuths Kalpak um die Ecke bog, und schwarzgelbe Fahnen auszustecken, wenn ein österreichischer Korporal mit sechs Mann am Horizont seines Weichbildes erschien. Man mache von Wien aus das Land Hurbano=slovakisch oder Knicano=serbisch oder Jelaco=kroatisch oder Jankulo=rumänisch, gleichviel, der Deutsche wird sich zu bescheiden wissen und zu jener Fahne schwören, die ihn am besten schützt und die solideste Goldverbrämung hat."

Die Deutschen in Ungarn hatten diesen Spott verdient, doch muß zur Steuer der Wahrheit gesagt werden, daß außer den Sachsen in Siebenbürgen auch diesseits des Königssteiges in vielen Deutschen das Nationalitäts=Bewußtsein nicht erstorben war, ja daß es unter dem stürmischen Andringen der national „ungrischen Ultras" zu neuem Leben erwachte. Eine große Anzahl von Flug= schriften und Leitartikeln in den Tagesblättern des In= und Aus= landes bezeugt diese Thatsache. Als ein beredtes Zeugniß erscheint aber L. Kossuth selbst, der in seinem „Hirlap" vom Jahre 1842 folgendes gegen den Anschluß Ungarns an den deutschen Zoll= verein schreibt: „Unsere Städte sind, dem größten Theile nach noch deutsch und zwar so deutsch, daß sie kaum noch irgend ein

Merkmal der Magyarisierung verrathen. Die Industrie in unserem Baterlande ist deutsch, der Handel seinem Wesen nach deutsch und muß es durch den Anschluß an den deutschen Zollverband natürlicher Weise noch mehr werden und so würde denn aus diesem Anschluß unausweichlich folgen, daß unsere deutschen Städte, unsere deutsche Industrie, unser deutscher Handel nie und nimmer magyarisch würden. Und darum wäre unsere Rationalität gefährdet, nicht weil der Unger zum Deutschen wurde, sondern weil die Magyarisierung der deutschen Bürgerschaft unserer Städte und mit ihr die Begründung eines magyarischen Mittelstandes verhindert würde" . . . .

Diese Magyarisierung sollte aber um jeden Preis geschehen, entweder mit Güte oder durch Zwang und darum war die prophetisch warnende Stimme des „größten Ungers", des Grafen Stefan Széchenyi, wohl berechtigt, wenn er am 24. November 1842 in einer öffentlichen Rede der ungrischen Gelehrten-Gesellschaft den chauvinistischen Stürmern und Drängern folgende Wahrheiten zurief:

„Es ist eine arge Täuschung, daß Einer schon zum Magyaren wird, wenn er ungrisch sprechen kann. In Angelegenheit der nationalen Sprache würden auch die Kaltblütigsten hingerissen, die Scharfsinnigsten mit Blindheit geschlagen, die Gerechtesten zum Bergessen der alten Wahrheit geneigt, daß man keinem Andern thun solle, was man sich nicht selber wünscht. Das gelte am meisten Jenen gegenüber, die für ihre Rationalsprache gleichfalls eifern. Ein solcher ungerechter Übereifer führe aber gerade ins Berderben. „Im Friedenswerke der nationalen Umgestaltung erzeugt die geringste Gewalt eine Reaction und eine einzige Ungerechtigkeit rächt sich tausendfach. Hier siegt nur allein die geistige Superiorität und die ewige Wahrheit". Széchenyi sieht sich zu seinem tiefen Schmerze in dieser Ansicht vereinzelt. Doch entscheide in diesem Kampfe nicht die Quantität, sondern die Qualität der Kräfte. Hätte die ungrische Ration sich innerhalb der gesetzlichen Schranken gehalten, dann wären auch bei den anderen Rationalitäten die Leidenschaften nicht in Aufregung gekommen. Das Magyarenthum habe sich mit Gewalt auch in solche Kreise gedrängt, wo es kein ungrisches Wort gegeben, weil die Gründer jener Bereine nicht ungrischer Zunge gewesen; aus Bersammlungen und Unterhaltungen habe man jede andere Sprache auszuschließen gesucht; die Predigten in ungrischer Sprache für solche Hörer gehalten, von denen kaum ein Zehntel dieselbe verstehen konnte. Und welche Herabsetzungen und Demüthigungen mußte Jener erfahren, der sich von diesem Strome der Geistesverwirrung nicht fortreißen ließ! Wer gegen diese Gewaltthätigkeit, Intoleranz und Härte ein warnendes Wort sprach, den schalt man als einen schlechten oder feigen Patrioten und überhäufte ihn mit Schimpf. Wenn aber ein Nichtunger von diesem Übereifer gedrängt, auch seine eigene Sprache vertheidigt, dann wirft man ihm secessionistische Tendenzen vor."

„Ein solches Vorgehen verfehle den Zweck, schaffe vielmehr Märtyrer und wecke den Fanatismus. Nicht durch Befehl und Zwang, sondern durch fortgesetzte Cultur, durch geistige Überlegenheit könne die ungrische Sprache und Nation erhalten und verbreitet werden. Es gibt vielleicht kein Land, in welchem die erhabene Idee des Patriotismus mit der Nationalsprache derart verwirrt worden als eben in Ungarn, wo sich Einer schon als guten Patrioten betrachtet, weil seine Zunge die ungrische Sprache zu reden vermag. Das magyarische Wort ist aber noch kein ungrisches Gefühl und der Mensch deshalb noch nicht tugend= haft, weil er gerade ein Unger ist; denn das Kleid (und Wort) macht noch keinen Patrioten."

Man vergleiche, was etwa ein Decennium früher Kazinczy in derselben Frage geschrieben (s. o. Seite 182) und man wird die überraschendste Über= einstimmung erkennen.

Leider fanden solch eindringliche Mahnungen und Warnungen in den Kreisen der Eiferer nur Spott und Hohn und waren nicht im Stande, die Bewegung zu mäßigen, der Vernunft und Beson= nenheit zur Herrschaft zu verhelfen. „Ist es da zu wundern," fragt der ungrische Staatsrechtslehrer Dr. A. von Virozsil, „wenn bei solcher Übertreibung der magyarischen Nationalität eine ähnliche Reaction in den Gemüthern der übrigen, doppelt so starken Bevölkerung des Landes nach und nach hervorgerufen wurde, daß dieselbe zuerst die Gründe des bisher so viele Jahrhunderte hin= durch bestandenen brüderlichen Verbandes mit dem Hauptstamme in Frage zu stellen, dann sogar die materiellen Kräfte beider Theile gegen einander zu vergleichen und danach seine Maßregeln zu nehmen begann? Kann es da noch dem aufmerksamen Beobachter zweifelhaft sein, wohin ein so unpolitischerweise provocierter Nationalitäten= und Rassen=Kampf zuletzt führen könne?"

Nun die Ereignisse von 1848/9 beantworteten diese Fragen in sehr ernster Weise. Diesen Revolutions= und Bürger= krieg können wir an dieser Stelle ebenfalls nicht weiter verfolgen.

Die Deutschen in Ungarn und Siebenbürgen nahmen in diesem Kriege eine sehr verschiedene Stellung ein. Die Gesetze von 1847/8 sprachen die „Gleichberechtigung der Nationalitäten" aus, sie brachten dem Lande die sehnlichst gewünschte Befreiung des Grund und Bodens, die Entlastung der Bauern und Bürger von Zehent und Robot, die Aufhebung der Aviticität, die allgemeine Besteuerung u. s. w. Die Deutschen in Ungarn jubelten diesen Errungenschaften zu und es ist richtig, wenn der ungrische Historiker M. Horváth bemerkt, daß „die in den Städten mit gemischten Nationalitäten lebenden Einwohner verschiedener Zunge an diesem Morgen der gemeinsamen Freiheit in geschwisterlichem Gefühle in Eins zusammenschmolzen." Die Siebenbürger Sachsen allein blieben von den Deutschen mißtrauisch; denn sie besorgten Gefahr für ihre municipale Selbständigkeit und für ihr deutsches Volksthum.

In dem bald darauf ausgebrochenen Kriege gegen Österreich und gegen die Nationalitäten im Innern standen die Deutschen in Ungarn im Lager der Magyaren. Sie hatten all die vielen Angriffe und Verunglimpfungen vergessen und setzten Gut und Blut ein, wo es galt die Freiheit zu vertheidigen. Auf diese Bahn wurden sie insbesondere noch durch zwei Motive getrieben. Das Metternich'sche Österreich mußte dem Deutsch-Unger als ein doppelt verhaßtes Regime gelten; denn dasselbe war nicht bloß hemmend und lähmend dem allgemeinen Fortschritte Ungarns gegenüber, sondern die damalige Landes- und Geistessperre hatte die ungarischen Deutschen auch von dem Verkehr und der steten Berührung mit Deutschland abgeschlossen und dadurch die Ver-kümmerung des Deutschthums ungemein beschleunigt. Wohin sollte sich der Deutsche in Ungarn wenden? An das polizeilich-absolu-tistische Österreich, das zudem in ihm auch noch den Protestanten haßte? An jenes Österreich, das gerade wegen seiner freiheitsfeind-lichen Regierungstendenzen das Deutschthum in Ungarn, insbe-sondere die jüngere Generation, am eigenen Volksstamme irre gemacht und häufig zum Verlassen desselben bewogen hat, weil man „freiheitsfeindlich" und „deutsch" im ungarischen „Vormärz" nahezu als synonim betrachtete. Oder sollte der Deutsche mit den übrigen nichtmagyarischen Nationalitäten im Lande gehen, die sämmtliche culturell unter ihm standen und im Einzelnen oft Tendenzen verfolgten, welche nicht bloß dem Vaterlande, sondern auch den Deutschen selbst bedrohlich sein mußten? Da blieb keine lange Wahl; in den Reihen der Magyaren vertheidigte der Deutschunger die constitutionelle Freiheit, hier hoffte er die Bürgschaft einer neuen schönern Zukunft zu gewinnen und hier fand er auch den Bundesgenossen gegen den Slavismus, der sich zu derselben Zeit allenthalben regte. Dieser Antagonismus des Deutschthums gegen das Slaventhum und dessen Hauptprotector, den russischen Zaren, wirkte als das andere mächtige Motiv, welches die Deutschen in das Lager der Revolution trieb.

Wie die ungarischen Deutschen für ihr Vaterland gekämpft, das lehrt die Geschichte; wir berufen uns an dieser Stelle nur auf das Zeugniß Ludwig Kossuths. In einem deutschen Schreiben vom 4. März 1880 an den Verleger der deutschen Ausgabe seiner „Schriften aus der Emigration" schreibt er von den „deutschen Patrioten Ungarns:" „Sie haben es thatsächlich bewiesen, daß, obschon die Kenntniß der Sprache, die das typische Merkmal der staatlichen Individualität und des historischen Charakters einer Nation bildet, ganz sehr wünschenswerth und sehr wichtig ist, dennoch die Einheit der Sprache weder das einzige noch auch das stärkste Band der politischen Einheit ist . . . . Die Verschiedenheit der Sprache ist kein Hinderniß der Nationaleinheit; denn Nationalitäten sind bloß ein Zufall der Natur, Nationen hingegen eine Schöpfung der Geschichte, die durch Gemeinschaft der Gesinnungen in der Werkstätte der historischen Entwicklung von gemeinschaftlichen Interessen ausgebildet, die Bürger eines Landes ohne Unterschied der Sprache mit heiligen Banden an den heiligen Begriff des Vaterlandes knüpft."

Von diesem mehr weniger bewußten Standpunkte aus kämpften die ungarischen Deutschen für die verfassungsmäßige Freiheit und Unabhängigkeit des Landes; sie lieferten der Revolution eine Reihe der tüchtigsten Heerführer: Der Zipser Arthur Görgey und der

Damm er u. Klapka waren jedenfalls die bedeutendsten Generale
der Revolution, dazu kamen noch die Anführer Leiningen,
Vetter, Stein, Pöltenberg, Aulich u. a. Am eifrigsten
waren die Deutschen gegen die slawisch-rumänischen Scharen,
weniger gerne gegen das eigentliche „kaiserliche“ Militär; denn
bei aller Begeisterung und Hingebung für die Rechte Ungarns,
lag ihnen doch der Gedanke einer Trennung von Österreich und
dessen Herrscherhause gänzlich fern. Von dem Tage an, als die
revolutionäre Bewegung die secessionistische Richtung einschlug,
hatte sie bei den Deutschen die Sympathie verloren. Die Politik
Görgey's war für die ungarischen Deutschen die alleinig richtige.
Man wünschte auf dem Boden der Verfassung die Aussöhnung
mit der Krone und mit Österreich.

Nach den Stürmen der Revolution folgte das Decennium
der centralistischen Neugestaltung Österreichs, als
dessen Provinz das in fünf Theile (eigentliches Ungarn, Siebenbürgen, Wojwodschaft Serbien und Temeser Banat, Croatien-
Slavonien und die Militär-Gränze) zerlegte Königreich Ungarn
betrachtet und behandelt wurde. Die Regierung von 1850—1860
nahm den josefinischen Versuch wieder auf, indem sie abermals
die deutsche Sprache als eigentliche Geschäfts- und Verwaltungssprache erklärte, im übrigen für die unteren Behörden im eigentlichen Ungarn auch den Gebrauch der magyarischen und der anderen
Volkssprachen gestattete. Die Verwaltung war eine durchwegs
bureaukratische, die Autonomie der Comitate und der Städte wurde
ebenso beseitigt wie die constitutionellen Rechte und Freiheiten des
Landes überhaupt: die Resultate dieses Versuches sind bekannt.
Die Deutschen in Ungarn und Siebenbürgen hatten die „Germanisierungstendenzen“ am allerwenigsten gebilligt und es ist auch
nicht richtig, wenn man später und auch heute noch nur von
„fremden, deutschen“ Beamten dieser Periode spricht und klagt.
Die übergroße Mehrzahl der höheren und niederen Beamten gehörte,
namentlich seit 1855, den ungarischen Ländern an und das magyarische Volkselement war bei den „Bach-Hußaren“ ebenfalls zahlreich vertreten. Die deutschen Professoren an einigen Gymnasien,

Realschulen und Lehrerbildungsanstalten, sowie die Reform des gesammten Schulwesens in Ungarn und Siebenbürgen überhaupt muß aber (abgesehen von der staatsrechtlichen und politischen Seite) als eine für Ungarn wohlthätige Maßregel erklärt werden.

Wie nach dem Tode Josef II. so hatte indessen das Deutsch= thum in Ungarn auch nach dem Jahre 1860 böse Tage verlebt. Die berechtigte Opposition beschränkte sich nämlich keineswegs auf das staatsrechtliche und politische Gebiet, sondern die Ultra's kehrten abermals ihren Groll gegen das Deutschthum überhaupt und gegen die ungarischen Deutschen insbesondere. Die bedauerlichen Folgen dieses erneuerten magyarischen Chauvinismus werden wir weiter unten noch berühren müssen; denn diese Zustände reichen bis in die Gegenwart.

Am Schlusse unserer geschichtlichen Skizze geben wir nur noch einer Beobachtung Raum. Betrachtet man nämlich den Verlauf der deutschen Einwanderungen nach Ungarn in älterer und neuerer Zeit und die Schicksale dieser „Gäste", so macht man die inter= essante Wahrnehmung, daß die älteren deutschen Ansied= lungen in Ungarn, welche von Seite der Landesfürsten mit bürgerlichen Rechten und Freiheiten begabt worden waren und sich im Laufe der Zeiten auch zu politischer Bedeutung und muni= cipaler Selbständigkeit, ja zur Reichsstandschaft emporgeschwungen hatten, wie dies namentlich bei den Zipser und Siebenbürger Sachsen und bei den Deutschenstädten Ungarns der Fall war, — daß diese älteren deutschen Volksgruppen in der Gegenwart ein wenig erfreuliches Bild ihres nationalen Bestandes darbieten. Sie befinden sich entweder im Rückgange oder kämpfen nur mühselig um ihre Existenz. Dagegen erfreuen sich die deutschen Colon= nistenorte des XVIII. Jahrhunderts größtentheils eines blühenden Gedeihens, obgleich die Ansiedler bei ihrer Niederlassung außer der persönlichen Freiheit und einigen materiellen Vergünstigungen keiner sonstigen socialen oder gar politischen Vor= rechte theilhaftig wurden. Die Schwaben in Ungarn sind in der Nachbarschaft der übrigen Nationalitäten nicht nur nicht zurückgegangen, sondern haben ihren Volksstand vielfach vermehrt;

während bei ihren Volksgenossen in Oberungarn und Siebenbürgen
das Gegentheil der Fall ist. Den Schwaben und anderen Deutschen
süddeutscher Herkunft ist es gelungen, das von ihnen ursprünglich
besetzte Terrain bedeutend zu erweitern, ja selbst neue Colonisten-
schwärme auszusenden. Mit oder nach dem kaiserlichen Kriegsheer
ist der schwäbische Colonist donauabwärts gewandert; wo das
Schwert des Türken und die Hufe seiner Streitrosse das Land verwüstet und verödet zurückließen, da hat der Schwabe, Baier und
Franke seinen Pflug eingesetzt und ärntet heute daselbst hundertfältige
Frucht. „Süddeutschland,“ bemerkt der Socialpolitiker W. H.
Riehl, „drang colonisierend in den Donauländern vor und es
ist seine Ehre, wenn man in Ungarn heute noch jeden Deutschen einen
„„Schwaben““ heißt.“

Auf dem festen breiten Boden des wohlhabenden schwäbischen
Bauernstandes in Ungarn baut sich dann langsam doch sicher auch
das höhere geistige und sittliche Leben des Volkes auf. Endlich
weisen wir noch auf den interessanten Umstand hin, daß die älteren
deutschen Volksgruppen in Ungarn in kirchlich-confessioneller Hinsicht
fast ausschließlich der evangelischen Kirche Augsburger Confession angehören, während die im XVIII. Jahrhundert angesiedelten Deutschen mit geringen Ausnahmen nur Katholiken
sind. Bei der allgemeinen Toleranz, welche auf confessionellem
Gebiete in Ungarn herrscht, tritt jedoch auch unter den hiesigen
Deutschen ihre kirchliche Verschiedenheit nicht in den Vordergrund,
gibt insbesondere zu keinerlei Mißstimmung oder Störung des
friedlichen geselligen Verkehrs Anlaß.

Gegenwart des Deutschthums in Ungarn.

Die geographische Verbreitung der Deutschen in Ungarn-Siebenbürgen.

Aus den voranstehenden geschichtlichen Mittheilungen geht hervor, daß die Deutschen schon in den ersten Zeiten der Arpádischen Könige in den verschiedensten Theilen des Landes gewohnt haben. Bereits damals trifft man Deutsche sowohl in den Gebirgswäldern Westungarns wie in dem Hochlande der Tátra und in der felsumgürteten siebenbürgischen Bergveste; aber wir finden sie auch in den Hügellandschaften auf dem rechten Ufer der Donau und im Tieflande Innerungarns. Allerdings war diese Vertheilung niemals eine gleichmäßige, auch die Verbreitung keine continuierliche; wie denn auch heutzutage die deutsche Bevölkerung Ungarns nur in größeren und kleineren Sprachinseln und Gruppen oder in sporadischen Ausstreuungen einzelner Gemeinden über das Land vertheilt erscheint. *) Da wir den Gang der deutschen Einwanderung und Niederlassung in seiner Allgemeinheit geschildert haben und die Bildung der einzelnen Inseln und Gruppen der Deutschen in Ungarn-Siebenbürgen weiter unten noch insbesondere verfolgen werden: so bieten wir hier zunächst eine Übersicht der gegenwärtigen

---

*) Außer dem Werke von Czoernig vgl. noch die „Völkerstämme Österreichs" von A. Ficker; dann: Dr. Konek, Statistik von Ungarn (ung); Keleti, Unser Land und Volk (ung.); Schwicker, Statistik des Königreichs Ungarn (Stuttgart, 1877). Für die ältere Zeit: Schwartner, Statistik des Königreiches Ungarn. Csaplovics, Gemälde von Ungarn, Brebetzky, Beiträge 2c.

geographifchen Verbreitung der ungarifchen
Deutfchen.

Ein Blick auf die ethnographifche Karte Ungarns überzeugt
uns, daß die Deutfchen in Ungarn und Siebenbürgen heute vor
Allem an den Rändern des Landes feßhaft erfcheinen,
im Innern begegnet man zwar auch zahlreichen größeren und
kleineren Landftrichen, die von Deutfchen bewohnt werden; aber die
Anfiedlung derfelben erfolgte größtentheils zu einer Zeit, da diefe
Gebiete während der allmählichen Türkenvertreibung ebenfalls noch
nahe an der Gränze lagen oder doch erft kürzlich von den Türken
zurückerobert worden waren.

Scheidet man die ungarifchen Deutfchen nach ihrer urfprüng-
lichen Stammesverfchiedenheit, fo find namentlich unter den Anfied-
lern aus früherer Zeit zu unterfcheiden: Hochdeutfche (teutones),
und zwar Baiern, Franken und Alemannen; und Nieder-
deutfche (saxones), Sachfen, Flandrer und Schlefier, denen
mitteldeutfche oder thüringifche Einwanderer zugefellt waren. In
den Tagen nach der Türkenvertreibung kamen dann insbefondere
Schwaben als deutfche Coloniften nach Ungarn. Die älteren
hochdeutfchen Niederlaffungen fanden in den gebirgigen Landestheilen Weftungarns, die fogenannten „Sachfen" und „Flandrer"
aber in den nordungarifchen Bergftädten, dann am Fuße der
Hochkarpathen in der Zips und im Sárofer Comitate, endlich im
Südoften an der Grenze gegen Kumanien (Moldo-Walachei) in
Siebenbürgen ihre neue Heimatftätte. Die Schwaben des XVII.
und XVIII. Jahrhunderts erhielten theils in der hügeligen Umgebung der ungarifchen Hauptftadt und auf der rechten Uferfeite der
Donau in den Thälern und Abhängen des Bakonyer Waldes und
des Vértesgebirges, theils in dem Winkel zwifchen Drau und
Donau fowie an den Geländen des Mecfek-Gebirges ihre Wohn-
fitze. In der zweiten Hälfte des vorigen Jahrhunderts erfolgten
endlich die Colonifierungen in den Tiefebenen des Temefer Banats,
der Militärgrenze und der Bácska.

So bewohnt denn der Deutfche in Ungarn und Siebenbürgen
das Hochland wie das Mittelgebirge und die Hügelgegend; aber

er hat auch in der meerähnlichen Fläche des ungarischen Alföld seine Wohnung aufgeschlagen und überall findet er sein Gedeihen. Die Folge dieser weiten geographischen Verbreitung im Lande ist, daß die Deutschen mit allen übrigen Volksstämmen des Landes in Berührung und Verkehr getreten sind und sehr oft mitten unter zwei, drei und mehr verschiedenen Nationalitäten leben.

Im Westen berührt sich deutsches Volksthum mit Magyaren, Slovenen und Kroaten; hier greifen die vier Volkselemente häufig in einander über und senden einzelne Streifen oder Colonien bis tief in das andere Sprachgebiet hinein. Die Deutschen des Eisenburger und Ödenburger Comitats, die sogenannten Hienzen, halten die Gebirgsstrecken und Hügelreihen besetzt; das Flachland nimmt hier meist die magyarische Bevölkerung ein. Fortsetzungsweise schließen sich an die Hienzen die Heidebauern an den Ufern des Neusiedlersees, dessen Umgebung mit Ausnahme seiner südöstlichen Ecke ganz dem deutschen Sprachgebiete angehört. Das Wieselburger Comitat ist ebenfalls fast ausschließlich deutsch, von hier reicht dann das Deutschthum auch über die Donau, sendet einzelne Ausstrahlungen nach der Insel Schütt und trifft in dem vorwiegend deutschen Preßburg mit dem magyarischen und slovakischen Volks-Elemente zusammen. Im Eisenburger Comitate machen die Deutschen etwa 36, im Ödenburger 43, im Wieselburger über 76 Procent der Bevölkerung aus.

Von Preßburg hebt die deutsch-slovakische Sprachgrenze an. Diese läuft theils an der Donau, theils an der March, doch tritt das Deutschthum nordwärts stets sporadischer auf; von Tirnau ab verschwindet es völlig im herrschenden slovakischen Element. In diesen nordkarpathischen Gebieten, welche um den Anfang des XV. Jahrhunderts vorwiegend deutsch gewesen, trifft man heute nur die Reste des Deutschthums in zerstreuten Oasen. Es sind die Deutschen in den ungarischen Bergorten Kremnitz, Schemnitz und Neusohl, die Krikerhäuer und Deutschbronner oder Deutsch-Prabener, zwei Sprachinseln mit einer dritten kleinen Vorlage in den Comitaten Neitra, Bars, Árva

und Turócz, die Deutschpilsener im Honter Comitat, dermalen
bereits auf eine Ortschaft beschränkt, die Gründner im
südlichen Theile der Zips und die mit ihnen im unmittelbaren
Zusammenhange stehenden Metzenseifer. Diese letztere Sprach=
insel steht durch die angereihten Orte Göllnitz, Krompach, Wallen=
dorf und Kirchdrauf mit der mehr geschlossenen, bedeutendsten
deutschen Gruppe dieser Gegend, mit den Sachsen in der Zips,
in Verbindung. Vereinzelt liegen die deutsch=slovakischen Orte Igló,
Dobschau und das deutsch=slovakisch=magyarische Kaschau.
Die ehedem zahlreichen Deutschen im Sároser Comitate sind
heute größtentheils unter Slovaken und Ruthenen verschwunden.
Reste dieser deutschen Bevölkerung wohnen noch in Eperies, in
Bartfeld, Zeben u. a. O.

Von dem Waagthale im Westen bis zum Fuße des östlichen
karpathischen Waldgebirges und an den Abhängen desselben findet
man eine ziemliche Anzahl zerstreut liegender deutscher
Ansiedlungen in den Comitaten Preßburg, Neitra, Abauj,
Torna, Borsod, Heves, Zemplin, Bereg, Ugocsa, Marmaros,
Szabolcs, Szatmár u. a. O. Mitten unter anderssprachigen
Bewohnern (Slovaken, Ruthenen, Rumänen und Magyaren) und
meist ohne Zusammenhang unter einander oder mit anderen
größeren deutschen Sprachinseln gehen diese nordöstlichen Deutschen
gleich ihren nordwestlichen Schicksals=Genossen einer allmählichen,
unvermeidlichen Aufsaugung durch das umwohnende zahlreichere
fremde Volkselement entgegen. Stärkere deutsche Volksgruppen
sind in den Comitaten Bereg und Ugocsa, nächst Munkács und
dann im Szatmárer Comitate. Es sind schwäbische Colo=
nisten des XVIII. Jahrhunderts, welche von den gräflichen
Familien Schönborn und Károlyi hier angesiedelt wurden. Ein
scharf beobachtender Reisender (F. von Löher) bemerkt über alle
diese in fremdes Volksthum eingesprengten Deutschen mit Recht:
„Liegen ein Paar deutsche Dörfer bei einander, so hält eines das
andere aufrecht in Ordnung und edlerem Volksgefühl. Findet
sich aber eine deutsche Ansiedlung rings von Nichtdeutschen umgeben,
so erhält sich die angestammte Tüchtigkeit nur mit Mühe ein

paar Menschenalter. Die wilde Natur mit ihrer Freiheit, ihrem Staub und Schmutz bringt überwältigend auf sie ein. Allmählich werden sie träg und lotterig, verlieren an Ehrgefühl und Selbst= achtung, und sind zuletzt zufrieden, wenn sie nur noch vollauf Speck und Branntwein haben." Wir werden die Wahrheit dieses Ausspruches im Laufe unserer Darstellung noch vielfach bestätigt finden.

Unter diesem Absorbierungsproceß leiden natürlich die isolierten nordungarischen Deutschen am meisten; aber selbst in denjenigen Gebieten Ober=Ungarns, wo die Deutschen dichter wohnen, befin= det sich das Deutschthum in einem wenig erfreulichen Zustande; es stagniert oder geht dem Verfalle entgegen. Die Mischung des deutschen Elements mit anderen Volksstämmen ist übrigens in diesen Theilen des Landes sehr verschieden. Auf dem Gebiete des frühern Municipiums der XVI Zipser Städte machen die Deutschen noch über 70 Percente der Bevölkerung aus; aber in den übrigen Comitaten Nordungarns steht ihre Ziffer beträchtlich tiefer: im Preßburger Comitate auf 18, im Honter auf 8·6 im Gömörer auf 4, im Zempliner auf 3 und im Unger gar nur auf 2 Procent. Die deutsche Bevölkerung nimmt also in der Richtung von Westen nach Osten ab.

Auf unserer geographischen Wanderung an der Umrandung Ungarns treffen wir im Anschlusse an den Marmaroser Gebirgs= knoten, die Felseninsel Siebenbürgen, deren wichtige östliche und südöstliche Grenze gleichfalls deutsche Bevölkerung aufweist. Die Deutschen in Siebenbürgen bilden drei Hauptgruppen: auf dem Königsboden, im Burzenlande und im Nösner= gau. Dieselben sind vorwiegend Sachsen und gehören zu den ältesten deutschen Ansiedlern auf dem Gebiete der St. Stefans= krone. Neben diesen Sachsen leben noch oberdeutsche Nachwan= derer, die erst im XVIII. und XIX. Jahrhundert aus Baden, aus dem Breisgau, aus Württemberg, Salzburg u. a. süddeutschen Volksgebieten hierhergekommen sind und gemeiniglich „Landler" genannt werden. Die siebenbürgischen Deutschen wohnen auf dem ehemaligen „Königsboden" mit seinem Mittelpunkte in Hermann=

ſtadt und ſeinen ethnographiſchen Ausſtrahlungen theils mit
Rumänen gemiſcht, theils haben ſie ſich ungemiſcht erhalten; doch
iſt das rumäniſche Volkselement im Fortſchreiten begriffen.　Im
Burzenlande, deſſen Capitale Kronſtadt iſt, treten zu den Sachſen
außer Rumänen noch Magyaren (Székler) Der Nösner-Gau
(Biſtritzer Diſtrict) iſt zwar die kleinſte dieſer drei deutſchen
Sprachinſeln, aber das Deutſchthum hat ſich daſelbſt zumeiſt unge=
miſcht erhalten; es liegt jedoch auch dieſe Inſel inmitten der
rumäniſchen Volksmajorität, die nur ſtellenweiſe mehr weniger vom
magyariſchen Elemente durchbrochen wird.　Zerſtreute deutſche Be=
völkerung findet man in Siebenbürgen allenthalben unter Rumänen
und Magyaren; das entſchiedene Übergewicht beſitzt das Deutſch=
thum außer in dem ehemaligen Biſtritzer Diſtrict, wo es 84$\frac{1}{2}$ %
der Bevölkerung ausmacht, noch in den einſtigen Sachſenſtühlen
Mediaſch mit 62$\frac{1}{2}$ %, Schäßburg mit 57$\frac{3}{5}$ % und Großſchenk
mit 56$\frac{2}{3}$ %; im Kronſtädter Diſtricte beträgt dasſelbe nur 32%.
Die neueſte Municipal-Eintheilung Siebenbürgens, wodurch die
bisherige politiſche Einheit des „Königsbodens" aufgehoben wurde,
hat den Deutſchen noch inſofern Nachtheil gebracht, als ſie nun in
keinem Municipium Siebenbürgens die Majorität
der Bevölkerung ausmachen.　So bilden ſie im Comitate Groß=
kokelburg 44·9, in Kronſtadt 43·6, in Hermannſtadt 30·5, in Biſtritz=
Naßód 24·2, in Kleinkokelburg 19 Percente der Bevölkerung.

　　Größeren deutſchen Sprachinſeln begegnet man ferner in Süd=
ungarn, im ſogenannten Banate und in der Bácska.　Dieſe
ſüdungariſchen Deutſchen ſind ausnahmslos Einwanderer
aus dem XVIII. und XIX. Jahrhunderte, die erſt nach der
Türken=Vertreibung dieſe entvölkerten und verwahrloſten Gegenden
beſiedelten und wieder urbar machten.　Am compacteſten wohnen
dieſe Schwaben in den Comitaten Temes und Torontál, ferner
im ſüdweſtlichen Theile des Bácſer Comitats.　Doch finden ſich
kleinere Inſeln und vereinzelte deutſche Orte und Gemeinden
ziemlich über das ganze Gebiet von der Donau im Weſten bis
zum ſiebenbürgiſchen Hochlande im Oſten zerſtreut; in jeder größern
Ortſchaft ſind Deutſche ſeßhaft.　In Folge der beſonders ſtarken

Mischung der Bevölkerung wohnen die Deutschen im Banate und in der Bácska in Berührung mit Magyaren, Rumänen, Serben, Bunyeváczen (Schokaczen), Griechen, Armeniern, Bulgaren und Slovaken. Dieses Völkergemisch erzeugt dann auch besondere ethnographische Erscheinungen.

Die deutsche Sprachinsel des Bácser Comitats nähert sich donauaufwärts den ebenfalls bedeutenden deutschen Gruppen in den Comitaten Baranya und Tolna, wo insbesondere in dem Winkel zwischen Donau und Drau, in der „schwäbischen Türkei," das Deutschthum stärker vertreten ist. Einzelne Ausläufer dieses großen deutschen Eilandes reichen west= und südwärts in magyarisches und slavonisches Sprachgebiet; hie und da sind sie auch noch unter serbisch=kroatischem Volkselemente vertreten. Nördlich schließen sich an die Deutschen der Baranya ihre Stammesgenossen in Tolna; östlich und westlich liegen dann in den weiten Flächen des ungarischen Tieflandes und entlang den Gestaden des Donaustromes deutsche Ortschaften. Alle diese Orte haben ihre deutsche Bevölkerung erst im Laufe des XVIII. Jahrhunderts erhalten. Das Deutschthum dieser oft ganz vereinzelten Gemeinden erleidet inmitten der nichtdeutschen Umgebung fortwährend empfindliche Einbußen.

In Torontál machen die Deutschen 47, in Temes 40, in Bács 29, in Baranya 39, in Tolna 36, in Krassó 12 Percente der Bevölkerung aus.

Die letzt zu erwähnende deutsche Gruppe erstreckt sich von der ungarischen Hauptstadt südwestlich über das Vértesgebirge bis in den Bakonyer Wald in den Comitaten Pest=Pilis=Solt, Stuhlweißenburg, Weszprim und Sümegh (Somogy) und steht durch einzelne Gemeinden auch mit den zerstreuten deutschen Orten im Graner und Raaber Comitate in Verbindung. Auch diese Deutschen gehören größtentheils dem schwäbischen Stamme an, doch ist derselbe auch mit bairisch=österreichischen und fränkischen Elementen gemischt. Diese deutschen Ansiedlungen reichen zum Theil bis in frühere Jahrhunderte zurück; haben jedoch seit dem Ende des XVII. Jahrhunderts zahlreiche Verstärkungen durch Nach=

wanderung erhalten. Diese Schwaben leben entweder in rein
deutschen Gemeinden, oder sie wohnen mit Magyaren gemischt,
deren Sprache sie zumeist ebenfalls sprechen.

Im Pest=Pilis=Solter Comitate beträgt das Contingent der
deutschen Bevölkerung 16 (in der Hauptstadt Budapest über 45%),
im Weszprimer Comitate 18, im Stuhlweißenburger 16, im
Graner 9, im Sümegher 8, im Raaber kaum zwei Percent der
Einwohner. Das deutsche Element befindet sich in einigen Gegenden
dieses Landstriches ebenfalls im Rückgange.

Die absolute Anzahl der deutschen Bevölkerung
in Ungarn=Siebenbürgen ist schwer zu eruieren; denn eine Zählung
nach den Nationalitäten ist nur im Jahre 1851 und neuestens im
Jahre 1881 erfolgt. Die beiden Volksconscriptionen aus den Jahren
1857 und 1869 haben der ziffermäßigen Aufnahme der einzelnen
Volksstämme keine Rubrik gewidmet. Man ist also hinsichtlich der
numerischen Höhe der Nationalitäten auf bloße Wahrscheinlichkeits=
rechnungen angewiesen und es können deshalb auch die Ergebnisse
nur auf einen beiläufigen Werth Anspruch machen; eine befrie=
digende Richtigkeit liegt darum auch in den folgenden Zahlen nicht,
da die Resultate der jüngsten Conscription hinsichtlich der Nationa=
litäten dermalen (Mitte August 1881) noch unbekannt sind.

Nach der Zählung vom Jahre 1851 gab es in Ungarn=
Siebenbürgen (ohne Kroatien, doch mit der Militärgränze)
1,763.000 Deutsche; darunter nach den deutschen Volksstämmen:
Baiern (Österreicher) 769.000, Schwaben 599.500, Franken 85.000,
Sudetenstämme (Deutschböhmen, Schlesier zc.) 71.500 und Sachsen
238.200. Im Jahre 1871 fand der ungrische Statistiker Karl
Keleti in Ungarn=Siebenbürgen (ohne Kroatien und die Militär=
gränze) 1,816.087 Deutsche. Für alle Länder der ungarischen
Krone stellte der Universitäts=Professor Dr. Konek im Jahre 1875
die Anzahl der Deutschen auf 1,898.202 oder 12·3% der Gesammt=
bevölkerung fest. Für Ungarn=Siebenbürgen (ohne Kroatien, doch
mit der einverleibten ungarischen Militärgränze) berechnete Keleti
den Stand der Deutschen im Jahre 1876 auf 1,847.909. Im
eigentlichen Ungarn würden darnach die Deutschen 1,624.814

Seelen oder 16·6% der Bevölkerung ausmachen. Man darf die Zahl der Deutschen in Ungarn und Siebenbürgen gegenwärtig ungefähr in der Höhe von 1,900.000 Seelen annehmen; sie bilden mehr als den siebenten Theil der Bevölkerung und ihre Bedeutung wird nicht nur durch diese numerische Stärke, sondern auch durch den Umstand erhöht, daß sie über das ganze Land verbreitet sind und an allen Arten der bürgerlichen Arbeit in hervorragender Weise sich betheiligen.

Im Hochlande der Karpathen liegt der Bergbau auch heute noch vorwiegend in deutschen Händen; ihnen gehört auch das Handwerk in den oberungarischen Städten an und, wo der Boden es gestattet, betreiben die Deutschen auch im Gebirge Ackerwirthschaft und Viehzucht. Die Bearbeitung des Holzes und Eisens sowie der Anbau und die Verwendung von Flachs und Hanf sind deutschen Ursprungs; die Weberei und Färberei kamen durch Deutsche ins Land; diese brachten Hobel und Säge, Feile, Hammer und Weberschiffchen mit. In West=Ungarn ver= ursacht es der Boden, daß sich der Deutsche hauptsächlich mit Ackerbau, Viehzucht und Holzwirthschaft befaßt. Daneben zieht er treffliches Obst, guten Wein und ergreift gerne das Klein= handwerk. Seine beweglichere Natur sowie die spärlichere Ergie= bigkeit des Bodens, aber auch die eigenthümlichen Erzeugnisse seiner Arbeit selbst, endlich die Nähe von Wien, Preßburg u. a. Städten macht den Hienzen und Heidebauern West=Ungarns zum wandernden Kleinhändler, Tagwerker, Fuhrmann u. dgl. Der Kosmopolitismus und die Zugvogelnatur des Deutschen üben hierbei auch ihren Einfluß aus.

Anders geartet ist die Thätigkeit der Deutschen in der Umgebung von Budapest. Zwar bilden auch hier Ackerbau und Viehzucht einen Theil der Beschäftigung, aber die Bedürfnisse der Großstadt veranlaßten den deutschen Fleiß zu anderer Production. Der Gemüse= und Obstbau, die Geflügelzucht, die Milchwirthschaft lohnen trefflich und finden deshalb auch von Seite dieser Deutschen ihre sorgsame und eifrige Pflege. In der Hauptstadt selbst liegt die gewerbliche Thätigkeit nach wie vor hauptsächlich in deutschen Händen,

außerdem betreiben die Ofner Schwaben erfolgreich den Weinbau.
Vorwiegend mit Acker= und Weinbau beschäftigen sich die Deutschen
in den Berg= und Hügellandschaften des Vértes=
gebirges und des Bakonyer Waldes, dann in Tolna und
Baranya, doch tritt bei den Letzteren auch Gemüse= und Obstbau
sowie der Handwerksbetrieb in erheblicher Weise hervor. Dagegen
sind die Schwaben in der Bácska und im Banate, auf den
weiten fruchtbaren Flächen des Alföld, fast ausschließlich Landwirthe
und Viehzüchter. Das Gold des „Banater Weizens", dessen Ruf
durch Europa geht, wird auf diesen Fluren erzeugt. Breit und
behäbig dehnen sich hier die dichtbevölkerten deutschen Ortschaften
aus, ganz im Gegensatze zu den zerstreuten deutschen Gebirgs=
dörfern im Westen und Norden oder zu den kümmerlichen Klein=
städten des Zipser Landes. Neben dem Kornreichthum findet der
südungarische Deutsche noch seinen besondern Stolz in der vor=
züglichen Pferdezucht; recht viel Pferde im Stalle zu haben, ist
das Ideal eines echten Banater Schwaben.

Ackerbau und Viehzucht machen auch beim Siebenbürger
Sachsen den wichtigsten Theil der Beschäftigung aus; doch
bietet daselbst der Boden weder den Raum noch die Fruchtbarkeit
wie in Süd=Ungarn. Darum hatte der Deutsche in Siebenbürgen
von jeher auch dem Gewerbe und Handel eine besondere Aufmerk=
samkeit gewidmet. Auf dem ehemaligen „Königsboden" fand das
Handwerk schon frühe seinen „goldenen Boden"; überdies hatte sich
der Siebenbürger Sachse vom Mittelalter bis zur Neuzeit den Ruf
eines gewandten und findigen Kauf= und Fuhrmannes erworben.
Er bildete den commerciellen Vermittler zwischen Ungarn und
den unteren Donauländern und gewann dadurch auch an Ansehen
und Reichthum, wovon selbst heute noch (trotz Bürgerkrieg,
Türkennoth und anderem Ungemach) manche namhafte Spuren zu
bemerken sind.

Betrachten wir nun die Vergangenheit und Gegenwart dieser
einzelnen deutschen Sprachgruppen und Inseln näher!

Die westungarischen Deutschen.

A. Hienzen. *)

Unter dem Namen Hienzen (auch Heanzen, Henzen oder Heinzen) kennt man in Ungarn die Deutschen im Eisenburger und Ödenburger Comitate. Sie bewohnen hier den wasser= armen Ostabhang des Leithagebirges, an dessen Fuß das Becken des Neusiedlersees und des Hanság=Sumpfes sich ausbreitet; dann insbesondere die Ausläufer der steirisch=österreichischen Ostalpen, welche hier ein von parallel laufenden Thälern durchfurchtes Hügelland bilden, wo die Zuflüsse der Raab, namentlich die Rabnitz, Güns, Pinka und Lafnitz ihre Wasser sammeln. Der Osten des Gebietes ist Niederung, in die nur zwei höhere Berg= zungen (bei Rockenborf und Alt=Prenten) hineinragen.

Nimmt man den Seewinkel und das ebenfalls überwiegend von Deutschen bewohnte Wieselburger Comitat hinzu, so erhält man einen Flächenraum von etwa 100 Quadrat=Meilen, auf dem neben 30.000 Slaven (hier „Wasserkroaten" genannt), 12.000 Juden und beiläufig 4000 Magyaren nahezu 250.000 Deutsche wohnen, unter denen die Hienzen die Hauptmasse ausmachen. In con= fessioneller Hinsicht gehören die Hienzen größtentheils der

---

*) Vgl. außer Czoernig noch den Aufsatz von M. A. Becker über die Hienzen in dessen „Zerstreuten Blättern" (Wien, 1880). Die Ödenburger Chronik von Csányi („Tschany, Verzeichniß etlicher Historien") im „Magy. Történelmi Tár" (d. i. „Ung. histor. Archiv.") 1858. Ferner handschriftliche und mündliche Mittheilungen.

katholischen Kirche an; doch leben unter ihnen auch gegen
40.000 Protestanten, namentlich in den gebirgigeren Theilen des
Gebietes.

Name und Herkunft der Hienzen ist strittig; Einige deuten
den Namen aus „Heinz" oder „Henz" (Heinrich), so daß er
„Heinrich's Leute" besagen würde und erinnern dabei an den
Kaiser Heinrich III., der wiederholte (1042, 1043, 1045) Kriegs=
züge nach Ungarn unternahm und die Westgegenden des Landes
besetzte (bis 1052) oder an den Grafen Heinrich von Güssing,
der als gewaltiger Dynast in dieser Gegend waltete (XIII. Jahr=
hundert). Eine andere Tradition erzählt von einem Henzo, dem
Besitzer der Burgen Schlabming und Bernstein, nach dem das
ganze Gebiet „Henzonia" geheißen. Unter König Ladislaus IV.
(1272—1290) erscheint in der That ein Hencz als königlicher
Kammergraf. Doch wir lassen diese Vermuthungen und etymolo=
gischen Deutungen und fügen nur noch bei, daß die Magyaren
den Namen der „Hienzen" auch als Spottwort gegen die west=
ungarischen Deutschen gebrauchen. Außerdem führen die Hienzen
unter sich noch besondere Prädicate. Da sind die „Kotzenhienzen"
(d. i. grobe, unhöfliche Leute), die „Hechtenhienzen", die am Neu=
siedlersee wohnen und den Hechtenfang gewerbsmäßig betreiben;
die „Spiegelhienzen" (unreinen H.), die „Pummhienzen" und endlich
die „geduldigen Hienzen." Diese Letzteren sind „so vül rari Leit."

Was die Herkunft der Hienzen anbelangt, so ist man hier=
über auch nicht genau unterrichtet. Ohne Zweifel hatten sich von
den bairischen Ansiedlungen, welche schon Karl der Große
in den avarischen Mark anlegen ließ und die sodann später unter
den fränkischen Markgrafen in slavischer Umgebung zu blühenden
Gemeinden sich entwickelten, einzelne Reste forterhalten, wie wir
dies bereits weiter oben (Seite 32 ff.) erzählt haben. Die
Occupation des Landes durch die Magyaren hatte sicherlich auch
diese deutschen Orte empfindlich geschädigt; aber kaum gänzlich
vernichtet. Dazu kam, daß die zahlreichen deutschen Gefangenen,
welche die Magyaren nach den Zeugnissen der Geschichte von
ihren Streifzügen nach Deutschland heimbrachten, höchst wahr=

scheinlich im Westen des Landes ihren gezwungenen Aufenthalt fanden, wodurch das Deutschthum daselbst manchen Zuschuß erhielt und woraus es sich auch erklärt, daß Westungarn in der Cultur den übrigen Theilen des Landes vorangieng und selbst heute bessere Zustände aufweist, als dies z. B. im Osten oder Südosten Ungarns der Fall ist.

Auch die Sprache der Hienzen weist auf ursprünglich bojoa= rische Abstammung hin. Dazu trat dann die Nachbarschaft der Deutschen in Österreich und Steiermark, welche den westungarischen Deutschen Stütze, Rückhalt und Nachschub gab; nicht minder die Ansiedlung deutscher Ritter, wie der Grafen von Güssing, des Wenzels von Wasserburg, des Geschlechtes Ják, der drei schwäbischen Grafen von Guth=Keled, welche mit den Hohenstaufen verwandt waren, der Meißner Gottfried und Albert Keled u. a. deutscher Adeliger und Freier, welche in diesen Theilen Ungarns reich begütert waren, und theils schon Vasallen aus Deutschland mitbrachten theils auf ihre Güter deutsche Ansiedler herbeizogen.

Von erheblichem Einfluß auf das deutsche Element im West= ungarn war sodann die im Jahre 1440 durch die Königin Elisa= beth erfolgte Verpfändung von Eisenstadt an den österreichischen Herzog Albrecht; im Jahre 1463 trat dann König Mathias (Corvinus) nebst Eisenstadt auch Forchtenstein, Güns, Kobersdorf, Rechnitz, Bernstein und Hornstein sammt den dazu gehörigen Gebieten mit Genehmigung der ungarischen Stände an Kaiser Friedrich IV. ab. Im Jahre 1622 wurde Eisenstadt und Forchten= stein von Kaiser Ferdinand II. dem nachmaligen Palatin Niko= laus von Eszterházy um 500000 rh. Gulden verpfändet, doch mit Vorbehalt aller königlichen und österreichischen Landesrechte. Seither blieben jedoch diese Orte wieder Ungarn einverleibt; doch wurden die den beiden Comitaten Ödenburg und Eisenburg zuge= hörigen Burgen noch im Jahre 1793 als österreichische Landes= theile von den nieder=österreichischen Ständen reclamiert.

Auf dem Gebiete der Hienzen erhoben sich nebst stattlichen Burgen und Schlössern, wie Bernstein, Forchtenstein, Schlai= ning, Lockenstein u. a. auch mehrere, schon frühzeitig blühende

Städte. Das feſte Schloß von Schlaining (Schlaning, ungriſch Szalonak) erbaute der gewaltige ſteiriſche Emporkömmling Andreas Baumkircher um die Mitte des XV. Jahrhunderts. Damals ließ derſelbe Baumkircher auch durch deutſche Bergleute hier die Silberminen bebauen und eigene Münzen prägen. Die Stadt Güns beſitzt ein Privilegium von König Karl Robert aus dem Jahre 1328, worin derſelbe den „Günſer Gäſten oder Bürgern“ ihre alten Vorrechte beſtätigt und ihnen auch die Freiheiten der Ödenburger nebſt ſonſtigen Abgaben=Erleichterungen verlieh. Der Richter von Güns beſaß ſogar das Recht über Leben und Tod; wenn ein Adeliger des Comitats ſich in der Stadt niederließ, ſo nahm er an den Rechten der Bürger Antheil. Auch die Könige Ludwig I., Sigmund, Ferdinand I. und die nachfolgenden Habsburger beſtätigten der Stadt die alten Freiheiten oder beſchenkten ſie mit neuen. In der Kriegsgeſchichte Ungarns iſt Güns durch die Ver=theidigung des tapfern Jurichich (1532) berühmt. Die Bürger halfen dabei wacker mit. Mancherlei Drangſale brachte die Gegen=reformation über die Stadt, die bis zum Ende des XVII. Jahr=hunderts rein deutſche Bevölkerung hatte. Im Jahre 1681 zwang man ihr einen magyariſchen Stadtrichter auf, die deutſchen Predi=ger wurden wiederholt vertrieben und auf ſolche Weiſe das hieſige Deutſchthum geſchwächt und zerſetzt. Im Jahre 1649 wurde Güns zum Range einer königlichen Freiſtadt erhoben; die Stadt verlor jedoch im Jahre 1876 ihre municipale Selbſtändigkeit und unterſteht heute der Comitats=Jurisdiction. Die Bevölkerung zählt dermalen 7000 Seelen, noch immer größtentheils Deutſche.

Dasſelbe Schickſal des Verluſtes der ehemaligen municipalen Selbſtändigkeit traf im Jahre 1876 noch zwei andere deutſche Städte unſeres Gebietes, nämlich Eiſenſtadt (Kis=Márton) und Ruſt. Eiſenſtadt erhielt einen Freibrief in deutſcher Sprache im Jahre 1373 von dem Agramer Biſchofe Stefan von Kaniſcha. Herzog Albrecht VI. von Öſterreich beſtätigte im Jahre 1447 dieſe Freiheiten; königliche Freiſtadt war der Ort ſeit dem Jahre 1648; heute zählt die Stadt kaum 3000 Einwohner. Noch geringer iſt die Bevölkerung von Ruſt mit etwa 1500 Seelen; dieſe Liliputſtadt,

weithin bekannt durch ihren vortrefflichen Weinbau, erhielt die
Rechte einer königlichen Freiſtadt im Jahre 1681.

Die bedeutendſte Stadt der Hienzen iſt Ödenburg (magy.
Sopron). An der Stelle des alten römiſchen Scarabantia erbaut,
war der Ort ſchon im frühen Mittelalter bedeutend; der Name
heißt ſo viel als „Burg oder Pfalz in der Öden"; die Stadt kam
bereits im Jahre 1260 in den Beſitz eines Privilegiums, das 17
Jahre ſpäter König Ladislaus III. den dortigen deutſchen
Bürgern und Gäſten in Folge ihrer gegen den Böhmen-König
Ottokar erworbenen Verdienſte neuerdings beſtätigte. Die Ödenburger Stadtrechte ſtimmten mit denen der Stadt Stuhlweißenburg überein. Auch vom letzten Árpáden-König Andreas III.
erhielten die Ödenburger wegen ihrer Treue im Jahre 1291 eine
abermalige Beſtätigung der ſtädtiſchen Rechte und Freiheiten.
Dasſelbe geſchah unter den folgenden Herrſchern bis auf Leopold I.
und Joſef I. Die Stadt gewann dabei zugleich verſchiedene
Schenkungen und Ländereien und ſtieg namentlich im XVII. Jahrhunderte auch zu namhafter politiſcher Bedeutung. Vier Landtage
wurden daſelbſt abgehalten und zwei Königinnen gekrönt. In der
Reformations-Geſchichte Ungarns ſpielt Ödenburg gleichfalls eine
hervorragende Rolle. Die Stadt mußte gleich den Günſer
Deutſchen in Folge ihres evangeliſchen Glaubens, dem der größere
Theil der Bürger anhieng, allerlei Zurückſetzungen erfahren. Den
wiederholten Vertreibungen der Prediger und der Wegnahme der
proteſtantiſchen Kirche durch die katholiſchen Reſtaurations-Com-
miſſäre folgte regelmäßig auch die Einſetzung katholiſcher Beamten,
die überdies häufig der magyariſchen Nationalität angehörten.
Der Ödenburger Chroniſt bemerkt hierbei, daß dieſe Beamten oft
„nicht Teitſch haben reden können mit den Leyten"; auch erwähnt
er ihrer Unwiſſenheit, einzelne der aufoctroyierten Rathsherrn
„haben nicht einen Buchſtab können leſen noch ſchreiben"; doch es
hieß: „die Katholiſchen müſſen und ſollen überall in (den) Vorzug
haben, ſie können was oder nicht." Ödenburg zeichnete ſich trotzdem
durch große Loyalität aus; die gegenreformatoriſchen Vexationen
konnten die Bürger nur vorübergehend in das Lager der ungriſchen

14*

Oppoſition treiben. Dermalen zählt Ödenburg nahezu 22.000 Ein=
wohner, überwiegend Deutſche, die theils der katholiſchen, theils
der evangeliſch=lutheriſchen Confeſſion angehören und ſich durch
rührige Gewerbsthätigkeit, Wein= und Ackerbau und Handel einen
erheblichen Wohlſtand erworben haben. Daneben waltet in der
Bürgerſchaft Sinn für höhere geiſtige Intereſſen; Ödenburg erfreut
ſich trefflicher Lehranſtalten und ſonſtiger Bildungsinſtitute. Die
Befähigung, Gewecktheit, Unternehmungsluſt und Erfindungsgabe
des Hienzen haben hier manch Vortreffliches geſchaffen.

Die Mundart des Hienzen erinnert in ihrem Weſen
an das Alt=Bairiſche, wodurch ſie dem örtlich nahen öſterreichiſchen
Volksdialecte verwandt wird; doch beſitzt dieſelbe anderſeits wieder
ſolche Eigenthümlichkeiten, die ſie von den Nachbarn in Öſterreich
ſcharf unterſcheiden. Der Öſterreicher liebt die Kürze im Laut=
fall, der Hienze dehnt den Laut und ſondert die aufeinander
folgenden Selbſtlaute ſchärfer. Sagt der Öſterreicher: „Gud'n
Murg'n", ſo heißt es beim Hienzen: „Guid'n Murring"; ſagt
jener: „Boda und Mu'eda", ſo entgegnet dieſer: „Booda und
Muida" u. ähnl. Eine große Anzahl ſpecifiſcher Benennungen ſind
beiden gemein, andere ſprichwörtliche Redensarten gehören aus=
ſchließlich dem einem oder dem andern an. Aus dieſen Verſchie=
benheiten geht hervor, daß die Hienzen keineswegs bloß durch locales
Fortrücken der Deutſchen in Öſterreich und Steiermark nach Ungarn
gekommen ſind, obgleich Zuwanderungen und Überſiedelungen im
Einzelnen ſtattgefunden haben und noch ſtattfinden

Eine Probe des Hienziſchen Dialects bieten nachfolgende Gedichte
(vom evangeliſchen Pfarrer Schranz in Budapeſt):

Auswärtgedanka[1]).

D'r Räinl[2]) af der Dufenbank
    Is heint guar ſöltſam g'ſtimmp,
Jahm ſangg der Pölz zan bläibern[3]) aun,
    Weil ſchaun der Auswärt kimmp.

Es riahrt ſi ſchaun in Gurden bauſt,
    Die Bamer ſchlogen aus,
Und wou a Graſerl ſchluiſen kann,
    Durt ſchluifts heintmoargen aus.

_____

[1]) Auswärt = Frühling, Lenz; [2]) Räinl = Ahnl, Großvater; [3]) bläi=
= blättern, ſaftig werden.

Der Winter is mit Eis und Schnee
   Af uaml wieder suat,
Bold bliahn die Bliamal roth und göl'
   Af insern Wiesan buat.

Und b'Veigel singa lusti drein
   In Gurden und in Wold
Es is a Gwuis[1]) va Graß und Kluan
   Daß b'Leiten[2]) wiederhollt.

D' Sunn scheint sou won[3]) van Himmel oar,
   Und schaut ban Fenster ein,
Es is mein's Söl a rechti Freid,
   Hiatz wieder Mensch za sein.

Dou geht oft ah in olti Buan'r[4])
   A neies Leben ein:
Es fangg der Pölz zan bläidern au'n,
   Und kaun nit anders sein.

Af der Huanzlbank.[5])

Der Motz[6]) sitzt af der Huanzlbank
   Und schnegert[7]) fleißi zui,
Dou geht a Diandl stab'[8]) varbei
   Und frougg: „Schneidts Meisser, Bui?"

Und seit der Motz dos Diandl gseg'n,
   Dou loßt's i'ahm mehr kuan Ruih,
Er kanns vergessn sein Ta' nit
   Dei Frou:[9]), Schneidt's Meisser, Bui?"

Und wou nar[10]) geht, und wou nar steht,
   Wülls i'ahm nit aus'n Sin,
Es schmeickt iahm guar kuan Essen mehr,
   Der Motz is schier dahin.

O Huanzlbank, o Huanzlbank,
   I kimm mehr za kuan Ruih,
Bis epper's[11]) Diandl wiederkimmp
   Und sogg: „Schneidts Meisser, Bui?"

---

[1]) Gwuis = Gewühl; [2]) Leiten = Berglehne; [3]) won = warm; [4]) Buan'r = Beine. [5]) Huanzlbank = Schnitzbank; [6]) Motz = Matz, Mathias; [7]) schnegert = schnitzt; [8]) stab = langsam, leise; [9]) Frou = Frage; [10]) nar = nachher er; [11]) epper's = etwa das.

Das Wohnhaus des Hienzen ist gewöhnlich ein oblonges
Viereck, welches aus einem vordern Gemach mit Küche, aus einer
hintern Stube mit Kammer, in Weingegenden nebenbei aus dem
Preßhaus und dem Stall besteht. Vor der Thür des Stalles ist
die Düngergrube angebracht, in einiger Entfernung die Scheune;
abermals ein Viereck, welches mit dem Wohnhause einen rechten
Winkel bildet. Hölzerne Häuser bestehen zwar noch hie und da,
werden aber mehr und mehr beseitigt, auch die Strohdächer verschwinden und werden durch Schindel= und Ziegeldächer ersetzt.
Häuser mit einem Stockwerk kommen in den hienzischen Ortschaften
selten vor. Die innere Einrichtung des Hauses ist ziemlich einfach.
Das zumeist gepflößte oder gedielte Wohnzimmer zeigt uns in der
Mitte den viereckigen Speisetisch mit der Schublade, worin das
Brot und die Eßgeräthe (Messer, Gabel und Löffel) aufbewahrt
werden; dann die „G'wandtruhe" auf Pflöcken oder einer Unter-
lage von Brettern. Die Ofenbank mit dem „Ofenwinkel" sind
die gern aufgesuchten Sitz= und Schlafstellen, außer denen noch
hochaufgerichtete Bettstellen mit einer großen Fülle von Bettzeug
den Stolz der Bäuerin bilden. Diese hat überdies an dem reichlichen Vorrath von Leinwäsche ihre besondere Freude. Unter dem
„Durchzuh" oder „Durzibam" der Zimmerdecke werden „Stangeln"
angebracht, um Zischmen und Feierkleider daran zu hängen. Oberhalb des Tisches ist der „Schüssel= oder Tellerrahmen" angebracht,
worauf das bessere Eßgeschirr steht und worunter irdene Krüge in
der Reihe aufgehangen sind.

Der Hienz liebt frugale Speisen; „Grundbirn" (Kartoffel)
und „Bohnl'n" sind sein Leibessen, zu gewissen Zeiten „Sauerkraut und G'selchtes"; von Mehlspeisen der Topfenstrudel und die
„Zweckerln". Zum Frühstück zieht er die Rahm= oder die Ein-
brennsuppe mit Erdäpfeln vor und genießt vortreffliches, weißes
Weizenbrot, zu welchem am Vorabende vor dem Backen das
„Urha" (Sauerteig) eingerührt wird. Die Hienzen sind im Ganzen
ein nüchterner Volksstamm, der für gewöhnlich sich mit einem
Trunk Wasser begnügt.

Im Feldbau und in der Viehzucht steht er seinem
österreichischen Nachbar in mancher Hinsicht nach. Er besitzt im

Allgemeinen weniger Hornvieh, Schafe und Ziegen als dieser; in der Ackerbewirthschaftung sind die beiden Stammesgenossen einander ähnlich, nur ist der Hienz durch die Natur seines Gebirgs-Bodens zur Anwendung besonderer Geräthschaften, wie des „Leitenpfluges", des „Sommerschlittens" u. a. genöthigt. Ein arges Hemmniß der verbesserten Ackerbaupflege bei den Hienzen ist die Zertrümmerung des Bodenbesitzes, welche Zersplitterung der Arbeitskraft und Zeit= verlust verursacht. Die Commassierung der kleinen Feldparcellen würde hier ebenso wohlthätig wirken wie ehedem die Aufhebung des Zehents und der Robot-Schuldigkeit und der ehemaligen grund= herrlichen Gerichtsbarkeit, wodurch in Ungarn erst die Anbahnung einer gedeihlichen Ackerwirthschaft ermöglicht worden ist.

Der Hienz gibt in der Kleidung der blauen Farbe den Vorzug. Blau ist der kurze Leibrock, „Janker" (Jacke), blau in der Regel das darunter getragene Wams („Weste"), beide mit großen halbrunden Metallknöpfen besetzt, die an der Weste dicht untereinander stehen. Das Beinkleid, ehedem von Leder, jetzt von Wollstoff, steckt bei den eigentlichen Hienzen in hohen Stiefeln; den Kopf deckt ein Filzhut mit runder Kappe und breiter Krämpe.

Haupterwerb ist, wie schon erwähnt, Viehzucht und Acker= bau, in den Waldgegenden betreibt der Hienz auch noch Kohlen= brennerei, in den Hügelgegenden und Niederungen, wo die Rebe gedeiht, den Weinbau. Der Gebirgs-Hienz geht zur Sommerszeit auch gerne nach dem fruchtbaren „Heideboden" und hilft als Mäher oder Drescher seinem Nachbar „Habbauer" beim Einheimsen der Feldfrüchte; oft wandert er zu diesem Zwecke auch weiter ins tiefere Ungarn oder nach Nieder-Österreich; er verdient sich dadurch zumeist fürs ganze Jahr seinen häuslichen Brot= und Mehlbedarf. Ackerbau und Viehzucht sind allerdings noch wenig entwickelt, doch ist es auch hierin in neuester Zeit weit besser geworden. Dem Hienzen kam es vor der Befreiung des bäuerlichen Grund und Bodens zu Gute, daß er es nur mit großen Herrschaften (Eszterházy, Batthyany, Erdödy, Pálffy u. a.) zu thun hatte. Diese boten selbst die Hand zu billigem Übereinkommen mit ihren Unterthanen, so daß die Hienzen in Bezug auf herrschaftliche

Abgaben weit günstiger gestellt waren, als z. B. die magyarischen
Bauern in der Ebene. Während Letztere dem Grundherrn schon
die fünfte Garbe geben mußten, gab der Hienz erst die zehnte
und auch diesen Zehent leistete er nur von Weizen, Roggen, Flachs,
Hafer und Gerste, indessen die ungrischen Grundholden auch von
Kraut, Rüben, Erdäpfeln, Flachs, Hanf und Obst steuern mußten.

Neben Viehzucht und Ackerbau betreibt der Hienz auch noch
mit Vorliebe das Handwerk, so zwar, daß in den magyarischen
Ortschaften in der Umgebung die Handwerker größtentheils eben=
falls Hienzen sind. Der hienzische Handwerksbursche läuft gerne
durch die Welt und gleicht hierin dem Zillerthaler und Gottscheeer
Deutschen. Hienzische Maurer trifft man häufig in Wien und
Budapest; diese kehren dann im Winter in die Heimat zurück,
wo unterdessen Greise, Weiber und Kinder schlecht und recht die
Wirthschaft geführt haben. Wie in Landsee der Hauptsitz der
Maurer ist, so hat Unterrabnitz vorwiegend Zimmerleute, die
entweder fertige Dachstühle verkaufen oder mit Axt und Schurzfell
auf die Zimmerplätze in die Fremde wandern. Groß=Petersdorf
treibt schwunghaften Pferdehandel; dagegen haben andere Gewerbs=
und Handelszweige unter den Einwirkungen der veränderten
Verkehrs= und Industrie=Verhältnisse erheblich abgenommen. Die
Tuchmacher, Kürschner, Leineweber, Lederer, Weißgärber und
Färber, früher Herren eines verbreiteten Geschäftsbetriebes, sind
theils den industriellen Fortschritten ihren westlichen Nachbarn in
Österreich, theils dem speculativen Geiste größerer Capitalisten,
welche den Handel in ihre Hand nahmen, zum Opfer gefallen.

Blühend ist bei den Hienzen noch das Handwerk der Küferei
(Binderei), dessen Erzeugnisse nicht nur nach Wien, Preßburg und
Pest zu Markte gebracht, sondern bis nach Slavonien und Süd=
Ungarn verfrachtet werden. Ebenso haben die Haarsiebmacher und
Roßhaarflechter zu Pinkafeld, dann die Hackenschmiede zu Pinka=
feld, Sinnersdorf, Riedlingsdorf, Oberreuth und Loipersdorf sowie
die Drexler mit ihren „Spinnradln" reichliche und lohnende Arbeit.

Im Obstbau zeichnet sich auf dem Hienzer Boden Öden=
burg, dann die Gegend um Oberschützen, Forchtenau und Wiesen

aus. Im Dorfe Wiesen ist es die von altersher überkommene
Aufgabe der Weiber und Mädchen, das Obst im Kleinhandel in
die Ferne zu tragen; die Haupt= und Residenzstadt Wien ist
der Hauptabnehmer des „Ödenburger" Obstes. Kirschen, Äpfel
(„Maschansteräpfel") und Kastanien bilden die wichtigsten, gesuch=
testen Obstarten. Bekannte hienzische Hausiergestalten sind ferner:
der Hühnerkrämer, der mit seinem engvergitterten Käfigwagen seine
geflügelte Ware aus dem Eisenburger, Ödenburger, Wieselburger,
Szalaber und Sümegher Comitate nach der Stadt liefert. Neben
ihm kennt der Wiener den Vogelhändler aus dem Heanzenlande,
wo der Vogelfang ein ergiebiges Geschäft ist, das von den Wald=
besitzern gepachtet wird und dem in List und Verschlagenheit
geübten Hienzen großes Vergnügen bereitet. Mit Leim, Schlagnetz
und Schlinge stellt er den Vögeln nach; freilich gehen neben den
„Kranawettern" (Krammets=Vögeln) häufig auch Schnepfen, Reb=
hühner und Hasen mit; die Nachtigallen aus der Raabau bildeten
ebenfalls einen gesuchten Handels=Artikel. Der hienzische Hausier=
handel mit den gefiederten Sängern erstreckte sich ehedem bis nach
Mailand und Turin.

In Nieder=Österreich kennen namentlich die Wirthe auch die
hienzischen Weinführer, welche ihre leichteren Weine selbst verfrachten,
die sodann in der Mischung mit dem nieder=österreichischen Land=
weine diesem den „süffigen" Charakter geben.

List, Verschlagenheit, mißtrauisches Benehmen, Spottsucht, Neid
und die Neigung zum Übervortheilen sind Schattenseiten, welche dem
Hienzen nicht abgesprochen werden können. Diese befähigten im
Vormärz den Hienzen auch in hervorragender Weise zum Schmuggel
oder zur „Schwärzerei." Mit großem Raffinement verstanden es
die Hienzen die Zollwächter an der österreichisch=ungarischen Grenze
zu täuschen, um oft ganze Herden, große Ladungen von Wein,
Tabak u. dgl. über die streng bewachten Zollschranken nach Öster=
reich und Steiermark zu „paschen".

Trotzdem sind die Hienzen ein tüchtiges Völklein; es
fehlt ihnen weder an schlagendem Mutterwitz noch an den prak=
tischen Tugenden der Gottesfurcht, Treue, Arbeitsamkeit und Genüg=

ſamkeit. Nicht minder ſind die Hienzen aufrichtige Söhne ihres
ungariſchen Vaterlandes, lieben aber nicht minder die eigene Mutter=
ſprache und ihr angeſtammtes Volksthum. Von ihrer g e i ſ t i g e n
B e g a b u n g auch in der höheren Sphäre des Lebens liegen ehren=
volle Beiſpiele vor. In den hienziſchen Städten und Dörfern ſind
blühende, gut beſuchte Lehranſtalten anzutreffen; namentlich zeichnet
ſich Ödenburg durch ſeine vortrefflich geleiteten Elementar= und
Mittelſchulen aus. Ein katholiſches Lehrer= und Lehrerinnen=
ſeminar daſelbſt verſorgt die katholiſchen, ein proteſtantiſches
Seminar zu Oberſchützen die evangeliſchen deutſchen Volks= und
Bürgerſchulen mit wohlvorbereiteten Lehrkräften. Oberſchützen hat
außer ſeinem Lehrerſeminar noch ein ebenſo gut eingerichtetes
Real=Gymnaſium. Die katholiſchen und evangeliſchen Volksſchul=
lehrer beſitzen beſondere Lehrervereine; ihr Organ iſt die pädago=
giſche Wochenſchrift: „die ungariſche Volksſchule". In Ödenburg
erſcheint täglich eine deutſche politiſche Zeitung: „Ödenburger Nach=
richten;" außerdem beſchäftigen ſich die Kalender in Ödenburg,
Oberwarth u. a. O. mit deutſchem Weſen und ſuchen dem geiſtigen
Bedürfniſſe des hienziſchen Volkes gerecht zu werden. Die kluge
Berechnung der Umſtände, der Lebensfrohmuth, die Neigung zum
Spottwitz und die zähe Anhänglichkeit an die Stammesart kommen
auch bei den geiſtigen Leiſtungen der Hienzen zur Geltung. Die
Hienzen ſind überhaupt ein ſangesluſtiges, fabulierendes Völkchen.
Ihr heimatlicher Boden hat eine wechſelreiche Geſchichte Die
Städte Ödenburg, Güns, Eiſenſtadt, ſowie die Herrenburgen Rothen=
thurm, Bernſtein, Schlaining u. a. werden in guten und böſen
Tagen auf den Blättern der Geſchichte Ungarns erwähnt. Dort
bei St. Gotthardt ſchlug Montecuculi die Türken aufs Haupt.
Aber auch die geſchäftige Sage weiß manches zu berichten von
dem Nonnenkloſter zu Schlaining, vom Wunderbilde zu Marias=
dorf, von den Schätzen in den Goberdinger Bergen u. ſ. w.

Mit berechtigtem Stolze weiſt der Hienz auf jene M ä n n e r
u n d F r a u e n hin, die aus ſeiner Mitte hervorgegangen ſind oder
doch daſelbſt den Grund zu ihrer Ausbildung erhalten haben; es
befinden ſich darunter u. A. der berühmte Anatom Dr. Hyrtl

(geb. 8. December 1810), der nicht minder hervorragende Klavier=
könig Franz Liszt (geboren am 22. October 1811 zu Rading
im Ödenburger Comitat), die Sängerin S c h u h = P r o c h a s k a;
der durch seine Predigten und sonstigen theologischen Schriften
wohlbekannte katholische Pfarrer Johann W e i n h o f e r in Pinka=
feld, der als Pädagoge und Menschenfreund gleich vortreffliche
evangelische Pfarrer Gottlieb August W i m m e r, Gründer der
Oberschützner Lehranstalten, der obzwar kein Hienz, doch durch
seine langjährige, erfolgreiche Wirksamkeit unter diesem deutschen
Volksstamme hier genannt werden darf. Hunderte von deutschen
Lehrern nennen sich mit Stolz seine Schüler.

B. Die Heidebauern. *)

Auf dem sogenannten „Heideboden" und im Seewinkel an den
Gestaden des Neusiedler=Sees sitzen Deutsche ebenfalls seit alten
Zeiten. Der Neusiedler=See verschlang zur Zeit des Königs
Andreas II. mehrere Orte, darunter Kolinthal, Hanfthal, Schwarz=
lacken u. A., zu deren Ersatz im Jahre 1240 Frauenkirchen
gegründet wurde. Diese Ortsnamen, sowie die Orte Weiden,
Zittmansdorf u. A. beweisen das Vorhandensein einer frühern
deutschen Bevölkerung am Neusiedler=See. Die Ortsnamen „Wiesel=
burg" und „Altenburg" deuten an, daß ein Theil der Bewohner
aus den gleichnamigen Orten des benachbarten Österreich hieher
gewandert sein mochte. Aber die M e h r z a h l d e r H e i d e=
b a u e r n gehört nicht dem bairisch=österreichischen Stamme an, wie
ihre südlichen Nachbarn, die Hienzen; sondern Sprache, Religion,
Sitten, Gebräuche und physische Beschaffenheit der Bewohner des
Heidebobens weisen dieselben dem s c h w ä b i s c h e n Volksstamme zu.
Man betrachtet als die ursprüngliche Heimat der Heidebauern die
Gegend um den Bodensee; die Bewohner des Seewinkels, d. i.
in den Orten Apetlon, Ilmiz, Baumhagen und Walla scheinen
insbesondere aus den Gegenden von Lindau, Alt=Ravensburg,
Wangen und Isni in Oberschwaben eingewandert zu sein.

---

*) Nebst den schon genannten Werken noch: Dr. M i l n e r, Schwäbische
Colonisten in Ungarn (Berlin 1880); S t a c h o w i c z, Brautsprüche und
Brautlieder (Wien, 1864.)

Dort fand die Reformation auch unter dem Landvolke rasche Verbreitung, wurde aber von der österreichischen Reichsritterschaft nicht geduldet; darum wanderten diese lutherischen Schwaben nach Ungarn aus, wo sie bei der Königin M a r i a , Gemahlin Ludwig II. († 1526) Schutz fanden. Bis in die Mitte des XVII. Jahrhunderts gehörten die meisten deutschen Bewohner des Heidebodens der e v a n = g e l i s ch = l u t h e r i s ch e n K i r ch e an. Nach einer Kirchenvisitation des Raaber Bischofs Georg S z é ch e n y i waren im Jahre 1659 fast alle Heidebauern Protestanten. Erst in Folge der Gegenreformation, die seit dem Jahre 1670 ihren stärkern, gewaltthätigern Anlauf nahm, wurden die meisten Bewohner auf dem Heideboden und im Seewinkel zur katholischen Kirche bekehrt; doch sind in den Orten Kaltenstein, Straßsommerein, Nikolsdorf, Deutsch=Jahrendorf, Ragen= dorf und Zorndorf auch heute noch Protestanten. Die Erinne= rung an die ehemalige weitere Verbreitung des Protestantismus in dieser Gegend bewahren nicht bloß die Pfarrprotokolle, sondern man findet selbst bei katholischen Bewohnern noch protestantische Bibeln, Gesangbücher u. dgl. aus jener Zeit. Namentlich ist ein altes Erbauungsbuch noch immer in Gebrauch: „Der geistliche Glückshafen, eine Liedersammlung von der Erschaffung der Welt bis auf Christus," aus welchem die Heidebauern ihre Lieder: „Von der großen Weintraube," von „Samson und Delila," von „Tobias, David und Salomon" 2c. absingen.

Der Comitatsort W i e s e l b u r g , ehedem „Mysen" oder „Mies=" d. i. „Moosburg" (magyarisch Mosony) war von 1063 bis 1074 ein vorübergehender Halt deutscher Reichsherrschaft, ja schon 1053 beschenkte Kaiser Heinrich III. das Stift Freising in der Gegend von Wieselburg mit Gütern.

A l t e n b u r g war eine alte Königspfalz und wurde 1521 von König Ludwig II. als Aussteuer seiner Schwester Anna, der Gemahlin des Habsburgers Ferdinand I., geschenkt und blieb fortan Kammergut der Königinnen. Dadurch erhielt auch das Deutsch= thum daselbst stets neue Kräftigung.

Der „H a d b a u e r " ist von kräftiger physischer G e s t a l t , seinen muskulösen Leib kleidet er ebenfalls mit Vorliebe in blaues

Tuchgewand, das aber wie bei seinem magyarischen und kroatischen Nachbar schon mit Schnüren verziert ist; das Beinkleid steckt ebenfalls in ungrischen Zischmen. Auf dem Kopfe trägt er einen Hut, dessen breite Krämpe an einer Seite aufgestülpt ist. Die Protestanten lieben im Allgemeinen dunklere, die Katholiken hellere und bunte Farben. Frauen und Mädchen tragen „Spenser", d. h. anliegende Jacken, die Frauen schwarze Hauben, die Mädchen schwarze Kopftücher. Das Aussehen der Männer mit den hohen Stiefeln, dem Schnürrock und dem stattlichen Schnurrbart, nähert sich dem magyarischen Schnitt. Doch die Ragendörfer und Zorndörfer weisen die undeutsche Mode noch zurück. Die jungen Männer tragen geschorenes, die alten langes, in der Mitte gescheiteltes Haupthaar.

Auch sonst zeigt der „Habbauer" in seiner Erscheinung manches Eigenthümliche. Er ist der Kosmopolit unter den westungarischen Deutschen, fügt sich am leichtesten in die Verhältnisse, accommodiert sich der nachbarlichen magyarischen und slavischen Nationalität, eignet sich deren Sprache an, wodurch sein eigener deutscher Dialect oft bis zur Unkenntlichkeit modificiert wird und hat den regsten Trieb zum Erwerb durch den Verkehr. Im Vormärz, als es mit den Communications- und Transportmitteln in Ungarn noch schlecht bestellt war, bildeten die „Habbauern" einen Verein zu dem Zwecke, Reisende von der österreichischen Grenze in der Richtung nach Pest, Kaschau und Szegedin zu befördern. Diese „Eilbauern" (so wurden sie genannt) fuhren gewöhnlich sechs Meilen in einem Zug und mit einer Schnelligkeit, die damals (um das Jahr 1830) allgemeines Aufsehen erregte. Auch heute noch versehen die Bauern des Heidebodens gerne Fuhrmannsdienste. Das Gespann ist nicht besonders einladend: magere Gäule, oft nur zusammengeknüpfte Stricke als Geschirr und ein Leiterwagen mit bedenklich knackendem Gerüst. Aber der Fuhrmann und sein Fahrzeug sind verläßlich; in rasender Eile rollt das Gefährt durch die sandige Heide, dichte Staubwolken aufwühlend.

Überhaupt sucht der „Habbauer" seinen Erwerb mit Vorliebe im Handel, also „auf der Straße;" darum bedient er sich

auch gerne des Hienzen als Hilfsarbeiters auf dem Felde und in
der Scheune.   Nebenbei betreibt der Heidebauer noch ergiebigen
Weinbau und den erzeugten Wein führt er dann selbst an die
Kunden drüben im Österreichischen.   Fuhrmannsarbeit und Handel-
schaft geht da miteinander und das behagt dem leichtlebigen „Hadbauern" recht wohl.

Auf seinem fruchtbaren Boden ist der Heidebauer nichtsdestoweniger ein tüchtiger Landwirth in durchschnittlich guten Verhältnissen.   Das Bauernhaus, massiv aus den Steinen des
Leithagebirges gebaut, kehrt stets die Giebelseite der Straße zu.
Das kleine Vorgärtchen ist mit Bäumen besetzt, in deren Schatten
die lange Thürbank steht.   Im innern Hofe wird des guten
Landwirths Kleinod bewahrt — der Düngerhaufen.   Wohn- und
Wirthschaftsräume liegen alle senkrecht von der Straße ab in
einer langen Flucht.   Voran die Feierstube, nur bei Kindstaufen
und festlichen Schmäusen benützt; dann folgt die Küche und
Wohnstube, mit dem großen Himmelbett und der behaglichen
Mauerbank mit breiter Lehne.   Tisch und Stühle, Brotlade und
Kleidertruhe schmücken buntgemalte Tulpen und Rosen.   An das
Wohnzimmer stößt der Schüttkasten für Getreide, dann folgen
Kammern und Stallungen.

Die Ergiebigkeit des Heidebodens ist einigermaßen geschädigt
durch die Einwirkungen des launenhaften Neusiedler-Sees und des
daran stoßenden Hanság-Sumpfes.   Bald scheinen See und
Sumpf gänzlich auszutrocknen und dann bieten sie dem Anbaue
große Flächen, bald füllen sich die Becken neuerdings mit Wasser
und die Arbeit langer Jahre wird vernichtet.   Wo der Heideboden
den Pflug duldet, gedeihen alle Getreidearten, namentlich Weizen,
Mais und Buchweizen und auf den Hügeln von Gols, dem Hauptorte der „Hadbauern", der treffliche „Seewein."

Als vor einigen Jahren die Dreschmaschinen in die Bauernkreise
des Heidebodens drangen, da thaten sich die Seewinkler alsbald
zu zwei oder drei Dorfgemeinden zusammen und stellten Dampf-
dreschmaschinen ein, während die deutschen und magyarischen Bauern
auf der andern Seeseite sich höchstens zur Handdreschmaschine erhoben.

Aber nicht gering iſt dafür auch der Bauernſtolz unſerer
Heidebauern, die mit Geringſchätzung auf die jenſeitigen Ufer=
bewohner herabblicken. Dieſes Selbſtbewußtſein macht ſie ſtreit=
luſtig, ja händelſüchtig, Grenz= und Erbſtreitigkeiten ſollen unter
ihnen kein Ende nehmen.

Mit der Geiſtesbildung iſt es indeſſen nicht ſchlecht
beſtellt, die Gemeindeſchule geordnet, das Leſebedürfniß ein reges.
Selbſt auf Zeitungen wird von den Bauern fleißig abonniert, wie
überhaupt in politiſcher Beziehung der Heidebauer etwas von der
größeren Beweglichkeit des Magyaren gelernt hat.

Es lebt in dieſen Deutſchen des Wieſelburger Comitats und
des Seewinkels viel Frohmuth und Sangesluſt. Ihre Sprache
ſelbſt hat in der gewöhnlichen Mundart manche Sonderbarkeit.
So liebt der „Habbauer“ die Verwandlung des „rch“ in „ri“,
z. B. „duri“ ſtatt „durch;“ gleich den Schwaben überhaupt ſetzt
er im Infinitiv des Verbums ſtatt „en“ überall „a,“ alſo: geba,
laufa, reda, u ſ. w., die Auslaſſung einzelner Laute (z. B. „füfe“
ſtatt „fünf“, „iſer“ ſtatt „unſer“ oder die Verſchmelzung derſelben
(z. B. „zaungſt“ ſtatt „zwanzig“) ſind gleichfalls ſchwäbiſche Eigen=
thümlichkeiten. Auch ſonſt haben ſich alterthümliche Worte im
Dialecte der Heidebauern erhalten, ſo wird das Eheweib oder die
„Ehewirthin“ noch hie und da „Kon“ genannt; die Familien=
namen haben alle ſchwäbiſchen Klang: Hautzinger, Meidlinger,
Wurtzinger u. ſ. w. Häufig werden „Spitznamen“ gebraucht.

Sehr reich iſt der ungariſche „Habbauer“ an treu bewahrten
Volksdichtungen, die zumeiſt ungedruckt ſind und handſchriftlich
verbreitet und überliefert werden. Dieſe Handſchriften reichen bis
in das Jahr 1647 zurück und erhalten außer zahlreichen (auch
ſonſt üblichen) Kirchenliedern noch Brautſprüche und Brautlieder,
dann vollſtändige geiſtliche Spiele: das Weihnachtsſpiel mit vielen
Weihnachtsgeſängen, das Dreikönigsſpiel „in Frag und Antwort“,
das „letzte Gericht“, den „reichen Praſſer“ die „vier letzten Dinge“,
das „Paſſionsſpiel“. Von dieſen Producten der Volkspoeſie iſt
Einiges bereits im Druck erſchienen; wir geben zur Charakteriſtik
derſelben und der Volksgebräuche überhaupt einige Proben.

In der Ortschaft Oberufer auf der Insel Schütt unweit von Preßburg führte man noch vor wenigen Jahren nach einem längern Weihnachtsspiel noch ein „Paradeisspiel" auf. Das Stück hat (nach Dr. Schröer, der
es im „Weimar. Jahrb. f. Litteratur und Kunst" veröffentlichte) folgenden
Inhalt: Nach einem zweistrophigen Liede durch die „Cumpanei" und der
Ankündigung des Stücks durch den Engel Gabriel als Herold beginnt ein
Chor Sänger (die „Cumpanei"), der zu diesem Behufe auf der Bühne
erscheint, ein Lied mit dem Anfange:

> „Wie kühl scheint uns der Morgen,
> Die Sonne leit verborgen,
> Gott loben wir schon
> Im höchsten Thron."

Darin wird in kurzen Zügen die Geschichte der Schöpfung vorgeführt,
darauf bildet Gott den Adam, macht ihn lebendig und übergibt ihm die
Freuden des Paradieses. Bald bildet er auch die Eva aus ihm und gibt
beiden seinen Segen. Adam freut sich der schönen Welt und verspricht auch
das Gebot in Betreff des Baumes der Erkenntniß zu halten. Der Teufel
aber schleicht in Schlangengestalt ins Paradies und verführt Eva, jenes Gebot
zu brechen, die auch den Adam mit in ihre That verwickelt. Charakteristisch
ist die Auffassung, wornach Adam spricht:

> „So ich den Apfel essen soll,
> So iß ich ihn durch Deine (sc. Eva's) Bitt,
> Um meinethalben iß ich ihn nit."

Da ertönt die Stimme Gottes, er läßt die Sünder ihre Schuld bekennen
und sie dann durch den Engel aus dem Paradiese verstoßen. Der „Eheteufel"
schreit Zeter über sie vor Gott und verlangt sie in Ketten zu legen und zu
seinem Eigenthum haben zu dürfen; Gott weist ihn ab, verflucht ihn ewig
Schlange zu bleiben und hält ihm im Gegensatze das Glück des verführten
Adam vor, dem die Wahl zwischen gut und bös und somit die ewige Seligkeit
offen gelassen sei. Ein Lied der Cumpanei und eine kurze Abschiedsrede des
Engels beschließen das Spiel. Letzterer sagt:

> „Ehrsame wohlweise großgünstige Herrn,
> Wie auch tugendsame Fraun und Jungfraun in Ehren,
> Weil ihr unser Gspiel habt gehöret an,
> Bitt, wollt uns nicht vor übel han,
> Wollt's uns zum argen nicht auslegen,
> Sondern unserm Unverstand die Ursach geben,
> Wenn wir etwas gefehlet hier,
> Und nicht gehalten die rechte Zier.
> Ein jedweder das Best betracht!
> So wünschen wir von Gott dem Allmächtigen eine gute Nacht."

Zucht, Sitte, Ehrbarkeit und religiöse Empfindung zeichnen die Lieder und Gesänge der Heidebauern aus. Doch fehlt auch der Schalk nicht und namentlich in den (gedruckt vorliegenden) „Brautsprü= chen" und „Brautliedern" gibt sich allerlei neckisches Wesen kund. Ein genauer Kenner der Heidebauern versichert: „Auf dem Heide= boden gibt es weniger unglückliche Eheleute als gewöhnlich ander= wärts; denn die sogenannten Bekanntschaften sind dort verachtet und bringen den jungen Leuten argen Leumund. Bei der Wahl einer Braut hat der Ältern Rath und Sorge den bei weitem größten Einfluß. Will man den Sohn heiraten lassen, so werden die achtbarsten Töchter des Ortes ohne Habsucht überdacht und die für das Haus passendste dem Sohn empfohlen. Gibt dieser seine freie Einwilligung, so wird aus der „Freundschaft" (Ver= wandtschaft) der allerachtbarste Mann zu Rath gezogen und als „Bittmann" (Brautwerber) an die Ältern der Erwählten mit der Anfrage hingeschickt, ob sie denn geneigt wären, eine „Freundschaft" zu schließen. Hat das „Anklopfen" nicht fehlgeschlagen, so bittet man nach strenger althergebrachter Weise durch den „Bittmann" und seinen „Beistand" (Genossen) bei den Ältern förmlich um die Hand der Tochter."

Die üblichen Sprüche sind nun in einer eigenthümlichen Mischung von Dialect und Hochdeutsch gehalten und theils in Prosa, theils in gebundener Rede verfaßt; haben auch in den einzelnen Ort= schaften mehr weniger abweichenden Inhalt. Nach der Werbung der Braut folgt bei zustimmender Antwort der Ältern des Mädchens und dieses selbst die „Abrede", d. i. die Verlobung, wobei in An= wesenheit der „Beistände" (der Trauungszeugen) des Bräutigams das beiderseitige Heiratsgut festgestellt wird. Ist das geschehen, dann erbitten die Beistände von der „Jungfrau Braut" für den „Jung= herrn Bräutigam" eine „Verehrung und ein christlich Denkzeichen" (ein Blumenstrauß oder ein Kränzlein, ein Tuch, ein oder zwei Taschentücher), das sie sodann dem Bräutigam überbringen und hierauf wieder ins Haus der Braut zurückkehren. Einige Tage später macht dann „die ganze Freundschaft" unter Anführung und Vorspruch des „Bittmannes" den Besuch bei den Ältern der Braut,

ben diefe erwiebern, wobei man einander gegenfeitig zu „einer
kleinen Mahlzeit" in vorfchriftmäßiger Weife einladet. Am Schluffe
der Mahlzeit muß der Bräutigam den „Bittleuten" und „ehrfamen
Burfchen" ein Viertel Eimer Wein zum Beften geben, womit dann
die gleichfalls überlieferten Trinkfprüche ausgebracht werden. Ein
eigenthümlicher Brauch befteht darin, daß man ein Knäblein aus
der „Freundfchaft" herbeiholt, es auf einen Stuhl ftellt und ihm
ein Glas Wein reicht mit den Worten, es folle „dem Jungherrn
Bräutigam und feiner lieben Jungfer Braut Gefundheit" ausbringen, damit fie „Gott fegne und lange Jahre erhalte". Das
leere Glas wirft dann der „Bittmann" zu Boden, daß es in
Scherben fliegt und fpricht: „Ei, fo möge die Heirat ebenfowenig
je rückgängig werden, als je diefes Glas wieder ganz wird".

Zum Hochzeitsfefte felbft werden große Vorbereitungen
gemacht und je nach dem Vermögensftande und dem Umfange der
„Freundfchaft" die Gäfte durch die „Bittleute" geladen. Auch
hierbei kommen altüberlieferte formelhafte Sprüche zur Anwendung,
wie etwa folgender: „Bitt Vetter und Mumb (in manchen Orten
„Moam"), fie wollen mir und mein Mitconfort nicht vor ungut
haben, daß wir fie fo früh überlaufen. Weiter feind fie bitthalber:
wann fie würden kommen in ihre Behaufung und thäten ihnen
helfen geben das Geleit zu Kirchen und Gaffen, zu Weg und
Straßen, bis auf des Priefters Hand und Copulation. Nach der
heiligen Hand und Copulation wieder in das Hochzeithaus, auf
ein Trunk, auf ein Mahlzeit, auf ein freundliches Gefpräch, fo
lang ihr Freud und Mahlzeit gewährt, follt ihr ein guten Muth
nehmen, es fteht ihn wieder zu verfchulden und zu vergelten.
Amen."

Am Tage der Vermählung wird die Braut von den
„Beiftänden" des „Jungherrn Bräutigam" unter üblicher Anfprache
zur Copulation abgeholt. Bevor die Braut das älterliche Haus
verläßt, kniet fie nieder und wird von der Mutter mit Weihwaffer
befprengt. Der Gang zur Kirche geht unter dem Geleite aller
Hochzeitsgäfte vor fich. Nach beendigter kirchlicher Trauung übergibt der „Beiftand" (Trauungszeuge) der Braut diefelbe im

Hochzeithause dem Bräutigam mit folgender Ansprache: „Mein lieber Jungherr Bräutigam! Hier hast du deine vielgeliebte Jungfrau Braut, die ich hab geführt in das ehrwürdige Gottes= haus zu des Priesters Hand und Copulation; und nach der heiligen Copulation wieder zurück in das angestimmte (angestammte?) Hochzeithaus, und allda übergeb ich dir sie aus meiner Hand in deine Hand und wünsch dir viel Glück zu dem heiligen Ehestand. Amen.“

Bei der Lustbarkeit des Hochzeitfestes hat sich dann noch mancher gute Brauch erhalten. So treten während des Mahles die „Brautführer“ vor die Gesellschaft und bitten unter herkömmlicher Ansprache um die Erlaubniß, ein „hochzeitliches Danklied“ singen zu dürfen. Hierauf erbitten dieselben die fernere Erlaubniß zur Vornahme der bräutlichen Ehrentänze. Die Braut selbst war bisher auf ihrem Ehrenplatze in der Ecke, wo der Hausaltar aufgestellt ist, unter Obhut der „Brautjungfern“ gesessen. Nun folgt sie nach geschehener, üblicher Aufforderung über Tisch und Bank zum Ehrentanz; den ersten macht sie mit dem Bräutigam, den zweiten mit dem ersten Beistand und den dritten mit dem Brautführer. Während dieser Ehrentänze entblößen alle Gäste ehrerbietig das Haupt. Die tanzlustige Jugend hat nun freien Lauf; die anderen Gäste trinken und singen. An Gesundheits= sprüchen ernster und komischer Art fehlt es auch nicht, wie z. B.: „Da haben wir ein Glas mit Wein, welcher ist gewachsen zu Köln am Rhein; ist er nicht gewachsen zu Köln am Rhein, so ist er gewachsen bei Sonn= und Mondenschein! Gesundheit den ehr= samen Herren Bittleuten und Beiständen! Gesundheit den Herren Hochzeitvätern, wie auch den Frauen Hochzeitmüttern! Gesundheit dem Jungherr Bräutigam wie auch seiner vielgeliebten Jungfrau Braut! Gesundheit den Junggesellen, so auch den Kranzeljungfrauen (Brautmädchen)! Gesundheit der neuen Freundschaft! Gesundheit der Köchin bei dem Herd, ich hoff, sie ist doch einen Kreuzer werth! Gesundheit den Herren Musikanten, ich hoff, sie werden noch fein vorhanden!“ u. s. w.

So lebt in diesen Heidebauern trotz ihres kosmopolitischen Sinnes und der damit verbundenen Findigkeit und Leichtlebigkeit

doch ein religiös = sittlicher Geist, der in den Gebräuchen und
Gewohnheiten, in den Sprüchen und Liedern dieses Volkes überall
erkennbar ist. Dabei besitzt der „Haidbauer" poetische Anlagen,
ein sangeslustiges Gemüth und frische Lebensfreude, die bei festem
Gottvertrauen der eignen Kraft gedenkt und dieselbe muthig und
ausdauernd in den Kampf des Lebens einsetzt. Auf diese Weise
hat der Deutsche des „Heidebobens" sich bisher erhalten und auch
sein Wohngebiet nordwärts erweitert. Die Deutschen in der
Schütt, dann in Preßburg und weiter gehören ethnographisch
größtentheils zu dem arbeitstüchtigen und lebensfrohen Schwaben-
volke des Wieselburger Comitats.

C. Die Schwaben in Inner=Ungarn*).

Von der Hauptstadt Ungarns südwestlich durch die Höhenzüge
des Vértes=Gebirges und des Bakonyer Waldes, ferner an der
mittlern Donau und im Donau=Drau=Winkel haben nach der
Türkenvertreibung zahlreiche deutsche Colonisten Ansiedlungs=Plätze
erhalten und bilden daselbst fortblühende deutsche Sprach=Inseln.
Diese Deutschen gehören fast ausnahmslos dem schwäbischen Volksstamme an und beschäftigen sich vorzugsweise mit Ackerbau und
Viehzucht oder mit dem gewöhnlichen Handwerk. Nur in Ofen,
Pest, Raab, Stuhlweißenburg und Fünfkirchen bildeten sie entweder
vorwiegend die städtische Bevölkerung oder sie hatten doch erheblichen
Antheil daran. Ihre Ansiedlung erfolgte im Sinne der Gesetze
hauptsächlich zu Colonisierungszwecken in dem unter der Türkenherrschaft entvölkerten und verwüsteten Lande; deshalb erhielten
sie zwar allerlei materielle Vergünstigungen: Grund und Boden,
Wohnhäuser, Ackergeräthe und Stammvieh, Steuerfreiheit u. dgl.;
aber keinerlei politische Rechte oder Privilegien. Sie wurden bei
ihrer Ansiedelung auf ärarischen Gütern „Urbarialisten", auf
Privatgütern „Contractualisten"; d. h. jene genossen der Rechte,

---

*) Außer den schon genannten Schriften insbesondere noch: Haas,
Beschreibung des Comitats Baranya (ungrisch) und Geschichte von Fünfkirchen
(deutsch); die Monographien über Budapest von Häuffler, über den
Bakony von Romer (ungrisch) u. a.

wie fie in dem Urbarium für die bäuerlichen Kronunterthanen beftimmt waren, diefe hatten mit den betreffenden geiftlichen oder weltlichen Grundherrfchaften befondere Verträge, meift auf eine beftimmte Zeit, z. B. von 30 Jahren, abgefchloffen, nach deren Ablauf die Contracte erneuert oder auch gekündigt, d. h. die Anfiedler „abgeftiftet" werden konnten.

Das Land war unter der langen Türkenherrfchaft zur Wüftenei geworden. Eine Befchreibung aus dem Jahre 1722 gibt z B. an, daß im Weszprimer Comitate von 937.000 Joch nur 240.000, im Stuhlweißenburger von 765.000 Joch nur 187.000, im Tolnauer von 1,093.000 Joch gar nur 150.000, im Baranyaer von 1,718.000 auch nur 420.000 Joch dem Feldbau unterworfen waren. Den größten Theil des Gebietes nahmen Wiefen, Weiden, Wälder, Moräfte und Öden ein. Die Haupt= ftadt Ofen kam als ein Trümmerhaufen in die Hände des recht= mäßigen Herrfchers zurück (1686), Peft war ein ärmliches, fchmuziges Städtchen geworden. Die Kalocsaer Erzdiöcefe zählte kaum über zwölf Pfarreien.

Der Werth des Bodens war auf ein Minimum gefunken und fand doch keinen Käufer; der Armeelieferant von Haruker erhielt für 140.000 fl. beinahe das ganze Békéfer Comitat (60 Geviert= Meilen!) Eine Befiedelung des Landes erfchien deshalb als bringende Nothwendigkeit. Das erkannten insbefondere auch jene geiftlichen und weltlichen Großen, deren Befizungen in den ver= wüfteten Gebieten lagen oder die von der Gnade des Monarchen dafelbft Güter erhalten hatten.

Die Graner Erzbifchöfe hatten bereits zu Ende des XVII. und im Anfange des XVIII. Jahrhunderts Schwaben, Franken und andere Deutfche auf ihren Gütern angefiedelt. Aber auch tiefer in Ungarn fanden fich deutfche Coloniften bald nach der Türken= vertreibung ein. So wurden Schwaben bereits im Jahre 1690 in der Ortfchaft Izsaszegh im Pefter Comitate angefiedelt; vier Jahre fpäter bauten gleichfalls fchwäbifche Coloniften im felben Comitate das zerftörte Donau=Haraszti wieder auf. Im Jahre 1696 befiedelten die Clariffenrinnen von Ofen ihr Gut

Weindorf (Boros=Jenö) bei Ofen mit Deutſchen. Nicht minder
waren durch die Vorſorge des Herzogs von Lothringen und des
Prinzen Eugen von Savoyen Deutſche in Ofen, Peſt und in
der Umgebung dieſer beiden Städte eingezogen: namentlich hatte
Eugen auf ſeine Herrſchaft Promontor (auch „Eugen's Vor-
gebirge"), dann auf die Inſel Cſepel Schwaben berufen (1706).
Solche kamen ferner in die Orte Budaörs, Budakeſz,
Solymár und Hidegkut. Dieſe vier Dörfer wurden im
Jahre 1718 durch den Grafen Zichy und die Familie Szunyog
wieder bevölkert. Die Deutſchen haben ſich daſelbſt bis heute
proſperierend erhalten. Weitere deutſche Coloniſierungen im Peſter
Comitate geſchahen im vorigen Jahrhunderte zu Cſaba (1723)
und Harta (1724) durch die Familie Ráday, zu Bogdany
(1724) durch die Familie Zichy, zu Bia (1827) durch die Grund-
herrſchaft Hohenbarten, zu Rádubvár (1727) durch den Erz-
biſchof von Kalocsa, zu Kerepes (1727) durch den Biſchof von
Waitzen, zu Békásmegyer (Krottendorf, 1729) durch den Grafen
Peter Zichy, zu Erkin (Örkley, 1750) und Sorokſár (1750)
durch den Grafen Graſſalkovich u. a.

Im Jahre 1718 kamen Deutſche aus der Rheingegend nach
Varſad im Tolnauer Comitate, wo bereits einige Jahre früher
(1713 und 1717) deutſche Anſiedlungen in Gyönk und Györ-
köny ſtattgefunden hatten. Nach dem letztgenannten Orte waren
die Coloniſten aus dem Wieſelburger Comitate gekommen. Weitere
Zuwanderungen von Deutſchen erfolgten in den Jahren 1720
(nach Izmény), 1722 (nach Kalaznó, die Einwanderer ſtammten
aus der Rheingegend), 1724 (nach Kis=Tormás, die Deutſchen
kamen aus Naſſau), 1736 (nach Bikács, die Deutſchen waren
„Heidebauern" aus dem Wieſelburger Comitate) u. ſ. w.

Den ſiegreichen kaiſerlichen Feldherrn wurden insbeſondere im
Baranyaer Comitate bedeutende Güter verliehen. So dem Prinzen
Eugen von Savoyen die Herrſchaft Bellye, dem General
Veterani die Herrſchaft Dárda, dem Banus Adam Batthyany
das Gut Bolly, dem General Caprara Siklós=Üszök, dem
Grafen Preuner (Breuner) Szt=Lörincz u. ſ. w. Dieſe Feld-

herren, dann die Bischöfe von Fünfkirchen und der Abt von
Pécsvárad waren es vorzüglich, welche (zwischen 1711 und 1721)
Deutsche aus dem oberrheinischen und fränkischen Kreise auf ihren
Gütern ansiedelten, wo diese Colonisten zuerst die leeren Haus-
stellen und Gründe besetzten, dann auch auf andere Orte übergingen.

Graf Eszterházy von Galantha siedelte auf seinen ausgedehnten Herrschaften im Stuhlweißenburger Comitate in dem
Decennium von 1750—1760 Deutsche aus dem Reiche an, welche
viele Orte am Rande und inmitten des Vértesgebirges und im
Bakonyer Walde bezogen, umbauten oder auch neu anlegten.
Ähnliche Ansiedlungen geschahen auf zahlreichen anderen Herrschaften und auf geistlichen Gütern, am bedeutendsten aber waren
die Colonisierungen auf den königlichen Cameral-Gütern.

Die ungarischen Grundherren boten alle möglichen Mittel auf,
um deutsche Ansiedler zu bekommen. In mehreren Fällen wurden die
von der Regierung im deutschen Reiche für das Banat geworbenen
Einwanderer auf ihrer Reise von Ofen abwärts durch Einschüchte-
rungen und Versprechungen von der Ansiedlung im Banate zurückge-
halten und zur Niederlassung auf den herrschaftlichen Gütern bewogen; ja falls Mitteln der Güte und Überredung nicht halfen,
ließen die Grundherren die Colonisten durch Hajduken mit Gewalt
aus den Schiffen treiben und zwangen sie zum Verbleiben auf dem
Herrengut. So that dies im Jahre 1749 Graffalkovics, der
Präsident der ungarischen Hofkammer, welcher 459 deutsche Einwanderer gewaltsam auf seine Prädien ansiedelte. Man denke sich
die Lage dieser Leute im fremden Lande, wo Hajduken und Pan-
duren der obersten Würdenträger sie zu Colonisten preßten und vor
ihren Augen den begleitenden kaiserlichen Hauptmann mißhandelten!

In den meisten dieser Ortschaften hat sich das Deutschthum
bis auf die Gegenwart erhalten, allerdings wurde dasselbe hie
und da vielfach geschwächt. Das gilt insbesondere von der
ungarischen Hauptstadt Budapest, die in dem letzten Decennium
in Folge der Einführung der ungrischen Sprache als der alleinigen
amtlichen Verhandlungs-, Verkehrs- und Unterrichtssprache an
ihrem deutschen Elemente wesentliche Einbußen erlitten hat. In

der Mehrzahl der bürgerlichen Familien von Budapest bildet das
Deutsche indessen auch heute noch die Umgangssprache, ebenso
herrscht dieselbe im geschäftlichen Verkehr, im Handel und Wandel
und dieses Terrain wird sie auch kaum verlieren, weil sonst die
Bedeutung von Budapest als internationaler Handelsplatz in
Gefahr gerathen würde. Die bedauerlichen Ausschreitungen,
welche in neuester Zeit (1880) einige ungrisch=nationale Heißsporne
gegen die deutschen Bewohner von Budapest sich zu Schulden
kommen ließen, zeigen wie weit einseitiger Nationalismus sich ver=
irren kann und bezeichnen eine social=politische Krisis, die bei fort=
gesetzter Leidenschaftlichkeit nicht nur für Budapest sondern für
Ungarn überhaupt verderblich werden könnte. Die besonnene Hal=
tung der Deutschen gegenüber den leidenschaftlichen Angriffen und
Herausforderungen terroristischer Chauvins legt einerseits ehrendes
Zeugniß für die Loyalität der Budapester Deutschen ab, anderseits
wurzelt diese Haltung in der Selbstachtung und in der Überzeu=
gung, daß die ernst denkenden Ungern, die wirklich gebildeten Kreise
der Magyaren sowie das eigentliche magyarische Volk das beschä=
mende und verderbliche Treiben jener chauvinistischen Clique in
gleicher Weise verabscheuen und perhorrescieren. Übrigens bildet
das deutsche Volkselement nach wie vor einen bedeutenden Theil
(etwa 45 Percente) der hauptstädtischen Bevölkerung.

Erhebliche Rückgänge hat das Deutschthum auch in den zer=
streuten deutschen Ortschaften des Stuhlweißenburger, Wesz=
primer, Raaber und Graner Comitats gemacht; hier sind
es ebenfalls die Städte, welche unter dem Einflusse der Administra=
tion und bei der geringen Entwickelung des eigentlichen deutschen
Bürgerthums daselbst dem Fortschritte des Deutschthums hemmend
entgegenwirken. Die Deutschen in Stuhlweißenburg und Weszprim
sind bereits guten Theils magyarisiert. Wo deutsche Ortschaften
näher beisammen liegen, wie im Tolnauer und Baranyaer Comi=
tate, da ist von dieser Erscheinung wenig oder nichts zu be=
merken.

Im Baranyaer Comitate wohnen die Deutschen vorwiegend
im Mohácser und Baranyavárer Bezirk; man nennt dieses Gebiet

auch die „Schwäbische Türkei". Die Stadt Fünfkirchen gehört zu den ältesten Städten des Landes, sie reicht in ihrer Entstehung auf die vormagyarische Zeit zurück. Ihr magyarischer Name „Pécs" ist slavischen Ursprungs und der deutsche eine Übersetzung desselben und des lateinischen „Quinque ecclesiae", der schon in der Karolingerzeit erscheint. Seit den Tagen des heiligen Stefan ist hier ein Bisthum (angebl. 1009 gestiftet). Die Bischofstadt wurde früh mit Deutschen colonisiert. In der Urkunde König Béla III. vom Jahre 1191 begegnet man deutschen Namen dieser „Gäste" von Fünfkirchen. Während der Türkenzeit gieng das Deutschthum hier völlig unter; nach der Wiedereroberung wurde die Stadt mit schwäbischen Zuwanderern bevölkert. Die Einwohner= schaft ist auch heute dem Kerne nach deutsch; die innere Stadt wird vorwiegend von Deutschen bewohnt. Auch in den Markt= flecken Siklós, Mohács, Pécsvárad, Szekcsö u. a. bilden die Deutschen den größten oder doch einen erheblichen Theil der Bewohnerschaft. Der Bestand einer deutschen politischen Zeitung in Fünfkirchen bezeugt ebenfalls die Fortdauer des aller= dings mannigfach geschwächten Deutschthums im Baranyaer Comitate.

Diese Schwaben in Baranya und Tolnau genießen den Ruf ruhiger, arbeitsamer und sorgfältiger Staatsbürger, die an Fleiß und Rührigkeit alle ihre andersssprachigen Nachbarn, auch die Magyaren, weit überragen. Wenn der Unger noch des Schlafes pflegt, arbeitet der Deutsche bereits mit Hacke oder Sense auf dem Felde. Dann trifft es sich wohl, daß der Deutsche auch noch dem Unger dessen Getreide ausdrischt, während der letztere behaglich aus der Pfeife dampft. „Unser Herrgott hat den Deutschen erschaffen, damit er dem Magyaren diene," lautete das mehr stolze als ehrende Wort, womit der Unger im Vormärz seine Superiorität auszudrücken beliebte. Die Erfolge sind auch darnach. Der Deutsche arbeitet mit Weib und Kind und kommt vorwärts; der Unger bemüht sich nur stoß= und zeitweise und schont dabei seine „Weibsleute", wird also mit seiner Arbeit entweder gar nicht oder zur Unzeit fertig oder muß dazu fremde Hilfe bean= spruchen. Um so leichter verfällt er deshalb den Wucherern und sein Gut gelangt auf die Gant.

Die Schwaben in Baranya und Tolnau sind Meister der
Ordnung und Nettigkeit; sie zeichnen sich durch Achtung und
Gehorsam den Gesetzen gegenüber aus und besitzen großes Ehr=
gefühl. Es wird berichtet, daß diese Schwaben vor dem Jahre 1848,
als noch die Prügelstrafe herrschte, vor dieser Strafart eine unaus=
sprechliche Furcht besaßen; es gehörte auch zu den Seltenheiten,
einen Deutschen im Comitats=Gefängnisse zu finden. Traf es sich,
daß dennoch ein Deutscher die Ketten tragen mußte, so galt er
für ehrlos und verfehmt und hatte von seinen Stammesgenossen
selbst noch die Lynchjustiz zu erleiden. Die Schwaben sind
bescheiden, zurückhaltend, fallen niemandem zur Last, wünschen
aber auch von Andern unbehelligt zu bleiben.

Mit Vorliebe betreiben sie den Acker= und Weinbau; ebenso
züchten sie vorzügliche Pferde und erlernen auch gerne ein Hand=
werk. Die ursprünglichen deutschen Colonialorte haben sich nicht
bloß erhalten und ihre Bevölkerung reichlich vermehrt; sondern
es wurden wie schon erwähnt, von diesen schwäbischen Acker= und
Weinbauern allmählich auch weitere Occupationen gemacht. Nament=
lich haben die Deutschen eine Anzahl ehedem serbischer Ortschaften
besetzt, indem die dortige Bevölkerung dem culturellen Vordringen
und der Propagativkraft des deutschen Elements unterlag. Bei
den Deutschen lebt stets nur eine Familie in jedem Hause; die
Serben huldigen dem System den Hauscommunionen; jene deutsche
Einrichtung befördert unstreitig die Vermehrung des Volksstandes
besser, zudem wird durch die Selbständigkeit der einzelnen Familie
diese auch zu größerer Kraftanwendung, Arbeitsamkeit, Umsicht
und Sorgfalt gezwungen, wodurch die culturelle Entwickelung
bedingt ist.

Die Schwaben in der Baranya verstehen häufig auch die
ungrische Sprache und zeichnen sich durch Treue und Anhäng=
lichkeit an ihr ungarisches Vaterland aus. Eine Schattenseite
ist, daß sie gerne die häßliche Unsitte des Fluchens in ungrischer
Sprache annehmen. Die Kleidung dieser Deutschen ist von der
ihrer serbischen und magyarischen Nachbarn verschieden; im Sommer
tragen die Männer enge Leinenhosen, an Sonn= und Feiertagen

aber blaue Tuchkleider. Mit Vorliebe bedienen sich diese schwäbischen Bauern im Winter und zur Regenzeit der Holzschuhe, die in dem sumpfigen Boden treffliche Dienste leisten. Auch die Nahrung ist bei den Deutschen reichlicher als bei Magyaren und Serben; sie genießen öfter Fleisch als diese; insbesondere während der großen Arbeitszeit im Sommer nehmen sie kräftige Speisen zu sich.

An dem geistigen Leben, das in Tolna=Baranya sich entwickelte, hatten die daselbst wohnenden Deutschen stets hervorragenden Antheil genommen. Fünfkirchen besitzt gute Lehranstalten, darunter ein bischöfliches Rechtslyceum; die deutschen Volksschulen befinden sich in vortrefflichem Zustande. Die „Fünfkirchner Zeitung" erscheint zwei Mal in der Woche und gehört zu den besseren politischen Blättern in der Provinz; ebenso hat Mohács sein Wochenblatt. Für die Hebung und Verbreitung des Schulwesens waren namentlich einige Bischöfe von Fünfkirchen überaus thätig.

Die „studierten" Deutschen von Tolna=Baranya wenden sich mit Vorliebe dem geistlichen Stande zu und haben darunter aller=dings mehrere vortreffliche Männer aufzuweisen. Wir nennen den Abt und Universitäts=Professor Ludwig Mitterpacher, den „gelehrten Probst" Josef Koller, die Bischöfe Johann Ranol=ber (als Bischof von Weszprim gestorben), Michael Haas (ehemals B. v. Szathmár) und Anton Peitler (derzeit B. v. Waitzen). Den Baranyaer Deutschen gehörten ferner an: der Chemiker Dr. Johann Schuster (1777—1831), der Wiener Universitäts=Professor Dr. A. Rosas; die Ärzte Dr. Johann Hermann und Dr. Max Hölbling, der Naturforscher Kaspar Schnei=ber u. A.

Unter den Künsten lieben diese Deutschen die Musik am meisten; Fünfkirchen genoß des Rufes, die Stadt trefflicher geistlicher und weltlicher Tonkunst zu sein. Auch die daselbst verfertigten Musik=instrumente sind gesuchte Artikel. In den deutschen Dörfern pflegten die Schullehrer die Musik und fast jede Ortschaft besaß ehedem ihre eigene Kapelle. Es ist zu bedauern, daß in der Gegenwart die Lehrer diesem wichtigen Volksbildungsmittel wenig Beachtung schenken.

Der im Jahre 1843 verstorbene Kirchenmusik-Director in
Fünfkirchen, Georg Lickl, erfreute sich eines weitverbreiteten
guten Namens, ebenso deffen Nachfolger Hölzl, vordem Director
des Innsbrucker Conservatoriums; außer diesen sind dann noch zu
nennen: der Musikschul-Director Wimmer, der blinde Fagotten-
bläser Weidinger, der in den Dreißiger-Jahren unseres Jahrhunderts durch sein Spiel in Deutschland und Rußland Bewunde-
rung erregte; der Hirtenflöten-Bläser Prosper Amtmann, der
in Deutschland und Frankreich gleichfalls großen Beifall fand u. A.

Die nordungarischen Deutschen.

Wir haben schon in der Skizze über die Geschichte des Deutschthums in Ungarn überhaupt mitgetheilt, daß die nordungarischen Deutschen größtentheils dem sächsischen und mitteldeutschen (thüringisch-schlesischen) Volksstamme angehören und deren Einwanderung in die Zeit vom letzten Drittel des XII. bis zur Mitte des XIII. Jahrhunderts fällt; doch geschahen auch in späterer Zeit noch Zuwanderungen. Diese nordungarischen Deutschen wurden vertragsmäßig angesiedelt und zwar zumeist in geschlossenen Orten; sie erhielten städtische Freiheiten und Privilegien und bildeten daselbst die Grundlage des ungarischen Städte- und Bürgerthums. Ein Hauptzweck ihrer Ansiedlung bestand in der Pflege und Ausbeute des Bergbaues, dann der Gewerbe und des Handels. Doch betrieben sie auch Ackerbau und Viehzucht und beförderten den geistigen Fortschritt in Kirche und Schule. Durch ihren Wohlstand, durch ihre numerische Stärke, municipale Autonomie und durch ihren gesetzestreuen, pflichteifrigen Sinn wurden diese deutschen Städtebürger Nordungarns auch ein wichtiger politischer Factor, der wiederholt in die Geschichte des Landes entscheidend eingriff und dadurch seine Bedeutung erhöhte, aber auch den Anstoß gab zur Befeindung und Bekämpfung dieser deutschen Städte. Der Kirchenreformation eifrig ergeben, gewann unter deren Einfluß die geistige Thätigkeit der nordungarischen Deutschen einen frischen Aufschwung. Es war der letzte Glanzpunkt in ihrem kampfvollen

Dasein. Parteienhader, Bürgerkriege, religiöse Verfolgungen und innere Zwiespältigkeiten untergruben den Wohlstand, vernichteten die sociale und politische Bedeutung dieser nordungarischen Städte. Sie sanken und verfielen und mit ihnen gerieth auch das Deutsch= thum auf abschüssige Bahn: die Slavisierung griff um sich und ihr unterlagen zahlreiche deutsche Ortschaften. Diese Entnationa= lisierung der nordungarischen Deutschen hat bis heute nicht auf= gehört. Das Gegengewicht, welches an einzelnen Orten der Slavisierung durch die Magyarisierung entgegengestellt wurde, erweist sich als wenig wirksam, da in Nordungarn auch die Magyaren dem slavisierenden Einflusse unterworfen sind. In der neuesten Zeit machen einzelne verständige nordungarische Deutsche lobenswerthe Versuche, um das Volksthum dieser Deutschen zu retten, zu erhalten und fortzubilden.

Das nordwestliche und nördliche Ungarn bietet darum heute in ethnographischer Hinsicht eine Trümmerstätte deutschen Volksthums; aus der slovakisch=ruthenischen Masse ragen nur einzelne deutsche Orte und Sprachinseln als Reste der einst hier vorherrschenden Deutschen empor. Von dem Gebiete der „Heide= bauern“ des Wieselburger Comitats greift das Deutschthum in ein= zelnen Ausläufern auch über die Donau, wo es namentlich in der altberühmten königlichen Freistadt Preßburg einen Stützpunkt bewahrt hat. Wir haben in der allgemeinen Einleitung gesehen, wie die ungarischen Könige diese Stadt mit besonderer Vorliebe begünstigt und durch zahlreiche Privilegien ausgestattet hatten. Seit der Herrschaft des Habsburgischen Hauses wurde Preßburg die ungarische Krönungsstadt und der Sitz des Landtags (bis 1848). Trotz des Zusammentreffens des deutschen, magyarischen und slovakischen Elements hat Preßburg dennoch seinen deutschen Charakter wesentlich erhalten. Diese Stadt bildet zugleich durch ihre angenehme und vortheilhafte Lage, durch den Biedersinn und die Intelligenz der Bevölkerung sowie durch die zahlreichen guten Lehr=, Erziehungs= und Humanitäts=Anstalten den natürlichen Mittelpunkt einer bedeutenden Umgebung. Von der gegenwärtigen Stärke des Deutschthums gibt auch den Umstand Zeugniß, daß

in Preßburg mehrere deutsche Verlagsbuchhandlungen, zwei
politische Tagesblätter in deutscher Sprache und ein ständiges
deutsches Theater bestehen können. Die Nähe von Wien wirkt
in geistiger und socialer Hinsicht wohlthuend auf Preßburg, das
bei aller Anhänglichkeit an deutsche Sprache und deutsche Sitte
doch auch in Bezug auf Treue und Hingebung für das Vaterland
keiner andern Stadt Ungarns nachsteht. Von den lächerlichen
Auswüchsen eines knabenhaften Magyaronenthums, wie dies vor 1848
hier wahrzunehmen gewesen, finden sich heute wohl wenig oder
keine Spuren. Die Stadt Preßburg weiß in würdigem Anstande
die Treue für das angestammte Deutschthum zu bewahren, ohne
sonst irgend welche patriotische Pflichten zu verabsäumen. Zahlreiche bedeutende Männer deutscher Abkunft wurden daselbst geboren
und erzogen.

Von Preßburg verläuft die deutsch=slovakische Sprachgrenze an
der Donau aufwärts bis zur Mündung der March, wo das alte
T h e b e n (die ungarische „Magdeburg") noch deutsch ist. Weiter
nördlich bildet die March bis in die Nähe von D r ö s i n g die
natürliche Grenzscheide zwischen deutscher und slovakischer Zunge
und zugleich zwischen Österreich und Ungarn. Im Waagthale
aufwärts begegnet man noch vereinzelten deutschen Einwohnern,
die aber zumeist mit Magyaren und Slovaken gemischt wohnen.
Solche Orte sind z. B. M o d e r n, D i o s z e g, B i b e r s b u r g,
T i r n a u, W a a g = N e u s t a d t l, T r e n c s i n u. a. Das Deutsch=
thum hat hier einen schwierigen Stand; daß es jedoch noch immer
kräftig ist, beweisen die Handels= und Gewerbetreibenden daselbst,
die größtentheils Deutsche sind, auch der Bestand von Schulen mit
deutscher Unterrichtssprache und das Erscheinen deutscher Wochen=
blätter in Tirnau und Trencsin sprechen für diese Thatsache.

Wir betrachten nun die noch vorhandenen deutschen Sprach=
inseln in Nordungarn im Einzelnen.

A. Die Deutschen in den niederungarischen Berg-
orten. *)

Diese Deutschen begreifen die Nachkommen jener Einwanderer
in sich, welche von den ungarischen Königen des Bergbaues wegen
berufen und in den „niederungarischen" Bergorten angesiedelt
worden sind.

Unter den „niederungarischen" Bergstädten versteht man die
Städte: Kremnitz, Schemnitz, Neusohl (ungrisch Beszter-
czebánya), Königsberg, (ungrisch Uj-Bánya), Pukantz (Bakabánya), Libethen (Libetbánya), Dilln (Bélabánya) und Briesen (Breznóbánya). Diese Städte sammt ihrer Umgebung bilden
nicht bloß in landschaftlicher Beziehung eine stete Abwechslung lieb-
licher und erhabener Naturgegenstände, sondern das geschäftige
Leben des Bergmannes, die Mannigfaltigkeit der Bevölkerung an
Sitte, Sprache, Gestalt und Gewohnheit reizen ebenso sehr den
Culturhistoriker wie den Ethnographen und Sprachforscher.

Der Bergbau ist in diesen niederungarischen Bergstädten uralt.
Obgleich über dessen Anfang keinerlei bestimmte historische Nachrichten vorliegen, so beweisen doch zahlreich vorhandene Spuren,
daß Ungarns Bergbau weit älter ist als der ungarische Staat
selbst. Wir haben schon oben die Vermuthung ausgesprochen, daß
in diesen Bergstädten der Bergbau wahrscheinlich seit der Herrschaft
des Quadenvolkes nie gänzlich aufgehört hat. Aber diese ältere
Bergindustrie wie auch deren Pflege in späterer Zeit unter den
ersten ungarischen Königen führte noch nicht zur Bildung geschlossener
städtischer Ansiedelungen. Der Betrieb des Bergbaues mochte in
der Weise erfolgt sein, daß die „königliche Kammer," deren Sitz

---

*) Nebst den Werken von Kachelmann („Gesch. der ung. Bergstädte"
und „Das Alter und die Schicksale des ung. Bergbaues") vgl. insbesondere die
zahlreichen historischen Arbeiten von Wenzel, dessen neueste Geschichte des ungarischen Bergwesens (Budapest, 1881) die Frucht langjähriger Detailforschungen
ist. Für das sprachlich-ethnographische Moment sind namentlich die Publicationen
Schröer's („Beiträge zu einem Wörterbuch der deutschen Mundarten des
ungarischen Berglandes;" dann „Darstellung der deutschen Mundarten des
ungarischen Berglandes") in den Schriften der Wiener Akademie der Wissenschaften zu vergleichen.

fpäter Kremnitz wurde, in einer Entfernung von mehreren Meilen um diefen Mittelpunkt eine größere Anzahl von Grubencolonien, „Villen" (villae), anlegte, deren Bewohner freie Leute waren, und unter befonderer Protection des Königs ftanden, auch fonft allerlei namhafte Privilegien genoffen. Diefe Bergleute waren Deutfche, unter denen bergbaukundige „Sachfen" (Thüringer, Schlefier) die überwiegende Zahl gebildet haben mochten, weil in der Folge ihr Name von allen dortigen Deutfchen gebraucht wurde. Die erften Anfiedelungen gefchahen wohl gleichzeitig mit der Zipfer Coloni= fierung in der zweiten Hälfte des XII. Jahrhunderts.

Aus den zerftreuten Bergmannsdörfern entftanden größtentheils erft fpäter (nicht vor der Mitte des XIII. Jahrhunderts) gefchlof= fene Stadtgemeinden, auf deren Gedeihen insbefondere die Herr= fchaft der Könige aus dem Haufe Anjou und des Luxemburgers Sigismund wohlthätig eingewirkt hat.

Die ältefte diefer Bergbaucolonien war Schemnitz (vom Bache „Stiawnica" die „Sebnitz," „Schebnitz), die noch im XIII. Jahrhunderte allein „Banya" (b. i. Grube, Bergftollen) genannt wird und deren Gründung bis auf die Zeit der Quaden zurückgeführt (doch nicht zweifellos bewiefen) wurde. Schon im Anfange des XIII. Jahrhunderts war der Ort eine anfehnliche Niederlaffung geworden; fein ftädtifches Privilegium erhielt er aber erft von König Béla IV. im Jahre 1244. Darin wird der Name „Schemnitz" oder „Sebnitz" zuerft urkundlich genannt und den bergbautreibenden „Gäften" dafelbft nebft den gewöhnlichen Rechten und Freiheiten der deutfchen Städtebürger (eigener Stadtrichter, Ab= gabenfreiheit, befondere Gerichtsbarkeit u. dgl.) noch zugeftanden, daß fie fich auch des Holzes der königlichen Wälder zu ihren Schachten und Bergwerkftollen frei bedienen dürfen. Mit Schemnitz wurden auch die benachbarten Bergcolonien (Häuerorte) vereinigt, aus deren Namen: Gerod, Karlik, Syglespert, Dilln (fpäter „Bélabánya"), Sekken und Kulpach (Goldbach) hervorgeht, daß diefelben durchwegs von Deutfchen begründet und wohl auch bewohnt waren. Die Schem= nitzer Stollennamen und die Fülle der Orts= und Flurbezeichnungen in der Nachbarfchaft fowie Dialectforfchungen bieten den handlichften

Beweis für die das ganze bergstädtische Gebiet betreffende Thatsache,
daß wir nieder= und oberrheinische, mitteldeutsche und oberländische
Colonisten auf diesem Boden in wechselnder Schichtung und bunter
Mischung annehmen dürfen, daß jedoch diese Deutschenansiedlung
auch aus Böhmen und Mähren Zuzüge erhalten hat.

Neusohl entstand als „nova villa Bisztrice" in der Nähe
der königlichen Burg Liptsche und erhielt im Jahre 1255 ein
Privilegium, worin den dortigen Sachsen nebst den übrigen Frei=
heiten auch das Recht verliehen wurde, im ganzen Sohler Comi=
tate auf Gold, Silber und Metalle zu bauen; dafür hatten sie
von Gold den Zehend, von Silber ein Achtel an die königliche
Kammer abzuliefern. Bei Feldzügen, welchen der König selbst
beiwohnt, haben sie unter der königlichen Fahne zu dienen. Der
gerichtliche Zweikampf unter sich und ihresgleichen war nach
sächsischer Sitte mit rundem Schilde und Schwertern gestattet. Die
städtische Freiheitsurkunde erhielten die Neusohler indessen erst von
König Stefan V. im Jahre 1271 und es wird ihnen darin ein
ansehnliches, vom Comitate unabhängiges Weichbild von Acker=,
Wiesen= und Waldland verliehen. Sie sind von allem Grundzins
befreit, stehen hinsichtlich der Zoll= und Mautfreiheit den Schem=
nitzern gleich und haben niemanden als nur den König zu
bewirthen. Die Künzel, Rudolf (Rudlein), Ulmann, Sachs,
Heizmann waren die Altbürger und Bergwerksbesitzer der Gegend
und gründeten nach ihnen benannte Ortschaften in der Umgebung.
Zu Ende des XV. und im ersten Viertel des XVI. Jahrhunderts
kamen die meisten Gruben von Neusohl in den Pacht der Thurzo's
und der Fugger, welche hier den Bergbau und die Hüttenwerke
zu großer Blüthe entwickelten. Wir haben weiter oben gesehen,
daß die Neusohler durch das Verbot, kein Adeliger dürfe darin
liegende Habe besitzen, zu einer streng geschlossenen deutschen
Gemeinde sich gestalteten, deren Deutschthum erst die Stürme des
XVII. Jahrhunderts zu erschüttern vermochten. Heute hat das
Slaventhum daselbst einen breiten Raum eingenommen. An die
einstige weitere Verbreitung der Deutschen in jener Gegend erin=
nern die jetzt slovakischen Ortschaften der Umgebung: Sachsenstein,

Kostführersdorf, Ulmannsdorf, Schalksdorf, Schaiba, Seilersdorf, Mayerdorf, Deutschendorf, Rudolfsdorf u. a.; die Bergnamen: Herrengrund, Altgebirg, Sandberg, Richtergrund u. s. w. Der blühende Bergbau von ehedem ist freilich auch nicht mehr vorhanden.

Die Bergstadt Kremnitz entwickelte sich als „villa" am Fuße des Kremnitzer Schlosses; der Name ist slavischen Ursprunges und die Tradition führt die Gründung des Ortes gleichfalls bis in die vormagyarische Zeit zurück. Sichere Kunde von dem Bestande des Ortes „Keremnice" hat man aus dem Jahre 1295, von der Stadt Kremnitz jedoch erst aus dem XIV. Jahrhunderte. Die Stadt erscheint urkundlich seit dem Jahre 1323 als der Sitz der königlichen Kammergrafen und erhielt im Jahre 1328 ihren Freibrief. Dieser beansprucht ein besonderes Interesse. Damals war nämlich Kuttenberg in Böhmen eine der hervorragendsten Bergstädte Europas; sie stand im Range unmittelbar nach der böhmischen Hauptstadt Prag. König Karl Robert verlieh nun den gesammten, in Kremnitz versammelten oder zu versammelnden Gästen, mit Zustimmung der Prälaten und Barone des Reiches, die Freiheiten der „Gäste" zu Kuttenberg (Kutumbana) im Königreiche Böhmen. Die Kremnitzer empfiengen darin das Recht, zwei Meilen im Umkreise das von Bewohnern entblößte waldige Land zu bebauen und unter einem selbstgewählten Richter zu leben. Schulden halber sollen sie im ganzen Lande von Niemandem behelligt, sondern nur im Rechtswege belangt werden. Durch den Reichthum seiner Bergwerke und als Sitz der königlichen Kammergrafen erhob sich Kremnitz zum Vororte über alle niederungarische Bergstädte.

Unter diesen erhielten die städtischen Freiheiten Pukanz (Bakabánya) im Jahre 1337, Liebethen im Jahre 1379, Königsberg (Ujbánya) in derselben Zeit, Briesen im Jahre 1380 und endlich Dilln (Bélabánya), ebenfalls im XIV. Jahrhunderte, doch verbrannte die Urkunde in den Hussitenkriegen, so daß König Ladislaus V. dieselbe im Jahre 1453 erneuerte. In diesen Privilegien werden die Bergstädte mit dem

Schemnitzer Stadt= und Bergrechte begabt; denn dieses bildete
das Muster für die ungarischen Bergstädte.

Das „Schemnitzer Stadt= und Bergrecht" wurde auf
Grund des Freiheitsbriefes von König Béla IV. schon im
XIII. Jahrhunderte von „den Geschwornen der Stadt Schebnitz"
in zwei Abtheilungen zusammengestellt. Die erste enthält in
40 Punkten die „Stadtrechte", die zweite in 20 die „Bergrechte".
Die meisten dieser Punkte umfassen die allgemeinen Bestimmungen
über die freie Richterwahl, über das eigene Gericht, über die Be=
freiung von anderen Gerichten, über Erbtheilungen u. dgl. Harte
Strafe bedrohte diejenigen, die sich unrechter Maße bedienten;
ohne Assistenz der Richter und Geschwornen durfte kein Kammergraf
„noch kein anderer Mann in keines Mannes (Bürgers) Haus
suchen oder suchen heißen weder Fälscher oder falsche Münze oder
andere verbotne Ding." Das für Schulden gepfändete Erbe eines
Mannes durfte erst binnen Jahr und Tag veräußert werden,
damit der Schuldner Zeit zur Auslösung habe.

Charakteristische Bestimmungen sind noch folgende: „Wer
Gott oder sein werte Mueter oder seine Heiligen oder der heiligen
Christenheit übel spricht, der soll nach geistlichen Rechten sieben
Sunntag vor der Procession (die um die Kirche gieng) schämlich
und entblößt bis auf die Gürtl und barfueß umb die Pfarrkirche
umbgetrieben und (mit Riemen) gestrichen werden." Alle „Zauberer
und Zauberinnen", die auf wahrer That begriffen werden, soll
man verbrennen. Wer den Richter und die Bürger ungerecht
schmäht, soll drei Markttage auf dem Pranger stehen und öffentlich
erklären: „Was ich geredt hab von dem Richter oder Geschwornen,
das hab ich gelogen als ein Böswicht" und soll „sich selbst mit
eigen Hand auf das Maul schlagen." „Wer umb Dieberei oder
umb Raub gefangen und wahrhaftig überweist wird, den soll man
hängen." Raub und Mord wurde mit „Schleifen und Rad=
brechen", Brandstiftung, ja selbst Brandandrohung mit Verbrennen
bestraft. Wer bei einem Brande auch nur sechs Pfennige an
Werth stiehlt, soll gehängt werden; wer bei einer Feuersbrunst
Einen verwundet, den soll man enthaupten; wer aber bei dieser

Gelegenheit auch nur das Schwert zückt, verliert die Hand. Wer eine Magd oder ein Weib nothzüchtigt, der soll enthauptet werden. Entführt Jemand ein Mädchen und wird aufgehalten, so hat der Richter die Geschwornen und die Verwandten des Mädchens zu versammeln und die Jungfrau „ohne alle Drohung und unbezwun= gentlich" in die Mitte zu stellen, wobei der Entführer zugegen sein muß. Geht sie nun zu dem Manne, dann „gehört kein Recht über ihn (d. h. das Gericht hat keine weitere Verhandlung wider ihn); geht sie aber zu den Freunden (Verwandten), so soll man dem Manne das Haupt abschlagen."

Im „Bergrechte" wird der wichtige Grundsatz ausgesprochen, daß der unterirdische Grubenbesitz von den oberirdischen Besitzver= hältnissen unabhängig sei und durch eigenthümliche Statute geregelt werde. Damit war die Freiheit des Grubenbaues und das könig= liche Recht der Ertheilung besonderer Montanrechte ausgesprochen. Das Schemnitzer Bergrecht stimmt in vielen Punkten mit dem Montanrechte zu Iglau (Mähren) überein. Auch dieser Umstand deutet auf die engen Beziehungen zwischen den ungarischen Berg= städten und dem mährischen Nachbarlande hin.

Eine neue Phase in der Geschichte der niederungarischen Bergstädte entstand im Jahre 1424, als König Siegmund dieselben seiner Gemahlin Barbara überließ. Das war ein wichtiges Präcedens, das später wiederholt wurde; so gelangten die Königinnen Elisabeth, Beatrix, Anna und Maria ebenfalls in den Besitz der Bergstädte. Diese bildeten in Folge dessen ein abgeschlossenes Ganzes, das unter dem Sohler Grafen der Königinnen stand und als solches von den Königen auch gemein= same Privilegien erhielt.

Im Schutze dieser Privilegien gediehen die Bergstädte zu großem Wohlstande, der die benachbarten adeligen Burgherren nicht wenig reizte. Im Umkreise der Bergstädte war nämlich ein ganzer Kranz fester Schlösser entstanden. Außer der alten Königs= burg zu Sohl waren noch die Schlösser von Rabenstein, (Saskö), Revistye, Liptsche, Végles, Dobronyiva u. a., die allerdings ihrer ursprünglichen Bestimmung nach zum Schutze

des Bergbaues dienen sollten, seit den Tagen des Hussitenführers
Giskra aber theils in dessen Gewalt, theils in den Besitz sonstiger
Adeliger gelangt waren. Diesen war das freie Schürfungs= und
Waldnutzungsrecht der Bergleute zunächst ein Dorn im Auge, wie
denn die Städte überhaupt dem Adel verhasst waren und er seit
dem Ende des XV. Jahrhunderts einen Krieg gegen deren Freiheiten
eröffnete. Die allgemeinen Wirren unter der Herrschaft der Jag=
jellonen Wladislaw II. und Ludwig II. (1490—1526)
beförderten noch diese Angriffe des Adels auf das Bürgerthum.
So hatten denn auch die Bergstädte bald zu erfahren, daß ihre
ritterlichen Beschützer zu ihren ärgsten Bedrängern wurden.
Insbesondere feindselig gegen diese Städte erwies sich die Familie
Dóczy, welche allmählich in den Besitz der festen Schlösser Revistye,
Liptsche, Saskö u. a. gelangte und seit dem Jahre 1494 die
Bergstädte bedrohte.

Aus den langen Zwistigkeiten, die nun entstanden, erfahren
wir, daß die Adeligen den Kremnitzern die Eröffnung neuer Gruben
verwehrten, daß sie von den Bürgern Mautgebühren erpressten,
sie von der Waldbenutzung ausschlossen u. dgl. Die Bürger wollten
sich aber derlei Rechtskränkungen keineswegs gefallen lassen und
griffen zu den Waffen. Im Jahre 1497 brach zwischen den
Dóczy's und den Bürgern von Kremnitz, Schemnitz, Dilln, Hodrus
und Pukanz offene Fehde aus; die Bergleute erstürmten in Ladomér
und Zsarnotz die Häuser der Dóczy's, plünderten sie und steckten
sie in Brand, nachdem sie die Mauteinnehmer und andere Leute
der genannten Adeligen theils verwundet, theils getödtet hatten. Der
Spruch des Palatinatsstuhles, vor welchem die Dóczys darob die
Städter verklagten, lauteten den Burgherren günstig; aber das Urtheil,
welches die Bürger vor das Comitatsgericht citierte, konnte nicht
vollzogen werden. Die Dóczy's begnügten sich mit einem Vergleiche.

Auch die Neusohler hatten in diesen Tagen mancherlei
Bedrängnisse von ihren adeligen Burgnachbarn zu erdulden. Ein
günstiger Umstand für die Bergstädte war es, daß sie gerade in
jener Zeit die Freundschaft der mächtigen und einflußreichen
Familien der Thurzo und der Fugger gewannen. Nicht minderen

wohlthätigen Einfluß übte die Überlassung der Bergstädte an die Königin Anna (seit 1502), bei welcher Gelegenheit König Wladislaw II. diesen Städten abermals ein Schutzprivilegium verlieh.

Johann Thurzó soll in seiner Jugend in Venedig das Geheimniß der Kupferausscheidung sich angeeignet haben. Derselbe entstammte einer alten Familie aus Krakau (oder Nieder=Öster= reich?), die später Bethlehemsdorf in der Zips als Eigenthum erwarb und von daher ihr Adelsprädikat führte. Johann Thurzó erscheint im letzten Decennium des XV. Jahrhunderts in Gesell= schaft des Augsburger Patriciers Jakob Fugger als reicher Bergwerksbesitzer von Neusohl. Das hier gewonnene Kupfer wurde sodann in den Hüttenwerken zu Krakau, Breslau, Erfurt und in Tirol verarbeitet. Seit dem Jahre 1496 machte Johannes Thurzó die Stadt Neusohl zum Mittelpunkte der Kupferschmelze und legte damit den Grund zu einer blühenden Industrie. Sein Sohn Georg vermählte sich im Jahre 1497 mit Anna Fugger, der Tochter seines Compagnons. Im Jahre 1512 heiratete Raimund Fugger, Jakobs Neffe, Katharina, die Tochter des Johannes Thurzó. Dadurch wurde das Band zwischen diesen beiden reichen Patricier= geschlechtern noch enger geschlungen.

Durch die Hilfe und Unterstützung dieser Geschlechter waren die Bergstädte im Stande, den allerdings fortdauernden Befehdungen der adeligen Burgherren erfolgreichen Widerstand zu leisten. Der Kampf der benachbarten Herren gegen die Bürger dauerte bis in die Mitte des XVI. Jahrhunderts fort. Am Schlusse desselben war es den Städten gelungen, ihre Freiheiten aufrecht zu erhalten und sich so der gegnerischen Angriffe siegreich zu erwehren. Dazu trug freilich auch der Umstand mächtig bei, daß diese Städte fort= dauernd im Besitze der ungarischen Königinnen blieben. Erst im Jahre 1548 kamen sie wieder an die königliche Kammer zurück, der sie nunmehr ungestört angehörten.

Die langwierigen Kämpfe waren indessen für diese Städte nicht ohne manche gute Einwirkung geblieben. Es wurde durch dieselben in den Bürgern ein gewisser kriegerischer Geist geweckt, der in den kampfreichen Zeiten der Türkenkriege ihnen zu Gute kam. Im

XVI. Jahrhunderte waren sämmtliche Bürger der Bergstädte militärisch organisiert; jede Stadt hatte ihren Hauptmann, welches Amt einer der Rathsherren versah. Reste dieser Militärverfassung erhielten sich bis in die Mitte unseres Jahrhunderts. Die Stadt Schemnitz überließ im Jahre 1848 ihre neun Stadt-Kanonen den Honvéds. Eine nicht minder wichtige Folge dieser Kämpfe zwischen Adel und Bürgerthum war die Weckung und Erhaltung eines engern Verbandes unter den Bergstädten, der bis zum Jahre 1863 dauerte. Das Bündniß umfaßte im Ganzen die sieben Städte Kremnitz, Schemnitz, Neusohl, Pukanz, Königsberg, Dilln und Liebethen. In späterer Zeit wurde dieses Bündniß allerdings nur mehr durch die gemeinsame Gerichtsbarkeit des Bergdistricts aufrechterhalten; allein dasselbe hatte unzweifelhaft Vieles dazu beigetragen, um in diesen Bürgern das Gefühl der Zusammengehörigkeit, der Freundschaft und Brüderlichkeit zu pflegen. Im ersten Viertel des XVI. Jahrhunderts hatten die ungarischen Bergstädte ihren Glanzpunkt erreicht. Wie bedeutend damals die Erträgnisse der Bergwerke gewesen, erhellt aus mehreren Thatsachen. Die ungarische Kupferausfuhr gieng über Krakau auf der Weichsel nach Danzig; im Jahre 1511 erbeutete die deutsche Hansaflotte von den Holländern 20 Schiffe, die sämmtlich mit ungarischem Rohkupfer beladen und Eigenthum der Fugger waren. Durch die Pachtung der Bergwerke wurde Alexius Thurzó, der königliche Schatzmeister, um das Jahr 1523 „der reichste Mann" in Ungarn. Die Fugger erscheinen auch als die Bankiers der ungarischen Könige; im Jahre 1523 schuldete König Ludwig II. denselben 65.000 Stück Dukaten.

In den Zeiten der inneren Unruhen hatten die ungarischen Bergstädte als die wichtigsten Geldplätze des Landes Vieles zu leiden. Nachdem sie die Angriffe der Türken wiederholt abgewehrt hatten, mußten Schemnitz, Kremnitz, Altsohl, Neusohl und Dilln die Verwüstungen und Brandschatzungen der Bocskay'schen Heerführer im Jahre 1606 ertragen. Neusohl wurde damals fast ganz zerstört und kaum waren die Stadt und ihre Mauern wieder aufgebaut, als die Bethlen'schen Unruhen abermals den Frieden der Bergstädte störten. Neusohl, Schemnitz, Kremnitz und die übrigen Berg=Orte wurden von Gabriel Bethlen zum Theil schon im Jahre 1619 besetzt und brachten dem siebenbürgischen Fürsten reiche Geschenke in Gold und Silber dar. Zu Neusohl wurde der Landtag abgehalten, der Bethlen zum Könige von Ungarn ausrief. Die Bergstädte hatten dann schwere Tribut= leistungen an die Partei des Fürsten zu entrichten. Auch in den Rákóczy'schen und Tökölyi'schen Wirren waren die Bergstädte wiederholt der Schauplatz des verwüstenden Kriegsgetümmels. Aber auch gegen die Eingriffe der kaiserlichen (respective königlichen) Hofkammer sowie gegen die Ausschreitungen der deutschen Söldner hatten diese Städte oft bittere Klage zu führen.

Besonders schwer lastete auf den Bergstädten die Herrschaft der Rákóczyaner (von 1703—1708), die stets neue Forderungen an die Städte und Gewerkschaften stellten, welchen diese um so schwieriger nachkommen konnten, als der Bergbau seit den letzten Decennien des XVII. Jahrhunderts durch den Einbruch unter= irdischer Gewässer, durch böse Wetter und Erdbeben erheblich abgenommen hatte. Die mit Schulden gedrückten und verarmten Städte traf dann noch die Verfolgung der Gegenreformation; denn auch die Deutschen in den Bergstädten hatten sich größtentheils der Lehre Luthers angeschlossen. Eine bessere Zeit für die Berg= städte brach unter der Regierung Kaiser Karl VI., namentlich aber während der Zeit Maria Theresia's an. Es wurden legislatorische Verfügungen zu Gunsten des Bergbaues getroffen und in den Bergorten mit erheblichem Kostenaufwand Versuche und Einrichtungen zur Wiederbelebung der Bergindustrie gemacht. Aber der Kampf der Bergkammern gegen die freien Bergmunicipien sowie die feindselige Gesinnung des Adels gegen die Bürger dauerten fort und verhinderten einen neuen kräftigen Aufschwung des Bergbaues.

Unter diesen Einflüssen hatte mit dem Schwinden des Wohl= standes auch das Gedeihen des Deutschthums arge Stöße erlitten. In den Tagen der innern Parteikämpfe waren Slovaken und Ungern in die Bergstädte gekommen; der vordem ausgeschlossene Adel hatte sich eines Theiles der Gruben bemächtigt und verlangte

Antheil am Stadtregimente; das Comitat erlaubte sich namentlich den kleineren Bergstädten gegenüber stets mehr Übergriffe; an die Stelle des früheren Bergrechtes trat das ungarische Adelsrecht u. s. w. Maria Theresia suchte zwar dem Überwuchern des adeligen Regiments in den Bergstädten Einhalt zu thun; — mit wenig Erfolg. Dagegen war die im Jahre 1763 erfolgte Errichtung der Bergschule zu Schemnitz von wesentlichem Belange für die geistige Hebung der Bergleute. Männer von europäischem Rufe lehrten seither an dieser Montan-Hochschule und brachten sie zu verdientem Ruhme.

Die Deutschen bilden heute in den niederungarischen Berg= städten die Minorität. Nach einer Zählung im Jahre 1867 hatte damals Schemnitz unter 13.203 Einwohnern nur 2667 Deutsche, Kremnitz im ganzen Bezirk (16.621 Einwohner) bloß 6829 Deutsche, Neusohl gar nur 833 Deutsche, in Pukanz, Königsberg, Liebethen und Briesen gab es schon damals keine deutschen Bewohner mehr. Überall dominiert das Slovakenthum, deutsch sind nur die Namen der Familien und Güter, die Bauart der Häuser, die Anlage der Städte und einzelne spärliche Erinnerungen und Reste in Sprache, Brauch und Gewohnheit. Am meisten hievon hat sich in der Stadt Kremnitz erhalten. Daselbst führte man noch vor wenigen Jahren deutsche Weihnachtsspiele auf, welche von einer eigenen, zu diesem Zwecke gebildeten Gesellschaft, der sogenannten „Sternspiel=Bruderschaft“, vorgetragen wurden.

Eines dieser Spiele: „Geistliches Spiel von dem grausam tyrannischen König Herodes“ wurde von dem Sprachforscher K. J. Schröer im „Weimar. Jahrb. für Literatur und Kunst“ veröffentlicht. Darnach beginnt das „Spiel“ mit einer „Aria“, einem Sternsingerliede; darauf tritt der Engel ein, der das versammelte Publikum aufs Spiel aufmerksam macht und um Nachsicht für etwaige Irrungen bittet. Zwei Hirten erscheinen, ein einfältiger und ein kluger, die zum Theil in der Mundart ein Zwiegespräch über ihr geplagtes Leben halten und dann sich zur Ruhe legen. Da erscheint der Engel und spricht die Verkündigung der Geburt Christi durch folgendes Lied aus:

Von hohen Himmel komm ich her,
Ich bring euch gute neue Mähr.
Der guten Mähr bring ich euch viel,
Das ich euch singen und sagen will.

> Euch ift ein Kinblein heint geborn,
> Aus einer Jungfrau auserkorn,
> Ein Kindelein fo zart und fein:
> Das foll unfer Freud und Wonne fein.

Der kluge Hirt fährt auf, weckt feinen Kameraden und beide erhalten
nun vom Engel die nähere Nachricht über das hohe Ereigniß. Nach einem
weiteren Gespräche der Hirten machen fie fich auf zum neugebornen Kinde,
opfern ihm ihre geringen Hirtengaben, verrichten ihr Gebet und wiegen dann
das Kind unter Abfingung des folgenden Liedes:

> Laßt uns das Kinblein wiegen,
> Das Herz zum Krippelein biegen!
> Laßt uns im Geift erfreuen,
> Das Kinblein benedeien!
> O Jefulein füß!
> O Jefulein füß!

Nachdem fie die große That Gottes gepriefen, nehmen fie Urlaub vom
Kinde und feinen Ältern. Der kluge Hirt fpricht dem einfältigen noch von
der Demuth Gottes, der fich erniedrigt, um das Niedrige zu erhöhen und von
dem hohen Ruhme des Hirtenftandes, aus dem fchon Großes hervorgegangen.
Dann blafen fie das Horn und gehen hinaus. Der einfältige Hirt fpielt
während der ganzen Scene die luftige Perfon, die durch thörichte Bemerkungen
das Lachen der Zufchauer erregt. Eine Arie leitet den andern Haupttheil des
Stückes ein. Die drei Könige, der rothe, grüne und fchwarze, erfcheinen vor
Herodes und fragen nach dem Neugebornen. Herodes läßt die hohen Priefter
und Schriftgelehrten kommen, die ihm die Prophezeiung des Ereigniffes kund
thun. Das theilt er den drei Magiern mit und bittet fie, auf ihrer Rückkehr
bei ihm einzufprechen, da er dann hingehen wolle, um das Kinblein anzubeten.
Die drei Könige gehen nach Bethlehem. Sie finden das Kind und beten es
an. Da erfcheint der Engel, der fie vor Herodes warnt. Sie nehmen Ab=
fchied vom Kinde, von Maria und Jofef und ziehen wieder in ihre Heimat. In
der folgenden Nacht erfcheint der Engel auch dem hl. Jofef und fordert ihn
auf, eilig nach Ägypten mit Mutter und Kind zu fliehen, da Herodes Arges
im Sinne führe. Morgens theilt Jofef feinen Traum der Maria mit und
fie ift gleich bereit, Folge zu leiften. Zwei Teufel treten nun auf, ein großer
und ein kleiner; der erftere fordert den andern auf, Alles zu thun, um
Herodes zu verderben. Herodes erfcheint und gebietet feinen Dienern, alle
Knaben innerhalb des Gebietes von Bethlehem, die dreijährig und darunter
find, zu tödten. Die That ift bald vollbracht. Die Diener melden, wie fie
fie ausgeführt und Herodes verheißt ihnen Belohnung. Wieder erfcheint der
große und kleine Teufel, die verfichern, daß Herodes der Hölle gewiß fei.
Ein Engel kommt und macht dem Tyrannen das Gewiffen warm. Er fühlt

Reue — doch es ist zu spät. Eine Arie „der grimmige Tod mit seinem Pfeil" leitet zur Katastrophe über. Der Tod klopft an der Thür und meldet dem Könige sein Schicksal:

> „Herodes, Herodes, du großer Tyrann,
> Du bist ein verfluchter und verzweifelter Mann.
> Du hast dich selbst bracht um dein Leben.
> Halt still! ich will dir anders für passen".

Er tritt ein und schießt ihn nieder. Die Teufel erscheinen und holen ihn in die Hölle. Zuletzt tritt der Engel noch einmal auf, der den Schluß des Spiels ankündigt und dem Publikum dankt. Eine Strophe des Stern= singerliedes, mit dem das Spiel begann, beschließt es.

„So einfach und roh (urtheilt Schröer) die Ausführung und Anein= anderreihung der einzelnen Scenen ist, so wirksam und des Eindrucks gewiß ist doch das Ganze, zumal durch die letzte tragische Katastrophe, die Reue und Strafe des Herodes. Gerade diese letzte schönste Scene kennzeichnet unser Stück vor allen übrigen bis jetzt bekannten, in deren keinem sie sich findet."

Die Hirten führen ihre Gespräche zum Theil in der Mundart, die noch heute in den Bergstädten gesprochen wird und worüber weiter unten das Nähere folgt.

Von den niederungarischen Bergstädten hat nur allein Schemnitz seine municipale Selbständigkeit bewahrt. Die Stadt zählt mit dem politisch mit ihm vereinigten Dilln über 14.000 Ein= wohner. Die ehedem blühenden Orte Neusohl, Kremnitz, Pukanz, Briesen und Liebethen verloren im Jahre 1876 ihre Stellung als königliche Freistädte und wurden in politischer Hinsicht den betreffenden Comitaten einverleibt.

B. Die Krickerhäuer.

In den Comitaten Barsch, Neitra und Thurócz wohnen in drei Gruppen und einigen kleineren Inseln Deutsche mitten unter Slovaken; es sind die spärlichen Reste einer ehedem dichten und weit verbreiteten deutschen Bevölkerung. Der forschende Ethnograph wandelt hier auf den Trümmern eines untergegangenen Volks= stammes und auch das Vorhandene erscheint kaum lebensfähig.

Die Hauptgruppe dieser Deutschen liegt um Kremnitz in den oberen Theilen des Barscher und Neitraer Comitats und besteht aus dem Marktflecken (oder der „Stadt") Krickerhäu (auch

„Krikehay," slovakisch Handlowa), und aus den Dörfern: Honefch=
häu (Johannesdorf), Koneschhäu (Kunosó), Neu=Häu (Uj=
Lehota), Drexelhäu (Janó=Lehota), Trefel=Häu (Therefien=
dorf), Perk (Berg), Bleifuß und Schwabendorf.

Die zweite Gruppe ist im nördlichsten Theile des Neitraer
Comitates, umfassend den Marktflecken Deutsch=Praben (auch
„Deutsch=Bronn", Nemecke=Prowna) und die Dörfer Geidel
(Gaydell), Beneschhäu (Maizell), Schmiedshaiß (oder
„Schmiedshäu"), Klein=Praben, Zeche („Zach"), Fund=
stollen und Betelsdorf (Solka).

Die dritte und kleinste Gruppe, wo nur mehr wenig Spuren
des einstigen Deutschthums vorhanden sind, besteht aus den
Dörfern Alt= und Neu=Stuben, Glafer=Häu, Ober=
und Unter=Turz (Turschek) und Böshäu (Poschaj) und endlich
die deutsche Sprachinsel Münichwies (Briczkó). Als zerstreute,
zum Theil noch deutsche Orte sind noch zu nennen: Lorenzen
(Vámos Mikola) und Deutsch=Pilsen in der Honter; Hoch=
wies (Welko Pole), Prohezhäu (Prochot) und Litten oder
Deutsch=Litta (Kaproncza) in der Barscher und Käferhäu
(Jaffenowa), Breftenhäu (Brieftja) und Hedwig (Hadwiga) in
der Thuróczer Gespanschaft.

Wie schon die Namen beweisen, waren die meisten dieser
Orte ursprünglich „Häue", d. i. Aushaue im Walde, also mit
theilweiser Ausreutung des Waldes entstandene Anpflanzungen.
Diese Niederlassungen in gebirgigen, steinichten Waldungen sind
geschehen, als das offene Land schon bevölkert war; es sind Nieder=
lassungen auf dem Gebiete z. B. einer der Bergstädte, die von
da aus durch einen Unternehmer, der dafür dort das erbliche
Schulzenamt zugesichert erhielt, gegründet und bevölkert wurden.
Ein solcher Unternehmer war 1360 dominus Glazer filius Ger-
hardi, dem eine populanda silvosa possessio als scultetia heredi-
taria, von Kremniz aus verliehen wurde, die nach ihm bald dar=
auf „Glazirshaw" (Glafer=Häu) genannt wurde. So soll 1342
durch einen Kunuz (Kuno) Kuneschhäu gegründet worden sein, fo
ist 1364 durch einen Gykher oder Krifer „Krickerhäu" gegründet

worden u. f. w. Solche Häue sind auch die anderen obenange=
führten Orte: Hochwies, Münichwies, Stuben, Turz u. f. w.

Nur Deutsch=Praben, dieser freundliche schöne Markt=
flecken von städtischem Ansehen (mit nahe an 3000 rein deutschen
Einwohnern) in der Neitraer Gespanschaft gelegen, reicht in
seinem Bestande bis ins XIII. Jahrhundert zurück; er erhielt
damals von König Ladislaus dem Kumanier (1272—1290)
Privilegien, die Andreas III. im Jahre 1293 erneuerte. Deutsch=
Praben ist wohl die älteste aller deutschen Ansiedelungen im
Neitraer Comitate, die noch bis zu unseren Tagen deutsch geblieben
sind. Es ist auch seiner Lage und Anlage nach eine Uransiedlung,
aus einer Zeit, wo noch die schönsten Gegenden zum Theil unbe=
völkert waren, ganz verschieden von den „Häuen“, die auf steinigem
Boden in den Wäldern im XIV. und XV. Jahrhunderte angelegt
wurden. Von Deutsch=Praben aus sind dann ebenfalls „Häue“
gegründet worden, so „Schmiedshäu“, „Beneschhäu“; auf den
Betrieb des Bergbaues dieser Filialorte weisen die Namen:
Fundstollen, die Zeche hin. Diese beiden Orte sind die jüngsten
Ansiedlungen um Deutsch=Praben; sie werden erst im Jahre 1473
genannt.

Die Krickerhäuer heißen spottweise bei den Slovaken auch
„Hauberburzen“, ein Name, der „sich vielleicht am natürlichsten
aus dem Handel mit Wurzen d. i. mit Heilkräutern, erklärt, den
die Münichwieser treiben; diese zogen wie die schlesischen Aberanten
(„Laboranten“) bis noch vor Kurzem als fahrende Heilkünstler
weit im Ausland herum. Der ungarische „Häudörfler“ ist auf
solchen Hausierhandel großentheils angewiesen; denn seine Heimat
ist ein unfruchtbares, armes Gebiet. Auch die „Stadt“ Kricker=
häu besteht nur aus einzelnstehenden stockhohen Blockhäusern,
die endlos im Walde zerstreut liegen. Gleich diesem Orte sind
auch die übrigen „Häudörfer“ erbaut und darin führt ein ver=
wahrlostes Volk sein Dasein in kümmerlicher Weise fort. Die
Äcker sind meist auf Anhöhen angelegt, wenig ergiebig und außer=
ordentlich schwer zu pflegen. Die Erde muß zum Theil hinauf=
getragen werden in Butten und dann kommt ein Wolkenbruch und

schwemmt die Kartoffeln sammt der Erde und allem Ärntesegen
wieder herunter. „Unsere Weiber sind unsere Rößlein," klagten
die Häudörfler dem Sprachforscher Schröer, „sie müssen den
Pflug ziehen." Einige Greise versicherten demselben Gelehrten,
daß sie, so alt sie geworden, noch nie Fleisch gegessen haben. Selbst
die Hühner (und Eier), die sie ziehen, tragen sie zu Markte, aus
allzugroßer Armut. Die Männer gehn (wie erwähnt) im Sommer
zum großen Theil als Hausierer ins Ausland und überlassen die
Feldwirthschaft den Weibern.

Die Folge dieser Armut und ihre Vereinzelung mitten unter
fremden Volkselementen sowie endlich die Verwahrlosung, welche
ihre Muttersprache in Schule und Kirche erfährt, haben die meisten
Häudörfler in einen halbwilden Zustand versetzt. Nichtsdestoweniger rühmt man ihre Sittenreinheit, ihre geistige Begabung,
ihr Talent zur Selbstverwaltung, das sich in ihrem Gemeindeleben zeigt, ihren außerordentlichen Fleiß, ihre Besonnenheit und
Biederkeit, die selbst dort noch fortdauern, wo das Bewußtsein
des Deutschthums dem Volke fast ganz abhanden gekommen.

Auf die Entnationalisierung dieser Deutschen haben verschiedene Umstände eingewirkt. Wie in den Bergstädten das Eindringen
des ungrischen Adelthums den Bestand des deutschen Elements
erschüttert hat, so war es auf dem Lande das unaufhaltsame Vorrücken des Slaven= (nur theilweise des Magyaren=) thums, durch
welches die deutschen Häudörfler die härtesten Einbußen erlitten.
So ist es mit dem deutschen Orte Lorenzen (Vámos Mikola), wo
nur noch die Alten „in der Beicht" deutsch sprechen; die Jugend
ist magyarisiert. Dagegen hat das nahe gelegene Deutschpilsen
sich ziemlich rein deutsch erhalten. Zwar sprechen die meisten
Pilsener recht geläufig ungrisch; aber daheim pflegen sie ihre
Mundart, singen ihre deutschen Volkslieder, haben ihre Predigt
und ihren Schulunterricht in deutscher Sprache. Schlimmer ergieng
es den Münichwiesern. Der Ort zählt über 1700 Seelen
und war ehedem nur deutsch; aber seit Jahrzehnten wurden diese
Deutschen verhalten, ihre Kinder in slavische Schulen zu schicken;
der Unterricht hatte für sie keinen Erfolg. Denn slovakisch lernen

wohl die Männer, die Mädchen erlernen es gar nicht; höchstens
die slavische Beichtformel und slavische Gebete, die sie nicht ver=
stehen. Der Pfarrer verkehrt mit ihnen nur slavisch, betet und
predigt slavisch. Die Folge davon ist, daß sie in allen religiösen
und sittlichen Begriffen vollständig verwildert sind. „Treu und
gutmüthig sind sie noch immer, grundehrlich; aber ihr ganzes
Wesen macht den Eindruck eines auf der Kindheitsstufe zurück=
gebliebenen Stammes, wie etwa die Wilden auf den Freund=
schaftsinseln."

„Vor städtisch gekleideten Menschen fallen sie, wenn sie etwas
bitten, auf die Knie, streicheln einem die Wangen, wollen einen
küssen u. dgl. Dabei besteht (bei den Münichwiesern) in den
geschlechtlichen Beziehungen eine ganz unerhörte Naivetät unter
den Weibern, die eben nur aus der gänzlichen Verwahrlosung der
Volkserziehung zu erklären ist, da doch z. B. bei den Krickehäuern im
Punkte der Keuschheit eine Reinheit der Sitte herrscht, die kaum
ihres Gleichen finden dürfte (Schröer)."

Wenn man die Münichwieser in ihrer urthümlichen Kleidung
von braunem Kotzentuch betrachtet, in der sie wie Samojeden aus=
sehen, und ihr sonstiges Benehmen sieht, so würde man sie nimmer=
mehr für Deutsche halten. Und dennoch hat dieses Völklein der
Häudörfler in seiner ethnographischen Vereinzelung einen köstlichen
Schatz von Sagen, Märchen und Liedern in seiner Muttersprache
aufbewahrt und im Laufe von V bis VII Jahrhunderten auch
gemehrt oder doch umgestaltet. Die Mundart ist (nach Schröer)
im Allgemeinen dieselbe, welche in den „Gründen" der Zips
gesprochen wird und die ehemals wohl in allen ungarischen Berg=
städten gehört wurde, jetzt aber nur mehr in Kremnitz zu Hause
ist. Der Umstand, daß Kremnitz im Jahre 1328 Kuttenberger
Recht erhalten und der Name „Deutsch=Pilsen" (ehedem „Bersen",
heute magyarisch „Börzsöny"), dürfte auf deutsche Zuwanderungen
aus Böhmen hindeuten. Sprachliche Verwandtschaft zwischen dem
Kremnitzer Dialecte und der deutschen Mundart Nordböhmens
findet sich ebenfalls vor. Doch wirkten auf die Krickerhäuer Mund=
art noch andere Einflüsse ein. Charakteristisch für die Krickerhäuer

Mundart ist nebst der Verwandlung des W in B noch die Verwandlung des F und V in W. Ebenso besitzt dieselbe einige
eigenthümliche Vocale: â statt ei (hâlig für „heilig“, ânikât =
Einigkeit), ö für ü („öbalebt“ = überlebt); der Laut „eu“ wird
„aü“ (auch „oeü“) gesprochen u. s. w. Einige Dialectproben:

Krickerhäu (Neujahrswunsch): „Ech bönsch aeüch a dem naüen jáa
den lîm gasond, wrîb ont ânikât, den segen gottes ont nâch dem zaitlichen
lêben da êbiga wraib ont selekât.“

Deutsch-Pilsen (Volkslied):

> „'s gêt a mâdel hâselnöß klaubn
> wrûs [1]) schia [2]) am tâ (im Thau).
> bás hat se gewonna [3]) neben bêg?
> ann grünn hâselnußstrauch.“

> „Ai hâselnuß, ai hâselnuß
> zwe pêst bu asu grü?
> ech stê inba am kûlen tâ
> jeßbeng [4]) pe êch asu grü!“

Trezelhäu (Volksreim):

> „Der kuckuck sëtzt of em âst,
> kimt a regen macht ne nâß,
> kimt a báama sunneschai,
> troigen em kuckuck be webelai.“

Kremnitz (Einladung zum Kremnitzer Weihnachtsspiel, s. o): „Hoi't
bolln be a komoidi agetîre von grausame tihronnische kinig Hehrodes. Des stick
is geot, die prob (preob) ist ach geot ausgafalln. De hean (Herren) zâln
nach pulibe (Belieben), klân fretzal (Kinder) das halbete.“

Kuneschhäu (Volksreim):

> „Ist álß a — ß, ist alß a — ß,
> ha — l — i gelb abe ha — l — i ka — ß!
> ha — l — i gelb sa trink ech bai —
> ha — l — i ka — ß sa lâ echs sai —.“

C. Die deutschen Volksreste in Nordwestungarn.

Geht man den Spuren der Geschichte nach, so begegnet man
in dem nordwestlichen Berglande Oberungarns außer den schon
angeführten noch manch anderen Resten deutschen Volksthums.

---

[1]) wrûs = früh, morgens. [2]) schia = bald. [3]) gefunden. [4]) deshalb.

Wir wollen diese nur in Kürze berühren; es ist keine Lust auf Leichen zu wandeln.

Da ist im Nordwesten, nahe an der Landesgrenze das Städtchen Sillein, das noch am Ende des XIV. Jahrhunderts nur von Deutschen bewohnt war, die sich des Teschner Rechtes bedienten. König Ludwig I. verbot ihnen dies im Jahre 1370, die Silleiner wehrten sich gegen diesen Zwang, so daß Ludwig seinen Befehl zurücknahm (1382); später wählten die Bürger das Recht von Karpfen; auch die Königin Maria vermehrte (1388) ihre Freiheiten. Heute ist Sillein ein slovakisches Städtchen, an dessen ehemaliges Deutschthum höchstens die „Lauben" (Bogen= gänge) um den Hauptplatz (Ring) erinnern. Ähnlich ist es mit den ehemals ganz oder theilweise deutschen Orten Skalitz, Prividghe, Rosenberg und Karpfen. Bei letzterer Stadt, ist der Untergang des Deutschthums besonders auffällig, wenn man sich erinnert, daß bis zum Jahre 1611 ein Nichtdeutscher beim städtischen Magistrate gar nicht angestellt werden durfte. Der Ort erscheint bereits im Jahre 1238 als „Sachsencolonie" und nach der Verwüstung durch die Mongolen gewann er im Jahre 1243 jenes wichtige Stadtrecht, das mit den bedeutendsten Stadtrechten Ungarns, dem Stuhlweißenburger und Ofner, auf gleicher Stufe stand und als Muster für die Städte im ganzen westlichen Oberungarn galt. Heute gehört das Deutschthum hier nur der Vergangenheit an. Noch erinnern einzelne Namen von dortigen Weinbergen: Fileberg, Nicklberg, Barnsloß (Warmsluß), eine Gasse Kltypoch („Kaltbach") an die einstige deutsche Bevöl= kerung. In Karpfen wurde diese Entnationalisierung der Deutschen im Laufe des XVII. Jahrhunderts durch die permanenten inneren Unruhen herbeigeführt. Der Landadel flüchtete sich damals in solcher Zahl in die befestigte Stadt, daß er alle Bürger aus den Magistratsämtern verdrängte, wodurch die Stadt bald ein fremdes Ansehen gewann und die Nationalität der Bürger jeden Anhalt verlor. Schule und Kirche trugen dann noch das Ihrige dazu bei und so gieng das nationale Leben dieser ehedem rein deutschen Stadtgemeinde unter.

Auch bei diesen nunmehr fast ganz slavisierten Orten be=
stätigt sich die schon betonte Wahrnehmung, daß mit dem Zerfalle
des nationalen Lebens der Deutschbürger auch das sociale und
materielle Gedeihen der Stadt versinkt. Alle die obgenannten
Orte sind heute unbedeutende Städtlein, denen im Jahre 1876
auch ihre municipale Selbständigkeit entzogen ward. Karpfen
hatte im Jahre 1870 nur 3742, Skalitz 5278, die übrigen
noch weniger Einwohner. Das Comitat Arva hat heute gar
keine Deutschen, im Sohler Comitate machen die Deutschen der=
malen 2·3, im Trentschiner und Liptauer je 3·5, im Neitraer 11·3,
im Barscher 12·8, im Thuróczer 15·7 Percente der vorherrschend
slovakischen Bevölkerung aus. Im Honter Comitate stehen die
Deutschen mit 8·6 Percent der magyarischen und slovakischen
Majorität gegenüber.

D. Die Deutschen in der Zips.*)

Im äußersten Norden Ungarns, am südlichen Abhange des
höchsten Gebirgsstockes der Karpathen, wohnt seit sieben Jahr=
hunderten ein wackerer deutscher Volksstamm. Es ist ein land=
schaftlich ausgezeichnetes Gebiet, reich an pittoresken und wild=
romantischen Partien und verlockend durch schauerliche Erhabenheit
und überwältigende Majestät. Vom Hoch=Plateau der Zips
erhebt sich nämlich die Gebirgs=Insel der hohen Tátra in schwindel=
erregender Steilheit bis über 8000 Fuß. Der ganze Höhenzug
dieser Tátra beträgt nur 8 Meilen Länge; doch drängt sich
auf dessen Rücken eine Riesenspitze an die andere. Steil und

---

*) Aus der ziemlich reichen Literatur nennen wir hier vor Allem:
Wagner, Analecta Scepusii sacri et profani. Viennae 1771. 4 Theile.
Bárdossy, Supplementum Analectorum. Genersich, Merkwürdigkeiten der
königlichen Freistadt Käsmark. (1804). Melzer, Berühmte Zipser (1832).
Und „Der Zipser in seiner wahren Gestalt". Ipolyi, Culturgeschichte der
Stadt Neusohl (1874). Friedrich Scholz, über die Einwanderung der Zipser
Sachsen (ung.). Krones, Zur Geschichte des deutschen Volksthums im
Karpathenlande (Graz, 1878). Henszlmann, Leutschau und seine Alter=
thümer (ung.). Weber, Zipser Geschichts= und Zeitbilder (1880) u. a.;
mündliche und handschriftliche Mittheilungen.

kahl ragen die aus grobkörnigem Granit beftehenden Gipfel der
Gerlsdorfer Spitze (2659 Meter), der Lomnitzer (2635 M.), der
Eisthaler (2628 M.) und der Schlagendorfer Spitze (2478 M.) in
die Wolken und verleihen der Gegend einen bezaubernd fchönen,
aber auch rauhen Charakter. Zwifchen diefen Granitriefen öffnen
fich nur fpaltenförmige Querthäler, aus denen fchäumende Wild=
bäche in Cascaden herabftürzen; auf dem Rücken oder in einzelnen
keffelförmigen Vertiefungen der Tátra liegen die „Meeraugen“,
Bergfeen voll melancholifcher Einfamkeit, in deren tiefdunklem
Wafferfpiegel die Bergeshäupter oder düftern Tannen= und Fichten=
ftände fich abconterfeien.

Diefe Höhen find in ihrem oberften Theile ganz vegetationslos;
an ihren tieferen Abhängen folgt auf das Krummholz dichte
Waldung, welche vor Zeiten auch die Landfchaft am Fuße
diefes Hochgebirges ganz erfüllte. Aber in diefen Wäldern gibt
es auch heute wie ehedem fette Viehweiden und fie waren einftens
die beliebteften Jagdreviere der ungarifchen Könige. Bis ins
zwölfte Jahrhundert war das Zipfer Land größtentheils rauhe
Wildniß geblieben. Erft damals begann die Culturarbeit. Unter
faufenden Axthieben fielen immer mehr und mehr die bemoften
Baumftämme; der Pflug zog immer weitere Furchen in die
frifchen Rodungen. In dem bisher unberührten Felfen ertönte
der Schlägel des Bergmannes. Daneben begann in der kaum
geficherten Wohnung der Handwerker fein rühmliches Tagewerk.
Solch ein Beginnen war gewiß fchwer, mühfelig und voll Gefahren!
„Unter Dornen mußte auf den traurigen Fluren der gute Sachfe
wandeln, fich durch manches ftachlichte Gehecke winden, bis er dem
geizigen Boden feine Nahrung erpreffen konnte.“ An der Stelle
der ausgerodeten Waldungen, an den Abhängen der Bergrücken
ftanden die Häufer der Anfiedler in meilenlanger Aus=
dehnung; es waren urfprünglich nur Blockhäufer, aus Baum=
ftämmen gefügt, in denen Menfch und Vieh unter Einem Dache
wohnte. Um das Haus zogen fich der Länge und Breite nach
die Äcker, Wiefen und Wälder, wie das bis heute noch in der
Ortfchaft Zsdjár deutlich zu erfehen ift. Es war damals in der
Zips, wie der Dichter fagt:

„Nachbarlich wohnt der Mensch noch mit dem Acker zusammen,
Seine Felder umruhn friedlich sein ländliches Dach;
Traulich rankt sich die Reb' empor an dem niedrigen Fenster,
Einen umarmenden Zweig schlingt um die Hütte der Baum."

(Schiller, der Spaziergang.)

Aber trotz der jahrhundertlangen schweren Culturarbeit konnte das Clima in der Zips nur wenig gemildert werden. Der Schnee, der die oberen Felsen den größten Theil des Jahres bedeckt und in manchen Gründen gar nie vergeht, die fürchterlichen Eisgruben in den nordwärts liegenden Thälern, sowie die aus den zahlreichen Bergseen und feuchten Waldgründen aufsteigenden Nebel machen selbst im Sommer die Luft scharf und rauh. Vorherrschend ist der karpathische Nord= und der Westwind; beide kommen vom Hochgebirge und durchsausen in empfindlicher Weise die Zipser Ebene. Der Herbst tritt schon mit dem September ein, im October herrscht Winterkälte, die erst im April in einen Wechsel von Schnee und Regen, Kälte und Wärme übergeht; der angenehmste Monat in Zipsen ist der Mai, doch bewährt sich auch an ihm das zip= serische Sprichwort: „Ist der Mai auch noch so gut, so setzt er auf jeden Pflock einen Hut." Und auch die darauf folgenden eigentlichen Sommermonate sind oft regnerisch und kalt, so daß, nach der Bemerkung des Bélaer Pfarrers S. Weber, man Sommer kennt, die kaum 39—50 warme Tage aufzuweisen haben. Darum lautet die Zipser Bauernregel: „Zwei Tog var Jakäube thit män en Pelz of die Stang, zwei Tog näu (nach) Jakäube nimmt män nen schunt wieder runder."

Das rauheste Gebiet in der Zips ist das Thal des Dunajecz, der die Gränze zwischen Zipsen und Galizien bildet und mit der Popper vereint in die Weichsel mündet. Freundlicher, milder und fruchtbarer ist das Popperthal, das in einer Länge von zwanzig Meilen die meisten Bäche und Flüsse des Süd=Abhanges der Hochkarpathen in sich aufnimmt. Am bevorzugtesten von der Natur erscheint aber das Thal des Hernádflusses, der am Fuße des Königsberges (Kralowa Hola) entspringend sich südwärts wendet und auf einer Strecke von 10 Meilen dem Zipser Ländchen angehört.

In welchen Differenzen sich die Temperaturverhältnisse der
Zips bewegen, zeigt die Thatsache, daß die Extreme der Wärme=
grade im Laufe eines Jahres oft um mehr als 60 Grade aus=
einander liegen. Man beobachtete nämlich das absolute Maximum
der Temperatur mit + 31·25, das absolute Minimum mit
— 30·00 Grad C. Die mittlere Sommerwärme bewegt sich zwischen
15·5—16·26° C.

Diesen rauhen klimatischen Verhältnissen entsprechend sind
auch die Naturproducte in der Zips. Von den 61·25 Geviert=
Meilen des heutigen Zipser Comitats entfallen bloß 260.048 Joch
auf das Ackerland, 67.917 Joch auf Wiesen und 55.573 Joch
auf Weiden. Das übrige Gebiet ist größtentheils mit Wäldern
bedeckt, so daß auf je 1000 Joch Areale 391 Joch Wald entfallen.
Der Wald nimmt also nahezu zwei Fünftel des Gebietes ein. An
Naturproducten hat die Zips aus dem Thierreiche: Pferde, in
deutschen Gemeinden meist großen Schlages und veredelt, in
slavischen Orten von kleiner Gestalt, doch ausdauernd im Gebirge;
Rindvieh, im nördlichen Theil der Zips von unansehnlich kleinem
Wuchs in verschiedenen Farben, in der südlichen Zips die
gewöhnliche ungarische Raffe; Schafe und Ziegen; Borstenvieh,
dem polnischen Schlage ähnlich, mit langen aufrechtstehenden Borsten
auf dem ganzen Rücken. Auf die Vermehrung und Veredlung
des Viehstandes überhaupt übt die Thätigkeit des Zipser land=
wirthschaftlichen Vereines durch Import, Kreuzungen und Aus=
stellungen einen erfreulichen Einfluß aus.

Aus dem Pflanzenreiche gedeiht an Brotfrüchten der Roggen
vortrefflich, am meisten wird aber Gerste gebaut, auch der Hafer
kommt gut fort; der Weizen kann nur stellenweise gedeihen. Eine
einträgliche Pflanze war der Flachs, der leider mit dem Sinken
der Weberei in der Zips sehr vernachlässigt wurde; erst in
neuester Zeit wird es in dieser Hinsicht wieder besser. Vorzüglich
sind die Zipser Erbsen und die Kartoffel wird trotz der häufigen
Sommernässe in großen Quantitäten erzeugt. Die Zips liefert
vortreffliches Obst; insbesondere Äpfel, Birnen, Zwetschken und
Weichseln, seltener Kirschen. Gute Obstbaumschulen fördern diesen

Zweig der Landcultur. Gedeihlich ist ferner das Clima den
Kohlarten und Rüben; nicht minder liefert die Zips eine Unmasse
genießbarer Beeren und Schwämme.

„So kann man denn (meint Pfarrer Weber in Béla)
auch von Zipsen, trotz aller rauhen Witterungsverhältnisse mit
Cicero behaupten: „„So schonend und liebreich ist die Mutter
Natur!"" Völliger Mißwachs kommt nicht vor, die gänzlich verheerenden Plagen der Nässe, Mäuse und Insecten sind zumeist
unbekannt. Rein strömt die Luft, kristallklar entquillt das Wasser
dem Felsen. Ergiebig ist das vorkommende Gewächs, das von
niederen Hügeln bis zum schneeigen Hochgebirge umrahmt wird,
dessen wilde Romantik einen hohen Reiz dem freundlichen Zipser
Ländchen verleiht."

Und wie die Natur, so sind auch die Menschen, die in
diesem Ländchen ihr Heim sich selbst geschaffen. Boden und Clima
gestatteten nur beschränkten Ackerbau; aber die Fülle des Holzes,
die Menge der rauschenden Bergwasser, die Art der Naturproducte wies die Bewohner mit Nothwendigkeit auf die Pflege
industrieller Beschäftigungen hin. Der Zipser wurde zum vortrefflichen Gewerbsmanne und seine anfänglich zerstreuten Block-
häuser rückten allmählich enger zusammen, und „aus dem felsigten
Kern hob sich die thürmende Stadt." Nirgends im Lande konnte
man eine gleiche Menge blühender Städte antreffen als hier auf
der welligen Hochebene der Zips. Vierundzwanzig Städte der
Zips schlossen angeblich bereits im Jahre 1204 einen Bund und
treten im XIII. Jahrhunderte als ein selbständiges Ganzes auf.
Bevor wir jedoch der historischen Entwickelung des Deutschthums
in der Zips und seinem gegenwärtigen Zustande eine nähere Aufmerksamkeit widmen, werfen wir einen kurzen Blick auf die dermalige
Bevölkerung des Zipser Ländchens überhaupt.

Auf den 61·25 Quadratmeilen oder 4.003☐ Kilometern des
heutigen Zipser Comitats leben insgesammt 175.000 Menschen in
222 Ortschaften. Vorort des Comitats ist die Stadt Leutschau
(ungarisch Löcse); außerdem gibt es daselbst noch folgende
12 Städte: Käsmark, Gölnitz, Béla, Kniesen, Neudorf (Igló),

Leibitz, Lublau, Publein, Deutschendorf (Poprad), Georgenberg,
Wallendorf (Olaszi) und Kirchbrauf (Szepes-Váralja). Außerdem
hat es folgende 15 Großgemeinden, von denen die meisten ehedem
ebenfalls blühende deutsche Städte gewesen: Kunsdorf (Helcz-
manócz), Krompach, Wagendrüssel (Merény) mit Stillbach, Einsiedel, Stooß, Schmölnitz, Schmölnitz-Hütte, Schwedler, Rißdorf,
Durlsdorf (Durand), Matzdorf, Felka, Meinhardsdorf (Menhard),
Michelsdorf (Sztrázsa) und Teplitz.

Die Bevölkerung ist sprachlich und confessionell gemischt.
Unter den 175.061 Seelen des Zipser Comitats sind (nach den
Angaben des Bélaer Pfarrers S. Weber) 88.211 Slovaken,
61.361 Deutsche, 24.158 Ruthenen, 1326 Magyaren und 5 anderer
Nationalität. Der Confession nach zerfallen die Einwohner in
111.113 Römisch-Katholische, 35.810 Evangelische Augsb. C.,
23.044 Griechisch-Katholische, 4772 Israeliten, 299 Evangelische
Helv. Conf., 10 Nazarener, 4 Methodisten, 4 Griechisch-Orientalische und 2 Unitarier. Es drängt sich also ein buntes Gemisch
von Stämmen und Kirchenbekenntnissen heute auf dem engen
Raume der Zipser Hochebene zusammen; die Deutschen sind darunter
allerdings noch in stattlicher Anzahl vertreten; allein das slavische
Element überwiegt und (was noch bedenklicher erscheint) ist im
steten Fortschreiten begriffen. Vor Zeiten war das anders.

Die Tage des ungarischen Königs Geisa II. (1141—1161)
waren stürmisch bewegt. „An den Südpforten des Reiches
drohte die gewaltig aufstrebende Macht der byzantinischen Herrscher
aus Komnens Hause, im Norden gab es Verwicklungen mit den
russischen Fürstenthümern und auch von Westen her fehlte es nicht
an Gefahren vor der Politik des Staufen-Kaisers Friedrich I. Der
genannte Árpáde kam zeitlebens aus dem Waffenkleide nicht heraus.
Sein scharfer Blick mochte erkennen, daß des Reiches Heil auf
möglichster Stärkung arbeits- und kriegstüchtiger Volksmenge
beruhe." (Dr. Krones.)

Diese Verhältnisse und des Königs Verbindungen mit den
Welfen legt nun (wie wir bereits in der allgemeinen Einleitung
hervorgehoben) die Annahme sehr nahe, daß Geisa (oder vielmehr

dessen Hauptrathgeber Palatin Belus) die damals im Gange befindliche ostdeutsche Colonistenbewegung auch zu Gunsten der Volksvermehrung in Ungarn auszunützen gesucht habe. In diese Zeit fällt die erste Ansiedlung der Sachsen in Siebenbürgen. Man hat nun seit lange her die Ansicht festgehalten, daß mit dieser ersten Colonisation Siebenbürgens auch die Ansiedlung des Zipser Landes zusammenhienge. Die Tradition nennt unter Geisa II. einen Grafen Renaldus (Raynaldus), unter dessen Führung die ersten Zipser eingewandert seien. In der That erscheint zur Zeit Geisa II. ein Renaldus als königlicher Hofrichter und es war nicht selten, daß die hohen Landesbeamten als königliche Bevoll= mächtigte die Ansiedler in den ihnen geschenkten Grund und Boden einwiesen. Es liegt jedoch keine Urkunde vor, welche den Zusammenhang der beiden Ansiedelungen in der Zips und in Siebenbürgen darthun würde. Ebenso steht dieser Annahme die topographische Lage beider Landstriche entgegen; endlich scheint auch die Sprache der Zipser, verglichen mit dem Idiome der Siebenbürger Sachsen, einen wesentlichen Anhaltspunkt gegen die gleichzeitige und zusammenhängende flandrische Colonisation beider Gebiete zu liefern. „Der Zipser Dialect ist nämlich so vorschlagend mitteldeutsch und den schlesischen Mundarten derart innig verwandt, daß man in ihm den plattdeutschen Kern des Siebenbürger Idioms nicht leicht bloß zu legen vermag."

Nichtsdestoweniger spricht eine Reihe von beurkundeten That= sachen, sprechen Ortsnamen und auch die Zipser Mundart für die Annahme, daß die erste Colonisation der Zips am rechten Ufer der Popper, der Siebenbürgens zeitlich nahe stehen müsse, daß sie namentlich älter sei, als die Deutschenansiedlung im benach= barten Klein=Polen, und daß vor Allem ihre älteste Grundlage in der That flandrisch, d. i. sächsisch sei. Denn die Mitteldeutschen in Thüringen, Meißen und Sachsen stammen ja ursprünglich eben= falls aus flandrischen, altsächsischen Gebieten.

Die eigentliche Besiedelung der Zips geschah indessen wahrscheinlich erst gegen den Ausgang des XII. Jahrhunderts unter der Regierung König Béla III. (1173—1196). Sie nahm ihren

Anfang von dem „Zipserhaus," der stolzen Comitatsburg der
Zips, die schon vor 1198 bestanden haben muß Der Landes-
veste gegenüber erhob sich gleichzeitig der ursprüngliche Bau der
Propstei des heiligen Martin; schon zum Jahre 1209 ist ein
Zipser Propst festgestellt; ja eine Urkunde vom Jahre 1198 gedenkt
der Zips bereits als eines geschlossenen kirchlichen und politischen
Gebietes. Weltliche und kirchliche Verwaltung giengen im Mittelalter stets Hand in Hand; in Ungarn ebenso wie in Deutschland war die Kirche ein wesentlicher Factor der Staatsbildung
überhaupt und ist es im Karpathenlande bis zum heutigen Tage
geblieben.

Aber diese erste Colonisierung des Zipser Waldlandes durch
fremdländische Ansiedler war noch immer eine spärliche, unzu-
reichende. Noch überwog die Wildniß, die Waldöde, weitaus den
dünnen Colonisationsbestand; deshalb wird die Zips noch im
XIII. Jahrhundert in den Urkunden und Geschichtsbüchern als
„Wald Zepus" bezeichnet. Es folgten in den ersten Decennien
des XIII. Jahrhunderts einzelne Nachwanderungen und zwar
zunächst aus Tirol, im Gefolge tirolischer Herren, welche die Mera-
nische Gertrude, die Gemahlin des Königs Andreas II., nach
Ungarn begleitet hatten. Der königliche Hofkaplan Adolf, der mit
seiner Schwester und deren Gatten, Rüdiger von Matray, aus
Tirol nach Ungarn gekommen war, erhielt von dem Könige ein
diesem früher gehöriges Landgebiet am Fuße der Tátra für ewige
Zeiten als Familienbesitz mit „Zins" und allem Königsrechte und
mit besonderer Freiheit zu Gunsten der „Völker," welche er
„zusammen scharen oder wo immer her zuführen würde." In der
Schenkungsurkunde wird eines bereits vorhandenen Ortes Namens
„Isaci" (heute „Eisdorf) gedacht; dieser Name erinnert ganz unge-
zwungen an die heimatliche „Eisack" der tirolischen Ansiedler.
Jener Hofkaplan Adolf ist zugleich der erste urkundlich bekannte Zipser
Propst; sein Schwager Rüdiger von Matray aber der Ahnherr
der noch blühenden ungarischen Adelsfamilie Berzeviczi; während
das Geschlecht Görgei seinen Ursprung von dem deutschen Edeln
von Garg oder Görgö (Georg) herleitet.

Kirchdrauf (Szepes-Váralja) wurde so der politische und kirchliche Kern der nordungarischen deutschen Ansiedlung, welche jedoch bis in die Tage des Mongoleneinfalles (1240—1242) immer nur als wenig volkreich gedacht werden kann. Vereinzelte Zuwanderungen mochten allerdings wiederholt stattgefunden haben. So ist uns eine Meldung aufbewahrt, daß die Ortschaft Wallendorf (Szepes-Olaszi) im Jahre 1212 von Elsässern bewohnt war, die damals von den Straßburger Priestern die freie Wahl ihrer eigenen Pfarrer erhielten. Wallendorf hatte somit bisher in einer Art von Filialverhältniß zur Straßburger Muttergemeinde gestanden.

Nach dem Mongolensturme, der seine verheerende Wirkung bis in die abgelegene Zips ausgedehnt hatte, weshalb die Bewohnerschaft in Höhlen und Schluchten des waldreichen Gebirges Zuflucht suchen mußte, erfolgte die Hauptansiedlung der Zips. Damals kam die Hauptmasse der Colonisten aus dem ortsnahen Schlesien und aus Thüringen. Beweis dessen ist vor Allem die Zipser Mundart, die wie gesagt, entschieden mitteldeutsches Gepräge hat; sodann die Ortsnamen in der Zips, welche vorwiegend Analogien mit den in Ostdeutschland, namentlich in Schlesien heimischen Ortsnamen haben; ferner beweist das Vorwalten mitteldeutscher Personennamen sowie der Umstand, daß in der Zips und in einigen nordungarischen Orten das schlesisch-magdeburgische Gemeinderecht Geltung hatte, ebenfalls für die mitteldeutsche Herkunft der Zipser. „Endlich haben wir theils in der urkundlichen Geschichte der Colonisation des ostungarischen Berglandes, theils in Chroniken greifbare Anhaltspunkte für die von der Zeit nach dem Mongolen-Einfalle bis in das XIV. Jahrhundert massenhafte Zuwanderung deutscher Bevölkerung, deren Heimat zunächst Ostdeutschland sein mußte." (Dr. Krones.)

Aber auch damit hören die Zuwanderungen nach der Zips nicht auf. Es kamen nicht bloß fortdauernd Colonisten vom Norden her, sondern auch aus Süddeutschland zogen nach der Angabe bairischer Annalen um das Jahr 1259 viele Leute der großen Hungersnoth wegen aus Deutschland nach Ungarn; man sagt darum auch heute noch in der Zips von Einem, der hoch-

deutsch spricht: „er baiert." Aus dieser Andeutung über die
Herkunft der Zipser Deutschen geht die mannigfache Schichtung und Mischung deutscher Stamm= und Sprachelemente auf
dem Boden der Zips hervor und wir können deshalb der Ansicht
Schröers nicht beistimmen, wenn er für das oberungarische
Bergland überhaupt einen in seinen Grundlagen einheitlichen Dialect
und zwar einen dem Siebenbürger Sächsisch naheverwandten
annimmt. Die Zipser werden auch nur uneigentlich als „Sachsen"
bezeichnet. Der ursprüngliche sächsische Volkskern ist vom mittel-
und oberdeutschen Wesen derart überdeckt und umgestaltet worden,
daß er kaum noch erkennbar erscheint.

Gegen Ende des XIII. Jahrhunderts fand übrigens die
Colonisation der Zips im Wesentlichen ihren Abschluß. Die
deutschen Colonistenorte gediehen rasch zu bedeutsamer Entwickelung
und wenn man auch die traditionelle Meldung, daß die 24 Zipser
Städte bereits im Jahre 1204 einen Bund geschlossen hätten, als
unbegründet ablehnen muß: so liegt doch andererseits eine urkundliche Nachricht vor, daß die Pfarrer der Zips mit dem Propst an
der Spitze schon um das Jahr 1232 eine Genossenschaft bildeten,
deren Rechte als „Sodalität" nachmals verbrieft erscheinen.

Ausführlicher meldet ferner die „Zipser Chronik" zum
Jahre 1248 die Stiftung der „Fraternität" der Pfarrer in den
24 königlichen Zipser Orten. Als diese 24 Städte nennt die
Tradition: Leutschau als Vorort, dann: Wallendorf (Olaszi,
Villa latina), Kirchdrauf (Kirchdorf, Váralja, Suburbium),
Neudorf (Igló, Nova villa), Leibitz, Béla, Menhard,
Deutschdorf (Poprad, Villa Theutonicalis), Georgenberg,
Fölk (Felka), Groß=Lomnitz (Mega- oder Kakas=Lomnitz),
Eisdorf (Zsakócz, Villa Isaac), Durlsdorf (Durand),
Hunsdorf (Hunnis villanus), Kapsdorf (Villa compositi),
Donnersmark (Csötörtök, Quintoforum, Fanum St Ladislai),
Sperndorf (Villa Sperarum, Villa Ursi, Palmsdorf (Villa
Palmarum), Odorin, Schwabsdorf (Svabócz, Villa Suevi),
Müllenbach, Rißdorf (Rusquinium), Eulenbach (Welbach,
Felbach), Sanct Kirn (Villa de S. Quirinio).

In späteren Actenstücken kommt unter diesen 24 Städten Wallendorf nicht vor. Die Fraternität berathschlagte unter Vorsitz eines würdigsten Ältesten, Senior oder Decan, und wachte über ihre Rechte und Pflichten. Sie hatte außerdem ihre Rectoren, Custoden (Aufseher) und sonstigen Functionäre, die auf ein Jahr gewählt wurden. Zweimal im Jahre hielten die verbündeten Plebane ihre Versammlungen ab; sie besaßen eine eigene Bruderlade, die mit 4 Schlüsseln gesperrt war, und ein eigenes Siegel. Die Einladung zur Versammlung mußte 14 Tage früher erfolgen. In den Verband wurden nur Geistliche von gutem Ruf aufgenommen. Wer die Einladung ohne Ursache versäumte, zahlte eine Unze Silber als Strafe. Auch wurde vor dem Zuspätkommen gewarnt, damit jeder in der ersten Messe gegenwärtig sein könne.

Eine solche Verbrüderung, der sich später noch andere geistliche Fraternitäten anreihten, mochte dem Zipser Propste, als dem hierarchischen Haupte der dortigen Geistlichkeit, nicht recht behagen; desgleichen entwickelten die Pfarrer der weltlichen Behörde gegenüber große Selbständigkeit. Es war darum begreiflich, wenn der Probst und der Zipser Graf sich bestrebten, die Fraternität einzuschränken. Diese besaß aber Selbstgefühl genug, um gegen solche Kränkungen ihrer Autonomie beim Könige selbst Beschwerde zu erheben. Auf ihre Bitte erließ König Ladislaus IV. im Jahre 1274 ein Decret, worin den Zipser Pfarrern bestätigt wurde, daß sie in der Freiheit zu testieren durch Niemanden, auch durch die Zipser Grafen nicht gehindert werden dürfen; sowie, daß sie frei seien von allen Lasten und Exactionen. König Andreas III. aber bekräftigte im Jahre 1297 den Pfarrer der 24 Zipser Städte das Recht auf den Zehentbezug, das ihnen der Graf Elias schon im Jahre 1280 zugesprochen hatte.

Mittlerweile hatte die Zips auch in weltlicher Hinsicht eine bedeutsame Entwickelungsstufe erlangt. Einzelne Orte, wie z. B. Schmegen und Käsmark hatten schon bald nach dem Mongolensturme königliche Privilegien erhalten. Den Sachsen in Schmegen (Sumugh) wurde im Jahre 1254 das Recht, einem eigenem Richter zu unterstehen, bestätigt. Die „hospites" der Stadt Käsmark erhielten im Jahre 1259 ebenfalls das Recht, sich selbst einen Richter zu wählen, jedoch mit der Pflicht, zu St. Georg und St. Michael Steuern und Zehent gleich den übrigen Sachsen zu zahlen.

Schon daraus geht hervor, daß die Zipser Ansiedler bei ihrer Niederlassung mit bestimmten Rechten und Pflichten versehen wurden. Diese bringt dann das Privilegium König Stefan V. vom Jahre 1271 für sämmtliche Zipser Sachsen in zusammenhängende Gestalt. Die wesentlichen Punkte dieses Privilegiums, das im Eingange selbst erklärt, daß es die „Freiheit" der „getreuen Sachsen in der Zips" modificiere, sind folgende:

„Die Zipser zahlen jährlich am St. Martinstage 300 Mark Silber (im Ofner Gewicht), wofür sie von jeder andern Abgabe befreit sind. Im Kriege haben sie 50 Bewaffnete unter die königliche Fahne zu stellen, bei Reisen des Königs in die Zips müssen sie denselben sammt seinem Geleite bewirthen. Nachdem sie oft ihr Blut für den König vergossen haben, wählen sie sich ihren eigenen Grafen, der sie nach dem Sachsenrechte richtet. Sie wählen sich auch frei ihre Pfarrer, denen auch der Zehnte überlassen wird. Außer ihrer Provinz durften sie von keinem Menschen, weß Ranges und Standes er sei und auch vor keinen andern Richterstuhl citiert werden, sondern „weil sie schlichte, mit Ackerbau und Arbeit beschäftigte Menschen und im Rechte der Adeligen unerfahren sind, sollen sie nach ihren eigenen Gesetzen gerichtet werden." Außerdem erhielten die Zipser das Recht der freien Jagd und Fischerei; ihre Grenzen dürfen durch niemanden verrückt werden. Wälder auszuroden und diese in Felder zu verwandeln und zu ihrem Gebrauche zu benützen, muß ihnen gestattet werden. Schließlich wird ihnen auch noch das Recht zuerkannt, Mineralien zu suchen und Metalle zu bereiten unter Wahrung des königlichen obersten Besitzrechtes.

Die unter königlichem „Doppelsiegel" ertheilte Privilegial-urkunde bekräftigte und regelte im Ganzen nur die schon bestehenden rechtlichen Verhältnisse. Die Zips hatte damals bereits eine ansehnliche culturelle und auch politische Bedeutung erreicht. Leutschau wurde der Vorort des Gebietes und Sitz des Zipser Grafen. Als schönster Schmuck der bürgerlichen Tugenden galt den Deutschen in Ungarn von Anbeginn die Königstreue; sie war nur die Fortübung jener angestammten Gefolgstreue, wie solche den deutschen Stämmen von uraltersher eigenthümlich gewesen. Es kam bald die Gelegenheit, da die Deutschen in der Zips diese Tugend bewähren sollten. Die übermüthige Oligarchie, die nach dem Ausgange des letzten Arpáden Andreas III. († 1301) ihr Haupt stets kühner und verderblicher erhob, fand ihren Führer in den stolzen Matthäus Csák von Trencsin, der geraume Zeit dem Könige Karl Robert trotzte; erst in der Schlacht bei Rozgony (1312) erlitt der Trentschiner und seine adeligen Bundesgenossen die erste entscheidende Niederlage.. An dem Siege des Königs hatte der Heerbann der Zipser Sachsen unter Anführung Stefans, Sohn des Sachsengrafen Elias, wesentlichen Antheil.

Als die Zipser hierauf ihren Grafen Stefan, dann Heinrich, den Richter von Kirchdrauf und Johann von Sperendorf als Abgeordnete mit der Bitte um Bestätigung ihrer Handvesten an den König sandten, ertheilte ihren Karl Robert im Jahre 1312 die feierliche Bestätigung ihrer „Freythumb,“ die sie von seinen „Vorhein und Kunigen zu Ungern“ erhalten hatten; und zwar erfolgte diese Bestätigung in deutscher Sprache.

Darnach hatten die Zipser jährlich „wegen ihres Landes und Erbes“ einen Zins von 1400 Mark Silber, und zwar 1000 Mark zu St. Johannes Tag (24. Juni) und 400 Mark zu St. Martins Tag (11. November) an die königliche Kammer zu entrichten. Die zur Einhebung abgeschickten Boten haben die Zipser anständig zu empfangen und mit vier oder fünf Pferden „nach der Gewohnheit, als sie dann schuldig sein“, zu verpflegen. Dagegen wurden die Zipser von allen sonstigen Abgaben, auch von der Bewirthung des Königs bei dessen Eintreffen in der Zips befreit. Ebenso ertheilte ihnen Karl Robert die Befreiung von aller Heerfahrt; nur in der Zips („in dem Cyps) und deren Gränze („Craniz“) sind sie verpflichtet, die etwa nothwendige Abwehr „mit ihrer ganzen Kraft“ „zu einer Beschirmung ihres Lands“ zu leisten. Der Zipser Graf und Burggraf sammt dem Untergrafen und Landgrafen allein sollen Richter der Zipser sein und zu Leutschau Recht sprechen „nach der Gewohnheit des Lands Rechten und der Freitumb ihres Lands“. Kein ernannter („gesetzter“) Graf durfte über die Zipser richten oder sie an ihren Rechten und Freiheiten kränken.

Diefe Vergünftigungen follten „auf ewige Zeit" Geltung
haben und zur „größern Sicherung" führt die Privilegial=Urkunde
alle Städte, Märkte, Dörfer, Vorwerke und Meierhöfe (im Ganzen
find es 43 bewohnte Orte), die auf dem Gebiete der Zips
(„in ihren Hattert und Zugehör") liegen, namentlich auf. Es
find folgende: 1. die „Hauptftadt" Leutfch mit ihren Vorwerken.
und Höfen, die in ihrem Hattert (Weichbild) liegen und „Köperen"
(Uloza = Gaffe) mit famt der Stadt Wylkosdorf (Wolfsdorf?)
Friedrichsdorf, Durft, das Dorf Meifter Gottfrieds. 2. Kirch=
dorf, Kalbach und das Dorf Heinrich Richters und „Erharts
zween Nadofch" („Nadofch" = nádas = Röhricht); 3. Eulenbach
(„Eylenbach", Welbach); 4. Wallendorf mit Johannsdorf und
Altznau (alias „Poltznau"), „welche Dörfer man heißet anderswo
Dietrichsdorf." 5. Kalisdorf oder Kolisdorf; 6. die Duren
(Odorin) mit Denisdorf; 7. das Neudorf (Igló) mit feinen
Meierhöfen und Bergwerken; 8. Palmesdorf mit dem Hofe
Marfchky (Markus?); 9. Sperndorf mit dem Stück Land von
Drawes; 10. Groß=Thomasdorf; 11. Donnerftagmark
(Donnersmarkt) mit Pulmesdorf; 12. Kabisdorf und Preymann=
dorf; 13. Deutfchendorf; 14. Filka (Felka); 15. Schlagen=
dorf; 16. Mühlenbach; 17. Groß=Eisdorf; 18. Men=
hardsdorf; 19. die Béla; 20. Käsmark „mit dem Erbe
und Zugehör, daß fie vom Kunig László (Ladislaus IV.) haben
gekauft"; 21. die Leibitz mit ihren Meierhöfen; 22. Rißdorf;
23. Durlsdorf; 24. Klein=Thomsdorf. Anftatt der hier
genannten Groß= und Klein=Thomsdorf, Palmsdorf und Denis=
dorf erfcheinen fpäter als „Regalorte" Matzdorf, Michelsdorf,
Georgenberg und Kirn.

„Alfo werden die Namen der Städte und Märkte und Dörfer
unterfchieden" — erklärt die Urkunde und fügt fodann hinzu die
Verficherung der königlichen Gnade und des Schutzes der könig=
lichen Gewalt, womit die Getreuen aus der Zips und deren
Nachkommen in ihren Rechten „behalten" werden follen. Dabei
fteht das ehrenvolle Zeugniß, wornach der König erklärt, er habe
ihnen diefe Beftätigung ihrer Rechte und Freiheiten ertheilt, weil

er ihre Treue und ihren Dienst erkannt habe, die sie ihm von
seiner „Kindheit gutwillig erwiesen haben." Insbesondere gedenkt
Karl Robert ihrer Mitwirkung „in (den) Streiten, die Wir hatten
wider Matthäum von Trentschin und Demetrium und wider
Omodeus Sohn auf dem Feld bei Rozgony." Damals stritten
die Zipser „männlich getreu" und „schonten nicht ihre Güter, noch
eigener Person", sondern haben sich „vor Unser kuniglicher
Majestät dargeben in Fertigkeit (i. e. Fährlichkeit) und Blut-
vergießen bis in den Tod."

Diese ehrende königliche Anerkennung ist ein deutlicher Beweis
von der Treue und Hingebung der deutschen Ansiedler in der Zips
an den rechtmäßigen Herrn und König und gerne erneuerte Karl
Robert sechzehn Jahre später (1328) auf abermaliges Ansuchen
des Zipser Grafen Stefan „mit dem Rath aller Bischof und Land-
herren" die obige Bestätigung der Zipser Rechte und Freiheiten
und bekräftigte diese mit dem „neyen Insigill, das zwayerlei saiten
(= doppelt) ist".

Aus der obigen Privilegial-Urkunde geht des Ferneren hervor,
daß die Zips zum Theil noch immer mit zerstreuten Wohn-
stätten (Meiereien) versehen war; doch überwiegen die geschlossenen
Ortschaften. Einzelne Benennungen deuten auf frühere slavische
Einwohner hin oder es hatten sich solche hie und da unter die
Deutschen schon im XIV. Jahrhundert angesiedelt.

Im Schutze dieser Rechte und Freiheiten gedieh das Deutschthum in der Zips zu geistiger und materieller Blüthe; es war
ein geordnetes Gemeinwesen geworden, das in Ehrbarkeit und
Zucht, in Frömmigkeit und Sittsamkeit seinen Pflichten in Haus,
Gemeinde und Vaterland getreulich nachkam und sich dabei auch
der fortdauernden königlichen Gunst zu erfreuen hatte. Welcher
Geist diese Deutschen belebte, das lehrt am deutlichsten ihr Landrecht, das im Jahre 1370 in freier Wahl und Übereinkunft auf
Grund ihrer Privilegien und nach Herkommen, Brauch und Sitte
sie sich selbst gesetzt.

Es geschah nämlich im Jahre 1370, daß die Richter,
Geschworenen und Älteren der Zipser Provinz sich versammelt

hatten, um nach reiflicher Überlegung und Berathschlagung ihre
Rechte und Freiheiten zu gemeinem Nutz und Frommen der Mit-
und Nachwelt aufzuzeichnen. So entstand das interessante Rechtsbuch „Willkür der Sachsen in der Zips", welche König
Ludwig I. in demselben Jahre bestätigte und somit zu Gesetzes-
kraft erhob.

Diese „Willkür" (d. i. freie Wahl, Übereinkommen, Vertrag)
enthielt ursprünglich nur 93 Artikel; im Jahre 1505 wurde ihr
der 94. und im Jahre 1516 der 95. und letzte Artikel beigefügt.
Wir geben im nachfolgenden Auszuge nur jene wichtigeren Bestimmungen der „Willkür", die für die öffentlichen Verhältnisse,
für die Sitten und Gewohnheiten der Zipser charakteristisch sind.

Kein Zipser darf vor einen anderen Gerichtshof geladen
werden, als „vor des Königs Grafe (Grafen), der Burggraf ist
in dem Zips und vor dem Landgrofen und vor den Richteren
und Ältisten, die zu dem Rechten geschworen haben, einem izlichen
(jedem) Manne ein rechtes Recht zu thun am Felde nach unserem
Landrecht."

Einen hohen Culturstandpunkt kennzeichnet der Artikel 2,
worin es heißt, daß sowohl der Mann als das Weib von der
Hälfte ihres gemeinschaftlichen Vermögens über ein Drittheil zu
Gunsten der „Gotteshäuser oder seiner armen Freunde" (d. i.
Anverwandten) testieren könne; denn „die Frauen haben als gut
(ein gleiches) Recht in diesem Lande, als die Mannen". Doch
erlangt diese Verleihung des Drittels der einen Hälfte nur nach dem
Tode des betreffenden Ehetheils Geltung; sind jedoch beide Gatten
eines Sinnes, dann können sie auch schon bei Lebzeiten ein Drittel
ihres ganzen Vermögens vergaben. Keine Frau, die „einen
lebendigen Mann hat," soll jedoch bei der Tagsatzung erscheinen.
Stirbt der Mann oder das Weib einer kinderlosen Ehe, dann
„sollen die nächsten Freunde (d. i. Anverwandten des Verstorbenen)
mit dem Manne oder mit der Frau die Hälfte (des Vermögens)
theilen." Sind Kinder vorhanden und es stirbt ein Ehetheil, so
hat der überlebende Theil, falls er sich wieder verehlicht, das Erbe
der Kinder nach dem dahingeschiedenen Ehetheil an dessen „nächste

Freunde" (Anverwandte) zur Verwaltung zu übergeben. Das Vermögen von Waisenkindern haben desgleichen die nächsten Anverwandten beiderseits zu verwalten, es sei denn, daß die Waisen 14 Jahre oder älter wären; in diesem Falle können diese über ihr Gut bescheiden und es nach ihrem Willen „verleihen auf eine Zeit", d. h. in zeitliche Verwaltung übergeben. Weitere Bestimmungen regeln das Erbrecht hinsichtlich der Halbgeschwister, dann mit Rücksicht auf Schwiegersöhne und Schwiegertöchter und Enkel u. f. w. und bekunden überall kluge Vorsicht und Gerechtigkeit mit dem Bestreben, das Vermögen in der „Freundschaft" zu erhalten und die Ältern vor ungerechten Zumuthungen ihrer Kinder zu beschützen.

Wer ein Mädchen oder eine Jungfrau mit Gewalt entführt, verliert Leib und Gut selbst dann, wenn die Entführte erklärt, daß die Entführung ihr Wille gewesen. (Diese Bestimmung lautet weit strenger als in dem Schemnitzer Stadtrechte; f. o. S. 245). Wer ohne Zustimmung der Ältern oder seiner Vormünder heiratet, geht des Anrechtes auf sein Erbtheil verlustig. Sollte jemand eine Bigamie eingehen, so verliert er sein Haupt; die zweite Frau aber empfängt „für die Schande" die Hälfte von dem Gute, das der Schuldige ihr zugebracht hat; die andere Hälfte nimmt „der ungerisch Grofe und unser Landgrofe".

Zieht ein Schuldner aus dem Lande weg und hinterläßt er seiner Frau so viel Vermögen, als die Schulden betragen, so hat der ehrbare Gläubiger ein Recht, die Zahlung von der Frau zu fordern. Sollte der Mann nach dreimal 14 Tagen auf den Ruf der Frau nicht erscheinen, so erhält diese noch eine verlängerte Monatsfrist, „daß sie ihren Mann desto baß beboten möge;" erscheint dieser auch dann nicht, so muß die Frau dessen hinterlassene Schuld an den Gläubiger bezahlen. Fernere Bestimmungen der „Willkür" regeln die Eintreibung fälliger Schuldforderungen von Einheimischen und Fremden, von verdientem Lohn, treffen Vorsorge über Bürgschaft und Pfändung u. dgl.

Von eigenthümlichen Zuständen berichtet der Artikel 30, worin es heißt: „Wenn Einer den Andern „mit frevelm Muth"

vor seinem Hause herausfordert („ausheischt") und der Heraus=
geforderte den Forderer niederschießt, sticht oder wirft, so soll er
deshalb ungestraft verbleiben. Der Herausforderer dagegen und
seine „Nachfolger" (Genossen) sollen dem Richter und den Bürgern
drei Mark Buße („Birsche" vom ungrischen „birság" = Buße)
geben, „wo es in den 24 Städten geschieht." Wer die Buße
nicht leistet, bleibt bis zur Leistung rechtlos. Verfolgt ein Mann
den andern bis in das Haus eines dritten „ehrbaren Mannes"
und verwundet ihn daselbst, so hat der Schuldige den zwei Grafen
10 Mark Buße zu entrichten; tödtet er den Verfolgten, so verliert
er sein Haupt. Wird er aber selber von dem Hauswirthe oder
von dessen Gesinde getödtet, so trifft diese keine weitere Strafe.
Dasselbe ist der Fall, wenn Jemand oder dessen Gesinde „bei
schlafender Zeit" einen Mann oder ein Weib in seinem Hause
oder Hofe finden sollte. Strenge Strafen ahndeten auch den auf
frischer That ertappten Dieb, der seinen Frevel mit dem Leben
büßen mußte.

Es war eine rauhe, oft friedlose Zeit, in der diese Zipser
„Willkür" gesetzt wurde. Das ersieht man auch aus der Vorschrift,
daß kein Mann „in Städten noch in Märkten noch in Dörfern"
Schwerter („Hefel") von drei Viertel Ellen Länge tragen solle.
Wer dagegen fehlt, verliert die Waffe und zahlt sechs große
Pfennige Buße.

Wenn eine Witwe oder eine Waise oder ein armer Mann
vor Gericht eine Sache zu vertreten hat und er einen Anwalt
(„Vorsprecher") bittet, daß „er sein Wort rede," dieser sich aber
dessen weigert, so verliert der Anwalt auf ein Jahr sein Vertre=
tungs= und Vertheidigungsrecht.

Von auswärts eingeführtes Tuch („Gewand") soll der Käufer
abmessen („reifen"; vom ungarischen „röf" = die Elle?) lassen;
was etwa an der rechten Länge fehlt, das soll dem Verkäufer am
Gelde abgezogen werden. Aber auch das im Lande erzeugte Tuch
ist zu messen. Wird ein Fremder („Elender") geschlagen, so
genügt zum Beweise der That sein Schmerz, respective seine Ver=
wundung. Noch andere Bestimmungen schützen Leben und Habe

der Fremden zum Beweise dessen, daß die Zips häufig von aus=
wärtigen Leuten, namentlich von Händlern aller Art, besucht
ward.

Wer den ihm gesetzten Richter „verschmäht" und etwa seine
Sache sofort vor den königlichen Grafen bringt, der hat seine
Angelegenheit und sein Klagerecht verloren.

Bei dem Umstande, daß die meisten Wohnhäuser der Zipser
damals noch aus Holz erbaut waren, erklärt sich die harte
Bestimmung, daß derjenige, welcher mit Brandlegung droht, selber
verbrannt werden soll. Wer gegen einen anderen lebensgefährliche
Drohungen ausstößt, ist vor den Richter zu bringen, wo er
Bürgen gegen die Ausführung seiner Drohung zu stellen hat;
kann er diese Bürgschaft nicht leisten, so bleibt er so lange
gefangen, bis der von ihm Bedrohte seines Lebens gesichert ist.

Die Spielsucht ist ein altgermanisches Laster; die Zipser
„Willkür" sucht demselben dadurch Schranken zu setzen, daß sie
bestimmt, keiner dürfe mehr verspielen, als was er „umb und an
hat" und und man solle ihn weder fesseln noch „unter eine
Bütte stürzen", d. h. gefangen in Pfand halten. Wollte Einer
auf sein Erbe oder auf die Kleider seiner Frau oder auf sein Bett=
gewand („Federkleider") spielen, so soll dies nicht gestattet sein.
Verspielt eines Mannes Sohn oder Knecht mehr als er Bargeld
(Pfennig) bei sich hat, etwa sein Gewand oder sonstige Pfänder;
so hat der Vater oder Herr das Recht, das Gewand mit drei,
das Pfand, mag es was immer sein, mit sechs Groschen zu lösen.
Weigert der Gewinner die Herausgabe, so verfällt er der Buße
von einer Mark und muß das Pfand unentgeltlich herausgeben.
Findet man bei einem Spieler mehr als drei Würfel, so soll man
ihm Alles nehmen, was er hat; findet man aber falsche Würfel
bei ihm, so soll man ihn — „brühen" d. i. verbrennen.

Ausführliche Vorschriften regeln den gerichtlichen Zweikampf:
der Kämpe soll Schild und Kolben haben, der Gegner einen Baum
von gleicher Länge in eine pfennigbreite Spitze auslaufend. Welcher
der beiden aus dem Kreise wiche, der wäre sieglos. Wenn
Jemand Einem der Kämpfenden hilft, der verliert sein Haupt;

derjenige aber, dem er Hilfe geleistet, verliert seine Sache. Wer bewaffnet vor Gericht erscheint, hat seine Sache desgleichen ver= loren. *)

Der Graf mußte sein Amt im Rathe niederlegen und sich dann entfernen; wollte er noch im Rathe verbleiben, so kann er nimmer Graf sein. Die Versammlung der 124 Richter der Graf= schaft fand in der Sacristei statt; sie sollte „in Freundschaft“ geschehen und die Richter sich daselbst „nicht raufen („roufen“) noch ihr Gewand reißen;“ auch durften sie nicht gewaffnet erscheinen. Wer hier die Mehrheit der Stimmen erhält, sollte Zipser Graf sein. Dasselbe galt auch vom Schreiberamt, d. h. von dem Notar der Grafschaft.

Wer ein unrichtiges Maß gebraucht, wird mit 3 Mark gebüßt. Niemand darf mehr Hopfen kaufen, als zu einem Gebräu oder so viel als er in seinem Hause bedarf. Wenn ein Fleischer sein Fleisch mehr als zweimal ausbietet, so wird er bestraft. Dasselbe gilt von dem Weinschenk, der zu kleines Maß hat; von dem Schuster, der nasses Leder oder „gestrichne Sohlen“ zu Markte bringt. Das Mahlrecht wurde frei gegeben; mehr als ein Loth Kupfer durfte ein Goldschmied der Mark „schmeidigem“ (reinem) Silber nicht beimengen, auch hatte er auf jedes Werk sein Zeichen zu schlagen. Eine Mark Gold wurde zu 26 Gulden „Landzahl“ oder Landwährung gerechnet.

Dienstboten, Knechte oder Mägde, sollen ihren Herren das Jahr ausdienen, auf welches sie sich vermietet haben.

Wer in den 24 Städten zu einem Richter erkoren wird, der soll ein „unversprochen“ (unbescholtener) Mann sein.

In solcher Weise regelte die Zipser Grafschaft ihre öffentlichen und privaten Rechtsangelegenheit. Es war ein stattliches Gemein=

---

*) Noch in der ersten Hälfte des XVIII. Jahrhunderts war in der Zips das „Stangenreiten“ als gerichtlicher Zweikampf üblich. Unter obrigkeitlicher Autorität erschienen die Gegner auf offenem Markte zu Pferde mit langen Stangen, nach Willkür auch mit Panzer und Helm ausgerüstet. Wer dann seinen Gegner mit den kräftigsten Stößen aus dem Gleichgewichte heben und vom Rosse stürzen oder aus dem Felde treiben konnte, der hatte den Streit gesetzlich zu seinem Vortheil entschieden.

wesen, das hier am Fuße der Karpathen im Kampfe mit der
Natur und mit den Menschen die Deutschen sich gegründet. Die
ursprüngliche dörfische Grundlage bot ausreichenden Raum zu
allmählicher, freistädtischer Entwickelung, welche schließlich zum
privilegierten District, zur immunen politischen Individualität sich
gestaltete. An der Spitze der Zipser Grafschaft oder der „Einheit
von 24 königlichen Orten" (universitas XXIV. opp. regalium
Scepusii) stand der selbstgewählte Oberrichter oder Graf,
den die 124 Richter und Geschwornen der 24 Städte in
gemeinsamer Versammlung zu Leutschau erkoren. Diese Versamm=
lung bildete zugleich ein gerichtliches Forum, wo gegen die
24 Einzelrichter der Zipser Städte und selbst gegen den Grafen
Beschwerde geführt werden konnte. In jeder Stadt hatte der
gewählte Richter die Geschwornen zur Seite und handhabte mit
ihnen Recht und Gerechtigkeit nach den Satzungen der Freibriefe
und nach den Bestimmungen des selbstgekürten Gesetzes. Neben
diesen „Städten" gab es auf dem Zipser Sachsenboden noch
königliche und private „Freibörfer", wie z. B. die „Lanzen=
träger=Orte", sowie die nach „Schulzenrecht" (jure scultetiae)
gegründeten Dorfschaften. Solche „Schulzengründungen" waren
z. B. Publein (1244), Gniesen (1286) u. a. Die Zugeständnisse
an einen solchen Ortsgründer oder Colonisator waren die Erb=
schulzerei und bestimmte Nutzungsrechte: Mühlrecht, Fischerei rc.
zu ausschließlich erblichem Betriebe. Der Schulze hatte zuweilen
auch den höhern Gerichtsbann über Verbrecher, von den Bußen
gebührte ihm ein Drittheil. In der Regel verfügte jedoch der Erb=
schulze bloß über die niedere Jurisdiction der gewöhnlichen grund=
herrschaftlichen Dorfgerichte.

Wie aus der Zipser „Willkür" hervorgeht, war damals Hand=
werk und Handel in den Zipser Städten zahlreich und blühend
vertreten. Es gab im XIV. Jahrhunderte in der Zips Tuch=
macher, Goldschmiede, Schuster, Fleischer, Müller, Gastwirthe u. a.
Handwerker; durch die Zips gieng eine belebte Handelsstraße nach
Polen und Schlesien, darum hielten sich auch stets zahlreiche fremde
Kaufleute, Handwerksburschen u. s. w. in Nordungarn auf. Das

Handwerk stand in großen Ehren; es war in Zünften und
Bruderschaften geregelt und hatte selbst politische Geltung. Die
Zunft schützte den Einzelnen, hob dessen Ehrgefühl und Selbst-
bewußtsein, wachte aber auch über die Tüchtigkeit der Leistungen
ihrer Mitglieder und bot dadurch dem consumierenden Publikum
Garantien gegen Schwindel und schlechte Waare. Der Goldschmied
Peter wurde im Jahre 1331 Untergraf und Burgvogt in der
Zips und erhielt von König Karl Robert das Gut Jamnik mit
dem Adelstande. Allerdings war dieser Goldschmied zugleich
„Magister", d. h. er hatte gelehrte Studien gemacht, was jedoch
abermals ein löbliches Zeugniß für das Zipser Volk ablegt.

Außer diesen Gesammtprivilegien für die Zipser Grafschaft
überhaupt erhielten dann noch einzelne Städte und Orte
der Zips ihre besonderen Rechte und Freiheiten; so
z. B. wurden Lublau im Jahre 1342, Publein im Jahre 1343
zu königlichen Freistädten erklärt. Dasselbe war bei Leutschau
und Käsmark der Fall. Diese beiden Städte wurden überhaupt
die bedeutendsten in der Zips. Wir haben gesehen, daß „die
Leutsch" schon in dem ältesten Privilegien der Zipser Grafschaft
als deren Vorort erscheint. Käsmark tritt erst später im Bunde
der 24 Zipser Städte auf, gewinnt darin aber bald bedeutendes
Ansehen, so daß sie für Leutschau zur gefährlichen Rivalin wird.
Langjähriger Zwist und wiederholter blutiger Streit hat in späteren
Tagen zwischen diesen beiden Schwesterorten gewaltet. Neudorf
(Igló) erhielt im Jahre 1380 durch König Ludwig I. ein Wochen-
markt-Privilegium, das im Jahre 1435 König Siegmund bestätigte.

Gerade hundert Jahre nach der Verleihung, resp. Bestätigung
der Zipserischen Rechte und Freiheiten durch König Karl Robert
erfolgte der erste harte Schlag für das nordungarische Deutschthum.
Der in fortwährender Geldnoth befindliche Kaiser-König Sigismund I. verpfändete am 8. November 1412 die Burgen
Lublau und Publein, dann die Stadt Gniesen und die
(oben S. 128 angeführten) dreizehn Zipser Städte an König Wladislaw
von Polen. „Zu diesen Städten gehören (nach der Pfandurkunde)
alle Abgaben, Früchte, Einkünfte, Jurisdictionen, Besitzungen,

Felder, Wiesen, Wälder, Mühlen, Fischereien, alle Gauen und auch wüsten Plätze, mit einem Worte: alle Objecte, die einen Nutzen bringen." Die verpfändeten Städte hatten ihrem neuen Herrn zu gehorchen und alle Abgaben ihm zu leisten. Sigismund verspricht zwar, diese Städte, „wie wenn sie uns gehörten, gegen alle Ungerechtigkeiten und Angriffe von außen zu schützen. Im Gegenfalle hatte Wladislaw „das Recht der Invasion". Aber das waren ziemlich leere Worte.

Die Folgen dieser bedauerlichen Finanzoperation waren für die Zipser Städte und das oberungarische Deutschthum überhaupt sehr beklagenswerth. Die nächste Folge der Verpfändung war die Zerreißung des Bundes der 24 Zipser Städte. Allerdings suchten die 24 Zipser Orte auch nach ihrer Trennung die bürgerliche Zusammengehörigkeit zu wahren. So wurde in den Jahren 1422—1423 in einem Streitfalle die fortdauernde gemeinschaftliche Selbstverwaltung seitens der Zipser Städte betont. Der Zipser Sachsengraf galt so gut für die ungarischen wie für die polnischen Deutschenstädte. Wohl versprach Wladislaw I. im Jahre 1440 den ungarischen Ständen die Rückgabe der verpfändeten Orte. Aber das Versprechen wurde nicht erfüllt, sondern in dem Altenburger Vergleich zwischen Ungarn und Polen (1474) die Verpfändung der 13. Orte an Polen neuerdings für giltig erklärt. Auch das Streben der Zipser, die Einheit und Zusammengehörigkeit der Zipser Sachsen-Universität zu behaupten, hatte keine Erfolge. Die Thatsachen wendeten sich gegen das Zipserische Deutschthum. Die unverpfändeten eilf Städte erhielten anfänglich zwar einen besondern Landgrafen, aber sie waren zu schwach, um in ihrer Ablösung von den unter polnischen Starosten stehenden Schwesterorten dem Andringen des Adel- und des Slaventhums dauernden Widerstand leisten zu können. Deshalb verfielen sie mit Ausnahme der königlichen Freistadt Leutschau, allmählich der Herrschaft des Adelsregiments im Comitate und dann wurden sie durch die zunehmende Invasion der Slaven ihres Deutschthums entkleidet. So geschah dies namentlich in den Regalorten: Donnersmark, Kabsdorf, Schmögen, Sperndorf, Kirn, Palmsdorf, Eulenbach und

Odorin. Diese ehemals rein deutschen Städte, wo nach einer Urkunde Béla IV. Grund und Boden nur an Deutsche verkauft werden durften, sind heutzutage nebst vielen anderen einstigen deutschen Orten der Zips ganz slavisiert und gedenken kaum mehr ihres früheren deutschen Charakters. Nur noch die Ortsnamen: Fridmann, Vernar (Werner), Krompach, Altendorf, Ostern, Rich= wald u. a. sowie die Bergnamen: Eisthalerspitze, Hinterleiter, Königsnase, Kesselberg, Kastenberg, Kahlenbacher Grat, Sattel, Waxmund u. s. w. erinnern an das einstige Vorhandensein deutschen Wesens in diesen Gegenden.

Mit dem Verschwinden der politischen Autonomie und mit dem Absterben des Deutschthums verloren diese Orte auch ihren Charakter als privilegierte Städte, sie sanken zu gewöhnlichen Dorfschaften herab, wurden Eigenthum adeliger Grundherren und büßten auch ihren materiellen Wohlstand ein. Gewann doch Emerich Zápolya, der Günstling des Königs Mathias, mit der Erbgrafschaft der Zips zugleich auch den Besitz der Stadt Käsmark und der neun Reg'alorte: Donnersmark, Rißdorf, Eisdorf, Mühlenbach, Schlagendorf, Odorin, Sperndorf, Kirn und Eulenbach. Auf Zápolya folgte Hieronymus Laski als Herr von Käsmark, obige neun Orte aber erhielt Alexius Thurzo. Als die Thur= zonen im Jahre 1637 ausstarben, kamen die neun Orte an das gräfliche Haus der Csáky und verfielen stets mehr zu grundherr= lichen Dörfern. Käsmark erwehrte sich glücklich dieses Loses und wurde 1655 als Freistadt inarticuliert. Freilich trugen zu der Zer= rüttung des nationalen und volkswirthschaftlichen Lebens der ober= ungarischen Deutschen noch andere Factoren das Ihrige bei.

Der Verpfändung folgte nämlich als neues Übel die Inva= sion der Hussiten und dann die Herrschaft des böhmischen Söldnerthums unter Giskra in Oberungarn überhaupt, wovon bereits in der allgemeinen historischen Einleitung die Rede war.

Eine neue Blüthe und Kräftigung brachte dem Zipser Deutsch= thum im XVI. Jahrhunderte die Kirchenreformation. Es wird berichtet, daß der Leutschauer Martin Cziriak, bereits im Jahre 1522 unter dem Rectorat Philipp Melanchthons in Witten=

berg sich in die Zahl der akademischen Bürger aufnehmen ließ. Ihm folgten bald viele andere Zipser Jünglinge und durch diese wurde dann bei ihrer Rückkehr die neue Lehre auch in der Zips geprebigt. Als erster Apostel derselben trat im Jahre 1520 Thomas Preisner zu Leibitz auf; ihm folgte im Jahre 1529 der Prediger Fischer; dieser lehrte in den Orten Leutschau, Neudorf und Schwedler, wurde aber verfolgt, ergriffen und vom Schlosse Kraßnahorka herabgestürzt. Denn der ungarische Landtag hatte gegen die Glaubensneuerung harte Gesetze gebracht. So schrieb G. A. XXVII vom Jahre 1523 vor, daß „alle Lutheranen und deren Beförderer und Anhänger als öffentliche Ketzer und Feinde der heiligen Jungfrau Maria am Leben und mit Verlust aller ihrer Güter bestraft werden sollen". Noch schärfer lautet G. A. IV vom Jahre 1525, der bestimmt, daß „alle Lutheraner ausgerottet und, wo man sie anträfe, arretiert und verbrannt werden sollen."

Aber wie überall, so war es auch in der Zips. Die Härte des Gesetzes und die Verfolgungen hielten die Anhänger der Kirchen= reformation nicht ab, die neue Lehre dennoch zu verkünden. Ein besonders eifriger Prediger derselben war in Zipsen Georg Leutscher von Leutschau, ein gelehrter und muthiger Mann. Er predigte mit großem Beifall in Leutschau, mußte aber von dort fliehen, begab sich dann nach Michelsdorf, weiter nach Käsmark, Topportz, Leibitz und zuletzt noch Mühlenbach, überall den Samen der neuen Lehre mit Erfolg ausstreuend.

Selbstverständlich konnte der kirchentreue katholische Clerus diesem Umsichgreifen der Neuerung nicht ruhig zuschauen. Die Fraternität der Pfarrer in den 24 Städten erließ deshalb durch ihren Senior unter dem 22. Juli 1542 ein abmahnendes Edict an den Zipser Clerus und an das Volk, worin vor den „schändlichsten, von der Gottseligkeit ganz abführenden Irrthümern" gewarnt wird. Aber diese Mahnung blieb ebenfalls fruchtlos, um so mehr als die neue Lehre nicht bloß an den mächtigen Zipser Familien Tökölyi, Berzeviczy, Palocsay, Thurzó, Görgey u. a. getreue Anhänger und mächtige Beschützer fand, sondern weil auch die Zipser Pröbste Johann Horváth de Lomnicza und dessen

Nachfolger Stanislaw der Lehre Luthers zugethan waren. Der
Erstere vermählte sich im Jahre 1544 mit der „ehrenreichen und
tugendsamen Jungfer" Agnes Zipser, der Letztere empfahl die
Kirchenneuerung seinem Clerus öffentlich. So folgte denn bald
darauf die Durchführung der Kirchenneuerung in den XIII Zipser
Städten, und zwar wurde der evangelische Gottesdienst eingeführt
im Jahre 1545 in Béla, im Jahre 1546 in Leibitz, im
Jahre 1548 in Neudorf (Igló), im Jahre 1548 in Wallendorf und Deutschendorf (Poprad), im Jahre 1552 in Georgenberg u. s. w. Im Jahre 1569 war die Reformation in
Zipsen vollendet; am 26. October dieses Jahres schloß sich die
Fraternität der Zipser Stadtpfarrer dem neuen·Bekenntnisse officiell
an und ihr Probst Bornemissa versprach ihnen und ihren
Waisen den Schutz. Die Zipser Deutschen blieben gleich ihren
siebenbürgischen Glaubens= und Nationsgenossen dem Augsburger
Bekenntnisse getreu und lehnten alle weiteren Neuerungen, Spal=
tungen und Streitigkeiten in Glaubenssachen ab.

Die Kirchenreformation war für das oberungarische Deutsch=
thum ein mächtiges Vehikel zum Schutze der Nationalität.
Die deutsche Predigt und der deutsche Kirchengesang,
verbunden mit der Bibel und Postille in deutscher Sprache
als Haus= und Volksbuch, stärkten und beförderten das Gedeihen
dieser Zipser Deutschen und ihrer Nationsgenossen in der Nach=
barschaft. Nicht weniger einflußreich hierauf blieb die fortdauernde
Verbindung mit den Schulen und Universitäten in Teutschland
und vorzüglich die Gründung, Vermehrung und Verbesserung der
Stadt= und Dorfschulen in der Zips selbst, wo es bald
keine Gemeinde ohne ihren Schullehrer gab. Daneben errichtete
man aber auch höhere Schulen, Gymnasien und Lyceen, an denen
berühmte Männer des In= und Auslandes lehrten, wie wir dieses
bereits in der allgemeinen Geschichte des Deutschthums in Ungarn
(s. o. S. 147 ff.) erzählt haben.

Im XVI. Jahrhunderte zählte man in der Zips folgende
mehrclassige Lateinschulen: Béla (seit 1546), Kabsdorf
1590), Käsmark (1533), Kirchdrauf (1555), Leibitz (1576),

Leutschau (1542), Marksdorf (1577), Neudorf (1569); die berühmtesten davon waren die Schulen in Leutschau, Käsmark und Neudorf (Jgló). Die Lehranstalten in Leutschau und Käsmark wurden geraume Zeit von Studierenden aus verschiedenen Theilen des Landes, selbst von Katholiken zahlreich besucht.

Neben dem geistigen Schaffen und Bilden lebte in dem Zipfer Völkchen aber auch fortdauernd ein reger industrieöser und mercantiler Geist. Wir haben schon betont, daß Ackerbau und Viehzucht auf der Zipfer Hochebene zur Ernährung des Volkes nicht ausreichen; darum griff man frühzeitig auch zu anderen Erwerbszweigen. Am meisten blühte in der Zips die Leinwand= und Tuchweberei. Noch bis herauf in unser Jahrhundert wird von den Zipfern berichtet, daß im Winter daselbst auch die Männer zum Spinnrocken greifen. „Alles spinnt, Alles webt, Alles bleicht die Leinwand um die Wette." Die Zips wurde so die „Haupt=Leinwandmanufactur Ungarns, in welcher allein, nach Abschlag des innern, ziemlich starken Ver= brauchs, nur für fremde Rechnung, die Frauen, Jungfern (so hießen in diesem Lande der Unschuld bisher die Bürgerstöchter) und Mägde, im Durchschnitte jährlich an die 6 Mill. Ellen kleine (b. i. etwas bessere) und mittelkleine Hausleinwand weben." So berichtet im Jahre 1809 der Zipfer M. v. Schwartner. Dann kamen um Pfingsten „wie die Zugvögel" die Händler aus entfernteren Gegenden, die Griechen, Zinzaren (Macedo=Wlachen) und Serben, und handelten die Zipfer Leinwand ein, wobei die Zipfer von den geschäftskundigeren Händlern oft übervortheilt wurden. Der Zipfer Leinwandhandel nahm seinen Zug über Debreczin nach der Bukowina, nach Siebenbürgen, in die Walachei und in die Türkei überhaupt; eine andere Straße führte über Pest durch das südliche Ungarn. Über die Zips wurde auch polnische Leinwand eingeführt. In der Zips gedieh nebst der Weberei auch die Färberei (namentlich zu Käsmark) und Druckerei; ebenso erzeugte man unter Einfluß der polnischen Herrschaft in den XIII Zipfer Städten guten Branntwein, wob wohl auch gesuchte Flanelle, producierte treffliches Leder und

war in der Verarbeitung der Metalle, insbesondere des
Eisens, von altersher geschickt. Berühmt war auch der Leutschauer
Meth und die Lebkuchenbäckerei. Nicht minder gerühmt
war von Alters her das Zipser Bier. „Die Zipser," meint der
„Ungrische oder Dacianische Simplicissimus" zu Ende des 17. Jahr=
hunderts, „haben ein wohlgeschmacktes herrliches Bier, welches die
Weiber brauen"; und vom Leutschauer Bier: „Sie haben zwar
keinen Weinwuchs, aber gutes Bier, so sie etliche Jahr aufbehalten."
Ein Theil der Ober=Zipser betrieb auch einen einträglichen Hausier=
handel.

Außer den Zünften blühte auch sonst das Vereinswesen
in weltlichen und geistlichen „Bruderschaften", bei deren Gedenk=
tagen dann das „Bruderbier" gemeinsam getrunken wurde. Es
ist interessant, daß von den heutigen Vereinen in Ungarn der
älteste in der Zips zu finden ist; er ist dies der Käsmarker
Schützenverein, dessen Gründung im Jahre 1510 erfolgte.

Aber auch in Zipsen dauerte der kirchliche Friede nicht lange.
Die Bekämpfung des neuen Glaubens begann daselbst
seit dem Jahre 1588, da Martin Pethe Zipser Probst geworden
war. Dieser war ein heftiger Gegner der Neuerungen und gab
dies auch bald zu erkennen. Bemerkenswert ist, daß die Zipser
Pfarrer trotz ihres Anschlusses an Luthers Lehre dennoch mit dem
Probste in einem freundschaftlichen hierarchischen Verhältnisse
verblieben waren. Nun wurde es anders; denn Pethe bekannte
den Grundsatz: „Alles Unheil, worunter die Menschheit seufze, sei
einzig und allein der Duldung und Schonung der Ketzer zuzu=
schreiben." Im Jahre 1604 begann hierauf auch in der Zips die
gewaltsame Gegenreformation, welche dem dortigen Deutsch=
thum die tiefsten Wunden schlug. Der Anfang wurde mit der
Stadt Lublau gemacht, wo man einen katholischen Pfarrer mit
Gewalt einsetzte. Unter dem 1. April 1604 ergieng an die
XIII Zipser Städte der Befehl, die Kirchen an die Katholiken zu
übergeben oder 20.000 Dukaten Strafe zu zählen. Bald darauf
erschienen in den einzelnen Städten die rekatholisierenden Regierungs=
commissionen. In Kirchdrauf, Wallendorf und Leutschau

rottete sich das Volk zusammen und verjagte die Commission (September 1604).

Da geschah die Erhebung Stefan Bocskai's und der Wiener Friede vom Jahre 1606 brachte auch den Protestanten in der Zips einige Erleichterung. Aber nicht lange! Schon im Jahre 1616 fanden abermals religiöse Verfolgungen statt, denen erst der Nikolsburger Friede vom Jahre 1621 ein vorläufiges Ende bereitete. Doch mit dem Jahre 1632 begannen die gewaltthätigen Bekeh= rungen zum Katholicismus von Neuem und nahmen einen stets heftigern Charakter an. Zwei Umstände begünstigten hierbei das Streben des katholischen Clerus, namentlich der Jesuiten; einmal hatten mächtige katholische Adels=Familien, wie die Eszterházy, die Csáky u. a. Güter in der Zips erlangt oder es war gelungen, die protestantischen Adeligen zur katholischen Kirche zurückzuführen. Damit war aber zugleich nach dem Grundsatze „cujus regio, ejus religio" („wessen der Boden, dessen der Glaube") die Einführung des Katholicismus auf den Herrschaften dieser Edelleute verbunden. Diese Rekatholisierung der Unterthanen nahm mit dem Jahre 1638 ihren Anfang und schritt insbesondere auf dem Lande und in den abgelösten XI Zipser Städten, die ihre Selbständigkeit eingebüßt hatten, sehr rasch vorwärts, so daß um das Jahr 1670 nur die verpfändeten XIII Städte und die beiden Freistädte Leutschau und Käsmark noch protestantische Kirchen und Gottesdienst besaßen. Aber auch dieser Besitz blieb nicht lange unangefochten.

Der andere, mächtige Factor zur Rekatholisierung der Prote= stanten in Ungarn (also auch in der Zips) war die thatsächliche Mitwirkung der Militär= und Civilbeamten, welche die Bestrebungen des Clerus auf das Eifrigste, oft über das Maß des Erlaubten unterstützten. In der Zips haben in dieser Richtung der ungarische Kammerpräsident Graf Otto Ferdinand Volkra, der Präsident der Zipser Kammer Freiherr von Walsegg, der Leutschauer Dreißigst=Einnehmer Mathäus Gandel und der Palocsaer Ein= nehmer Johann Gundelfinger (also durchwegs Deutsche) eine traurige Berühmtheit erlangt. Am 4. April 1674 kam Graf Volkra mit dem Zipser Probste Bársony, der im Vorjahre

den Käsmarker Protestanten die dortige Kreuzkirche und Pfarrei
weggenommen hatte, mit anderen Prälaten und Edelleuten und
mit bewaffneten Soldaten (Kroaten) nach Leutschau und forderte
von den Evangelischen die Auslieferung der Kirchenschlüssel. Darob
entstand am 10. April ein Volksaufstand, so daß die katholische
Commission in das Kloster flüchten und sich daselbst verrammeln
mußte. Erst der Zuzug verstärkter Militärgewalt bezwang die
Erhebung und nun folgte die Besitzergreifung von Kirche, Pfarre
und Schule. Am 26. April wurden zwölf evangelische Geistliche,
vier aus der Stadt Leutschau und acht aus der Umgegend, nebst
verschiedenen Lehrern und Kirchendienern unter lauten Thränen des
begleitenden Volkes aus dem Lande verwiesen. Hierauf erfolgte
die Gegenreformation unter Wiederholung ähnlicher Scenen noch
im selben Jahre in den XIII Städten. Vielen Orts nahm man den
vertriebenen Geistlichen ihr Vermögen weg, so daß sie oft im kläg-
lichsten Zustande nach Schlesien oder Deutschland wandern mußten.

Hand in Hand mit dieser Rekatholisierung gieng dann die
Entnationalisierung. Man höre nur die Erzählung der
„Leutschauer Chronik" zum Jahre 1675! Damals stellte der
Commissär Josef Gundelfinger zu Anfang des Jahres an die
Stadtgemeinde Leutschau die Zumuthung, ungrische Land-
Edelleute zu Rathsherren zu wählen, worunter auch übel beleum-
dete und zum Theile der deutschen Sprache völlig unkundige Leute
waren. Da die Gemeinde diese Zumuthung erbost zurückwies,
verklagte sie der Commissär wegen ihres Ungehorsams in Wien,
und dort wurde der Abgesandte der Stadt, der dieselbe rechtfer-
tigen sollte, ungehört in Haft genommen. In Leutschau erschien
aber am 27. Juni der Zipser Kammerrath Sigmund Holló und
lud „Richter, Rath, Vormünder und eine ganze erwählte Gemeinde"
vor sich, „um Ihro königl. Majestät Willen und Befehl zu vernehmen". Als nun der Stadtrichter ihn in deutscher Sprache
bewillkommte, verlangte Holló, „man soll doch ungrisch mit
ihm reden, theils seinetwegen, der kein perfecter Deutscher, theils
der ihn als „Personae Regulares" begleitenden Canonici willen,
so der deutschen Sprache nicht kundig, theils weil wir unter einem

ungarischen König im Königreich Ungern lebten". Darauf erwie=
derte ihm der Stadtschreiber, daß sie als Deutsche, wie Holló
solches aus dem Habit abnehmen könne, „keine andere Sprach als
Deutsch reden könnten; welches er (Holló), wiewohl ungern,
geschehen lassen mußte." Holló verlangte neuerdings die Beru=
fung magyarischer Edelleute in den Stadtrath; die Leutschauer
weigerten sich und bemerkten dabei auch, daß die Aufnahme fremder
Edelleute, die an der Stadt kein Interesse haben, in diesen unru=
higen Zeiten auch für Se. Majestät gefährlich werden könnte. Es
half jedoch wenig; denn am 15. August „reformierte" Holló mit
Hilfe von 60 Musketieren und 300 Kroaten den Leutschauer
Magistrat in der Weise, daß er die Bürger zwang, ihren Stadt=
richter unter den drei Candidaten des Commissärs zu wählen.
Diese waren aber sämmtlich Katholiken und zwei davon Magyaren;
die Bürger wählten gezwungen den Dreißigsteinnehmer M. Gandl,
der mindestens ein Deutscher an. Die beiden anderen Candidaten
mußten aber in den Stadtrath aufgenommen werden. In ähn=
licher Weise „reformierte" Holló auch den Magistrat zu Käs=
mark; hier wurde ein offenkundiger Wüstling zum Richter, dann
ungrische Zischmenmacher, „Hutterer" und Zwilchweber zu Raths=
herren aufgedrungen. Auch mußte von den Magistraten in Leutschau
und Käsmark die deutsche Tracht abgelegt und die ungrische dafür
angenommen werden, da die neuen Rathsherren erklärten: „sie seien
Ungern und dergleichen (deutschen) Habit zu tragen nicht gewohnt."

Bei solchen Bedrängnissen erklärt es sich, daß ein Theil der
Deutschen aus Veränderungslust oder aus Privatinteresse oder auch
aus Furcht freiwillig sein Volksthum verließ und sich schon im
XVII. Jahrhunderte zu magyarisieren begann. Es gieng damals in
Deutschland ein Sprichwort: „Geld=Hunger, aus wem machst du
nicht einen Unger?" Eine ergötzliche Illustration dazu liefert die
Figur des Leutschauer Apothekers, Jonas Spillenberg, der nach
dem Berichte der „Leutschauer Chronik" schon um das Jahr 1650
sich entschieden weigerte, als Rathsherr zu den Sitzungen anders als
„in seinem Mentek und in rothen Zischmen" zu erscheinen, während
doch die vorgeschriebene Amtstracht die deutsche war. Zahlreiche

deutsche Protestanten zogen aus Nordungarn nach Siebenbürgen, wo ihr Glaube und ihre Nationalität auf dem Königsboden gesichert war.

Die religiösen Verfolgungen, denen die Deutschen in der Zips und in Nordungarn überhaupt ausgesetzt waren, erklären auch zur Genüge den sonst auffälligen eifrigen Anschluß dieser Deutschen an sämmtliche politische Erhebungen des XVII. und XVIII. Jahrhunderts. Bei dem lebendigen Interesse und der Hingebung für den kirchlichen Glauben wandten sich diese Deutschen einem Stefan Bocskay, Gabriel Bethlen, Emerich Tökölyi, Franz Rákóczi u. A. zu, trotzdem diese Häupter der ungrischen Opposition von ihrer Abneigung gegen alles Deutsche kein Hehl machten und trotzdem gerade die nordungarischen Städte von den Aufständischen jederzeit am härtesten in Mitleidenschaft gezogen wurden. Die Anhänglichkeit an den Glauben überwog die Liebe zur Nationalität und das materielle Interesse. Siegten dann die Kaiserlichen, so hatten die Deutschen doppelte Vergeltung zu erleiden. Man verfolgte sie als Protestanten und als „Feinde des Monarchen; oft kam noch ein Drittes hinzu: die katholischen Geistlichen, Beamten und Offiziere ungrischer Nationalität bekämpften unter der Maske des Katholicismus und der Loyalität zugleich das Deutschthum, wie wir das in obigen Beispielen (und schon früher in Odenburg, Güns u. a. O., gesehen haben.

Was war das Resultat all dieser mehr als hundertjährigen Bedrückungen, Verfolgungen, Brandschatzungen, ꝛc. der Deutschen= orte in der Zips? Der Stadtrichter von Gniesen, Namens J. Laczkó, alias Spinner, schrieb um das Jahr 1724 eine Chronik seiner Vaterstadt, worin er unter Anderem sagte: „Die Fundatoren von Kniesen (Gniesen) sollen meines Gutdenkens nach und nach alter Leute Erfahrung Deutsche gewesen sein, weilen noch bis 1643 oder umb diese Zeit die Inwohner haben Nieder= schuech und teutsche Hosen getragen, wie man jetzund in Schlesien undt ander bei uns deutschen benachbarten Landschaften den Gebrauch der Bauersleuth sehen und spüren kann." Zur Zeit Laczkós war Gniesen bereits ein slovakisch=polnischer Ort; allein wie sah er aus! Der Chronist klagt hierüber mit den von uns schon citierten Worten: „Vor etlich Jahren wahrstu wie eine schöne und wohl= gezogene Jungfrau, jetzt bistu wie ein armes Spitalweib, welche umb Almosen bittet."

„In der That" (bemerkt treffend der österreichische Historiker Dr. Krones), „solch armen Spitalweibern glichen in diesen Tagen die meisten deutschen Freiorte des obern Ungarlandes. Das Elend endloser Bürgerkriege machte ihren Wohlstand welken, brach ihr politisches Selbstgefühl, unterwühlte und zersetzte die deutsche Gesinnung. Schwere Unterlassungssünden, arge Mißgriffe ließ sich in dieser Richtung die österreichische Herrschaft zu Schulden kommen; freilich war sie in den meisten Fällen bei den bezüglichen Maß= regeln von den vollziehenden Gewalten und Persönlichkeiten schlecht bedient. Restaurationen der Magistrate magyarisierten die ton= angebende Bürgerschaft; mit der materiellen Noth drängte sich das Slaventhum, äußerst fruchtbar in der Familienbildung, anstellig und genügsam, in den Schoß der Städte. In nicht wenigen der= selben war mit dem völligen Ruin des Gewerbes und Handels ein Proletarierthum heimisch geworden, das den würdigen Gehalt vergangenen Lebens bis zur Unkenntlichkeit verwischte."

„Und doch war bei all dem tiefen Verfalle deutschen Städte= wesens, wo irgend nur eine Handvoll günstigen Bodens gerettet blieb, die unvertilgbare Lebenskraft seiner Wurzel zur Bildung neuer Triebe bereit. Deutscher Fleiß, deutsche Sparsamkeit über= wanden das schlimmste Geschick und bannten einen allerdings schwachen Abglanz einstigen Wohlstandes an das Weichbild der Freiorte. Auch fernerhin regte sich das gewerbliche, das Handels= leben in ihrem Schoße; die deutsche Sprache herrschte und ver= mittelte einen fruchtbringenden Verkehr mit dem Auslande. Die deutsche Gesinnung war freilich mächtig erschüttert und verringert. Nicht jeder, der deutsch sprach, fühlte noch deutsch; der Mund des polyglotten Bürgers Oberungarns redete meist deutsch, magyarisch, slavisch und das unvermeidliche Vulgärlatein neben und durchein= ander; wie war da an die einheitliche Gesinnung des Herzens zu denken"! . . . .

Im Jahre 1772 wurden die verpfändeten XIII Zipser Städte sammt Lublau, Publein und Gniesen aus Anlaß der ersten Theilung Polens mit Ungarn wieder vereinigt und zu einer besondern Jurisdiction der „XVI Zipser Städte" constituiert, nachdem (wie schon erwähnt) die übrigen ehemaligen Zipser Städte ihre Rechte und Freiheiten eingebüßt hatten und zu Dörfern herabgesunken waren. Die Kaiserin=Königin Maria Theresia bestätigte den XVI Städten die bisherigen Privilegien und fügte neue hinzu (1775). An der Spitze des Municipiums dieser Städte stand ein besonderer Graf („Comes Provinciae XVI oppidorum Scepusiensium"). Mit dem 1. October 1876 wurde jedoch dieses Municipium aufgelöst und die XVI Städte dem Zipser Comitate einverleibt. Diese Maßregel ist im Interesse des neuaufblebenden Bürgerthums dieser Zipser Städte jedenfalls zu bedauern; denn im vereinigten Comitate hat der Adel die entscheidende Stimme. Auch die bisherigen königlichen Freistädte Leutschau und Käsmark giengen im Jahre 1876 ihrer municipalen Autonomie verlustig und wurden der Comitats=Jurisdiction unterworfen. Das oberungarische Deutsch=Bürgerthum hat dadurch eine bedeutend erschwerte Position erhalten. Ob es sich in dieser behaupten wird?

Um diese Frage zu beantworten, wenden wir unsere Aufmerksamkeit wieder den gegenwärtigen Zuständen und Verhältnissen der Deutschen in der Zips zu.

Wie wir weiter oben angeführt, leben auf dem Boden des heutigen Zipser Comitats 175.000 Seelen, davon sind aber nur 61.360 Deutsche. Diese machen somit bloß 35 Procente der Bevölkerung aus. Die Majorität gehört dem Slaventhum, insbesondere den Slovaken. Zieht man nur die Zips im engern Sinne des Wortes, also die XVI Städte mit den beiden ehemaligen Freistädten Leutschau und Käsmark in Betracht, so hatten diese nach dem ungrischen Statistiker A. Fényes im Jahre 1867 zusammen eine Bevölkerung von 39.375 Seelen, worunter 29.863 Deutsche waren. Daraus geht ebenfalls deutlich hervor, daß in Folge der Einverleibung dieser Städte in das Zipser

Comitat das oberungarische Deutschthum eine harte Schlappe erlitt und der nunmehrigen slavischen Majorität (denn das magyarische Element beschränkt sich zumeist auf die Adeligen) überantwortet wurde.

Dazu hat die Vergangenheit an diesen Deutschen so viel gesündigt, daß Mancher an der „frischen Triebkraft", an der weitern Lebens= fähigkeit dieses Volksstammes überhaupt verzweifelt. Wir haben in unseren historischen Darlegungen gesehen, wie noch im XV. Jahr= hunderte das Deutschthum von der westlichen Grenze Ungarns im breiten Streifen bis tief in die Ostkarpathen hineinreichte und im Westen und Norden mit den Deutschen in Österreich und Schlesien in Verbindung und regem Verkehr stand. Dieser continuirliche Zu= sammenhang ist schon lange durchbrochen; das Vordrängen und Übergreifen des slavischen Volks= und Sprachelements erfolgte hier auf Kosten des deutschen Volksthums. Die Folge war: der Rückgang des nordungarischen Bergbaues, der völlige Verfall der dortigen In= dustrie und des Städtewesens, die allgemeine Verarmung und die sociale Versumpfung. Zu den von uns geschilderten Bedrängnissen in Folge religiöser und nationaler Unduldsamkeit und der langwierigen Bürgerkriege für die Zips kam noch die Verlegung der europäischen Handelsstraße und endlich in unserem Jahrhunderte der staat= liche Druck und die Geistessperre, welche das Metternich'sche System der habsburgischen Monarchie auferlegt hatte. Noch zu Anfang dieses Jahrhunderts war ein lebendiger Verkehr der Zips mit Deutschland vorhanden; Zipser Studenten besuchten zahlreich die deutschen Universitäten, die Zipser Städte beriefen an ihre Lehranstalten gerne tüchtige deutsche Professoren, wie sie es seit den Tagen der Reformation gewohnt waren und wodurch die Gymnasien zu Leutschau, Käsmark, Igló u. a. O. einen weitver= breiteten guten Ruf behaupteten. Nicht minder fanden sich bis in die Zwanziger Jahre unseres Säculums die deutschen Handwerks= burschen häufig in Zipsen ein und die hiesige wanderlustige Jugend zog wieder gerne „ins Reich." Doch seit den „Karlsbader Beschlüssen" hörte aller Verkehr mit Deutschland auf; das isolierte Zipser Völkchen verwelkte immer mehr.

Noch ein Feind bedroht indessen dieses Deutschthum; es
ist die eigene Lässigkeit und Gleichgiltigkeit. Diese
verschuldet es, daß durch die slovakischen Dienstboten schon manches
deutsche Pfarrer= und Lehrerhaus entnationalisiert wurde. Dem
Dienstboten zuliebe wird im Hause vorwiegend slovakisch geredet;
slovakisch ist die erste Sprache, welche der deutsche Pfarrers= oder
Lehrersohn in der Zips erlernt und wer weiß es nicht, welch
mächtigen, bestimmenden Einfluß die erste Sprache auf Geist und
Gemüth des Menschen ausübt! Der slovakische Dienstbote und
Arbeiter in der Zips entnationalisiert mehr deutsches Volksthum, als
Pfarrer und Lehrer von der Kanzel und vom Katheder wieder gut
machen können.

Dennoch wollen wir die Hoffnung auf ein Besserwerden nicht
aufgeben. Seitdem das keuchende Dampfroß die wellige Hochebene
der Zips durcheilt, ist auch in nationaler Hinsicht eine günstigere
Zeit herangebrochen. Auf den Eisenschienen kommt die Neuzeit
auch in diese abgelegene Welt und es regt sich daselbst wieder der
Unternehmungsgeist, die Zuversicht, die Lebensfreude und der
Entschluß, daß der Zipser Deutsche noch zu bessern Dingen
berufen sei, als kläglich zu verdorren oder vom slavischen Volks=
elemente rettungs= und erbarmungslos verschlungen zu werden.

Verständige und einsichtsvolle Männer unter den Zipsern
haben die Nothwendigkeit erkannt, dem Verfall und Verschwinden
ihres Stammes Einhalt zu thun. Man gründet Gesellschaften und
Vereine zur Hebung des materiellen Wohles, die industriellen und
mercantilen Unternehmungen mehren sich und arbeiten der gänzlichen
Verarmung des Volkes entgegen. Von besonderer Wirkung ist
ferner das verbesserte Schulwesen in der Zips, die rührige
Thätigkeit der Lehrer daselbst, welche einen eifrigen Verein haben,
der jährlich in einer andern Zipser Stadt seine Wanderversammlung
abhält und neben pädagogischen Vorträgen auch allgemein bildende
Geselligkeits=Abende arrangiert. Nicht minder sucht man durch
öffentliche Vorlesungen, sociale Vereine 2c. das Selbstbewußtsein
der Deutschen zu erregen, in ihnen die Liebe zum angestammten
Volksthume wach zu erhalten. Desgleichen wird im Wege der

Literatur und Presse Vergangenheit und Gegenwart des Zipser Ländchens bekannt gemacht. In Leutschau besteht seit Jahren der „Zipser Bote", in Käsmark „die Karpathenpost", beide gutgehaltene Localblätter. Die erhabene Schönheit der Karpathen lockt jährlich tausende von Gästen und Touristen nach der Zips. Das stärkt den weltbürgerlichen Sinn, macht aber zugleich die Nothwendigkeit klar, der deutschen Sprache, als dem besten Mittel des Verkehrs mit den Fremden, die besondere Pflege und Aufmerksamkeit zu schenken.

Die Zipser Deutschen haben im Allgemeinen eine mittel-große, kräftige untersetzte Statur und erreichen in gesunder Luft und bei fortwährender Arbeit oft ein hohes Alter. Die Jugend wird frühzeitig abgehärtet und gewöhnt sich so an die oft raschen Wechselfälle der Witterung. Blaue Augen und blondes Haar kennzeichnen den echten Zipser, ebenso wie neben seiner Arbeit-samkeit die Redlichkeit, Anstelligkeit und Geschicklichkeit. Er scheut keine Mühen, ist dabei haushälterisch und sparsam, einfach und mäßig, in den Sitten ernst und keusch. Allerdings verhöhnt ein Handwerksburschenlied diese Einfachheit und Frugalität, indem es spöttisch singt:

Wer ein gut Leben will,
Der soll nach Zipsen gehn.
Am Montag kochen sie einmal Fleisch
Und die ganze Woche keins" ...

Der ächte Zipser erklärt dieses Spottlied aber für Verleum-dung. Ohne Kopfhängerei sind die Zipser religiös; doch huldigen sie gerne einem „blaffen Vernunftglauben", werden in gemüth-lichen Dingen etwas sentimental und verrathen in Umgang und Ansichten einen kleinbürgerlichen, verschüchterten Zustand. Nichts-destoweniger liebt der Zipser die Gesellschaft, übt gerne Gastfreund-schaft und pflegt gute Nachbarschaft. Es hat etwas Anheimelndes, wenn in der Zips die Familien der Pfarrer und Lehrer sich auch heute noch mit „Herr Bruder" und „Frau Schwester" anreden. Mit ihren Gläubigen stehen die Pfarrer im Allgemeinen auf ver-traulichem Fuße, obgleich das Zipser Sprichwort lautet:

„Wer sich well machen zu schaffen,
Der käif sich en Uhr und schläu sich met en Tfaffen,
Dä hat er schunt genug zu schaffen".

Und von des Pfarrers Kindern heißt es:

„Pfarrers Kender, Millers Kih,
Wenn's geräth es e gut Vieh."

Talent und Neigung zum Studieren ist allenthalben vorhan=
den; das Zipser Völkchen hat dem ungarischen Vaterlande eine
stattliche Reihe tüchtiger Männer der Kunst und Wissenschaft, der
Lehre und des öffentlichen Dienstes geliefert. Artiger Witz,
Neugierde und Fröhlichkeit des Herzens zieren den Zipser ebenso
wie ihn aufrichtige Liebe und Hingebung zum Vaterlande aus=
zeichnet.

Aus der Skizze über die allmähliche Besiedelung der Zips
geht hervor, daß selbst auf diesem engen Erdenraume die deutschen
Dialecte nicht gleichmäßig sind. Den eigentlichen „zipserischen"
Dialect spricht man nur in dem mittlern Theil des Zipser
Comitats, der nordwestlich vom Tátra= und Magura=Gebirge,
südlich vom Hernádflusse eingeschlossen wird und gegenwärtig noch
dreißig deutsche Ortschaften zählt. Und selbst in diesem Land=
striche ist die Mundart der fünf Orte Käsmark, Georgenberg,
Deutschendorf, Neudorf und Leutsch (Leutschau) noch durch besondere
Lautschattierungen charakterisiert. Dieser Dialect macht nämlich
von den eigenthümlich zipserischen Diphthongen äu und äi den
ausgedehntesten Gebrauch und schließt das gedehnte ä vollständig
aus. Nach F. v. Löhers Ausspruch tönt die Zipser Mundart
etwas rauh, ist aber an herzigem, neckischem und spaßigem Wesen
so reich, als irgend eine der vielen Mundarten Deutschlands.
Für den rechten Zipser Bergsohn ist sein heimatlicher Dialect die
eigentliche Herzenssprache, an der er mit der gleichen Liebe hängt,
wie an den heimatlichen Bergen. In der Ferne erkennen sich
daran die „echten" Zipser und halten auch fest und inniglich
zusammen. Da seufzt wohl Mancher mit seinem poetischen Lands=
manne, Ernst Lindner, wenn dieser (nach Robert Burns bekann=
tem Liede „My heart's in the Highlands") singt:

„Main Herz is en Zepsen, main Herz es nech hie!
Main Herz es en Zepsen bain spillbijen Vieh,
Bain spillbijen Vieh, bai bie sprengbijen Räi . . .
Main Herz es en Zepsen, wuhin ich äuch gäi.

Abje bu main Zepsen, abje, bu main Häim,
Wu Kraft noch zu senben, wu Trai noch berhäim!
Wuhin ich äuch wanber, wuhin ich äuch zieh,
Dich, zepsersches Ländchen, vergeß ich boch nie!

Abje, ihr bläun Spetzen met äiwijen Schnäi!
Abie, ihr grin Theler, ihr senklijen Säi!
Ihr Waßßerfäll äuch unb ihr Wälber, abje!
Wer wäif, äib ich äinmäul noch wieber aich seh.

Main Herz es en Zipsen, main Herz es nech hie" u. s. w.

Charakteristisch ist das „Zepserlied", diese Verherrlichung von
Zipser Land und Leuten, die also beginnt:

„E jeber läubt sain Väterland,
Drom läub ichs smer halt äuch;
Unb eß es aich noch nech bekant
Sa kenbers an ber Spräuch.

Ich ben aus Zepsen, ja serwahr
Schauts mich emäul nor ån:
Das eß en Ländchen! es håts går
Noch kein Begreff barvon.

Met weinich Gelb lebt man sich bäu
Sehr gutt bås eß bestimmt;
Drum eß ber årme Mann recht fräu,
Wenn en bi Zeps er kimmt.

Grulln (Kartoffeln), sain bai uns bi schwåre Meng,
Eß freffen se bi Schwain,
Di Äppelbäim våul Äppel häng,
Wenn se geräuben (gerathen) sain u. s. f.

Das „Zipserlied" lobpreist aber nicht allein die Gaben ber
Natur, die in diesem Ländchen allerbings wenig freigebig geboten
werben, sonbern charakterisiert auch die Leute.

Der Zipser liebt zum Getränke ben Wein, boch ist er kein
Schlemmer. Auf Kleiberputz unb sonstigen Tanb legt er kein
Gewicht, wohl aber bildet die Erwerbung eines „Wirthschafts=

hauses" mit Grund und Boden das Ziel seiner Wünsche. Da
„rackert" er sich ohne Rast und Ruh und sieht furchtlos der Zukunft
entgegen. Die „Maiderchen" lobt unser Lied besonders, weil sie
die „Wirthschaft gelehrt" und gerne zum Waschtrog und zum Herd
gehen, auch „gar nech schlecht" das Kochen verstehen. „Und hepsch
sain se derbai, o Herr! Es lacht ein s Herz en Laib"! Sittsam=
keit, Fleiß und Ehrbarkeit wird als Zierde des weiblichen Geschlechts
gepriesen und betont, daß die Ältern und Kinder „recht fromm"
seien und dies gewiß nicht bloß zum Scheine. Da kanns nicht
fehlen, daß der Zipser ein „ehrlich's Blut" ist, dem man wohl
vertrauen darf und der sein Wort treu hält, auch niemanden
übervortheilt, wohl aber dem bedrängten Nächsten gerne unter die
Arme greift. Und so schließt die Zipser Apologie in folgender
Weise:

> „Drum blaibts mer weck med aiern Wien,
> Hi wer ich nimals fräu;
> Zereck ens Zipsen well ich zihn,
> Und einst äuch sterben däu."

Das Zipser Völkchen ist sangeslustig und zahlreiche Liederchen
sind bei ihm im Schwange; aber auch an allerlei Geschichten sind
diese oberungarischen Deutschen nicht arm. Die schaffende Volks=
phantasie hat um Berg und Thal, um Burg und Stadt ihre
Ranken geschlungen und so manches Märlein und manche Sage
geschaffen. Solche „Derzäilongen" berichten vom „zäuberschen
Karfonkelstäin", dem kostbarn „Kläinäud mächtiger Fäin", der in
mondlosen Nächten mit rosenrothem Lichte bis nach Käsmark strahlt,
als stünde das rosig schimmernde „Mäungestrol" (Mondlicht) am
Himmelszelt; oder von den goldgelben „Maibuschchen" (Mägdelein)
und den lockenden Feen („Fäin") im tiefdunkeln Bergsee; oder es
werden uns die Goldmacher da oben auf dem „Blumengarten"
der Hoch=Tátra vorgeführt oder im „verschwondenen Brennchen
(„Brünnchen") die Geschichte von dem Jungen erzählt, der durchs
Schwatzen sein Glück verscherzt hat. Überhaupt waltet bei den Zipser
Deutschen ein reich sprudelnder Volkshumor, der sich auch in
allerlei Witz und Neckereien gegen einander äußert. Zahlreich

sind die gegenseitigen Spitznamen; die von dem Hernadflusse
nennen ihre Nachbarn an der Popper „Garschtväigel", Letztere die
Ersteren „Ujko" (slov. Vetter); der Städter heißt seinen dörflichen
Stammesgenossen „die Jacke" oder den „Hansel", dessen Weib
„die Katten" (Katharina). Noch härter klingt das Städterwort:
„E Pauer und e Hund es geboren en einer Stund." Professor
Rudolf Weber in Budapest, ein wackerer Sohn der Zips, hat
diesen Zipser'schen Volkshumor im „Zipser Boten" 1879 in
artiger Weise zusammengetragen. Da hat nun jeder Ort seine
Schelte und von jedem sind allerlei Neckereien und Spottgeschichten
im Schwang. Die gute Stadt Béla steht eben nicht allein; sie
hat in Michelsdorf, Georgenberg, Felka, Deutschendorf u. a. ihre
Rivalinnen um den Ruf eines Zipser'schen Schilda. Auch sonst
waltet in Spruch und Redensart und schalkhaften Benennungen
und Anspielungen der immer muntere, mehr gutmüthige als bos-
hafte Zipser Volkswitz.

Wir bieten aus der großen Menge des von Professor Weber zusammen-
getragenen und geordneten volkshumoristischen Materials aus der Zips folgende
charakterisierende Blumenlese. Der Zipserische Volkswitz hat in einem Reim die
Necknamen aller Ortschaften in nachstehender Weise zusammengefaßt:

„En Daitschendorf wäuhnt der kleine Mann Fenk,
En der Felk ho se en Tflock beschennt,
En Girenmärk essen se vill Bräitel und Wirscht,
En Michelsdorf sein die Gäns verbirscht.
En Bierbronn sein vill Bären,
En Rox däu sein vill Sperleng,
En Vorberg sein die Kreschleng,
En Käismark sein die Prohler,
En der Bäil hon se die Tholer,
En Hunsdorf es e schetzijer Thurem
En Matzdorf mäußen se met Kibeln die Muhren,
En Mihlenbach trogen se lange Reck,
En Naiwoldrof hon se die Kappel gesteckt u. s. f.

Die Felker heißen nicht nur die „Tflockschenner" (Pflockschänder) sondern
auch die „Jauchzer" nach Psalm 47, Vers 2: „Frohlocket mit Händen, alle
Völker, und jauchzet Gott mit fröhlichem Schall." — Den Deutschen-
dorfern redet man noch den Spott nach, sie hätten ihre Thurmuhr, wenn
sie unrichtig gieng, auf der Prügelbank (dem „Derasch") repariert. Es mußte

nämlich in Ermangelung einer Uhr der Thurmwächter die Stunden an die Glocken schlagen; war er nun hierbei nicht pünktlich, so setzte es reparierende Hiebe. Auch sollen die Deutschendorfer bei einem Königsschießen statt des Schießpulvers schwarzen Streusand auf die Pfanne geschüttet haben. Die Deutschendorfer raisonnieren selbst mit dem lieben Herrgott. In einem Mißjahre machte ein heimgesuchter Ackersmann seinem Herzen also Luft: „Herrgott, was treibst met mir? Hast denn nech gesehn, wie ich met die Ochserchen bein Meßtführen mich obmortern ho mißt? Hast denn nech gesehn, wie mich der Pflug bein Stirzen zerbaibelt hat, wie ich von früh bis en die senkenbije Nacht ho Scherner kloppen gemißt? Hast mich nech gesehn, wie ich bein Säin en Sack wie e Mauleisel ho geschleppt? Weißt denn nech, daß ich derheim sieben Kender ho, wos se nischt zu essen hon? Herrgott, wos treibst met mir"? — Die Michelsdorfer heißen „Dürstlinge", denn ihre Stadt liegt am Berge und hat wenig Wasser, so daß selbst die Gänse nur zu Zeiten sich satt trinken können. Man soll deshalb in Michelsdorf die Zeitrechnung haben: „So und so viel Jahre, als die Gänse gute Zeit hatten." Darum hängt man den armen Capitoliums-Wächterinnen bei dürrem Wetter ein Töpfchen an den Hals. Noch heißt Michelsdorf seiner abseitigen Lage wegen „Bethulien" und die Michelsdorfer „Kuhhörner". Von ihnen geht auch wie von den Schildbürgern die böse Sage, daß sie den Gemeindestier, der in den Brunnen gefallen war, mit einem Strick um den Hals herausgezogen und sich gefreut hätten, als das verendende Thier die Zunge weit herausreckte. Als nun der so Gerettete todt hinfiel, trösteten sich die klugen Michelsdorfer sofort: denn sie verkauften das Wasser des Brunnens um theures Geld als Lebens-Elixier und nahmen dafür so viel ein, daß sie einen „Gemeindestier mit seinem Jungen" anschaffen wollten. — Die Georgenberger sind die „Bräitelfresser", ihre Stadt heißt im Volksmunde „Klein-Wien". Geht Jemand dort hin und wird er gefragt: „Wu geihst hin?" So antwortet der Gefragte: „En's Klein-Wien." Die Stadt hatte von jeher mehr Handel und Gewerbe als Ackerbau und Viehzucht getrieben; darum spottet man über die daheim sitzenden Georgenbergerinnen, welche mit der Strickerei in der kühlen Durchfahrt hocken und dabei ans Vesperbrot („Jause") denken nach dem Volksreim:

„Em en Kraizer Schleckermellich,
Em en Kraizer sisse;
Schmeckt mer nech die Schleckermellich,
Schmeckt mer jä die sisse."

Die Matzdorfer heißen „Ferkel", das kommt von daher: Als anno dazumal die Richter der 16 Städte nach der Sedria (Sitzung) in Neudorf sich zum gemeinsamen Essen niedersetzten und jeder aus seinem Bündelchen etwas zu demselben beisteuerte, wiederholte es sich sehr oft, daß der Matzdorfer ein Spanferkel herauslangte. Von einem Matzdorfer erzählt man folgendes Geschichtchen. Bei einem Wirbelwind wurde ihm der größte Theil seiner schönen, abgemähten Gerstenärnte arg zerzaust und weggetragen. Da ruft der Beschädigte erzürnt aus: „Nä, daß dich der Donner soll berschläun!" Sofort krachte es furchtbar in den Wolken, da wandte sich unser Matzdorfer erschreckt und besänftigend zum Himmel und sprach: „Na, na! na, na! Au Herr, au Herr! Kannst äuch schunt e Wörtchen nech meih reiden"! — Die Käsmarker sind die „Prohler", sie heißen auch „Hufeiser" und „Turteltschießer". Zu dem letzten Namen sollen sie bei Gelegenheit einer Belagerung gekommen sein. Als sie nämlich ihre Kugeln verschossen hatten, luden sie mit Turtelt (Topfen) und schoßen damit. Da der Feind in Folge dessen merkte, wie es brinnen in der Stadt stehe, gab er nicht nach und die Käsmarker mußten sich ergeben. — Die Leibitzer sind die „Zeckelstecher", hier sollen die Leute die längsten Bäuche haben und geschorene Schnurbärte tragen. Die letztere Sitte soll aber von daher stammen: Einst naschten die Leibitzer heimlich vom süßen Schmetten (Rahm, Sahne), vergaßen aber ihre Schnurbärte abzuwischen, wodurch sie sich ihren Weibern sofort verriethen. Diese nahmen nun die Schere und stutzten zur Strafe den genäschigen Männern die Schnauzer. — Am schlimmsten unter den Zipser Städten kommt beim Volkswitz die Stadt Béla („die Bäil") weg. Die Beler sollen die „Tholer" haben und werden auch „Drachen" genannt. Von ihnen heißt es, sie hätten einst den Befehl des Provinzgrafen, daß sie den ankommenden Palatin „halb zu Fuß und halb zu Roß, und zwar drei Mann hoch", empfangen sollten, buchstäblich ausführen wollen. Sie empfingen auch den Palatin neben den Pferden mit einem Fuße im Steigbügel, mit einem auf dem Boden. Als des Palatins Wagen des schlechten Weges halber im Kothe stecken blieb, riefen die Beler: „Herr Lapatin! Steigen se ob, hie es e grußer Drack." Bei der Festtafel wurde befohlen, nur der Palatin dürfe die Semmelbrocken aus der aufgetischten Milchsuppe schöpfen. Trotzdem vergaß sich ein Beler und schob ein Stück Semmel in den Mund. Da stieß ihn sein Nachbar an und rief: „Spuck aus"! und das verpönte Stück gieng nach der Schüssel zurück. Auch wollten die Beler einst den Mond aus dem Flusse fischen. — Die Leutschauer sind die „Kläutschenfresser", die „Klenkenbrecker" oder die „kröppigen Leutschocken". Von ihren Mädchen spottet man:

> „Die Maiberchen, die sein ferwohr
> Bei uns sehr schlecht geräuden,
> En ihren Kopp geiht nischt nech renn
> Als lauter nai Mäuden."

Vordem sollen die Leutschauer auf ihren Galgen nicht wenig stolz gewesen sein, denn darauf wurden die Meisten gehenkt.

Noch in der ersten Hälfte unseres Jahrhunderts waltete unter den Zipsern mancher alterthümliche Brauch, den die nivellie=

renbe, nüchterne Gegenwart ganz ober theilweise verwischt und
aufgehoben hat. Als solche Reminiscenzen erscheinen noch die
St. Johannisfeuer am 24. Juni, um welche das junge Volk
herumtanzte. In Oberrauschenbach legen die Mädchen, in Chöre
getheilt, die Johannisfeuer an; in anderen Orten bilden die
Mädchen während des Abbrennens Reihen und singen das Johannis=
lied, sobald die Gipfel der Berge von den Burschen unter fürchter=
lichem Geschrei illuminiert werden. Das Lied beginnt:

> „Von St. Johannes, dem heiligen Mann,
> Wir wollen singen heut,
> Der die Bußpredigt am Jordan,
> Lehrt und tauft viele Leut u. s. w."

Die Jugend aber zündet mit Theer, Pech, Harz u. dgl.
bestrichene Besen an und läuft dann, die flammenden Besen über
dem Haupte schwingend, am Saume der Berge hin. Ober man
umflocht Wagenräder mit dürrem Reisig, zündete sie an und ließ
sie in vollen Flammen von den Höhen herabrollen. Heilkräuter,
am Johannestage gepflückt, besitzen eine ganz besondere Kraft
u. s. w. Andere „Lostage" des Zipsers sind der Lucia=,
Katharinen= und Andreastag, der Christabend, die 13 Nächte von
Weihnacht bis Dreikönig. An jedem dieser Tage werden die
Ställe fest verriegelt und dem Vieh ein Stückchen Brot mit
Knoblauch hingereicht.

Von sonstigen Gebräuchen der alten Zipser wird
des Fernern berichtet: Die strenge Zucht und Ehrbarkeit geht schon
aus den Bestimmungen der „Zipser Willkür" hervor. Sie gab
sich auch sonst in energischer Weise kund. Die gefallene Dirne
und ihr Verführer wurden mit Strohkränzen auf dem Haupte an
drei Sonntagen durch den Schergen in die Kirche geführt, inmitten
des Volkes unter ein hölzernes Kreuz oder an einen erhöhten Platz
gestellt, wo sie die öffentliche Strafrede des Predigers anhören
mußten.

Allerlei Gebräuche wurden bei der Geburt und Taufe
eines Kindes beobachtet. Noch eigenthümlicher waren die Gewohn=
heiten bei den Hochzeiten, welche aus der ersten Hälfte unseres

Jahrhunderts der Schriftsteller von Csaplovics in nachstehender Weise schildert.

Die Bekanntschaften der jungen Leute erfolgten zur Nachtzeit. Die Ältern selbst öffneten zuweilen dem werbenden Jünglinge die Thür. In der Dunkelheit schlich der Heiratscandidat an das Nachtlager der Geliebten; fand er dort etwa schon einen Nebenbuhler, so setzte es einen harten Zweikampf ab, den das Mädchen und dessen Ältern in phlegmatischer Weise geschehen ließen. Der Sieger bleibt zur Stelle, der Unterlegene muß davon gehen. Waltet kein Hinderniß, dann legt sich der Werber ruhig und gelassen neben sein Mädchen auf die schmale Bretterbank, die ihr zur Schlafstelle dient, und knüpft mit der Geliebten ein Gespräch an, bleibt wohl auch schlafend bis zum Morgen an ihrer Seite. Ungebührliches fällt bei dergleichen Nachtbesuchen höchst selten vor. *)

Nach längerer Dauer dieser Bekanntschaft bringt der Jüngling seine Werbung bei den Ältern vor; diese regeln nun entweder mit dem Burschen selbst oder mit dessen Ältern die wichtigen Fragen der Aussteuer an Rindvieh und Schafen, an Fahrzeug, Leinwand, Kleider u. f w. Die wechselseitigen Erkundigungen werden durch alte Weiber als erfahrenen Botinnen ausgekundschaftet. Die Ältern selbst treten nie zusammen, damit zwischen ihnen keine Spannung entstehe oder sie als verächtliche Kuppler ihrer Kinder erscheinen.

Ist durch die Vermittelung dieser Klatschboten Alles wohl geordnet, dann schreitet man zur Wahl und Bestellung des bei der Hochzeit unentbehrlichen Personals (Forschmann, Zusagsmann)

---

*) Daran erinnert wohl noch der Spottreim von den Publeinern, der da lautet:

„Weißt du nicht, wo Publein steht?
Publein steht im Grunde,
Wo die hübschen Mädchen sind,
Faule wie die Hunde.
Abends, wenn sie schlafen gehn,
Setzen sie sich aufs Treppchen,
Warten bis das Schätzchen kommt,
Schummeln sich ins Bettchen.“

und Tischdiener und dann zur Hochzeit selbst. Die geladenen
Gäste brachten ehedem vor der Hochzeit dem Bräutigam Geld,
Weizen, Kälber, Schafe, Hühner, Fische, Bier, Holz oder auch
andere Geschenke zum neuen Haushalt. Die Kleidungsstücke,
Geräthschaften und das Bettgewand der Braut wurden in Begleitung
einiger Jünglinge und musizierender Geiger dreimal um das Haus
des Bräutigams und endlich hineingetragen. Beim Hochzeits-
schmause sollen die Tische mit außerordentlich großen Speisevor-
räthen „geschmückt" gewesen sein.

Sonderbar erscheint, daß in der Zips die Leidtragenden
den Todten „in ihren besten rothen, himmelblauen, grünen 2c.
Kleidern" zu Grabe geleiteten. Auch gab man dem Verstorbenen
mancherlei Prätiosen, z. B. Ringe, mit ins Grab. Wenn die
verstorbene Gattin dem hinterbliebenen Wittwer bei dessen Wieder-
verehelichung keine Hindernisse bereiten sollte, so mußte er die
dahingeschiedene Ehefrau mit dem schönsten bunten Rocke bekleiden
lassen u. dgl. m.

Wie bei deutschen Bauernhäusern überhaupt, so waren
auch in der Zips die Fenster der Wohnzimmer meistens nach dem
Hofe gerichtet, damit der Bauer Haus und Hof, Vieh und Knechte
überschauen kann. Vor dem Hause befand sich das „Pflanz-
gärtchen", am Eingange war es mit sinnreichen Sprüchen geziert.
Ein solcher Vers aus dem Jahre 1666 lautete:

> „Für alle Dinge tracht nach dem,
> Was deiner Seele ist bequem;
> So wird nachmals der fromme Gott
> Dir geben auch dein täglich Brot."

Im Innern des Hauses waren die Einrichtungsstücke
meist aus weichem Holze und bunt bemalt. Die Hauptzierde des
Wohnzimmers war das oft mit Bibelsprüchen versehene, hoch
aufgethürmte „Himmelbett". An den vier Seitenwänden liefen
Holzbänke, über welchen die Rahmen für die Teller von Zinn und
Thon angebracht waren. Daneben hiengen zahlreiche Krüge zu
festlicher Gelegenheit. Im Wandschränkchen bewahrte der Zipser
Bauer sein Gut und seine werthvollste fahrende Habe.

Bei Festlichkeiten (Hochzeiten, Leichenschmäusen, Meister=
werden, Bewirthungen der Provinzgrafen 2c.) gieng es hoch her
und die sprichwörtliche Kargheit, Nüchternheit und Bescheidenheit
der Zipser war dabei wenig zu verspüren. Der „gute Ton"
forderte dann das Prunken mit Übermaß. Deshalb erließ der
Käsmarker Magistrat um das Jahr 1670 nicht bloß ein Verbot
des Würfel= und Kartenspieles, sondern es wurde um diese Zeit
auch ein strenges Gesetz gegen Hoffart und Kleiderpracht des
weiblichen Geschlechts geschaffen. Selbstverständlich mit geringem
Erfolg. Schon lange haben die Rathsherren in den Zipser Städten
auch ihre eigenthümliche Tracht und sonst manchen alten Brauch
abgelegt. So trugen die Rathsherren in Leutschau vordem
deutsche Mäntel über den ungrischen Röcken; von der Kirche
giengen sie paarweise auf das Rathhaus, vor ihnen die Diener mit
entblößten Häuptern und es wurde während dieses Ganges (wie
in Lübeck) das Rathsglöckchen geläutet.

Heute zeugt es von dem vernüchterten Sinne des Zipser
Volkes, daß es nicht bloß seine eigenthümliche Tracht völlig
abgethan hat und Mann und Weib sich in moderne halbstädtische
Kleidung hüllen, sondern es bekundet dies noch mehr das nahezu
gänzliche Verschwinden der ehedem üblichen Gebräuche bei Taufe,
Hochzeit, Kirchtag und Todesfall. Das gedrückte Wesen der Zipser
wehrte der Fortdauer dieser Volksfeste und Volkssitten; die Armuth
trug auch das Ihrige dazu bei und die alles verflachende Neuzeit
ist der Neubildung oder Wiederauflebung solcher eigenthümlicher
Volksbräuche nicht günstig. In dieser Hinsicht hat das Deutsch=
thum in der Zips unter allen deutschen Stämmen Ungarns und
Siebenbürgens die meiste Einbuße erlitten.

Zur Zeit als die Zips noch in Wohlstand blühte und das
dortige Deutschbürgerthum in stolzem Selbstbewußtsein sein natio=
nales Wesen bewahrte und entwickelte; da erhoben sich auch in
den einzelnen Zipser Städten die Zeugen dieses fröhlich gedeihenden
Bürgerthums. Wir meinen die stattlichen Rathshäuser und
die ehrwürdigen Kirchen, welche heute noch übrig sind und zu
ihrer Umgebung oft kaum mehr passen wollen. Solche Zeugen

der einstigen Blüthe findet man nicht bloß in Leutschau und
Käsmark, nicht bloß auf dem Kapitelberge oberhalb Kirch=
brauf, sondern selbst in den verfallenen Zipser Orten, wie z. B.
in Donnersmark, das ein Reisender aus neuerer Zeit „ein
elendes Nest" nennt und das dennoch in seiner „wunderschönen
Marienkapelle" ein prächtiges Denkmal gothischen Baustiles auf=
zuweisen hat.

Es würde uns an dieser Stelle zu weit führen, wollten wir
diesen architektonischen Resten der einstigen Blüthe des Deutschthums
in der Zips eine nähere Würdigung angedeihen lassen. Vom
Deutschthum predigt übrigens Alles, was in der Zips irgendwie
culturell angehaucht ist. Deutsch war die dortige Gemeindeverfassung,
deutsch die Rechtssatzungen (das Magdeburger Recht), nach denen
die Richter und Geschwornen das Recht schöpften, deutsch die
Anlage der Ortschaften mit dem „Ring" in der Mitte, wo Kirche,
Schule und Rathhaus ihren Platz fanden und mit den gewölbten
Laubgängen um denselben; deutsch die Bauart der Häuser, die
Wirthschaft in Haus, Feld und Werkstatt; deutsch war Sprache,
Spruch, Brauch und Lied; deutsch die Tracht und der Charakter;
deutsch die Biederkeit, die Frömmigkeit und der Frohsinn — mit
Einem Worte: Das ganze Wesen der Zips war von deutschem
Wesen erfüllt, von deutschem Geiste geleitet. Der Verfall schreibt
sich von der Zeit her, als an diesem Wesen gerüttelt, als dieser
Geist geschwächt worden war. Das Emporkommen der Zips wird
aber auch nur dann abermals hoffnungsfreudig gefestigt sein, wenn
diese Deutschen sich wieder gefunden haben und bei aller löblichen
Treue und Hingebung für ihr ungarisches Vaterland doch auch ihr
angestammtes Volksthum ebenso liebevoll bewahren, pflegen und
und entwickeln. Das allein gibt ihnen Schutz und Halt gegen=
über dem Andringen der fremden Volkselemente.

Daß aber in diesem Zipser Völklein von jeher viel geistiges
Capital geruht, das beweist die stattliche Reihe hervorra=
gender Männer, die dasselbe seit den letzten dreihundert Jahren
geliefert hat. Wiederum müssen wir Verzicht leisten auf eine
erschöpfende Anführung jener Zipser Männer, die auf dem Gebiete

des Staates und der Kirche, der Schule, Wissenschaft und Kunst
sich erhebliche Verdienste erworben haben. Welcher Bildungseifer
von jeher unter den Zipsern gewaltet, haben wir schon berührt;
beträgt doch die Zahl der in Wittenberg, Jena und an anderen
deutschen Hochschulen studierenden Zipser Jünglinge seit der Refor-
mationszeit viele Hunderte. Von den berühmten Gelehrten der
Zips nennen wir den Reichsmathematikus David Fröhlich
(geb. 1600 zu Käsmark), der nicht selten mit Leibnitz verglichen
wird; den kaiserlichen Hofarzt Christian Augustini ab Hortis
(seit 1722 Professor der Physik in Käsmark), und dessen Sohn
Georg Augustini, der als Mineralog sich einen ausgezeichneten
Ruf erwarb; den juridischen Schriftsteller Johann Serpilius
(geb. 1623 zu Leibitz), den königlichen Hofarzt David Spillen-
berger von Leutschau, den Kaiser Karl VI. in den Adelsstand
erhob; den Verfasser der „Zipserischen oder Leutschauerischen
Chronik", Kaspar Hain, von 1658—1664 Rector der Schule zu
Leutschau, später Rathsherr und Stadtrichter daselbst; den berühmten Mathematiker und Philologen Paul Pater (geb. 1656 zu
Menhard, gest. als Universitäts-Professor in Danzig 1724); den
verdienstvollen Naturforscher und Arzt Daniel Fischer, Verfasser
von neun naturwissenschaftlichen Werken, die in dem Zeitraume
von 1716—1740 erschienen. Der um das Jahr 1722 verstorbene
Käsmarker Rector Georg Bohusch erwarb sich um die Geogra-
phie und Geschichte der Zips große Verdienste. Ein wahres
Universalgenie: Arzt, Naturforscher, Mechaniker, Geograph, Meteo-
rolog, Astronom und Jurist war der Käsmarker Johann Daniel
Perlitzky, der in den Jahren von 1727—1750 zehn Werke
veröffentlichte und von der Kaiserin-Königin Maria Theresia mit
der Verleihung des Adelsstandes ausgezeichnet wurde. Der Historiker Georg Buchholtz und sein Sohn, der Naturforscher, ebenfalls Georg Buchholtz genannt, beide aus Käsmark, sowie der
Mediciner Michael Pfeifer († 1809) verdienen ebenfalls eine
ehrende Erinnerung. Einen Namen von europäischer Bedeutung
erwarb sich als Historiograph Gottfried Schwartz (geb. 1709
oder 1707 in Neudorf), später Professor in Osnabrück und

Rinteln († 1786), deſſen hiſtoriſche Arbeiten die kritiſche Behandlung der älteren Geſchichte Ungarns erfolgreich anregten. Von
nicht minderem Rufe war der Hiſtoriker Johann Chriſtian von
Engel (geb. 17. October 1770 zu Leutſchau, † als Secretär der
ſiebenbürgiſchen Hofkanzlei 1814), deſſen hiſtoriſche Werke auch
heute noch von erheblichem Werthe, eine Fundgrube reicher hiſto-
riſcher Belehrung ſind. Große Verdienſte und dauernde Erinnerung erwarben ſich auch die drei Brüder Chriſtian, Johann uud
Samuel Generſich, ſämmtliche aus Käsmark, wo ſie auf dem
Gebiete der Kirche, der Pädagogik, Botanik und Geſchichte am
Ende des vorigen und im Anfange unſeres Jahrhunderts ſegens-
voll gewirkt haben. Noch führen wir an: den hervorragenden
Schriftſteller Gregor von Berzeviþy, den Lomniþer Pfarrer
und Biographen Jakob Melþer, den Theologen Bartholomäus
Fiſcher aus Gnieſen, die nebſt Anderen die Pflege der Wiſſen-
ſchaft bis auf die Gegenwart fortgeſeþt haben. Und zum Schluſſe
gedenken wir nur noch desjenigen Mannes, der ſeiner Vaterſtadt
Käsmark vor Allen zur Ehre gereicht, nämlich des verdienten
Statiſtikers und Diplomatikers Martin von Schwartner,
der am 1. März 1759 zu Käsmark geboren ward und am
15. Auguſt 1823 als Profeſſor der Diplomatik und Director der
Bibliothek an der königlichen Univerſität zu Peſt ſtarb.

    Unter den Schriften Schwartners, die er in lateiniſcher und
deutſcher Sprache veröffentlichte, war ohne Zweifel das Hauptwerk
ſeine „Statiſtik des Königreiches Ungarn", deren erſte Auflage im
Jahre 1798, die dritte im Jahre 1815 zu Peſt erſchien und die
als die erſte und vortreffliche literariſche Leiſtung dieſer Art noch
heute manchen Werth beſitzt. Es war ein Ereigniß, daß dieſes
Werk damals von der Cenſur das Imprimatur mit dem Beiſatze
erhielt: „cum singulari complacentia regia." Dieſe „Statiſtik"
wurde auch ins Franzöſiſche überſeþt. In Würdigung ſeiner
Verdienſte verlieh Kaiſer Franz dem gelehrten Mann im Jahre 1808
den ungariſchen Adel und zeichnete ihn ſpäter durch das Ehren-
geſchenk einer goldenen Doſe aus. Seine werthvolle Bibliothek
von 12.000 Bänden nebſt einem Capital von 15.000 fl. erhielt

das Käsmarker Lyceum; eine andere Stiftung von 15.000 fl. verschrieb er seiner Vaterstadt Käsmark zur Brautausstattung armer unbescholtener Bürgermädchen. So hatte der treffliche Mann in Wissenschaft und Leben sein Andenken ehrenvoll verewigt.

E. Die Deutschen in den oberungarischen Bergstädten.

Zu den oberungarischen Bergstädten gehören außer der Zipser Stadt Neudorf (Igló) noch die „Gründner" Orte: Schmölnitz, Stooß, Schwedler, Einsiedel, Göllnitz und Wagendrüssel. Die „Gründe" werden auch sonst als „Zipser Unterland" bezeichnet; sie erstrecken sich dem Hernádflusse oder der Kundert entlang und umfassen hauptsächlich Montangebiete. Der „Gründner Boden" wurde in der mittelalterlichen Urkundensprache als „terra oppidorum montanorum comitatus Scepusiensis" jederzeit für eine territoriale Einheit angesehen und von der Zips im engeren Sinne unterschieden. Das hiesige Deutschthum gehört dialektisch allerdings ebenfalls zur Zips; aber es hat doch auch seine charakteristischen und unterscheidenden Besonderheiten. Mit den „Gründner" Orten stehen sprachlich die heute isolierten Deutschen in Dobschau, dann zu Ober= und Unter=Metzenseifen im Zusammenhange.

Das Gründner Deutsch wird (nach Schröer) besonders auffällig durch die Verwandlung des W in B (durchaus im Anlaut) und durch ein stärkeres Beigemisch von österreichischer Mundart, der hier im Durchschnitt nahezu ein Drittel des Wortvorraths zufällt sowie durch anderer mundartliche Erscheinungen. Dadurch nähern sich die „Gründner" den „Krickehäuern;" beide deutschen Colonien wurden ja von den niederungarischen Bergstädten (Schemnitz, Kremnitz ꝛc.) aus bevölkert.

Diese Colonisierung erfolgte hauptsächlich im Laufe des XIV. Jahrhunderts. Die Stadt Schmölnitz am gleichnamigen Flusse wurde im Jahre 1332 von König Karl Robert auf dem erzreichen Boden der Prämonstratenser Propstei Jossau (Jászó) erbaut; die Propstei, welche ebenfalls deutsche Bevölkerung hatte, erhielt hiefür das Recht, auf ihren sonstigen Besitzungen Bergwerke aller

Art zu eröffnen, und zwar ohne Abgabe an die königliche Kammer.
Bei ihrer Gründung hatte die Bergstadt das sonst übliche Privilegium
der eignen Wahl eines Richters u. s. w. erhalten. Sechs Jahre
später (1338) vermehrte Karl Robert diese Rechte und Freiheiten;
dasselbe thaten die Könige Ludwig I. (1353) und Sigismund
(1399). Schon Karl Robert schenkte den Schmölnitzern den
Ort Einsiedel (Remete) im Jahre 1338 und versprach den
damaligen adeligen Besitzern dieses ehemaligen Eremitensitzes ander=
weitige Entschädigung. König Ludwig fügte noch den Ort
Stellbach (Stillbach) hinzu (1353).

Wagendrüssel (Wagenbruzel) und Mühlbach hatten von
König Ladislaus IV. († 1290) die üblichen Zipser Freiheiten
bei ihrer Niederlassung in dem von ihnen ausgerodeten dichten
Walde erhalten. König Karl Robert bestätigte diesen Orten
ihre Freiheiten, aber das adelige Geschlecht der Herren von Bebek
hatte sich der Handveste und Bestätigung zu bemächtigen gewußt
und behandelten die Wagendrüßler und Mühlbacher wie Unter=
thanen. Deshalb erhoben diese Klage bei König Ludwig I., der
den Bebekern gebot, von allen weiteren Anforderungen an die
Wagendrüßler und Mühlbacher abzulassen, da diese deutschen
freien Gäste für immer in ihren Rechten zu verbleiben haben
(1358).

Am meisten begünstigt war im Mittelalter die Bergstadt
Göllnitz am Flusse gleichen Namens. Sie erscheint als die
älteste Bergstadt in Zipsen („oppidum vetustissimum Scepusii.")
Schon Béla IV. ertheilte im Jahre 1264 den Göllnitzer Berg=
leuten ein Privilegium mit Verleihung von Ländereien zu Gold=,
Silber= und Eisengruben, nebst freiem Genusse der Wälder;
ferner verlieh er ihnen das Blutgericht, die Ausschließ=
lichkeit der Märkte in der Umgebung, den freien Fischfang, die
Kohlenbrennerei und das Holzfällen ꝛc. Seit dem Jahre 1276
erscheint der Ort als „königliche Freistadt". Das Bergbau=Gebiet
von Göllnitz reichte bis an den Hattert von Kaschau und an die
Gömörer Gespanschaftsgrenze. Wie reich der Ertrag dieser Berg=
wesen, erhellt aus der Anordnung König Ladislaus IV.,

wornach von den ausgegrabenen Schätzen bloß zur Erhaltung eines
Hospitals für Arme jährlich 100 Mark Silber ausgefolgt werden
sollen. Auch Göllnitz hatte sich gegen adelige Bedränger zu
wehren; Ladislaus IV. bestätigte deshalb im Jahre 1290 die
Privilegien der Stadt. Dasselbe that im gleichen Jahre König
Andreas III. und Karl Robert bekräftigte im Jahre 1338
den Göllnitzern ihre Besitzungen in Schwedler und Einsiedel. Die
Bedeutsamkeit der Stadt im XIV. Jahrhundert geht aus dem
Privilegium Ludwig I. vom Jahre 1374 hervor. Darin werden
nämlich nicht bloß die alten Vorrechte von Göllnitz bestätigt,
sondern die Jurisdiction der Stadt auch auf die sieben umliegen-
den Ortschaften Soekelsdorf (Zsakarócz) Wolkonsdorf, Prackendorf,
Hencsmann (Henczmansdorf), Einsiedel, Schwedler und Habakuk in
der Weise ausgedehnt, daß diese sowohl hinsichtlich der Gewerbe
und des Handels, als auch hinsichtlich der Gerichtsbarkeit ganz
von Göllnitz abhängig waren. Ja, auch die Orte Schmölnitz und
Wagendrüssel, ferner Krompach, Stooß, Honsten, Jeckelsdorf, St.
Margareten, Volkmar und Koißdorf standen mit Göllnitz in Rechts-
gemeinschaft, worüber die Statute uns aus dem Jahre 1486 aufbewahrt sind. Noch mehr! Den bergrechtlichen Oberhof zu Göllnitz
und dessen Bergrecht anerkannten auch die weiteren oberungarischen
Montanstädte: Rudnok (Rudabánya), Joffau (Jászó), Telkibanya,
Rosenau und Neudorf (Igló); dieselben hatten in allen Appel-
lationsjachen bergmännischer Art „auf die Göllnitz zu verabschieden
und dem allhiesigen Bergrechte ad perpetuam memoriam billigen
Gehorsam zu leisten."

Trotzdem die Göllnitzer mit den umwohnenden adeligen Gutsbesitzern ebenfalls harte und langwierige Streitigkeiten zu bestehen
hatten, so genossen sie doch bis zu Ende des XV. Jahrhunderts
andauernd den energischen Schutz der königlichen Gewalt. Aus dieser
Zeit (1485) stammt eine interessante deutsch verfaßte „Satzung
und Ordnung" der Göllnitzer Gemeinde, worin „Richter und
Geschworne Pürger der Stadt Gellnicz" mit „Vorwillung aus
wol bedachtem Mut der ganzen Gemein ein ewige und unvorrück-
liche Satzunge vnd Ordnung gemacht, welche kein Richter noch

Geschworner, noch yment einer aus der gemeyn bey trewen und
ern widersprechen soll und czuricken (d. i. verrücken)". Anders
wurde es nach dem Tode Mathias I. Damals schwangen sich die
Zápolya's in der Zips zu mächtigen Oligarchen empor; unter
ihrem Drucke seufzten auch die Bergstädte, deren Freiheit allmählich
geschmälert ward. Im Jahre 1527 befindet sich die Göllnitzer
Burg in Johann Zápolya's Besitz. Die Zápolyaner achteten
nicht der städtischen Freiheiten und lähmten durch offene Gewalt=
that oder durch mittelbare Eingriffe in das Wesen der Göllnitzer
Privilegien den Bergbaubetrieb sowie den Handel und Wandel.
Alle Bestrebungen der Bürger gegen diese Mißgeschicke waren ver=
gebens; die Krone, an die sich die Göllnitzer wiederholt gewendet,
bestätigte zwar die alten Privilegien, so z. B. Ferdinand III. im
Jahre 1627; aber das half wenig. Ja es kam uoch schlimmer;
denn im Jahre 1628 erklärte derselbe Monarch, die eilf Zipser
Orte: Kabsdorf, Groß=Schlagendorf, Donnersmark, Müllenbach,
Isaksdorf, Schmögen, Sperndorf, Durlsdorf, Denisdorf, Palmesdorf
und Kirn sowie die fünf Gründner Städte Göllnitz, Schmölnitz,
Einsiedel, Schwebler und Stooß, endlich die ganzen Ortsgründe von
Henczmanndorf, Mindßent, Koißdorf u. s. w. als erbliches Eigen=
thum des Grafen Stefan Csáky von Köröszeg (oder Kereßtßeg)
und seiner Gemahlin Eva, geborene Forgách de Ghymes.

　　Göllnitz blieb zwar dem Titel nach eine „königliche Freistadt,"
in der That wurde sie jedoch ebenfalls ein grundunterthäniges
Municipium und fristete ihr Dasein unter wachsenden Bedrängnissen.
Die unaufhörliche Kriegsnoth des XVII. Jahrhunderts vernichtete
den Bergbau, die Gemeinde verarmte, nicht wenige der altansässigen
deutschen Familien wanderten aus und machten slavischen Bewoh=
nern Platz.

　　Dessenungeachtet war im XVII. Jahrhunderte der Kern der
Bevölkerung noch immer deutsch. Aus vorhandenen Amtsformeln
ersieht man, daß die Eide, die Begrüßungen und Titulaturen, die
Handwerker= und Schulzeugnisse 2c. noch größtentheils in deutscher
Sprache abgefaßt wurden. In dieser Sprache verfaßte man auch
die „Litterae vocatoriae ad regimen ecclesiasticum," die Beru=

fungsschreiben an die selbst gewählten „Leutpriester". Der dama=
lige Göllnitzer Pfarrer bezog an Besoldung den Zehend von Weizen,
Korn, Gerste, Hafer, Heiden, Flachs, Hanf und Bienen; ferner
eine Abgabe von Melkkühen (Milchzehend); endlich eine Ablösungs=
summe für den Zehend der Stadtgüter Koißdorf und Soekelsdorf.
„Dagegen ist er schuldig in vier Wochen einmal Predigt allda (in
den beiden Vororten) thun, aber (oder) in 14 Tagen einen Studenten
hinausschicken. Dem Schulmeister soll er am Sonntage und Feyer=
tage den Tisch geben Morgends und Abends. Item sol er Schuldig
sein, wen dy feldarbeit voryber ist, am Freytag eine Predig thun,
wo aber ein Fest einviel, kann er's vnterwegen laffen" u. f. w.

Die Göllnitzer Bürger lebten ansonsten (wie schon bemerkt)
im Allgemeinen nach dem „Zipser Landrechte" (nach der „Zipser
Willkür"), das auch in seinen Erweiterungen im XVI. Jahrhunderte
hier Geltung fand. Als subsidiäre Rechtsquelle diente auf dem
Gründner Boden das Recht der siebenbürgischen Sachsen („Jura
municipalia Saxonum in Transsylvania"), wodurch abermals
der ethnographische Zusammenhang zwischen den oberungarischen
und den·siebenbürgischen Deutschen bezeugt wird.

An die „Gründner" reihen sich dem örtlichen und ethnogra=
phischen Zusammenhange nach die Deutschen in Ober= und
Unter=Metzenseifen. Ihre Ansiedlung auf den Besitzungen
der Jäßó'er Propstei erfolgte erst im XIV. Jahrhunderte; die
älteste urkundliche Spur ist die Erlaubniß des Propstes Paul
von Jäßó für die Metzenseifer (1376) drei Hammerwerke zu
errichten. König Siegmund verordnete (1399), daß die Metzen=
seifer und Jossauer (Jäßó'er) ebenso wie die Göllnitzer und Schmöl=
nitzer den Schwarzwald benützen können.

Auch die Deutschen in dem hämmerreichen, gewerkthätigen
Gömörer Comitate gehören zur Verwandtschaft der „Gründner."
Um die walbige Gegend an der Grenze des Zipser Comitats durch
deutsche Ansiedler in urbares Land zu verwandeln, verliehen die
Edelleute Ladislaus, Johann und Peter Bebek ihrem Vetter Nikolaus
genannt Kun (1326) vertragsmäßig den ganzen Wald, wo der=
selbe die Ortschaft Dobschau (Dobsina) anlegte und den Colo=

nisten die Freiheiten der Deutschen von Karpfen einräumte.
Zugleich ward Nikolaus berechtigt, auf dem ihm abgetretenen
Grunde so viele Dörfer als er wolle, zu gründen, wozu ihm
seine Vettern zu jedem zwei Hufen Land und freies Mühl= und
Braurecht bewilligten und sich sogar verpflichteten, ihn gegen alle
Angriffe auf ihre Kosten im Besitze zu schirmen.

Nicht minder war die Bergstadt Rosenau (Rozsnyó) eine
deutsche Schöpfung; ihre Silbergruben verlieh Andreas III. (1291)
dem Graner Erzbisthume; diese Schenkung bestätigte Karl Robert
im Jahre 1323. Städtische Privilegien erhielt Rosenau von dem
Cardinal=Erzbischofe im Jahre 1382. Als später die municipale
Freiheit der Stadt vom Gömörer Comitate angefochten wurde,
bestätigte König Wladislaw II. im Jahre 1496 die Privilegien
der Stadt, die bis in die Mitte des XVIII. Jahrhunderts ihre
Magistratsbeschlüsse in deutscher Sprache abfaßte und durch ihren
ergiebigen Bergbau zu den hervorragendsten Bergstädten Ober=
ungarns gehörte.

Eine nähere Geschichte des Bergwesens in diesen Städten und
die Untersuchung ihrer vielfach interessanten inneren Verfassung
und Verwaltung liegt außerhalb unserer Aufgabe. Wir führen
deshalb nur an, daß all die widrigen Einflüsse und Verhältnisse,
welche am Wohlstand und am Gedeihen der Zipser Städte nagten
und dieselben zerrütteten, auch an den oberungarischen Bergorten
nicht spurlos vorbeigiengen. Streit mit der besitzlustigen Oligarchie,
Verwüstungen durch Hussiten und böhmische Söldner, die Folgen
des Kampfes der Gegenkönige nach dem Jahre 1526, die Schrecken
der Gegenreformation und der Bürgerkriege — sie alle hatten
Antheil an dem Verfalle, an der Verarmung und Versumpfung
der oberungarischen Bergstädte; sie schädigten aber auch den
Bestand des Deutschthums und beförderten die wachsende Über=
handnahme des Slaventhums, das heute in all diesen ehedem
rein deutschen Orten überwiegend ist.

Im Jahre 1867 zählte man außer den XVI. Zipser Städten
und den beiden königlichen Freistädten Leutschau und Käsmark im
Zipser Comitate bloß 12 132 Deutsche. Im Gömörer Comitate

war das Deutschthum damals nur mehr auf den Rosenauer Bezirk beschränkt und betrug insgesammt 2.200 Seelen. Rosenau, Rauschenbach und selbst Dobschau sind entweder ganz oder theilweise von Slovaken bewohnt.

F. Die Deutschen in den Comitaten Abauj und Sáros.*)

Auch die Comitate Abauj und Sáros liefern für die Geschichte des Deutschthums in Ungarn nur traurige Beiträge. Der einst blühende Zustand der Deutschenstädte Kaschau, Eperies, Bartfeld, Zeben u. a. ist heute zum großen Theile nicht mehr vorhanden und statt dessen zeigt sich meist der Anblick gänzlichen Zerfalles. Das Deutschthum ist in einigen dieser Städte völlig verschwunden.

In erster Linie fesselt uns hier die oberungarische Metropole, die königliche Freistadt Kaschau (Kassa), die ursprünglich als magyarische Ortschaft bestand, die aber schon unter König Emerich (1198—1204) oberdeutsche Ansiedler empfieng (in Unter-Kaschau); dann folgten im Jahre 1261 deutsche „Gäste" nach Ober-Kaschau. Die ursprüngliche Deutschen-Ansiedlung grenzte nämlich an eine von königlichen Burgmannen innegehabte Bodenfläche, Ober-Kascha, welche König Stefan V. im Jahre 1261 den zwei Getreuen Samphleben und Obl, „feinen Gästen in Caffa", zu wirklichem und lebenslänglichem Besitz verlieh. Diese neue Ansiedlung wurde vom Kriegsdienste und von der Gerichtsgewalt des Burggrafen befreit und erhielt das Recht, „nach Art anderer Ansiedler in vorkommenden Fällen selbst sammt ihren Beisassen vor einem selbstgewählten Richter Rede zu stehen."

---

*) Außer den schon erwähnten Schriften über das norbungarische Deutschthum kommen hier insbesondere die stoffreichen Publicationen von Dr. Bidermann in Betracht, als: „Die ungarischen Ruthenen;" „Geschichte der österreichischen Gesammt-Staatsidee;" die „Deutschen im Sároser Comitate" (im „Siebenbürgisch-deutschen Tageblatte", 1875); auch: E. Schwab, Land und Leute in Oberungarn; Lehner, oberungrische Städtebilder; Löher, Magyaren und andere Ungarn u. a.

Das Ansieblungsterritorium war zwischen den Thalläufen der Hernád und des Csermely gelegen; es war ein meist noch unbebauter, walbiger und sumpfiger Grund, den erst die deutschen Ansiebler urbar machen sollten. Später, im Jahre 1347, wurde dieses Oberkaschau mit der Mutterstadt Kaschau vereinigt. Diese selbst hatte im Jahre 1290 den Rang einer königlichen Freistadt erlangt. Damals war auch bereits jener stolze gothische Bau der Elisabeth- kirche aufgeführt, ober boch in der Ausführung begriffen; denn der Bestand des Grundbaues dieses schönsten Domes in Ober- ungarn reicht bis vor das Jahr 1283 zurück. Der französische Architekt Villard von Honnencourt war der Schöpfer dieses Werkes in seinen Grundanfängen (b. i. des Sanctuariums); es ist derselbe Meister, dem (wie der ungrische Kunstgelehrte Em. Henßlmann wahrscheinlich gemacht) „die schönen gothischen Kirchen zu Trier und Brais (Brem) hiebei vorschwebten und dem die letztere mit dem prachtvollen Chore des Domes von Cambrai ihren Ursprung verdanken soll".

Kaschau war ein Lieblingsaufenthalt König Stefan V. als „jüngerer König;" es liegt nahe, baß er dem Orte durch die Erbauung einer Kirche zu Ehren seiner heiligen Tante Elisabeth, der Landgräfin von Thüringen, einen besondern Beweis seines Wohlwollens geben wollte. Auch Stefan's Gattin Elisabeth mochte für die Stadt, die ihr als Morgengabe zugetheilt war, eine Vorliebe hegen. Im letzten Viertel des XIII. Jahrhunderts besaß Kaschau bereits zwei Kirchen und ein Spital, — sprechende Beweise seiner bedeutenden Entwickelung

Die rüstig aufstrebende Freistadt hatte sodann im Anfange des XIV. Jahrhunderts ernste Kämpfe mit der mächtigsten Oli- garchenfamilie Ostungarns, mit dem Hause Aba, dessen Haupt Amadeus (Omodé) um das Jahr 1295 als Palatin und „Reichs- richter jenseits der Donau" auftritt, zu bestehen. Dieser Amadeus suchte auch die Kaschauer unter seine grundherrliche Botmäßigkeit zu bringen und bedrängte die Stadt so sehr, baß die erbitterten Bürger den gewaltthätigen Mann tödteten (Spätherbst 1310). Im Jahre 1311 fand zwischen der Stadt und der Familie Aba

der Vergleich statt und die für Karl Robert siegreiche Rozgonyer
oder Tarczaschlacht (1312) befreite auch Kaschau vom Drucke der
Oligarchie und bildete den Ausgangspunkt zur wachsenden politischen
Bedeutung dieser Stadt.

Das Kaschauer Deutschthum ist mitteldeutschen Ursprunges
und steht in engem Zusammenhange mit dem Colonistenthume
in der Zips und im Sároser Comitate, wie solches in den Vororten Leutschau, Eperies, Bartfeld und Zeben ausgeprägt erscheint.
„Der uralte Verband dieser vier Städte mit Kaschau (der ungarischen „Pentapolis"), wie ihn das XIV. und XV. Jahrhundert
scharf hervortreten läßt, kann als Spiegelbild jener innigen stämm-
mischen Verschwisterung angesehen werden." (Dr. Krones.)

Die lateinisch verfaßten Rathsprotokolle reichen bis ins
Jahr 1394 zurück; aus dem Jahre 1404 ist die erste Kaschauer
Rathsordnung in deutscher Sprache erhalten. In den Außen-
orten der deutschen Stadt Kaschau wohnten schon im XIV. Jahrhunderte auch Magyaren und Slaven, doch in großer Minderzahl
und ohne das Recht einer Antheilnahme am Stadtregiment.

Die Blüthe des Deutschthums in Kaschau wurde indessen
schon in der ersten Hälfte des XVI. Jahrhunderts geknickt. Wie
alle Deutschen in Ungarn waren auch die Kaschauer eifrige Anhänger der Kirchenlehre Luthers und das war wohl wesentlich der
Grund, weshalb in Kaschau schon um 1529 der Kern der deutschen
Bürgerschaft zur Auswanderung gezwungen wurde. An seine Stelle
traten Einschübe nichtdeutscher Bevölkerung; das in den Vorstädten
sich anhäufende Magyarenthum drängte nach Aufnahme in die mit
Vorrechten versehene innere Stadt, und theils mit Rücksicht auf
solches Begehren, theils der Wunsch nach möglichst rascher Hebung
der städtischen Population bestimmte schon Kaiser Ferdinand I.
einer solchen Einbürgerung die Wege zu ebnen. Vergleicht man
die Kaschauer Stadtprotokolle vor und jene nach 1529, so zeigt
sich, daß in der späteren Periode an 200 deutsche Bürgernamen,
welche in der früheren häufig vorkommen, vergebens aufgesucht
werden. Die Träger dieser Namen waren eben entweder in den
Wirren zu Grunde gegangen oder weggezogen. Zum Jahre 1552

berichtet die „Leutschauer Chronik:" „In diesem Jahre haben die
Ungern wider die Deutschen zu Kaschau angefangen und begehrt,
daß der Rath und die Gemein, welche bis dato mit deutschen
Bürgern besetzt worden, aus ungrischen sollten gewählet werden.
Haben das Werk auf dem Landtage urgirt, hingegen die Städte
verwundert protestiert." Damals war auch ein königlicher Befehl
an den Kaschauer Magistrat ergangen, wornach dieser keiner sich
daselbst ansiedelnden ungarischen Adelsfamilie Hindernisse bereiten
solle, bei sonstiger Ungnade des Königs. Dieser Befehl scheint
jedoch wenig gefruchtet zu haben, denn im Jahre 1557 wurde er
erneuert und betont, daß die Stadt keinem seiner Güter beraubten
Edelmann die Aufnahme in den Gemeindeverband verweigern dürfe.
Trotzdem stellte es der G. A. LXI vom Jahre 1563 bloß in das
Belieben der ·Bürger, ob sie einen von den Türken seiner Güter
beraubten ungrischen Adeligen zum Besitze eines städtischen Hauses
zulassen wollten. In ganz anderem Tone lautete aber der G. A.
LXXVIII vom Jahre 1647, welcher unter schweren Strafen diese
Zulassung anbefahl.

Für das Kaschauer Deutschthum waren die trüben Tage unter
General Basta, die Bürgerkriege unter Stefan Bocskay,
Gabriel Bethlen, Georg Rákóczy und die meist böse Wirth=
schaft der kaiserlichen Commandanten nach dem Rückfalle der Stadt
an die habsburgische Herrschaft (Franz Wesselényi, Siegmund
Pethö, Georg Homonnay), endlich die Wirksamkeit des damals
zu Kaschau residierenden Domcapitels und der Cameral=Admini=
stration, die in Ober=Ungarn allerorten deutschfeindlich auftrat,
von großem Nachtheile. Sie brachten es dahin, „daß bei Beginn
der großen Gegen=Reformation im Jahre 1641 schwerlich mehr
ein Funke deutschen Bewußtseins in den Kaschauern steckte."
(Dr. Bidermann.)

Trotzdem dauert das Deutschthum in Kaschau bis zum heutigen
Tage fort. Noch im Jahre 1867 zählte man unter 11.944 Ein=
wohnern daselbst ungefähr 3000 Deutsche. Seitdem hat aber das
magyarische und slovakische Volks=Element abermals erhebliche
Fortschritte gemacht. Nichts destoweniger erhält sich ein gediegenes

deutsches Bürgerthum. Es gibt in Kaschau eine Menge uralter Bürgerhäuser, die noch ganz die Form des altbairischen Hauses zeigen. „Von der Straße führt eine lange tiefe Wölbung, über welcher sich das Hauptgebäude erhebt, zu einem länglichen Hof= viereck, das von Hintergebäuden umschlossen wird. An einer Lang= seite des Hofes läuft eine offene Gallerie über das Erdgeschoß hin, unter ihr genießt man Schutz vor Regen, auf ihr frische Luft." (Löher).

Auch daß hier zwei deutsche Zeitungen bestehen, zeugt von dem Fortwalten deutschen Wesens in der oberungarischen Capitale, die ja dem Deutschthum so Vieles zu danken hat. Der Umstand, daß der geschäftliche Verkehr daselbst vorwiegend in deutscher (und mit den unteren Classen in slovakischer) Sprache geführt wird, bekundet gleichfalls die Fortdauer des deutschen Volks=Elements.

Mit der Stadt Kaschau zählte man im obgenannten Jahre im Abaujvárer Comitate unter 143.548 Bewohnern etwa 4.500 Deutsche, außerhalb Kaschau gab es nur noch im Kaschauer Bezirke 1500 Deutsche.

Weit trübseliger erscheint der gegenwärtige Zustand des Deutschthums im Sároser Comitate, wo ehemals die Orte Sáros, Eperies, Bartfeld und Zeben sammt ihrer Umgebung blühende Deutschenstädte gewesen. Diese Städte genossen die Freiheiten der Zips, welche die Städte Sáros, Eperies und Zeben sich im Jahre 1347 von König Ludwig I. bestätigen ließen. Der Richter von Groß=Sáros fungierte im Jahre 1351 neben dem von Zeben als Schiedsrichter in einem Gränzstreite zwischen den Gemeinden Eperies und Klein=Sáros, welch letzterer Ort damals eben auch Deutsche zu Bewohnern hatte. Im Jahre 1399 ertheilte König Siegmund den Bürgern von Altdorf das Privilegium der 24 Zipser Städte: Wein, Bier und andere Getränke nach der Sitte der genannten Städte einzuführen und auszuschenken

Die Stadt Bartfeld wurde im Jahre 1320 durch einen gewissen Laurentius auf dem sogenannten „Schönfelde" angelegt und colonisiert. Laurentius hatte für sich und seine Nachkommen daselbst das Richteramt, ferner alle Mühlen der Stadt und das Recht, allein Mühlen bauen zu dürfen, endlich zwei abgabenfreie

Mansen erhalten. Das Stadtgebiet sollte bis Langenfeld und Schöndorf reichen (hatte also deutsche Nachbarschaften) und die Wälder darin im Ackerboden verwandelt werden. Die Colonisten genossen 10 abgabenfreie Jahre, Leute jedes Standes sollten darin als Gäste Aufnahme finden. Im Jahre 1370 wurde Bartfeld in die Zahl und in das Collegium der königlichen Freistädte Kaschau und Ofen aufgenommen. Im XV. Jahrhunderte erscheint Bartfeld neben Eperies und Zeben im gleichen Range mit den ersten Städten des Landes; erhält sowie diese seine Nachbarorte königliche Berufungen zur Berathung öffentlicher Landesangelegenheiten; seit dem Jahre 1447 besitzt Bartfeld Sitz und Stimme im Landtage und spielt mit Eperies, Kaschau und Leutschau eine erhebliche politische Rolle. Doch bald gieng es abwärts. Im Jahre 1450 blieben die Sároser Deutschenstädte in den Händen Giskra's und seitdem begann die Slavisierung derselben.

Die Stadt Eperies erhielt im Jahre 1374 die Rechte und Freiheiten der Bürger von Ofen; Zeben wurde im Jahre 1405 mit den Kaschauer Stadtrechten begabt.

Von der weitern Verbreitung der Deutschen im Sároser Comitate zeugen die Ortsnamen: Siebenlinden (Héthárs) mit der Burg Henig, ferner Stellbach, Hamburg, Neudorf, Richwald, Schlauch, Schönbrunn, Stefanau, Bertholdsdorf, Klausen, Dornau (Luko), Grünwald, Schönwies u. s. w., welche an der Gränze des Zipser Comitats theils auf eine ehemalige Vorrückung der Zipser Sachsen nach Osten, theils auf die Stifter der jetzt verschollenen (slovakisch-ruthenischen) deutschen Colonien hindeuten. Vom Nord-Osten des Sároser Comitats abgesehen, gab es hier kaum eine Quadratmeile, innerhalb welcher nicht zum mindesten eine deutsche Ansiedlung stand und in der Westhälfte des Comitats wimmelte es sozusagen von Deutschen und Slaven, welche, Bergbau treibend, dem Handel obliegend und die mannigfaltigsten Gewerbe übend, als Repräsentanten des Bürgerthums in Anschlag kamen.

Und wie diese Dorfschaften, so sind auch die obigen Freistädte größtentheils slavisiert. Bartfeld hatte noch im ersten Viertel des XVIII. Jahrhunderts deutsche Stadt=Verwaltung. Dies bezeugt auch die im Jahre 1715 erlassene Bartfelder Polizei= und Kleider=ordnung in deutscher Sprache. Durchwegs deutschen Charakter trägt die Bauart der Häuser, die jener in den Zipser Städten gleicht; am bemerkenswerthesten unter den öffentlichen Bauten sind die auf dem Ring stehende St. Ägidikirche und das Rathhaus. Die Kirche ist ein dreischiffiger Hallenbau, der leider von der Zeit und neuestens (1876) von einer Feuersbrunst Vieles gelitten hat. Sie wird gegenwärtig auf Staatskosten restauriert, denn das verarmte, slovakisch gewordene Bartfeld besitzt hiezu keine Mittel. Sehr reich sind die erhaltenen alterthümlichen Kirchenmobilien: ein Sacraments=häuschen aus dem Ende des XV. Jahrhunderts, zwölf Flügel=altäre, darunter drei von ausgezeichneter Arbeit, aus dem XV. und aus dem Anfang des XVI. Jahrhunderts, eine Reihe Chor=stühle aus dem Ende des XV. Jahrhunderts, ein Kelch aus dem XIII. Jahrhunderte u. s. w. Die Inschriften auf einzelnen dieser Objecte verkünden, daß noch bis zu Ende des XVII. Jahrhunderts Bartfeld und dessen ganze Umgebung vorwiegend deutsch gewesen. Das Rathhaus steht beinahe mitten auf dem Ring; es ist ein ein=faches gothisches Gebäude aus der Zeit um 1500 mit spitzbogigem Portal an der Nordseite und einem Balkon darüber, mit Freitreppe und Renaissance=Erker darüber an der östlichen Längenfront.

Bartfelds Herrlichkeit ist schon längst dahin; im Jahre 1867 zählte man daselbst unter 4285 Einwohnern nur mehr 180 Deutsche. Im Jahre 1876 verlor die Stadt auch ihre municipale Selbst=ständigkeit, das dortige Deutschthum fristet unter dem Vorwalten des slovakischen Elements nur ein kümmerliches, absterbendes Dasein.

Dasselbe gilt von dem ehemaligen Freistädtchen Zeben; es ist heute ganz slavisiert und hat seine municipale Selbständigkeit ebenfalls im Jahre 1876 eingebüßt. Was sollten auch diese dörf=lichen Städtlein von 3000—5000 Einwohnern, ohne einen selbst=bewußten, wohlhabenden Bürgerstand, ohne ein triebkräftiges Gemeinwesen mit ihrer städtischen Freiheit anfangen? Die Armuth sitzt den Leuten im Nacken und läßt sie zu keinem neuen Gedeihen kommen.

Wird es mit der „Hauptstadt" von Sáros, mit dem geschichtlich
berühmten Eperies etwa anders werden? Die Sage erzählt:
Als König Béla II. (der Blinde) auf der Flucht hier rastete,
erquickte er sich auf dem Hügel von Eperies an Erdbeeren und
davon habe die Stadt ihren Namen. Im Ungrischen heißt nämlich
die Erdbeere „eper", Eperies aber „Eperjes", d. i. die „Erd=
beerenstadt". Jedenfalls hat die Stadt eine reizende Lage. Mit
ihren Schloßthürmen und gothischen Kirchen nimmt sie sich gar
prächtig vor den malerischen Bergzügen aus. Die schöne St.
Nikolauskirche weist in ihren Formen auf die Blüthezeit der
Gothik zurück; im Innern zeigt sie manch alterthümlichen Kunst=
schatz aus dem XV. Jahrhundert. Um den großen innerstädtischen
Ring erheben sich einige recht saubere Wohnhäuser mit Renaissance=
giebeln und theilweise noch mit Renaissance=Balkonen, Erkern und
Graffitmalereien. Das Ganze hat ein heiteres, freundliches Aus=
sehen und so sind auch die Menschen.

Gleich den übrigen oberungarischen Deutschenstädten schloß
sich auch Eperies eifrig der Kirchen=Reformation Luthers an und
zeichnete sich bald durch besondere Rührigkeit auf kirchenpolitischem
Gebiete und dann auf dem Felde des Schulwesens aus. Die
Schulen zu Bartfeld (seit 1539) und Eperies galten als Muster=
anstalten. In Bartfeld lehrte im XVI. Jahrhunderte der ober=
ungarische Reformator Leonhard Stöckel, dann Nikolaus Erhard
aus der Pfalz, Konrad Gera aus Brandenburg, Johann Gerst=
mann aus Schlesien u. a. Die lateinische Schule zu Eperies
bestand schon im Jahre 1534 und ihre Einrichtung diente anderen
Städten zum Vorbild. Berühmte Lehrer wirkten an derselben, so
der Schlesier Georg Werner, der Lausitzer Johann Bocatius
(Bock) u. a. Zu besonderer Blüthe gedieh das evangelische
Collegium zu Eperies im XVII. Jahrhunderte. Der Schüler=
zudrang war ein so bedeutender geworden, daß das alte Schul=
gebäude nicht mehr ausreichte. Die evangelischen Stände Ober=
Ungarns übernahmen im Jahre 1665 das Collegium und beschlossen
dessen Erweiterung. Das neue Collegium mit seinen 10 auf=
steigenden Schulclassen wurde mit Hilfe von Sammlungen unter

den Protestanten des In= und Auslandes (selbst aus Schweden kamen 20.000 fl.) hergestellt.

Bald aber brachen die schwersten Heimsuchungen über die Stadt herein. Die Gegenreformation wurde im Jahre 1673 durch den Kammerpräsidenten Graf Volkra in Begleitung des Erlauer Bischofs gewaltsam eingeführt. Die Protestanten verloren die Hauptkirche, ein katholischer Pfarrer ward bestellt, zugleich aber auch der deutsche Magistrat in einen vorwiegend magyarischen verwandelt. Damals zogen viele Eperieser Bürger nach Siebenbürgen, weil sie nicht convertieren wollten. Auch wurden alle Protestanten aus den Zünften entfernt, ihnen somit die Mittel, sich ohne Religions= wechsel daheim ehrlich fortzubringen, abgeschnitten. Die, welche nicht zum Wanderstabe griffen, mußten es mit ansehen, wie Taglöhner und Bräuknechte vorgezogen, ihnen aber alle Ehren und Würden vorenthalten und deutsche Sitten verlacht wurden.

Um der bedrängten Glaubensfreiheit willen schlossen sich dann auch die Eperieser der politischen Opposition an. Emerich Tökölyi fand hier getreue Anhänger. Als später der Aufstand besiegt war, da brach das Unglück vollends über Eperies herein. Man kennt aus der Geschichte jenes fürchterliche Schauspiel, genannt das „Eperieser Blutgericht" vom Jahre 1687. Dreißig Adelige und Patricier (zumeist Deutsche) bestiegen an einem Tage das Blutgerüst.

Seitdem finden wir die Eperieser gleich den anderen Deutschen in Ober=Ungarn jedesmal an der Seite der Aufständischen. Auch Franz II. Rákóczi fand bei ihnen große Sympathie und die Deutschen hatten hier wie in Bartfeld, Kaschau, in der Zips u. a. O. während der achtjährigen Insurrection (1703—1711) eine harte Leidensgeschichte durchzumachen. Seit dem 10. December 1710 befand sich Eperies wieder in kaiserlichen Händen; sofort begannen die Jesuiten unter Militärassistenz die Rekatholisierung. Der protestantische Gottesdienst wurde in der innern Stadt verboten, bloß auf die Vorstadt verwiesen. Aber auch das Collegiumgebäude mußte den Jesuiten übergeben werden, in der innern Stadt durften nur die Jesuiten taufen, trauen und beerdigen. In den ersten Monaten des Jahres 1712 wurde dann auch der Magistrat

„restauriert", d. h. der Stadtrichter und die Hälfte der Raths=
herren wurden aus Katholiken bestellt und da die Protestanten
sich weigerten, in den neugestalteten Magistrat einzutreten, gelangten
lauter Katholiken zu den Rathsherrenstellen.

Bessere Tage winkten den Protestanten seit dem Krönungs=
landtage in Preßburg (Mai 1712); die protestantischen Prediger
kehrten in die Stadt zurück, aber den Gottesdienst daselbst
vermochten sie nicht durchzusetzen. Auch ein Rekurs nach Wien
brachte nur geringen Erfolg. Eine lange Reihe fortgesetzter Con=
flicte zwischen Katholiken und Protestanten störte seitdem den Frieden
und die Eintracht der Bürger in Eperies. Gleiches war in Bartfeld
der Fall. Welche Leiden sonst noch diese Städte ausgestanden,
lehren folgende Thatsachen. Während der Pest des Jahres 1710
wuchs in Bartfeld Gras auf dem Markte und in den Gassen.
In Eperies war die altansässige Bürgerschaft von mehr als
1000 Familien auf 168 herabgeschmolzen. Später hob sich das
Deutschthum in Eperies wieder, so daß J. M. Korabinsky
in seinem Lexikon (1786) berichtet, die „ungrische Nation habe
(daselbst) fast ganz aufgehört; die Stadt werde dermalen von
Deutschen und Slovaken bewohnt". Das Vorwiegen des Deutsch=
thums in den besseren bürgerlichen sowie in den adeligen Familien,
ferner in den öffentlichen Lehranstalten u. s. w. dauerte bis in das
vierte Decennium unseres Jahrhunderts. Die kleine Stadt Zeben
bezifferte ihre Schäden und Auslagen vom Jahre 1684—1714
auf 188.300 Gulden. Entvölkerung, Verarmung und Versumpfung
nagten hier fortwährend an dem Bestande des Deutschthums und
dieselben Ursachen zerstörten die Existenz der Deutschen auch in den
übrigen ehedem deutschen Ortschaften des Sároser Comitats. Es
ist ein trauriges Einerlei der Verwüstung.

Dermalen besitzt auch Eperies seine municipale Selbständigkeit
nicht mehr; unter den 11.000 Einwohnern der Stadt gibt es
noch etwa 1500 Deutsche neben mehr als 8000 Slovaken. Der
Rest sind Magyaren. Noch bis vor wenigen Jahren wurde Eperies
von Studierenden gerne aufgesucht; denn seine Lehranstalten hatten
ihren guten Ruf erhalten; ebenso wählte man die Stadt, weil

man daselbst (wie in Neudorf oder Iglö in der Zips) in guten
Bürgerkreisen die deutsche Sprache erlernen konnte und sich die
Eperieser Gesellschaft im Lande einen lobenswerthen Namen erworben
hatte. In jüngster Zeit hat aber auch die Frequenz der Eperieser
Schulen erheblich nachgelassen.

Die übrigen zerstreuten Spuren des Deutschthums in den nord=
östlichen und östlichen Comitaten müssen wir aus Mangel an Raum
bei Seite lassen; nur noch e i n e r deutschen Volksinsel sei hier
gedacht. Wir meinen die bereits erwähnten s c h w ä b i s c h e n
A n s i e d l u n g e n auf den gräflich Schönborn'schen Gütern in der
Nähe von M u n k á c s. F. v. L ö h e r, der diese Dörfer im
Jahre 1871 besuchte, schildert sie folgendermaßen:

„Ein landwirthschaftlich schönes und ausgedehntes Gebiet nehmen
sieben Dörfer von deutschen Bauern ein, deren Vorfahren im vorigen
Jahrhundert einwanderten. Sie heißen Oberschönborn, Unterschön=
born, Pausching, Palanka, Mädchendorf (Leánfalva), Birkendorf
(Berezinka) und Kutschowa. Zu Anfang des jetzigen Jahrhunderts
kam eine achte Ansiedlung hinzu, Sofiendorf. Graf Erwin von Schön=
born erließ von Wien am 10. Februar 1763 einen „offenen Brief
an alle deutsche Colonisten" in seine durch die Kriege entvölkerten
Herrschaften zu kommen, die „theils mit dem allerfruchtbarsten Boden,
dann Wiesen und Weinwuchs, wie auch Waldungen, im Überfluß
versehen sind, und theils ein sieben Meilen lang sanft aufsteigendes
Gebirg und mit diesem solche schöne geraume Thäler haben, daß
sie durchgehends mit denen schönsten reinen Flüssen und Bächen
durchstrichen werden, und daher eine reine, gesunde und gegen die
niederhungarische unvergleichlich bessere Luft haben."

F. v. L ö h e r bestätigt die Richtigkeit aller dieser Angaben
und schildert das Wesen der angesiedelten Deutschen also weiter:
„Ihre Häuser, wenn auch größer und fester gebaut, haben doch
die ruthenische Grundform angenommen. Durch die Thür tritt
man in einen Mittelraum, welchen der Backofen und allerlei
Haus= und Ackergeräth anfüllen. Links ist die Wohn= und Schlaf=
stube, rechts die Gastkammer mit aufgethürmten Betten und Lein=
wandvorräthen, bei den Reicheren schmückt sie auch ein Sopha.

Auf dem Boden wird in großen Kübeln das Korn verwahrt.
Mehrere niedrige Scheunen, Schoppen und Stallungen rahmen
den Hof ein. Unter dem einstöckigen Haufe fehlt niemals der
Keller mit dem großen Faß Slibowitz, der aus den zahlreich
gebauten Zwetschken bereitet wird. Nicht wenige Bauern machen
auch guten Wein auf den sonnigen Hügeln.

„Fleiß, Ordnung und Religiosität geben ihrem Leben Weihe.
Die kleinen Kirchen sind öfter im hübschen Rundstil aufgeführt.
Auf Besuch der Schule vom 6. bis zum 12., der Sonntagsschule
bis zum 15. Lebensjahr wird strenge gehalten. Jährlich acht
Monate dauert der Unterricht, vormittags drei Stunden in deutscher
Sprache, nachmittags soll in zwei Stunden Alles auf magyarisch
gelehrt werden. Hier hat es aber mit dem Magyarisieren keine
Noth: diese Deutschen sind zu stolz, und fühlen sich an Wohlstand
und Gesittung hoch über dem gewöhnlichen ungrischen Bauer.
Die meisten haben zwei Pferde oder Zugochsen. Von ärmeren
Bürgern in Munkács nehmen sie Felder an auf halben Ertrag.
Es fehlt leider an Arbeitskräften.“

„Die deutschungarischen Bauern bei Munkács halten fest
zusammen und dadurch gelingt es ihnen, von Jahr zu Jahr ihre
Keile in die anstoßenden Ruthenendörfer tiefer und breiter ein-
zutreiben, sie erwerben dort ein Bauerngut nach dem andern.
Sie selbst lassen keine Fremden ein, dulden auch außer Schenk-
wirthen keine Juden. Vor einigen Jahren brannten in Oberschönborn fünf Häuser nieder. Der Pfarrer predigte Sonntags:
„Was thun die Ameisen, wenn ihre Wohnung zerstört wird?“
Am Montag beschloß die Gemeinde, mit gesammter Hand die
Häuser wieder aufzubauen: in zwei Monaten standen sie fix und
fertig, mit Ziegeln gedeckt und hübsch geweißt und verziert. Auch die
umwohnenden Deutschen hatten geholfen, und meist ganz umsonst.“

„Ächter Friede in Haus und Dorf; dieses alte Grundgesetz
der Germanen lebt bei diesem deutschen Landvolk auf fremder
Erde wieder auf. Ihr erwählter Bergrichter schlichtet Streitigkeiten, die auf den Weinbergen entstehen, ihr Ortsrichter schlichtet
alles übrige.“

Die Deutschen in Südungarn.

Von den hochgipfligen Karpathen im Norden und Nordosten Ungarns führt uns die Schilderung des ungarischen Deutschthums in den tiefen Süden, auf die weit aufgerollten Flächen des Temeser Banats und der Bácska. Hier hat das Deutschthum einen viel jüngeren Bestand als im Westen und Norden des Landes; nichtsdestoweniger erscheinen die Deutschen daselbst in ihrem angestammten Wesen weit kräftiger gewurzelt und productiver als ihre übrigen Stammesgenossen im Lande. Die südungarischen Deutschen gehören zum überwiegenden Theile dem schwäbischen Volksstamme an; sie haben ihre heutige Heimat größtentheils erst in der zweiten Hälfte und gegen das Ende des vorigen Jahrhunderts colonisiert. Allein ihre culturelle Thätigkeit ist nichtsdestoweniger allgemein wahrnehmbar und in stetem Fortschreiten begriffen.

Wir werden in unserer nachfolgenden Darstellung unser Hauptaugenmerk den Deutschen im Banate zuwenden; diese bilden die Mehrheit und geben auch dem von ihnen bewohnten Gebiete einen bestimmten Charakter.

A. Die Deutschen im Banate. *)

Unter dem „Temeser Banate" begreift man den Landstrich zwischen der Donau im Süden, der Theiß im Westen, der Maros

---

*) Griselini, Geschichte des Temeser Banats; Dorner, Das Banat; Uhl, Aus dem Banate; Schwicker, Geschichte des Temeser Banats;

im Norden und dem Siebenbürger Hochlande im Osten. Es ist
ein Gebiet von 459·78 österreichischen Geviertmeilen oder 264·35 ☐
Myriameter und weist eine mannigfaltige plastische Bodengestaltung
auf. Im Westen bildet das Gebiet eine Fortsetzung der großen
ungarischen Tiefebene, die nur ganz südlich, im ehemaligen Deutsch=
Banater Grenzregimente, von seltsam geformten Sandhügeln (den
„Telecskaner Sandhügeln") unterbrochen wird. Ostwärts hin, im
Temeser Comitate beginnt der Boden in welligen Linien sich zu
heben und steigt dann im Osten und Südosten zu den bedeutenden
Höhen der Banater Berge hinan.

Die Deutschen bewohnen hauptsächlich die große Fläche und
die Hügellandschaft im Torontáler und Temeser Comitate, insbeson=
dere in den nördlicheren Theilen derselben; doch begegnet man auch
innerhalb der Gebirge bedeutenden deutschen Sprachinseln, insbe=
sondere im Gebiete der Banater Bergwerke, im Montandistrict von
Orawitza.

Das Banat kam durch den Friedensschluß von Passarowitz
(21. Juli 1718) nach 166jähriger Türkenherrschaft wieder an den
christlichen Herrscher zurück. Aber in welchem Zustande befand
sich das Land! Es war entvölkert, verwildert. Viele Orte, deren
Namen aus der ersten Hälfte des XVI. Jahrhunderts uns über=
liefert worden, waren theils ganz verschwunden, theils lagen sie
in Schutt und Trümmern. Die bald nach der Wiedereroberung
des Banats entworfenen Karten zeigen in der westlichen ebenen
Hälfte des Gebiets weitausgedehnte Sumpf= und Moraststellen,
Sandstrecken, ganz verlassene oder doch nur wenig bewohnte Ort=
schaften. Von den 151 angeführten Wohnorten im Csanáder,
Becskereker und Pancsova'er Bezirke werden 101 als „ganz veröbet"
und nur 50 als „theilweise" oder „spärlich bewohnt" bezeichnet.

Neben Sumpf und Moor theilten sich Wald und Wiese in das
Gebiet; die östlicheren Striche des Banats boten den Anblick unüber=

L. Böhm, Geschichte Südungarns (ungrisch); Szentkláray, Hundert Jahre
aus der Geschichte Südungarns (ungrisch). „Von den Banater Schwa=
ben" (im Siebenbürgisch=deutschen Tagblatte" 1880); u f. w. Außerdem
zahlreiche mündliche und handschriftliche Mittheilungen.

sehbarer Waldungen, die Heimstätte zahlreichen Wildes dar, sowie
die westlichen Sumpfstrecken den Wasservögeln aller Art den gern
gesuchten Aufenthalt gaben. Die schädlichen Miasmen, welche aus
diesen stagnierenden Gewässern aufstiegen, verpesteten die Luft und
erzeugten Krankheiten, namentlich das Fieber, welches in diesen
Gegenden den Fremden unbarmherzig überfiel. Besser gerüstet
gegen diese bösen Einflüsse des Klima's waren die spärlichen
Bewohner, welche die Türken zurückgelassen hatten, nämlich die
Rumänen im Osten und einzelne serbische Orte im Westen und
Süden an der Theiß und Donau. Die Rumänen betrieben haupt=
sächlich Viehzucht und wenig Ackerbau; die Serben waren außer=
dem mit Fischfang und Jagd beschäftigt. Während der türkischen
Herrschaft war auch im Banate das Räuberwesen zu üppiger Blüthe
gelangt. Unter ihrem Anführer, Harambascha genannt, durchzogen
ganze Scharen von Wegelagerern das Land, setzten dasselbe in
Contribution, plünderten und raubten, überfielen die Reisenden,
selbst einzelne Militärpersonen und brachten so das Gebiet nach
anderer Richtung in Verruf. Diese Zustände dauerten auch in
den ersten nach Zeiten der Wiedereroberung noch fort. Die österrei=
chische Regierung war gezwungen, die härtesten Strafen anzuwenden,
um dem Räuberunwesen nur einigermaßen Einhalt zu thun.

Dieses Land der Verwilderung, der Einöde und des Fiebers
sollte nun der Cultur wieder gewonnen werden. Diese Aufgabe
stellte der edle Prinz Eugen von Savoyen, der Eroberer
des Banats, dem ersten Gouverneur des Gebiets, dem Grafen
Florimond Claudius Mercy und dieser kam der ihm gewordenen
schwierigen Aufgabe mit Geschick und Erfolg nach.

Wir beschränken uns an dieser Stelle selbstverständlich nur
auf jene Maßregeln, welche getroffen wurden, um das menschen=
arme Gebiet neu zu bevölkern. Mercy ließ vor Allem das Land
vermessen und aufnehmen und beschloß, die nachgewiesenen brach
liegenden Theile durch Colonisation in fruchtbares Ackerland
umzuwandeln. Es ergieng deshalb bald nach dem Passarowitzer
Friedensschlusse eine Einladung zur Colonisierung nach
Deutschland, Italien und Spanien und schon im Jahre 1728

waren zehn Dörfer mit schwäbischen Einwanderern, eine Ortschaft
mit Italienern und eine mit Spaniern besetzt. Im Ganzen wurden
unter Mercy von 1722—1730 außer der Erweiterung und Reno-
vierung der Stadt und Festung Temesvár theils neu angelegt,
theils erweitert: Weißkirchen, Záborlak (Saderlak), St. Peter,
Neu-Beschenowa, Kubritz, Rékas, Uj-Pecs, Freidorf,
Detta, Brucenau, Gutenbrunn, Neu-Arab, Ghar-
mata. Die Ansiedler in Neu-Beschenowa (die im Jahre 1748
Verstärkung erhielten) kamen aus Trier, die späteren aus dem
Schwarzwalde; nach Kubritz sollen schon im Jahre 1719 Einwanderer aus Elsaß und Bamberg unter Anführung eines gewissen
Johann Teltz, der mit seiner ganzen Verwandtschaft einwanderte,
gekommen sein. Nach Záborlak kamen im Jahre 1728 sechzehn
Familien aus dem Schwarzwalde und zwar aus den Ortschaften
St. Blasien, Schluchs, Bondorf und Donaueschingen (Familiennamen: Gantner, Puchter, Stritt, Steinbrunner, Patzer, Weiß,
Spaet, Müller, Reichhardt). Brucenau wurde mit Ansiedlern
aus Trier, Luxemburg, Lothringen und Köln angelegt. Die Einwanderer für St. Peter (1724) stammten aus Elsaß-Lothringen,
die für Gutenbrunn (1724) aus Sachsen und dem Schwarzwalde. Die Entstehung des letzteren Ortes erinnert an die sagen-
hafte Besiedlung der Schweiz, wie sie Stauffacher in Schillers
„Tell" auf dem Rütli erzählt. Es wird nämlich gemeldet, daß
im Jahre 1724 die deutschen Einwanderer den Ort Gutenbrunn
aus eigenen Mitteln gründeten. Die Ansiedler lagerten vor ihrer
Niederlassung bei einer noch heute knapp an der Südwestseite des
Ortes befindlichen Quelle und da Wasser und Gegend ihnen wohl
gefielen, so beschlossen sie dort zu bleiben. Sie rodeten den Wald
aus und erbauten ihr Dorf, dem sie in dankbarer Erinnerung an
die gedachte Quelle den Namen „Gutenbrunn" gaben. Auch die
Ortschaft „Engelsbrunn" im Temeser Comitate und andere deutsche
Colonistendörfer entstanden an oder um die gesuchte, schätzbare
Trinkquelle, auf deren Vorhandensein auch die Colonisierungs-
Agenten sehen mußten. Manche Orte wurden verlegt oder ganz
aufgelassen, weil es an gutem Trinkwasser mangelte.

Zur Pflege des erzreichen Bergbaues im Banate berief Graf Mercy Bergleute aus Tirol, Oberungarn, Böhmen und Sachsen, welche namentlich die Orte Orawitza, Reschitza, Szászka, Moldova und die beiden Bogschan (Alt= und Neu=) ganz oder theilweise besetzten. Neben den Ackersleuten sah man besonders gerne auch Handwerker unter den Colonisten und verlieh denselben ebenfalls erhebliche Vortheile. Einen raschen Aufschwung nahm unter Mercy's Leitung der Hauptort des Banats, die Stadt und Festung Temesvár, wo noch vor dem Passarowitzer Frieden= schlusse, bereits am 1. Jänner 1718, der „deutsche Magistrat" sich constituierte. An der Spitze desselben stand der Stadtrichter, Tobias Balthasar Holb aus Frankenhausen in Baiern, und vier Rathsverwandte, von denen einer von Weyden „am ungarischen See" (Neusiedler=See), der andere von Löffa in Braunschweig, der dritte von Egenfeld in Baiern u. s. w. stammte. Wie man sieht, fanden sich schon frühzeitig Deutsche aus verschiedenen Ländern Deutschlands im Banate ein. Sechzehn Jahre stand das Banat unter der Oberleitung des Grafen Mercy, der am 29. Juni 1734 den Heldentod vor Parma's Mauern starb. Es war ein herber Verlust für die kaum gewonnene Provinz, welche seinem energischen und umsichtigen Wirken in kurzer Zeit so Vieles zu danken hatte.

Böse Tage brachen bald darauf über das Banat herein; der unglückliche Türkenkrieg von 1737 bis 1739 und die in seinem Gefolge auftretende Pest (1738—1739) fügten der jungen Cultur im Banate empfindlichen Schaden zu. Eine panische Furcht ergriff die Bevölkerung, ein großer Theil der Colonisten floh vor den Türken und die Mercy'schen Pflanzungen, die industriellen und und mercantilen Unternehmungen geriethen in Stockung und Ver= fall. Die Noth und Bedrängniß steigerte sich noch dadurch, daß einzelne Türkenscharen bis tief in das Banat herüberdrangen; der unglückliche Friede von Belgrad (1. September 1739), welcher die Errungenschaften des Passarowitzer Friedens jenseits der Donau und Save wieder Preis gab, brachte dem schwer heimgesuchten Banate die ersehnte Ruhe wieder.

Aber die Lücken, welche Krieg und Pest in die Bevölkerung
gerissen, konnten so bald nicht ausgefüllt werden; zudem hatte die
nach Kaiser Karl VI. Tod zur Regierung gelangte Maria
Theresia in den ersten Decennien ihrer Herrschaft so schwere
Kämpfe um die Erhaltung ihres rechtmäßigen Länderbesitzes zu
bestehen, daß sie den Interessen der einzelnen Theile ihres Reiches
nur vorübergehende Aufmerksamkeit und Fürsorge widmen konnte.
Anders wurde es nach dem siebenjährischen Kriege.

Die Erfahrung hatte gelehrt, daß die östlichen Länder der
habsburgischen Monarchie, Ungarn und seine zugehörigen Theile,
einen höchst ungenügenden Bevölkerungsstand aufweisen. Die
große Kaiserin-Königin hatte sich demzufolge über den Zustand der
weitläufigen Cameral- oder Krongüter in Ungarn ausführlichen
Bericht erstatten lassen und auf Grund desselben ergieng unter
dem 25. Februar 1763 ein Colonisierungs-Patent, in welchem
zunächst die bei erfolgendem Friedensschlusse in der Armee dienstlos
werdenden Leute aufgefordert werden, sich zur Ansiedlung in die
gesammten „Deutsch-, Temesvárer-, Hungarische und Siebenbürgische Erblande" zu melden, wobei den Colonisten der Cameralgüter
sechsjährige Steuerfreiheit, das Bau- sowie das Brennholz zugesagt
wurden, den Handwerkern („Professionisten") verhieß das Patent eine
zehnjährige Steuerfreiheit. Außerdem wurden Colonisations-Agenten
ins deutsche Reich entsendet, um zunächst aus den österreichischen Vor-
landen 400 katholische Familien zur Einwanderung in das Banat
zu gewinnen. Den verheirateten Colonisten wurden während der
Reise täglich zwölf Kreuzer, für jedes Kind drei Kreuzer, Ledigen
und Verwitweten je sechs Kreuzer bewilligt; ferner erhielten die
Ansiedler an Ort und Stelle zur Erbauung von Häusern Kosten-
vorschüsse auf fünf Jahre zugestanden, nach welcher Frist die eine
Hälfte der Vorschüsse hereingebracht, die andere nachgesehen werden
sollte. Dabei beobachtete man den Grundsatz, im Banate wo
möglich nur Katholiken anzusiedeln. Ausgediente Soldaten, die
sich zur Ansiedlung meldeten, bekamen nebst den obigen Vortheilen
noch 10—12 Gulden Gratification. Den Colonistenwerbern wurde
für jeden gewonnenen Ansiedler 1 fl. 30 kr. bezahlt.

Die in solcher Weise inscenierte Colonisierung, an deren Spitze seit dem 22. Juli 1766 in Wien eine besondere Colonial-Commission eingesetzt war, hatte bald guten Erfolg. Im Banate selbst gab es nach dem amtlichen Berichte vom 17. April 1763 insgesammt nur 32.981 Deutsche, von denen 299 Familien in der Zeit von 1754—1763 eingewandert waren. Außer Temesvár gab es bloß 17 von Deutschen ganz oder theilweise bewohnte Ortschaften. Die westlichen Gebiete des Banats boten noch immer eine traurige Abwechslung von Sumpfland, Heideboden und großentheils veröteten Orten, es befanden sich daselbst nur sehr wenige, von Serben bewohnte Dörfer.

Hierher wurde nun der stets zunehmende Strom der Einwanderer aus Deutschland gelenkt. In Wien erhielten diese ihre Pässe und Anweisungen für das Banat. Jedem Ansiedler wurden drei Gulden Reisegeld bis Ofen und hier abermals drei Gulden bis in das Banat angewiesen; später gab man den Colonisten diese sechs Gulden sofort in Wien.

Auf solche Weise kamen vom April bis zu Ende des Jahres 1763 bei 1000, im folgenden Jahre gegen 2000 Colonisten aus dem Hauenstein'schen, Trier'schen, aus Lothringen ꝛc. sowie zahlreiche Parteien von reduciertem Militär im Banate an. Hier wurden sie von den bestellten Colonisierungs-Commissären empfangen und in die neu angelegten oder erweiterten Dorfschaften eingeführt. Jede Familie erhielt Haus und Feld angewiesen, ebenso wurden sie mit dem nöthigen Zugvieh, Futter, Getreide auf ein Jahr und mit Ackergeräthschaften versehen, oder man gab ihnen Bargeld zur Anschaffung dieser Erfordernisse. Unter den deutschen Ansiedlern waren auch Leute, welche ein Vermögen von 100—300 fl. mitbrachten; namentlich aus Baden, Chur-Köln, Franken (Würzburg und Bamberg), aus dem Breisgau und dem Lothring'schen kamen solche vermögliche Colonisten, die dann außer den übrigen Vortheilen auch noch besondere Vergünstigungen erhielten. Die Nachricht von dem guten Fortgange der deutschen Colonisation im Banate hatte zur Folge, daß fast aus allen katholischen Theilen Deutschlands Ansiedler sich meldeten, weshalb die Regierung im

Jahre 1767 beschloß, auf den Cameralgütern des **Banats 2000**
neue Häuser für deutsche Colonisten zu erbauen.

In der Zeit von 1762—1767 wurden 27 Ortschaften mit
1628 Colonistenhäusern vergrößert und sieben Orte mit 1686
Wohn=, Pfarr=, Schul= und Wirthshäusern neu angelegt; somit
insgesammt 3314 Häuser erbaut und besetzt. Die Sorge der
Regierung für die „deutsche Impopulierung" war fortdauernd eine
lebhafte. Den bestellten Colonisten=Inspectoren wurde aufgetragen,
die Colonisten mit Rath, Mahnung und Rüge zu leiten, unver=
besserliche Ansiedler sollten „abgestiftet" und entlassen werden.
Die Colonisten mit Schlägen zu behandeln, war den Aufsehern
nicht gestattet. Nach einem a. h. Rescripte vom 23. März 1767
sollten die Schulzen der Gemeinden vernommen werden, um ihre
Vorschläge zur künftigen bessern Einleitung des Colonisationswesens
vorzubringen.

Nebenbei sorgte die Regierung für die Verbesserung des
Climas durch die Austrocknung der Sümpfe, durch Canalisation,
Flußregulierung, durch Auflassung der günstig betriebenen Reis=
cultur, weil diese die stagnierenden Gewässer vermehrte; denn das
Banat galt seiner gefährlichen Fieber wegen als das „Grab der
Deutschen." Wo Colonistenorte zu feucht lagen, wurden die Be=
wohner nach anderen Dörfern versetzt oder es mußte die Orts=
lage entsprechend verändert werden u. s. w.

Um ferner die Colonisierung angemessen weiter zu führen,
wurde im Jahre 1767 eine neue Landesmappierung vorgenommen
und nach deren Ergebniß die Ansiedlung neuer Colonisten bestimmt.
Im April 1768 besuchte Kaiser Josef II. zum ersten Male das
Banat, um sich von dessen Zustand genaue Einsicht zu verschaffen.
Bei seiner Reise äußerte der Kaiser seine besondere Freude, sobald
er in ein von Deutschen bewohntes Dorf kam. Er ließ die
Wünsche der deutschen Bevölkerung sorgfältig notieren, ebenso die
Zahl der angesiedelten Familien u. dgl. Seiner Ansicht nach
sollte vor Allem nebst einer bessern administrativen Einrichtung
die Bevölkerung des Banats durch deutsche Ansiedler vermehrt
werden. Insbesondere „müssen die Walachen nothwenig von

denen Wäldern wegkommen und von Kápolnasch aus bis gegen
Karansebes (also der östliche Strich des Banats) teutsche
angesiedelt werden, sonst seynd die Wälder hin", lautet die Auf=
zeichnung im Reisetagebuch Josefs.

Nach den Anträgen Josefs wurden dann Veränderungen in
der Administration, dann im Personale vorgenommen; strenge
Vorschriften zur Hebung der öffentlichen Zustände ertheilt, wobei
insbesondere auch auf die Verbesserung und Vermehrung des
Schulwesens gedrungen wurde. In allen größeren Dörfern
waren „taugliche Schulmeister" anzustellen; diese erhielten je nach
der Größe des Dorfes 30, 40 und 60 fl. Jahresgehalt. Außerdem
sollten in den Hauptorten Temesvár, Theresiopel, Groß=
Becskerek, Szent=Miklós, Karansebes, Weißkirchen,
Csakova, Werschetz und Lugos „teutsche Lehrschulen" auf
Kosten des Ärars errichtet werden, „damit allda besonders die
Raizische und Wallachische Jugend im Teutsch Reden, Lesen und
Schreiben wohl! unterrichtet" werde. Für Temesvár wurde
„ein Lehramt der Polizey= und Cameralwissenschaften" projectiert
u. s. w.

Aber vor Allem blieb die intensivere Besiedelung des Banats,
die Vermehrung des Bevölkerungsstandes, eine dringliche Noth=
wendigkeit. Zur gedeihlichen Handhabung dieses Ansiedlungs=
geschäftes erließ darum die Kaiserin=Königin Maria Theresia
unter dem 11. Jänner 1772 eine „Impopulations=Haupt=
instruction", worin es unter anderm heißt:

Ist es ein deutsches Dorf, in dem leere „Gründe" vorhanden
sind, so „müssen vor Allem nach Bedürfniß die Colonisten dahin
gesetzt werden;" ein „walachisches" oder „ratzisches" Dorf kann
durch „zuschiebende National=Unterthanen" seine Verstärkung erhal=
ten; denn man wollte die Mischung der Nationalitäten in demselben
Orte vermeiden. Erst bei Mangel überflüssiger Dorfsgründe soll
die Impopulation der „Prädien", d. i. der unbewohnten Cameral=
güter in Angriff genommen werden. „Vorzüglich werden aber
diejenigen (Prädien) zu wählen sein, die den Waldungen und dem
Wasser am nächsten liegen, eine vortheilhafte Lage zum Weinbau

nebst guter Luft, auch frisches und gesundes Brunnenwasser,
dagegen aber wenig Moräste haben."

Die neuen Dörfer seien weder in Sümpfen noch auf solchen
Stellen anzulegen, deren Boden allzu tiefe Brunnen erfordert.
In der Mitte des Dorfes sei der Platz zur Kirche, für den
Pfarrhof, das Schul= und Wirthshaus zu bezeichnen, ebenso in
jeder Gasse einige öffentliche Brunnen. Die Hauptgassen müssen
18—20 Klafter, die Quergassen 6—8 Klafter breit sein.

Die Gründe eines Dorfes können in ganze mit 37 Joch
(à 1600□°, 24 Joch Äcker, 6 Joch Wiesen, 6 Joch Weide, 1 Joch
Hausgrund), in halbe mit 21 Joch (12 Joch Äcker, 4 Joch
Wiesen, 4 Joch Weide, 1 Joch Hausgrund) und Viertel=Bauern=
gründe mit 13 Joch (6 Joch Äcker, je 3 Joch Wiesen und Weide
und 1 Joch Hausgrund) eingetheilt werden. Bei dieser Vertheilung
mußte man des Fernern darauf Bedacht nehmen, daß „außer den
Bauerngründen noch ein Stück Wiese und Weide für das nöthige
Vieh des Pfarrers und Schulmeisters, der Districtsbeamten, des
Wirthes, Fleischhauers und einiger anderer Handwerksleute übrig
bleiben muß."

Den Beginn der Colonie machte die Erbauung des Wirths=
hauses. Die Colonistenhäuser hatten eine Küche und zwei Wohn=
zimmer und konnten „entweder aufgestampfet, gesetzet oder von
Kothziegeln (luftgetrocknete Ziegel) oder auch von Holz mit Flecht=
werk dazwischen erbauet werden." Zugleich war das Schulhaus
aufzuführen, in welchem anfänglich auch der Gottesdienst abge=
halten werden sollte.

Jeder Gemeinde steht ein Schulze mit einigen Geschwornen
vor. Dem Schulzen soll während der drei Freijahre eine Besol=
dung von 24 fl., den zwei Geschwornen zu 12 fl. und dem
„Kleinrichter" (Dorfbüttel) 10 fl. jährlich „abgereichet" werden.
Der Schulze hatte nebst den Dorfrechnungen auch die Aufsicht
über die Localpolizei, über Waisenversorgung, Abgabenleistung
u. f. w. zu führen. „Ein jedes Ort ist mit einem mehr des
Lesens und Schreibens als der Musik wohl kundigen Schulmeister
zu versehen, und demselben aus der Gemeindecassa durch die drei

Freijahre eine Besoldung von ungefähr 60 fl. zu bezahlen." Jedes Dorf soll ferner mit den nöthigen Handwerkern versehen werden. Diese brauchen kein Bauerngut, doch bekommen sie einen kleinen „Kukuruz-" (Mais-) Acker und eine Wiese für eine oder zwei Kühe.

Besondere Vorschriften regelten die Anlegung von Bäumen; so hatte jeder Hauswirth außer den Obstbäumen in seinem Garten vor dem Hause auf der Gasse und im Hofe „wenigstens zwanzig Stück Pappel-, Felber- oder Maulbeerbäume nach Beschaffenheit des Grundes" zu pflanzen, überdies der Seidenzucht wegen im Garten zwölf Maulbeerbäume zu setzen, worüber jährlich eine ordentliche behördliche Visitation und Aufnahme stattfinden sollte. Jedes Haus mußte auch mit einer bestimmten, fortlaufenden Nummer bezeichnet werden.

In jeder neuen Ortschaft soll ein Chirurg angestellt sein und daselbst auch ein Krankenhaus eingerichtet werden; doch kann ein Chirurgus nöthigenfalls auch drei und mehrere kleinere Orte besorgen. Derselbe muß in Temesvár „durch Medicos genau examiniert und approbiert werden."

Wir verweilten länger bei dieser „Impopulations-Haupt-instruction", weil sie einen deutlichen Einblick gewährt, in welch überdachter, sorgfältiger Weise das Colonisierungsgeschäft von Seite der Regierung in Angriff genommen und geleitet wurde. Der Erfolg entsprach auch vollkommen dieser Umsicht und Fürsorge. Von 1768—1772 wurden 24 Ortschaften neu angelegt und darin 2097 Häuser erbaut. Im Ganzen hat man in dem Decennium von 1762—1772 zusammen 5359 Colonisten-, 9 Pfarr-, 26 Schul- und 17 Wirthshäuser hergestellt. Die Kosten für die Colonisation im Banate betrugen seit dem Jahre 1763 jährlich 200.000 fl. Den Culminationspunkt erlangte die Einwanderung in der Zeit von 1768—1771; in diesen vier Jahren betrug die Zahl der Einwanderer 4878 Familien mit 16.889 Personen. Die Colonisten stammten aus Lothringen, Trier, dem Elsaß, Schwarz-wald, Breisgau; aus Fürstenberg und der Pfalz, aus Vorder-Österreich, Mainz, Luxemburg, Nassau, Franken, Baden-Baden,

Schwaben, Tirol, Ober=Österreich; selbst aus der Schweiz. **Aus**
dieser Liste geht auch die Dialectschattierung hervor, die
man bei den Colonisten antreffen mußte und daraus erklärt sich
die Mannigfaltigkeit der süd= und westdeutschen Mundarten, denen
der aufmerksame Beobachter selbst heute noch unter den **Deutschen**
im Banate begegnet, obgleich die Zeit des Beisammenwohnens
manche Verschiedenheit schon abgeschliffen, ausgeglichen hat.

Mit dem Jahre 1773 wurde die Colonisierung auf
Staatskosten eingestellt; es mochten bis dahin unter der
Regierung der Kaiserin=Königin Maria Theresia etwa 25.000 deutsche
Ansiedler im Banate Unterkunft gefunden haben. Die Colonisierung
auf eigene Kosten der Einwanderer blieb daneben in bescheidenen
Gränzen; in den fünf Jahren von 1772—1776 ließen sich im
Ganzen bloß 67 Familien mit 264 Personen auf eigene Kosten im
Banate nieder. Aber auch später siedelte die Regierung von Zeit
zu Zeit die leer gewordenen Hausstellen an, so wurden z. B. im
Jahre 1775 im Ganzen 524 Häuser mit neuen Colonisten besetzt.

Einen neuen Aufschwung nahm das Colonisations=
Wesen unter Kaiser Josef II., der mit Recht in der
Dichtigkeit der Bevölkerung eine Hauptbedingung des Gedeihens
und der Stärke eines Staates erblickte. Die unter seiner Regierung
zuerst und wiederholt vorgenommene Conscription ergab für die
ungarischen Länder einen sehr niederen Bevölkerungsstand, der im
Jahre 1787 bloß 7,116.789 betrug. Das Temeser Banat, d. i.
die drei Comitate Temes, Krassó und Torontál hatten damals eine
Population von 555.828 Seelen; wie spärlich diese Bevölkerung
gewesen, ergibt sich aus der Thatsache, daß zu Ende des Jahres 1869
auf demselben Territorium eine Anzahl von 1,028.263 Menschen
lebte und dennoch die durchschnittliche Bevölkerung erst 3285 Seelen
auf die Quadratmeile betrug. Im Jahre 1787 kamen gar nur
1776 Bewohner auf die Quadratmeile. Und das war bereits
nach der Josefinischen Colonisierung; um wie viel schlimmer sah
es vorher aus!

Die Colonisierung sollte abermals in erster Linie die großen
Cameralgüter im Banate ins Auge fassen. Diese Güter waren

in sechzehn Rent=, zwei Ober= und dreizehn Unterämter eingetheilt; sie bestanden ferner aus den Häusern, Wirthschaftsgebäuden und Grundstücken in und außer Temesvár; aus den Bädern von Mehadia, aus dem privilegierten Marktflecken Großbecskerek, aus der Stadt Vinga (Theresiopel) und aus dem privilegierten Districte Großkikinda. Von diesen Gütern sollte nun ein Theil verkauft, ein anderer als Ärarial=Viehweide beibehalten, ein dritter mit neuen Ansieblern coloniert werden.

Zu diesem Zwecke erließ Kaiser Josef unter dem 21. September 1782 ein „Einwanderungspatent", wobei er insbesondere „deutsche Reichsglieder ("Ackersleute und Professionisten") aus dem obern Rheinkreise" zur Ansiedlung in seinen Staaten aufforderte. Das Patent versprach den Einwanderern vollkommene Gewissens= und Religionsfreiheit und die für jede Religionspartei benöthigten Geistlichen und Lehrer. Jede Familie erhält ein ordentliches, geräumiges Haus nebst Garten; die Ackersleute den erforderlichen Grund, in guten Äckern und Wiesen bestehend, und das nöthige Zug= und Zuchtvieh sowie die Feld= und Hausgeräthschaften. Die „Professionisten und Tagwerker" erhalten bloß die in der Hauswirthschaft nothwendigen Geräthe, nebstbei die Handwerker noch 50 fl. rhein. in Barem zur Anschaffung ihrer Werkzeuge. Der älteste Sohn ist und bleibt militär= frei. Jede Familie wird von Wien bis zum Orte ihrer Ansiedlung frei transportiert, wozu die benöthigten Reisegelder ausbezahlt werden; ferner dauert die Verpflegung so lange fort, bis die Familie im Stande ist, sich selbst zu ernähren. Auch später wird einer bedürftigen Familie gegen dreijährige Rückerstattung aller Vorschub geleistet. Für die Ankömmlinge sind die etwa erforder= lichen Spitäler errichtet und es werden die Kranken daselbst unentgeltlich gepflegt. Endlich genießen die Einwanderer vom Tage ihrer Ansiedlung durch zehn Jahre völlige Steuer= und Abgabenfreiheit.

Dieser Aufruf fand in Deutschland williges Gehör; scharen= weise meldeten sich die Auswanderungslustigen bei den kaiserlichen Agenten und Werbern; denn Josef's Name wirkte schon damals

22*

bezaubernd. Die Reichsfürsten dagegen sahen diese Bewegung mit
ungünstigen Blicken, die Auswanderung wurde verboten. Dessenungeachtet flüchteten die Leute massenhaft aus dem Gebiete ihrer
Herren, wo damals die Lage des Bauern= und Handwerkerstandes
eine meist sehr traurige war.

Die Einwanderer, welche sich auf den Cameralgütern im Banate
ansiedeln wollten, erhielten in Wien ein Reisegeld von zwei Gulden per
Kopf, in Preßburg wurde ihnen ein weiterer Gulden und endlich bei
ihrer Ankunft im Banate abermals ein Gulden per Kopf verabreicht.
Hier wies man ihnen ein eigenes Haus mit einem Zimmer, einer
Kammer, einer Küche und Stallung „von gesetzter Mauer" an
und theilte ihnen gemäß dem oberwähnten Theresianischen Coloni-
sierungspatente Grund und Boden nach ganzen, halben und Viertel=
Sessionen zu. Nach Erforderniß erhielt die Bauernfamilie auch
ein Paar Ochsen, zwei Pferde und eine Kuh sammt dem zur
Wirthschaftspflege erforderlichen Wagen, Pflug und Egge unentgeltlich. Den Professionisten, Handwerkern oder Fabrikanten wurde
ohne Unterschied der Religion das Bürger= oder Meisterrecht ebenfalls unentgeltlich verliehen. Später wurde den Gewerbsleuten
außerdem noch eine fünfzehnjährige Steuerfreiheit und zu ihrer
Einrichtung je nach Umständen eine Unterstützung bis zu 200 fl.
geboten.

Neben den Cameralgütern waren auch zahlreiche leere Haus=
stellen auf den Besitzungen der Privatherrschaften und diese
baten nun ebenfalls um Überlassung von Colonisten. Von den
zahlreich ankommenden Einwanderern meldeten sich jedoch in Wien
die meisten zur Ansiedlung nach Galizien, wo aber der Bedarf
schon Ende 1783 gedeckt war. Gegen das Banat walteten im
Reiche besondere Gründe. Die Nachbarschaft des Türken, sowie
das schädliche Klima schreckte zurück. Deshalb ergieng im Jahre 1784
eine neue Aufforderung an die Auswanderungslustigen, worin es
heißt: „Das Vorurtheil, als ob Ungarn, besonders das Banat,
der Gottesacker der Deutschen sei, schreibe sich aus den früheren
Zeiten der Türkenkriege her, und werde durch das Beispiel der
dort bereits blühenden deutschen Gemeinden widerlegt, überdies

seien bereits viele Sümpfe schon ausgetrocknet und in Erkrankungs=
fällen durch Errichtung von Spitälern gesorgt."

Um den Gang der Colonisation in gehöriger Ordnung und
Übersicht zu erhalten, wurden Commissäre in Ulm und Regens=
burg bestellt; in Wien aber der Hofagent Schulz zur weiteren
Anweisung der Colonisten beauftragt; in den Cameral=Bezirken
wurden Rent= und Bauämter und Spitäler errichtet und mit der
Herstellung von Colonial=Orten begonnen. Die Landes=
und Comitatsbehörden hatten die Weisung, allmonatlich anzu=
zeigen, in welchen Herrschaften oder Gütern die dahin abgeschickten
und angekommenen Colonisten untergebracht, wie viele davon in
neu erbaute Häuser wirklich eingewiesen, mit dem nöthigen Vieh
und den Geräthschaften versehen worden seien u. s. w. Nach einer
kaiserlichen Resolution vom 17. Mai 1784 wurden auch paßlose
Einwanderer mit den gleichen Beneficien bedacht, weil „solche
Leute gewiß ärmer seien als jene, die mit Pässen versehen sind."

Der günstige Erfolg des Aufrufes zur Einwanderung hielt
auch im Jahre 1785 an; dennoch waren noch viele Auswande=
rungsluftige mit den Bedingungen der Colonisation in Ungarn
nicht genau bekannt. Deshalb wurde im Jahre 1785 eine neue
„Belehrung" über die Vortheile und Bedingnisse dieser Ansie=
delungen von der kaiserlichen Regierung veröffentlicht. In den
23 Punkten dieser „Belehrung" sind die früheren Anerbietungen
umständlicher und deutlicher präcisiert.

Die Auswanderer werden an die drei Ansiedlungscommissäre
zu Koblenz, Frankfurt a. M. und zu Rothenburg am Neckar ver=
wiesen, wo sie ihre Absicht zur Einwanderung in die kaiserlich=
königlichen Erblande anzumelden und die erforderlichen Bedingnisse
und Belehrungen einzuholen haben. Ohne einen Paß von diesen
Commissären „wird kein Emigrant zur Ansiedlung angenommen."
Jeder „Ansiedlungswerber" hatte dem Commissär vorzulegen:
a) einen Entlassungsschein von seiner Landesherrschaft oder Regie=
rung; b) ein beglaubigtes Zeugniß seiner Ortsobrigkeit über seine
bisherige gute Aufführung und Verwendbarkeit zum Ackerbau oder
zu einem Handwerk; c) außer dem nöthigen Reisegeld hatten die

Aderbauer noch wenigstens 200 fl. Kaisergeld oder 240 fl. rhein. bar dem Commissär vorzuweisen. Ohne eine solche Barschaft wurde ihnen keine „Ansieblung in Gründen" zugestanden. Bei Handwerkern sah man auf diese Bedingung nicht so genau.

Alle Emigranten hatten den vorgeschriebenen Weg über Wien zu nehmen, wo sie nebst 2 fl. per Kopf zugleich die Anweisung des Ansieblungsortes erhielten; auf dem halben Weg ihrer Bestimmung bekamen sie abermals einen gleichen Betrag als Reisevergütung. Die Ansieblung mußte bis zum 1. October 1785 erfolgen. Wer sich sein Haus und die Wirthschaftsgebäude selber bauen wollte, empfieng die entsprechenden Kosten dieser Bauten in Barem, je nach dem wöchentlichen Fortgange des Baues selbst. Die Ansiebler mit 200 fl. Bargeld bekamen eine ganze Ansässigkeit zu 60 Morgen à 526 □ Klafter, sodann ein Haus mit zwei Stuben, einer Kammer und Küche, nebst Stallung und Scheuer, auch zwei Ochsen, zwei Kühe und ein Mutterschwein, endlich einen Leiterwagen, Pflug und Egge — unentgeltlich und erbeigenthümlich. Brachten Ansiebler 500 fl. und mehr Bargeld mit, so erhielten sie nicht bloß ein Bauerngut von 80 Morgen, sondern auch ihre miteinwandernden Söhne, wenn sie heirateten und einen selbständigen Haushalt gründeten, überdies noch eine halbe Ansässigkeit von 40 Morgen Land. Wo die Gründe minderer Qualität waren, wurde eine ganze Ansässigkeit zu 100, eine halbe zu 50 Morgen gerechnet.

Waren die „Ansieblungsgründe erst auszuöden oder urbar zu machen", dann genossen die Ansiebler eine 10jährige Befreiung von allen landesfürstlichen Grund= und Personal=Steueranlagen, sowie von allen Zinsungen und Frohndiensten. Erhielten sie aber ihre Ansieblungen „auf bereits gebauten herrschaftlichen Meierhofsgründen", dann haben sie nach einem Jahre alle an diesen Gründen klebenden öffentlichen Schuldigkeiten zu leisten. Alle mit Commissariatspässen einwandernden Ackersleute waren für sich und ihre ganze erste Generation von aller Rekrutenaushebung frei.

Die einwandernden „Fabrikanten und Professionisten" erhielten „in Städten oder auch in Dörfern nebst der unentgeltlichen

Professionsfähigkeit und dem Bürger- und Meisterrechte ein wenigstens mit einem Zimmer, einer Kammer und Küche versehenes Haus, gegen Wiederbezahlung des Werthes in zehnjährigen Raten und wo möglich 'einen Garten von 1—1¹⁄₂ niederösterreichischen Metzen Aussaat, zu den ersten Auslagen ihrer Professions-Einrichtung aber 50 fl. an Geld, welche sie nicht wieder zurückzuzahlen hatten, und übrigens alle den Ackersleuten zugesagte Befreiungen." Den „Commercial-Professionisten," d. h. jenen, die „Commercialwaren erzeugen", wurden noch beträchtlichere Vorschüsse geleistet. Solche Professionisten waren: Alle Gattungen Lein-, Wollen- und Baumwollweber, alle Gattungen von Bandmachern, dann Bleichmeister, Büchsenmacher, Kattundrucker, Drahtzieher, Fellgärber, Gelbgießer, Uhr-, Glas-, Hut-, Handschuh- und Knopfmacher, Klempner, Kupfer-, Zeug- und Zirkelschmiede, Nadler, Papiermüller, Posamentierer, Roth- und Weißgärber, Strumpfwirker und Strumpfstricker, Stahlarbeiter, Schönfärber, Tuchscherer, Walkmeister, Zinngießer. Unter die „Polizeizünfte" wurden gerechnet: gute Zimmerleute, Maurer, Schreiner, Müller, Glaser, Wagner, Sattler, Riemer, Schlosser, Schmiede, Gürtler und Blechner oder Spengler.

Interessant war der §. 23 der „Belehrung", welcher also lautete: „Sowohl katholische als lutherische und reformierte Religions-Verwandte genießen gleichen Schutz und wird wegen des Gottesdienstes und der nöthigen Schulunterweisung dahin der Bedacht genommen werden, daß so viel möglich einerlei Religionsverwandte in einer Gegend angesiedelt werden, um so bequemlicher die erforderliche Seelenpflege und (den) Unterricht zu erhalten".

Nach diesen Vorbereitungen wurden im Jahre 1784 bis Ende April 1785 im Temeser Bezirke 909 Familien angesiedelt und im Jahre 1784 daselbst 315 Colonistenhäuser neu erbaut, 1275 Häuser zu bauen angefangen. Den Ansiedlern wurden im obigen Zeitraume an Bargeld im Temeser Bezirk 5.120 fl. (und vorher in Wien und Pest mindestens jedesmal ebensoviel, also 10.240 fl.) an Reisegeld und 5.923 fl. an Verpflegung verabfolgt. Sodann erhielten dieselben an Naturalien 551 Metzen Weizen, 5.892 Metzen Halbfrucht und 117 Metzen Gerste im

Gesammtwerthe von 4.232 fl. Rechnet man nun die 315 fertigen Colonistenhäuser à 200 fl. zu 63.000 fl., so kam die Ansiedlung der obigen 909 Familien auf ungefähr 88.515 fl. zu stehen. Vom 1. Mai 1784 bis Ende November 1875 waren in das Banat 2.372 Familien mit 11.768 Köpfen eingewandert. Im Jahre 1786 konnten hier noch 2433 Familien untergebracht werden; die Zuströmung der Einwanderer war jedoch so groß, daß 374 Familien vorläufig ohne Unterkunft blieben und bei schon angesiedelten Colonisten Quartier nehmen mußten. Darum ergieng unter dem 24. April 1786 die Weisung an die Colonisierungs-Commissäre, die weitere auf Staatskosten erfolgte Einwanderung einstweilen einzustellen.

Im Jahre 1786 wurden auch nur 408 Familien mit Staatspässen nach Ungarn geschickt; auf Privatgütern ließen sich im Banate in diesem Jahre 159 Familien nieder.

Die Resultate der deutschen Einwanderung in das Banat in den Jahren 1784—1786 faßt ein amtlicher Bericht in nachstehende Momente zusammen: Es wurden 14 Ortschaften neu erbaut, 13 vergrößert. Die Zahl der theils fertigen, theils zu bauen angefangenen Häuser war 2880, darin wurden 1550 Familien untergebracht. Außerdem mußten 1433 Familien bei anderen Colonisten einquartiert werden. Das macht im Ganzen 2988 angekommene Familien. Für das Jahr 1787 wurde die Unterbringung von 2880 Familien beantragt; es blieben somit für das Jahr 1788 noch 108 Familien übrig; doch bemerkt der Bericht hiezu: „Da sicher zu vermuthen ist, daß von diesen 108 Familien noch viele aussterben oder entweichen, so läßt sich dieser Antrag nicht eher als bis Ende des Jahres 1787 bestimmen."

Wie richtig diese amtliche Vermuthung gewesen, ersieht man aus dem im Jahre 1788 erstatteten „Haupt-Ausweise" über die Colonisierung von 1784 bis Ende 1787. Darnach waren für die Ansiedlung im Banate 2702 Familien angetragen; es wurden jedoch in den vier Jahren von 1784 bis 1787 bloß 2315 Familien untergebracht, folglich blieben noch 387 Familien übrig. In dieser Zeit wurden 2363 Familien mit Haus-, 2267 Familien mit Wirthschaftsgeräthen, 2274 mit Vieh und 2417 Familien mit Grundstücken betheilt. Im Ganzen kamen 2319 Familien gänzlich aus der Verpflegung. Mit dem 13. März 1787 wurde dann die Ansiedlung auf Staatskosten gänzlich eingestellt.

Unter Kaiser Josef II. waren nach Ungarn überhaupt etwa 7600 deutsche Familien eingewandert. Bei einem durchschnittlichen Familienstatus von 5 Köpfen beträgt das 38.000 Seelen. Die überwiegende Mehrzahl hievon, nämlich 5790 Familien, kam nach Süd-Ungarn. In das Banat wanderten damals etwa 2700 Familien ein. Das macht eine Mehrung der deutschen Bevölkerung um 13.500 Seelen. Setzt man die Ansiedlungskosten für eine Familie auf durchschnittlich 500 fl., so hatte der Staat in den Jahren von 1784—1788 für die deutsche Einwanderung nach Ungarn überhaupt nahe an 4 Millionen Gulden ausgegeben. Für die Bácska und das Banat betrugen die Ansiedlungskosten etwa 2,895.000 fl., für das Banat allein 1,350.000 fl.

Diese Kosten erscheinen sehr unbeträchtlich, wenn man erwägt, daß dem volksarmen Lande Ungarn 38.000 Seelen zugeführt wurden und das gerade zumeist in den verwahrlosten, veröbeten südlichen Landstrichen, die unter dem cultivierenden Einflusse dieser neuen Ankömmlinge bald ein freundliches Aussehen gewannen. Erwägt man ferner den Umstand, daß die eingewanderten deutschen Familien mindestens ein Barvermögen von 2 Millionen Gulden mit ins Land gebracht haben, so mindert sich der obigen Kostenaufwand schon bedeutend herab.

Wer etwa denken würde, daß Kaiser Josef II. durch diese Colonisierung seinen angeblichen „Germanisierungstendenzen" huldigen wollte, der gienge gar sehr in die Irre. Nichts lag dem Kaiser ferner, als eine Nationalitätenpolitik modernen Schlages. Die Verbesserung der Bodencultur, der Anbau brachliegender Landstrecken, die Mehrung des Bevölkerungsstandes und dadurch die Förderung des Staatszweckes überhaupt, waren die Absichten des Kaisers. Er selber spricht sich in einem Rescripte vom 8. Juli 1786 hierüber folgendermaßen aus: „So nützlich die deutsche Ansiedlung in dem Bácser und Temeser District sein

mag, zu deren Beförderung ich schon beträchtliche Summen verwendet habe, so schädlich würde sie dennoch für diese Gegenden
ausfallen, wenn man sie zum Nachtheil der älteren Colonisten,
nämlich der Razen und Illyrier, begünstigen wollte. Da diese
an das Land gewöhnt, mithin eine solche Familie in Ansehung
ihrer innerlichen Stärke mehr als drei deutsche zu schätzen ist.
Meine Willensmeinung gehet also dahin, daß sie die Administration
gemessenst anweisen, daß bei allen Ansiedlungen irrender Colonisten
nie einer illyrischen oder walachischen Gemeinde ein Grund benommen
werde, den sie entweder zu ihrer Subsistenz oder zu Erhaltung
ihrer Viehzucht bedarf."

Und in der Instruction für die landesherrlichen Commissäre
in Ungarn sagt der Kaiser im §. 3: „Eine von Landeskindern
selbst, besonders von der razischen Nation und aus der Türkei
oder Walachei herüberkommenden Emigranten nach und nach zu
erzielende Menschenvermehrung würde gewiß viel wohlfeiler und
gedeihlicher sein, als alle Ausländer."

Gleichwie also der Kaiser die confessionellen Verschiedenheiten
bei den Einwanderern als kein Hinderniß ihrer Ansiedlung
betrachtete, so war er auch gleichgiltig gegen deren Nationalität.
Ihm galt die Nützlichkeit, das Staatswohl als das leitende
Princip, dem alle anderen Rücksichten weichen mußten. Man thut
also sehr Unrecht, in Kaiser Josef II. das Schreckensgespenst
eines „Germanisators" vorführen zu wollen.

Nach dem Tode des Kaisers Josef war die Einwanderung
aus Deutschland im Grunde erloschen; es fanden nur sporadische
Nachwanderungen oder Übersiedlungen im Lande selbst
statt. Namentlich wurden aus Ober=Ungarn (Kaschauer Cameralbezirk) ferner aus dem Neitraer Comitate deutsche Familien in
das Banat transferiert. Steirische Kohlenbrenner und Holzknechte
wanderten in den Jahren 1790—1792 in die Banater Bergwerks-
bezirke.

Trotz der Begünstigungen der Colonisten im Banate fanden
sich doch von Zeit zu Zeit viele leere Sessionen und verlassene
Häuser in den dortigen Cameralorten vor; denn noch immer war

das Klima sehr ungesund oder die verarmten Bewohner zogen weiter. So zählte man z. B. im Jahre 1794 nur im Temes= várer Comitate 250 ganze, 597 halbe, 1029 Viertel= und 660 Achtel leere Anfässigkeiten. Die Folge davon war das Anwachsen der Steuerrückstände, die in 143 Cameralorten des Banats im Jahre 1794 auf 222.571 fl. 43 kr. gestiegen waren.

Die Lücken in der Bevölkerung wurden theils durch Über= siedlung aus anderen Theilen des Landes, theils durch neue Zuwanderungen von auswärts zu beseitigen gesucht. In den Kriegsjahren seit 1793 kamen zahlreiche Emigranten aus Loth= ringen, so z. B. im Jahre 1794 allein 400—500, die im Banate theilweise Aufnahme fanden. Im Jahre 1802 baten 2—3000 schwäbische Flüchtlinge um Ansieblungen, die man ihnen auch im Banate gewährte. Im Jahre 1808 wurden abermals 83 Falken= steinische und andere deutsche Familien im Banate auf leer gewordenen Anfässigkeiten untergebracht. Im Jahre 1810 verlangten zahlreiche Familien aus Tirol, Kärnten, Krain und Illyrien, also aus jenen Provinzen, die für das Haus Österreich im Wiener Frieden verloren gegangen, in Ungarn und dessen Nebenländern Ansiedlungsstellen, damit sie unter dem angestammten Herrscher bleiben könnten. So wurden im Jahre 1810 im Banate allein besetzt: 22 ganze, 80 halbe, 111 Viertel und 101 Achtel leere Cameral=Sessionen. Es wurden also 314 Familien angesiedelt. Besondere Rücksicht wurde den tirolischen Emigranten geschenkt und für sie die beiden Ortschaften Fibisch und Königsgnad angelegt.

Auch in den Jahren 1811—1814 fanden sich jährlich deutsche Einwanderertruppen im Banate ein. So wurden im Jahre 1812 56 Gottscheer Familien auf der Oravitzaer Herrschaft, 1811—1814 Emigranten aus dem Falkenstein'schen und Baden=Durlach'schen, im Ganzen 164 Familien, untergebracht; im Jahre 1816 kamen 55 Württembergische Familien nach Königsgnad, das von den Tirolern größtentheils wieder verlassen worden war.

Die fortdauernden Kriegsnöthen, dann die Theuerung in Deutschland trieb immer wieder die Auswanderer nach Ungarn und ins Banat. Im Jahre 1816 lagerten bei 900 Württemberger, Badenser und Hessen geld= und hilflos um Temesvár; sie wurden auf leere Sessionen, ausnahmsweise selbst in walachische Orte angesiedelt. Da jedoch das Ansuchen deutscher Einwanderer um Unterkunft in Ungarn fortdauerte, ließ die Regierung im Jahre 1817 einen Ausweis über alle leeren Ansässigkeiten in den Cameralorten anfertigen. Darnach waren am 1. Mai 1817 auf sämmtlichen Banater königlichen Domänen 57 ganze, 169 halbe, 153 Viertel, 340 Achtel leere Ansässigkeiten. Diese wurden theils mit „Nationalisten", theils durch solche Deutsche besetzt, welche bereits im Lande waren.

Im Jahre 1829 erfolgte an alle Länderchefs die verschärfte Weisung, künftig keine deutschen Colonisten über die Grenze der österreichischen Monarchie zu lassen, wenn sie nicht daselbst ein Vermögen von 500 fl. in klingender Münze ausweisen konnten. Damit hatte für das Banat und für Ungarn überhaupt die deutsche Einwanderung in größeren Massen ein Ende genommen, obgleich auch fernerhin die individuellen Zuwanderungen aus „dem Reiche" ins Banat fortdauerten.

Über das allmähliche numerische Wachsthum der Deutschen im Banate liegen leider nur spärliche Daten vor. Daß aber das Temeser Gebiet trotz seines Klimas der Menschenvermehruug nicht abträglich gewesen, lehren folgende Ziffern. Im Jahre 1775 zählte das Banat ohne die Militärgrenze 317.928 Einwohner; zehn Jahre später (1785) war diese Anzahl bereits auf 550.409 (also um 232.481 Seelen mehr) gestiegen und im Jahre 1805 wurde sie zu 636.198 Seelen angegeben. Die Bevölkerung hatte sich also innerhalb 30 Jahren gerade verdoppelt. An dieser rapiden Vermehrung hatten selbstverständlich auch die Deutschen ihren Antheil, wozu die oben geschilderten fortdauernden Zuwanderungen allerdings ebenfalls sehr Vieles beitrugen. Zwar wenn man den vorhandenen mangelhaften Daten Glauben schenken darf, so war in den letzten Decennien des vorigen und im ersten Viertel unseres Jahrhunderts die Vermehrung der deutschen Bevölkerung noch immer eine sehr langsame. Der Geo= und Ethnograph Csaplovics

gibt im Jahre 1829 an, daß damals im Banate bloß in 43 Ort=
schaften Deutsche lebten. Die Comitate Krassó und Temes
erschienen ihm als fast durchgehend „wlachisch" (rumänische) und
auch im Torontaler Comitate waren seiner Angabe zufolge die
Walachen (?) „am zahlreichsten".

Vorausgesetzt, daß diese Daten glaubwürdig erscheinen, dann
bekunden die Deutschen im Banate später eine geradezu verblüf=
fende Propagativkraft. Nach Griselinis Angaben aus dem
Jahre 1775 waren damals im Banate ungefähr 40.000 Deutsche.
Im Jahre 1851 fand die erste ordentliche Volkszählung die Zahl
der Deutschen im Banate (ohne die Militärgrenze) mit 335.080 Seelen.
Der ungarische Statistiker A. Fényes berechnete im Jahre 1867
deren Anzahl allerdings bloß auf 218.264 (mit der Militärgrenze
auf 249.347) — eine Ziffer, die mindestens um 100.000 hinter
der Wirklichkeit zurückgeblieben war. Denn im Jahre 1870
stellte der Chef des königlich=ungarischen statistischen Landes=Bureaus,
Karl Keleti, nach seiner bloß beiläufigen Berechnung die Banater
Deutschen in den Comitaten Krassó, Temes und Torontál (also
ohne die Militärgrenze) auf 346.286 Seelen. Sechs Jahre später
(im Jahre 1876) war demselben Statistiker zufolge die Zahl der
dortigen Deutschen auf 357.215 gestiegen. Von 1851—1876,
d. h. in 25 Jahren hatte also die deutsche Bevölkerung im Banate
um 22.135 Seelen zugenommen. Das würde einer Vermehrung
von 7% oder von 0·28% im jährlichen Durchschnitte gleich
kommen. Diese Zunahme wäre jedenfalls nicht im Stande gewesen,
die Zahl der Deutschen von 40.000 des Jahres 1775 auf mehr
als das Achtfache im Jahre 1876 zu erhöhen. Man muß also
diese raschere Vermehrung entweder der kräftigern natürlichen
Propagation und der zahlreichern Einwanderung zuschreiben oder
es erscheinen die ältern Populationsziffern als zu niedrig angegeben.
Immerhin beträgt aber auch die bescheidene Zunahme von 0·28%
jährlich noch immer das Doppelte des Bevölkerungszuwachses in
Ungarn überhaupt, der kaum 0·12% im Jahre ausmacht. Nimmt
man die Deutschen in der ehemaligen Banater Militärgrenze,
welche heute bereits den Comitaten einverleibt ist, hinzu, (welche

Deutschen selbst nach A. Fényes im Jahre 1867 schon 30.133 Seelen ausmachten): so greift man wohl nicht zu hoch, wenn man die Anzahl der Deutschen auf dem Gebiete zwischen Donau, Theiß, Maros und dem Siebenbürgischen Hochlande mit rund 400.000 Seelen festsetzt. Von sämmtlichen Deutschen in Ungarn-Siebenbürgen wohnt also ungefähr ein Fünftel im Temeser Banate.

Die Banater Deutschen, die zwar nicht durchwegs dem eigentlichen schwäbischen Volksstamme angehören, da, wie wir bereits angeführt, auch Baiern, Franken und Leute vom Mittelrhein hieher gewandert waren, werden doch in der Regel als „Schwaben" bezeichnet und es haben sich auch im Verlaufe eines Jahrhunderts unter dem Einflusse der gleichen politischen, socialen und materiellen Verhältnisse allmählich ähnliche Zustände entwickelt, die eine gewisse Gleichförmigkeit des Banater Deutschthums hervorgerufen haben, obgleich der genaue Beobachter in Körperbau und Sprache, in Spruch und Lied, in der Kleidung und in sonstigen Gebräuchen und Gewohnheiten noch die ursprünglich größeren Verschiedenheiten zu erkennen vermag.

Im Banate wohnen die Deutschen theils in rein deutschen Ortschaften, theils in national gemischten, welch letztere abermals von zweierlei Art sind: entweder wurden die deutschen Einwanderer bei ihrer Ansiedlung sofort in fremdsprachige (serbische oder rumänische) Orte eingewiesen oder die bereits angesiedelten Deutschen occupierten allmählich das Terrain in der benachbarten fremden Ortschaft, wodurch diese einer successiven Germanisierung unterworfen wurden. Wenn Csaplovics im Jahre 1829 bloß 43 deutsche Ortschaften im Banate angibt, so bestehen heutzutage im Torontaler Comitate allein über 60 rein deutsche Marktflecken und Dörfer.

Die Deutschen des Banats wohnen hauptsächlich auf dem flachen Lande, obwohl die Städte Temesvár, Werschetz, Weißkirchen, Großbecskerek, Groß-Kikinda, Lugos, Orawitza und Pancsova ebenfalls eine vorwiegend oder doch stark deutsche Bevölkerung haben; zum mindesten bildet auch in diesen Städten die deutsche Sprache die allgemeine Verkehrssprache aller Gebildeten und das Mittel zur Verständigung unter den verschiedenen Nationalitäten dieses Gebietes. Der Handel und das Handwerk ist in diesen Städten ausschließlich oder doch überwiegend deutsch.

Die deutschen Dörfer und Marktflecken, von denen die bevölkertsten und reichsten im nördlichen Theile des Torontáler Comitats, auf der sogenannten „Heide" („Hab"), liegen, zeichnen sich schon in der äußeren Anlage und Beschaffenheit vor den Wohnorten der übrigen Volksstämme aus. Die größten und schönsten deutschen Orte im Banate sind: Hatzfeld mit 8500, Marienfeld mit 7000, Billét mit 5000, Perjámos mit 6000, Bogáros mit 3000, Nákofalva mit 2500, Deutsch-Csanád mit 2100, Gottlob mit 3000, Lovrin mit 4000, Sándorháza mit 2000, Trübswetter mit 3700, Deutsch-Czernya mit 2800, Grabácz mit 2600, Csatád mit 3200, Ostern mit 2400, Gyergyámos mit 3000, Groß-Jécsa mit 3800, Zichydorf mit 3000, Neu-Beschenowa mit 2500, Johannesfeld mit 2000, Uj-Pécs mit 2000, Ernestháza mit 1800 Einwohnern u. f. w.

Betritt man ein deutsches Dorf, so öffnet sich eine breite Straße, die zu beiden Seiten mit Abzugsgräben eingefaßt ist und von den Häusern durch eine doppelte, schattige Baumreihe getrennt wird. Diese Straße durchschneidet in gerader Linie das Dorf und in ihrer Mitte wird sie meist von einer ebenso breiten Querstraße gekreuzt. Das Viereck, welches die Kreuzung im Centrum bildet, ist zugleich der „Platz", wo Kirche, Schule, Pfarr-, Gemeinde- und Wirthshaus ihre Stelle finden. Das gesammte öffentliche Leben der Gemeinde, von der Geburt bis zum Grabe, läuft hier zusammen. Die übrigen Seiten- und Quergassen sind größtentheils nur halb so breit als die Hauptstraße; an den Durchschnittspunkten derselben steht entweder ein Radbrunnen oder ein Kreuz. Auch in diesen Nebengassen sind die Häuser von schattigen Bäumen eingerahmt.

Die Häuser wenden ihre Giebelseite der Straße zu; diese Seite hat meist nur 2—3 Fenster, welche durch grüne Läden oder

Jalousien geschlossen werden. Die Giebelwände sind weiß
getüncht, am untern Rande mit farbigen Streifen versehen und
laufen oben in eine Spitze zusammen, welche hie und da abgerundet
ist und eine farbige Kugel trägt oder der Giebelrand hat einen
Holzrahmen, dessen beide zusammentreffende Enden die altdeutschen
Pferdeköpfe als Schnitzwerk zeigen. In neuester Zeit greifen jedoch
die Giebel mit Feuermauern stets mehr um sich, ebenso macht die
Bedachung mit Roggenstroh oder Schindeln den feuersicheren
Ziegeldächern Platz.

Die Langseite des Bauernhauses steht nach dem Hofraume
zu, in diesen tritt man von der Straße durch eine „Gassenthür",
zu welcher meist einige Treppen führen, oder durch das Hofthor,
das indessen in der Arbeitszeit gewöhnlich geschlossen ist. Ein
Zaun von Brettern oder Ziegeln schließt den Hofraum nach der
Straße und dem Nachbarn hin ab. Die Gassenthür leitet in die
höher gelegene, überdachte Hausflur; von hier gelangt man in die
geräumige Küche mit dem riesigen Kochherde und den blank
gescheuerten Holz=, Thon= und Kupfergeschirren. Aus der Küche
führt eine Thür in die der Straße zu gelegene „Stube", welche
zum Empfang der Fremden und zur Bewirthung der Gäste dient
und in ihrer Ausstattung den Stolz der echten Bäuerin bildet.
Da stehen zu beiden Seiten die hoch aufgethürmten Betten, vor
denen blau angestrichene und rothblumige Sitzbänke sich befinden.
Zwischen diesen steht ein Tisch in gleicher Farbe, daneben ein
Schubladkasten und über demselben der „Altar", nämlich eine
Zusammenstellung eingerahmter Heiligenbilder mit einer Lampe
davor, die bei Fest= und Gedenktagen angezündet wird.

Hohe Schränke und farbige Gewandtruhen, hie und da wohl
auch schon feineres Meublement (Divans, gepolsterte Stühle,
polirte Kästen), ferner Kleiderrechen für den Sonntagsstaat der
Bäuerin sowie ein Gestell für das bessere Eßgeschirr vollenden die
innere Einrichtung der stets reinlich gehaltenen Stube, deren
Fenster von sauberen Gardinen eingefaßt werden und deren gedielter
Fußboden allwöchentlich sorgfältige Scheuerung erfährt. Da die
„Stube" meist nicht benützt wird, so fehlt darin zuweilen auch
der Ofen.

Gegenüber, auf der andern Seite der Küche, liegt die „Kammer", die eigentliche Wohn= und Schlafstube, die weit einfacher ausgestattet ist; an diese schließt sich dann zumeist noch eine Schlafstelle oder eine Vorrathskammer und dann folgt der Pferdestall, den der Banater Deutsche gerne in seiner Nähe hat Im Stalle schläft der walachische Knecht und oft auch der älteste erwachsene Sohn vom Hause. An den Pferdestall reiht sich der Stall für die Kühe und Ochsen.

Die andere Hofseite gehört dem Schweinskoben, den Schütt= häusern für den Mais (Kukuruz), dem Geflügel= und Hundestall. In der Mitte des Hofes steht der Ziehbrunnen. Nach der Straße hin trifft man auf den meisten Bauernhöfen noch ein kleineres Wohnhaus, meist nur aus einem Zimmer und einer Küche mit kleiner Vorrathskammer bestehend. Das ist das „Ausbehalt= Häuschen"; hierher zieht sich der alte Bauer zurück, wenn er dem erwachsenen, verheirateten Erstgebornen die Wirthschaft übergeben hat.

Ein Gitterzaun trennt den Vorderhof von dem Wirthschaftshofe. Hier hat wohl auch das Geflügel seinen gewöhnlichen Aufenthalt; hier wird im Juli in riesigen Feimen (Triften) die herein= geführte Ärnte aufgethürmt, welche dann auf der glattgestampften Tenne entweder durch die Pferde ausgetreten oder seit neuester Zeit durch die Dreschmaschinen ausgedroschen wird. Das Stroh bleibt dann als Feuerungs= und Streu=Material hochaufgeschichtet im Hofe zurück.

An diesen Hof schließt sich der Hausgarten, der außer dem gewöhnlichsten Gemüse noch einige Obstbäume enthält. Der Gartenbau bildet leider einen zumeist vernachlässigten Theil der deutschen Landwirthschaft im Banate. Freilich darf nicht übersehen werden, daß die weitausgedehnte Ackerwirthschaft alle Arbeitskräfte absorbiert; dennoch könnte in der Pflege der Hausgärten mehr geleistet werden.

Der Banater Deutsche repräsentiert einen kräftigen, ausdauernden M e n s c h e n s c h l a g. Von mittlerer Größe und untersetzter Gestalt zeigt er einen gedrungenen Körperbau, der mit den Jahren zur Korpulenz neigt und dem deutschen Bauer bei seiner reichlichen

Kost, regelmäßigen Lebensart und anständigen Kleidung ein behä=
biges Aussehen verleiht. Das Gesicht des Bauern ist stets glatt
rasiert, nur der Ortsrichter oder „Schulz" trägt für die Dauer
seines Amtes einen Schnurrbart, den er aber wieder abnimmt,
sobald er den Stock mit dem silbernen Knopfe abgibt. Man hat
beobachtet, daß das Tragen der Schnurrbärte den ersten Schritt zur
Ablegung des rechten Bauernthums bedeutet. Der Handwerker
trägt Schnurr= und wohl auch Vollbart, ohne daß diese Sitte
seinem socialen Wesen nahe gienge. Die Banater Deutschen haben
ihre frühere Kleider=Tracht mit einer halb ungarischen ver=
tauscht. Der Sonntagsstaat des Bauern (und der schulentwach=
senen Burschen) besteht aus Jacke, Weste und enger Stiefelhose
aus dunkelblauem Tuche; der Anzug ist vieler Orts verschnürt
oder auch nur mit schwarzen Knöpfen besetzt; an der Weste fällt
eine dichte Reihe runder Stahlknöpfe auf. Den Fuß bedecken
Stiefeln mit hohen Schäften aus Corduanleder, den Kopf ein
breitkrämpiger Filzhut oder eine schwarze Kappe aus Lammsfell.
Im Winter hüllt sich der Deutsche in eine pelzgefütterte Jacke
oder er nimmt einen Schafspelz um, der dann auf der Außenseite
mit dunklem Tuche überzogen ist. Bei der schweren Feldarbeit
trägt er wohl nur weite Linnenhosen und ein ditto Hemd, an
den Füßen weiße Socken in Lederpantoffeln.

Das „Weibsvolk" oder „Weibsmensch" hat seine eigenthüm=
liche Tracht mehr bewahrt. Die Mädchen und jungen Weiber
kleiden sich in kurze weitfaltige Röcke aus Zitz von helleren Farben,
über welche eine breite Schürze gebunden wird. Den Oberleib
verhüllt im Sommer ein feines Linnenhemd, ein schwarzes Seiden=
leibchen und ein über die Brust gefaltetes Seidentuch, in der
kälteren Jahreszeit eine warme Tuchjacke. Um den Hals schlingt
sich ein schwarzes Seidenband mit einem silbernen oder goldenen
Kreuze. Das Haar wird bei Mädchen nach rückwärts gestrichen,
in einen Zopf geflochten und dieser dann durch einen hohen Kamm
oben am Scheitel befestigt. Die Weiber tragen das Haupt stets
mit einem leichten Kopftuche bedeckt; bei den jüngeren Weibern
ist das Kopftuch gewöhnlich aus schwarzer Seide; die älteren

tragen ein weißes Kopftuch. Eigenthümlich ist, daß in manchen deutschen Ortschaften die Trauer um einen Todten durch weiße Kopftücher ausgedrückt wird. Die Füße des weiblichen Geschlechts stecken in ausgeschnittenen Schuhen und blauen Strümpfen mit rothen Zwickeln. Als eigentlichen Schmuck trägt das deutsche Bauernmädchen nur silberne Ohrgehänge; nach der Verehelichung aber den Ehering. Während der Sommerszeit deckt den Kopf der arbeitenden Mädchen und Weiber ein breitkrämpiger, meist selbstverfertigter Strohhut.

Im Allgemeinen kennt der Banater Deutsche keinen Kleiderluxus, obgleich die reichen „Habbauern" auch darauf (insbesondere auf die Feinheit des Kleiderstoffes, dann auf die Anschaffung von Taschenuhren, Ketten 2c.) gerne Manches „aufgehen" lassen.

Bei dem arbeitsvollen Leben bleibt dem Banater Deutschen wenig Zeit zum Sinnen und Kopfhängen; er hat dazu auch von Natur aus geringe Neigung. Durch und durch praktisch, ein fermer Rechner, großer Egoist und Sparmeister, voll Mißtrauen gegen die „Herrischen", geht er unentwegt seiner Arbeit nach und legt sich dabei oft mehr auf, als recht und dienlich ist. In dem Besitz von Grund und Boden erkennt er das Ideal; je mehr Ackerland, desto höher seine Befriedigung. Darum pachtet er meist zu seinem Eigenland noch Felder von den benachbarten Serben und Rumänen, wobei dann aus dem Pächter häufig ein Eigenthümer wird. Der Fleiß des Banater Deutschen ist sprichwörtlich; er hat dessen aber auch vonnöthen, wenn er die Fülle der Arbeiten bewältigen will. Denn der Boden des Banats trägt trotz der schweren Mißhandlungen und Ausbeuten, die er in den letzten Decennien erdulden mußte, noch immer sehr reichlich. Ein Joch Ackerland à 1600☐ Klafter gibt bei einer guten Mittelärnte 50—60 Metzen Hafer (à 56 Liter), 20—35 Metzen Weizen (und was für Sorte!), 25—30 Metzen Mais in Körnern, 20—25 Metzen Reps u. s. w. In guten Jahren ist der Erlös oft dem Werthe des Bodens gleich. Dabei wird der Acker im Allgemeinen wenig oder gar nicht gedüngt; der Boden würde durch den Dünger zu üppig werden und das Getreide zu sehr in die Halme schießen.

23*

Neben dem Ackerbau betreibt der Banater Deutsche noch
mit besonderer Vorliebe die Pferdezucht. Für die Pferde hat
der Schwabe eine ausgeprägte Neigung, sie sind sein Stolz und
der Gegenstand eifriger Pflege. Man findet bei den Banater
Deutschen aber auch ganz vortreffliche Thiere von veredelter Rasse:
nicht selten hat der Vollbauer 18—20 und mehr Pferde im Stalle.
Außer dem Pferde wird nur noch das Rind in größerem Maßstabe gezüchtet. Die Schweinezucht hat nur den (allerdings
bedeutenden) Hausbedarf an Schmalz, Speck und Rauchfleisch zu
decken. Schafe und Ziegen werden vom Deutschen nur wenig
gehalten; vom Geflügel bevorzugt die Bäuerin das Huhn und
die Gans. Wer im Sommer im Banate reist, erkennt das
deutsche Dorf schon an den zahlreichen Gänsescharen, welche vor
dem Orte die Wiesen und Raine bedecken.

Wenn man auch den rein materialistischen Satz: „Der
Mensch ist, was er — ißt", ablehnen muß, so unterliegt es doch
keinem Zweifel, daß die Menge und Beschaffenheit der Nahrung
ihren wesentlichen Einfluß auf die körperlichen und geistigen
Kräfte des Menschen ausübt. Der Banater Deutsche liebt eine
ausgiebige Kost. In den wohlhabenderen Bauernfamilien gibt es
täglich vier Mahlzeiten: eine Stunde nach Beginn der Früharbeit
kaltes Frühstück, (bestehend in Brot, Fleisch und Käse), dann zu
Mittag ein Mahl aus gekochten Speisen, um vier Uhr Vesperbrot
(Brot mit Milch oder Speck und Zwiebeln) und Abends wieder
gekochtes Nachtmahl. Täglich nimmt der Deutsche Fleisch zu sich
und zwar am liebsten Rind=, Schweine= und Hühnerfleisch; des=
halb besteht auch in jedem deutschen Orte ein Fleischer, während
in walachischen und serbischen Ortschaften zumeist nur an Sonn=
und Feiertagen frisches Rindfleisch zu haben ist. Daneben genießt
der Deutsche gerne Speck und Schinken; liebt aber auch gewisse
Gattungen von Mehlspeisen als: geschmalzte Nudeln, Nockerln
oder Klöße, Pfannkuchen und an Festtagen den „Kranzkuchen"
(einen ringförmigen Kuchen aus Hefenteig) und den „Kugelhupf"
oder eigentlichen „Kuchen". Das Brot des Banater Deutschen
ist reines Weizenbrot; für die Knechte und Arbeiter wird Schwarz=

brot gebacken. Das gewöhnliche Getränke bei Tische ist Wasser
·oder ein leichter Landwein eigener Fechsung; denn selbst in der
hügellosesten Tiefebene setzt der Deutsche seine Weinreben an,
welche freilich häufig nur „Krautsuppe" oder „Drei=Männer=Wein"
liefern; der letztere Name wird im Banate fo erklärt, daß zwei
Männer den Trinker halten, der dritte das Getränk gewaltsam
eingießen muß. Als Frühtrunk nimmt der Deutsche einen Schluck
selbsterzeugten Korn= oder Treber=Brantweines, der Vormittags
auch den Gästen vorgesetzt wird. Im Wirthshause wird der
rechtschaffene deutsche Bauer niemals Schnaps trinken, da bleibt
er bei Bier und Wein. Weiber und Mädchen halten sich in der
Regel von allen geistigen Getränken fern.

Der Deutsche ist gastfreundlich; „viel Gäste, viel Ehr";
doch darf ihm diese Ehre nicht zu oft widerfahren; denn das
stört seine Arbeit und verursacht Kosten. Hat er aber Gäste,
dann thut er gerne groß; man soll seinen Wohlstand erkennen
und preisen. Denn diese Bauern haben eine tüchtige Portion von
Selbstgefühl und Prahlsucht im Leibe. Man klagt darum nicht
selten über ihr protziges Betragen, über ihre hochmüthige Ver=
achtung der „Herrenleut", über ihre Störrigkeit und den Mangel
an Ehrerbietung. Diesen Fehlern gesellt sich dann als Folge die
Streit= und Händelsucht und die Rechthaberei zu, wodurch das
„Processieren" hie und da in traurigem Flor steht.

Aber diese Mängel und Fehler im Charakter des Deutschen
sind im Grunde nur Auswüchse guter Anlagen. Sein gesunder
Egoismus bewahrt ihn vor dem Selbstvergessen und vor dem Verfalle
seiner Familie und seines Volksthums; er sieht die lautredenden
Beispiele dieses Leichtsinnes, der Verschwendung, der Trägheit und
der energielosen Nachgiebigkeit an seinem rumänischen und theil=
weise auch an seinem serbischen Nachbar, die in Folge dessen stets
tiefer sinken. Jene Rechthaberei wurzelt in einem angestammten
Rechtsgefühl und macht sich hauptsächlich dort geltend, wo der
Bauer das Zutrauen zu seinen Vorgesetzten verloren hat. Die
Schule der harten Erfahrung hat ihm das Mißtrauen gegen die
„Herrenleut" eingeflößt, denn bis zum Jahre 1848 war ja der

deutsche Bauer als bloßer Colone von der Antheilnahme am adeligen Comitats= und Landesregimente ausgeschlossen. Bis dahin war er ausschließlich den adeligen Obrigkeiten unterworfen und nur zu oft wurde er als die nie versiegende „Melkkuh" betrachtet. Heute steht der Deutsche als voll= und gleichberechtigter Bürger im Lande und weiß, daß der „gnädige Herr" Stuhl= richter keineswegs mehr nach Belieben schalten und walten darf, sondern auch an das Gesetz gebunden ist. Befiehlt also der Stuhl= richter heute dem Deutschen, dann geht dieser erst der Sache nach und fragt wohl den Richter, ob sein Verlangen „auch im G'setz steht" oder er schlägt selber das Gesetzbuch nach. Darum lieben es viele Stuhlrichter nicht, mit den „störrigen" oder „bockbeinigen" Schwaben zu verkehren.

Was der Deutsche verspricht, das hält er auch; setzest du Zweifel in seine Worte, dann versichert er: „M'r san deutsche Leut" („Wir sind deutsche Leute") und das ist die heiligste Betheuerung. Will man ihn zu einer Sache, die Einsicht und Opfer verlangt, bewegen, so wirkt es, wenn man ihn an sein Deutschthum erinnert und etwa noch hinzusetzt, er sei ja kein — „Walach oder Ráh".

Der Deutsche führt ein häusliches Leben. Die Ehen sind im Allgemeinen von befriedigender Art; Mann und Weib haben das Regiment wohl vertheilt; er regiert Stall und Feld, sie Haus und Hof. Störung erzeugt in der Ehe hauptsächlich der materielle Verfall, die Verarmung. Leider hat diese in den letzten Jahren auch das Deutschthum im Banate angegriffen und es mehren sich daselbst auch bei den Deutschen die „getrennten" und die „wilden" Ehen. Die deutsche Bäuerin ist eine tüchtige sociale Gewalt. „Ehr und Reputation" wird von ihr hochgehalten; Kinder, Knechte und Mägde stehen ihr zu Befehl, die Töchter arbeiten an ihrer Seite und sie ist ihnen in Fleiß, Sittlichkeit, Ordnung und Reinlichkeit aneiferndes Vorbild. Etwas abergläubisch, zuweilen bigott, hat die Schwäbin doch das Herz auf dem rechten Flecke. Sie „red't nur wie ihr der Schnabel gewachsen", darum muß der „walachische Knecht", wenn er mit der Bäuerin gut stehen,

die Walachin oder Zigeunerin, die mit ihr Geschäftchen machen
will, vor Allem deutsch lernen. Der Bauer lernt wohl auch die
rumänische, seltener die serbische oder ungarische Sprache, und es
ist sicherlich bezeichnend, daß in Orten, wo Deutsche und Serben
gemischt wohnen, beide Theile in rumänischer Sprache verkehren.

Die oben nachgewiesene Vermehrung der Banater Deutschen
läßt schon auf den reichen Kindersegen derselben schließen.
In der That erfreut sich der südungarische Schwabenzweig großer
Fruchtbarkeit. Sieben bis acht und mehr Kinder im Hause ist
gar nichts Seltenes; leider hat die grausame Kinderkrankheit, die
Diphtheritis, in den letzten Jahren mörderisch unter den Kindern
der Deutschen gewüthet und deren Zahl erheblich gemindert. Im
deutschen Bauernhause herrscht strenge Kinderzucht; Ehrerbietung
und Gehorsam gegen die Ältern ist das erste Gebot, das ungestraft
nie verletzt werden darf. Für die Erziehung der Kinder wird
pflichtgetreu gesorgt. Bis zum 12. Lebensjahre besuchen Knaben und
Mädchen die größtentheils befriedigend bestellten Schulen des Ortes,
so daß es in deutschen Dörfern nur wenige Analphabeten gibt und
es als eine Schande gilt, wenn ein Mädchen mit dem Rosenkranz
zur Messe gehen muß, weil es das Gebetbuch nicht benützen kann.

Die Zahl der schulpflichtigen deutschen Kinder (vom 6. bis zum
vollendeten 15. Lebensjahre) betrug im Jahre 1869 im

Comitate Temes . . 26.275 d. i. 36·44% aller Schulpflichtigen
    „   Torontál . 32.101 „ „ 46·58 „   „   „
    „   Krassó . . 5.329 „ „ 12·11 „   „   „
Zusammen . . . . 63.705 schulpflichtige deutsche Kinder.

Davon besuchten im genannten Jahre thatsächlich die Schule im
Comitate Temes . . . 17.221 oder 65·54% der deutschen Schulpflichtigen
   „   Torontál . . 21.636 „ 67·45 „   „   „
   „   Krassó . . . 3.447 „ 64·67 „   „   „
Zusammen . . . 42.304 deutsche Schulbesuchende.

Bei den übrigen Nationalitäten dieser Comitate waren am Schulbesuche
betheiligt die Magyaren in Temes mit 40·18, im Torontál mit 59·24; die
Rumänen in Krassó mit 31·97, in Temes mit 24·97, im Torontál mit 18·99;
die Serben in Temes mit 46·21, in Torontál mit 26·27% ihrer Schulpflichtigen. Der Schulbesuch der Deutschen überstieg also den der Magyaren um
18—27, den der Rumänen um 35—48, den der Serben um 23—41 Percent.

Es gab damals Schulen mit nur deutscher Unterrichtssprache im

Comitate Temes 76
    „   Torontál 67
    „   Krassó 22
Zusammen . . . . . . 165 Schulen mit deutscher

Unterrichtssprache. Außerdem wurde aber noch das Deutsche als Unterrichts-sprache (neben dem Magyarischen, Rumänischen, Serbischen, Bulgarischen 2c.) benützt im

Comitate Temes in . . . . 35 Schulen
    „   Torontál in . . . 28   „
    „   Krassó in 8   „
Zusammen in . . . . . 71 Schulen.

Im Ganzen gab es also im Jahre 1869 im Banate 236 Schulen, in denen in deutscher Sprache Unterricht ertheilt wurde.

Zehn Jahre später, im Jahre 1879, besuchten die Schule im

Comitate Temes . . . 25.094 deutsche schulpflichtige Kinder
    „   Torontál . . 27.636   „   „   „
    „   Krassó . . . 4 405   „   „   „
Zusammen . . . . 57.135 deutsche Schulkinder.

Die Zunahme seit 1869 beträgt 14.831, wobei jedoch zu bemerken ist, daß seither auch die ehemalige Banater Militärgrenze diesen drei Comitaten einverleibt worden ist.

Bis zum 22. Lebensjahre hilft der Bauernbursche seinen Ältern in der Bewirthschaftung der Felder, dann wird er selbst-ständig und bekommt von seinem Vater den auf ihn entfallenden Antheil aus dem Familiengute heraus mit der Verpflichtung, seinen Ältern davon jährlich eine bestimmte Leistung in Getreide als Ausgedinge zu geben. Der älteste Sohn erhält das eigentliche Stamm= oder Bauerngut; die übrigen die zugekauften Güter in gleichen Theilen. Oft geschieht es auch, daß der Sohn, welcher das väterliche Gut übernimmt, seinen Geschwistern bestimmte Beträge „herauszuzahlen“ hat. Dies ist namentlich dann der Fall, wenn ein Sohn irgend ein Handwerk erlernt hat oder „aufs Studieren“ gegangen ist. Ebenso erhalten die Töchter ihre Mitgift zumeist in Geld und fahrender Habe. Der deutsche Bauer zerstückelt seinen Besitz nicht gerne; denn er weiß es wohl, daß dies zum Ruine seines Geschlechts führen würde. Um dieser

Gefahr vorzubeugen, haben die Banater Deutschen übrigens noch einen trefflichen Ausweg gefunden.

Liegen nämlich schwäbische Dörfer in der Nähe von rumä= nischen oder serbischen Ortschaften, so nimmt der Bauer daselbst für seine nachgebornen Söhne Grundstücke in Pacht oder er kauft sie für das „Jungvolk" an und dieses siedelt dann als neuer Ableger in die fremde Ortschaft. Andere folgen nach und bald ist die deutsche Colonie so gefestigt, daß sie sich nicht bloß erhält, sondern durch eigene Kraft neue Occupationen macht. Auf diese Weise haben die Deutschen im Banate schon eine große Anzahl vordem rein rumänischer oder serbischer Ortschaften gänzlich oder doch großentheils germanisiert. Was vom fremden Volkselemente noch lebensfähig ist, leistet einige Zeit Widerstand, insbesondere der Serbe weicht nur langsam und kämpfend dem Deutschen; aber der Ausgang ist in keinem Falle zweifelhaft. Der germani= sierte Rumäne schließt sich gerne dem Deutschen an, heiratet wohl auch eine arme deutsche Dienstmagd und wird zum Stifter deutscher Familien.

Der deutsche Bauernsohn geht zuweilen als Knecht in eine befreundete Familie im Nachbarorte, um die „Bauerei" auch auf fremdem Hofe kennen zu lernen; in der Regel hat der Deutsche aber nur rumänische Knechte. Die Bäuerin wirthschaftet größten= theils ohne Dienstmagd. In der ersten Zeit der Ehe lebt noch zumeist die Schwiegermutter, die dem jungen Weibe an die Hand geht, später sind die eigenen Töchter zur Hilfe. Ist aber die Wirthschaft groß, dann nimmt man eine verarmte Base, eine Waise u. dgl. ins Haus. Die Bauerntochter tritt nie in den Dienst; eine Ausnahme macht das Pfarr= und Schulhaus, vielleicht noch die Familie des Notärs. Zum Pfarrer und Lehrer geben die Bäuerinnen ihre Töchter gerne auf einige Zeit, damit sie dort von der „Frau Wirthschafterin" (Haushälterin) des Pfarrers oder von der Frau Lehrerin auch das Kochen erlernen.

Die vorzeitige Übergabe des Familienguts an den herangewachsenen Sohn hat leider manche üble Folgen. Wie oben erwähnt, behält der Vater für sich und sein Weib gewisse jährliche

Leistungen vor; die Alten ziehen überdies in das kleinere „Aus-
behalt-Häuschen" und überlassen das größere Wohnhaus den
jungen Leuten. Nun lehrt aber die Erfahrung, daß die zur Ruhe
gesetzten Ältern oft von den Söhnen unehrerbietig behandelt, an
ihrem Ausgedinge verkürzt, darob gescholten werden u. s. w. Auch
fehlt es oft nicht an Streit und Hader zwischen Schwiegermutter
und Schwiegertochter; die Erstere ist das Befehlen in Haus und
Hof gewöhnt, die Letztere will sich auch nicht in die zweite Linie
drängen lassen. Darum sagt ein gutes, doch nicht stets befolgtes
Banater Sprichwort: „M'r soll sich net auszieha, b'vor m'r schlofa
geht" („Man soll sich nicht entkleiden, bevor man schlafen geht").

Nach außen hin hat der deutsche Bauer das größte Interesse
für seine Gemeinde und deren Angelegenheiten; zu
letzteren gehört auch Kirche und Schule. In der Gemeinde sind
darum die wichtigsten öffentlichen Personen: der Pfarrer, der
Richter, der Notär und der Lehrer. Geistliche und weltliche
Obrigkeit stehen nicht überall in Harmonie und dann gibt es auch
Differenzen zwischen ihnen und der Gemeinde.

Die Banater Deutschen sind mit wenigen Ausnahmen der
römisch-katholischen Kirche zugethan und unterstehen in
dieser Beziehung dem Csanáder Bischofe, der zu Temesvár seinen
Sitz hat. Die Pfarrer werden theils von der Regierung ernannt,
theils von dem Privat-Patrone (Gutsherr, Domcapitel u. s. w.)
gewählt, theils haben - die reicheren Ortschaften die Wahl des
Pfarrers und das Patronatsrecht an sich gebracht. Wo nicht die
Gemeinde den Pfarrer wählt, dort wird dieser auch nicht von ihr
erhalten. Er bezieht sein Gehalt dann von dem betreffenden
Kirchenpatron (Regierung, geistliche und weltliche Grundherrschaft).
Die Gläubigen sind nur zu den kirchlichen Taxen für Taufen,
Trauungen, Leichenbestattung, Trauermessen ꝛc. verpflichtet. Das
Verhältniß zwischen Seelsorger und Gemeinde ist wohl im All-
gemeinen ein friedliches, doch häufig kein intimes; denn der
katholische Pfarrer geht gerne der Politik und den „Herrenleuten"
nach und wird so dem Volke entfremdet. Dem Letzteren mangelt
dann das unbedingte Zutrauen und der Geistliche wird nur als

officielle Person betrachtet. In neuerer Zeit ist es hierin etwas besser geworden.

Wir haben schon gesehen, daß der Bauer auf die Schulung seiner Kinder Vieles hält. Die Schulen der Deutschen im Banate gehören zu den besten im Lande; sie haben oft 3—4 Classen, sind häufig auch mit einer Lehrerin für die weiblichen Handarbeiten versehen und zumeist mit den erforderlichen Einrichtungsstücken und Lehrmitteln wohl ausgestattet. Die Besoldung der Lehrer ist im Allgemeinen viel höher als sonst im Lande; die deutschen Lehrer im Banate besitzen ein Einkommen von 600 bis 800 und 1000 fl. jährlich. Dieselben zeigen größtentheils Eifer und Tüchtigkeit, nähern sich auch mehr dem Volke, obgleich das frühere intime Verhältniß zwischen Lehrer und Volk auch hier mehr und mehr gelockert wird. Ein empfindlicher Nachtheil ist der Mangel an einer deutschen Lehrerbildungsanstalt im Banate. Die Deutschen haben von jeher es gerne gesehen und gewünscht, daß in den oberen Classen ihrer Schulen die Kinder auch in der ungarischen Sprache unterrichtet werden. Die meisten deutschen Lehrer des Banats sind auch dieser Sprache mächtig. Doch kann es nur gelobt werden, wenn sie daneben der angebornen Muttersprache getreu bleiben und in ihren Conferenzen und öffentlichen Versamm= lungen sich derselben bedienen.

Obgleich der deutsche Bauer auf seine gute Schule stolz ist und das Wort seines Königs, der im Jahre 1872 das Banat besucht und die Deutschen ihres trefflichen Schulwesens wegen öffentlich belobt hat, ihm in treuer Erinnerung steht: so zeigt er sich doch stets schwierig, sobald es gilt, die Dotation der Schule zu erhöhen. Da bedarf es langen Zuredens, bis er zum beistimmenden Entschlusse kommt Es hängt das mit des Bauern Art zusammen, der in Geldsachen jederzeit ungemein bedächtig erscheint und kommt wohl auch daher, weil er im Grunde nur körperliches Schaffen als eigentliche Arbeit gelten läßt. „Kopfarbeit“ dünkt ihm halbe Faullenzerei. Dennoch widmen die Deutschen ihre nachgebornen Söhne gerne dem Lehrer= stande, dessen Mitglieder überwiegend aus dem Bauernvolke hervor= gehen oder wieder Lehrerssöhne sind. Außerdem studieren die deutschen Bauernsöhne noch gerne „auf geistlich"; das Csanáder Priesterseminar in Temesvár hat unter seinen Klerikern stets eine größere Anzahl von Bauernsöhnen und diese wirken dann als Pfarrer mit gutem Erfolg. In den Reihen der Domherren und Pröpste des Csanáder Capitels ist schon mancher deutsche Bauern= sohn mit Ehren gesessen. Auch das juridische Studium ergreifen die deutschen Studiosi des Banats häufig, seltener den ärztlichen Beruf.

An hervorragenden Männern und Frauen, die dem deutschen Volke im Banate angehören, nennen wir vor Allem den unsterblichen Dichter Nikolaus Lenau (geboren zu Csatád am 13. August 1802), die Schriftstellerin Baronesse Marie von Augustin (geboren zu Werschetz am 24. December 1810), die dramatische Künstlerin Friederike Herbst (geb. zu Temesvár 1803), den Kartographen Ignaz Heymann (geboren zu Karansebes am 17. Jänner 1765), den General Georg Klapka (geboren zu Temesvár 1820), den Schriftsteller Karl Wilhelm Ritter von Martini (geboren zu Lugos am 11. Juli 1821), die Sängerin Beatrix Fischer=Schwarzböck (geb. zu Temesvár 6. Februar 1808), den Schriftsteller Johann Preyer (geboren zu Orawitza), den Publicisten Karl Freund (geb. zu Zsidovár am 1. Novem= ber 1818), den Baumeister Maderspach (geboren in Orawitza), den Bischof von Szatmár, Laurenz Schlauch (geboren zu Neu= Arad), den Staatsmann Freiherrn Heinrich von Lebzeltern (geboren zu Karansebes 1810) u. A.

In der Gemeinde ist in weltlicher Hinsicht die Hauptperson der Richter oder Schulze und der Notär (Gemeindeschreiber); beide werden von der Gemeinde, respective dem Gemeinde=Ausschusse gewählt. Den Richter wählt man aus den angesehensten Bauern des Ortes und derselbe genießt im Allgemeinen großen Respect. Als äußerliches Abzeichen seiner Würde, der er überall mit Treue und Pünktlichkeit vorsteht, trägt er für die Dauer des Amtes einen Schnurrbart und den Stock mit silbernem Knopfe; überdies erscheint er stets im blauen Feiertagsgewande. Der Notär übt großen Einfluß aus; denn er führt die Geschäfte der Gemeinde

nach außen hin, er verkehrt mit dem „gestrengen" Herrn Stuhl=
richter und mit dem Comitate und ist in disciplinärer Beziehung
diesen Behörden unterworfen. Neben dem Richter fungieren dann
noch zwei Geschworne, zwei oder mehrere „Kleinrichter" (d. i.
Büttel) und eine Anzahl Ausschußmänner. Aus der Mitte dieser Ge=
meinde=Vertretung geht auch die Ortsschulcommission hervor. Auf
die Kirchenverwaltung hat die Gemeinde nur dort Einfluß, wo
sie das Patronatsrecht besitzt. Übrigens bestehen in jeder Pfarre
zwei „Kirchenväter", welche mit dem Pfarrer in Gemeinschaft die
Kirchengelder verwalten.

An sonstigen gemeinnützigen Anstalten trifft man in
deutschen Gemeinden fast allerorten die nöthigen Feuerlöschrequisiten,
die Organisierung der Viehweiden durch Gemeindehirten, ein
Krankenhaus. Es fehlt auch in den meisten deutschen Orten der
Arzt nicht, oder es halten sich mehrere Nachbargemeinden gemein=
schaftlich einen Communal=Arzt.

Auf diese Weise ist das öffentliche Leben des Deutschen wohl
organisiert. Über die Gemeinde hinaus reicht sein Interesse nur
in beschränktem Maße. Die Comitats=Versammlungen meidet er,
weil dort meist ungrisch verhandelt wird; für die Deputierten=
wahlen hatte er anfangs lebhaftes Interesse, das jedoch in der
letzten Zeit bedeutend abgenommen hat. Der Banater Deutsche
hält dafür, daß das parlamentarische Wesen und Treiben wenig
Nutzen schafft; er empfindet in erster Linie den wachsenden Steuer=
druck und die Flut von Gesetzen, die sein Leben mehr verbittern
und belasten als erleichtern. Darum begegnet er den Wahlagita=
tionen mit großer Gleichgiltigkeit. Wahlbestechungen sind bei
deutschen Bauern etwas Unerhörtes; nur ganz verkommene Subjecte
haben sich solcher verächtlicher Handlungen hie und da schuldig
gemacht. Dennoch hängt der Deutsche mit Liebe an seinem unga=
rischen Vaterland und hat dies wiederholt auch durch die That
bewiesen. Jeder centrifugale Zug liegt ihm fern; gerne hört er
aber von seinen Stammesbrüdern „draußen im Reiche" erzählen
und die meisten wissen auch noch, woher ihre Vorältern ins Banat
eingewandert sind.

Der Banater Schwabe ist seiner Natur nach mehr ernstern, gesetztern Gemüthes; aber es fehlt auch die Lustbarkeit nicht. Der Wohlstand läßt den Frohmuth gedeihen und so feiert denn der Bauer seine Familien- und Gemeindefeste mit Lust und vielem Geräusch. Begleiten wir ihn in aller Kürze auch auf diesen Wegen!

Geburt, Heirat und Tod bilden die Dreizahl, welche als feste Marken die Bahn des Lebens bezeichnen. Die deutsche Bäuerin läßt sich schon als Braut am Altare „vorsegnen", damit ihr der Herr eine glückliche Niederkunft verleihe. In der Zeit der Schwanger= schaft schafft das Weib zwar fort in Haus und Hof, doch hält sie sich von jeder harten Arbeit fern und der Bauer weiß sie zu schonen. Kommt die schwere Stunde, dann ist jederzeit die „Wehmutter" oder „Hebamme" zur Stelle. Das Neugeborne wird schon am nächsten Tage zur Taufe getragen. Die Pathenschaft begründet eine beachtete „Freundschaft" oder Verwandtschaft; das Pathen= kind findet an seinem „Göd" (Pathen) oder an seiner „Godl" (Pathin) seine anderen Ältern und zur Weihnachts= und Osterzeit bringt das „Christkindl" oder der „Osterhas" auch beim Pathen sichere Geschenke. Nach der Taufe folgt der „Ims", d. i. der Imbiß oder Taufschmaus und während der Woche kommen Freun= dinnen und Bekannte fleißig „maien", d. i. zu Besuch. Der erste Ausgang der jungen Mutter ist nach der Kirche, wo sie abermals den Segen des Priesters empfängt.

Der Kindheit mit feinen Spielen im Älternhaus folgt die sechsjährige Schulzeit, nach deren Schluß dann häufig der Knabe und das Mädchen noch durch drei Jahre die sonn= und feiertägige Wiederholungsschule besuchen müssen und mittlerweile auch das Sacrament der Firmung empfangen. Firmpathen sind zumeist die Taufpathen, manchmal auch andere Personen.

So lange die Schulpflicht für die Wiederholungsschule dauert, gehört der Knabe noch zu den „kleinen Buben", das Mädchen zu den „kleinen Mädchen"; beide Theile dürfen in dieser Zeit noch an keiner öffentlichen Belustigung (z. B. am Tanz) theilnehmen. Nach vollendetem 15. Lebensjahre tritt der angehende Jüngling in die Gesellschaft der „mittleren Buben" ein, die schon die Freiheit haben, in einem Nebenwirthshause dem Vergnügen des Tanzes mit den „mittleren Mädchen" zu fröhnen. Die oberste Stufe der jugendlichen Dorfverbände bilden die „großen Buben" und „großen Mädchen". Beide Corporationen haben ihre gewählten Vorsteher, respective Vorsteherinnen und diese bestimmen unter Mit= wirkung ihres Ausschusses die „Berufung" neuer Mitglieder aus den „mittleren" Buben und Mädchen. Der „berufene" Bursche hat seinen „Einstand" durch eine bestimmte Menge Wein oder Bier zu erkaufen, das „berufene" Mädchen folgt einfach dem Rufe.

Die „großen Buben" spielen bei der Jugend des Dorfes die Hauptrolle. Ihnen gebührt der Tanz an Sonn= und Feiertagen im „großen Wirthshaus", sie arrangieren die öffentlichen Volksfeste: den Fastnachtszug von „Hans und Grete", den Mairitt, den Pfingstritt, die Johannes= oder Sonnwendfeier und vor Allem das Hauptvolksfest, — die Kirchweihe. Jeder erwachsene Bursche führt ein bestimmtes Mädchen zum Sonntagstanz, den er nur mit dieser Erwählten tanzen darf. Gute Freunde tauschen zuweilen während des Tanzes die beiderseitigen Tänzerinnen. Lieblingstänze sind der „Schleifer" (Walzer) und der „Hopser" (Polka). Der Bursche tanzt mit dem Hute oder der Mütze auf dem Kopf und mit der Pfeife im Mund. Zuweilen versuchen sich die Burschen auch am Csárdás, dem Nationaltanz der Magyaren; dann bilden aber die Mädchen die bloßen Zuschauerinnen.

In der arbeitsfreien Winterszeit treiben die Burschen allerlei Schabernack, namentlich des Abends und in der Nacht. Sie kommen dann in den Spinnstuben oder beim Federschleißen der Mädchen zusammen, dabei wird gesungen und gescherzt, geneckt und sonstiger Ulk getrieben. Diese Zusammenkünfte gelten zugleich als eine Art von Brautschau. Das bei den deutschen Alpen= bewohnern übliche „Fensterln" kennt man im Banate nicht, auch sonst ist der Verkehr der jugendlichen Geschlechter unter Aufsicht gestellt; Fehltritte sind selten.

Wer die Auserwählte seines Herzens ist, bekundet der Bursche nicht bloß durch die Einladung zum Tanz, sondern er weiß dieser seiner Neigung auch sonst bezeichnenden Ausdruck zu geben. In

der Nacht vom 1. Mai setzen die Burschen ihren Liebsten geschmückte
Maibäume vor die Fenster; den gefallenen Mädchen hängt
man damals als Zeichen der Schmach Strohkränze ans Haus.
Als sicheres Merkmal der Liebe und Heiratsneigung gilt aber die
Wahl, welche der Bursche für das Kirchweihfest trifft.

Sind die Ältern des Burschen mit der Brautwahl ihres
Sohnes einverstanden, dann wird erst die ordentliche Bewerbung
vorgenommen. Als die Brautwerber fungieren meist die Pathen,
die zugleich in den meisten Orten in Betreff der Mitgift des
Mädchens die Unterhandlungen führen. Haben diese zu einem
guten Resultate geführt, so geht es zunächst an die feierliche Verlobung. Diese findet des Abends statt; es walten dabei in den
einzelnen Ortschaften abweichende Gebräuche. Gewöhnlich ist der
Vorgang folgender: der Vater des Bräutigams begibt sich mit
diesem und mit den „Beiständen“, den Trauungszeugen, in das
Haus der Braut, wo nach den üblichen Begrüßungen erst über
fernliegende Dinge gesprochen und allmählich dem eigentlichen
Gegenstande des Besuches näher gerückt wird. Erneuern die
Ältern der Braut ihre Zustimmung, so werden die jungen Leute,
die bisher abseits in weiblicher Gesellschaft geweilt, herbeigerufen
und von den Taufpathen befragt, ob sie einander ehelichen wollen.
Auf die Bejahung dieser Frage legen die „Beistände“ deren
Hände zusammen und besprengen sie im Namen der hl. Dreifal-
tigkeit mit Weihwasser. Der Bräutigam händigt darauf seiner
Braut einen Silberthaler ein und trinkt mit ihr aus einem Glase
Wein als Bescheid auf den Zutrunk, den die beiden Pathen ihnen
geleistet. Die Brautleute ziehen sich abermals zurück, die Alten aber
bleiben bei Schinken und Wein noch einige Zeit beisammen. Manchen
Orts wird das Verlöbniß hierauf auch vor dem Pfarrer erneuert.

Die Hochzeit selbst, welche der Banater Deutsche seinen
„Ehrentag“ nennt, wird gewöhnlich mit großem Aufwande gefeiert.
Die meisten Trauungen finden im Herbste („zu Kathrein“) und
in der Faschingszeit (Dreikönigstag bis Aschermittwoch) statt.
Die Einladungen an die Hochzeitsgäste geschehen an einigen Orten
durch die „Beistände“, an anderen durch die „Brautführer“. Die

Hochzeitbitter erscheinen im Festgewand mit dem Rosmarinzweige im Knopfloche bei dem Gaste und melden die Einladung in herkömmlicher Form. Wir geben hievon folgende zwei Variationen.

Im Orte Deutsch-Stamora (Temeser Comitat) lautet die Einladung: „Gelobt sei Jesus Christus! Ihr wißt nicht, was dies bedeut und uns durch Thor und Thür bescheid! Das ganze Haus: 1. der Herr Vater, 2. die Frau Mutter, 3. Sohn und Töchterlein — was man nicht mit Augen sieht, kann man nicht mit Namen nennen — sollet Ihr am Dienstag Früh um ½9 Uhr im Hochzeitshaus erscheinen. Da werdt Ihr kriegen (i. e. bekommen) ein grünes Kränzelein mit einem Glas Branntewein; dann werden wir zur Kirche gehn, da wird's nicht lang hergehn; dann wird der Bräutigam mit seiner geliebten Jungfrau Braut nach Hause begehren; dann wird getanzt, zwei oder drei — daß der Braut nicht zuwider sei. Der Tisch ist gedeckt, die Teller sind geleckt, die Gläser sind geschwenkt (i. e. gereinigt) und gefüllt mit rothem kühlem Wein, vom Kelch bis an den Rain (Rand). Wenn das nicht wahr ist, soll mein Kamerad ein Lügner sein."

Im Dialecte der Deutschen zu Birda (Temeser Comitat) lautet die Einladungsformel: „I wünsch guten Obed! Der Herr Hochzeiter und Jungfer Braut N. N. lassen Ihnen guten Obed sage. Uf den küftigen Donnerstag zu erscheinen im Hochzihaus, aus'm Hochzihaus in die Kerch, aus der Kerch wieder ins Hochzihaus und am Tanzeplatz; dort helfe verschmicke und verzehre, was Küche und Keller vermagt."

Am Tage des Hochzeitsfestes, zu welchem die umfassendsten Vorbereitungen getroffen werden, da oft 100 und mehr Gäste geladen sind, sammelt man sich im Hause der Braut; hierher kommen dann der Bräutigam und seine Begleiter. Ehe der Zug zur Kirche geht, kniet das Brautpaar vor dem Weihbrunnkessel nieder und erhält unter Besprengung mit Weihwasser und unter rührenden Thränen der Anwesenden den Segen der beiderseitigen Ältern; von den Müttern werden den Brautleuten geweihte Blumen in die Schuhe gesteckt, damit nichts Böses Gewalt über sie habe.

Ohne lärmende Musikbegleitung will keine, auch nicht die ärmste Braut zur Kirche gehen. Den Zug eröffnet die Braut mit ihren „Brautführern", sodann folgt der Bräutigam mit den „Kranzeljungfern", ihnen die „Beistände" und die übrigen Gäste. Die Jugend hat die Hüte mit Blumen geschmückt, die Alten tragen

mindestens ein Rosmarinzweiglein in der Jacke und unter Jubel-
geschrei und Pistolenknallen geht es zur Kirche.

Hier überreicht die Braut dem celebrierenden Priester einen
Rosmarinstrauß in einer Citrone als Zeichen ihrer Jungfräulichkeit.
Nach erfolgter Trauung bewegt sich der Zug unter gleichem
Jubelschall ins Hochzeitshaus zurück, wo die Brautleute zu beiden
Seiten der Eingangsthür stehen bleiben und den Glückwunsch der
Gäste empfangen. Auch diese Gratulation hat manchen Orts
formelhafte Gestalt.

So lautet dieselbe z. B. im Orte Birda wie folgt: „I wünsch Jhnen,
glückselig neues Paar, G'sundheit, langes Leben, Fried und Anichkeit (Einigkeit), nach'm Tod ewige Seligkeit; i wünsch Enk (euch) ein gedeckten Tisch, in
ein jedem Eck ein' gebacknen Fisch, in der Mitt ein Gläschen Wein, sollt Ihr
dabei lustig sein. Jungfer Braut soll leben und i darneben!"

Manchenorts folgt hierauf der „Brauttanz", wobei jeder Gast
mit der Braut die Ehrentour macht und dann setzt man sich zum
Mahl. Andernorts folgt der Tanz überhaupt erst nach dem
Hochzeitschmause. Bei diesem sitzt die Braut am Ehrenplatze
zwischen den Brautführern; der Bräutigam erhält keinen Sitz;
denn er muß die Speisen auftragen und die Braut bedienen.
Solche Hochzeitschmäuse sind oft sehr opulent. Rindsuppe macht
den Anfang, dann folgt Rindfleisch mit „Milchrahmkren" (Meer-
rettich mit Sahne gekocht), hierauf Hühnersuppe mit Reis und
Hühnerfleisch, Sauerkraut mit Schinken, gekochte Zwetschken oder
anderes eingemachtes Obst, eine Weinsuppe mit Krapfen, Reisbrei
in der Milch mit Zucker und Zimmt, sodann der Braten (Gänse-
oder Schweinebraten) mit süßem und saurem Salat; zum Schlusse
endlich „Faschingkrapfen" (Hefenteig in heißem Schmalz ausgebacken)
und „Schneeballen" (geschnitzte Flecken in Schmalz gebacken).
Während der Mahlzeit wird nicht Brot, sondern „Kranzkucha"
oder „Kesselkucha" (Kuglhupf) gegessen.

Bis zum Braten ist Rede- und Witzfreiheit. Bei dem
Erscheinen des Bratens verstummt die Menge und ein Brautführer
(oder Beistand) erhebt sich zu etwa folgendem Toast (Ort Deutsch-
Stamora).

„Hier hab ich ein Glas Wein, es ist gewachsen zwischen Köln und Rhein, es ist nicht gewachsen zwischen Köln und Rhein, sondern zwischen Sonn= und Mondenschein; es ist nicht gewachsen zwischen Sonn- und Mondenschein, sondern zwischen Tag und Nacht. Wer mir dies Glas Wein veracht, den hau ich, daß ihm die Schwarte kracht. G'sundheit für Braut und Bräutigam, für Vater und Mutter, für Schwester und Bruder! G'sundheit für alle eingeladene Gäst! G'sundheit für die Köchin beim Herd, sie ist auch noch was werth! G'sundheit für die Musikanten, denn die sind auch bei Handen! Vivat!"

Und mit einem kräftigen „Tusch" fällt die Musik ein, die Gläser klingen aneinander und werden geleert. Trinkspruch folgt dann nach Trinkspruch.

Während des Mittagsmahles schleicht sich eine Köchin oder ein hiezu bestimmter Knabe heimlich unter den Tisch und stiehlt der Braut (mit ihrer Einwilligung) einen Schuh. Ist nun das Mahl vorbei und soll der allgemeine Tanz beginnen, dann lehnt die zum ersten Tanz aufgeforderte Braut die Tour ab, weil ihr ein Schuh fehle. Ein allgemeines Gelächter, Spott und Hohn für die Brautführer, welche die Braut so schlecht bewacht, folgen diesem Geständnisse, bis die Schuhdiebin erscheint und den gestohlenen Schuh zum Verkaufe ausbietet. Nun müssen die Brautführer ihn auslösen und oft beginnt eine Steigerung darauf, daß der Erlös mehrere Gulden beträgt. Für dieses Geld wird an manchen Orten den Gästen am künftigen Morgen eine Weinsuppe gekocht oder es gehört dasselbe der Braut als Morgengabe.

Nach Tische geht der ganze Zug mit Musikbegleitung zu den Pathen oder Beiständen der Neuvermählten, um die Hochzeits= geschenke abzuholen. Diese bestehen gewöhnlich aus weißen, mit bunten Bändern geschmückten Bettkissen. Erlaubt es die Witterung, dann wird in jeder Gasse an mehreren Stellen öffentlich getanzt.

Im Hochzeitshause beginnt hierauf für die Jugend der allgemeine Tanz, an dem auch der Bräutigam theilnehmen kann. Abends finden sich auch neugierige Masken ein, die nach Belieben bis zur Mitternacht sich vergnügen können. Bei dem Abendmahl sitzt die Braut wieder auf dem Ehrenplatze und wird vom Bräutigam in seiner weißen Schürze bedient.

Um Mitternacht wird durch die anwesenden Weiber der sogenannte „Braut-Abbind-Tanz" arrangiert. Sobald die Musik denselben anstimmt, eilt Alles nach dem Tanzzimmer, die Braut sitzt dabei auf einem Stuhle in der Mitte des Zimmers, die Brautjungfern und sonstigen anwesenden Mädchen schließen um sie einen Reigen und tanzen, während einige Weiber damit beschäftigt sind, der Braut den Kranz vom Kopfe zu lösen und ihr das Kopftuch, das Abzeichen der Frau, umzubinden. Dabei wird (in Deutsch-Ecska, Torontaler Comitat) folgendes Lied gesungen:

> „Jetz binden wir dein Kränzelein ab,
> Du darfst's nicht tragen bis ins Grab!
>   O Jerum! o Jerum!
>
> „Schwör du's, schwör es den Ältern ab,
> Dein' Mann zu lieben bis ins Grab!
>   O Jerum! o Jerum!
>
> „„Und seht Ihr Jungg'selln insgemein,
> Mit Euch darf nimmer ich lustig sein.
>   O Jerum! o Jerum!
>
> „„Seht auch Ihr Jungfrau'n insgemein,
> Euch darf ich keine Kam'rabin mehr sein.
>   O Jerum! o Jerum!
>
> „„„Tret't bei Ihr Weiber insgemein.
> Mit Euch muß ich jetzt traurig sein,
>   O Jerum! o Jerum!
>
> „Jetz setz'n wir Dir Dein Häublein auf,
> Musikanten spielt ein Tänzchen drauf.
>   O Jerum! o Jerum!
>
> „Spielet auf, spielet auf ein Saitenspiel
> Daß ich und das Weib noch lustig sin (sind)
>   O Jerum! o Jerum!

Während dieser Ceremonie pflegt die Braut reichliche Thränen zu vergießen; es ist der Schmerz um den Verlust der Mädchenschaft, bis ein lustiger Gast sie zum Tanze auffordert, dem auch die Gesellschaft folgt. Damit endet das Fest am ersten Tage. Am folgenden Morgen finden sich die Gäste wieder ein und oft dauert

das Schmausen, Trinken, Tanzen und Jubilieren abermals bis in
die Nacht, ja selbst am dritten Tage werden zuweilen noch Nach=
klänge des „Ehrentages“ gefeiert.   In der Regel ist jedoch dieser
Tage für den Umzug der Braut in des jungen Gatten Haus
bestimmt.   Diese Übersiedlung und Einführung erfolgt zumeist mit
großem Geleite und bei Musikklängen; die Mitgift der Braut
wird auf hochbepackten Wagen nachgeführt.   Das Spinnrad und
die Wiege fehlt in dieser Allatur des jungen Weibes niemals.

An Volks= und Kirchenfesten ist das Jahr für die
Banater Deutschen auch nicht arm. Mit dem Sct. Katharinentage
hören bei den Katholiken alle öffentlichen Lustbarkeiten, also auch das
Heiraten, auf; denn „Kathrein sperrt die Geigen ein“; es beginnt
die melancholische Abventzeit.   Am Morgen geht das Volk zur
Frühmesse („Rorate“), die meist um sechs Uhr früh abgehalten
wird.   Da macht es nun einen seltsamen Eindruck, im Dunkel der
Nacht aus allen Häusern pelzverhüllte Gestalten mit brennenden
Handlaternen treten zu sehen, die sich dem erleuchteten Gottes=
hause zuwenden.   Daheim wird während der Messe die Selchwurst
gekocht, welche hernach als beliebtes Frühstück verzehrt wird.   Am
St. Nikolastag hält der „Nikolo“ mit klirrender Kette und
scharfer Ruthe seinen Umzug; wehe den bösen Kindern, die nicht
beten können! Den braven Jungen spendet er Äpfel, Nüsse,
gedörrte Zwetschken u. dgl.   Sehnsüchtig richtet sich der Alten und
Jungen Sinn auf das kommende Christfest.   Am Vorabende
flammt in jedem Hause der Christbaum und Geschenke werden an
alle Insassen des Hauses vertheilt.   Dann kommt wohl auch das
„Christkindl“ mit dem „Bethlehem“ oder „Krippenspiel“ und ver=
kündet die Geburt des Herrn in dramatischem Vorgange.   Doch
sind diese Weihnachtsspiele im Banate größtentheils durch die
Schule und Geistlichkeit wieder eingeführte Scenen.

Wichtig ist für den Glauben des Volkes die Mitternachts=
stunde vor dem Christtage, namentlich die Zeit der „Wandlung“
in der Mette (Mitternachts=Gottesdienst).   Da wird Blei gegossen,
um aus den Formen des ins Wasser geschütteten flüssigen Metalls
den Charakter des künftigen Bräutigams zu errathen; oder die

heiratsfähige Maid geht zu dieser Stunde im Dunkel nach der Küche und faßt dort einen Arm voll Holzscheitern; hat sie eine gerade Zahl erreicht, dann gibts im nächsten Jahre Hochzeit, im andern Falle bleibt sie auch fürder ledig. Wer zur „Wandlung" in der Mette durch ein Fenster in die Stube schaut, sieht die Todtensärge für das kommende Jahr u. s. w. Auch in der Neujahrsnacht sind ähnliche abergläubische Gebräuche in Übung.

Zum Neujahrstage gratuliert man einander mit „glückseliges neues Jahr", und insbesondere die Pathenkinder lassen sich diese Gelegenheit niemals entgehen, um für ihre Gratulation vom „Göd" und der „Godl" die bereit gehaltenen Geschenke in Empfang zu nehmen. Am Dreikönigstage gehen die „heiligen drei Könige" mit dem Stern von Haus zu Haus und singen:

„Wir kommen daher in Regen und Wind,
Wir suchen das neugeborene Kind;
Wir suchen es im Bettelein,
Wir finden es im Krippelein.
Josef zieh's Hemmelein (Hembchen) aus,
Wir machen dem Kind ein Paar Windeln daraus;
Wir machen sie hübsch,
Wir machen sie fein,
Herr Jesus soll sein Name sein" u. s. w

Nach diesem Kirchenfeste nimmt der Carneval oder „Fasching" seinen Anfang. Da wird an jedem Sonn= und Feiertage nach dem Vesper=Gottesdienste im Wirtshause getanzt und auch die Hochzeiten, welche in den winterlichen Spinnstuben beschlossen wurden, gelangen jetzt zur frohen Ausführung. Am lustigsten feiert man aber den „letzten Fasching", d. i. die drei letzten Tage des Carnevals. An diesen drei Tagen gibt es nachmittags regelmäßig Tanz, der meist bis über die folgende Mitternacht hinaus dauert; zum Schlusse lassen dann die angeheiterten Tänzer sich einzeln von je einem Musiker nach Hause begleiten. Am Faschingsdienstag halten „Hans und Grete" ihre Rundfahrt. Auf einem flach liegenden Wagenrade sind zwei Puppen befestigt, die sich an den Händen fassen und mit dem Rade im Kreise drehen. Ein Bursch zu Pferde leitet das Paar, Andere folgen zu Pferde und machen erst den „Honorationen" des Ortes (Pfarrer, Lehrer, Notär, Richter) und dann auch anderen Personen ihren Besuch; „Hans und Grete" müssen ihren Tanz aufführen, Vermummte erscheinen und lesen oft ein förmliches Sündenregister über die Vorgänge im abgelaufenen Jahre herunter oder führen possenhafte Scenen auf, die Musik spielt, die Dorfjugend johlt, Pistolenschüsse knallen — kurz: Die Carnevalslust ist zu höchst gestiegen. Die Mitternachtsstunde an diesem Dienstag macht dem Treiben ein Ende; am nächsten Morgen, am Aschermittwoche, geht das sündige Volk zur Kirche und empfängt daselbst das Aschenkreuz mit der Erinnerung: „Gedenke, o Mensch, daß du Staub bist und zu Staub wirst"!

In der Fastenzeit wird die Kirche fleißig besucht, auch der Nachmittags-Gottesdienst und die Predigt. In der Kirche sind die Besucher nach Alter und Geschlecht getrennt. Voran die Schuljugend, dann in den Bänken rechts die älteren Männer (in der ersten Bank die Honorationen) links die Weiber (respective Frauen), dann die jungen Männer rechts, die jungen Weiber links, die der Schule entwachsenen Mädchen haben ihren Platz in dem breiten Gange zwischen den Kirchenbänken, sie stehen auch hier unter Obhut von Vater und Mutter; rückwärts sind die Burschen postiert, die „großen Buben" aber occupieren das Chor zu beiden Seiten der Orgel, wo der Lehrer und Organist mit ihnen oft seine liebe Noth hat. In den meisten deutschen Ortschaften des Banats ist nämlich der Organistendienst noch mit dem Lehramte verbunden und das ist für Kirche, Schule und Gemeinde von Vortheil. Am Kirchengesang betheiligt sich meist Jung und Alt. Eine löbliche Sitte war es ehedem, daß die Lehrer es als ihren Stolz betrachteten, in der Gemeinde eine Kirchenmusik-Kapelle zusammenzustellen, um auf solche Weise an hohen Festtagen den Gottesdienst durch eine „musikalische Messe" feierlicher zu gestalten. Die nivellierende Neuzeit hat diesen guten Gebrauch leider vielfach außer Gewohnheit gesetzt. Und doch war er ein Mittel, um auf die Jugend und das Volk sittigend und veredelnd einwirken zu können. Zur Erhöhung der Kirchen-Feierlichkeiten bestehen im Banate an mehreren Orten auch heute noch die „Schützengesellschaften." Das

Schützencorps (meist aus 24—30 Mann bestehend) hat als Chargen
seinen „Hauptmann", den „Flügelmann" und „Tambour" oder
„Trompeter" und den „Standarten-" oder „Fahnenträger". Die
Bewaffnung besteht gewöhnlich aus alten Flinten (hie und da selbst
noch aus Steinschloßgewehren); die „Schützen" rücken unter obli-
gater Musikbegleitung nur an den hohen Festtagen (Weihnachten,
Ostern, Pfingsten, Frohnleichnamstag, Kirchweihe) und bei öffentlichen Bittgängen (Processionen) aus. An den drei letzten Tagen der
Charwoche haben sie auch abwechselnd die Wache beim „heiligen
Grab" in der Kirche. Den feierlichen Gottesdienst begleiten sie mit
Gewehrsalven, denen dann noch Böllerschüsse accompagnieren. Nach
dem Hochamte zieht das Corps mit klingendem Spiele vor den
Pfarrhof, wo zu Ehren des Pfarrers gleichfalls eine Salve ertheilt
wird. — An einzelnen Orten haben die Schützen auch Uniformen,
mindestens lassen sie sich eine besondere Kopfbedeckung, Tschakos,
anfertigen.

Zum Ostertage bringt der „Osterhas" die buntgefärbten
„Ostereier" und die Pathen sind für ihre Taufkinder auch sonst
im Geben von Kuchen, „Lebzelten" (Lebkuchen) u. dgl. freigebig.
Da gilt es fleißig zu „titschen", d. h. mit den hartgekochten Oster-
eiern aufeinander zu stoßen. Das zerbrochene Ei verfällt dem
Sieger. Zu Mittag ziert den Tisch das Osterlamm; am Morgen
des Oster-Tages hat man Fleisch, Brot und Eier in der Kirche
vom Geistlichen einsegnen lassen. Von diesen Dingen bringt man
auch ins Pfarr- und Schulhaus entsprechende Spenden.

Am 1. Mai setzt der Bursche nicht bloß seinem Mädchen den
Maibaum, sondern ein solcher wird auch dem Pfarrer, der Kirche,
dem Notär und Richter gesetzt und mit Bändern und gemachten
Blumen geschmückt. Überdies findet an diesem Tage die Einseg-
nung des Viehes statt, zu dessen Behütung vor dem bösen Einflusse der nach dem Blocksberg reitenden Hexen in der Walpurgisnacht
an jedem Stalle ein „Beschreikraut" angesteckt wird. Solches trifft
man übrigens auch an Thüren und Fenstern des Wohnhauses. Endlich
wird am ersten Maitage auch der öffentliche „Mairitt" abgehalten.
Die erwachsenen Burschen des Ortes kleiden gewöhnlich einen wala-

chischen Knecht, der hiefür gezahlt wird, in grünes Reisig, setzen den=
selben dann aufs Roß und reiten mit diesem „Mailümmel", dessen
Pferd von zwei Burschen geleitet wird, in die Häuser der hervor=
ragendsten Personen des Ortes. Pistolenschüsse und das Geschrei
der Dorfjugend begleiten die Cavalcade, welche bei dem Hause, wo
sie einkehrt, einerseits eine Geldspende erhält, anderseits wird der
grünumkleidete Mailümmel mit einer Ladung Wasser übergossen.
„Das gibt gutes Wetter", heißt es und am Pfingstsonntag wird
mit dem „Pfingstlümmel", der überdies mit Blumenkränzen
geschmückt ist, diese Procedur wiederholt.

Nach dem Frohnleichnamsfeste kommt die schwere Arbeit
auf dem Felde; da ruhen auch die Volksfeste und selbst die
Wirthshausmusik an den Sonn= und Feiertagen wird wenig besucht.
Der übermäßig angestrengte Leib erheischt Ruhe und Erholung.
Denn während der Monate Juni, Juli, August und September lebt
der Banater Deutsche mehr auf dem Felde oder auf dem Tretplatze
als im Hause. Schon lange vor Sonnenaufgang begegnet man
im Morgengrauen den Leuten, die nach den oft stundenweit ent=
fernten Äckern und Wiesen fahren und erst am späten Abend kehren
sie zurück. In dieser Zeit ist außer der schulpflichtigen Jugend
und den kleineren Kindern, den Greisen, Mütterchen und Kranken
kaum jemand daheim. Dann schwankt aber auch am Abend der
haushoch aufgeschichtete Ärntewagen herein, und es wird dessen
Last im Nebenhofe zu riesigen Heuschobern oder „Fruchttristen"
aufgeschichtet. Zur Bewältigung der Arbeit kommen oft von weit
her, selbst aus Oberungarn, Mäher und Schnitter in das Banat
und nehmen beim Deutschen gerne Arbeit, weil es da nicht bloß
guten Taglohn, sondern auch reichliche Kost gibt. Denn in dieser
Zeit spart die Bäuerin ihre Speisekammer nicht; sie weiß, daß in
dieser Zeit vor Allem „Essen und Trinken Leib und Seel zusam=
men hält."

Ist das Feld abgeheimst und für die Wintersaat neu bestellt;
sind die Kartoffeln ebenfalls hereingebracht, die Trauben und Obst=
bäume abgelesen; zeigt sich der gährende Most bereits in trinkbarer
Gestalt und kommen die letzten sonnigen Herbsttage im September

und October, die im Banate die trockensten Monate zu sein
pflegen: dann begeht der Deutsche auch des Jahres schönste Feier
— das Kirchweihfest. Die „Freßkirchweih" nennt man die
Feier mit vulgärem oder spöttlichem Namen; aber nur der
Neid oder das pedantische Philisterthum kann dem Volke
darob gram sein, wenn es sich in diesen Tagen einer unge-
bundenen Freude und Sorglosigkeit ergibt. Eine fürsichtige Polizei-
regierung hatte in den Fünfziger=Jahren unseres Jahrhunderts die
Abhaltung dieser Kirchweihfeste überhaupt zu verbieten gesucht;
allzu rigorose Pfarrer legen auch heute noch zuweilen ihr Veto
dagegen ein. Letzteres kann oft von guter Wirkung sein, wenn es
als Strafmittel gegen Ausschreitungen der übernüthigen Dorfjugend
gebraucht wird. Denn allerdings bedarf es zur Abhaltung des
Festes der Zustimmung des Pfarrers und des Richters, der geistlichen und weltlichen Obrigkeit des Ortes.

Waltet jedoch gegen die Feier des Kirchweihfestes kein behörd-
liches Hinderniß ob, dann nimmt die Burschenschaft des Ortes die
Sache in ihre ausführende Hand. Die Hauptleitung kommt hierbei selbstverständlich den „großen Buben" zu. Die Theilnahme
am Feste ist eine freiwillige, doch bleibt selten Einer zurück; die
Kosten sind übrigens keine geringen. Denn zumeist schafft sich
der „Kerweihbursch" ein neues Festgewand an, dann haben die
Theilnehmer die Musik, das Tanzlocale, die Herstellung des öffentlichen Festplatzes und den Wein zu bestreiten. Vor Beginn der
Feier wird der „Vortanz" unter den Burschen versteigert und dieses
Ehrenrecht oft mit 40—50 fl. erkauft. Der „Vortänzer" ist der
eigentliche Leiter des Festes, er führt auch Caffa und Rechnungen
und besorgt die Einkäufe für die Verlosungen. Am Festtage werden
auf einer Kletterstange, dem festlich geschmückten „Kirchweihbaum",
allerlei Gegenstände, namentlich ein Hut und ein Seidentuch,
aufgehängt und sodann im Verlaufe des Nachmittags öffentlich
verlost. Den Verkauf dieser Lose besorgen die Burschen; ebenso
erfolgt durch eine Deputation die Einladung der Honoratioren des
Ortes, das Fest durch ihre Gegenwart verherrlichen zu wollen.
An einer anderen Stelle werden auf der Kegelbahn Schafböcke

„ausgekegelt"; jeder Anwesende kann an diesem Vergnügen theil=
nehmen, wobei oft Wetten und Einsätze in bedeutender Höhe
gemacht werden.

Jeder Bursch wählt sich vor der Feier sein Mädchen, das
erst mit Erlaubniß seiner Ältern zustimmen darf; denn außer der
eigenen Toilette hat jede Auserwählte überdies noch den „Kirch=
weihhut" ihres Burschen mit einer Krone aus Kunstblumen und
mit einem schwarzen Atlasbande zu schmücken. Dieser Schmuck
umrahmt bei den „großen Buben" den Kopf des Hutes vollkommen
und ragt selbst darüber hinaus, bei den „mittleren Buben" bildet
die Blumenlage nur einen einfachen, niedrigen Kranz; die „kleinen
Buben" müssen sich meist mit einer einzigen Blume oder mit einem
rothen Seidenbande begnügen.

Der erwachsenen Jugend kommt der Tanzsaal im großen
Wirthshause zu, sie hat auch ein vollständiges Musikchor und
beherrscht allein den öffentlichen Festplatz; die mittlere Jugend
tanzt in einem Neben=Wirthshause bei bescheidener Musik; die
„kleine" hat ihr Tanzzimmer in irgend einem Privathause und
versucht bei einer Geige oder Harmonika die ersten Tanzsprünge.

Die „Kirchweih" beginnt am Sonnabend vor dem eigent=
lichen Fest=Sonntage. Nach dem Abendläuten kommen nämlich
die Bursche und graben die „Kirchweih" aus. In einer Grube
vor der Kirche wurde bei dem letzten Kirchweihfeste eine Flasche
Wein in die Erde gegraben; diese nimmt man nun als Symbol
der wiedererstandenen Feier heraus; sie wird sodann als Festes=
zeichen an dem „Kirchweihbaum" befestigt. Am eigentlichen Fest=
tage ist schon früh morgens Leben und Bewegung im Orte; die
glänzend gescheuerten Häuser und Stuben harren der Gäste, welche
in den ersten Vormittagsstunden von nah und fern herbeieilen;
denn die „Kirchweih" ist zugleich die Zeit des Besuches von
Verwandten und Bekannten, die nicht im selben Dorfe wohnen;
jeder wird gastfreundlich aufgenommen, denn gerade für dieses
Fest gilt das Wort: „Viel Gäst, viel Ehr". Kommen gar
„Herrenleut" zum Besuch, dann ist die Ehre und der Stolz des
dadurch ausgezeichneten Bauern um so größer.

In festlichen Kleidern, mit dem Schießgewehr auf der Schulter marschiert das Schützen=Corps vor die Kirche, wohin sodann auch der Zug der „Kirchweihburschen" mit klingendem Spiele folgt. Der „Vortänzer" mit großem Blumenstrauße (ein Geschenk seines Mädchens) führt den Zug an. Den Burschen gebührt heute ein Ehrenplatz in der Kirche; sie stehen paarweise in dem breiten Kirchengange, zur Seite die Mädchen. Das feierliche Hochamt nimmt seinen Verlauf unter Paukenschall, Trompetenklang, Flinten= salven und Pöllerschüssen und hierauf beginnt das eigentliche Volksfest.

Vor der Kirche ist auf dem freien Platze ein großes, leeres Weinfaß aufgestellt; daneben steht der mit Reisig, Blumen und Bändern geschmückte „Kirchweihbaum" und an demselben die aus= gegrabene Flasche Wein, der Hut und das Seidentuch für die Verlosung. Die Jugend und das Volk umstellen das Weinfaß, die Musik spielt auf und der „Vortänzer" macht mit seinem Mädchen den „Vortanz" dreimal um das Faß; kein Anderer darf weiter tanzen, denn nun bewegt sich der Zug paarweise erst zum Pfarrer und dann begleitet die ganze Festgenossenschaft das glückliche Vortänzerpaar nach Hause. Diese Ehre erregt den Neid so mancher Nebenbuhlerin.

Ist der Nachmittags=Gottesdienst vorbei, der möglichst rasch abgethan wird; denn auch der Herr Pfarrer und der Lehrer= Organist haben ihre Gäste; dann nimmt die allgemeine Feier ihren herkömmlichen Verlauf. Die „großen Bursche" ziehen auf den Festplatz vor der Kirche; jeder Tanz wird vom „Vortänzer" eröffnet. In einer Pause findet die Verlosung statt, die glücklichen Gewinner werden mit Jubel und Musikgruß begleitet.

Allgemeine Lust und Freude erfüllt das Volk und dauert drei Tage; allerdings in abnehmender Weise. Am Dienstage, dem dritten Festestag, wird gegen Abend die „Kirchweih" begraben. Unter den Klängen eines Trauer=Marsches senkt man abermals eine Flasche Wein in die Grube, tiefe Wehmuth erfüllt dabei die Jugend und das Alter: „Au weh, au weh, die Kerweih is hin!" lautet die Klage.

Die bedeutenden Auslagen, welche die Abhaltung eines solennen Kirchweihfestes verursacht, wobei zugleich die Ehre und der gute Ruf des Dorfes engagiert sind, bilden die Ursache, daß in der Regel nicht jedes Jahr eine solche Feier arrangiert wird, oft gestattet sich das Volk nur in jedem dritten Jahre dieses Vergnügen. War ein Mißjahr oder eine böse Krankheit im Orte, litt das Land unter Kriegesnöthen oder sonstigen größeren Unfällen; dann scheut der Banater Deutsche den öffentlichen Jubel und das Volk findet es ganz gerechtfertigt, wenn in solchen Zeiten Pfarrer und Richter die Abhaltung des Festes nicht gestatten.

Man muß überhaupt den richtigen Takt dieses Volkes anerkennen, ebenso wie seinen Gemeinsinn, seine Opferfreudigkeit und Hilfsbereitschaft. Als im Jahre 1879 die Stadt Szegedin durch Überschwemmung verwüstet wurde, waren die Banater Schwaben die Ersten, welche den bedrängten Szegedinern Lebens= mitteln zuführten, welche die Unglücklichen gastlich aufnahmen und monatelang bewirteten, welche endlich namhafte Geldsummen zur Linderung des Elends spendeten. Bricht irgendwo im Dorfe Feuer aus, dann steht sofort die ganze Dorfmannschaft zur thätigen Hilfe und Rettung bereit und nicht selten werden die niedergebrannten Häuser durch gemeinsame Arbeit wieder aufgebaut. Als im Jahre 1863 eine allgemeine Dürre die Ärnte und Wiesen in Ungarn vernichtet hatte, litten die Deutschen unter dieser Heimsuchung insbesondere hart, weil ihnen für die zahlreichen Pferde das nöthige Futter fehlte. Was thaten sie? Es traten mehrere Gemeinden zusammen, schickten eine Vertrauens=Commission nach der Walachei und pachteten daselbst Wiesen und Unterkunft für ihre Pferde, von denen sie sodann einige Tausend Stück zur Überwinterung dahin führten und auf solche Weise den größten Theil ihres bedrohten Pferdestandes retteten.

Der nüchterne, aufgeschlossene Sinn des Banater Deutschen hindert jedoch nicht, daß, wie schon erwähnt, namentlich bei dem „Weibsvolke" noch allerlei abergläubische Sitten, Gebräuche und Ansichten im Schwange sind. Wir wollen hierüber nur Einiges anführen. Am Mittwoch oder Freitag wird kein Geflügel zum Brüten „angesetzt"; desgleichen pflegt man Kälber, die an diesen beiden Tagen geworfen werden, selten zur Zucht zu behalten. Der Freitag gilt überhaupt als Unglückstag; an diesem Tage soll man keine Arbeit beginnen, keine Verlobung halten, keine Reise unternehmen u. dgl. Ein Glückstag ist dagegen der Dienstag; darum finden die Hochzeiten an diesem Tage statt. Um Vollmond soll man Weizen bauen, da werden die Körner voll und groß. Hundert Tage nach Neujahr ist die Zeit der Kartoffel= und Gurken= pflanzung. Im Zeichen der Jungfrau dürfen nur Blumen gesäet werden, weil eine andere Saat wohl Blüthen, aber keine Früchte bringen würde. Kernobst pflanze man im Zeichen des Steinbockes, Kartoffel im Zeichen der Wage. Kalbt die Kuh am 1. April, geht das Junge zu Grunde; läßt man die Kühe auf Georgi zur Herde, nimmt die Hexe ihnen die Milch; am Donnerstag angesetzte Bruthennen erhalten nur „scheckige" Küchlein.

Der Aberglaube spielt namentlich bei Krankheiten eine mächtige Rolle. Nach ärztlicher Aussage (Dr. Josef Winkler in Nitzkydorf) sind Wechsel= und Gallenfieber die häufigsten Krank= heiten; letztere treten besonders zur Ärntezeit in Folge der damals herrschenden hochgradigen Hitze und bei dem Mangel an gesundem frischem Trinkwasser auf. Als Resultate der oft langdauernden, mißhandelten Fieber=Erkrankungen zeigen sich häufige Wassersuchten. Das Volk hängt mit Vorliebe an ererbten Kurpfuschereien und Hausmitteln. Chronische, rheumatische Gelenkaffectionen, sogenanntes „Gliederreißen", sucht man durch „Abbeten", d. i. durch das Hersagen gewisser Gebetformeln, die als Geheimniß betrachtet werden, zu heilen. Zur Heilung der Wechselfieber hat man die verschiedensten Hausmittel und Sympathetica zur Hand. Eines der unschuldigsten ist wohl, daß der Kranke an einem fieberfreien Tage seine Wohnung wechseln und an die verschlossene Thüre schreiben soll: „Fieber bleib aus, ich bin nicht zu Haus". Oder es soll der Fieberkranke früh vor Sonnenaufgang unangerufen neunmal über drei Stück Felder laufen. Jede unbekannte inner= liche Krankheit heißt „Gichterfluß", bei den Weibern „Mutterweh", jeder Hautausschlag „ein Fluß"; jede Blutentfärbungskrankheit

(Bleichsucht, Gelbsucht ꝛc.) wird dem „bösen Blicke“ oder „dem Beschreien“ zugeschrieben. Für Beinbrüche, gegen die Hundswuth ꝛc. gibt es oft gesuchte „Kräuterboctoren“. Als Mittel gegen äußere Wunden, aber auch gegen Zahnschmerz, bei Blutflüssen der Weiber u. s. w. wendet man gerne den „Antoni=Balsam“ („tinctura balsamica“) an. Bei Fraisen der Kinder, „Gichter“ genannt, legt man dem erkrankten Kinde einen ausgehobenen Fensterflügel auf den Leib. Geräth man in Gefahr zu erblinden, so nehme man ein Sieb oder eine Fruchtreuter (Drahtsieb) schaue durch das Sieb und zähle die von der Herde heimkehrenden Schweine und der anrückende Star wird sich verlieren u. s. w. Großes Zutrauen besitzt das Volk zur Heilkraft der Aderlässe und wird gegen den Arzt mißtrauisch, der solche nicht verordnet. Beliebte Volksheilmittel sind noch: der Weihrauch, die Käsepappel, die Hollunderblüthe, die Hollunderrinde, der Kampfer, der Zimmt, Bleiweiß, Tabak mit Honig u. a. Doch nimmt man die ärztliche Hilfe stets mehr in Anspruch.

Außer an das „Brauchen“, „Absprechen“ oder „Abbeten“ der „weisen Frauen“ bei Krankheiten glaubt die deutsche Bäuerin auch noch ans Wahrsagen aus der Hand oder aus den Karten und es stehen hierbei die Zigeunerinnen bei ihr in einem gewissen gruseligen Ansehen. Das braune Bohemerweib versteht dies vortrefflich auszunützen und mancher gefüllte Mehlsack, Schinken oder andere Gabe wandert für den Wahrspruch aus dem Bauernhause in die halbverfallene Zigeunerhütte außerhalb des Dorfes. Sieht der Bauer die Hexe, dann gibt es wohl zuweilen eine arge Scene; deshalb weicht diese ihm sorgsam aus. Das Zigeunerweib versteht aber auch Alles! Es kann den Mädchen den künftigen Bräutigam vorherverkünden, es kann den kaltsinnigen Geliebten zur Lieb erwärmen, es kann den Dieb „bannen“, daß er mit dem gestohlenen Gute nicht von der Stelle kommt u. s. w Vor dem bösen Blick und der scharfen Zunge hat man überhaupt großen Respect und besonders zur Zeit des Wochenbettes sucht man durch Freundlichkeit und Gaben die notorischen „Hexen“ in guter Laune zu erhalten. Bleibt der Kuh plötzlich die Milch aus, so hat die Hexe sie weggenommen.

Um diese Unholdin zu vertreiben, melkt man die Kuh und setzt die
erhaltene Milch über die Feuersglut. Während des Siedens hackt
die Bäuerin mit einer Sichel fortwährend in die kochende Milch
und spricht dabei: „So soll derjenige geschlagen sein, der meiner
Kuh die Milch genommen.“ Der Erste, welcher in der nächsten
Viertel= oder Halbstunde etwas auszuleihen kommt, ist der gesuchte
Milchdieb.

Auch an Zeichenbeutereien, Vorahnungen, Traum=
Auslegungen u. s. w. ist das deutsche Volk im Banate überaus
reich. Aus der Fülle des uns zu Gebote stehenden Materials
heben wir zur Charakteristik nur folgendes hervor. Die Natur der
Beschäftigung des Banater Deutschen bringt es mit sich, daß er
für die Vorherbestimmung der Witterung die meisten Zeichen
sucht; an sogenannten „Lostagen“ ist der Bauernkalender sehr
reich. Da heißt es z. B. Regen am Charfreitag bedeutet trockenes
Jahr; wenn das Hornvieh springt, kommt Regen; Donner im
März zeigt auf ein fruchtbares Jahr; Märzenstaub ist Goldes
gleich; trockener August bringt guten Wein. Nasse Witterung
wird durch vielerlei Zeichen vorangezeigt; so bedeutet Regen: der
Traum von Todten, das Lecken der Katze, das Verweilen der
Bienen im Stocke, das Baden der Hühner im Staube, das Wälzen
der Hunde auf der Erde u. s. w. Vorboten des Windes sind:
rother Schein des Mondes, intensive Abendröthe, häufige Stern=
schnuppen; schwärmen viele Mücken in der Luft, dann gibt es
windiges aber heiteres Wetter.

Wenn ein Pferd im Stalle stark schwitzt, dann hat es die
Hexe geritten; zur Verhütung dieser Heimsuchung steckt man die
Sichel über dem Pferde in den Balken. Dem Kehrichthaufen
muß man ausweichen, denn er könnte behext sein; ebenso darf man
keinen zusammengelegten Lappen, kein gefaltetes Papier 2c. vom
Wege aufnehmen, weil der Gegenstand „beschrien“ sein kann.
Beim Herannahen eines Gewitters werden die Glocken geläutet,
um den Blitz abzuhalten oder zu „zertheilen“; ebenso wirft man
während des Gewitters Eisenstücke, die Holzart u. s. w. in den
Hof und zündet geweihte Kerzen an, um den Blitz abzuleiten.

Bei Hagelschlag soll man drei Hagelkörner unter Anrufung der „drei höchsten Namen" in die Glut werfen, damit der Schade abgewendet werde. Ein Pferdekopf, am Hof- oder Gartenzaun aufgehängt, verhütet Krankheiten des Hausviehes. „Der Hahn am Haus, ein Gast in's Haus." — „Floh auf der Hand, Brief aus'm Land." — „Sonntags Regen vor der Meß hat die ganze Woch gefreß" u. s. w. Bei der Fußverrenkung eines Viehes wird demselben ein Mehlsackband mit Knöpfen vom Gewande einer jungen Witwe im Namen der Dreifaltigkeit um den kranken Fuße gebunden. Bekommt ein Pferd den Staar, so streut man Salz ins Ohr und bindet dasselbe zu u. s. f.

Auf den Angang wird bei wichtigen Geschäften, bei Beginn einer Reise, beim Freien u. dgl. sehr geachtet. Begegnet dem Ausgehenden ein altes Weib oder läuft ein Hase über den Weg, dann bedeutet's Unglück und oft kehrt man dann sofort um. Trifft man auf der Straße zuerst einen leeren Wagen, so ist das auch ein übles Zeichen, ein gefüllter Wagen verkündigt guten Erfolg; ebenso das Zusammentreffen mit Zigeunern, die seltsam genug als Glücksboten gedeutet werden. Das Schlimmste ist aber die Begegnung mit einem Popen (rumänischen oder serbischen Geistlichen). Um den üblen Einfluß abzuwehren, muß man dreimal ausspucken und dem Begegnenden eine Handvoll Stroh nachwerfen.

Das Banat ist heute zwar nicht mehr das „Grab der Deutschen", allein das dortige Clima hat für die Einwohner noch immer mancherlei Gefahren, insbesondere seitdem in neuester Zeit die wiederholten Hochwässer die Sümpfe und Moräste abermals hervorgerufen haben. Dadurch sind Fieber, Blattern, Diphtheritis, häutige Bräune u. a. Würgengel neuerdings mehr ins Land gekommen und fordern ihre Opfer. Wir haben bereits besprochen, in welcher Weise der Deutsche diesen Feinden zu begegnen sucht. Ist nichts destoweniger der Tod eingetreten, dann ergießt sich der Schmerz in lautes Wehklagen und man sorgt für ein „ehrliches, christliches Begräbniß." Bei dem Todten, der nach dem Verscheiden („sobald er kalt geworden") von eigens gedungenen Weibern gewaschen und reinlich gekleidet wird, hält man während der Nacht

die „Todtenwache". An der Bahre brennt eine geweihte Wachs=
kerze neben einem Kruzifix und einem Weihwasserkessel, in dem
ein Buchsbaumzweiglein liegt. Jeder ankommende Besucher kniet
vor der Bahre nieder und verrichtet ein Gebet, worauf er die
Leiche mit dem Weihwasser besprengt. Über dem Todten ist ein
weißer Laken („Überthan") gebreitet. Mancherlei Aberglaube
knüpft sich ans Sterben und an den Todten. Wer sich vor dem
Todten fürchtet, ziehe den Leichnam dreimal bei der großen Fuß=
zehe und die Furcht hat ein Ende. Das Strumpfband von einem
Leichnam ist das beste Mittel zur Stillung von Krämpfen u. f. w.
Ein eigenthümlicher Brauch besteht in dem „Todtenmahl". Gleich
nach dem erfolgten Leichenbegängnisse wird nämlich ein Mahl
zubereitet und dazu die nächsten Anverwandten und auch andere
Gäste eingeladen, wobei sonderbarer Weise das Gastmahl in dem=
selben Zimmer stattfindet, wo der Leichnam gelegen und der
Todtengeruch noch kaum verweht ist. Oft artet das Mahl in
lustige Fröhlichkeit aus, namentlich wenn eine junge Witwe die
Leidtragende gewesen.

Vor dem Verscheiden sorgen die Hausväter meist in ordent=
lichem Wege durch Schaffung eines Testaments für die Bestellung
ihres Hauses. Wohlhabendere stiften wohl auch zu ihrem
Angedenken eine jährliche Todtenmesse oder hinterlassen für Schule
und Kirche wohlthätige Legate.

Über die geistigen Fähigkeiten des Banater Deutschen
war schon an einzelnen Punkten unserer Darstellung andeutend
die Rede. Denselben ziert im Allgemeinen ein gesunder Menschen=
verstand, er faßt Menschen und Verhältnisse in nüchterner Weise,
vom praktischen Gesichtspunkte auf und beurtheilt diese zumeist
hinsichtlich ihrer Nutzbarkeit. Schöpferisches Talent, poetische
Anlagen, Neuerungssucht und energische Initiative sind weniger
zu finden. Weit eher waltet der conservative Hang im Guten
und Schlimmen vor. Verbesserungen in der Landwirthschaft sowie
im öffentlichen und häuslichen Leben ist der Bauer nur schwer zu=
gänglich, verschließt sich aber doch der überzeugenden Lehre durch
die Erfahrung nicht. Auf diesem Wege hat man im Ackerbau und

in der Viehzucht schon manche Reform durchgesetzt. Die Dreifelderwirthschaft herrscht allerdings noch an den meisten Orten; auch
kennt man noch wenig das Düngen und die Stallfütterung. Die
Ursachen davon liegen jedoch weit mehr in der Natur des Bodens
und in der weiten Ausdehnung des bäuerlichen Grundbesitzes,
welche zu einer mehr extensiven als intensiven Bewirthschaftung
nöthigt.

Bei aller Freude an Musik und Gesang schafft das deutsche Volk
im Banate doch nur wenig neue Lieder; es ist größtentheils der
alte Liedervorrath, der aus Deutschland mitgebracht wurde, der
auch heute noch die Sangeslust der Jugend befriedigt; oder es
sind einzelne neue Gesänge, welche durch die Schule (hie und da wohl
auch durch Gesangvereine) in das Volk gelangt sind. Die unge-
gliederte Fläche der Banater Ebene ist auch der Sagen- und
Märchenbildung nicht günstig und was sich davon bei den
Deutschen vorfindet, stammt ebenfalls noch aus der alten Stammes-
heimat. Durch die in neuerer Zeit häufiger gegründeten Schul-
und Jugendbibliotheken wurde auch dieser Geistesschatz theils auf-
gefrischt, theils vermehrt.

Schlagkräftige Redensarten und Sprüchwörter sind
Lieblingsausdrücke des Volkes. Wir wählen aus der Menge der
uns zur Verfügung stehenden volksthümlichen Redeformeln eine
Reihe solcher, welche den Charakter, die Anschauungs- und Denk-
weise der Banater Deutschen vor Allem kennzeichnen.

„Wer will borgen, der komm Morgen. Besser heute ein
gebratener Spatz als morgen die Gans. Alles, was gemein ist,
taugt nichts. Gott loft (hört) nicht auf jeden Narren. Eines
Jeden Mund kannst du mit Kuchen stopfen. Der Schmied hält
die Zang in der Hand, damit er sich nicht verbrenne. Eine
Frage hilft mehr als langes Suchen. Es ist nicht alle Tage
Ostern (auch: „Kirchweih“). Jeder Vogel geht durch seinen Gesang
zu Grund. Wenn die Katz nicht daheim ist, tanzen die Mäus'
auf dem Tisch (auch: „haben die M. Kirchtag“). Im fremden
Aug sieht er den Dorn, im eignen nicht den Klotz. Lässest du
mich unter das Bett, dann lasse mich auch in's Bett. Du bist

wie der Feldschwamm in einer Nacht gewachsen (sagt man zu
einem Glückspilz.) Wenn du keine Nase hättest, müßtest du Gras
weiden (heißt es von einem Begriffsstützigen). Ein schlimmes
Weib ist ein hoher Zaun ums Haus. Wo es Äpfel gibt, da
gibts auch Knittel. Lange gewartet, ist nicht geschenkt. Einer
allein kann nicht auf jeder Kirmes sein. Wehe den Füßen bei
unverständigem Kopf. Wer es im Kopf nicht hat, muß es mit
Händ und Füß ersetzen. Wo nicht deine Schüssel ist, dort tauche
den Löffel nicht ein. Wer den Kopf herabhängt, dem wird er
nicht abgeschlagen. Vorsicht entgeht der Gefahr. Es ist der Taube
mit dem Stummen zusammengekommen (sagt man, wenn zwei
Eigensinnige streiten). Dem Tapfern und Muthigen ist Alles
möglich Weit gestochen, hält vier Wochen; nah vorbei, hält gar
nur drei. Wo der Groschen geschlagen wird, gilt er am meisten.
Wer zum „Ulaker“ (gemeines Taschenmesser) geboren ist, bekommt
sein Lebtag kein „Knappmesser“ u. s. w.

Daß der Banater Deutsche bei seiner harten Lebensarbeit für
geistige Thätigkeit nur geringe Muße findet, ist leicht begreiflich
und entschuldbar. Nichts destoweniger schenken die Banater
Schwaben seit einigen Jahren auch der Lectüre eine größere
Aufmerksamkeit. Der Kalender und das Gebetbuch sind nicht
mehr die einzigen Drucksachen im Bauernhause. Da findet man
auch andere populäre Schriften über Land= und Gartenbau und
Viehzucht, dann Weltgeschichten, volksthümliche Erzählungen, wohl
auch eine Wochenschrift. In jedem größern Orte besteht ein
Leseverein oder ein Casino, wo mehrere Tagesblätter gehalten
werden. Da kommt es auch zu politischen Gesprächen und das
Volk beginnt an öffentlichen Fragen ein lebhafteres Interesse zu
nehmen. Zum Agitator und Wähler ist der Banater Deutsche
freilich nicht geschaffen; er betheiligt sich an den Reichstagswahlen
nur mäßig, steht hier aber größtentheils zu den liberalen Parteien.
Politische und religiöse Verfolgungssucht liegt ihm ferne. Es kenn=
zeichnet diese Deutschen ohne Frage in ehrender Weise, daß die
Reichstags=Candidaten aller Parteien von Gemeindewegen mit
gleichem Pompe empfangen und angehört werden. Seelenkauf ist

bei den Wahlen unerhört. Selbständiges Urtheil besitzt der Bauer in politischen Dingen nur selten, er folgt den Männern seines Vertrauens; diese können aber unbedingt auf sein Mitwirken zählen.

In neuester Zeit traten die deutschen Gemeinden der Banater „Heide" wiederholt zur Berathung gemeinsamer Interessen zusammen; der magyarische Chauvinismus witterte darin allerlei lächerliche „großdeutsche" Bestrebungen; thatsächlich handelte es sich bloß um Verständigung in communalen und Comitats-Angelegenheiten, um dem bösen Walten der herrschenden Clique des verarmten Adels ein heilsames Ende zu bereiten. Als Mittelpunkt dieser Zusammenkünfte ward Csatád, Lenau's Geburtsort, gewählt und es muß als schönes Zeichen des erwachten Selbstbewußtseins betrachtet werden, daß die Banater Bauern aus ihrer Mitte die Einsetzung einer Gedenktafel auf das Geburtshaus ihres berühmten Landsmannes, Nikolaus Lenau, im Jahre 1876 besorgt haben.

Wie sehr das Deutschthum unter dem vielsprachigen Volksthume des Banats den beherrschenden Einfluß ausübt, bezeugt nicht bloß die (bereits erwähnte) Thatsache, daß die Deutschen sich dort in der relativen Majorität befinden, sondern es bekundet dies auch der Umstand, daß die gewöhnliche Umgangssprache sowie die Lectüre in den gebildeten Kreisen auch nichtdeutscher Familien vorwiegend deutsch ist. Einen weitern Beleg hiefür liefern noch folgende ziffermäßige Daten. Im Jahre 1881 erschienen im Gebiete der Temesvárer Postdirection 47 Zeitungen; davon waren 19 deutsche, die übrigen ungarische, serbische und rumänische. Nun erwäge man! Von den deutschen Zeitungen wurden 580.734 Exemplare versendet, von den übrigen insgesammt nur 461.748, von den 14 in magyarischer Sprache erscheinenden Blättern gar nur 69.228 Exemplare. Auf eine deutsche Zeitung kamen also im Durchschnitte 30.565, auf eine nichtdeutsche aber bloß 16.491, auf eine magyarische nur 4944 Exemplare. Die deutschen Zeitungen in Süd-Ungarn sind also zwar geringer an absoluter Zahl, aber weit mehr verbreitet und gelesen als alle übrigen südungarischen Blätter. In Temesvár

erscheinen zwei deutsche Tagesblätter und noch zwei Wochenschriften.
Außerdem besitzt jeder größere Ort im Banate sein deutsches Local=
blatt, so Lugos (zwei), Werschetz, Lippa, Weißkirchen, Groß=
Becskerek, Pancsova, Groß=Kikinda, Orawitza, Orsowa.

B. Die Deutschen in der Bácska.

Das Bácser Comitat wurde der Türkenherrschaft weit früher
entrissen als das angrenzende Banat. Schon nach der siegreichen
Mohácser Schlacht (1687) dehnte sich die Herrschaft des Kaisers
über diese Landstriche aus und dies war seit dem Falle von Ofen
(1686) und der Eroberung von Belgrad (1688) noch mehr der
Fall. Allein der wiedererworbene Besitz war keineswegs gesichert.
Der unglückliche Feldzug des Jahres 1690, dem alle Eroberungen
jenseits der Donau und Save zum Opfer fielen, eröffnete auch
das Bácser Comitat abermals den türkischen Rennern und Brennern.
Die Regierung suchte deshalb durch die Besiedelung dieser neu=
bedrohten Gegenden mit den herüber geflüchteten Serben, durch
die Bildung eines neuen Grenzgebietes an der Theiß und Donau
den gefährdeten Besitz zu sichern. Nur ungern und dem Zwange
folgend ließen sich die Serben in den veröbeten Ufergebieten der
Theiß nieder. Erst die Schlacht bei Zenta (1697) und der Friede
von Karlowitz (1699) gab der habsburgischen Herrschaft in diesen
Landestheilen die Festigung und Dauerhaftigkeit. Wie sah aber
das zurückgewonnene Land aus! Die weiten Flächen waren
namentlich im südlichen und westlichen Theile der Bácska entvölkert,
verwahrlost, die Beute von Sumpf, Morast, Wald und Weide.
Die Familien, welche ehedem hier Besitz hatten, waren ebenfalls
größtentheils verschwunden oder konnten ihre Rechtstitel vor der
aufgestellten „Einrichtungs=" oder „neoacquistischen" Commission nicht
nachweisen. In Folge dessen fielen die Ländereien als herrenloses
Gut an die Krone zurück. Dieser Umstand war für die Neu=
bevölkerung des Gebiets von Wichtigkeit; denn die Regierung
gieng in Hinsicht auf die Colonisierung ihrer Prädien den Privat=
grundherrschaften mit gutem Beispiele voran.

Die colonisierende Thätigkeit der Regierung und ihrer Organe hatte sich jedoch in den ersten Jahrzehnten nach der Wiedereroberung Süd=Ungarns zumeist dem Banate zugewendet, obgleich auch hinsichtlich der Bácska Einiges zur Repopulierung geschah. Seit dem Jahre 1762 wurde nun diesem Gebiete eine besondere Aufmerksamkeit geschenkt. Der Präsident der ungarischen Hofkammer, Graf von Grassalkovics, erhielt den Befehl, zunächst im Bácser Cameral=Bezirk wegen Bevölkerung von sechs Prädien Sorge zu tragen. Aus seinem hierauf erstatteten Bericht vom 30. Mai 1762 entnimmt man, daß unter seinem Präsidium seit dem Jahre 1748 schon siebzehn Orte in den Bácser und Araber Cameral=Districten angelegt worden seien; ferner seien auf dem Prädium Philippowa 20 Häuser erbaut worden und es solle deren Anzahl nach und nach auf 300 vermehrt werden. Die übrigen Prädien im Bácser Districte (meint Grassalkovics) seien zu weit von der Donau entfernt, und, da sie keine Brunnen haben, für deutsche Ansiedler nicht tauglich; er rathe jedoch an, diese Prädien mit Ungern oder Illyriern (Serben) zu besetzen, da beide an Bewohnung von derlei wüsten Ebenen gewohnt und mit der dortigen Feldwirthschaft vertraut wären. Die Prädien Szakokova und Bratyevity können übrigens für 100, Gajbobra und Joßan für 120 Colonisten (hospites) dienen. Grassalkovics vertrat dabei die richtige Ansicht, daß in den zu colonisierenden Cameral=Bezirken zunächst große und volkreiche Ortschaften, dann erst kleinere von 30—40 Häusern anzulegen seien, indem die kleineren Orte erst durch die größeren erhalten würden. Das war auch richtig in Bezug auf den Schutz von Personen und Eigenthum; denn in der Bácska herrschte dieselbe Zuchtlosigkeit wie im Banate; die daselbst wohnenden Serben und Ungern werden in den amtlichen Berichten jener Zeit in düsteren Farben geschildert. Man mußte oft ganze Ortschaften als Räubernester aufheben, die Bewohner theilen und andernorts ansiedeln.

Um so bringlicher erschien der Regierung eine durch= greifende Besiedlung mit deutschen Colonisten,

welche ungeachtet der vielen Schwierigkeiten und Kämpfe auch bis
dahin schon manche Erfolge aufzuweisen hatten. Der Hofkammer=
rath von Cothmann, der im Jahre 1763 die Cameral=Dominien
bereiste und mit dem Ingenieur Kovács eine Vermessung und
Beschreibung derselben vornahm, berichtet manches Interessante
über den damaligen Zustand der zerstreuten deutschen Colonialorte
in der Bácska. Wir entnehmen diesem Berichte ddto. 28. Decem=
ber 1763 folgende Daten:

Die älteste deutsche Colonie im Bácser Districte war
die Ortschaft Csatalya. Cothmann fand die Ansiedlung unge=
achtet eines ursprünglich sterilen Terrains doch gut bebaut und
übervölkert; daher ließ er den Aufruf ergehen, daß jene Bewohner
von Csatalya, die sich auf anderen Prädien ansiedeln wollten,
für ein Jahr von allen herrschaftlichen Lasten und Leistungen
frei sein sollten. Apatin an der Donau war im Jahre 1750
als deutsches Dorf angesiedelt worden; dasselbe wurde schon im
Jahre 1756 zum Marktflecken erhoben und hatte im Jahre 1763
bereits 500 Häuser, eine schöne Kirche, gutbestellte Äcker, Wälder,
hinlängliche Weide 2c. Unter den Bewohnern waren viele deutsche
Handwerker, darunter sogar ein Buchbinder, der zugleich Bücher
verkaufte. Allerdings hatte man das Räubernest Buksinovácz
vorerst abstiften und die Einwohner nach Stapar übersiedeln
müssen. In Neu=Philippowa fand Cothmann 20 neue Häuser
durch Deutsche erbaut und Alles in voller Ansiedler=Thätigkeit;
die Einwohner hatten bereits eine provisorische Kapelle. Neu=
Koluth war erst vor sieben Jahre (1756) von Deutschen colonisiert
worden und zählte bei Cothmanns Ankunft schon 200 Häuser. In
Hodság, welches im Jahre 1760 an der Stelle der früheren
raizischen Hütten von Deutschen erbaut worden war, traf Coth=
mann im Juni 1763 bereits 300 hübsche reinliche Häuser, wohl=
bestellte Äcker und Gärten und er beantragte, diesen aufstrebenden
Colonisten eine Kirche auf Kosten des Ärars zu erbauen. Auch
Bukin hatte seit 1749 deutsche Bevölkerung; da hier nur 20 arme
serbische Familien lebten, deren Herden ohne Hirten in der Gegend
umherschweiften, so stellte Cothmann den Antrag, diese in andere

serbische Orte zu transferieren und Bukin bloß für Deutsche zu lassen, wo dieselben auch bereits eine schöne ärarische Kirche besäßen. Ebenso wäre Neu-Karavukovár, das im Jahre 1755 von katholischen Ungern colonisiert worden war, nur mit Deutschen zu besiedeln, weil die Ungern den Ackerbau ganz vernachlässigten und nur vom Fischfange lebten. Die abgestifteten Ungern sollten nach anderen ungrischen Ortschaften übersiedelt werden. Eine ähnliche Umtauschung schlägt der Hofkammerrath auch bei Alt-Karavukovár vor, damit dieser „alte Räubersitz" statt seiner serbischen Bevölkerung deutsche Einwohnerschaft erhalte. Deutsche fand Cothmann auch in Alt-Becse, dem Hauptorte des Theißer Militär-Districts. Auf den Cameral-Besitzungen waren mit Deutschen besetzt: St. Ivan (73 Bauern-Ansässigkeiten à 12 Joch à 1600☐ Klafter), Philippowa (73 Sessionen), und Gakova (106 Sessionen).

Cothmann beantragte eine Reihe von Prädien neuanzu-siedeln, andere mit Colonisten zu vermehren; doch schlug er hiezu nicht bloß Deutsche vor, sondern je nach der vorhandenen Natio-nalität und dem Gedeihen des bestehenden Ortes auch Ungern und Serben. Auf Grund dieses umfassenden, mit Plänen, Karten und Tabellen versehenen Berichtes erfolgte am 28. Juni 1764 die a. h. Resolution, welche im Wesentlichen die Colonisation des Bácser Districtes mit Deutschen zum Ziele hatte. Es wurde deshalb befohlen, die an der Donau befindlichen serbischen und rumänischen Familien in andere Orte ihrer Nationalität zu transferieren, die Pachtungen auf den Prädien Gajdobra, Kula und Jožan schon zu Georgi künftigen Jahres aufzukündigen, die übrigen Prädien aber nur mehr auf 1—3 Jahre in Bestand zu geben.

Wir haben schon weiter oben (S. 332 ff.) von dem Theresia-nischen Colonisierungs-Patent vom 25. Februar 1763 und dessen Wirkungen Kenntniß genommen. Unter den in das deutsche Reich entsendeten Colonisten-Agenten befanden sich auch Deutsche aus Apatin und Horka in Ungarn; es waren die Emissäre Boni-facius Stobor, Jacob Specht, Josef Hoy und Anton Faißt. Diese Männer konnten die Auswanderungslustigen in Deutschland am besten über die Verhältnisse in Ungarn informieren.

Unter Hinweis auf die erzählten Maßregeln zur Colonisierung
des Banats, welche mit denen in der Bácska gleichförmig gewesen,
beschränken wir uns hier auf die Hervorhebung jener Vorkehrungen
und Resultate, die sich nur allein auf das Bácser Comitat beziehen.
So ließ M a r i a T h e r e s i a dem ungarischen Landtage im
Jahre 1764 die k ö n i g l i c h e n P r o p o s i t i o n e n zugehen, daß
im Bácser Districte die Prädien Gakova, Pravetik, Philippowa,
Németsácz, Joßan, Gajdobra und das Prädium bei Zombor
angesiedelt werden sollen.   Dabei wäre vorher nicht bloß dieser
Cameral-Besitz gehörig zu „mappieren" und zu beschreiben, namentlich auch hinsichtlich der etwa schon vorhandenen Bevölkerung,
sondern es müßten auch die Contributionen und sonstigen Leistungen
und Giebigkeiten der Einwohner genau untersucht und präcisiert
werden, insbesondere wäre das Urbarium zu bestätigen, die Miß-
bräuche mit den Roboten abzuschaffen und für die Unterthanen
besondere Rechtsfreunde (Advocatorum subditorum) zu bestellen.

Die Impopulierung der Prädien soll mit D e u t s c h e n
(Schwaben) und nicht mit Raizen geschehen; die Colonisten seien
mit Chirurgen und deutschen Seelsorgern zu versehen; eine Summe
von 100.000 fl. jährlich solle aus dem ungarischen Darlehensfond
für den Bevölkerungsfond ausgeschieden, den Colonisten sechs und
mehr Freijahre nebst anderen Vortheilen ausgemessen, in Preßburg
eine „gemischte fortwährende Commission in Impopulationssachen"
bestellt werden u. s. w.   Als eine zweckmäßige Maßregel erschien
auch der Vorschlag, daß man im Bácser Districte die unbebauten,
sterilen Flächen bewalden, daneben die Seidencultur einführen,
Maulbeer-Plantagen anlegen möge.

Nach diesen Gesichtspunkten wurde in den Jahren von 1763—
1773 auch im Bácser Districte die Colonisierung mit deutschen
Einwanderern systematisch betrieben.   Als Ansiedlungscommissär
fungierte daselbst Heinrich S t r e d u l a, dem später noch Josef
M o d e f e l d beigegeben wurde; letzterer hatte insbesondere die
Anlagen der Seidenplantagen und die Einführung der Baumwoll-
spinnerei zu besorgen, respective zu überwachen.   Wie stark die
Z u s t r ö m u n g v o n C o l o n i s t e n war, zeigen folgende Daten:

Vom 1. Jänner bis zum 15. Juli 1763 wanderten in den Bácser Bezirk auf Cameralkosten 726 Personen, auf eigene Kosten 702, im Ganzen also 1428 Personen ein. Davon vermählten sich innerhalb der obigen Frist 55 Individuen, denen noch besondere Begünstigungen zukamen. Im Ganzen wurden von 1763—1768 im Bácser Cameral-Districte folgende Orte mit Ansieblern (hospitibus) besetzt oder vermehrt: Kernyaja (141 Colonisten), Krusevlye (42 Colonisten), Gakova (197 Colonisten), St. Ivan (232 Colonisten), Doroßló (11 Colonisten), Philippowa (212 Colonisten), Veprovácz (13 Colonisten), Koluth (216 Colonisten), Bezdán (40 Colonisten), Kapußina (7 Colonisten), Hobság (28 Colonisten), Gajdobra (160 Colonisten), Bukin (18 Colonisten), Neu-Palanka (84 Colonisten), Karavukovár (31 Colonisten) und Apatin (555 Colonisten), zusammen 1987 Colonisten. Unter diesen nahezu 2000 Personen waren mit Ausnahme der Ansiedler von Kernyaja, Bezdán und Kapußina (also etwa 180 Personen) alle übrigen Colonisten deutsche Einwanderer; darunter die meisten aus Lothringen, dann „aus dem Reiche", aus Österreich, Böhmen und aus der Schweiz; auch einige Italiener und Franzosen hatten sich eingefunden.

Trotz dieser Vorkehrungen und deren günstige Erfolge hatte die Population in der Bácska im Jahre 1787 erst die Höhe von 184.081 Seelen erreicht, was bei einem Flächenraume von nahezu 180 Geviert-Meilen einer durchschnittlichen Dichtigkeit von etwas über 1000 Seelen auf die Quadratmeile gleichkam. Nahm man die Bevölkerung der drei Freistädte dieses Comitats, Maria Theresiopel mit 20.708, Zombor mit 13.360, Neusatz mit 8.998 Seelen dazu, so stieg die Gesammt-Population auf 227.147 Seelen. Es war somit in der Bácska noch hinlänglicher Raum zu neuen Ansiedlungen und dieser Landstrich bot gleich dem Banate der Colonisierungs-Thätigkeit unter Kaiser Josef II. ein weites Terrain.

Wir verweisen hinsichtlich der Regierungsmaßregeln und der Colonisations-Vorschriften auch hier auf das bei dem Banate Mitgetheilte und führen nur die Resultate in der Bácska an.

In dem Josefinischen Colonisationspatent vom
Jahre 1782, noch mehr in der hierauf beruhenden Instruction der
ungarischen Hofkammer wurden den bäuerlichen Colonisten im
Bácser Districte nebst Haus, Stallung, Hofraum, Nutzvieh und
Wirthschaftsgeräthe noch an Ackerfeldern, Wiesfluren und Hutweiden
zubemessen: die ganze Bauernansässigkeit „nach Umstand der Lage
der Ortschaften" mit 32, 34, 36 und 38 Joch Acker, jedes
à 1200 Quadratklafter und 22 Tagwerk oder Heumahden Wiesen
und sodann nach Proportion die halbe, Viertel= und Achtel=Session.
Die Stadt Zombor begehrte im Jahre 1784 folgende Hand=
werker: Drechsler, Handschuhmacher, Müller, Wagner, Zinn=
gießer, Uhrmacher, Schuhmacher, Bäcker, Strumpfwirker, Seifen=
sieder, Kupferschmied, Sattler, Siegelstecher, Binder, Messerschmied,
Nadler, Korbmacher, Kammmacher, Stärkemacher, Kartenmaler,
Gärtner, „sechs Musici", Hafner, Gelbgießer, Siebmacher, Flanell=
weber, „drei deutsch Frauenschneider", Seidenfärber, „Tabakmacher",
Leinweber, Färber, Tapezierer, Leimsieder und Schleifer. Doch
bittet die Stadt, „etwas bemittelte Leute auszuwählen, nachdem
ihnen ex publico keine extraordinäre Aushilfe geleistet werden kann".

In ähnlicher Weise verlangten damals auch andere Städte
in Ungarn die ihnen fehlenden oder nur in ungenügender Anzahl
vorhandenen Handwerker, so Neusohl, Poschega, Warasdin u. a.

Die Hauptthätigkeit der josefinischen Colonisierung betraf den
Bácser District, wo nach der Conscription so viele öde und leere
Gründe vorgefunden wurden, daß zu deren Besetzung gegen
3500 Familien erforderlich waren. Zur genauen und pünktlichen
Vollziehung des Ansiedlungsgeschäftes bestellte die ungarische Hof=
kammer für die Bácska ein besonderes Rent= und ein Bau=
Amt und ließ Spitäler für die Kranken errichten. Der Sitz
dieser Ämter war Zombor; die Wirksamkeit des Rentamtes dauerte
von 1783—1789. Die Obliegenheiten dieser Ämter bestanden
darin, die Colonisten entsprechend zu versorgen und darauf zu
achten, daß ihnen die zugesagten Begünstigungen zutheil werden.

Jeder Reichseinwanderer erhielt bei seiner Ankunft in der
Bácska 1 fl. pr. Kopf und ein Büchlein, in welchem die Ansied=

lungsnummer, der Personalstand der Colonisten-Familie und die dem Ansiedler ertheilten Begünstigungen eingetragen wurden. Ein ähnliches Protokoll blieb bei der Behörde Von dieser Zeit an wurden jeder Person über zehn Jahren täglich zwei Kreuzer und eine Halbe Mehl, unter zehn Jahren ein Kreuzer und ein Seidel Mehl, dann etwas Holz, Stroh und Essig zugesichert und der Familie monatsweise so lange verabreicht, bis sie mit Haus und Hof betheilt war und sich selbst ernähren konnte. Bis dahin erhielten die Zuwanderer auch Einquartierung in schon bestehenden Ortschaften.

War das neue Dorf fertig, so wurden die Colonisten in ihre Häuser eingewiesen; damit hörte auch obige Verpflegung auf. Sie erhielten jedoch eine Kuh oder achtzehn Gulden zum Ankaufe einer solchen und die nothwendigsten Hausmobilien: eine Bettstätte, einen Strohsack, einen Teppich, sechs Säcke, eine Backmulde, eine Axt, eine Stock- oder Spitzhaue, ein Grabscheit, eine Mistgabel, ein Spinnrad, ein Mehlsieb, eine Brotschaufel, einen Wasserzuber, einen Melkkübel und ein Butterfaß. Der Bauer bekam überdies vier Pferde oder 88 Gulden und das nöthige Geschirr, dann Wagen, Pflug sammt Zugehör und die sonstigen Ackergeräthe. Ebenso die nöthige Saatfrucht, welche jedoch zurückerstattet werden mußte.

Aber auch die ganze Gemeinde empfieng als solche mancherlei Begabungen. So wurde ohne Unterschied der Confession in jedem neu zu erbauenden Orte ein Interimal-Bethaus errichtet und mit den nöthigen Kirchengeräthen (je nach dem Religionsbekenntnisse) ausgestattet. Desgleichen erhielt jeder Ort sein Schulhaus mit den nöthigen Tischen, Stühlen, Bänken und Tafeln und eine Pfarrer-Wohnung. Für den Geistlichen wurde auf immer eine ganze Bauern-Session, von allen Urbariallasten freies Feld, dann während der Dauer der Freijahre jährlich 200 fl. im Baren und durch drei Jahre jährlich zwölf Klafter hartes Brennholz bestimmt. Der Schullehrer erhielt auf immer eine halbe Session freies Feld, während der drei Freijahre jährlich 75 fl. bar, 24 Metzen Halb-frucht (Weizen und Roggen gemischt) und drei Metzen Mais

(Kukuruz). Zur Deckung der sonstigen gemeinsamen Ortsbedürfnisse wurde eine ganze, für den Orts=Notar eine halbe Session freies Feld ausgeschieden.

Ferner wurden jeder Gemeinde die nothwendigsten Feuer= lösch=Requisiten verabreicht.

Jeder Ansiedler genoß eine zehnjährige Steuerfreiheit.

Die neuen Ortschaften wurden ordentlich und planmäßig angelegt; jedes Haus war eilf Klafter lang, drei Klafter breit und acht Schuh hoch, die Mauern von Erde gestampft, mit einem Zimmer, einer Küche, einer Kammer, einem Stalle, dann Stiege und Rohr= dach versehen. Thüren, Fenster, Öfen, Rauchfänge, Dach= und Stubenböden waren in gehöriger Weise herzustellen. Bei jedem Haufe befand sich ein entsprechender Hof= und Gartenplatz; zu je zehn Häusern wurde ein ordentlicher Trinkbrunnen, mit Ziegel= steinen ausgemauert, hergestellt. Mit Anlegung dieser Brunnen mußte bei einer neuen Ortschaft der Anfang gemacht werden. Ein solches Colonistenhaus kam bis zu seiner Vollendung auf 200 fl. zu stehen.

Eine der größten Wohlthaten für die Colonisten waren die Spitäler. Diese wurden gleich zu Anfang der Ansiedlung und so allmählich fast in allen neuen Dörfern errichtet. Zu diesem Zwecke hatte man passende Häufer erbaut und mit allen Erforder= nissen nebst einer guten Apotheke versehen. Den Anstalten standen erfahrene Ärzte vor, so daß die bei ihrer Einwanderung in Folge des Klima's, der veränderten Nahrungs= und Lebensweise vielen Erkrankungen ausgesetzten Colonisten hier sorgfältige Pflege und Heilung fanden. Diese Colonistenspitäler bestanden in der Bácska bis zum Jahre 1789.

· Alle Kosten für eine Ansiedlungsfamilie zu vier Personen (die Verpflegung auf etwa 9 Monate mitgerechnet) beliefen sich auf ungefähr 507 fl. 54 kr. Über die Bewegung der Einwanderung liegen folgende Daten vor. Im Jahre 1784 und bis Ende April 1785 sind im Ganzen 2920 Familien nach Ungarn eingewandert. Von diesen hatte man in der Bácska im Jahre 1784 315 in neuerbauten Häusern untergebracht; für das Jahr 1785 wurde der Neubau von 760 Häusern beantragt. Die Einwanderer erhielten im Jahre 1784 bei ihrer Ankunft im Bácser Bezirk 2931 fl. Reisegeld, d. h. es waren somit 2931 Personen; ferner empfiengen die Ankömmlinge 7.983 fl. Verpflegungsgelder und 3.510 fl. an Naturalien, also im Ganzen 14.424 fl.

Am stärksten war die Einwanderung von 1. Mai 1784 bis zum letzten November 1785; in dieser Zeit erschienen im Bácser Districte 2057 Familien mit 9.201 Personen. Im Jahre 1786 waren im Bácser Bezirke noch 1544 Colonisten-Familien aus dem Reiche unangesiedelt und bei anderen dortigen Familien einstweilen untergebracht. Da jedoch bloß für 1303 Familien freie Ansied-lungsstellen beschafft werden konnten, somit ein Überschuß von 241 Reichsfamilien sich ergab: so wurde mittelst a. h Entschließung vom 24. April 1786 die weitere auf Staatskosten erfolgte Ein-wanderung aus dem Reiche einstweilen eingestellt.

Die gute Organisation des Ansieblungsgeschäftes in der Bácska hatte zur Folge, daß die Colonisierung daselbst zur allseitigen Befriedigung aller mitinteressierten Theile durchgeführt wurde. Die neuen Dorfschaften im Bácser Comitate wurden theils auf Prädien und Pußten (Heiden) errichtet, theils zu solchen Dörfern angestoßen, wo viele Einwohner ihre Gründe öde liezen gelassen hatten. Diesen Umständen ist es zuzuschreiben, daß selbst neu angelegte, rein deutsche Ortschaften die alten Benennungen der ehedem bestandenen, aber im Laufe der Türkenzeit verwüsteten und verlassenen Orte beibehielten. Neu angelegt wurden: im Jahre 1784 Torža; 1785 Cservenka, Neu-Verbáß; 1786 Kiskér, Szeghegy, Bulkeß; 1787 Jarek mit insgesammt 1830 Häusern und ebenso vielen Familien, meist Lutheraner und Reformierte. Zugebaut wurden: 1785 Palanka; 1786 Neuszivácz, Soove, Kula, Parabuty, Rácz-Militits, Brestovácz, Veprovácz, Kernyaja, Bezdány, Csonoplya, Stani-sits, Almás mit insgesammt 1470 Häusern und ebenso vielen Familien, welche mit Ausnahme der zu Neuszivácz und Soove, die reformierter Confession waren, sämmtliche der katholischen Kirche angehörten. Nimmt man 200 neuerbaute Häuser in alten

Dorfschaften dazu, so ergibt sich, daß in den Jahren von 1784
bis 1787 in der Bácska 3500 Familien vorschriftsmäßig ange=
siedelt worden sind. Bei einem durchschnittlichen Familienstande
von vier Personen und dem Kostenaufwande von 500 fl. für jede
Ansiedlungsfamilie, ergibt sich die Einwandererzahl mit etwa
14.000 Personen und die Auslagen mit 1.750.000 fl.

Da troß des Erlasses vom 24. April 1786 die Zuwan=
derungen aus dem Reiche nicht aufhörten, so ergieng unter dem
13. März 1787 der erneute a. h. Befehl, die Ansiedlung bis auf
Weiteres gänzlich einzustellen; wer noch in Ungarn Niederlassung
suche, thue dies auf eigene Gefahr und Kosten und werde der
früher zugesagten Begünstigungen nicht weiter theilhaftig, könne
auch auf Cameralgütern keine Unterkunft finden.

Obwohl bei der Colonisierung auf ärarischen Gütern auch in
der Bácska der Grundsaß beobachtet wurde, daß in demselben
Orte wo möglich Leute der gleichen Nationalität und
Religion und überdies mit Rücksicht auf Verwandte und Bekannte
angesiedelt werden sollten: so war die Beobachtung dieses Grund=
saßes doch nicht aller Orten thunlich und man fand in den meisten
neuen Ortschaften deutsche Bewohner aus sehr verschiedenen Erb=
ländern und Reichsgebieten beisammen. Die Folge davon war
auch hier eine eigenthümliche Mischung der Mundarten, deren
genauere Untersuchung immerhin lohnende Aufgabe sachkundiger
Forscher wäre. Wir wählen beispielsweise zwei Dorfschaften, eine
aus der Theresianischen und eine aus der Josefinischen Zeit, um
daran diese Mischung zu zeigen. In den Jahren 1766 und 1767
wurde das Dorf Krusevlye colonisiert. Die deutschen Ansiedler,
42 Familien, stammten größtentheils (25 Familien) aus Loth=
ringen, außerdem noch aus dem übrigen Deutschland (12 Familien),
endlich aus Böhmen, Österreich und aus anderen Gegenden
Ungarns. Noch bunter war die Mischung unter den Colonisten in
Neuszivácz (im Jahre 1786 angelegt), die nicht weniger als
16 verschiedenen „Ländern und Provinzen" des deutschen Reiches
angehörten; und zwar stammten dieselben aus Zweibrücken, Nassau=
Saarbrück, Grumbach, Chur=Pfalz, Chur=Trier, Hessen=Darmstadt,

Hessen-Hanau, Hessen-Kassel, Baaden-Hunsrück, Cleve, Braunfels, Wittgenstein, Widrunkel, Neuwied, Schaumburg und Nassau-Usingen.

In der spätern Zeit wurden wohl noch vereinzelte Nachschübe von Colonisten in die deutschen Ortschaften der Bácska aufgenommen, aber eine weitere eigentliche Ansiedlung von Deutschen fand seither nicht mehr statt. Was die Deutschen hier am Terrain behauptet oder weiter gewonnen haben, das verdanken sie der eigenen Propagativkraft.

Das heutige deutsche Sprachgebiet im Bácser Comitate beginnt im Nordwesten mit dem magyarisch-deutschen Istvánmegye und dem deutsch-serbischen Csavoly und reicht am linken Ufer der Donau in den mannigfaltigsten Windungen der Begrenzung über Vaskut, Koluth, Apatin, Bukin u. a. O. bis hinab zu dem deutsch-serbischen Alt-Palanka (gegenüber von Illok) und dem rein deutschen Cseb. Die Deutschen leben in diesem Gebiete theils für sich allein, theils mit Magyaren und Serben gemischt. Erst nach einiger Unterbrechung beginnt an der Donau ein anderes deutsches Gebiet mit dem rein deutschen Neu-Futak, dem serbisch-deutschen Alt-Futak und dem serbisch-deutsch-magyarischen Neusatz; dieses Gebiet steht aber nordwärts durch das rein deutsche Jarek und das serbisch-deutsch-magyarische Land von Neusatz bis Alt-Kér mit der früher bezeichneten, bis Klein- oder Kis-Kér reichenden Gruppe im Zusammenhange. Vereinzelt liegt im Zomborer Kreise das serbisch-deutsche Sándor. Auch jenseits der Donau, in Syrmien, finden sich, nebst kleineren, mit deutscher Bevölkerung gemischten Punkten, das serbisch-deutsche Ruma, die gleichartige größere Gruppe von India uud Putincze, die serbisch-deutschen Orte Csálma und Banostor und das serbisch-deutsch-magyarische Erdevik (Erdővég.)

Auf Grund der nachgewiesenen schulpflichtigen Kinder berechnete der ungrische Statistiker K. Keleti im Jahre 1870 die Zahl der Deutschen in der Bácska auf 168.062 Seelen oder 29·17% der dortigen Gesammtbevölkerung (576.149), so daß die Deutschen daselbst nach den Magyaren (41·95%) die zweite Stelle in der

Bevölkerung einnehmen. Nach ihnen folgen die Serben mit
15·38% in der Bevölkerung· Die übrigen Volkselemente sind
noch Slovaken (7·26%), Kroaten (dazu auch Schokaczen und
Bunyevaczen, d. i. katholische Serben 4·08%), Ruthenen (1·63%)
und Rumänen (0·53%) Im Jahre 1869 hatten die Bácskaer
Deutschen 35.287 schulpflichtige Kinder beiderlei Geschlechts (von
6—15 Jahren), von denen 22.917 oder 65% die Schule besuchten;
von der schulpflichtigen magyarischen Jugend giengen damals bloß
44% zur Schule. Im Jahre 1879 besuchten 26.919 deutsche
Kinder die Elementarschule. Die Zunahme beträgt 4002 oder 18%,
bei den Magyaren 34%. Im Jahre 1869 gab es in der Bácska
77 Schulen mit nur deutscher Unterrichtssprache, im Jahre 1879
war diese Zahl auf 70 herabgegangen. Im Jahre 1869 war das
Deutsche noch Unterrichtssprache in 49 Schulen und zwar neben
dem Magyarischen in 30, neben dem Serbischen in 3, neben dem
Magyarischen und Rumänischen in 1, neben dem Magyarischen
und Serbischen in 1, neben dem Magyarischen und Kroatischen
in 13 und neben dem Slovakischen in 1 Schule. Im Ganzen
wurde also in 126 Schulen deutsch unterrichtet. Diese Gesammt=
zahl hat sich wohl nicht verringert, denn im Jahre 1879 war die
Anzahl der gemischtsprachigen Schulen, von denen in den meisten
auch deutsch gelehrt wurde, auf 72 gestiegen. Für das Jahr 1876
berechnete Herr Keleti die Zahl der Deutschen in der Bácska
auf 170.652 Seelen. Es fehlen leider Daten aus früherer Zeit,
um die Zunahme der Deutschen in der Bácska ersehen zu können.
Wie man jedoch der geschichtlichen Skizze über die Colonisierung
des Bácser Comitats entnehmen darf, so betrug die Anzahl der
Deutschen daselbst am Ende des vorigen Jahrhunderts kaum über
25 000 Seelen. Mit dem Status von 1876 verglichen, bedeutet
das eine nahezu siebenfache Vermehrung.

Das Deutschthum hat in der Bácska in nationaler Hinsicht
eine schwierigere Stellung als im Banate; denn die Bácser Deutschen
leben in zerstreut liegenden Orten, sind mehr von anderen Nationa=
litäten unterbrochen oder wohnen in gemischtsprachigen Ortschaften.
Die bedeutendsten deutschen oder vorwiegend von Deutschen bewohnten

Orte sind der Markt Apatin mit 11.047 Einwohnern (im Jahre 1870), Cservenka mit 6877 Ew., Csonoplya mit 5310 Ew., Kula mit 7.887 Ew., Alt=Futak mit 5044 Ew., Bajmok (6446 Ew.), Alt=Szivácz (6.202 Ew.), Stanisics (6.206 Ew.).

Hinsichtlich der übrigen ethnographischen Charakter= züge der Bácser Deutschen, wie sich diese in Wohnung, Kleidung, Sprache, Brauch, Spruch, Lied u. s. w. kundgeben, verweisen wir auf das bei den Banater Deutschen Mitgetheilte; denn bei der Gleichheit der Abstammung, der ziemlich gleichzeitigen Einwande= rung und Ansiedlung, bei der gleichen Beschäftigung (vorwiegend Ackerbau, Viehzucht und Kleinhandwerk) und bei den gleichen socialen, politischen und national=ökonomischen Verhältnissen trifft man in all den obigen Punkten eine so große Übereinstimmung, daß wir nur schon Gesagtes wiederholen müßten. Im Allgemeinen lebt man in Südungarn der Ansicht, daß der Bácskaer Deutsche von seiner nichtdeutschen Umgebung mehr angenommen habe als sein Stammesbruder im Banate, auch wollen die Banater wissen, daß ihre Volksgenossen jenseits der Theiß im Umgange und in der Lebensart rauher, geistig und moralisch etwas tiefer stehend seien. In wiefern diese Anschauung berechtigt erscheint, wollen wir hier nicht weiter untersuchen. Ohne Zweifel hat die Zerstreuung der deutschen Orte, der Mangel an solchen bedeutenderen, vor= wiegend deutschbevölkerten Orten, wie dies Temesvár, Werschetz, Großbecskerek, Lugos, Weißkirchen u. a. im Banate sind, die raschere geistige Entwickelung der Bácskaer Deutschen behindert. Dieselben besitzen auch nur eine einzige deutsche Zeitschrift und diese erscheint in dem sprachlich gemischten Neusatz. Doch muß bemerkt werden, daß gerade in Neusatz und Umgebung das deutsche Volksbewußtsein in neuerer Zeit eine ziemliche Kräftigung gewon= nen hat. Auch gedenken wir noch des trefflichen Dichters in deutscher Sprache, Karl Beck, der in der Bácska zu Baha (im J. 1817) das Licht der Welt erblickt hat.

———

Die Deutschen in Siebenbürgen.

In der Gebirgsveste des siebenbürgischen Hochlandes hat das deutsche Volkselement seit länger als siebenhundert Jahren eine neue Heimat sich gegründet. Wie schon in der allgemeinen historischen Darstellung (S. 80 ff.) bemerkt wurde, geschahen die Niederlassungen der siebenbürgischen Deutschen zu verschiedener Zeit und standen auch ursprünglich mit einander in keinem nachweisbar nähern Zusammenhang.*) Als die älteste deutsche Ansiedlung betrachtet man die im Szamos-Thale des Weißenburger Comitats in den Orten Karakó, Chrapundorf (Igen) und Rams entstandenen Sachsen-Gemeinden, denen König Andreas II. bereits im Jahre 1206 einen besonderen Freiheitsbrief ertheilt hat, worin er sich auf Verleihungen früherer Könige beruft. Die genannten Orte erhielten damit die Bestätigung der freien Wahl ihres Richters mit der Ausnahme von jedem Gerichtszwang, die Befreiung von der Last der Bewirthung des siebenbürgischen Wojwoden, die Befreiung von den Grenzwachen, von den Abgaben nach ihren Weingärten und von aller Art des Zehenten; nur die Pflicht der Heeresfolge blieb ihnen auferlegt, sobald der König persönlich in den Krieg zieht.

*) Von den zahlreichen Hilfsmitteln, die hier benützt wurden, sei nebst den bekannten historischen Geschichts-Quellen Siebenbürgens noch auf folgende Werke hingewiesen: Schlözer, Geschichte der Deutschen in Siebenbürgen; Dr. G. D. Teutsch, Geschichte der Siebenbürger Sachsen; Szilágyi, Geschichte Siebenbürgens (ungrisch); Pesty, die verschwundenen alten Comitate (ungrisch); desselben,' Geschichte des] Severiner Comitats und Banats

Uralt war der Bergbau Siebenbürgens; zum Betriebe desselben wurden ebenfalls Deutsche daselbst angesiedelt. Eine Nachricht leitet uns auf die Spur, daß schon in der ersten Hälfte des XIII. Jahrhunderts einzelne deutsche Colonien im eigentlichen Ungarn selbst Zweigcolonien ostwärts entsenden konnten. So zogen Deutsche aus der Stadt Szatmár=Németi nach der Burg Deés in Siebenbürgen, wo sie im Jahre 1236 von König Béla IV. dieselben Privilegien wie die Bewohner von Szatmár erhielten und dem Bergbaue oblagen.

Von einer dritten Deutschen=Ansiedlung, die mit der Nieder= lassung der eigentlichen Siebenbürger Sachsen in keinem ersicht= lichen Zusammenhange steht, berichtet uns der Domherr Roge= rius in seinem Trauerliede (Carmen miserabile) über die Ver= heerungen des Mongolensturmes (1240—1242). Von der Moldau her drang der Tatarenführer Kaban durch den Grenzwald vor die reiche Stadt Rabna (Rudna, Robna, Rodenau?) „welches eine große teutonische Stadt im Gebirge und des Königs Silber= bergwerk war." Die Bevölkerung war tapfer und zahlreich und mit Kriegsgeräthen reichlich versehen. Als die Bürger Kunde von der Annäherung Kabans erhielten, zogen sie demselben im Gebirge kühn entgegen, so daß Kaban bei ihrem Anblicke scheinbar die Flucht ergriff. Die Bürger kehrten voll Siegesfreude in ihre Stadt zurück und begannen nach deutscher Art ein Trinkgelage (und zwar mit Wein). Die Tataren jedoch überraschten die trunkenen Bürger und obwohl sich diese tapfer vertheidigten, so mußten sie sich doch ergeben. Kaban nahm die Stadt in seinen Schutz, ver= einigte 600 Bewaffnete derselben, an deren Spitze der Radnaer Gespan (Graf) Ariskald stand, mit seinem Heere und setzte seinen Weg landeinwärts weiter fort."

Heutzutage sind in Magyar=Igen, Deés und Rabna schon längst keine Deutschen mehr vorhanden. Weit dauernder erhielt

(ungrisch); Schuler-Libloy, Siebenbürgische Rechtsgeschichte; Bedeus, die Verfassung Siebenbürgens; Charles Boner, Siebenbürgen; Capesius, der siebenbürgisch-sächsische Bauer u. v. A.

sich die Hauptansiedlung der Deutschen in Siebenbürgen, von der nunmehr die Rede sein soll.

Um die Mitte des XII. Jahrhunderts war die Süd=Ostgrenze des ungarischen Reiches den verheerenden Einfällen der Kumanen Preis gegeben, die nach Unterwerfung der nicht minder gefürchteten Petschenegen sich zu Herren der Moldau=Walachei gemacht hatten und gleich diesen ihren jetzigen Unterthanen durch die siebenbür= gischen Grenzpässe oft bis tief in das Innere des Landes verwüstend einbrachen. Um Siebenbürgen vor diesen Unholden sicher zu stellen, hatten die ungarischen Könige an der Südostgränze die Székler um die Königsburgen als „Grenzwächter" angesiedelt; aber der Bevöl= kerungsstand des Landes reichte dennoch nicht hin, die Eingänge Siebenbürgens hinlänglich zu schützen. Da griff König Geisa II. (oder vielmehr seine Rathgeber und Vormünder) zu dem Mittel der Colonisierung mit deutschem Volke.

Woher kamen diese Deutschen? Die wahrscheinlichste Ansicht geht dahin, daß die heutigen Siebenbürger Sachsen schon bei ihrer anfänglichen Niederlassung aus verschiedenen deutschen Stämmen bestanden. Die Ein= wanderer kamen zum Theil aus den Gegenden des Nieder=Rheins, ein Theil aus Flandern, wo im Ardennen=Gebirge sich schon frühzeitig ein Verkehrsverhältniß mit Ungarn entwickelt hatte; den Anwohnern des Unter=Rheins galt im XII. Jahrhunderte Ungarn als jenes Land, in dem man sein Glück machen könne. Die Einwanderer selbst erscheinen urkundlich unter verschiedenen Benennungen. Sie werden „Teutonen jenseits des Waldes" („Teutonici Ultrasilvani") „Flandrer" („Flandrenses") und erst im Jahre 1206 zum ersten Male „Sachsen" („Saxones") genannt. Dieser letztere Name wurde dann ausschließlich gebraucht, obgleich es bezeugt ist, daß auch nichtsächsische Deutsche, aus Nürnberg und Franken, schon unter den ersten Ansiedlern anzutreffen waren.

Das Land, welches den über Berufung und Einladung des Königs eingewanderten Sachsen zugewiesen ward, lag am Alt=Flusse und umfaßte auch den Wald der Walachen und Petschenegen; es war ein uncultiviertes, kaum bewohntes Gebiet,

weshalb König Geisa II. (1141—1161) dasselbe eine „Einöde"
(desertum) nannte. Die ersten Niederlassungen der Deutschen
erstreckten sich an der Aluta aufwärts bis zur Einmündung des
Homoród=Baches; hier verhinderten die vorhandenen Székler=Orte
eine weitere Verbreitung der Deutschen. Am rechten Aluta=Ufer
entstand vor Allem das Hermannstädter Capitel, ihm folgten
die Capitel von Leschkirch und Schenk. Dieses Gebiet nennt
das sächsische Volk noch heute „das alte Land" (Alt=Land).

Die folgenden Nachwanderungen besetzten noch unter der
Herrschaft Geisa II. das Kosder Capitel, befestigten Reps und
zogen sich im Thale des Homoród=Baches westwärts, da ihnen die
Ausbreitung nach Osten verwehrt war. Nebst dem Kosder Capitel
wurden damals noch die Gemeinden des Keisder Capitels und ein
beträchtlicher Theil des späteren Schäßburger Stuhles gegründet.

Wie schon früher deutsche Colonisten aus dem eigentlichen
Ungarn ostwärts nach Siebenbürgen gezogen waren, so dürften
auch die „Sachsen" des Szamos=Thales es gewesen sein, welche sich
der Maros näherten und das Land von Mühlbach bis
Unterwald besetzten, von hier dann sich in die Thäler des
Kokel=Flusses verbreiteten. So entstanden die Gemeinden des
Schelker und Mediascher Capitels.

Als die ältesten sächsischen Ansiedlungen hat man
demnach zu betrachten: Hermannstadt, Leschkirch und Groß=
Schenk; hier entwickelten sich auch zuerst die Sachsenstühle. Diese
Ansiedlungen fallen ohne Zweifel noch in die Zeit Geisa II. und
es ist bemerkenswerth, daß diese „Einöde" in kirchlicher Hinsicht
nicht gleich den übrigen Sachsencolonien der Jurisdiction des
siebenbürgischen Bischofs unterstellt wurde, sondern es bildeten
diese drei ältesten Sachsenstühle das Capitel der exemten Her=
mannstädter Propstei. Die späteren deutschen Colonien im
Repser, Reußmärkter, Mühlbacher und Broofer Stuhle genossen
diese Befreiung schon nicht mehr, sondern waren in kirchlicher
Beziehung dem Bischofe zu Weißenburg untergeordnet.

Daß die Ansiedlungen von Anbeginn eine numerisch
bedeutendere Volkszahl umfaßt haben müssen, liegt in der

Natur der Sache, weil ja eine geringe Colonistenschar sich in der
Nachbarschaft von Kumanen und Petschenegen nicht behaupten, noch
einen wirksamen Grenzschutz hätte bieten können. Die Colonien
hatten demgemäß auch vorwiegend militärischen Charakter
und besetzten deshalb zunächst strategisch wichtige Punkte, wie z. B.
Hermannstadt, Reps, Schäßburg u. a. Burgen. Wahrscheinlich
ist es ferner, daß im Schutze dieser Burgen die Sachsen vorerst
nur Dörfer anlegten, da im Landbau und in der Viehzucht die
Kraft der neuen Ankömmlinge bestand. Aber ihre exponierte Lage
in der Nachbarschaft wilder Heidenvölker und die stete Gefahr vor
den verheerenden Einbrüchen derselben, zwangen diese Deutschen
das Schwert stets bei der Hand zu haben. Pflug, Hirtenstab und
Mordgewehr mußten von den deutschen Pflanzern in gleicher Weise
gehandhabt werden. Dieser Umstand hat auch vor Allem veranlaßt,
daß in den Sachsenorten schon frühzeitig die Kirchen befestigt
wurden; insbesondere waren die Thürme zur Vertheidigung eingerichtet. Die Spuren solcher „Burgkirchen" findet man bis heute
noch zahlreich auf dem siebenbürgischen Königsboden; denn auch
in späteren Tagen hatte das Sachsenvolk sich mit Schwert und
Büchse gegen innere und äußere Feinde zu wehren.

Eine Scheidung der Bevölkerung nach Beschäftigungen gab es wohl bei der Niederlassung nicht; auch hatten
die einzelnen Niederlassungen anfänglich keine geschlossene politische
Einheit gebildet. Wahrscheinlich standen die Colonisten der
Ansiedlungen nur durch die Gauversammlung auf freiem
Felde (Mahlstätten) mit einander in engerer Verbindung. An
diesen Versammlungen nahm jeder freie Mann Antheil und selbst
noch gegen Ende des XIV. Jahrhunderts wurde neben den Richtern
und Aldermännern (Geschwornen) auch noch anderes Volk zu den
richterlichen Versammlungen beigezogen. Es gab überhaupt keinerlei
bevorrechteten Stand unter diesen Sachsen; Bürger und Bauer
besaß gleiches Recht und Edelleute waren keine vorhanden.

Die andere siebenbürgisch-deutsche Sprachinsel in der Gegenwart begreift den südöstlichen Theil Siebenbürgens, das sogenannte
Burzenland, in sich. Als dieses König Andreas II. im

Jahre 1211 dem Deutsch=Ordensrittern verlieh, war es ebenfalls ein ödes, unbewohntes Gebiet, die günstig gelegene Pforte für die Einbrüche räuberischer Kumanenhorden. Bei Verleihung an den deutschen Ritter=Orden wurde das Gebiet von der politischen Jurisdiction des siebenbürgischen Wojwoden befreit und den Rittern die Erlaubniß ertheilt, daselbst Holzburgen und Städte erbauen zu dürfen. Wir haben schon in der allgemeinen historischen Darstellung (vgl. oben S. 82 ff.) die Geschicke der deutschen Ritter in Siebenbürgen erzählt. Hauptort des Burzenlandes wurde Kronstadt (Corona, ungrisch Brassó). Die Besitzungen der Deutsch=Ordensritter umfaßten außer dem Burzenlande noch einen Theil des Fogaraser Districts und des ehemaligen Ober=Weißen= burger Comitats und hatten eine Ausdehnung von etwa 40—45 Geviertmeilen. Das Burzenland wurde jedoch nicht mit Sachsen vom Königsboden bevölkert (denn solches war den Rittern verboten), sondern die Ritter brachten neue deutsche Colonisten dahin. Die von den Hermannstädtern verschiedene Abstammung der Burzenländer Deutschen wird auch durch deren Dialect bewiesen, der von der Mundart des sächsischen „Altlandes" in Siebenbürgen abweicht. Nach Vertreibung der deutschen Ritter (1225) kam ein kleiner Theil ihrer Besitzungen an das Land der Ungern und der Székler; der übrige, von deutschen Colonisten bewohnte Theil, blieb beisammen. In dieser Gemeinschaft erhob sich Kronstadt über die anderen Colonien und gewann eine gewisse Hegemonie über dieselben; Kronstadt wird in den Urkunden zuerst im Jahre 1252 als die „Stadt" (ungrisch város, daraus: „Barassu, Brassó") an sich genannt. Die Oberleitung des Gebiets stand bis ins erste Viertel des XIV. Jahrhunderts dem Székler Grafen zu; im Jahre 1326 wird der erste Graf des Burzenlandes urkundlich erwähnt.

Hoch im Norden Siebenbürgens treffen wir heute die dritte deutsche Insel, den Nösnergau oder Bistritzer District. Wir haben schon erwähnt, daß diese nördlichen deutschen Bergbau= Colonien theilweise älter sind als die Sachsenorte im südlichen „Altlande". Es scheint, daß diese nord=siebenbürgischen Deutschen

gleich denen von Deés aus anderen Theilen Ungarns des Berg=
baues wegen hierher angesiedelt wurden. Die Sage berichtet, ein
Schwarm der Zipser Deutschen habe die Bergstadt Rodna gegründet.
Gewiß ist, daß die dialectischen Verschiedenheiten der Bistritzer
Deutschen von der Mundart der Hermannstädter Sachsen sowie
die Thatsache, daß Bistritz schon im Jahre 1222 einen eigenen
Grafen besaß, auf eine ältere oder mindestens unabhängige Besie=
delung dieses Gebietes hinweisen. Die ersten Ansiedlungen erfolgten
hier um Bistritz und Lechnitz; dieses Gebiet wurde vom
Comitatsboden ausgeschieden und zu einem selbständigen, abgeschlosse=
nen politischen Körper erhoben. Auf diesem „Gebiet“, wie der Land=
strich noch heute im Volksmunde heißt, blieb auch das Deutschthum
nahezu ungemischt; die „Gebieter“ (so nennt man die dortigen
Einwohner) behaupteten ihr Land; dagegen haben die übrigen von
Deutschen bewohnten Orte dieser Gegend gemischte Bevölkerung
und sind auch unter der Comitats=Jurisdiction verblieben. Der
alte deutsche Name von Bistritz war „Nosen oder Nösen“ und
das Gebiet hieß der „Nösnergau“. Stadt und Gebiet treffen wir
von früher Zeit an im Eigenbesitze der ungarischen Königinnen.
Im Jahre 1334 erhielten die „Bistritzer Bürger und Colonisten
und Jene, die zu diesem Gerichtssprengel gehören“ von der Königin
Elisabeth unter Zustimmung des Königs Karl Robert ein Privi=
legium, wornach sie vor keinen andern Richter gestellt werden
dürfen, sondern nur dem von der Königin ernannten oder zu er=
nennenden Grafen oder den von den Ansiedlern selbst gewählten
Richtern verantwortlich sein sollen.

Kehren wir nun in das südwärts gelegene sächsische „Altland“
zurück! Die Deutschen hatten daselbst schon binnen kurzer Frist
einen blühenden Zustand geschaffen; denn kaum ein Menschenalter
nach ihrer Niederlassung, nämlich im Jahre 1186, berichtet der
ungarische König Béla III. bei seiner Brautwerbung an den
Pariser Hof, daß er „von den fremden königlichen Ansiedlern in
Siebenbürgern 15.000 Mark einnehme“. Diese Ziffernhöhe erregt
fast Zweifel an ihrer Richtigkeit; gewiß ist aber, daß im sächsischen
„Altlande“ sich zunächst auch die politische Bedeutung der

Siebenbürger Sachsen entwickelt und diese Provinz die stete Gunst der Könige genossen hat. Im Jahre 1189 stiftete König Béla III. die vom Siebenbürger Bischofe unabhängige Hermann= städter Propstei, welche Papst Cölestin im Jahre 1191 anerkannte. Doch gieng das Freithum dieser Propstei bald verloren; sie blieb allerdings von der kirchlichen Oberhoheit des nahen Siebenbürger Bischofs befreit, dafür kam sie unter die Jurisdiction des Graner Erzbisthums. Die Absicht des Königs Andreas II., für alle deutschen Colonisten in Siebenbürgen ein besonderes Bisthum zu errichten, scheiterte an dem vereinten Widerstande dieses Erzbischofs und des Bischofs von Siebenbürgen.

Derselbe König Andreas II. ertheilte hierauf den „deutschen Gästen Siebenbürgens" seinen großen „goldenen" Freiheitsbrief vom Jahre 1224. Darin bestätigt er ihnen die alten, bei der Einwanderung erhaltenen Freiheiten und vereinigte die verschiedenen von einander unabhängigen Gaue (Comitatus) der von Geisa II. berufenen Colonisten mit dem Hermannstädter Comitat (Grafschaft), wornach die Hermannstädter Freiheiten auf alle in dem „Altland" wohnenden Sachsen übergiengen.

Im Einzelnen bestanden aber diese bestätigten, resp. vermehrten und jetzt auf die Hermannstädter Grafschaft überhaupt ausgedehnten Rechte in Folgendem:

a) Das gesammte Volk anfangend von Broos (Város) bis Draas (bei Reps) soll Ein Volk sein und unter einem (obersten) Richter stehen. Der König darf keinen Theil dieser Grafschaft als adeliges Lehen verleihen.

b) Der König allein ist oberster Richter der Sachsen, er bestellt auch den Grafen als Richter und Oberhaupt dieses Volkes; dieser hieß daher auch „Königsrichter" (Judex regius).

c) Der Graf soll Niemanden zum Richter bestellen, der nicht unter ihnen ansässig ist und welchen das Volk nicht gewählt hat. Dieser richtet nach dem sächsischen Gewohnheitsrechte und kein Sachse darf in einem Rechtsstreite vor den König geladen werden, außer wenn dieser Streit vor ihrem Richter nicht geendigt werden kann.

d) Auch darf Niemand (also auch kein königlicher Beamte) im Hermann= städter Gau zu des neuen Geldes Wechsel erscheinen.

e) Ihre Pfarrer wählen sie frei, stellen die Erwählten vor, geben ihnen den Zehnten und sind in aller kirchlichen Gerichtsbarkeit nach alter Gewohnheit ihnen untergeben.

f) Außerdem genießen sie noch den Wald der Wlachen (Walachen) und Bissenen (Petschenegen) mit den Gewässern in gemeinschaftlichem Gebrauch mit den genannten Volksstämmen, beziehen dreimal des Jahres (Sct. Georg, Sct. Stefan, Sct. Martin) durch je acht Tage das Kleinsalz frei, ebenso haben ihre Kaufleute allenthalben im Lande sowie ihre Märkte Zollfreiheit.

g) Der Hermannstädter Gau erhielt als Siegel eine Krone von vier Personen gehalten, von welchen die beiden mittlern auf dem rechten Kniee ruhen, von den Seitenpersonen kniet die rechts befindliche, die links aber steht. Die Umschrift lautet: „Sigillum Provinciae Cibiniensis ad retinendam coronam" („Siegel der Hermannstädter Provinz, zur Erhaltung der Krone.")

Für diese Freiheiten und Rechte waren die Hermannstädter Sachsen zu folgenden Leistungen verpflichtet:

1. Sie hatten jährlich eine Abgabe (Grundzins, terragium) von 500 Mark Silber in Kölner Pfennigen an die königliche Kammer zu entrichten. Den Boten, welche der König zur Sammlung dieses Geldes abordnen wird, haben sie auf die einzelnen Tage, die sie daselbst verweilen, drei Lothe (Silber) für ihre Auslagen zu zahlen.

2. Sie stellen bei einem Kriege im Reiche selbst 500 Krieger, außerhalb des Reiches hundert, wenn der König in eigener Person zu Felde zieht; sonst aber bloß 50.

3. Wenn der König behufs eines Feldzugs zu ihnen kommt, so sind sie nur zu drei Bewirthungen desselben verpflichtet; wird der Wojwode (von Siebenbürgen) im Dienst des Königs zu ihnen oder durch ihr Gebiet geschickt, so haben sie demselben zwei Bewirthungen, eine beim Eintritt, die andere beim Austritte zu leisten.

Auf solche Weise anerkannte die Krone auch hier in ehrendster Weise die bisherigen Dienste der deutschen Ansiedler. Der Freibrief für die Hermannstädter Sachsen vom Jahre 1224 schuf ein einheitliches Gerichts= und Verwaltungsforum und wurde dadurch zum Mittelpunkte für die später erfolgte Municipal=Einigung des gesammten Sachsenvolkes in Siebenbürgen. Der Hermannstädter Stuhl wurde schon im Jahre 1302 als „Gesammtheit der Sachsen von Hermannstadt" (Universitas Saxonum de Cibinio) urkundlich genannt.

Kaum waren aber die Deutschen=Colonien „jenseits des Waldes" zu einigem Gedeihen gelangt, da brach der verheerende Mongolensturm über sie herein. Dieser traf das siebenbürgische Deutschthum um so härter, als neben den mehr geschlossenen

Gruppen deutscher Ansieblungen noch im Lande zerstreute deutsche
Orte sich vorfanden. So z. B. Regen an der obern Maros
(im Jahre 1228 genannt), Deés am Szamos, Erkub an der
untern Maros sowie Karako und Chrapundorf, deren schon
erwähnte Freiheiten König Béla IV. im Jahre 1238 bestätigte;
aber auch südlich von der Hermannstädter Provinz, an der Lauter
im Rothenthurmpaß, bestand als äußerste Wacht gegen die Kumanen
um 1233 eine deutsche Colonie u. s. w.

Über die alten und jüngeren deutschen Ansieblungen wälzte
sich nun das Mongolenheer (1240—1242) und ließ eine neue
Wüste hinter sich zurück. Die angelegten Bollwerke boten den
Bewohnern wenig Schutz, diese letzteren wurden theils erschlagen,
theils flohen sie in die Wälder; die Burgen und Ortschaften wurden
ausgeplündert, verbrannt, zerstört. Heute, nach 600 Jahren, lebt
in den Gemeinden des Nösnerlandes noch die Sage von der
Grausamkeit und Verwüstung des Mongolenzuges in jener Frische,
mit der sie einst der Augenzeuge, Domherr Rogerius von Großwardein, geschildert.

Allein gerade die Thatsache, daß die deutschen Colonien trotz
dieser furchtbaren Heimsuchung nicht untergiengen, gibt ein bedeutsames Zeugniß von ihrer Kraft und Tüchtigkeit. Nach dem Abzuge
der Mongolen sammelte der Wojwode Laurentius die zerstreuten
Bewohner; darunter trifft man sofort auch Deutsche, die wegen
ihrer Treue und Kriegsdienste mit Gütern begabt werden. Wahrscheinlich kamen neue deutsche Ansiedler nach Siebenbürgen.
Man versetzt die Gründung der Sachsenorte Winz und Burgberg an der Maros, des Ortes Enyed (Salzburg) u. a. in
diese Zeit. Diese Orte erhielten im Jahre 1248 die Freiheiten
der Hermannstädter Sachsen. Auch die Güter der Abtei Kerz
hatten durch die Mongolen Vieles gelitten. Deshalb nahm Herzog
Stefan sie im Jahre 1264 in besondern Schutz und brachte sie
mit der Hermannstädter Provinz in nähere Beziehung. König
Stefan V. (1270—1272) hatte als Herzog von Siebenbürgen
die Bedeutung der deutschen Bevölkerung wohl erkannt und hier
wie in Oberungarn erwies er sich als einen Gönner und Beför-

derer deutscher Ansiedlungen. Er gründete im Thal der kleinen
Szamos den deutschen Ort Klausenburg und verlieh ihm werth=
volle Rechte und Freiheiten.

Auch der letzte Arpade Andreas III. (1290—1301) war
den Siebenbürger Deutschen geneigt. Er hielt im Jahre 1291 zu
Weißenburg den ersten siebenbürgischen Landtag ab, bei dem neben
den Prälaten, Baronen und Adeligen auch die Abgeordneten
der Sachsen erschienen; er erneuerte den Sachsen von Thoren=
burg (Torda) im Jahre 1291 ihre Freibriefe, welche sie durch
einen Tatareneinfall im Jahre 1285 verloren hatten. Dasselbe
geschah mit den Deutschen in Thoroczkó. Zwei Mal, 1292
und 1298, berief König Andreas III. auch die Sachsen Sieben=
bürgens als ein freies Volk zur Theilnahme an den Berathun=
gen des ungrischen Landtages. Die Sachsen genossen
überhaupt das Recht der Vollbürger, d. i. des Adels in Ungarn;
ja sie besaßen noch mehr Privilegien als dieser. Denn auf dem
Sachsenboden konnte sich der ungrische Adelige nicht ansiedeln,
dem Sachsen aber war der Ankauf von adeligen Gütern nicht
verwehrt und es machten auch einzelne sächsische Geschlechter von
diesem Rechte Gebrauch. Sie kauften adeliges Besitzthum außer=
halb des Sachsenbodens und genossen auf diesen neuen Gütern
aller adeligen Rechte. Dieser „güterbesitzenden und nach der Weise
der Adeligen lebenden Siebenbürger Sachsen" gedenkt König
Andreas III. in einer Urkunde von 22. Februar 1291.

Diese reichen Sachsengeschlechter wurden aber der
sächsischen Gemeinfreiheit eine große Gefahr. Einzelne gewählte
Richter oder „Grafen" fiengen an, ihre Würde als erbliches
Eigenthum zu betrachten und wußten sich hierüber auch königliche
Bestätigungsbriefe zu erschleichen; diese „Erbgrafen" versuchten
ferner, sich Steuer= und Zehentfreiheit zu erwerben und auch sonst
auf dem Sachsenboden Adelsrechte auszuüben. Sie verbanden sich
oft ehelich mit ungrischen Adelsfamilien, wodurch nicht selten auch
ihr Deutschthum ganz verloren gieng. Schon im XIII Jahr=
hundert gab es viele solche sächsische Erbgrafengeschlechter, welche
die gleichmäßige Freiheit des Sachsenvolkes bedrohten. Es bedurfte

langer und wiederholter Kämpfe, um diese innere Gefahr abzuwehren und mancher Verlust traf dabei den deutschen Volksstamm.

Ehe wir in der historischen Erzählung weiter schreiten, werfen
wir einen kurzen Blick auf die Culturzustände des siebenbürgischen Sachsenvolkes am Schlusse des XIII. Jahrhunderts; als kundiger Führer dient uns hier der Historiker seines
Volksstammes, der gelehrte Superintendent Dr. G. D. Teutsch.

In der kurzen Zeit von etwa anderthalb Jahrhunderten hatten
die Sachsen in ihrer neuen Heimat an der Kumanengrenze das
Land gerodet und die wilden Thiere vertrieben, die Sümpfe ausgetrocknet und zu Fruchtfeldern umgeschaffen und Dörfer und
Burgen gebaut, in denen freie Männer auf ihrem Erb und Eigen
wohnten und den vordem unsichern Besitz der Krone Ungarns
schützten. Die Enkel jener ersten Einwanderer saßen auf dem Landtage neben Prälaten und Baronen und waren von den Königen
als geachteter Stand des Reiches berufen. Ihre Ansieblungen
hatten sich wesentlich erweitert. Sie zogen einem großen Feld-
lager gleich von der Maros wohl vier Tagreisen weit und ungemischt bis zur Aluta und von diesem Fluß bis zur Kokel. Das
war der geeinigte Hermannstädter Gau von Broos bis Draas.
Weiter im Südosten hüteten die Burzenländer in starken Burgen
mit männlicher Tapferkeit des Landes Pässe. Gegen Mitternacht
war der Nösnergau ein Schirm der Grenze und ein Sitz gewerb-
thätigen Fleißes, namentlich dauerte in Rodna der deutsche Bergbau fort. Mitten im Lande erhob sich Klausenburg, ein Sitz
friedlicher Künste und der Freiheit, rings umgeben von Knechten.
Zwischen ihm und dem Hermannstädter Gau lagerten Vorposten
gleich die zahlreichen sächsischen Gemeinden des Bogeschdorfer, des
Bulkescher, des Székeser Capitels, die mit Thorenburg und den
Sachsen im Erzgebirge das Verbindungsglied bildeten. Von
Klausenburg führten die sächsischen Gemeinden Kolozs, Deés und
Szék zum Nösnergau, der mit seinen Ausstrahlungen im Schogner,
Tekendorfer und Regner Capitel bis zur Maros reichte. Noch
waren die Hauptstämme durch kein anderes Band als das der
Sprache, des Volksthums, des gleichen Zweckes ihrer Berufung
mit einander vereinigt.

Die wenigen Worte legen wir über erwähnt … zur Zeit des Reiches getrennter Sprachen … im Kreise derselben ist es dem … Schäßer … und Mühlbach vernehmen … bedeutende kräftige … dieser Zeit waren. Die Schön- …… der Reben die Reben Burg, das Bergschloß von ……… dann die …………… "Kirchenburger" von ……… Kazendorf, Draas Stratum …… Namentlich waren die Thürme von mäßiger Anlage, auf …… als klosterbreiter …… bogen ruhend, …… in den Mauern die …… Männer …… bergend. Im Ganzen lassen sie …… wieder deutscher Burgen und Kirchenkastelle in Siebenbürgen ……

Kirchen und Thürme sind im …… romanischen Rundbogen- stil erbaut, am zahlreichsten finden sie dieselben noch im Hermann- städter Gau. Vom Westend, …… durch den ganzen Unterwald, das „alte Land" an der Alma hinauf …… das Kosder Capitel ent- lang bis Draas begegnen uns …… Kirchen noch wohlerhalten oder doch mit edeln Resten in Rundbogenportalen, rundem Chor- schluß oder Halbkreisnischen, an …… der niedrigen Seiten- schiffe fast Schritt auf Schritt. Auch oben im Norden im Nö- nerlande und im Südosten im Burzenlande führen bedeutungsvolle Kirchenbauten bis in die Arpadenzeit zurück. Alle diese Bauten wurden durch die Arbeit und der Geist der deutschen Ansiedler geschaffen. Neben der kirchlichen und weltlichen Baukunst blühte damals auf dem Königsboden auch bereits die Kunst des Glocken- gusses.

Vom milden Sinne der Bewohner zeugt die Stiftung eines Armen- und Krankenhauses der Gemeinde von Hermanns- dorf (später „Hermannstadt") aus dem Jahre 1292. Auch Bistritz besaß zu jener Zeit bereits ein Spital.

In dem Thronkampfe nach dem Aussterben der Árpáden standen (wie oben S. 406 erwähnt) die Sachsen in Siebenbürgen zum deutschen Herzog Otto von Nieder-Baiern. Sie huldigten ihm zu Ofen und luden ihn zu sich nach Siebenbürgen ein. Otto folgte der Einladung und besuchte über Bistritz im Jahre 1306 den Hermannstädter Gau. Eine bedeutende sächsische

Macht begleitete den unglücklichen Fürsten, der von seinen angeblichen Freunden, insbesondere von dem listigen Wojwoden Ladislaus Apor, schmählich verrathen wurde. Auch die Sachsen hatten des gewaltigen Oligarchen Ladislaus Macht zu empfinden. Es riß die reichen Silberbergwerke von Rodna an sich, trennte widerrechtlich die Mediascher, Schelker und Birthälmer vom Hermannstädter Gau und erlaubte sich noch andere Gewaltthätigkeiten. Auch gegen die Übergriffe des siebenbürgischen Bischofs hatten die Sachsen ihre Rechte und Freiheiten zu vertheidigen. Ebenso war in der königs= losen Zeit das Räuberunwesen gefährlich geworden, bis die Sachsen mit gewaffneter Hand diesem Übel steuerten.

Mit König Karl Roberts Alleinherrschaft kam endlich die ersehnte Ruhe und Ordnung wieder. Wie im eigentlichen Ungar= lande so erkannte dieser König auch für Siebenbürgen die große Wichtigkeit der deutschen Colonien, obgleich diese den Angiovinen längere Zeit nicht anerkannt hatten. Im Jahre 1317 suchte der Hermannstädter Gau durch seine beiden Grafen Blafuuz und Henning die Bestätigung des Andreanischen Freibriefes nach und Karl Robert ertheilte dieselbe der „Gesammtheit" der Hermannstädter Provinz. Aber damit war noch nicht alles Unrecht und alle Rechtswidrigkeit beseitigt, weshalb die Sachsen im Jahre 1324 zu den Waffen griffen. Erst im folgenden Jahre wurde der Friede wieder hergestellt.

Seit dem Jahre 1318 erscheint der Hermannstädter Gau in Stühle getheilt. Deren Zahl wird im Jahre 1359, da der Hermannstädter als Stamm nicht mitzählte, auf sieben angegeben; und zwar waren es die Stühle von Schäßburg, Reps, Broos, Mühlbach, Leschkirch, Reußmarkt und Groß=Schenk. Mit diesen vereinigte König Karl Robert im Jahre 1322 inniger als bisher die Besitzungen der Abtei Kerz, auf denen viele ärmere Sachsen ihren Wohnsitz aufgeschlagen und gegen einige Steuern und Dienstleistungen Ländereien vom Kloster empfangen hatten. Auch die Besitzungen der Cistercienser=Abtei Egresch stellte Karl Robert unter den Schutz der Hermannstädter Provinz.

Die Gebiete von Mediasch, Schelken und Birthälm, welche der Wojwode Ladislaus vom Hermannstädter Gau willkürlich losgerissen hatte, wurden zwar im Jahre 1315 auf ihre Bitten mit Hermannstadt abermals vereinigt; allein diese Entscheidung des Königs fand aus unbekannten Ursachen keine Durchführung, ja im Jahre 1318 schuf Karl Robert aus diesen Stühlen einen besonderen District. Der König sprach diesen von der Heeresfolge und der Pflicht ihn zu bewirthen frei; dagegen sollten die „Sachsen von Mediasch, Schelk und Klein-Schelk und die dazu Gehörigen" jährlich zu St. Martin 400 Mark guten und feinen Silbers nach Hermannstädter Gewicht Steuer zahlen; im Übrigen erhielten sie die Rechte und Freiheiten des Hermannstädter Gaues, von dem sie nunmehr viele Jahre getrennt blieben. Sie hatten lange Zeit zu ihrem Königsgrafen gewöhnlich den Grafen der Székler und erscheinen unter dem Namen der „zwei Stühle", nämlich Mediasch und Schelk. Diese Lostrennung von der Stamm-provinz war für beide Theile schädlich.

Im Burzenlande erhielt sich die Opposition gegen Karl Robert am längsten, ja erst im Jahre 1331 erfolgte die völlige Aussöhnung des Königs mit den Burgherren von Schwarzburg und Rosenau. Besonders begünstigt erscheint das Rösnerland, das noch immer zum Unterhalt der Königinnen diente. Der Frei-brief der Königin Elisabeth vom Jahre 1334 an die „Bürger und Ansiedler" von Bistritz war wichtig durch die ausdrückliche Befreiung des Gaues von aller fremden Gerichtsbarkeit und durch die damit gewährleistete Unabhängigkeit desselben in Rechts= und Gerichtsangelegenheiten, wodurch das Rösnerland sich dem Frei-thum von Hermannstadt bedeutend näherte. Auch die Klausen-burger „Ansiedler und Sachsen" gewannen in den Jahren 1316 und 1330 Erneuerung und Erweiterung ihrer Privilegien, die im Wesentlichen mit den Hermannstädtern übereinstimmten.

Unter König Ludwig I. (1342—1382) erreichten die Siebenbürger Sachsen ihre Blüthezeit. Wie der König von diesen Deutschen dachte, darüber liegen mehrere urkundliche Zeugnisse vor. So rühmte er im Jahre 1370 von ihnen: „Sie seien diejenigen Bürger seines Reiches, auf deren Kraft die Sicherheit jener Grenze wie auf festen Säulen ruhe und deren unwandelbare Treue die Erfahrung fortwährend rühmlich bewähre." Und im Jahre 1379 schrieb er den „sieben Stühlen": „Falls sich etwas Euch Ungünstiges in Euren Freibriefen findet, das wollen wir, so weit es recht und möglich ist, zu Euerem Vortheil ändern und bessern. Wir werden Euer Freithum nie und in keiner Weise brechen, was ihm schädlich und verderblich ist, vielmehr vernichten und ganz tabellos machen." Zur besondern Auszeichnung verlieh er den Hermannstädtern und Schenkern neue Siegeln mit den Anjou'schen Lilien.

Nach Außen hin geachtet und einflußreich entwickelte sich das sächsische Volksthum auch im Innern in blühender Weise. An der Spitze jeder Gemeinde stand der frei gewählte „Graf", d. i. der Richter oder „Hann"; ihm zur Seite die Geschwornen oder Älteren. War eine wichtigere Sache zu berathen und zu entscheiden, dann trat die ganze Gemeinde zusammen. Richter, Geschworne und Älteste der einzelnen Gemeinden traten jährlich viermal zu Stuhlversammlungen zusammen, wo schwierigere Rechtsfälle und mehr allgemeine Angelegenheiten geschlichtet wurden. Klage und Antwort war mündlich und öffentlich; den Eid schwuren die freien Sachsen bei dem entblößten, in die Erde gestoßenen Schwerte oder bei Grenzstreitigkeiten barfüßig, mit gelösten Gürteln und einer Erdscholle auf dem Haupte. Bei Kauf, Wechsel oder Verkauf tranken sie mit den Zeugen zu voller Rechtskraft den Wißwein oder „Almesch" (vom magyarischen „áldomás" = Segenstrunk).

An der Spitze der Stühle standen die vom König ernannten Grafen, deren Sitz an keinen bestimmten Ort gebunden war. Dieselben hatten in den Stuhlversammlungen den Vorsitz und vollzogen das gefällte Urtheil. Im Kriege waren sie die Heer= führer; sie sollten stets aus dem sächsischen Volke ernannt werden. Auf der Gauversammlung wurden die Angelegenheiten des ganzen Gaues (der Provinz) und die wichtigsten Rechtsfälle entschieden. Dahin schickte jeder Stuhl seinen Abgeordneten, in früherer Zeit nahezu jede Gemeinde. So brachte z. B. die Gau=

versammlung der „sieben Stühle" im Jahre 1376 eine neue
Zunftordnung. Das Gewerbe und die Zünfte blühten
damals insbesondere in Broos, Mühlbach, Hermannstadt und
Schäßburg. An Handwerkern werden genannt: Lederer,
Fleischer, Bäcker, Wollenweber, Schmiede, Weißgerber, Schuster,
Nagler, Kupferschmiede, Wagner, Gürtler, Schwertfeger, Schlosser,
Kürschner, Handschuhmacher, Mantelschneider, Hutmacher, Seiler,
Weber, Schneider, Faßbinder, Töpfer, Bogner und Beutelmacher.
Bis in die Gegenwart haben sich Werke sächsischen Gewerbfleißes
aus jener Zeit erhalten.

Auch der Landbau wurde schon damals verständig betrieben.
Die Bebauung des Bodens wechselte zwischen Korn, Hafer und
Hirse. Blühend war Siebenbürgens Handel und an demselben
hatten die Sachsen den meisten Antheil. Die Gegenstände ihres
Handels waren: Getreide, allerlei Vieh, Fische, Salz, Wachs,
Honig, Wein, Erzeugnisse des Gewerbfleißes, wie: Tucharten,
fertige Kleider, Gürtel, Bogen, verschiedene Felle u. v. a. König
Ludwig I. begünstigte diesen Handel der Sachsen auf alle Weise.
Seit dem Jahre 1369 besitzt Kronstadt das Stapelrecht für
die polnischen und deutschen Kaufleute. Sächsische Kaufleute
besuchen die Messen von Groß=Wardein, von Krakau und Polen
überhaupt; sie sind frei von der Niederlagspflicht in Ofen; ihre
Schiffe verkehren häufig zwischen Ofen und Wien. Zu Land
gieng dann der Handelszug weiter nach Prag und nach Deutsch=
land. Im Süden durchzogen sie die unteren Donaugegenden,
besuchten Dalmatien, die Seeküste, Zara, Venedig; ja sächsische
Erzeugnisse werden von den Sachsen bis nach Ägypten verfrachtet.

Die Arbeit und Rührigkeit brachte dem Sachsenvolke den
Wohlstand, aber auch Weltkenntniß, Bildung, Gesittung. Jetzt
entwickelten sich im Schirme der schützenden Burg auf dem Königs=
boden die Städte, unter denen Hermannstadt allen voran
bereits im Jahre 1366 städtische Einrichtungen aufweist. Bald
darauf trifft man inner den neuen Stadtmauern auch die auf=
blühenden Stadtschulen und bereits im Jahre 1386 erwirbt
sich Johannes von Hermannstadt an der neuen Hochschule zu

Wien die Würde eines Baccalaureus der freien Künste. Mit der Entwickelung des städtischen Gemeinwesens wuchs auch die Gliederung des socialen Lebens in Zunftverbänden, Bruderschaften, Bürgerwehren u. s. w. Die Kirchen, Klöster und Siechenhäuser sorgten für geistlichen Trost und für leiblichen Beistand. So wie der Hermannstädter Gau, so gediehen auch die übrigen Gruppen der sächsischen Niederlassungen in Siebenbürgen. Allerdings gieng auch manches Stück des Sachsenlandes diesem und dem deutschen Volksthume verloren durch die Abtrünnigkeit der „Erbgrafen". Aber es drohte dem Sachsenvolke bald noch andere Gefahr.

In der Nachbarschaft des Königsbodens, in den Waldthälern der Zuflüsse des Alt und des Cibin hatten sich allmählich walachische (oder rumänische) Hirtenscharen eingefunden, deren Anzahl der Mongolensturm vermehrte, weil dieser die Kumanenherrschaft im Süden Siebenbürgens vernichtet und damit den Zuwanderungen der Walachen in das untere Donauland und von da nach Siebenbürgen den Weg frei gemacht hatte. Lange standen die vereinzelt auftretenden walachischen Knesen in der heutigen Walachei unter ungarischer Oberherrlichkeit und auch die späteren Wojwoden huldigten (freiwillig oder gezwungen) den Königen von Ungarn. König Ludwig I. wollte diese Gebiete kirchlich und politisch enger an das Reich knüpfen, er verlieh dem Wojwoden Wlaik das Fogaraser Gebiet und Wlaik nennt sich seit 1372 „Herzog der neuen Ansiedlung des Fogaraser Gebiets." Daselbst vermehrten sich nun die walachischen Einwohner bedeutend und störten durch räuberische Einfälle auf das sächsische Gebiet oftmals die Ruhe und Sicherheit. Es war ein fortgesetzter Grenzkrieg; erst im Jahre 1383 schlossen die Parteien Frieden, worin die Walachen gelobten, fortan den „Boden der Deutschen" zu meiden. Auf dem Sachsenboden wohnten also damals noch keine Rumänen.

Mit König Ludwig dem Großen sank die Blüthezeit des ungarischen Reiches und auch der Siebenbürger Sachsen ins Grab; der Verfall trat freilich nicht sofort ein, aber er war nichtsdesto

weniger ein unaufhaltsamer. Unter König Sigismund (1387
bis 1437) brachen zunächst im Innern Verwirrungen aus: die
Gegner des Königs verwüsteten unter Anderen mit Feuer und
Schwert die Umgegend von Klausenburg. Bald kündigten sich
weit ärgere Stürme an. Die wachsende Macht der Türken zog
dem ungarischen Reiche immer näher. Siebenbürgen hatte im
Jahre 1420 den ersten Einbruch türkischer Horden zu
ertragen. Diese zerstörten Broos und schleppten die Bewohner
des Stuhls in die Knechtschaft fort. Im folgenden Jahre (1421)
machten die Türken einen unvermutheten Einfall in das Burzen=
land und überfielen Kronstadt. Das Aufgebot der „sieben
Stühle" wurde geschlagen und nun erstreckte sich die türkische
Verwüstung hinunter ins Alt=Thal bis zur Kerzer Abtei. Und
seitdem wiederholten sich derlei verwüstende Einbrüche. Brand=
schatzungen, Mord= und Raubzüge der Türken und Tataren auf
dem Sachsenboden in fürchterlicher Weise. Muthig wehrte sich das
Volk gegen die Feinde und manche rühmliche Schlacht wurde
geschlagen, mancher Sieg errungen. Wie sehr aber dieser fortge=
setzte Kampf die Kraft der Sachsen in Anspruch nahm, lehrt schon
die eine Thatsache, daß nur die „sieben Stühle" allein im Jahre 1432
mit 2000 Streitern die Grenzhut besorgten. Von dem Könige
wurden sie zwar zuweilen unterstützt: aber Sigismund hatte ja
selber bei seinen vielen Kriegen die Hilfe an Mannschaft und Geld
stets vonnöthen.

In diesen Zeiten der Bedrängniß entfalteten die Sachsen ihre
bürgerlichen Tugenden aufs Herrlichste. Sie standen zusammen
und halfen sich selbst. Sie befestigten ihre Städte und Burgen
stärker und auch die Dorfgemeinden zogen mindestens um die
Kirche eine Mauer, um in deren Schutz den Türkeneinfällen zu
widerstehen und daselbst Leben und Habe zu bergen.

Ein Aufstand der schwer bedrückten Hörigen auf
adeligem Grundbesitze, der im Jahre 1427 einen großen Theil
Siebenbürgens verheerte, bot die Veranlassung, daß über Anregung
der Ungern und Székler am 18. September 1427 zu Kápolna
der erste Bund (Union) der drei ständischen Völker Siebenbürgens

(Ungern, Székler, Sachsen) geschlossen wurde. Sie schwuren, sich gegenseitig gegen Alle und Jeden zu schützen, die sie angreifen würden; nur wenn der König eines Volkes Rechte verletze, sollten die beiden andern gebeugten Kniees vor ihn treten und seine Gnade erflehen. Sonst solle jedes Volk den zweiten Tag, nachdem es zur Hilfe gerufen, zur schnellen Unterstützung des Bedrängten mit Heeresmacht aufbrechen und mindestens drei Meilen des Tages machen. Streit unter den drei Völkern solle auf dem Rechtsweg entschieden werden; wer die neue Ordnung breche, solle ehrlos sein und der Anderen Hilfe verlustig gehen. Dieser Sonderbund wurde am 2. Februar 1438 auf dem Landtag in Thorenburg bestätigt.

Während zu derselben Zeit im eigentlichen Ungarn der Streit des Adels mit dem deutschen Bürgerthum seinen Anfang nimmt, schließen in Siebenbürgen die ungrisch-széklerischen Edelleute mit „ihren vielgeliebten Freunden, den Sachsen der sieben Stühle" diese „brüderliche Einigung". Welch ein Contrast! Freilich war auch der neue Bund keineswegs eine sichere Schutzwehr gegen adelige Ein- und Übergriffe und die Sachsen hatten wegen verweigerter Gerechtigkeit vor und nach wiederholt ernste Klagen bis vor den Königsthron geführt. König Sigismund bestätigte in den Jahren 1387 und 1406 den Andreanischen Freibrief, er war auch in Siebenbürgen ein Gönner der Deutschen und schützte sie nach Möglichkeit gegen die Willkür der Großen. Befahl er doch im Jahre 1432, daß der Széklergraf 7000 Gulden Schadenersatz an den Repser Stuhl entrichten sollte. Im Jahre 1393 vereinigte Sigismund die sächsischen Gemeinden Winz und Burgberg mit den „sieben Stühlen".

In dieser Zeit gewannen die sächsischen Städte allmählich auch in gerichtlichen Dingen einen Vorrang über die Stuhlversammlungen. Bürgermeister und Stadtrath wurden von den Stuhlbewohnern mehr und mehr zur Entscheidung von Rechtsstreitigkeiten angegangen, die vordem durch die Stuhlversammlung geschlichtet wurden. Diese Entwickelung gab dann auch zu einzelnen Conflicten der Städte mit größeren Stuhlgemeinden Veranlassung.

Wir können jedoch diese innere Gestaltung der Sachsencolonien nicht im Einzelnen verfolgen; sondern beschränken uns auf die Hervorhebung jener Momente, welche zur Herstellung der politischen Einigung aller Sachsencolonien führten. Den „zwei Stühlen" von Mediasch und Schelk verlieh Sigismund im Jahre 1402 die Befreiung von der Gerichtsbarkeit des Széklergrafen und das Recht, sich den Oberrichter selber wählen zu dürfen und nach dem Freithum der „sieben Stühle" zu leben. Auch der Nösnergau erhielt im Jahre 1414 neue Schutzwehren gegen die Übergriffe des Széklergrafen. Bistritz gedieh umgeben von blühenden Dorfgemeinden, die bereits um das Jahr 1438 bis 1439 Volksschulen besaßen; dagegen war die ehedem blühende deutsche Bergstadt Rodna damals bereits in Verfall gerathen. Eine schwierige Lage hatte das Burzenland, wo Kronstadt allmählich zum stark befestigten Vororte heranwuchs. Die Landgemeinden mußten die Aufführung der Mauern daselbst durch Zuführen von Stein und Sand befördern; König Sigismund erließ im Jahre 1422 der Stadt den Martinszins auf zehn Jahre zum Wiederaufbau der von den Türken zerstörten Befestigungen. Schon im Jahre 1395 hatte der König, welcher damals in Kronstadt anwesend war, „den Richtern, Geschwornen und der ganzen Volksgemeinde der Sachsen des Kronstädter Stuhls" den großen Freibrief König Ludwigs vom Jahre 1353 bestätigt. Im Jahre 1422 verlieh der König den Kronstädtern die Freiheiten der „sieben Stühle." Weitere Gewährungen ertheilte der Stadt und „Burzenländer Provinz" Sigismunds Privilegium vom 27. Juli 1428, nachdem der König im Jahre 1427 abermals in Kronstadt erschienen war.

Auf ähnliche Art hatte auch Klausenburg schon im Jahre 1397 das Freithum der „sieben Stühle" empfangen; Bistritz und Hermannstadt bilden die Oberhöfe in Appellationsfachen, Hermannstadt fällte das endgiltige Urtheil. Seit 1405 gehörte die mit Mauern, Thürmen und Gräben befestigte Sachsenstadt Klausenburg zu den freien Reichsstädten.

So sind zur Zeit des Königs Sigismund alle bedeutenderen sächsischen Ansiedlungen in den Besitz des Hermannstädter Freithums gekommen. Sie hatten alle wesentlich das gleiche Recht und waren im Geiste zu einem Gemeinwesen vereinigt, dessen Mittelpunkt und Stamm der Hermannstädter Gau, zugleich Oberhof für Alle, war. Noch fehlte aber das äußere Band dieser Vereinigung.

Dieser Zusammenschluß der Sachsen that auch sehr Noth; denn nun kamen nach Sigismunds Tod böse Zeiten. Im Jahre 1438 brang ein Türkenheer durch das eiserne Thor im Maros-Thale aufwärts und zerstörte die Stadt Mühlbach; auch Hermannstadt wurde belagert, doch wehrte sich die befestigte Stadt tapfer und erfolgreich gegen den Feind, der nun 45 Tage lang das Land ringsum verheerte und 75.000 Menschen in die Sklaverei schleppte. Auch im Jahre 1442 schlug Hermannstadt das Türkenheer muthig zurück. Auf dem Schlachtfelde bei Varna (10. November 1444) fochten die Sachsen unter ihrem Banner wacker mit; desgleichen waren sie bei dem blutigen Tage auf dem serbischen Amselfelde (1448) unter Johann Hunyadi zugegen und standen zu Hause fortwährend auf der Hochwacht der Christenheit, wie denn am 15. Mai 1454 der Hermannstädter Bürgermeister Oswald dem Rathe von Wien die bange Kunde vom Falle Constantinopels sorgenvoll berichtet.

Und diese Sorge war nur zu gerechtfertigt. Abgesehen von den inneren Parteiwirren, welche in der Zeit des Königs Ladislaus V. (1445—1457) die Sachsen mit den Ungern in Conflict brachten und abgesehen von der traurigen Thatsache, daß während die Sachsen ins Feld gegen den Erbfeind christlichen Namens ausgezogen waren, ihre Dörfer daheim von den walachischen Wojwoden treuloser Weise verwüstet wurden: so hatten die Leute des Königsbodens auch fortgesetzt die Leiden türkischer Invasionen zu ertragen. Die Folge war nicht nur Raub, Mord, Verwüstung und Fortschleppung in die Sklaverei, sondern aus Furcht vor Türken und Tataren flüchteten zahlreiche Sachsen in die nördlichen Comitate, wo sie auf den Gütern des Adels zwar gerne aufgenommen wurden, aber auch gar bald ihre persönliche Freiheit und ihr Volksthum einbüßten.

Auf diese Art wurde die Kraft des Sachsenvolkes vielfach gemindert. Um diese Verluste einigermaßen zu ersetzen und die Mittel zum Wiederaufbau der verfallenen Grenzburgen Landskrone, Rothenthurm und Lauterburg zu bieten, verlieh König Ladislaus V. im Jahre 1453 den „sieben Stühlen" zu vollem Eigenthum das königliche Gut Thalmesch (Talmács), bestehend aus dem sächsischen Thalmesch und neun walachischen Ortschaften, sämmtliche im Weißenburger Comitate gelegen. Im selben Jahre erhielten die „sieben Stühle" in Anerkennung „ihrer großen Verdienste und ausgezeichneten Treue" das in jener Zeit nur den höchsten Würdenträgern zukommende Recht, ihre Urkunden, Zeugnisse, Vorladungen, Urtheile und Sendbriefe in rothem Wachs zu siegeln. Acht Jahre später empfieng auch Kronstadt dasselbe Recht. Desgleichen wurden die „sieben Stühle" wie die anderen Reichsstände zu den Reichstagen einberufen.

Für das Nösnerland war es kein günstiges Geschick, daß König Ladislaus V. im Jahre 1452 diesen Gau dem Johann Hunyadi zur Belohnung treuer Dienste als „Erbgrafschaft" verlieh. Die Gefahr für die Gemeinfreiheit von Bistritz war dadurch erheblich geworden. Hunyadi bestätigte zwar im Jahre 1453 den Freibrief der Bistritzer, doch mit einigen Einschränkungen zu Gunsten seiner grundherrlichen Rechte. Auch legte er an der Westseite der Stadt eine Burg, den Flestenthurm, an, welcher für Bistritz später zur freiheitsgefährlichen „Zwingburg" ward: Es kam deshalb schon im Jahre 1458 zwischen Burgvogt und Stadt zum offenen Kampfe, in dem die Bürger unterlagen. Erst im Jahre 1464 verlieh König Mathias (Hunyadi) den Bistritzern gegen ein Darlehen von 6000 Goldgulden die Burg, gestattete im nächsten Jahre die Abtragung derselben, hob auch die Erbgrafenwürde auf und stellte den frühern Rechtsstand des Gaues wieder her, ja im Jahre 1474 gelobte Mathias, die Bistritzer nie mehr von der Krone zu trennen und keinem andern Oberrichter, als dem Könige selbst, zu unterordnen. Sollte er oder einer seiner Nachkommen Jemandem dieses Recht verleihen, dann seien die Bistritzer befugt, ohne Hochverrath gegen denſelben die Waffen zu ergreifen und ihm nach Kräften Widerſtand zu leiſten.

König Ladislaus V. hatte unter dem 11. November 1453 in einer Urkunde gelobt, die Sachſen der ſieben und zwei Stühle, des Burzenlandes, Klauſenburgs und von Winz, die immer eins geweſen und ſtets ungetrennt bleiben ſollten, nie von der heiligen Krone des Reiches zu trennen, Städte, Dörfer, Gebiete nie von ihnen zu entfremden und keinem Menſchen jemals zu ſchenken, ſondern ſie in allen Rechten, Freiheiten, Gewohnheiten, die ſie von Ungarns früheren Königen erhalten, für alle Zeiten zu beſchirmen. Und doch hatte ſich zu derſelben Zeit ein bedeutſames Glied vom Sachſenboden bereits halb und halb entfremdet. Schon im letzten Viertel des XIV. Jahrhunderts erſcheint nämlich in der anmuthigen Stadt Klauſenburg auch magyariſches Volks= element, erſt außerhalb des Mauerrings; im Jahre 1453 erhoben die Ungern bereits Anſpruch auf Theilnahme an der Verwaltung des Gemeinweſens. Das verweigerten die Sachſen; der lange Streit wurde endlich im Jahre 1458 *) durch Vergleich dahin entſchieden, daß künftig der Stadtrath zur Hälfte aus ſächſiſchen, zur Hälfte aus ungriſchen Geſchwornen beſtehen und das Richter= amt abwechſelnd von einem Sachſen und einem Ungern verwaltet werden ſolle. Bald trat das deutſche Volksthum aus der Parität in die Minorität, ſchließlich ganz in den Hintergrund.

Das Schickſal von Biſtritz hatte indeſſen die Sachſen um ihre Freiheit beſorgt gemacht, nicht minder fürchtete man die Übergriffe des Königs Mathias, der gleich zu Beginn ſeiner Herrſchaft die Zügel der Regierung mit ſtarker Hand ergriffen hatte. Des= halb erneuerten Ungern, Székler und Sachſen im Jahre 1459 zu Mediaſch den Bund, den ſie vor 22 Jahren in Kápolna geſchloſſen hatten. Derſelbe war im Grunde auch gegen den König gerichtet, deſſen Abgeordnete niemand mit Rath und That unterſtützen ſolle. Ja auch auf dem Convent zu Kolozsmonoſtor (18. Auguſt 1467) erſchienen ſächſiſche Vertreter, klagten gegen Mathias, den Unter=

---

*) Nicht 1440, wie oben Seite 130 aus Verſehen angegeben wurde.

drücker ihrer Freiheiten und Privilegien und beschwuren neuer-
dings ein Bündniß mit dem ungrischen Comitatsadel und mit den
Széklern. Es erhob sich eine allgemeine Empörung gegen Mathias;
doch dessen rasches Erscheinen mit starker Heeresmacht beseitigte die
Gefahr. Mathias hielt strenges Gericht, das auch einzelne Theil-
nehmer aus den „sieben“ und den „zwei“ Stühlen traf. Die
Kronstädter waren dem Könige treu geblieben und darum wandte
Mathias dem Burzenlande seine besondere Gunst zu.

Zur innern Unruhe kamen Türkeneinfälle. So im Jahre 1479,
wobei am 13. October auf dem Brotfelde die siegreiche Schlacht
geschlagen wurde; die Hermannstädter unter Anführung ihres
Bürgermeisters Georg Hecht hatte muthig! mitgefochten; im
Jahre 1493 drang abermals eine Türkenschaar durch den Rothenthurmpaß und raubte fünf Tage im Sachsenlande; auf dem Rück-
zuge wurden sie von den Sachsen überfallen und 15.000 getödtet.
Doch kam bald eine Schar wieder ins Land und verwüstete es
u. s. f. Dann erhob sich im Jahre 1514 der Bauernstand
zu blutiger Vergeltung arger Bedrückungen und wieder war das
Sachsenvolk mit Gut und Blut bei der Bezwingung dieser Landes-
gefahr betheiligt, überdies hatten sie auf eigenem Boden eine
Erhebung der Burghörigen von der Törzburg zu bändigen.

Während der Jagiellonenherrschaft (1490—1526) hielten die
Sachsen treu zum Königshause. Die Herrscher Wladislaw II.
und Ludwig II. wandten sich in ihrer Geldverlegenheit wiederholt an die sächsischen Städte und Gemeinden. Nebst dem ordentlichen Martinszins des Hermannstädter Gaues (7650 fl.) hatten
die „sieben“ und „zwei“ Stühle „außerordentliche“ Steuern
(z. B. im Jahre 1493 allein 21.000 fl.), dann Geschenke, Darlehen u. a. Giebigkeiten an den verarmten Königshof in Ofen zu
liefern. Mit den sächsischen Hilfsgeldern (12.000 fl.) staffierte
König Ludwig II. die Königin und ihr Gesinde aus, damit
„die Krönung bei gehöriger Bekleidung des Hofgesindes um so
anständiger vor sich gehen könne“ (1522). Vom Sachsengrafen
Markus Pemfflinger borgte der König zwei Jahre später
2000 fl. u. s. w.

Da brach die Schlacht von Mohács wie eine nothwendige Katastrophe über das von Parteien und Corruption verderbte Land herein. Für Siebenbürgen und insbesondere für das Volk der Sachsen daselbst, war dieselbe von um so größerer Bedeutung, als nunmehr dieses Land durch mehr als 260 Jahre vom Mutter=lande, ja selbst von der Krone Ungarns getrennt wurde.

Für die Sachsen kamen Tage schwerer Prüfung und zahlloser Kämpfe. Daß sie in dem Meere von Gefahren sich dennoch erhalten, verdanken sie ihrer zähen Lebenskraft, der gesunden Organisation ihres Gemeinwesens und dem treuen, engen Zusammenschlusse des Volkes in Leid und Freud, dem Vertrauen auf Gott und dem Festhalten an Recht, Gerechtigkeit und eigener Tüchtigkeit in Wort und That. König Mathias nennt die Sachsen im Jahre 1468 „der ungarischen Könige einziges und vorzügliches Volk", welches das Reich „mit Dörfern und Städten geziert und vergrößert" habe und dessen Tapferkeit „des Landes Kraft, Stütze und Vormauer an der fernen Grenze sei." Darum vermehrte er ihren Besitz und verlieh ihnen andere Begünstigungen. König Wladislaw II. folgte diesem Beispiele. Er suchte durch Privilegien die von den Türken veröbeten Städte und Gebiete mit deutschen Ansiedlern neu zu bevölkern. Im Jahre 1492 nahmen die Sachsen auch den Erb=vertrag mit Österreich feierlich an; zu den Reichstagen wurden sie regelmäßig einberufen.

Dabei hatten bis zu Anfang des XVI. Jahrhunderts die Deutschen auf dem Sachsenboden sich unvermischt erhalten; in Broos und Klausenburg wohnten auch noch Ungarn. Kein anderer Volksgenosse konnte hier Grund und Boden besitzen. Die Könige und die siebenbürgischen Wojwoden unterstützten die Sachsen in diesem Streben. Aber die zahlreichen Türkeneinfälle hatten die Bevölkerung arg gelichtet. „Da stiegen die Walachen aus den Gebirgen herab und ließen sich in die veröbeten Thäler und Dörfer nieder, und die Sachsen gestatteten es ihnen an manchen Orten, weil der Deutsche ein fühlendes Herz hat und dadurch auch der Steuerdruck erleichtert wurde." (Teutsch.) Andern Orts drangen die Rumänen gewaltsamer Weise auf sächsischen Grund und Boden

und verübten daselbst Räubereien, Brandstiftungen und anderes
Unheil; deshalb errichteten die „sieben" und „zwei" Stühle im
Jahre 1469 eine „Einigung" hauptsächlich gegen die Walachen;
die Könige unterstützten darin die Sachsen. So ließ Mathias
im Jahre 1487 ein walachisches Dorf auf dem Sachsenboden verbrennen und ganz vertilgen; dasselbe geschah auch im Reußmärkter
Stuhl. Wladislaw II. gebot im Jahre 1504 die Walachen
zu vertreiben und an ihrer Stelle Sachsen anzusiedeln u. s. w.

Im ersten Viertel des XVI. Jahrhunderts war der Kranz
deutscher Städte und Burgen in Siebenbürgen ein sehr
stattlicher. Allen voran, als feste Plätze und Hochsitze ächten
Bürgerthums, sind zu nennen: Hermannstadt und Kronstadt,
dann Klausenburg, Bistritz, Mühlbach, Mediasch,
Schäßburg, die Repser Burg, endlich im Burzenlande: die
Marienburg, Rosenau, die Heldenburg; bei Hermannstadt
die Stolzenburg. In allen Gemeinden aber stand mindestens
um die Kirche die schirmende Mauer. An der Landesgrenze hüteten
die Sachsen das Reich im Rothenthurm und in der Törz=
burg. Jede sächsische Stadt hatte ihre Kriegsordnung und
die Bürgerschaft mußte sich in regelmäßiger Weise in Handhabung
der Waffen üben. Jeder Zunft war die Bewachung eines besondern
Stadtthurmes anvertraut Standen die Männer auf der Mauer
mit Wehr und Waffen gegen den Feind, so hatten Weiber, Mägde
und Kinder daheim für Lebensunterhalt, für Löschgeräthe u. a.
Vorkehrungen zu sorgen, falls die Stadt in Brand gerieth oder
der Feind zu stürmen begann. Und diese Zeiten der Rüstung
und des Kampfes dauerten Jahrhunderte hindurch! Schon am
Ende des XV. Jahrhunderts waren die Sachsen mit Feuerwaffen
versehen und allmonatlich setzte der Stadtrath ein Preisschießen
fest, um die Bürger in Übung zu erhalten. So wuchs das Volk
der Sachsen wahrhaftig als ein „Volk in Waffen" heran und das
Reich verdankte ihm Schutz und Vertheidigung.

Im Innern hatten die Sachsen fortgesetzte Kämpfe gegen das
aufstrebende Erbgrafenthum, diesen Keim sächsischen Adels, zu
bestehen; die Bürger und Bauern des Sachsenlandes widerstrebten

einem solchen Standesunterschied. „Auf keinen Fall wollen wir einen Adeligen in unserer Mitte haben," erklärten die Brooser im Jahre 1464. König Mathias war derselben Ansicht. Er verlieh im Jahre 1464 der Hermannstädter Gemeinde das Recht, den Königsrichter (Grafen der sieben Stühle) frei zu wählen. Dieses Recht bestätigte Wladislaus II. im Jahre 1490. König Ludwig II. ernannte nichts destoweniger im Jahre 1521 den Schwaben Markus Pemfflinger zum Königsrichter; derselbe konnte aber erst nach Beseitigung mancher Schwierigkeiten mit Hermannstadt sein Amt antreten.

Doch wir müssen die weitere Schilderung des siebenbürgisch=sächsischen Wesens in Stadt und Dorf verlassen und heben nur noch zwei bedeutungsvolle Momente hervor. Wir haben schon weiter oben die einzelnen Etappen angedeutet, welche zur schließlichen kirchlichen und politischen Einigung der Sachsen führten. Die kirchliche Einheit erfolgte schon zu Anfang des XV. Jahrhunderts; alle in „Capitel" oder Dekanate zusammengeschlossenen sächsischen Gemeinden, auch die auf Comitatsboden liegenden, bilden eine „geistliche Gesammtheit oder Universität" mit gemeinsamer Versammlung, Gerichtsbarkeit, Vermögen u. s. w. Die politische Einigung gestaltete sich seit der Mitte des XV. Jahrhunderts stets deutlicher heraus. Schon 1454 werden die sieben und zwei Stühle gemeinsam zum Reichstag berufen. Unter König Mathias treten die Sachsen auf besonderen Volkstagen zur Ordnung rein sächsischer Angelegenheiten zusammen. Im Jahre 1475 ergeht eine Forderung an alle Sachsen der sieben und zwei Stühle, des Burzen= und des Nösnerlandes zur Entrichtung einer gemeinsamen Steuer. Und seitdem tritt diese „Gesammtheit oder Universität der Sachsen" regelmäßig als ein Körper hervor und nimmt allmählich die Stelle der alten einzelnen deutschen Gaue ein. Leider geschah dieser endliche Zusammenschluß des Sachsenvolkes nicht ohne herben Verlust; die altsächsische Stadt Klausenburg, dann Sächsisch=Regen sowie zahlreiche sächsische Gemeinden auf dem Comitatsboden blieben von der politischen Vereinigung mit dem Sachsenboden ausgeschlossen; in den meisten dieser Orte (in Klaufenburg voran) gieng in Folge dessen auch das deutsche Volksthum unter. Damit verloren viele dieser Gemeinden auch ihren freien Zustand und sanken zu schwerer Knechtschaft herab. Auch in Siebenbürgen macht man dieselbe Wahrnehmung, die wir bereits in Ober=Ungarn wiederholt angedeutet haben: das Schwinden des angestammten Volksthums bezeichnet bei einer ursprünglich deutschen Gemeinde zugleich den Niederstieg auf eine tiefere Culturstufe und auf einen geringern staatsbürgerlichen Rang.

Neben der bürgerlichen und socialen Tüchtigkeit, neben Tapfer= keit und Treue, Fleiß, Wohlstand und Ordnung begegnet man in den Sachsenorten des XVI. Jahrhunderts aber auch schon einer regen geistigen Bildung. Jede sächsische Ortschaft, selbst das kleine Bös mit seinen 30 „Wirthen" und sechs „Witwen", hatte um das Jahr 1516 den eigenen Schulmeister. Fortdauernd wurden Schulmänner aus Deutschland berufen; bereits im XV. Jahrhundert hatten die Schulen zu Hermannstadt, Kronstadt, Schäßburg, Groß=Schenk u. a. einen guten Ruf. Die Schüler derselben waren nach dem Abgange zum Besuche der Hochschulen reif. Die sächsischen Jünglinge suchten gern auswärtige Universitäten auf, insbesondere Krakau (von 1402—1522 hatten 116 Siebenbürger Sachsen hier akademische Grade erworben), dann Wien (wo sie eine eigene „Nation" bildeten und zahlreich auch als Lehrer und Docenten auftraten; von 1501—1526 zählte man 219 Sachsen an der Wiener Hochschule); selbst bis nach Heidelberg fanden die wißbe= gierigen Sachsen schon im Anfang des XVI. Jahrhunderts den Weg. Die städtischen Schulen wurden aus dem Gemeindevermögen erhalten und nicht bloß von Knaben, sondern bereits auch von Mädchen besucht. Ebenso fanden sich schon im XV. Jahrhunderte zahlreiche Büchersammlungen auf sächsischem Gebiete in den Pfarrhöfen und bei Weltlichen vor. Darunter sind viele gedruckte Bücher aus der ersten Zeit des Buchdruckes. Bedeutsam ist, daß die im Jahre 1483 in Nürnberg gedruckte deutsche Bibel gleichfalls bis in das ferne Sachsenland gedrungen war und wohl in mehreren Exemplaren, da in der Hermannstädter Bibliothek noch heute zwei Exemplare derselben vorhanden sind.

So kam durch lebendigen Verkehr, dann durch Wort und Schrift Bildung und Gesittung in alle Schichten des sächsischen Volkes und dieses blieb auf solche Weise in fruchtbarer Wechsel= wirkung mit seiner ursprünglichen Heimat. Durch diese Canäle drang aber auch die große geistige Bewegung des XVI. Jahr= hunderts, die Kirchenreformation, rasch und erfolgreich auf dem siebenbürgischen Sachsenboden vor.

In der Kirche und Geistlichkeit Ungarns und Siebenbürgens war das Verderbniß damals tief gedrungen; schwere Klagen über die Sitten der sächsischen Geistlichen wurden wiederholt laut; Laster aller Art: Unzucht, Schwelgerei, Gewaltthätigkeiten u. dgl. verunzierten den Priesterstand, der zudem wegen des Zehnten mit dem Graner Erzbischofe in Hader und Streit gerathen war. Auch zwischen Geistlichen und Laien fehlte es nicht an Zwietracht. Da fiel der Same von Wittenberg hier im fernen Waldlande auf fruchtbaren Boden. Schon um das Jahr 1519 brachten Hermann= städter Kaufleute einige Schriften Luthers von der Leipziger Messe nach Hause. Sie wurden eifrig gelesen und fanden Anklang in Aller Herzen. Diese Richtung gewann neue Förderung durch Markus Pemfflinger, den Grafen der Sachsen (seit 1521), welcher den Neuerungen hold gesinnt war. Als erste Verkündiger der Lehren Luthers traten in Hermannstadt Ambrosius, der Schlesier, und Konrad Weich im Jahre 1521 auf. Die Gegen= bestrebungen der Geistlichkeit, deren Klagen vor dem Graner Erzbischofe, dessen Androhungen und Strafen halfen nichts; ja auch des Königs ernstes Befehlschreiben vom 2. Mai 1523 an den Rath von Hermannstadt änderte den Gang der Dinge nicht im Mindesten; vielmehr beschleunigte die anbefohlene öffentliche Verbrennung der Schriften Luthers durch Henkershand nur die kirchliche Bewegung. Bald erklärten sich auch mehrere Priester offen als Anhänger der neuen Lehre, einzelne Rathsherren schlossen sich derselben an, öffneten ihre Häuser zu Schule und Gottesdienst den Predigern und schon im Herbste 1525 brachte die Sachsen= Universität zu Hermannstadt Beschlüsse im Geiste Luthers. Der Thronstreit zwischen Zápolya und Ferdinand begünstigte die

kirchliche Umbildung. Am 18. Februar 1529 hatte die Lehre
Luthers in Hermannstadt völlig gesiegt; die Anhänger der alten
Kirchen wurden theils ausgewiesen, theils wegen ihrer Minderheit
zum Stillschweigen verhalten.

Auch in den übrigen Sachsenstädten fand Luthers Lehre
raschen Ein- und Fortgang; den vollen Sieg auf dem gesammten
Sachsenboden gewann sie aber seit 1533 durch die Bemühungen
des Sachsen-Apostels Johannes Honterus (geb. 1498 zu
Kronstadt), der bis 1533 in Krakau studiert hatte und von dort
mit reichem Bücherschatze, voll heiligen Eifers und versehen mit
Werkzeugen und Gehilfen zur Errichtung einer Buchdruckerei in
seine Vaterstadt zurückkehrte. Seinem Wirken durch Wort, Schrift
und That ist die Durchführung der Kirchenreformation bei allen
Sachsen zuzuschreiben. Um das Jahr 1545 war diese Veränderung
des kirchlichen Wesens vollendet. Den Schlußstein der neuen
Kirchen = Organisation bildete dann die „Kirchenordnung aller
Deutschen in Siebenbürgen", welche die Sachsen-Universität im
Frühjahre 1550 beschlossen hatte. Auch die Sachsen außerhalb
des Königsbodens nahmen sie an. So war das sächsische Volk
mindestens im Glauben wieder Eins geworden. Honterus
erlebte diesen äußerlichen Triumph seiner Kirche nicht mehr; er
war am 23. Jänner 1549 gestorben.

Die Kirchenreformation wurde im Sachsenlande fast überall
in friedlicher Weise durchgeführt; die Reformatoren schonten auch
manche äußerliche Einrichtung, gewannen die Geistlichkeit durch
den Schutz ihres Einkommens und das Volk durch die Wahrnehmung,
daß der neue Glaube und Gottesdienst zur Hebung, Kräftigung
und Sicherung des nationalen Volksthums wesentlich beitrage.
Die siebenbürgischen Sachsen blieben dem Lutherthume getreu,
während die Ungern auch dort sich bald dem Kalvinismus, später
theilweise dem Unitarismus zuwendeten. Die Székler verharrten
der Mehrzahl nach bei der katholischen Kirche oder wurden später
rekatholisiert. Die Rumänen oder Walachen endlich brachten aus
Bulgarien und der Walachei das griechisch-orientalische Bekenntniß
hierher. So gab es auf siebenbürgischem Boden in der zweiten

Hälfte des XVI. Jahrhunderts fünf verschiedene christliche Kirchen, von denen jedoch bloß vier als gleichberechtigt anerkannt wurden; die griechisch-orientalische Kirche war bloß geduldet gleich ihren Bekennern, den Rumänen, die ebenfalls keine bürgerlichen Rechte besaßen.

In dem großen Thronstreite zwischen Zápolya und Ferdinand hielten die Sachsen an dem Erbvertrage vom Jahre 1492 fest und standen treu zu dem berechtigten Erben der ungarischen Krone, zum Habsburger Ferdinand. Deshalb bedrohte sie Zápolya und seine Partei aufs Ärgste, aber die Sachsen achteten nicht dieser Drohungen, sondern das ganze Sachsenland anerkannte im Herbste 1527 Ferdinand als rechtmäßigen König. Damit begann ein langjähriger Krieg, in welchem die Sachsen der Sache Ferdinands schwere Opfer an Gut und Blut brachten. Die Seele des Widerstandes gegen Zápolya war Markus Pemfflinger, der Sachsengraf, ein Mann klugen Sinnes, kräftigen Muthes und mit irdischen Gütern reich gesegnet. Der Kampf wogte mit wechselndem Glücke von 1527 bis 1535 und während dieser Zeit hatte das Sachsenland alle Leiden eines wilden Bürgerkrieges zu ertragen. Denn die Sachsen standen allein zu Ferdinand, alle übrigen Völker waren zur Partei Zápolya's übertreten. Endlich brachte dem getreuen, aber erschöpften Volke das Jahr 1535 erst die Waffenruhe, dann den Frieden. Man weiß, daß Ferdinand sich entschließen mußte, ganz Siebenbürgen und einen Theil von Ungarn an König Johann Zápolya zu überlassen Markus Pemfflinger starb schon im Jahre 1537 gebrochenen Herzens, weil er sein „teutsches Volk" nicht aus der Gewalt des „Wojwoden" befreien und seinem rechtmäßigen Herrscher zuführen konnte.

Zápolya selbst erkannte wohl die Bedeutung der Sachsen, die er auch auf alle Art für sich zu gewinnen suchte. Im Jahre 1531 bestätigte er den Burzenländern und Großschenkern die Privilegien, im Jahre 1532 den Schäßburgern, wobei wiederholt ward, daß nur ein Deutscher Haus und Bürgerrecht in Schäßburg besitzen dürfe; selbst den Hermannstädtern erwies er sich freundlich. Wie ehrend lautet aber das

Zeugniß, welches König Ferdinand im November 1535 den Sachsen in Siebenbürgen in folgenden Worten ausstellt: „Da die Reinheit Eurer Treue gegen uns der Art ist, daß wir Euch mit besonderer Neigung zugethan sind, wird Euer Ruhm und Eurer Thaten Gedächtniß mit Recht bei uns fort und fort würdig gefeiert und vor anderen erhoben werden."

Nach König Johann Zápolya's Tod (21. Juli 1540) brach neue Wirrniß im Lande aus. Bekanntlich bekam Siebenbürgen und das östliche Ungarn auch jetzt nicht der König Ferdinand in Besitz; sondern der Sultan verlieh es dem Sohne Zápolya's, dem Kinde Johann Sigismund. Die Sachsen hatten bei dieser Lage der Dinge am meisten zu leiden und sie führten auf dem Landtage von 1542 darob harte Klage. Zwei Jahre später (1544) wurde der alte Bund der drei Nationen dahin erneuert, daß sämmtliche Nationen die Lasten nach des Reiches alter Gewohnheit und Verfassung gleichmäßig tragen, jeder Theil aber auch bei seinen Rechten in gleicher Weise erhalten bleiben solle.

Im Jahre 1551 kam Siebenbürgen für kurze Zeit an König Ferdinand und die Sachsen unter ihrem tüchtigen Grafen Petrus Haller (aus Ofen gebürtig, 1500—1569) hofften nunmehr bei dem Hause Habsburg verbleiben zu können. Allein eine unglückliche Politik sowie Mißgriffe der Gesandten Ferdinands, schwerer Druck der Söldner und andere Umstände brachten die habsburgische Herrschaft in Siebenbürgen bald wieder zu Fall. Unter türkischer Oberhoheit kam Zápolya's Witwe und Sohn ins Land zurück (November 1556).

Während der Regierung des zweiten Zápolya (1556—1571) gieng in Klausenburg das sächsische Volksthum seiner bisherigen Stellung völlig verlustig. Ein langjähriger Streit um die Stellen im Stadtrathe und um den Besitz der hervorragenden Kirchen spaltete die Bürger in zwei ungleiche Parteien: in die stärkere ungrische und in die schwächere deutsche. Die letztere mußte es vernehmen, daß „die Ungern in diesem Lande die Hauptnation seien, die Deutschen wären nur profugi und Land-

läufer, nur permissione Hungarorum (mit Erlaubniß der Ungern)
im Lande, vornehmlich aber zu Klauſenburg, woſelbſt die Ungern
ſie zu Mitbürgern erwählet, (!) da ſie zuvor nur Dorfleut und
Bauern geweſen" u. dgl. m. Die Geſchichte bezeugt freilich gerade
im letzten Punkte das Gegentheil. Aber die Sachſen beriefen ſich
vergebens auf ihre verbrieften guten Rechte, auf die Unionsurkunde,
auf das Herkommen u. ſ. w.; der Kanzler des Fürſten war ſelbſt
parteiiſch und ſein Spruch vom 4. Juni 1568 lautete den Sachſen
im Weſentlichen zum Nachtheil; das Deutſchthum in Klauſenburg
ſank ſeitdem ſichtlich von Jahr zu Jahr.

Auf Johann Sigismund Zápolya (14. März 1571) folgte
in der Fürſtenwürde durch des Sultans Gnade Stefan Báthory
(25. Mai 1571). Dieſer brachte die Jeſuiten nach Siebenbürgen,
wodurch im Lande, welches überwiegend dem Proteſtantismus
zugethan war, viel Unruhe und Verwirrung hervorgerufen wurde.
Stefan Báthory wurde im Jahre 1576 zum Könige von Polen
gewählt und hinterließ ſeinen Bruder Chriſtof als Nachfolger in
Siebenbürgen, über das er die Oberhoheit ſich vorbehalten hatte.
Chriſtof Báthory begünſtigte die rekatholiſierende Thätigkeit
der Jeſuiten. Über den Rath der Katholiken und einiger Prote-
ſtanten ſowie gedrängt durch die Armuth des Staatsſchatzes forderte
Chriſtof Báthory im Jahre 1588 den vierten Theil des Zehnten
der ſächſiſchen Geiſtlichkeit „in Pacht", wofür jährlich 6100 Reichs-
thaler als Pachtgebühr gezahlt werden ſollten. Dieſe abgedrungene
„Fiscalquarte" bildete die Quelle vielen Leidens für die Sachſen
in der Folgezeit.

In dieſe Zeit fällt die Abfaſſung eines geſchriebenen
Geſetzbuches für das Sachſenland. Die Arbeiten hiezu
hatte über Aufforderung der Nations-Univerſität ſchon Honterus
im Jahre 1545 begonnen; beſonders wichtig war die Sammlung
der „Statuta oder Satzungen gemeiner Stadtrechten der Hermannſtadt und anderer Städte und aller Deutſchen in Siebenbürgen"
von Thomas Bomel (1560); entſcheidend das Werk des Kronſtädter Rathsmannes Mathias Fronius: „Der Sachſen in
Siebenbürgen Statuta und eigen Landrecht", welches die Univer-

sität von 1570—1582 wiederholt überprüfte und zu Ende des Jahres 1582 dem Könige von Polen und Fürsten von Sieben= bürgen Stefan Báthory zur Bestätigung vorlegte. Nach erfolgter Prüfung ertheilte dieser unter dem 18. Februar 1583 die Sanction. Das Rechtsbuch galt für den „sächsischen Boden und seine Gerichts= barkeiten" und enthielt theils Gesetze und Gewohnheiten, die durch Gebrauch und Beachtung von Alters her in Rechtskraft erwachsen waren, theils neue Bestimmungen. Es umfaßte in vier Büchern das Gesetz über die Erwählung der Amtleute und eine Gerichts= ordnung, ferner das Eherecht, das Erbrecht, das Sachenrecht und das peinliche Recht. Einflüsse des römischen Rechtes sind stark kenntlich.

Die politischen Kämpfe zwischen den Habsburgern und den siebenbürgischen Theilfürsten hatten unter den drei Nationen oft Zwiespalt hervorgerufen; der Adel und die Székler sahen den Wohlstand, die Gleichberechtigung der Sachsen, dieser „Fremden" im Lande, mit scheelen Blicken an; ebenso schärfte den Widerspruch der Sachsen Zähigkeit, womit sie ihre Rechte und Freiheiten vertheidigten und auf ihrem Boden insbesondere das Aufkommen des ungrischen adeligen Privilegial=Rechtes nicht duldeten. Die Niederlassung des Adels in den Städten der Sachsen wurde fortdauernd verweigert; „nicht aus Neid oder Verachtung, sondern um der Erhaltung des gemeinen Friedens willen" — bemerkte hierbei im Jahre 1546 der Rath von Hermannstadt. Auch in die Zünfte, zur Vormundschaft ꝛc. wurde kein Nicht= deutscher zugelassen. Die auf dem Sachsenboden angesiedelten Rumänen oder Walachen waren um die Mitte des XVI. Jahr= hunderts noch gering an der Zahl; sie machten keinen Anspruch auf das Bürgerrecht, standen unter Aufsicht und Rechtspflege des betreffenden sächsischen Ortes, waren bloß Meier oder „Siedler", die auch zuweilen einfach fortgejagt wurden. Die Walachen lebten damals in dichter Anzahl nur im Fogaraser Lande als Hirten und trieben ihre Schafe oft auf den Sachsenboden. Wenn dies ohne Erlaubniß des sächsischen Eigenthümers gethan wurde, so hatte dieser das Recht, den Walachen zu tödten. Es waltete ein perma= nenter Krieg zwischen beiden Volksstämmen.

Der Jesuiten wegen kam es im December 1588 zu einem Conflicte zwischen der Landschaft und dem jugendlichen Fürsten Siegmund Báthory (seit 1581); derselbe endigte mit der Vertreibung der Väter von der Gesellschaft Jesu, weil sie den confessionellen Frieden im Lande gestört oder doch gefährdet hatten.

Bald kamen neue harte Prüfungen über das sächsische Volk. Das „kindisch Regiment" des launenhaften Siegmund Báthory steigerte den Übermuth und die Begehrlichkeit des Adels, der sich von dem Fürsten sächsische Zehntquarten schenken ließ, bei seinen Reisen durch das Sachsenland unentgeltlich Vorspann und Beköstigung heischte, die Saaten und Wiesen als Weiden für seine Herden betrachtete u. dgl. Willkür mehr. Da beauftragte die Sachsen=Universität im Jahre 1591 ihren Grafen Albert Huet (geb. 1537, Sachsengraf seit 1577),*) daß er in Gegenwart des ganzen Landes oder des Fürsten und seiner Räthe „eine grundausführliche Sermon von der Sachsen Ursprung, Leben, Handel und Wandel" halten solle. Und das that der gewandte, kluge und wohlerfahrene Mann am 10. Juni 1591 zu Weißenburg in einer lateinischen Rede, worin er sein Volk „gegen den feindlichen Zahn böswilligen Neides" furchtlos vertheidigte. Wir heben aus dieser geschichtlich merkwürdigen Rede nur einige Stellen heraus, wodurch die damalige Anschauung und Gesinnung des sächsischen Volkes gekennzeichnet wird.

Albert Huet sagte vor dem Fürsten: „Euer fürstliche Durchlaucht beziehen von diesem Volke (den Sachsen) einen viel größern Zins, als von den anderen Nationen. Darum können wir nicht umhin, den spöttischen Worten zu entgegnen, die so Viele unserem Volk vorhalten. „Ihr seid nur Gäste," sagen sie, „Zukömmlinge und Fremde, nicht Einheimische und Bürger; nur Schuster, Schneider und Kürschner, nicht Kriegsleute und Vertheidiger des Reichs." Darauf sage ich also: Es ist wahr, wir sind Gäste gewesen, wie es geschrieben steht in König Andreä Brief. Gerade das aber rechnen wir uns zur Ehre. Denn wir sind eingeladen

---

*) Vgl. Dr. Fritz Teutsch, der Sachsengraf A. Huet (1875).

worden von König Geisa . . . Unsere Väter sind zurückbehalten
worden auf diesem mit dem Schwerte erworbenen Boden und
darum sind wir nicht mehr Fremblinge, sondern bestätigte
Bürger des Landes, nicht Hörige, sondern Unterthanen und
„liebe Getreue", wie es klar ist nicht nur aus Freibriefen, sondern
auch aus königlichen Sendschreiben, deren wir große Laden
voll haben . . . Daß aber Schuster und Schneider Zunftleute
sind, da sei Gott dafür gelobt, daß endlich so friedliche Zeiten
gekommen sind, daß man sich mit Schuhmachen mag erhalten und
E. f. Gnaden einen dicken, fetten und angenehmen Zins kann geben.
Oder hat nicht Gott selbst zu arbeiten befohlen? . . . Wir wollen
viel lieber tragen die Namen „Kürschner, Schuster, Schneider",
als „Mordbrenner, Räuber und Landläufer". Nichts destoweniger
kann dieses Volk zur Zeit der Noth auch zu den Waffen greifen."

Darum fordert Huet Recht und Gerechtigkeit; seine Rede
machte Eindruck auf den Fürsten, welcher eine weitere Bedrohung
und Belastung der Sachsen nicht zugab. Siegmund Báthory
kannte die Bedeutung des sächsischen Volkes, das in den bald
darauf folgenden inneren Wirren und in den Kriegen gegen die
Pforte auch seine kriegerische Tüchtigkeit neu zu erproben hinreichende,
obgleich unliebsame Gelegenheit fand. Es waren böse Tage unter
dem wankelmüthigen Siegmund Báthory, noch schlimmere unter
dessen Vetter Kardinal Andreas Báthory und unter der
Gewaltherrschaft des walachischen Wojwoden Michael (1599 bis
1601). Die vertragsmäßig erfolgte Übergabe Siebenbürgens an
Kaiser Rudolf weckte in den Sachsen neue frohe Hoffnungen, welche
jedoch durch die Unfähigkeit der kaiserlichen Heerführer sowie durch
die Willkür und Grausamkeit der kaiserlichen Söldner bald wieder
vernichtet wurden. Die kurze Dauer der Herrschaft Rudolfs
(bis 1605) war für die Sachsen wie für ganz Siebenbürgen ohne
Segen; denn Basta's Verwaltung mußte ihnen oft ärger er=
scheinen als die Willkür der Türken und Tataren; dazu wurden
sie in ihrem lutherischen Kirchenwesen neuerdings bedrängt; dennoch
standen die Sachsen geraume Zeit mit bewaffneter Hand auf
Seiten der Kaiserlichen gegen Stefan Bocskay, der am

22. Februar 1605 von Ungern und Széklern zum Fürsten gewählt worden war. Die sächsischen Städte hatten deshalb abermals viel an Belagerungen, Verwüstungen und Brandschatzungen zu ertragen. Endlich am 4. Juli 1605 anerkannte auch die sächsische Nation Bocskay als Fürsten, der ihnen die Aufrechthaltung ihrer Freiheiten zusicherte und dieses Versprechen auch hielt. Leider starb Bocskay schon am 29. December 1606.

Nach ihm kam erst Siegmund Rákóczy und als dieser bald abdankte Gabriel Báthóry, der Letzte seines Stammes, auf den siebenbürgischen Fürstenthron (4. März 1608). Nur fünf Jahre dauerte dessen Herrschaft, aber es war eine Zeit des Schreckens; denn der 18jährige Fürst verachtete alles menschliche und göttliche Gesetz und regierte als wahnwitziger Tyrann. Gleich bei seinem Erscheinen erklärte er, die Sachsen brüsten sich mit ihrem Gelde und wer Siebenbürgen haben wolle, der nehme die Schlüssel von Hermannstadt in seine Tasche und er werde mit den Sachsen nach Belieben schalten können. Das that denn auch Gabriel Báthóry. Gleich im Mai 1608 legte er den Sachsen eine außerordentliche Steuer von 25.000 fl. auf; im nächsten Jahre verlangte er ein „Darlehen" von 100.000 fl., 100 sechs= spännige Wagen und von Kronstadt alle Lagerzelte, doch ließ er sich durch ein Geschenk von 10 000 fl. befriedigen. Dann kam er im Spätherbste 1610 zu einem Landtage nach Hermannstadt mit 20.000 Mann; als er trotz des Unwillens der Bürger mit diesem Heere innerhalb der Stadt war, forderte er die Schlüssel derselben und seine Söldner hielten fortan die Mauern besetzt. Dann klagte er Hermannstadt des Hochverrathes an, alle Bürger wurden als des Todes schuldig erkannt, doch begnadigte der Tyrann sie zu einem Lösegeld von 100.000 fl., das er mit Mühe bis auf die Hälfte herabließ. Die Creaturen des Fürsten auf dem Land= tage übergaben demselben die Stadt für die Zukunft zur Residenz, zum Eigenthum, worin nur dem Fürsten das Besatzungsrecht zustehen solle. Alle Waffen mußten die Bürger abliefern, das Rathhaus wurde geplündert, der protestantische Gottesdienst ein= geschränkt u. dgl. m. Die Kronstädter kauften sich durch ein

Geschenk von 7000 Ducaten von dem fürstlichen Besuche los. Vor
dem Schicksale Hermannstadts wurde Kronstadt übrigens auch durch
die Klugheit seines Stadthannen (Bürgermeisters) Michael Weiß
und durch die Tapferkeit seiner Bürger bewahrt. Báthory
erlitt am 10. Juli 1611 vor Kronstadt eine harte Niederlage,
für die er sich an Hermannstadt durch neue Erpressungen rächte.
Zwei Jahr dauerte der Kampf Kronstadts gegen den Tyrannen;
Michael Weiß fand am 16. October 1612 den Heldentod; im
Liebe seines Volkes lebt er fort.

Wie gegen die Sachsen so wüthete Báthory auch gegen die
übrigen Völker Siebenbürgens; endlich war das Maß voll; mit
Gabriel Bethlen an der Spitze erhob sich Siebenbürgen gegen den
wahnsinnigen Tyrannen, der abgesetzt und auf der Flucht ermordet
wurde (27. October 1613). Nun bestieg Gabriel Bethlen
Siebenbürgens Fürstenthron. Die Sachsen hatten vor Allem die
eine Absicht im Auge, Hermannstadt abermals dem Nationskörper
einzuverleiben. Es gelang nur nach langwierigen und wiederholt
unterbrochenen Verhandlungen mit Bethlen. Zu Schäßburg
erneuerten die sächsischen Abgeordneten in der Nations-Universität
am 10. December 1613 die alte Einigung des Sachsen=
volkes und beschworen diese Erneuerung des Bündnisses mit
feierlichem Eide. Auch schufen sie daselbst in zwölf Artikeln eine
neue Ordnung, welche insbesondere gegen die zunehmende
Beamtenherrschaft, gegen Hochmuth, Zügellosigkeit und Verirrung
der Amtleute gerichtet sein sollte. Endlich am 18. Februar 1614
rief Bethlen die Hermannstädter Gemeinde zusammen (sie zählte
nur noch 53 Hauswirthe) und nahm „gar ehrlich Abschied“,
übergab dem Rathe die Schlüssel der Stadt und zog mit allem
Volk von dannen. Hermannstadt war wieder frei und
feierte jährlich Dankfeste zur Erinnerung an diese „Befreiung aus
dem Báthory'schen Verderben“. Trotzdem blieb das Mißtrauen
der Sachsen gegen den Fürsten noch Jahre hindurch unverlöschlich;
doch später schwand dasselbe; Bethlen erwies sich den Sachsen als
gerechter Fürst und nach seinem frühen Tode (15. November 1529)
sagten die sächsischen Chronisten: „Gott gebe diesem rühmlichen

Helden eine sanfte Ruhe und dermaleinst eine fröhliche Auferstehung"
und: „Er ließ das Land besser erbauet, als er es funden."

Unter dem habsüchtigen Fürsten Georg Rákóczy I. (1631 bis
1648) hatten die Sachsen von hartem Steuerdruck und innerer
Zerrüttung im eigenen Volke Vieles zu erdulden, auch raffte im
Jahre 1633 und 1646 die Pest Tausende dahin; in Kronstadt
sollen z. B. vom Juli bis December 1633 an 11.000 Menschen
gestorben sein. Der ehrgeizige und tollkühne Fürst Georg
Rákóczy II. (1648—1659) stürzte das Land durch eine Reihe von
Kriegen mit der Walachei, Moldau und Polen ins Verderben.
Aber auch auf den Landtagen hatten die Sachsen schwere Stellung
gegenüber dem wachsenden Übermuthe des Adels, der den „Bauern"
des Sachsenbodens die Freiheit mißgönnte und insbesondere im
Jahre 1653 die freie Vorspann und Bewirthung des Edelmannes
bei dessen Durchreise und das Ansässigkeitsrecht auf dem Königs=
boden landtäglich durchsetzte, wogegen jedoch die sächsische Nation
feierliche Verwahrung einlegte. Es kamen diese Artikel auch nie=
mals in Vollzug.

Der Zeitraum von 1657 bis zur Wiedereinverleibung des
Fürstenthums Siebenbürgen mit der ungarischen Krone gehört zu
den jammervollsten in der einheimischen Geschichte Siebenbürgens.
Unfälle, verderbliche Schlachten, Zwiespalt und Aufruhr wechselten
mit einander oder wühlten oft gleichzeitig im Lande. Der türkische
Einfluß erreichte seinen Höhepunkt; im Innern aber zeigte sich
weder Kraft noch Charakter, es war als ob die früheren Kämpfe
und Wirren den Geist aller hiesigen Völker geknickt hätten. „Nicht
Einen wahrhaft großen Mann besitzen diese Jahrzehnte, nicht Ein
wahrhaft großer Gedanke lebt in denselben", nur Mittelmäßigkeit
und Willenlosigkeit erfüllte das Leben und dieses gehorchte bloß
der zwingenden Gewalt der Nothwendigkeit.

Wir können diesen traurigen Zeiten nicht in die einzelnen
Ereignisse folgen. Der Tag der Erlösung aus so viel Jammer
und Elend nahte heran, als das Heer des Sultans im Jahre 1683
vor Wien vernichtet worden war. Fürst Apafi von Sieben=
bürgen hatte schon früher Unterhandlungen mit Österreich begonnen,

um sich und sein Land dem rechtmäßigen Beherrscher von Ungarn
anzuschließen. Im Juni 1686 unterzeichnete er einen geheimen
Vertrag, welcher Siebenbürgen unter den Schutz des Kaisers und
Königs stellte, dem Lande die freie Wahl seines Fürsten garantierte
und ihm versprach, dasselbe sobald als möglich von dem an die
Türkei zu entrichtenden Tribute zu befreien. Gewissensfreiheit
wurde zugestanden, das Eigenthum der Kirche und Schule sollte
geachtet werden und die vier recipierten Kirchen sollten gleicher
Rechte genießen.

Es kamen nun kaiserliche Truppen ins Land, doch waren
noch nicht alle Schwierigkeiten beseitigt; am 27. October 1687
kam zwischen dem Fürsten und den Ständen einerseits und dem
Feldherrn Karl von Lothringen im Namen des Kaisers andererseits
ein neuer Vertrag zu Stande, in Folge dessen kaiserliche Besatzung
nach Hermannstadt, Klausenburg und Bistritz einzog; General
Caraffa, ein Mann von durchdringendem Scharfblicke aber auch
von blutiger Strenge, führte das Ober=Commando. Unter dem
9. Mai 1688 entsagte der Siebenbürger Landtag zu Fogaras
feierlich der türkischen Oberhoheit und allem Zusammenhange mit
der Pforte und stellte sich unter den Schutz des Kaisers und
Königs Leopold und aller seiner Nachkommen. Leopold I.
genehmigte diese Erklärung am 17. Juni und sicherte dem Lande
neuerdings die Aufrechterhaltung der Gewissens= und Kirchen=
freiheit sammt strenger Mannszucht zu. Die Kronstädter stimmten
jedoch der Unterwerfung nur theilweise bei; die unteren Volks=
classen widersetzten sich der Aufnahme kaiserlicher Besatzung, rissen
die Leitung der Stadt an sich und schlossen die Thore. General
Veterani mußte Stadt und Schloß belagern und beschießen. Am
16. Mai 1688 ergaben sich die verblendeten Empörer, deren
Rädelsführer im September des folgenden Jahres hingerichtet
wurden.

Die unklaren staatsrechtlichen Verhältnisse in der Stellung
Siebenbürgens wurden durch das Leopoldinische Diplom
von 4. December 1691 geregelt. Dieser Staatsgrundvertrag, den
die Nachfolger Leopolds bei ihrem Regierungsantritte in feierlicher

Weise beschworen, sicherte auch den Sachsen ihre municipale und kirchliche Freiheit, ihre Rechte und Privilegien als gleichberechtigter dritter Landesstand und als persönlich freie Vollbürger, ihre Ämter, Würden, Titeln sowie ihr gesammtes Eigenthum in Stadt und Land. Spätere Zusatz= und Ergänzungs=Diplome vom Jahre 1693 präcisieren insbesondere die kirchliche Freiheit der Protestanten und deren Beziehungen zu den Katholiken.

So schien denn mit dem Hause Habsburg endlich der Friede, die Eintracht und Ordnung wieder auf siebenbürgischem Boden eingezogen zu sein und insbesondere hofften die Sachsen, welche Caraffa „die Grundkraft und Zierde von ganz Siebenbürgen" nannte, unter dem Fürsten aus deutschem Hause den kräftigsten Schutz gegen alle egoistischen und herrschsüchtigen Bestrebungen ihrer Mitstände zu finden. Bei den Herrschern war dies auch der feste Wille und auch deren Räthe hatten die Wichtigkeit des Sachsenvolkes wohl erkannt; allein die große Entfernung zwischen Wien und Siebenbürgen, sowie der noch immer ungeordnete Zustand dieses Landes und Ungarns, wo fortdauernde innere Empörungen eine Consolidierung der öffentlichen Verhältnisse nicht gestatteten, brachten auch auf dem siebenbürgischen Königsboden noch viel Unheil und Verwirrung hervor.

Namentlich war es der neuentbrannte Streit zwischen Katholiken und Protestanten, der seit dem Jahre 1692 die Gemüther abermals gegen einander in Aufregung brachte. In diesen Tagen lenkte der Hermannstädter Provinzialnotarius Johann Zabanius, später (1698) als Sachs von Harteneck*) Königsrichter und Haupt seiner Nation, zum ersten Male die Aufmerksamkeit der parlamentarischen Kreise und des Landes auf sich. Er trat von diesem Zeitpunkte an in den Vordergrund der politischen Führerschaft des Sachsenvolkes, dessen materielle und geistige Wiederbelebung und Größe er nur in dem engen Anschlusse an das österreichische Herrscherhaus erkannte. Darum stand der

---

*) Vgl. über ihn das Hauptwerk: Zieglauer, Harteneck und die siebenbürgischen Parteikämpfe seiner Zeit. (Hermannstadt, 1869).

reichbegabte, leider zu heißblütige Mann in allen Wechselfällen
des bewegten politischen Lebens, insbesondere in den Tagen der
großen Rákóczyschen Revolution, fest und treu zu der Wiener
Regierung. Um so verhängnißvoller erschien es, daß gerade dieser
getreueste Anhänger des Kaiserhauses in Folge von Intriguen und
Kabalen seiner persönlichen Feinde und politischen Gegner als
„Hochverräther" am 5. December 1703 den Tod durch Henkers=
hand erleiden mußte.

Die Regierungszeit der großen Kaiserin=Königin M a r i a
T h e r e s i a war auch für Siebenbürgen die Periode fruchtbarer
Reformen, doch gab es noch Störungen auf kirchlichem Gebiete in
Folge einer übereifrigen katholischen Propaganda. Die Sachsen
erfreuten sich der besondern Gunst der Monarchin, die auch zum
ersten Male einen Sachsen, den ausgezeichneten Staatsmann,
Samuel Freiherrn von B r u c k e n t h a l, im Jahre 1774 als
Gouverneur an die Spitze der Landesregierung stellte. Die
sächsische Nation fand in diesem ihrem großen Sohne einen eifrigen
Förderer ihrer culturellen Interessen und unerschrockenen Verthei=
diger ihrer gesetzlichen Rechte und Freiheiten, wodurch Bruckenthal
später mit den Intentionen Josef II. in Widerspruch gerieth und
in den Ruhestand versetzt wurde (1787). Die Zeit J o s e f II.
bildete überhaupt auch für die Sachsen trotz ihrer Zustimmung zu
des Kaisers toleranten und menschenfreundlichen Absichten eine Zeit
der Trauer, weil auch ihre besondere Verfassung, ihre Municipal=
Autonomie, dem nivellierenden Centralismus des Josefinischen
Regierungssystems zum Opfer fiel.

Als nun Kaiser Josef II. seine gewaltsamen Reformen wider=
rufen hatte und nach seinem Tode auch in Siebenbürgen die
Landstände abermals einberufen wurden: da „durchzitterte die
tiefste Bewegung alle Völker des Landes, auf allen Gebieten des
öffentlichen Lebens herrschte die rührigste Thätigkeit, frische Arbeits=
lust, frohes Hoffen, hingebender Eifer und Vorwärtsstreben."
Auch die Sachsen waren von einer neuen Begeisterung ergriffen;
der sechsjährige Verlust ihrer Autonomie sowie die administrative
Auftheilung des Sachsenbodens hatten ihr Volks= und Einheitsgefühl

mächtig aufgerüttelt. Da hieß es in den Flugschriften jener Tage: „Ein Sachse hat gegründete Ursache, seine Nation zu schätzen, zu ehren und zu lieben; es ist Ehre, ein Sachse zu sein. Unsere Väter haben durch Treue, Redlichkeit und Eifer in jeder Bürgertugend diesem Namen Ehre erworben." „Seid ein Sinn und ein Herz, nicht nur ein Volk, sondern eine Familie".

Die wiederhergestellte sächsische Nations-Universität instruierte die Landtags-Deputierten dahin: den Kaiser zu bitten, die siebenbürgische Hofkanzlei von der ungarischen zu trennen, im Gubernium eine verhältnißmäßige Anzahl der Rathsstellen den Sachsen zu geben, die auch auf die Cardinalämter (Hofkanzler u. s. w) ein Recht haben sollen. Die inneren Angelegenheiten der Verwaltung sollten der Nation anheimgestellt bleiben. Es kennzeichnet den Einfluß der Aufklärungsideen und der ehrenvollen Anschauung des sächsischen Volkes, wenn unter anderem auch der Beschluß gefaßt wurde, die Aufhebung der Leibeigenschaft zu verlangen. „Die Sachsen als ein freies Volk würden den Werth der eigenen Freiheit nicht zu schätzen wissen, wenn sie ihre Hände zur Wiedereinführung der Leibeigenschaft bieten wollten."

Leider dachten die beiden anderen Landstände (Ungern und Szekler) weniger tolerant und im Widerspruche mit den alten Bündnissen und Privilegien wurden den Sachsen zwei für ihre politische und sociale Bedeutung verhängnißvolle Beschränkungen ihrer Rechte und Freiheiten durch den Landtag 1790 und 1791 auferlegt; nämlich die Entziehung des Curiatvotums im Landtage und die Einführung der Abstimmung nach Kopfzahl und Majorität der Vota; die andere Maßregel war die Aufhebung des ausschließlichen Besitz- und Bürgerrechtes der Sachsen auf dem Königsboden. Jener Beschluß verurtheilte die Sachsen zu einem minimalen Einflusse im Landtage, wo sie bei der Coalition der beiden anderen Stände stets in Minorität bleiben mußten; dieser zerbröckelte allmählich den festen Bestand des deutschen Volksthums, das bisher nur im Schutze dieser Privilegien sich nach so vielen Erschütterungen der Jahrhunderte aufrecht erhalten konnte. Auch wegen der siebenbürgisch=ungarischen Unions=Frage, bann wegen der **Amts=** und **Verhandlungs=Sprache** kann es schon im Landtage von 1790 unb 1791 zu harten Kämpfen, die ein unerquickliches Vorbild für die ähnlichen Vorgänge in unserem Jahrhunderte wurden. *)

Dennoch hatten die Sachsen aus dem Sturme manches theure Erbgut glücklich gerettet. Ihre staatsrechtliche Stellung als gleich= berechtigter Landstand, selbst die „Union" der drei Nationen, wurde mindestens formell als fortdauernd unb rechtskräftig erklärt. Die **Autonomie** auf politischem unb kirchlichem Gebiete war der sächsischen Nation neu gewährleistet worden. Die **Nations= Universität** blieb in ihrem Wirkungskreise aufrecht erhalten. Sie war die Vertretung des ganzen Sachsenlandes, für das sie das Recht der Statutar=Gesetzgebung ausübte; sie vertrat die Rechte der Nation nach außen hin, verfügte über das National= Vermögen und übte die Gerichtsbarkeit in gewissen Angelegenheiten. Sie gebrauchte in ihrem innern Verkehr die deutsche Sprache, nach Außen ebenfalls diese oder die lateinische. Die Universität bestand aus den Vertretern der eilf sächsischen Gerichtsbarkeiten und hatte den Sachsengrafen zum Vorsitzenden. In der Regel trat die Universität jährlich zwei Mal zusammen.

In den sächsischen Kreisen (Stühlen und Districten) bestand die **Kreisversammlung** aus Abgeordneten der einzelnen Kreis= gemeinden; die Kreisversammlung vollzog die Wahl der Landtags= Abgeordneten unb der Beamten, d. i. der auf Lebenszeit gewählten Senatoren, aus deren Mitte dann die zeitweiligen höheren Amtleute; Bürgermeister (Oberrichter, Königsrichter), die Stuhl= unb Districts= Richter, Stadthannen und Polizeidirectoren, endlich in den Städten die Oratoren (Vorsitzenden der Communitäten) in der Regel auf drei Jahre gewählt wurden.

Neben diesen weltlichen Verwaltungs=Behörden bestand für die gesammte evangelische Kirche A. B. Siebenbürgens, zu der sich

---

*) Vgl. über die Vorgänge in den letzten Decennien des vorigen Jahr= hunderts das Werk: F. v. Zieglauer, die politische Reform=Bewegung in Siebenbürgen in der Zeit Josefs II. unb Leopold II. (Wien 1881).

faſt ausſchließlich nur die Sachſen bekennen, als oberſte Inſtanz
das evangeliſche Oberconſiſtorium, an welchem von welt=
licher Seite alle evangeliſchen Staatsbeamten vom Rathe aufwärts
ſowie die Vertreter der ſächſiſchen Stühle als Mitglieder Theil
nahmen. Geiſtlicherſeits waren nebſt dem Superintendenten und
Generaldechanten die Vertreter aller evangeliſchen Capitel dabei.
Ein Weltlicher und ein Geiſtlicher führten das Protokoll, der Vorſitz
gebührte dem rangälteſten evangeliſchen Gubernialrathe. Unter
deſſen Leitung ſtand auch das ſ. g. delegierte Oberconſiſtorium,
welches in den Zeiträumen zwiſchen den Plenarverſammlungen die
laufenden Geſchäfte führte.

Wie ihre weltlichen Vorſteher, ſo wählten die evangeliſchen
Sachſen auch fortgeſetzt ihre Pfarrer auf Grund ihrer alten
Privilegien und leiſteten dieſen den Zehnten, der jedoch heute
bereits abgelöſt iſt und in eine Rente umgewandelt wurde. Güter
und Herrſchaften beſitzt indeſſen die lutheriſche Landeskirche Sieben=
bürgens und ihr Superintendent (oder Biſchof) auch heutzutage
nicht.

Dieſe weltliche und kirchliche Verfaſſung und Verwaltung
dauerte im Weſentlichen bis zum Jahre 1848. Seither hat indeſſen
namentlich die ſtaatsrechtliche und politiſche Lage der Sachſen eine
tiefgehende Umgeſtaltung erfahren. Der wachſende Nationali=
tätenſtreit erregte auch jenſeits des Königſteiges die Gemüther
aufs Heftigſte. Dieſe Bewegung begann mit beſonderer Intenſität
ſeit dem Jahre 1838; ſie wurde ſeltſamer Weiſe den Sachſen
gegenüber durch einen Gubernialrath deutſcher Abkunft inſceniert.
Man ſchickte den Sachſen nur ungriſch verfaßte Circular=Ver=
ordnungen, gab ihren Behörden nur Beſcheide in dieſer Sprache.
Dieſer Anregung folgte die ungriſche Preſſe, die hierin die Blätter
im eigentlichen Ungarn nachahmte nnd bald war der Streit um
die Sprache in einen allgemeinen Kampf ausgeartet. Die Sachſen
baten erſt um Abhilfe, dann proteſtierten ſie, ergriffen Recurſe;
Alles half nichts. Endlich ſchickte man ungriſche Erläſſe zurück
oder antwortete darauf in deutſcher Sprache. Die amtliche Cenſur
geſtattete die Gegenäußerungen der Sachſen im Wege der Preſſe

nur in beschränkter Weise. Aus den Amtsstuben und der Presse
wurde dann der Sprachenkampf in den Landtagssaal gebracht und
hier gab er zu nicht minder heftigen Scenen Anlaß.

Mit diesem Kampfe stand die Frage wegen der Union
Siebenbürgens mit Ungarn im engen Zusammenhange.
Diese Frage tauchte zum ersten Male auf dem Landtage von
1790/1 auf und war seitdem aus dem Programme der ungrisch=
nationalen Partei in Ungarn=Siebenbürgen nicht mehr geschwun=
den. So lange das kirchliche Bewußtsein den Nationalismus
überwog, standen in Siebenbürgen die Protestanten ungrischer
und deutscher Zunge gegen die Vereinigung und darin wurden
sie auch von der Wiener Regierung unterstützt. Allein seit dem
Jahre 1830 gewann die Nationalitätsidee auch in Siebenbürgen
die Vorherrschaft und mit dem Erstarken derselben im eigentlichen
Ungarn war auch die Absicht einer Vereinigung, ja Unificierung
Siebenbürgens mit dem Mutterlande der Verwirklichung erheblich
näher gerückt. Die Sachsen widerstrebten der staatsrechtlichen und
politischen Union in dem Sinne nicht, daß Siebenbürgen zwar
den gemeinsamen ungarischen Reichstag in Pest beschicken, aber
seinen besondern Provinciallandtag und seine selbständige Landes=
Administration behalten möge. Außerdem sollten die municipalen
und kirchlichen Rechte und Freiheiten der drei Nationen Sieben=
bürgens neuerdings gesetzlich garantiert werden. Aber zu einer
völligen Verschmelzung Siebenbürgens mit Ungarn, zu einer gänz=
lichen Beseitigung der provinciellen Autonomie wollten sie um so
weniger die Hand bieten, als sie wohl erkannten, daß damit auch
an ihre eigene nationale Autonomie in der Sachsenuniversität und
in den Sachsenstühlen die Axt gelegt werden würde.

Der Kampf, den die Sachsen namentlich von 1837—1847
um diese ihre staatsrechtliche Stellung und municipale Selbstän=
digkeit zu bestehen hatten, übte indessen in nationaler und cultu=
reller Beziehung auf das sächsische Volk einen bedeutsamen Einfluß
aus. Wie aus langer Erstarrung erwachte und regte sich das
Sachsenvolk zu neuem rüstigem Schaffen. Geistiger und materieller
Aufschwung zeigte sich allenthalben. „Fabriken, blühende Spar=

caſſen werden gegründet, der Gewerbfleiß ſteigt, das Bürgerthum und ;der Landmann beginnt ſich lebhafter am Gemeinwohl zu betheiligen. In Landwirthſchaft, Gewerbe und Handel, im Schützenthum und Muſik weckt das Vereinsweſen tauſend ſchlum= mernde Kräfte. Es treten die wiſſenſchaftlichen Forſcher aus ihrer Zurückgezogenheit hervor. Die Literatur des Sachſenvolkes in Druckwerken wiſſenſchaftlichen Inhaltes wie in Zeitungen und in den Publicationen des „Vereines für ſiebenbürgiſche Landeskunde,“ zeigt erhöhte Regſamkeit und Fruchtbarkeit. In Gemeinde und Kirche, im Landtagsſaal wie in der Öffentlichkeit erſtehen wackere Kämpen für Freiheit, Recht und Volksthum und freudig erſtaunt ſieht der Volksfreund, daß die Nation aus langer Verſumpfung Männer gerettet, geborgen habe, nicht genug noch für jedes Bedürfniß, aber hinreichend, mindeſtens dieſe Kämpfe ehrlich und feſt auszufechten.“ (E. v. Friedenfels). Wir nennen in der Reihe dieſer Männer nur: den Archäologen M. Ackner, den Hiſtoriker und Ethnographen J. C. Schuller, den Staatsmann und Geſchichtsforſcher Bedeus v. Scharberg, den Superintendenten Mich. Binder, den Pfarrer St. L. Roth, die Hiſtoriker, Schrift= ſteller und Profeſſoren Kurz, Teutſch, Trauſch, Heinrich Schmidt, Benigni, Joſef Zimmermann u. A. Wie unter dem Drucke des Joſefinismus die magyariſche Nation zu neuem Leben erwacht war, ſo zeigte ſich ſeit dem Jahre 1838 bei dem ſächſiſchen Volke in Siebenbürgen eine ähnliche Erſcheinung.

Der leidige Sprach= und Nationalitätenkampf wurde mit ſteigender Erbitterung und Leidenſchaft geführt und endlich aus der Landtags= und Kanzleiſtube, aus Verſammlungen, Vereinen und der Literatur auf das blutige Feld des Bürgerkrieges über= tragen.

Es liegt nicht in unſerer Aufgabe, die traurigen Folgen des erbitterten Sprachen= und Unionskampfes des Weiteren zu ſchildern.*) Die Ereigniſſe von 1848/9 waren die blutigen Früchte jener

---

*) Über dieſe bewegungsreiche Zeit iſt zu vergleichen Eugen v. Frie= denfels, Bedeus v. Scharberg (2 Bde. Wien, 1876 und 1879).

Ausſaat. Die Sachſen ſtanden in der Revolution treu zum Herrſcherhauſe, wofür ſie allerdings abermals hart und empfindlich büßen mußten. Alle Schrecken eines Bürgerkrieges ergoſſen ſich über den ſächſiſchen Königsboden. Und was empfiengen die Sachſen nach dieſen Gräueln des Bruderkampfes? Die Regierung beſeitigte ihre Autonomie, organiſierte im Lande eine ſtreng bureaukratiſche Verwaltung, ſchaffte die freie Wahl der Beamten ab u. dgl. Die Erhebung Hermannſtadts zur „Landeshauptſtadt“ ſowie die Ein-führung der deutſchen Sprache als Staats= und Verwaltungs-ſprache boten für den Verluſt der municipalen und politiſchen Rechte kein Äquivalent. Die Sachſen fühlten ſich in der Zeit von 1849—1860 ebenſo unglücklich wie die anderen freiheitsgewohnten Bürger Ungarn=Siebenbürgens und es iſt ein ungerechter Vorwurf, den man ihnen macht, daß jene Zeit der „Germaniſierung“ nach ihrem Sinne geweſen wäre.

Vielmehr begrüßten auch ſie mit jubelnder Freude die Wiederkehr conſtitutioneller Zuſtände; die mißliebige Verwaltung und die fremden Beamten wurden ſofort auch auf dem Königsboden beſeitigt, die ſächſiſche Municipal=Autonomie mit der ſelbſtändigen Adminiſtration, wie ſolche bis zum Jahre 1848 beſtanden hatte, n Stadt und Land wieder hergeſtellt.

Wir übergehen die Zeit der politiſchen Experimente von 1861 bis 1867; es war eine Periode unklarer Verſuche, ver-fehlter Maßregeln, halbſchlächtiger Reformen und ſtaatsrechtlicher Fictionen. Die Sachſen erlitten manche bittere Enttäuſchung nicht bloß von Seite ihrer Mitnationen, ſondern auch von oben her; ſie mußten es gewahren, daß man ſie als Mauerbrecher benützen wollte, um ſie ſofort fallen zu laſſen, ſobald der gewünſchte Zweck erreicht war.

Mit dem Jahre 1867 traten concrete Verhältniſſe ein, unter denen für Siebenbürgen die Durchführung der im Jahre 1848 bloß principiell ausgeſprochenen Union mit Ungarn wohl die bemerkenswertheſte Erſcheinung iſt. Aber nebſt dieſer wichtigen Thatſache ſahen die Sachſen ſich noch einem anderen ſehr bedeut-ſamen Factum gegenüber. Das Jahr 1848 hatte die Aufhebung der Leibeigenschaft und Hörigkeit überhaupt ausgesprochen; damit wurden auch die rumänischen Bewohner des Sachsenlandes aus bloß tolerierten Hintersassen zu gleichberechtigten Mitbürgern.

Nun hatte sich aber das numerische Verhältniß zwischen Sachsen und Rumänen auf dem Königsboden im Laufe der Jahrhunderte sehr erheblich geändert und zwar zu Ungunsten des sächsischen Volksstammes, der unter dem Einflusse der vielen äußerlichen Drangsale und in Folge falscher Anschauungen und Vorurtheile allmählich in einen Zustand der Stagnation, ja des Rückganges in dem Bevölkerungsstatus gerieth. *)

Die Nothwendigkeit einer Verstärkung des deutschen Volkselements durch Einwanderung war übrigens schon im XVIII. Jahrhundert zur Überzeugung aller Einsichtigen geworden. Die Regierung hatte, die Erfolge der Colonisierung im Banate vor Augen, den Gedanken gefaßt, deutsche Protestanten aus dem Reiche unter den siebenbürgischen Sachsen anzusiedeln. Man hatte dabei die ihres Glaubens wegen vertriebenen Baden-Durlacher, dann auch die Salzburger und oberösterreichischen Emigranten im Auge. Am 31. October 1733 erfloß das erste Emigrationspatent, ein Emigrantenfond wurde gebildet und die Übersiedlung von Staatswegen eingeleitet. Im Jahre 1734 fanden die ersten Ansiedlungen der sogenannten Landler in Neppendorf und Grossau, im Jahre 1749 die Ansiedlung der Baden-Durlacher in Mühlbach, 1752 jene in Großpold statt und noch 1774—1777 folgten Nachzügler. Die Erfolge dieser Colonisation waren auch hier sehr befriedigend.

Im XIX. Jahrhunderte betrachtete man unter Einwirkung des Nationalismus diese Vermehrung des deutschen Elements in Ungarn

---

*) Wie verschieden die Zunahme zwischen Sachsen und Rumänen war, lehrt folgendes Beispiel Im Jahre 1787 hatten die sächsischen Ortschaften im Burzenlande etwa 22 000 Einwohner und zählten im Jahre 1839 erst 26.000; dagegen zählten die Rumänen daselbst im Jahre 1787 nur 21.000, aber im Jahre 1839 bereits 37.000 Seelen. (Schuler — Libloy) An 30 ganz oder fast ausgestorbene sächsische Ortsgebiete sind nach den Verwüstungen der Türkenkriege im XVI. und XVII. Jahrhundert in die Hände der zugewanderten Rumänen gelangt.

und Siebenbürgen mit weniger günstigen Blicken. Patriotisch
gesinnte Männer unter den Sachsen erkannten jedoch die Noth=
wendigkeit einer abermaligen Zuführung deutscher
Volkskraft und da zu derselben Zeit (1844) namentlich in
Württemberg die Auswanderungslust eine ungemein große war,
so wendeten sie ihre Aufmerksamkeit der Herbeirufung württember=
gischer Emigranten zu. Die sächsische Nationsuniversität sprach
sich über das Ansiedlungsproject günstig aus, der „siebenbürgisch=
sächsische Landwirthschaftsverein" trat im § 1 seiner Statuten offen
für diese Idee ein und der Pfarrer Stefan Ludwig Roth unter=
nahm im Jahre 1845 eine Reise nach Deutschland, um die Ein=
wanderung nach größerem Maßstabe in Bewegung zu bringen.

Sein Bemühen war von Erfolg begleitet. Roth kehrte mit
27—29 Familien Einwanderer zurück, im nächsten März 1846
erschienen auf ein Mal 200—300 Einwanderer in Wien. Da
erhoben die Behörden Schwierigkeiten; man sprach von einer
„Vermehrung des communistischen Proletariats," besorgte jedoch
in der That auf ungrischer Seite die Vermehrung des deutschen
Volks=Elements. Die Einwanderer waren hauptsächlich anständige
Leute, mit Reisegeld, die Meisten auch mit Barschaft zur ersten
Einrichtung wohl versehen. Dieselben kamen allerdings nach
Ungarn, die wenigsten aber bis Siebenbürgen; viele kehrten in
die Heimat zurück. Einige Familien hattten im Banate in
rumänischen Ortschaften Colonistenplätze erhalten; sie konnten
jedoch daselbst nicht fortkommen. Auch das Klima war
ihnen ungünstig. Diese verunglückte „Schwaben=Einwanderung"
wurde dem Pfarrer Roth später zur Quelle mancher Kränkung,
ja sie trug bei zur Schaffung jenes ungerechten kriegsräthlichen
Urtheils, in Folge dessen der durchwegs ehrenhafte Mann am
11. Mai 1849 in Klausenburg erschossen wurde. Es war ein
Gewaltstreich politischer Verfolgungssucht.

In der Zeit von 1867 bis zur Gegenwart hatte das Volk
der Sachsen noch einen harten Kampf bestanden: den Kampf
um seine municipale Autonomie, über welchen wir in
aller Kürze und Objectivität die Thatsachen anführen müssen.

In bem ungarischen Gesetzartikel 43 vom Jahre 1868, welcher die Durchführung der Union Siebenbürgens mit Ungarn im Einzelnen behandelt, lautet §. 10 wie folgt:

„Behufs der Feststellung der Innerverwaltungsrechte der Stühle, Districte und Städte des Königsbodens, bann der Organisierung ihrer Vertretung und der Feststellung des Rechtskreises der sächsischen Nations-Universität wird das Ministerium beauftragt, dem Reichstage nach Anhörung der Betreffenden einen solchen Gesetzentwurf vorzulegen, welcher sowohl die auf Gesetzen und Verträgen beruhenden Rechte, als auch die Gleichberechtigung der auf diesem Territorium wohnenden Staatsbürger jeder Nationalität gehörig zu berücksichtigen und in Einklang zu bringen haben wird.“

Und §. 11 besselben Gesetzes schreibt vor: „Die sächsische Nations-Universität wird auch hinfort in dem, dem 13. siebenbürgischen Gesetzartikel vom Jahre 1791 entsprechenden Wirkungskreise, unter Aufrechterhaltung des obersten und durch das ungarische verantwortliche Ministerium auszuübenden Aufsichtsrechtes Sr. Majestät belassen, mit dem einzigen Unterschiede, daß die Nations-Universität, in Folge der Veränderung im Systeme der Rechtspflege, die richterliche Jurisdiction nicht mehr ausüben kann.“

Mit diesen gesetzlichen Bestimmungen harmoniert Gesetzartikel 42 vom Jahre 1870, welcher von der Regelung der Municipien handelt und sich im §. 88 auf den Ausspruch beschränkt: „Über die Regelung des Königsbodens verfügt in Folge der Anordnung von §. 10 des 43. Gesetz-Artikel vom Jahre 1868 ein besonderes Gesetz.“

Diese Gesetze wahrten den in der sächsischen Nations-Universität vertretenen Kreisen des Königsbodens das Recht, an der gesetzlichen Fortbildung ihres Municipal- und Gemeindewesens mitzuwirken. Unter dem 18. November 1870 ordnete der Minister des Innern an, daß die Nations-Universität im Sinne dieser Gesetze aufzufordern sei, ihre Meinung über die Regelung des Königsbodens ehestens festzustellen und zu unterbreiten. Dieser Aufforderung kam die Nations-Universität leider sehr unvollkommen nach; denn unter den Sachsen war eine bedauerliche Spaltung und Parteiung eingetreten; die „Jungsachsen“ standen den „Altsachsen“ gegenüber, die Rumänen bildeten eine dritte Gruppe und so gab es im Jahre 1871 auf der einberufenen Universität drei Fractionen, die ebenso viele Reformentwürfe vorlegten. Schließlich wurde ein Entwurf mit 23 gegen 20 Stimmen angenommen, aber selbst gegen diesen erhoben noch einzelne Mitglieder der Majorität ihre Sondermeinungen. Die Universität legte alle drei Entwürfe dem Ministerium vor.

Was sollte die Regierung bei solchem Zwiespalt der Meinungen machen? Welchem Entwurfe konnte das Ministerium folgen? Es folgte gar keinem; da beschloß die im December 1872 zusammengetretene Nations-Universität abermals eine Repräsentation an das Ministerium und legte in 12 Punkten jene Grundsätze und Anträge vor, nach denen die Regelung des Königsbodens erfolgen sollte. Darnach hätten die eilf sächsischen Kreise*) in ihrer Gesammtheit eine municipale Einheit zu bilden, deren etwaige territoriale Abänderung nur unter Mitwirkung der betreffenden Kreise und der sächsischen Nations-Universität zulässig sein sollte. Diese Gesammtheit oder Universität besitzt nur jene Summe municipaler Rechte, die das Gesetz den Municipien im Allgemeinen eingeräumt hat. In derselben wie in den Kreisen und Gemeinden sind Vertretung und Verwaltung streng von einander zu sondern. Die Vertretungskörper haben durchgängig und ausschließlich aus Wahlen hervorzugehen, desgleichen sind alle Ämter durch freie Wahl der Vertretungskörper zu besetzen. Gemeinde, Kreis und Gesammtheit beschließen über ihre eigenen Angelegenheiten und verwalten dieselben innerhalb der Gesetze und rechtskräftigen Statute selbständig. Die Städte Hermannstadt, Schäßburg, Mediasch, Mühlbach, Broos, Kronstadt und Bistritz stehn in rein städtischen Angelegenheiten nicht unter der Jurisdiction des Kreises. Der Kreis übt das Selbstverwaltungs- und Statutarrecht in allen eigenen Angelegenheiten sowie das Repräsentationsrecht aus, er steht mit der Staatsregierung in directem Verkehr. Die Nations-Universität übt das Statutarrecht in allen jenen Municipal-Angelegenheiten aus, die der Gesammtheit gemeinsam sind. Über Verlangen eines Kreises kann die Universität auch Statute über solche Gegenstände feststellen, deren statutarische Behandlung dem Wirkungskreis der Kreise zusteht. Die Universität sorgt für die geordnete Verwaltung des sächsischen Nations-Vermögens; ebenso übt sie das Repräsentations-Recht aus. Die laufenden Geschäfte besorgt das Universitäts-Amt mit dem von Sr. Majestät ernannten Sachsengrafen an der Spitze, der auch der Universität präsidiert und die Kreis-Verwaltungen controliert. Die nähere Ausführung der Municipal- und Gemeinde-Verwaltung bleibt der Statutar-Gesetzgebung der Universität und der Kreise vorbehalten.

Diese Grundsätze kamen bei der Regierung nicht zur völligen Geltung; immerhin machte aber der vom Minister des Innern im Februar 1873 ausgearbeitete Entwurf eines Gesetzes über die Regelung des Königsbodens den Sachsen einige Zugeständnisse. Die auf dem Königsboden derzeit bestehenden Kreise sollten in ihrem gegenwärtigen Umfange auch hinfort selbständige Jurisdictionen bilden, denen die daselbst gelegenen königlichen Freistädte zugetheilt sind. Über alle Jurisdictionen übt der Sachsencomes als Obergespan die Controle aus. In der Bildung und Zusammensetzung der Jurisdictions-Ausschüsse wurden die allgemeinen gesetzlichen Vor-

---

*) Die neun Stühle Hermannstadt, Schäßburg, Mediasch, Mühlbach, Großschenk, Reps, Reußmarkt, Leschkirch und Broos, dann die beiden Districte Kronstadt und Bistritz.

schriften auch für den Königsboden in Antrag gebracht. Die Nations-Universität wurde in diesem Entwurfe freilich nicht als politische Corporation anerkannt, sie hatte im Wesentlichen nur die Verwaltung des sächsischen National-Vermögens zu besorgen, sollte also zum bloßen „Wirthschafts-Amte" degradirt werden.

Und doch! Würden die Sachsen auch nur diese „Regelung" erlangt haben, so wäre manche bedauerliche Thatsache später nicht geschehen. Im Jahre 1873 veröffentlichte nämlich das Ministerium des Innern einen allerdings radicalen, jedoch mehr mechanisch abgezirkelten als naturgemäß gestalteten Plan über die „Arrondirung der Municipien", nach welchem der Königsboden in drei Stücke zerschlagen und jedes dieser Fragmente mit ungrischen und rumänischen Gebieten vereinigt werden sollte.

Die sächsische Nations-Universität machte gegen diesen Entwurf unter dem 19. December 1873 entschiedene Vorstellungen bei dem Minister, der hierauf mit einem Erlasse vom 27. Jänner 1874 allerdings auch wieder in zu schroffer Art die Universität derb abkanzelte, ihr das Recht zur Besprechung öffentlicher Angelegenheiten absprach und schließlich den Sachsengrafen dafür verantwortlich machte, daß die Universität durch Verhandlungen solcher Art ihren Wirkungskreis nicht wieder überschreite.

Die Folge war die Niederlegung eines feierlichen Protestes von Seite der versammelten Universität, womit sie am 16. Februar 1874 Verwahrung einlegte a) gegen die beabsichtigte Zerstückelung des territorialen Gebietes des Königsbodens; b) gegen die beabsichtigte Vernichtung des gesetzlichen Wirkungskreises der sächsischen Nations-Universität und des municipalen Rechtes des Sachsenlandes und c) gegen die der Gesetzgebung zugemuthete Verfügung über das sächsische National-Vermögen. Zugleich erklärte die Universität das ministerielle Rescript vom 27. Jänner 1874 für „ungesetzlich und rechtswidrig" und erwartet „durch den Machtspruch der Regierung der Möglichkeit beraubt, ihr Recht und das der sächsischen Nation selbst zu vertreten, den Schutz und die Wiederaufrichtung dieses gebeugten Rechtes von Ungarns Reichstag und gekröntem König und von der über den Geschicken der Völker und Fürsten allwaltenden Gerechtigkeit."

Solche Schroffheit auf beiden Seiten führte nicht zur Versöhnung und Verständigung, sondern erbitterte, entfremdete mehr und mehr die Gemüther. Dazu kamen dann die Anfeindungen und Kämpfe in der einheimischen und ausländischen Presse und in meist leidenschaftlich abgefaßten Broschüren. Der Freund des Vaterlandes und des sächsischen Volkes sah diese Entwicklung mit tiefer und berechtigter Bekümmerniß; denn endlich traf ein, was kommen muß, wenn die Machtverhältnisse zweier Streitenden in so großer Differenz einander gegenüber stehen: die Sachsen erlitten eine vollständige Niederlage. Das Municipalgesetz vom Jahre 1876 (Gesetz-Artikel 12 vom Jahre 1876) theilt die Stühle und Districte des Königsbodens in folgender Weise auf:

a) Der Bistritzer District wurde mit dem Naßóder Districte und einigen
Theilen des Dobokaer und Inner-Szolnoker Comitats zu dem „Bistritz-Naszober
Comitate" vereinigt.

b) Die Sachsenstühle Schäßburg und Reps wurden theilweise mit
dem Szöklerstuhle Udvarhely und einigen Theilen des Kokelburger und Ober-
Weißenburger Comitats zum neuen „Udvarhelyer Comitate" verbunden.

c) Einige Theile des Mediascher Stuhles kamen an das „Kleinkokel-
burger Comitat."

d) Der Brooser Stuhl fiel dem „Hunyader Comitate" zu.

e) Die Reste der Sachsenstühle von Reps, Schäßburg, Mediasch,
dann Groß-Schenk und einige Theile des Leschkirchner Stuhles bilden
den Haupttheil des „Groß-Kokelburger Comitats."

f) Die Sachsenstühle Hermannstadt, Reußmarkt und Mühlbach,
dann der größte Theil des Leschkirchner Stuhles gehören zum „Hermannstädter Comitate".

g) Der Kronstädter District bildet heute das „Kronstädter Comitat."

Die Städte Hermannstadt und Kronstadt sind überdies als königliche Freistädte von der administrativen Verbindung mit dem ehemaligen
Königsboden gänzlich abgelöst worden.

Wenn diese „Zertrümmerung" des Königsbodens die Sachsen tief verwundet hat, wen darf es Wunder nehmen? Wer darf sie darum schelten, weil
sie das Erbe der Väter mit Zähigkeit vertheidigt haben? Freilich war diese
Vertheidigung oft mehr eifrig als klug und verdarb mehr, als sie nützte.
Im leidenschaftlichen Kampfe überhörte man die warnenden Stimmen besonnener
Männer, unter denen namentlich der treffliche Jacob Rannicher, Sections-
rath im königlich-ungarischen Unterrichts-Ministerium († 8. November 1875)
mit blutendem Herzen ins Grab gestiegen ist, da er die Katastrophe über sein
aufrichtig geliebtes Volk mit Unvermeidlichkeit hereinbrechen sah und wahr-
nahm, daß seine Cassandra-Rufe nur Mißfallen, Hohn und Tadel erweckten.

Das tiefe Mißtrauen, der Groll und die Abneigung gegen die neue
gesetzliche Einrichtung ist bei der Mehrzahl des Sachsenvolkes bis heute nicht
geschwunden; obgleich die Stimmen sich mehren, welche zu frischer Thatkraft
mahnen, um in dem allerdings bedeutend erschwerten Kampfe ums Dasein
das Sachsenvolk zu erhalten. An Mitteln hiezu fehlt es auch heute nicht.
Gemeinde, Kirche und Schule, ein bedeutendes Nationalvermögen für culturelle
Zwecke, das freie Wort, die Literatur, die engere Verbindung mit dem europäischen Westen sind ebenso viele Mittel zur Pflege und Hebung des sächsischen
Elements; dazu kommt der gefestete Eigenbesitz, die Arbeitstüchtigkeit in
Stadt und Land und wohl auch neues Selbstvertrauen, um unter den
geänderten Verhältnissen ebenfalls aufrecht zu bleiben und die Zukunft zu
erringen. Eine richtige Regierungspolitik wird dieses Streben der Sachsen
unterstützen; denn diese sind auch heute noch eine „Grundsäule" des Reiches,
insbesondere in den exponierten siebenbürgischen Landestheilen.

Die Sachsen in Siebenbürgen wohnen, wie erwähnt, gegen=
wärtig in drei getrennt liegenden Sprachinseln; die größte ist die
Hermannstädter Provinz, deren südöstlicher Nachbar das
Kronstädter Gebiet oder das Burzenland ist; entfernt von
beiden im Norden Siebenbürgens liegt der Nösnergau oder der
ehemalige Bistritzer District. Die ehemaligen freien Kreise
des Königsbodens, welche im Laufe der Jahrhunderte (1224,
1366, resp. 1465, 1402 und 1422, resp. 1428) zu dem einheit=
lichen Municipalgebiete der Sachsen vereinigt wurden, hatten eine
sehr verschiedene territoriale Ausdehnung, wie folgende
Übersicht (mit dem größten beginnend) zeigt.

1. Der Hermannstädter Stuhl 33 Quadrat=Meilen.
2. Der Kronstädter District 30 „ „
3. Der Bistritzer District 29 „ „
4. Der Mediascher Stuhl 12 „ „
5. Der Großschenker Stuhl 11 „ „
6. Der Schäßburger Stuhl 10 „ „
7. Der Repser Stuhl 10 „ „
8. Der Brooser Stuhl 7 „ „
9. Der Mühlbacher Stuhl . 6 „ „
10. Der Leschkirchner Stuhl 5 „ „
11. Der Reußmarkter Stuhl 4 „ „

Dieses Land der freien Sachsen umfaßte also nur 157 Quadrat=
Meilen von den 952 des siebenbürgischen Landes. Dazu war von
hinderlichem Einflusse die Zerstreuung des Gebietes und dessen
Durchbrechung von anderen nichtsächsischen Landespartikeln, ebenso
die allmähliche Mischung in ethnographischer Beziehung.

Heute ist das sächsische, resp. deutsche Element am stärksten
vertreten in den Comitaten: Hermannstadt (63.000 Deutsche
und 103.900 Nichtdeutsche, d. i. Rumänen, Ungern, Zigeuner,
Armenier ꝛc.), Groß=Kokelburg (61.000 Deutsche und
75 000 Nichtdeutsche), Kronstadt (32.000 Deutsche und 51.000
Nichtdeutsche), und Bistritz=Naßód (23 000 Deutsche und
60.000 Nichtdeutsche). Noch findet sich in bemerkenswertherer
Anzahl das deutsche Volkselement in den Comitaten Kleinko=

kelburg (19% der Bevölkerung), Fogaras (5·4%), Klausenburg (5%). Die Zahl der siebenbürgischen Deutschen wurde im
Jahre 1870 auf 224.289 Seelen berechnet. Bei dem Umstande,
daß die Ergebnisse der Volkszählung vom 31. December 1880 für
Siebenbürgen überhaupt eine Abnahme des Bevölkerungsstandes
nachweisen und auch bisher veröffentlichte Detailsausweise diesen
Rückgang im Einzelnen bestätigen; dürfte auch der Ziffernstand
der deutschen Bevölkerung in Siebenbürgen seit 1870 eher ab-
als zugenommen haben. Da nach der neuesten Zählung Siebenbürgen 2,085.154 Einwohner (67.749 weniger als im Jahre 1870)
hat, so machen die dortigen Deutschen ungefähr elf Procent der
Bevölkerung aus. Über die sächsischen Städte Siebenbürgens
liegen folgende neueste Daten vor:

Hermannstadt hat	19.285	Civilbew., darunter	12.010	Deutsche
Kronstadt	„	29.716	„	„	9.998	„
Schäßburg	„	8.789	„	„	5.235	„
Bistriz	„	8.030	„	„	5.085	„
Mediasch	„	6.499	„	„	3.410	„
Mühlbach	„	6.140	„	„	2.000 (?)	„

Alle diese Städte *) (und auch die übrigen städtischen Orte
Siebenbürgens) sind ursprünglich deutsche Gründungen gewesen
und wir haben in unserer vorangehenden historischen Skizze angedeutet, wie das ausschließliche Deutschthum daselbst allmählich
mit anderen ethnographischen Elementen gemischt, endlich in einer
Reihe von Städten gänzlich verdrängt wurde, in anderen nur mehr
eine unbedeutende Rolle spielt. Ähnlich war der Vorgang auch
auf dem offenen Lande. Die anfänglich bloß als Hirten, dann
wohl auch als Hintersassen und Siedler zugelassenen Rumänen
haben beispielsweise die Sachsen auf dem Königsboden heute bereits
numerisch weit überholt; denn ihre Anzahl nur allein in den Comitaten Hermannstadt, Großkokelburg, Kronstadt und Bistriz-Naßód,
also in jenen Gebieten, wo das deutsche Element relativ am

---

*) Vgl. einen lehrreichen Vortrag von Dr. C. Wolff über den Haus-
halt der siebenbürgischen Städte (Hermannstadt, 1881.)

stärksten vertreten ist, beträgt 240.000 Seelen, indessen die Deutschen daselbst bloß 188.000 Seelen ausmachen. Neben diesen Rumänen leben auf demselben Gebiete noch 25.000 Magyaren (resp. Székler) und 18.000 Personen anderer kleinerer Volksstämme (Zigeuner, Armenier, Juden, Griechen 2c.) Die 188.000 Deutschen stehen somit 383.000 Nichtdeutschen gegenüber. Die Gefahr ist für das deutsche Volkselement um so größer, als dasselbe in keinem den neuge= schaffenen Municipien die absolute Majorität besitzt, auch in einigen Städten, wie z. B. in Kronstadt, Mühlbach und Broos, die Stadt= verwaltung nicht mehr ausschließend in sächsischer Hand liegt und auf dem Lande durch die Anordnungen des neuen Gemeindegesetzes die sächsischen Bauern vielen Orts von ihren früheren rumänischen Hintersassen majorisiert werden.

Die Sachsen bewohnen in Stadt und Land der beiden südlichen Gruppen (Hermannstädter, Großkokelburger und Kron= städter Comitat) die Thalflächen und das Hügelland. Hier herrscht in der Stadt das Gewerbe, in den ansehnlichen Ackergemeinden des offenen Landes die Landwirthschaft als Beschäftigungszweig vor. Im Nösnergau findet sich neben diesen beiden Erwerbs= zweigen noch der Bergbau vor, obgleich derselbe von seiner ein= stigen Höhe schon längst herabgesunken ist. Die Vielgestaltigkeit des Lebens in Stadt und Land macht eine Gesammtcharakteristik desselben schwierig, zumal, wenn man durch nothwendige Rück= sichten auf den Raum gebunden ist. Wir glauben deshalb unsere Aufgabe am besten dadurch zu lösen, wenn wir erstlich eine Gesammtcharakteristik der wichtigsten Städte der Siebenbürger Sachsen bieten und dieser dann eine allgemeine Schilderung des sächsischen Landvolkes anschließen. Auf eine Vollständigkeit machen wir in keinem Falle Anspruch.

Wie in Ungarn=Siebenbürgen überhaupt, so befinden sich die sächsischen Städte Siebenbürgens (Hermannstadt, Kronstadt, Bistritz, Schäßburg, Mediasch, Mühlbach und Broos) insbesondere heute in der Gefahr, daß sie einmal in Folge der drückenden Steuerbelastung ihrer Bürger und dann in Folge der sich häufen= den Lasten der Verwaltung, die sie vom Staate übernehmen

müssen, zusammenbrechen. Zu dieser allgemeinen Gefahr für die
ungarisch-siebenbürgischen Städte kommen bei den Städten der
Sachsen noch eigenthümliche Besorgnisse in Betracht. Die Sachsen
kamen (wie wir erzählt) als Militärcolonisten in das Land; der
Kriegsmann hatte zu jener Zeit sich nicht nur selbst zu verpflegen
und zu bewaffnen, sondern auch die Befestigungen aus eigener
Kraft anzulegen. Dafür erhielt er urbar zu machendes Land;
die Militärcolonien wurden zugleich Ackerbaucolonien, die ihren Mittelpunkt bald in den befestigten Burgplätzen fanden, aus denen die
sächsischen Städte ziemlich rasch nach der Besiedlung emporwuchsen.
Dennoch dauerte es geraume Zeit, bis sich die Stadt als geschlosse-
nes Gemeinwesen von der ländlichen Umgebung loslöste und
selbständig fortentwickelte. Noch im Jahre 1325 ward das heutige
Hermann stadt als „Hermannsdorf" bezeichnet.

Der Aufschwung des Gewerbfleißes (1376 zählte man
25 verschiedene Gewerbe in den „sieben Stühlen") sowie die günstige geographische Lage der Städte für Handel und Verkehr
trugen zum Aufschwunge derselben das Meiste bei. So liegt Hermann stadt inmitten der Cibinsebene, wo sich die Straßen südwärts nach dem Rothenthurmpasse mit denen noch Fogaras ostwärts, in das Kokel-Thal nordöstlich und in das Maros-Thal nordwestlich kreuzen. Ebenso liegt Kronstadt im wirthschaftlichen
Mittelpunkte des Burzenlandes. Straßenzüge von Süden, Südosten, Osten, Norden und Westen laufen hier zusammen und
schufen ein blühendes Handelsemporium. Auch in der Bistritzer
Ebene, wo die Stadt Bistritz sich bereits im XIII. Jahrhundert
entwickelte, kreuzen sich die wirthschaftlichen Transportwege; hier
münden auch die aus der Bukowina und der Moldau führenden Engpässe und darum wurde Bistritz nicht bloß für Polen
und die Moldau ein Hauptstapelplatz, sondern besaß auch hohe
strategische Wichtigkeit. Nach dem Mongolensturme, der das „reiche
Rodna" (Rudana, Rodenau) zerstört hatte, wurde Bistritz dessen
wirthschaftlicher und politischer Erbe. So errang das am Kreu-
zungspunkte der aus und nach dem Székler-Lande führenden Straßen
gelegene Schäßburg den Vorrang über das ältere Kaisd, das

gegen diese Rivalin vergebens kämpfte. Dasselbe war mit Mediasch gegenüber von Birthälm der Fall; ersterem verblieb der Sieg, da es vom Osten die im großen Kokel=Thale führende Straße von Schäßburg, vom Südwesten die Hermannstädter Straße und vom Norden die, beide Kokeln verbindendeu Wege aufnahm.

Der ursprünglich deutsche Charakter selbst solcher Städte, die wie z. B. Klausenburg, Thorenburg (Torda), Straßburg (Nagy=Enyed), Deés u. a. heute ein anderes nationales Gepräge haben, beweist einmal, daß vor der Einwanderung der Sachsen das Land hauptsächlich von Jäger= und Hirtenvölkern bewohnt war und daß die Sachsen in diese „Wüste" die Landwirthschaft eingebürgert haben; dann, daß mit den Sachsen auch der Gewerbfleiß hieher kam, der zur städtischen Gemeindebildung Anstoß und Entwickelung gab. Die nichtdeutschen Elemente kamen bei der Geschlossenheit des Bürgerthums und des Zunftwesens wahrscheinlich nur als Tag=löhner, Hilfsarbeiter und Dienstboten in die Stadt; die ersten nicht=deutschen Sassen auf dem Gebiete der Stadt fanden bloß außerhalb der Stadtmauer Raum. Mit dem Absterben oder mindestens mit der Schwächung der deutschen Umgebung einer Stadt änderte sich aber allmählich auch deren ethnographischer Charakter im Innern; dieser Umstand hat es vor Allem bewirkt, daß z. B. Klausenburg, Straßburg u. a. O. in Siebenbürgen aus deutschen zu magyari=schen Städten geworden sind. Wir haben diesen Proceß schon in der vorangehenden historischen Skizze angedeutet.

Dieser Proceß dauert aber auch in der Gegenwart fort; und dabei macht man bei den Städten Siebenbürgens (wie oben bemerkt) die Wahrnehmung, daß die nichtdeutschen Volkselemente rascher zunehmen als das deutsche Element.*) So haben z. B. in Her=

---

*) An der Stagnation und dem Rückgange des Sachsenvolkes trägt große Schuld das bis zur Neuzeit übliche Zweikindersystem. Aus Furcht vor einem bäuerlichen Proletariate und vor zu großer Zersplitterung des Grundbesitzes scheuen die Sachsen den Kinderreichthum, der zudem für die sächsische Bäuerin als „Schande" gilt. Mit Recht kämpfen einsichtige Pfarrer, Lehrer und sonstige Männer gegen diese verkehrten Anschauungen und

mannstadt von 1870—1880 die evangelischen Deutschen bloß um
136, die Rumänen aber um 285 (also mehr als doppelt so stark)
die Magyaren um 237, die Juden um 142 zugenommen. Ähnlich
(oft noch schlimmer) ist es in den übrigen Städten; ja in Mühlbach haben die Rumänen die Deutschen bereits ganz aus der Stadtverwaltung verdrängt.

Der Sachse hat viel Anlagen für gehobenen Landbau, besser
entwickelte Industrie und lebhaftern Handel. Aber diese Bevölkerung, gut situiert im bürgerlichen Besitz und in leicht zugänglicher
Schule für allgemeine Bildung, hat dennoch die Fortschritte
in der wirthschaftlichen Arbeit moderner Art versäumt.
Kunstgewerbe und Fabriksindustrie fehlen, so zu sagen, gänzlich.
Das herrschende Kleingewerbe arbeitet größtentheils nur für den
Bedarf des Landbauern, der auf den zahlreichen Jahrmärkten
als Käufer zu treffen ist. Selbst die alte „Kronstädter Ware",
die stark nach Rumänien geht, ist im wesentlichen Bauernware.
Was die Sachsen selbst, wie alle Siebenbürger, an feinerer Ware
für Bekleidung, Haus und Wirthschaft brauchen, wird hauptsächlich
von Österreich bezogen. Wenige heimische Gewerbe bilden die Ausnahme, daß sie dem feineren Geschmack entsprächen. Es sind solche
z. B. Kleider- und Wäsche-Erzeuger, Schuster, Tischler und einige.

In neuester Zeit treten mit den Sachsen auf gewerblichem
Gebiete die Rumänen ebenfalls in bedrohliche Concurrenz.
Der rumänische Jüngling arbeitet sich durch zähen Fleiß, Entbeh-
rung und Sparsinn zum tüchtigen Handwerker empor, während
der sächsische Bauernbursche weniger in die Stadt zieht, um ein
Handwerk zu erlernen und dem rumänischen Lehrling und Gesellen
in der Kunst des Darbens und in sparsamer Selbstbescheidung nachsteht. Der geschmeidige, fügsame Rumäne kommt auf solche Weise

---

das schädliche Vorurtheil. Daß der Kinderreichthum nicht zur Verarmung
des Volkes führt, lehren beispielsweise die Banater Schwaben, bei denen die
Kinder noch als „Gottes Segen" betrachtet werden. Wer übrigens die zahlreichen Blondköpfe unter den früheren rumänischen Hintersassen der Sachsen
betrachtet, der erkennt bald die Seitenwege, welche die sächsische Propagativkraft zu eigenem Verderben eingeschlagen.

oft empor, während der Sachse, selbst in der Jugend, den Dienst verschmäht und dadurch Gefahr läuft, im Alter der Dienstbarkeit zu verfallen.

Noch eine Gefahr bedroht das städtische Bürgerthum und mit diesem vor Allem das Deutschthum in Siebenbürgen. Das Gewerbe ist daselbst wie erwähnt vorwiegend Klein-Industrie. Mit dem erleichterten Verkehr durch die Eisenbahnen begann auch hier der Kampf zwischen Kleingewerbe und Fabriksindustrie. Der Erfolg ist bereits wahrnehmbar. Viele, früher blühende Gewerbszweige gehen unter und die durch den Kaufmann eingeführte Fabrikware tritt an die Stelle des Handwerkserzeugnisses. Die sächsischen Städte sind nahe daran, ihr Gewerbe zu verlieren, wie sie in früheren Jahrhunderten ihren bedeutenden Handel verloren haben. Doch die Neuzeit bietet auch Hilfe in der Noth. Der Druck der amerikanischen Concurrenz auf Europa, die Herstellung des Suezcanals, der Untergang der Türkenherrschaft werden wohl dem Mittelmeere und seinen nordafrikanischen und westasiatischen Küsten die frühere Bedeutung mindestens theilweise zurückgeben; auch die veröbeten Landhandelsstraßen nach dem Oriente, die über Ungarn und Siebenbürgen gehen, werden sich wieder beleben. Alsdann können die Sachsen, wenn sie rührig und gewandt sind und auszuhalten vermögen, einen Theil dieses befruchtenden Stromes für sich ebenfalls nutzbar machen. Aber werden sie ausdauern können? Das ist die große Frage, die heute niemand mit einem zuversichtlichen „Ja" beantworten, aber auch kein Mensch entschieden verneinen darf. Noch waltet ein gesunder Kern in dem Sachsenvolke und eine richtige Leitung und Schulung wird diesen zu entwickeln, zu kräftigen wissen.

Freilich muß hierbei in erster Linie die grollende Schmollwinkel-Politik verlassen und mit frischer Thatkraft Hand ans Werk gelegt werden. Den Sachsen mangelt es hiefür weder an materiellen noch an geistigen Mitteln. Noch ist der Wohlstand in den sächsischen Bürgerfamilien nicht geschwunden, noch verfügen die Städte über ein bedeutendes Eigenvermögen. So hatte Hermannstadt im Jahre 1879 aus seinem privatwirthschaftlichen

Besitze (Güter, Feldgründe, Waldungen, Miethäuser, Kasernen, Mühlen, nutzbare Rechte u. dgl.) ein Einkommen von 72.055 fl., Kronstadt gar von 244.799 fl. (letztere Stadt besitzt allein an Wald= und Gebirgsweide und Weide im Flachlande gegen 80.000 Joch, ist überhaupt der größte Grundbesitzer im Lande), Schäßburg (im Jahre 1878) von 47.613 fl. u. s. w. In den meisten Städten ist die Gebahrung mit dem Gemeinde=Vermögen wohl geordnet; einige leiden allerdings noch an den Übeln früherer Verschul= digung oder haben in neuerer Zeit ihre Kräfte überschätzt, auch durch Elementarunfälle manches gelitten.

Diesem im Allgemeinen nicht ungünstigen wirthschaftlichen Stande drohen allerdings die Gefahren wachsender Steuerbelastung, allzu großer Inanspruchnahme der Stadtverwaltung durch den Staat und eine zunehmende rückläufige Bewegung des kleinern Hand= werkerstandes. Und doch hat es auf dem ehemaligen Königsboden in den Städten an tüchtigen Volks=, Bürger=, Gewerbe=, Lehrlings= und Handelsschulen keinen Mangel. Für den höhern Gewerbe= und Handelsstand sorgen die Realschulen und Realgymnasien in Hermannstadt, Kronstadt, Schäßburg, Bistritz, Sächsisch=Regen. Vortrefflich ist auch das Gymnasial= wesen bestellt. Achtclassige Obergymnasien haben die Sachsen zu Hermannstadt, Kronstadt, Schäßburg, Bistritz und Mediasch; vierclassige Real= oder Unter=Gymnasien in Sächsisch=Regen und Mühlbach. Der jährliche Kostenaufwand für diese Gymnasien beträgt über 88.000 fl. Die Professoren dieser Anstalten haben sämmtlich an deutschen Universitäten studiert und ihre ordentlichen Examina gemacht; sie stehen auf der Höhe wissenschaftlicher und pädagogisch=didaktischer Bildung und halten gleichen Schritt mit dem gebildeten Auslande. Aus der Mitte des Gymnasial=Lehr= standes geht dann der Seelsorgerstand in den Stadt= und Dorf= gemeinden hervor. So stehen hier Kirche und Schule in organi= schem Zusammenhang und beide befinden sich wohl dabei.

Ein nicht minder wichtiges Bildungsmittel sind in den Städten der Sachsen die Bibliotheken. Einem Ausweise über den Stand derselben im Jahre 1877 entnehmen wir folgende Daten.

Allen voran steht an Bedeutung die Baron Bruckenthal'sche
Bibliothek in Hermannstadt; dieselbe hat ungefähr
30.000 Bände und zahlreiche werthvolle Manuscripte und ältere
Druckwerke; ihr jährliches Budget für Neu-Anschaffungen beträgt
4—5000 fl. Die Hermannstädter Kapellen= oder Schul=
bibliothek, von A. Huet 1592 gegründet, mit 10.000 Bänden
(100 ältere Manuscripte, 900 Incunabeln bis zum Jahre 1550);
die Bibliothek der evangelischen Landeskirche, eben=
falls in Hermannstadt, mit etwa 12.000 Bänden; die Bibliothek
der Rechts=Akademie ebendaselbst, mit 10.000 Werken.
Die Gymnasial=, Capitels=, Bezirks= sowie die Schüler= und die
Leihbibliotheken übergehen wir. In Kronstadt hat man die
noch unter Honterus im XVI. Jahrhundert gegründete Gymna=
sialbibliothek mit 12.000 Druckwerken und 914 Handschriften;
ebenso in Schäßburg die dortige Gymnasialbibliothek
mit 10.000 Bänden und interessanten Manuscripten; die Media=
scher Bibliothek hat 12.000 Bände und 120 Bände Manuscripte,
darunter auch werthvolle Urkundensammlungen. Auch das Bistritzer
Gymnasium besitzt einen anständigen Bücherschatz von über
12.000 Werken. Dazu kommen noch kleinere Büchersammlungen
in Mühlbach und Sächsisch=Regen, ferner in Reps, Schenk, Schelk,
Heltau, Agnetheln u. a. O. Mit Recht bemerkt der von uns
benutzte Ausweis: „Im Großen und Ganzen wird man sich eines
Gefühls der Freude kaum erwehren können, wenn man diese
Arbeiten für geistige Veredlung und Förderung überblickt."

Zur Förderung der geistigen Interessen und zur Hebung des
Volksbewußtseins hat der nach mannichfachen mißlungenen Versuchen
im Jahre 1842 gegründete Verein für siebenbürgische
Landeskunde seit seinem Bestehen Vieles beigetragen. Neben
der literarischen Forschung und Production auf dem Gebiete der
Natur und Geschichte Siebenbürgens, wobei selbstverständlich dem
Sachsenvolke in Vergangenheit und Gegenwart ganz besondere
Aufmerksamkeit gewidmet wird, hat der Verein noch mächtigen
Einfluß genommen durch seine jährlichen General=Versammlungen,
die statutenmäßig immer in einer andern Stadt des Sachsen=

landes abgehalten werden. Der Verein zählte im Jahre 1878
510 wirkliche und 35 correspondierende Mitglieder und steht mit
85 Academien, gelehrten Vereinen und Gesellschaften in wechsel-
seitigem Schriften-Tauschverkehre. Seine wissenschaftliche Thätigkeit
äußerte der Verein namentlich durch Publicationen im „Vereins-
archiv", von welchem (1880) 20 starke Bände erschienen waren.
Daneben publiciert der Verein seit dem 15. Jänner 1878 ein
monatliches „Correspondenzblatt". Außerdem hat der Verein
zahlreiche selbständige Druckwerke theils ganz auf seine
Kosten veröffentlicht, theils durch Unterstützung die Publication
erleichtert.

Aus der großen Anzahl dieser Werke nennen wir hier nur: Baum-
garten, Enumeratio Stirpium Transsilvaniae; Mich. Fuß, Flora Transsilvaniae excursoria; M. Ackner, Mineralogie von Siebenbürgen; A. Bielz,
Fauna der Wirbelthiere Siebenbürgens; F. v. Hauer und Stache, Geologie
von Siebenbürgen; Dr. G. D. Teutsch, Geschichte der Siebenbürger Sachsen;
Josef Trausch, Annales Hungariae et Transsilvaniae; J. Hintz, Geschichte
des Bisthums der Nichtunierten in Siebenbürgen; Fr. Müller, Siebenbürgische Sagen und deutsche Sprachdenkmäler in Siebenbürgen; Fr. W.
Schuster, siebenbürgisch-sächsische Volkslieder; Josef Haltrich, deutsche
Volksmärchen aus dem Sachsenlande; A. Bielz, zur Geschichte und Statistik
des Steuerwesens in Siebenbürgen; A. Gräser, Dr. Stefan Ludwig Roth;
Zieglauer, Johann Sachs von Harteneck; Fr. von Schuler-Libloy,
siebenbürgische Rechtsgeschichte; E. v. Trauschenfels, Deutsche Fundgruben
(Neue Folge), Josef Trausch, Schriftstellerlexicon u. s. w.

Außer diesem „Verein für siebenbürgische Landeskunde"
bestehen aber noch zahlreiche wissenschaftliche, industrielle, volkswirthschaftliche, sociale rc. Vereine auf dem ehemaligen Königsboden, wo (wie bei den Deutschen überhaupt) das Vereinswesen
schon in früheren Jahrhunderten sich entwickelt hat und heute zu
segensreicher Blüthe gelangt ist.

An der geistigen Production sind ferner die Lehrkörper an
den Gymnasien und Realschulen des Sachsenlandes in erheblicher
Weise betheiligt. Die jährlich in den „Programmen" der
betreffenden Anstalten veröffentlichten Abhandlungen aus den
verschiedenen Gebieten der Wissenschaften zeichnen sich zumeist
durch Gründlichkeit in der Forschung und Angemessenheit in der

Darstellung aus. Für die Natur-, Geschichts- und Volkskunde Siebenbürgens, namentlich aber des sächsischen Königsbodens, enthalten diese Schulprogramme sehr werthvolle Gaben.

Außer der ehrenvollen Betheiligung sächsischer Gelehrter und Schriftsteller an wissenschaftlichen Unternehmungen in Wien, Berlin, Leipzig u. a O., wo man in akademischen Schriften, in Fachzeitschriften 2c. häufig den Söhnen des Sachsenvolkes in Siebenbürgen begegnet, gedenken wir noch der periodischen deutschen Presse in den sächsischen Städten. Hermannstadt hat zwei politische Tagesblätter: das „Siebenbürgisch-deutsche Tagblatt" und die „Hermannstädter Zeitung", jenes ist politisch oppositionell, dieses regierungsfreundlich. Ferner besteht in Kronstadt die „Kronstädter Zeitung" als politisches Journal; in Schäßburg der „Groß-Kokler Bote", der wöchentlich erscheint, in Bistritz ebenfalls ein Wochenblatt. Der „Kirchen- und Schulbote", sowie die „Deutschen Schulblätter aus Siebenbürgen", beide Zwei-Wochenschriften, beschäftigen sich mit Theologie, Pädagogik und Schulleben. Ein allgemeiner Lehrerverein umspannt sämmtliche Schulmänner der Sachsen; innerhalb des allgemeinen Vereines bestehen dann die Bezirksvereine.

Wir konnten hier nur in flüchtiger Weise den Umfang und die Richtungen der geistigen Thätigkeit des Sachsenvolkes andeuten; allein selbst diese Andeutungen dürften genügen, um uns mit Achtung vor einem Völkchen zu erfüllen, das kaum eine Viertel-Million stark, ohne mächtigen Grundbesitz, ohne geistliche und weltliche Aristokratie, bloß aus Bürgern und Bauern bestehend und von so vielen Leiden heimgesucht, von allerlei Mißgeschicken bedrängt, dennoch in solch umfassender Weise seine geistige Schaffens-kraft bekundet.

Daß diese Tüchtigkeit den Einzelnen wie die Gesammtheit mit einem gewissen Stolze erfüllt, begreift sich und ist berechtigt; leider hat jedoch die Ausschließlichkeit der Privilegialstellung die Sachsen dazu verleitet, daß sie gegenüber dem Nicht-Sachsen (selbst wenn er ein Deutscher war) sich vornehm absonderten, ihre socialen Kreise einem „Fremden" nicht gerne öffneten und jedermann, der

nicht ihrem Volke angehörte, mit mißtrauischen Blicken betrachteten.
Die sprichwörtliche sächsische „Umsicht und Klugheit" wurde dadurch
oft zur abstoßenden Exclusivität und wirkte verletzend, beleidigend.
Das Resultat war Anfeindung von Außen und allmähliche
Isolierung, die dem Sachsenvolke um so nachtheiliger wurde,
als es auch in sich selbst nicht eines Sinnes und Strebens war.
Eine sächsische Stimme aus neuester Zeit sagt, daß diese ganze
exclusive Art, die der Siebenbürger Sachse an sich trage und die
ihn zu einem Specificum unter den cosmopolitisch angelegten
Deutschen überhaupt mache, von den Magyaren stamme. Desgleichen
der gewisse, von dem Magyaren-Adel angenommene Zug, daß der
Sachse in seinen Besitz- und socialen Verhältnissen durch Grundeigenthum, das Andere ihm bearbeiten, den Herrn zu spielen liebt.

Die Deutschen Siebenbürgens, auf der breiten Grundlage
von Ackerbau-Colonien basierend, zeigten von jeher den Charakter
einer nachhaltigen Stetigkeit, wodurch sie ohne Zweifel eine feste
Stütze des bestehenden Rechtes und Gesetzes und ein wahrer Schutz
für Land und Krone geworden sind. Aber die Gefahr lag nahe
(und sie wurde nicht völlig umgangen), daß diese Stetigkeit in eine
Abwehr alles Neuen, in ein zähes Festhalten am
Hergebrachten, in eine spießbürgerliche Anschauung
der Menschen und Verhältnisse sich verwandelte. Dazu kam dann
der bestimmende Einfluß mächtiger Familien in Dorf und Stadt,
wodurch die Freiheit und Gleichheit der Sachsen ernstlich bedroht
ward; dann später das ausschließliche Regiment der städtischen
Zünfte und endlich die Vorherrschaft einer Patricier-
und Beamtenclasse, welcher sich oft auch die Prediger
anschlossen.

Von daher datiert sich auch jene Vorliebe für die
Bureaukratie, welche man den Sachsen (nicht ganz mit Unrecht)
zum Vorwurfe macht. Eine sächsische Stimme aus dem Jahre
1867 sagt selbst: „Es ist ein Mißgeschick in der Entwicklung des
sächsischen Volkslebens seit 1861, daß es unserer Vertretung in
der Nations-Universität nicht gelingen konnte, das Gemeindeleben
aufzufrischen, nämlich die Regulativpunkte mit den versumpften

Communitäten und Magistraten abzuschaffen und in deren Stelle eine entsprechende lebendige Volksvertretung bis hinauf in die Universität und eine entsprechendere Verwaltung einzusetzen. Die Folge davon ward, daß bei diesem Selbstergänzungssystem und bei diesem Zirkel von gegenseitigen Gefälligkeiten, die sich bei uns die Gewählten und Bediensteten erweisen, was man die „verfassungs= mäßige Wahl" nennt, viele Elemente des geweckten Geistes und des Bedürfnisses fort und fort außer aller Wirksamkeit bleiben, daß sie nicht zum Worte gelangen. Eine solche Lage weckt die Unbehaglichkeit und Unbefriedigung des ausgeschlossenen Theiles. Die in der Politik thätige Beamtenschaft der Nation trat in der, durch gestiegene Bildung und erregende Zeitereignisse gehobenen Volksbewegung um so iso= lierter hervor, als sie, wie es bislang geschehen, die Vertreterstellen in der Universität an sich nahm, während sie mit allem Fleiß darnach hätte streben müssen, eine äußerlich und innerlich wahre Vertretung unseres Bürger= und Bauernvölkchens lebendig werden zu lassen. Dadurch hätte sie allen Schein und die Wirklichkeit einer einseitigen Beamten= herrschaft beseitigen und den gerechten Ehrgeiz in der gesammten Intelligenz der Nation, so wie das Bedürfniß nach inneren Reformen befriedigen können. Ja, auf solchem Wege hätte sie das ganze Volk in jener einheitlichen nationalen Richtung erhalten können, welche bei den Sachsen eine tiefe, historische, sociale und volkswirthschaftliche Begründung hat."

Mag auch mancher Zug in dieser Schilderung zu grell auf= getragen sein, im Ganzen zeichnet sie doch eine Schattenseite im Sachsenvolke in zutreffender Weise. Patriotische Sachsen beklagen auch die wachsende Entfremdung des Stadtvolkes von den Bauern auf dem Lande, wodurch nicht bloß manche schöne Sitte in Verlust und Vergessenheit geräth, sondern auch die befruchtende Wechselseitigkeit aufhört, die Einheit des Volksstammes gelockert und dessen geistiger wie materieller Aufschwung gefesselt wird. Doch hat die Noth der Zeit und die bessere Einsicht Manches zum Bessern gewendet; ein besonderes Verdienst besitzen

in dieser Beziehung jene Männer, die in Wort und Schrift das
Leben, dann Brauch, Sitte, Gewohnheit, Glaube, Lied und Spruch
des sächsischen Bauernvolkes in Treue und Liebe aufgezeichnet und
veröffentlicht haben. Nach den trefflichen Arbeiten dieser Männer
ist auch die nachfolgende Skizze entworfen.

Die sächsischen Dörfer, die zusammen 263 selbständige
Pfarrgemeinden ausmachen, bieten im Durchschnitt einen freundlichen
und gefälligen Anblick dar. Sie liegen in den weiten Thalungen
oder auf anmuthigen Hügeln und sind meist von einem Walde
fruchtbarer Bäume umgeben. Die Häuser werden größtentheils
und soweit dies irgend angeht auch die Stallungen aus feuerfestem
Material erbaut. In letzter Zeit dehnt sich dieses auch auf die
Scheunen aus. Die Sachsendörfer zeigen häufig eine sehr starke
Bevölkerung; Dörfer von 3000 bis 8000 Einwohnern und darüber
sind nicht selten. Die Straßen und Gassen in denselben sind breit
und mit Bäumen eingefaßt. Die Hauptstraße führt auch hier
nach dem Mittelpunkte des Dorfes, wo neben Kirche, Pfarrhaus
und Schule das Wirthshaus, das Krämergewölbe und die Apotheke,
etwa noch ein oder der andere Kaufladen zu finden ist. Vielen
Orts zeigt die Kirche auch jetzt den befestigten Thurm oder sie ist
mit einer Mauer umgeben; innerhalb dieser bewahrt der sächsische
Bauer seinen Getreidevorrath in besonderen, verschließbaren Kisten
für die Tage der Noth. „Geld kann gestohlen werden, nicht aber
Korn" und so bereitet man sich gern auf alle möglichen Even=
tualitäten vor. Solche Sorge für die Zukunft hat die Sachsen
wohl jene Zeit gelehrt, da sie nicht wissen konnten, ob die nächste
Ärnte nicht von Türken, Tataren und anderen Feinden vernichtet
werden dürfte.

Das Bauernhaus kehrt die schmale Front der Gasse zu;
vor derselben cultiviert die Bäuerin gerne einen kleinen Blumen=
garten. Einige Treppenstufen führen von der Gasse in die Laube
(Lif), einen gedeckten Vorsprung an der breiten Hofseite des Hauses.
Von hier aus übersieht der Bauer Haus und Hof, hier sitzt die
Bäuerin mit den Nachbarinnen im Trocknen, wenn es draußen
wettert; auf der Brüstung der Laube pflegt die Bauerntochter im

Sommer ihre Blumen, unter dem Dache derſelben hat der Bauern-
knabe ſeinen Taubenſchlag. Von der Laube geht der Eingang in den
Keller, wo neben den Weinfäſſern im eichenen Bottich (Kampeſtbib)
das geſäuerte Kraut, dieſe ſächſiſche Lieblingsſpeiſe, bewahrt wird.

Aus der Laube tritt man in das geräumige Vorhaus; von
hier führt eine Thür in das vordere größere, eine andere in das
hintere kleine Wohnzimmer. Neben dem kleinen Zimmer befindet
ſich die Speckkammer (Bäfliſchkummer). Im Vorhaus ſind nur
wenige Einrichtungsſtücke, es dient zur Aufbewahrung von Dingen,
die man ſchnell zur Hand haben muß. Die ganze Hauseinrichtung
beſteht aus weichem Holz, das mit bunten Blumen bemalt iſt.
Im vordern Wohnzimmer ziehen die mit aufgethürmtem Bettzeug
beladenen Bettſtätten zunächſt unſere Aufmerkſamkeit auf ſich.
Einen großen Theil des Zimmers nimmt der mächtige Ofen mit
vorgeſtelltem Blechofen (Kalefôk) ein. Sonſt ſtehen an den Wänden
des Zimmers lange, buntbemalte Truhen für Wäſche und Kleidung.
Schmuck findet man beim ſächſiſchen Bauern nur ſelten; wo
er aber als altes Erbgut vorhanden iſt, da iſt er intereſſant und
werthvoll. In einer Ecke des Zimmers ſteht der Tiſch, ihm
gegenüber ein Schubladkaſten; faſt unmittelbar an der Zimmerdecke
laufen an allen Wänden herum Rahmen, auf denen Teller von
Zinn und Thon aufgeſtellt und an deren Nägeln ſymmetriſch
vertheilte Krüge aufgehängt ſind, die nur bei feſtlichen Gelegenheiten herabgenommen und gebraucht werden. Auch fehlt in einer
Ecke die Schwarzwälder Uhr nicht. Auf dem Fenſterbrett oder in
einem Wandſchrank (Almerâ) ſtehen Geſangbuch, Bibel, Kalender
und abgenützte Schulbücher; mehr Literatur verbraucht der Bauer
in der Regel nicht. Gerne bringt er als Wandſchmuck in dieſem
Zimmer noch die Bildniſſe von Luther und Melanchthon an; denn
das Sachſenvolk iſt auch heute noch gut lutheriſch geſinnt.

Das kleinere hintere Zimmer hat eine ähnliche Einrichtung
und dient dem Bauer als Wohnung, wenn er ſeine Wirthſchaft
dem verheirateten Sohne oder Schwiegerſohne übergeben hat.

An das Haus ſtoßen die Wirthſchaftsgebäude (Stallungen,
Scheunen) und hinter dieſen liegt der Obſt- und Gemüſe-

garten, der aber nur mit schmalen Fußsteigen durchschnitten ist. Das Gemüse gedeiht schön und kräftig, weniger der Obstbau, dem auch vielen Orts keine rechte Aufmerksamkeit zugewendet wird.

Die gebundene Dreifelderwirthschaft mit Brache und Hutweide, die den privaten und großen Grundbesitz der Gemeinde, der Kirche und sonstiger öffentlicher Anstalten umfaßt, wird heute noch mit Ausnahmen festgehalten. Im Winterfeld baut man Weizen und Roggen, im Sommerfeld Mais, Gerste, Hafer, Hanf, Flachs und Runkelrüben, in abgeschlossenen Theilen des Weich=bilds Kraut und Kartoffeln, nur selten Klee. Neben dem Hause treibt der Bauer auch in sehr vielen Ortschaften in größerem und kleinerem Umfang die Bienenzucht. Diese Feldwirthschaft sowie die in neuester Zeit üblich gewordene Zerstücklung der bäuerlichen Grundparcellen, damit jedes Kind gleichviel an Grund und Boden erhalte, ist ebenso hinderlich einem rationellen Betriebe des Ackerbaues wie gefährlich in Bezug auf die gesicherte Zukunft eines kräftigen Bauernstandes. In neuester Zeit macht sich allmählich eine bessere Ansicht auch in bäuerlichen Kreisen geltend; doch begegnet eine angemessene Zusammenlegung (Commassierung) der Grundpartikeln noch immer großer Opposition. Auch sind durch die Bemühungen der landwirthschaftlichen Vereine bessere Vieharten und Ackerbaumaschinen vielen Orts mit Erfolg einge=führt worden. *)

Das bisherige Wirthschaftssystem macht bei dem ausgedehnten Weidewesen einen großen Bedarf an Hirten nothwendig. Dieser Dienst wird ausschließlich von Rumänen versehen. Der Sachse liebt auch die Pferdezucht, vernachlässigt jedoch (wie der Banater

---

*) Nach einer neuesten Berechnung entfallen auf die 170.000 Sachsen der Comitate Hermannstadt, Kronstadt und Großkokelburg 1,170.000 Joch Grundbesitz, somit auf einen Sachsen je 6·8 Joch. Von den Äckern, Gärten und Wiesen zu 546.000 Joch deren 3·2, und von den Äckern allein zu 340.000 Joch 2 Joch. Die Sachsen sind im Grundbesitze besser situiert als ihre Nachbarn, die Székler und die Rumänen. Vgl. die interessante Studie (vom Kammersekretär G. Hinz) über „Beschaffenheit und Vertheilung des liegen=den Vermögens im südlichen Siebenbürgen" im „Siebenbürgisch=deutschen Tage=blatte" 1881.

Schwabe) die Schafzucht; auch die Pflege des Rindviehes und die Milchwirthschaft ist nicht bedeutend; dagegen hegt man die Schweine sorgfältig, weil Speck und Schmalz im sächsischen Bauernhause in der Nahrung eine Hauptrolle spielen.

Seine Geschäfte außer dem Hause macht der Bauer am liebsten reitend zu Pferde ab; auch den Acker bestellt der vermöglichere Sachse mit Pferden, der ärmere mit Hornvieh; der Erstere bedarf des rascheren, doch schwächeren Pferdes schon deshalb, weil seine Felder oft sehr weit auseinander liegen. Der „Pferdebauer" dünkt sich übrigens besser als der „Ochsenbauer." Der reichere Bauer beaufsichtigt seine Arbeiter hoch zu Roß, weil er oft stundenweit die Aufsicht zu führen hat; der ärmere steht in Reih und Glied mit seinen gedungenen Arbeitern (Rumänen und Széklern), oft auch nur mit seiner Familie. Im fremden Brote wird der Sachse nicht leicht Feldarbeiten verrichten; aber auf seinem Grund, namentlich wenn er nicht zu den reichen zählt, nie die Hände müßig ruhen lassen und im Winter auf der Tenne seinen Dreschflegel mit seinen gedungenen Dreschern fleißig genug herumfliegen lassen.

Am deutlichsten tritt die Handarbeit im Winter in ihre Rechte und hier ist zwischen dem städtenahen und städtefernen Bauern genau zu unterscheiden, der Erstere beschäftigt sich ausschließlich mit den landwirthschaftlichen Gewerben für die eigene Wirthschaft, und nur wenige betreiben das Wagner=, Schmid= und Böttchergewerbe für fremde Kunden. Der Letztere dagegen treibt mit Vorliebe neben seinen häuslichen Geschäften ein Handwerk und der Weinbauer z. B. bezieht seinen Bedarf an Fässern zum nicht geringen Theile aus den Händen bäuerlicher Faßbinder. Den Maurer und Zimmermann erspart sich der städteferne Bauer so viel als möglich. Die Arbeitsamkeit des Sachsen charakterisiert ein ungrisches Sprichwort also: „Wenn der Sachse keine andere Arbeit hat, so bricht er sein Haus ab, um es von neuem zu bauen."

Die Sachsen sind ein kräftig gebauter Menschenschlag, ihre Statur geht meist über das Mittelmaß hinaus. Dabei hält

der sächsische Bauer an seiner eigenthümlichen Tracht noch
immer fest; den Kopf deckt ein breitkrämpiger schwarzer Filzhut,
unter welchem das lange Haar, das alte Abzeichen des freigebornen
Mannes, bis in den Nacken hinunterfällt.*) In seiner Kleidung
bevorzugt er die weiße Farbe. Sowohl seine Jacke als seine Hosen
sind aus dickem weißem Tuchstoffe; den Leib umschnürt ein
breiter Ledergürtel, der das Hemd von grober, hausgesponnener
Leinwand zusammenhält, dessen unterer Saum unter der Jacke
zum Vorschein kommt. Große Stiefeln reichen bis an die Knie.
An Sonn- und Festtagen, wenn er gravitätisch zur Kirche schreitet,
ist sein Anzug viel feiner und stattlicher.

Reich ist der Sonntagsstaat der Bauernmädchen.
Über den blauen wollenen Rock tragen sie eine große weiße Musselin-
schürze mit wunderlich phantastisch gearbeiteter Einfassung. Um
den Leib geht ein breiter Gürtel von Bronze oder von vergoldetem
Silber, ringsum mit knaufartigen Knöpfen versehen, in welche
Türkis-, Amethyst-, Granatsteine und alte Perlen gefaßt sind. Oft
sind solche Gürtel von großem materiellen oder auch Kunst-Werthe.
Diese Gürtel bilden meist hochgeschätzte Erbstücke in den Familien.
Eine kurze Jacke von Schaffell wird entweder vorne offen oder
an der Seite geschlossen getragen und es hebt sich auf derselben
die glänzende rothe und blaue Stickerei von dem weißen Grunde
recht stattlich ab. Auf dem Kopfe sitzt ein sonderbar geformter Hut
von mit schwarzem Sammt überzogenem Pappendeckel und von den
geflochtenen Haaren hängt eine ganze Sammlung rother, grüner und
blauer schmaler Bänder über das Gewand herab. Diese sonderbare
Art der Kopfbedeckung ist keine besondere Zierde der Mädchen.

---

*) Moritz Steinburg hat bei 81 sächsischen Männern in Sieben-
bürgen im Alter von 20—28 Jahren Schädelmessungen vorgenommen
und dabei den Breiten-Index durchschnittlich 80·7 gefunden; die Extreme
waren 72·7 und 86·8. Steinburg fand unter den 81 Siebenbürger Sachsen
45 Dolichokephalen, 13 Mesokephalen und nur 21 Brachykephalen. Vgl. das
Programm des evangelischen Gymnasiums zu Schäßburg vom Schulj. 1874/5.
Bei 15 Schwaben aus der Umgebung von Ofen fand Professor Dr. Len-
hossek den Breiten-Index im Mittel zu 80·2, die Extreme waren hier 71·1
und 86.

Die verheirateten Frauen haben über dem Kleide einen Mantel von schwarzem Tuche tausendfach gefältelt, so wie wir dies auf alten vlämischen Gemälden sehen. Oben durch den Mantelkragen ist ein steifer Streifen Tuch gezogen, so daß der Mantel nur von Schulter zu Schulter reicht und rückwärts gerade herabhängt. Er dient also nicht zum Einhüllen, sondern als bloßer Schmuck, als Zeichen des Frauenstandes. Den Kopf hüllen die Frauen in ein weißes Linnen; die Füße sind mit Stiefeln bedeckt.

Im Familien= wie im Gemeindeleben herrscht große Zucht und Ordnung; die väterliche Gewalt ist ziemlich unbe= schränkt und wird zuweilen (namentlich bei Verheiratung der Töchter) rücksichtslos gehandhabt. In der Kirche sitzen die ver= heirateten Männer und Frauen getrennt; auch die Burschen und Mädchen haben ihre bestimmten Plätze. Das ist ein Symbol für alle Angelegenheiten des sächsischen Volkes. Überall herrscht die größte Ordnung. Alles, was diese Leute thun, thun sie mit großer Gewissenhaftigkeit und Genauigkeit. In Gemeinde=Angele= genheiten, in der Entrichtung von Steuern und Abgaben, im Säen und Ärnten herrscht eine fast pedantische Regelmäßigkeit, an der sie ebenso warm und zähe festhalten, als an ihrem alten lieben Väterglauben. Auch in jeder Haushaltung hat jedes Ding, jedes Geschäft seine bestimmte Zeit und Stunde. Wenn die Tage kürzer werden, beginnt das Spinnen und als eine schlechte Haus= frau würde angesehen werden, die mit ihrer Arbeit sechs Wochen nach Weihnachten nicht fertig ist. Dann wird der Webstuhl auf= geschlagen, sie setzt sich davor, läßt das Schiffchen mit solcher Emsigkeit hin= und herfliegen, daß mit dem Eintreten des Früh= lings die großen Stücke Leinwand zum Bleichen bereit sind. Hier= auf beginnen wieder die Arbeiten außer dem Hause, die sämmtliche Familienglieder in angestrengtester Weise beschäftigen. Selbst die Kinder müssen in den schulfreien Stunden schon wacker mithelfen; der sächsische Bauer kennt da keine Ausrede noch Ent= schuldigung und es gibt Zeiten, wo er von den 24 Stunden des Tages nur vier dem Schlafe vergönnt.

Diese Anstrengungen setzen dem Körper um so mehr zu, als die Kost der meisten Bauern keineswegs immer ausreichend ist, dies gilt namentlich in der Zeit der größten Arbeit. Bei der meist großen Entfernung und zerstreuten Lage seiner Felder kehrt der Bauer erst spät am Abend heim; den Tag über hat er nichts Warmes zu sich genommen; Schweinespeck bildet die Hauptnahrung. Aber auch zu Hause lebt er im Grunde sehr frugal, ißt wenig und selten Fleisch; Speck, Sauerkraut und Mehlspeisen bilden die Lieblingsgerichte. Frühes Altern, rascher körperlicher Verfall des weiblichen Geschlechts, häufiges Vorkommen innerer Gebrechen sind oft die Folgen dieser angestrengten Lebensweise bei ärmlicher, magerer Kost.

Wird ein Kind geboren, so läutet man mit der Kirchenglocke; die Bäuerin verläßt meist schon am zweiten Tage das Kindbett. Wie anderwärts bei deutschem Volke knüpft sich auch hier an Wochenbett und Geburt mancher Aberglaube und die Taufe wird in heiterer Weise durch ein Familienfest (Taufschmaus, Keimes) gefeiert. Die Taufe erfolgt bald nach der Geburt und der Vater des Kindes beeilt sich, bei dem „Wohlehrwürdigen Herrn Vater", dem Pfarrer, anzusuchen, er wolle das junge „Ehezweiglein in das Buch des Lebens eintragen und aus dem Heiden einen Christen machen." Ebenso werden die Taufpathen in hergebrachter formelhafter Rede gebeten und diese antworten desgleichen.

Die Kinderzucht ist ziemlich einfach und ohne Verhätschelung; der künftige Bauer muß sich frühzeitig an Wind und Wetter gewöhnen und treibt sich dann später in Haus, Hof, Stallung und Gasse herum; lauscht wohl auch während der Spinnstunde den Sagen und Märchen, welche Großmütterchen so anziehend zu erzählen weiß. Mit dem sechsten Jahre beginnt für beide Geschlechter die Schulzeit; diese dauert bei den Mädchen bis zum vollendeten 14., bei den Knaben bis zum 15 Lebensjahre. Hat ihn die Schule entlassen, so nimmt ihn die Kirche durch die Confirmation in ihre Gemeinschaft auf.

Aber der Junge tritt nun auch außer dem Hause in das bürgerliche Gemeinwesen und zwar wird er Mitglied der Bruderschaft. Es ist das eine festgeordnete, durch strenge Gesetze (Bruderschaftsartikel) geregelte Gemeinschaft, der alle, der Schule entwachsenen Bauernburschen bis zu ihrer Verheiratung angehören und die durch freigewählte Beamte das gesammte Leben der Brüder außer dem Hause beaufsichtigen, Streite schlichten, Recht sprechen und begangene Verbrechen strafen läßt. Wir haben etwas Ähnliches bei den Banater Schwaben gefunden, aber im Sachsen= lande ist dieses Bruderschaftswesen weit mehr geordnet.

Das Haupt des Bundes ist der Altknecht. Als Gehilfen stehen ihm zur Seite: der Wortknecht oder Redner der Bruder= schaft, zwei Amtsknechte, welche die beiden ihnen zugewiesenen Abtheilungen der Brüder überwachen und als öffentliche Ankläger gegen Schuldige auftreten; die beiden Kellner, „Irtenknechte," die bei öffentlichen Lustbarkeiten und gemeinsamen Mählern für Speise und Trank sorgen, und der Schaffner, der die Stube oder Scheune bestellt, in welcher der Tanz Statt findet und die Aufsicht über das sittliche Betragen in Rocken= und Spielstuben zu führen hat.

Alle 14 Tage versammelt sich die Bruderschaft zur Abhaltung des Gerichtstages. Diese Versammlung heißt der Zugang. Die neu einzuführenden Brüder stellt der Wortknecht in hergebrachter Rede der Bruderschaft vor, wobei er also schließt: „Da halten diese jungen Brüder durch mich bittlich an, wir sollten sie in unsere Bruderschaft zu Brüdern aufnehmen. Da wollen wir ihnen ihre Bitte nicht abschlagen, sondern wollen sie gerne zu Brüdern annehmen und ihnen immer mit einem guten Beispiel vorangehen; ich wünsche aber, daß keiner von diesen jungen Brüdern es wagen werde, sich gegen unsere Artikel zu empören, sondern friedlich leben und den Frieden lieben werde. Der Himmel walte über euch und begleite euch auf allen eueren Wegen."

Über ernste Mahnungen: die Bruderschafts=Gerechtigkeit zu halten und jeden guten Bruder zu ehren und zu achten, nimmt sie hierauf der Altknecht, welcher beim „Zugang" den Vorsitz führt, in die Bruderschaft auf. Im Falle eines Vergehens trifft den schuldigen Bruder nur die halbe Strafe, wenn er sich selber anklagt; sonst treten die „Amtsknechte" als öffentliche Ankläger auf und der „Zugang" verwandelt sich in ein Geschworenen=Gericht. Von diesem geht die etwaige Berufung an die zwei „Knechtväter" (Mitglieder des Presbyteriums) und von da an das Pfarramt, respective an das Presbyterium als letzter Instanz. Die Bruderschaft hat ihre Fahnen und Trommeln, die bei feierlichen Anlässen vorangetragen werden. Die Bruderschaft steht in Leid und Freud zusammen.

Gleich den Burschen sind auch die confirmierten Mädchen zu einer S ch we st er s ch a f t vereinigt.

Der U m g a n g d e r b e i d e n G e s ch l e ch t e r im heiratsfähigen Alter ist im Allgemeinen ein tabelloser; im Sommer hindert die schwere Arbeit jeden geselligen Verkehr, des Winters geht der Bursche zum Mädchen seiner Wahl „in die Gasse", d. h. er stattet ihm Abends im Älternhaus seine regelmäßigen Besuche ab. Hier kommt wohl auch noch anderes „Jungvolk" zur Spinnzeit zusammen. Das ist dann die Zeit zu Erzählungen, an denen kein deutscher Volksstamm, und insbesondere auch die Siebenbürger nicht, Mangel leidet. Da sprudelt noch der Quell des M ä r ch e n s in den uralten Geschichten mit mythischem Hintergrunde von den „beiden Goldkindern", von den „drei Rothbärten", von der „Schwanenfrau" und von den „goldenen Vögeln", vom „Zauberroß" und dem „Federkönig", vom „starken Hans", von den „drei Schwestern und dem Menschenfresser", von der „Königstochter, die aus ihrem Schlosse Alles in ihrem Reiche sah" u. s. w. Vieles davon ist treu bewahrtes Erbe aus der einstigen deutschen Heimat; anderes hat die Volksphantasie im neuen Vaterlande frisch geschaffen, so z. B. das Märchen vom „Zigeuner und den drei Teufeln", von der „tausendfleckigen starken Wila" (slavischer Herkunft), von der „Frau ohne Hemd" u. a. Oder man erzählt sich S a g e n von benachbarten Burgen und Schlössern, wohl auch aus der Geschichte des eignen Volkes. So vom Nürnberger Freiherrn Hermann, der eine ihm geschenkte Büffelhaut ebenso günstig zu benützen verstand wie weiland die Königin Dido bei der Um=spannung des Burgplatzes von Karthago. Auf dem umsäumten

Raum gründete er dann Hermannstadt. Ein Nürnberger gründete auch die Burg von Michelsberg. Oder die Sage erzählt die Entstehung von Kronstadt, wie man mitten im Walde hoch oben auf einem Baumstamm eine wirkliche Krone aufgefunden, welche irgend ein König dort auf der Flucht einst verborgen hatte. An dem Orte sei aber Kronstadt erbaut worden u. s. w. Oder die Besucher der Spinnstuben ergötzen sich an der Thiersage, an Meister Reineke's listigen Thaten, an Mäuschen und Läuschen, wie sie vor dem Wagen gespannt sind u. dgl. Auch Spott und Schelte, Spruch und Räthsel geht in diesen traulichen Zusammenkünften hin und her. Trotz der sonstigen Bedächtigkeit und der schweren Sorge des Lebens hat bei der Jugend doch auch Lust und Vergnügen das gute Recht und an milden Sommer=abenden erschallt das Dorf von Liedern, welche .heimkehrende Bursche und Mädchen fingen. *)

· Ist das Mädchen. dem werbenden Burschen geneigt, so ziert es ihm den breitkrämpigen Hut Sonntags mit mächtigen Sträußen von künstlichen und natürlichen Blumen und erhält als Gegen=gabe eine sorgfältig gearbeitete und verzierte Harke (Heurechen). Wird das Verhältniß inniger und haben sich beide unter vier Augen Liebe und Treue zugesagt, so erklärt das Mädchen seinen Entschluß, dem Burschen angehören zu wollen, dadurch öffentlich, daß es ihm in der Ärnte Weizen oder Hafer heimführen hilft. Sind die Feldarbeiten vorüber, so wird ernstlich an die Gründung des neuen Hausstandes gedacht. Oft greift der Vater des Mädchens mit rauher Hand dazwischen und zwingt die Tochter um des wohlhabenden Werbers willen zu einer verhaßten Ehe.

*) All diese Zeugen eines gesunden Volkslebens sind wie gesagt von eifrigen Sammlern und Forschern bereits veröffentlicht worden. Wir nennen bloß: „Siebenbürgisch-sächsische Volksdichtungen" von Fr. W. Schuster (Hermannstadt, 1865). Haltrich, deutsche Volksmärchen aus dem Sachsen-lande in Siebenbürgen. (2. Auflage Wien 1877). Fr. Müller, Sieben-bürgische Sagen (Kronstadt, 1857), und vor Allem das köstliche Buch: „Bilder aus dem sächsischen Bauernleben in Siebenbürgen" von Fr. Fr. Fronius. (Wien, 1879).

Die Folge dieses Zwanges ist dann eine unglückliche Ehe oder
eine baldige Ehescheidung, welche auf dem Sachsenboden leider
nicht zu den Seltenheiten gehört und oft um geringfügiger Ursachen
willen gefordert wird.

Die Hochzeiten finden im ganzen Dorfe um dieselbe Zeit
statt; der Katharinentag (25. November) ist der altherkömmliche
Trauungstag. Der erste Schritt zur Heirat ist das „Heischen"
oder „Verlangen". Der Bursche nimmt einen nahen Anverwandten
als Brautwerber mit und hält durch ihn um die Hand der
Geliebten an. Thut er keine Fehlbitte, so findet in der Regel an
demselben Abend das „Brautvertrinken" statt; d. h. die Sache
wird für beide Theile durch einen „Wißwein" oder Almesch (von
ungrischen áldomás = Segenstrunk) festgemacht. Vier Wochen
später geschieht vor dem Pfarrer die feierliche Verlobung unter
Ringwechsel in Gegenwart von zwei Zeugen. Nach dreimaligem
Aufgebot kommt es zur Trauung und Hochzeit. Die Zurüstungen
zur letztern sind gewaltig. Eine rechtschaffene Bauernhochzeit
nimmt nämlich Alles in Allem acht Tage in Anspruch. Die
Verwandtschaft ist mit Rath und That bei der Hand; an sehr
vielen Orten bezeigt das ganze Dorf seine Theilnahme am Ehrentag
des Hauses und man schickt Milch, Butter, Hühner, Eier, Speck
u. dgl. als Beitrag zum Hochzeitsmahl.

Sind die Hochzeitsgäste nach vollzogener kirchlicher Trauung
ins Hochzeitshaus zurückgekehrt, so findet das „Gaben", die Braut-
bescherung, statt. Zuerst ritt der Vater des Bräutigams vor
den Tisch, hinter welchem das Brautpaar im Hochzeitsschmucke
steht, und legt die Pflugschar hin; ihm folgt des Bräutigams
Mutter mit einem sauber gefertigten Polster, das mit silbernen
Kopfnadeln besteckt und mit über das Kissen in langen Schleifen
herabrollenden schwarzen Bändern versehen ist; erstere deuten die
Freuden, letztere die Leiden des neuen Standes an. Dann bringt
der Schwiegervater den mächtigen kupfernen Kessel, das Sinnbild
der ernährenden häuslichen Thätigkeit, und die Schwiegermutter
legt ein gleiches Polster hin. Nun kommen die weiteren Verwandten und die geladenen Gäste und reichen ihre Gaben (eine

Schiene Eisen für den Wirthschaftswagen, Tücher, kleine Schmuck=
gegenstände u. f. w.) mit den einfachen Worten: „Es möge euch
gefällig sein."

Hierauf geht es zum Hochzeitsmahle, das aus vier Gerichten
besteht, in den Zwischenpausen wird aus den Krügen wacker
zugetrunken; in der einen Ecke des Zimmers spielen die Musiker
zum Tanze auf, an dem noch während des Essens Tanzlustige
theilnehmen. Um 5 Uhr nachmittags geht jeder nach Hause, um
das Vieh zu besorgen; um 6 Uhr sammelt man sich wieder im
Feststaat bei vollen Krügen; um 10 Uhr wird das Hauptgericht,
das Sauerkraut aufgetischt, um 2 Uhr Nachts folgt das „Gebrät"
und um 3 oder 4 Uhr Morgens „scheidet sich" die Hochzeit.

In den langen Zwischenpausen gibt es Tanz, komische, oft
auch sehr cynische Hochzeitspredigten oder dramatische Darstellungen,
von denen der „Rößchentanz" gewiß uralt ist. Derselbe wird von
sieben Personen dargestellt.*)

Der zweite Hochzeitstag oder „Jungfrauentag" verläuft in
ähnlicher Weise wie der erste. Wenn die junge Frau „eingeleitet"
worden ist, so erwarten sie allerlei Vermummte vor der Kirchen=
thüre und suchen sie dem jungen Mann zu stehlen, der sie in
gewaltigem Kampfe zurückerobern oder aber gegen große Ver=
sprechungen freikaufen muß. Bis Mittag treiben darauf die
Vermummten allerlei, oft sehr sinnige Kurzweil in den Straßen.
Am zweiten Tage findet das Hochzeitsmahl im Hause der Braut statt.

Am dritten Hochzeitstage versammeln sich die beiden „Freund=
schaften" wieder für sich auf das „Übriggebliebene" während das
junge Ehepaar abwechselnd bald hier, bald dort an der Schlußfeier
seiner Hochzeit theilnimmt.

Durch die Heirat scheiden Braut und Bräutigam aus dem
Verbande der „Bruderschaft" und „Schwesterschaft" aus. Nach
altem Brauch und Recht entrichtet dabei der Bräutigam oder junge
Mann zwei Kannen Wein, einen Braten und eine „Klôtsch", die

---

*) Vgl. den Aufsatz hierüber von Fr. W. Schuster im Mühlbacher
Gymnasialprogramm vom Jahre 1863.

junge Frau ein „Kraut", eine Klötsch, eine Hanklich und eine Maß Branntwein zum Gemeingut für die Bruderschaft.

Der junge Ehemann tritt nun in den Verband der Nach=barschaft ein. Das Dorf ist nämlich in der Regel in vier Abtheilungen oder Nachbarschaften getheilt, die einem jährlich freigewählten „Nachbarvater" unterstehen. Es sind dies uralte Genossenschaften zu gegenseitiger Rechtssicherung und Hilfeleistung, die der siebenbürgisch=sächsische Bauer schon aus dem Mutterlande hierher gebracht hat. Hat ein Nachbar eine schwere Arbeit vor, z. B. die Aufstellung einer Scheune, eines Dachstuhls, so leistet ihm die ganze Nachbarschaft die beim Nachbarvater erbetene Hilfe. Zu den gemeinsamen Dorfsarbeiten rückt jede Nachbarschaft unter Führung ihres Nachbarvaters aus. Derselbe hat auch das sittliche Leben in seiner Nachbarschaft zu überwachen. Jährlich einmal hält er den „Richttag" oder „Sittag", zu dem alle Nachbarn im Sonntagskleid erscheinen. Sein Zweck ist: etwaige Pflichtver=säumnisse und Vergehen gegen die Nachbarschaftsartikel zu bestrafen. Aus den eingegangenen Strafen wird eine Casse gebildet, aus der den ärmeren Nachbarn Darlehen gegeben werden. Dreimal des Jahres, am Vortag der Abendmahlsfeier, versammelt der Nach=barvater die Nachbarschaft zum „Versöhnabend". Etwaige Streite werden hier beigelegt, und alle Nachbarn söhnen sich aus, um das heilige Mahl würdig vorbereitet empfangen zu können. Jede Nach=barschaft beerdigt ihre Todten und sorgt für Grab und Grabgeläute.

Aus dem Rechte eigenster Selbstbestimmung hervorgegangen, hat diese echte Volksinstitution auch in den Zeiten ringsum herr=schenden Sittenverfalls unter dem sächsischen Volksstamme Selbst=zucht und Ordnung erhalten. Wo in einem Volke so viel Sinn für Recht und Ordnung, für gegenseitige Hilfe und Sittlichkeit lebt, da darf man getrosten Muthes in die Zukunft blicken. Insti=tutionen wie die „Bruderschaft" und „Nachbarschaft" bei den Sachsen beweisen wieder aufs deutlichste, daß dem deutschen Volke einerseits die freie Selbstbestimmung ebenso ureigenster Charakterzug ist wie andererseits der Beharrungssinn bei dem als richtig Erkannten, bei der Väter Brauch und Sitte, Zucht und Ordnung.

Nebst dem „Hannen", dem weltlichen Richter des Ortes, genießt im sächsischen Dorfe der „Wohlehrwürdige Herr Vater, der Pfarrer," die größte Achtung. Die Sachsen sind ein tief religiöses, kein bigottes Volk und treue Anhänger der lutherischen Kirche. Wir haben schon erzählt, daß ihre Pfarrer eine tüchtige wissen= schaftliche Bildung genießen, auswärtige Hochschulen besuchen und mehrere Jahre als Professoren und Lehrer an den Schulen in der Stadt wirken müssen. Man trifft deshalb unter den sächsischen Pfarrern nur gebildete Männer, oft von überraschender gründlicher Gelehrsamkeit. Das Pfarrhaus bildet überhaupt eine wohlthuende Erscheinung und dient dem ganzen Dorf als leuchtendes Vorbild. Die Geistlichen besitzen einen sehr großen Einfluß auf das Volk, das ihnen unbedingten Gehorsam leistet.

Der Verkehr zwischen Pfarrer und Gläubigen geschieht nur in dem Volksdialecte, dessen sich auch die Pfarrersfamilie bedienen muß, will sie nicht als „hochnäsig" gelten; hie und da predigt der Pfarrer zuweilen auch im Dialecte, weil namentlich ältere Leute das Hochdeutsch nur schwer verstehen. Bei der jüngern Generation wirkt die Schule und Lectüre mehr ein. Der sächsische Bauer lernt das Hochdeutsche fast wie eine fremde Sprache; so groß sind die Verschiedenheiten zwischen beiden. Dazu kommt, daß die Mundarten in den einzelnen Gegenden Siebenbürgens, oft selbst in benachbarten Ortschaften von einander abweichen. Die Sprache im „Altland" ist von der des „Burzenlandes" und von der im „Nösnergau" verschieden. Der Dialect in den „sieben" und „zwei" Stühlen nähert sich dem niederrheinischen Dialecte in und um Köln. Als Probe diene folgendes:

An der Wiege fingt die Mutter im Winter

> „Wol flaegen de Wülken,
> Wol sauszt der Wäjint,
> Wol staewen de Flöken
> Aemeraenk.
> Schlôf nor, schlôf nor,
> Me gûldig Käijnt"!

Ein anderes:

> „Schlôf Hanzi, schlôf,
> De vijel (Vögel) sainjen (singen) äm hôf,

> De Kaze spaennen af em hiert
> Te baest (bist) mer tausent gaeld'e wiert
> Schlôf Hanzi, schlôf!

Ein Kinder=Abendgebet lautet:

> „A Gottesz nume schlôfe gôn,
> Siwen ånjel met mer gôn!
> Zwîn ze ménjen Hîwden,
> Zwîn ze ménje Sérjen,
> Zwîn ze ménje Fészen,
> Di în di sål mech daken,
> Gott der Här sål mech geseangd afwåken."

Es wäre noch Manches aus dem Gemeinde= und Familien= leben der sächsischen Bauern zu berichten; doch mag das Gesagte genügen zur Erklärung der Thatsache, daß dieser an die äußerste Grenze der europäischen Civilisation versetzte Zweig des deutschen Volkes seit länger als siebenhundert Jahren in harten Kämpfen nicht bloß sein Dasein behauptet, sondern auch dem neuen Vater= lande als dessen „Grundkraft," „Zierde" und Schutzwehr tausend= fachen Segen gebracht hat. Man ist zur Annahme berechtigt, daß ohne die Sachsen Siebenbürgen heute wahrscheinlich kein Theil der ungarischen Krone sein würde. So haben sie das schöne Wort „zur Erhaltung der Krone" in mannhafter Weise erfüllt.

Auch die heutigen Tage der Mißstimmung, der Verbitterung und der gesunkenen Hoffnung werden vorüber gehen. „Nur jenes Volk ist verloren, das sich selber aufgibt". Im siebenbürgischen Sachsen waltet aber ein kräftiges Selbstbewußtsein; daneben verfügt er auch über die materiellen und geistigen Mitteln zur Erhaltung und Fortentwickelung. „Solange (sagt der Sachse O. v. Meltzl) unsere Kirchenverfassung intact bleibt, solange man an unseren Schulen nicht rührt und so lange man unser sächsisches National= Vermögen nicht nimmt; — so lange haben wir nichts zu befürchten."

Doch noch Eines ist vonnöthen: Der Sachse muß aus den bisherigen mißtrauischen Isoliertheit hinaustreten; er muß sich anschließen an die übrigen erhaltenden Factoren im Staate, er muß Besitz ergreifen von dem gebotenen Terrain und als Real= politiker mit den vorhandenen Verhältnissen rechnen. In der

Politik ist für ein numerisch kleines Volk die Passivität das schlimmste; denn gar leicht wird die Minorität durch das physische Übergewicht unterdrückt oder doch beiseite geschoben. Ein Vorkämpfer der Sachsen in der Vertheidigung ihrer municipalen Autonomie, Guido v. Baußnern, mahnte deshalb seine Volksgenossen bereits im Jahre 1878, daß sie ihren „bisherigen schroffen und exclusiven Standpunkt ehebaldigst mit einer solchen Stellung im Reichstage vertauschen mögen, welche ihre ernste Geneigtheit erkennen läßt, mit den Magyaren Frieden zu schließen und in jenes freundschaftliche Verhältniß zu ihnen zu treten, welches in gegenseitiger Interessen-Solidarität begründet, gerade heute angesichts der südöstlich der ungarischen Landesgrenzen sich vollziehenden Ereignisse für beide Theile dort jenseits des Königssteiges ein Gebot der Selbsterhaltung ist.“ Und ein anderer volks- und landestreuer Sachse, Emil von Trauschenfels, ertheilt seinen Landsleuten den Rathschlag: „Schutz und Pflege der Stammes-Individualität in der Gemeinschaft der Volksgenossen. Unverdrossene Mitarbeit an der Festigung des Staates und der Monarchie, aber nicht in der Isolierung, sondern im Anschluß an die übrigen culturellen Factoren des Landes!“ Dann findet sich wohl auch der Modus, um jene nöthigen administrativen Schutzwehren wieder zu gewinnen, welche im Interesse des Staates selbst zur Erhaltung des Deutschthums in Siebenbürgen nothwendig sind. Nicht die Leidenschaft und der Haß, sondern Vernunft, Klugheit und Gerechtigkeit sollen auch in der Politik die Leitsterne der Menschen sein.

Die heutige Stellung der Deutschen in Ungarn.

Unsere bisherige Darstellung hat den historischen und ethno=
graphischen Nachweis geliefert, daß auf dem Boden des König=
reichs Ungarn der deutsche Volksstamm von Anbeginn unserer
geschichtlichen Kenntniß bis zur Gegenwart ununterbrochen, wenn
auch nicht in gleicher Stärke und Ausdehnung gewohnt hat. Eine
ernstliche Schwächung erlitt der Bestand des Deutschthums durch
die Stürme der Völkerwanderung, namentlich unter der Herrschaft der
Hunnen und Avaren. Mit dem Vordringen des fränkischen Reiches
am Ende des VIII. Jahrhunderts gewann aber das hiesige Deutsch=
thum neue Kräftigung. Damals begann für die Deutschen an der
mittleren Donau zugleich jene Culturarbeit, welche sie seit mehr
als einem Jahrtausend in Treue und Ausdauer erfolgreich erfüllen.
Nach der Einwanderung und Niederlassung des magyarischen
Volkes erschienen bei diesem Spätling der großen ostwestlichen
Völkerbewegung die Deutschen als die Verkündiger des Christen=
thums, als „Gäste“ des Königs im Gefolge der Königinnen, als
willkommene Gewerbsleute und Künstler, als Krieger mit bewaff=
neten Genossen, später in größeren Scharen als vertragsmäßig
berufene Ansiedler im Lande, wo die Könige sowie die weltlichen
und geistlichen Großen sie gerne aufnahmen, ihnen umfassende
Rechte und Freiheiten verliehen, ausgedehnte Ländereien zur
Ansiedlung und Urbarmachung anwiesen oder im dunklen Berges=
schacht die werthvollen Metalle durch deutsche Bergleute zu Tage
fördern ließen.

Die Schicksale und die äußerliche politische Stellung dieser Deutschen waren jedoch von verschiedener Art. Nur Eines hatten alle deutschen Ansiedler gemeinsam und das war: mochten die Deutschen wann immer und woher immer nach Ungarn gekommen sein, mochte es ihnen auch nicht gelungen sein, gleich den Zipser und den Siebenbürger Sachsen ein enger zusammenhängendes politisch=nationales Gemeinwesen zu begründen (das bei den Zipsern freilich schon im XV. Jahrhundert erheblich geschwächt wurde) oder mochte den Deutschen inmitten der übrigen anderen Volks= stämme des Landes das eigene Stammesbewußtsein und ihre Beziehung zu der frühern deutschen Heimat getrübt worden sein: — dennoch bleibt es historisch außer allem Zweifel gestellt, daß die Deutschen in Ungarn (selbst wenn sie dem Bauernstande angehörten) „nie ganz leibeigen oder hörig gemacht werden durften, daß sie vielmehr nach Umständen auch mancher Freiheiten so wie gleicher Besitz= und Bürger= rechte mit den übrigen Eingebornen des Landes theilhaftig, sogar zu höheren Ämtern und Würden befördert worden sind." Dafür haben sich diese Deutschen durch ihre Arbeit und Thatkraft um Indu= strie, Handel und Gewerbe, um Cultur und Civilisation sowie um die Vertheidigung des Landes mit Gut und Blut, große Verdienste erworben und sich stets als treue Bürger erwiesen, wie dieses auch zahlreiche Landesgesetze (z. B. 1608: 30 vor der Krönung, 1609: 27, 1635: 34, 1647: 54, 1649: 36, 1655: 74 ꝛc.) ausführ= licher bezeugen.

Die Deutschen wurden in Ungarn vonseite der Landesgesetz= gebung stets als „Eingeborne," nicht als „Ausländer" (extranei) betrachtet; sie gehörten zu den „Haupt=Nationen" oder „Haupt= Einwohnern" des Landes, deren man nach Anschauung der ungari= schen Landesgesetze sieben zählte, nämlich: Eigentliche Ungern oder Magyaren („Hungari proprie dicti",) Deutsche (Germani`, Slaven (d. i. Slovaken), Kroaten, Ruthenen, Illyrer (d. i. Serben) und Walachen (d. i. Rumänen). Auf die ethnographische und sprachliche Verschiedenheit und Eigenthümlichkeit dieser Einwohner des Landes nehmen die Gesetze und Verordnungen bis in die neueste Zeit Bezug.

Zuletzt geschah dies in dem Nationalitätengesetz*) vom Jahre 1868 (G. A. 44: 1868), wodurch zwei wichtige That=sachen abermals gesetzlich anerkannt wurden. Die erste besteht in der historisch und staatsrechtlich correcten Erklärung, daß „sämmt=liche Staatsbürger Ungarns in politischer Beziehung" nur eine Nation, die ungarische, bilden; daß aber anderseits „alle Bürger des Vaterlandes, welcher Nationalität immer sie angehören mögen, gleichberechtigte Mitglieder" dieser Nation sind. Demnach machen auch die Deutschen in Ungarn eine gesetzlich anerkannte „Nationalität" aus und diese ist ein „gleichberechtigtes Mitglied" der einheitlichen politischen Nation Ungarns.

Weitere gesetzliche Gewährungen dieses Gesetzes an die Nationalitäten des Landes, also auch an die Deutschen, bestehen in folgendem: Die Gesetze des Landes müssen auch ins Deutsche amtlich übertragen werden; die Gerichte erster Instanz haben auch in dieser Sprache die Eingaben zu übernehmen und die Entschei=dungen auszufolgen. Ebenso kann das Deutsche in den Muni=cipien (Comitaten und Freistädten), in Gemeinden und Religions=genossenschaften die herrschende Verhandlungs= und Geschäfts=sprache sein. Der Unterricht in den Volksschulen hat in der Muttersprache der Kinder, also für deutsche Kinder in der deutschen Sprache zu erfolgen; der Staat ist verpflichtet, auch höhere Lehr=anstalten (Gymnasien, Realschulen) bis zum Eintritte in das akade=mische Studium für die compact wohnenden nichtmagyarischen Nationalitäten, somit auch für die Deutschen zu errichten und zu erhalten, damit dieselben den höhern Unterricht in ihrer Mutter=sprache empfangen. In den gemischtsprachigen Landestheilen müssen überdies an allen mittleren und höheren Staatslehranstalten für jede der daselbst herrschende Sprache und Literatur besondere Lehrstellen errichtet werden. Dasselbe gilt auch für die Landes=hochschule. Jeder Staatsbürger, jede Gemeinde oder Confession hat das Recht, aus eigener Kraft oder in Gemeinschaft mit Anderen

---

*) Vgl. Gumplowicz, das Recht der Nationalitäten in Österreich-Ungarn (Innsbruck, 1879).

niedere und höhere Schulen oder Institutionen zur Förderung der
Sprache, Literatur, Kunst und Wissenschaft, der Industrie und des
Handels in einer beliebigen Landessprache (also auch in der deutschen)
zu errichten und diese unter der gesetzlichen Aufsicht des Staates
zu verwalten. Die solcher Art errichteten Institutionen sind mit
den ähnlichen Anstalten des Staates gleichberechtigt, falls sie sonst
den Anforderungen des Gesetzes entsprechen. Bei Besetzung der
öffentlichen Stellen und Ämter entscheidet nur allein die indivi=
duelle Befähigung; die Nationalität als solche gibt keinerlei Anrecht
auf irgend eine Bestallung, noch darf sie als Motiv einer Abwei=
sung geltend gemacht werden; ja der Staatsregierung wird es als
Pflicht auferlegt, bei Besetzung der Gerichts= und Verwaltungs=
beamten, insbesondere bei Ernennung der Obergespäne dafür zu
sorgen, daß bei sonst entsprechender Qualification auf die verschie=
denen Nationalitäten und auf die Gewandtheit in den Sprachen
derselben gehörige Rücksicht genommen werde.

Solch besonnenen Geist athmet dieses Gesetz, aus dem jener
weitblickende, humane und zugleich staatsmännische Gerechtigkeits=
sinn hervorgeht, der einstens den Gründer des ungarischen König=
reiches und die meisten seiner Nachfolger erfüllt hatte, und den
man in unseren Tagen von einem Grafen Stefan Széchenyi,
Baron Josef Eötvös, Franz Deák u. a. in entschiedener Weise
vertreten sah. Alle diese Männer, deren Patriotismus von Nie=
mandem angetastet werden kann, wollten nur den Frieden, die
Freundschaft und Versöhnung aller im Lande wohnenden, gleichbe=
rechtigten Volksstämme. Wer gedenkt da nicht der herrlichen Worte
Deáks, welche dieser „Weise der Nation“ am 23. Jänner 1872 im
ungarischen Abgeordnetenhause gesprochen! Wir setzen aus jener Rede
nur folgenden Passus hierher: „Jede Nationalität hat ein Recht zu
verlangen, daß ihr Mittel und Wege geboten werden, ihre Kinder
bilden und erziehen zu können. Wenn wir die Nationalitäten
zwingen wollten, ihre Kinder, die der magyarischen Sprache gar
nicht oder nur sehr wenig mächtig sind, magyarisch studieren zu
lassen, so würden wir den Fortschritt der Jünglinge unmöglich
machen; die Ältern würden ihr Geld umsonst ausgeben, die Kinder

ihre Zeit umsonst verschwendet haben. Wenn wir die Nationalitäten
überhaupt gewinnen wollen: so dürfen wir das nicht derart
anstellen, daß wir sie um jeden Preis zu magyarisieren suchen,
sondern es kann nur dadurch geschehen, wenn wir ihnen
die ungarischen Verhältnisse lieb und angenehm
machen."

Daß jedoch eine solch ernste Mahnung des „Weisen der Nation"
dreißig Jahre nach der ähnlichen Warnung des „größten Ungars"
(s. o. S. 188) und vierzig nach jener Kazinczy's (s. o. S. 182)
abermals vonnöthen war, gehört jedenfalls zu den unerfreulichsten
Thatsachen in der Gegenwart Ungarns. Auch sonst ist nicht Alles,
wie es sein sollte. Gar mancher wichtige Punkt des obskizzierten
Nationalitäten = Gesetzes (z. B. hinsichtlich der Errichtung von
Mittelschulen 2c.) harrt noch immer der Durchführung; andere Bestimmungen (wie z. B. der freie Gebrauch der Nationalitäten=Sprachen
bei den Gerichten erster Instanz) werden in der Praxis häufig außer
Acht gelassen; ja es sind schon wiederholt Stimmen laut geworden,
welche die Bestimmungen dieses Gesetzes überhaupt als „gefährliche
Concessionen" an die Nationalitäten erklären und deren Zurück=
nahme verlangen. Wer könnte es leugnen, daß unter der Einwirkung dieses leidenschaftlichen Chauvinismus, der insbesondere
in einem Theile der magyarischen Presse sich kundgibt, die heutige
Lage der Deutschen in Ungarn keine angenehme geworden ist? Aller Geschichte und Erfahrung zum Hohn, ja im
Widerspruche mit den Gesetzen des Landes erklären diese Chau=
vinisten die Deutschen für „Fremde", für „Eindringlinge", die nur
„geduldet" werden, und fordern von ihnen die Verläugnung ihrer
angestammten Nationalität, weil sie „ungrisches" Brot essen. Dieser
verblendete Nationalismus betrachtet die Ablegung der eigenen
Nationalität bei den nichtmagyarischen Volksstämmen als eine „pa=
triotische" That, ja als eine „Pflicht" und verletzt dabei mit seltener
Rohheit bei seinen Mitbürgern gerade diejenigen Gefühle, welche er
bei sich selber für heilig erklärt. Auf Seiten dieser Chauvinisten
wird es als „nationale" Errungenschaft verherrlicht, wenn dieser
oder jener seinen Familiennamen magyarisiert, wenn man deutsche

Aufschriften, deutsche Kellner und Schauspieler verfolgt und andere derlei „Heldenthaten" mehr verübt.

Solche oft plumpe Eingriffe in die intimsten menschlichen Beziehungen müssen natürlich das friedliche Beisammensein der verschiedensprachigen Landesbürger trüben, ja ernstlich gefährden. Der Deutsche hat zu den vielfachen Vexationen von Seite dieser Chauvinisten keinen Anlaß geboten; ja ihm gegenüber sind dieselben am allerwenigsten berechtigt. Der Deutsch-Ungar kennt keinerlei centrifugale Tendenzen. Wie er in früherer Zeit in treuer Weise mitgeholfen, um in Ungarn das Christenthum und Königthum zu begründen und zu erhalten; wie er dann durch seine materielle und geistige Arbeit diesem Lande in langen Jahrhunderten Wohlstand, Bildung und Sicherheit gebracht hat: so hängt er auch heute mit Liebe an diesem seinem Vaterlande, betrachtet sich als dessen vollberechtigten Sohn und arbeitet für dessen Wohl und Gedeihen. Gern und willig hat der Deutsche die politische Superiorität des magyarischen Volksstammes anerkannt und ihm die politische Führung des Landes überlassen. Sympathie und Achtung erfüllt den Deutschen für seinen magyarischen Mitbürger, dessen Liebe zur Freiheit, dessen politischer Sinn, dessen Selbstbewußtsein und gewandtes persönliches Benehmen den Deutschen von jeher gewonnen haben. Auf dem Gebiete der Politik geht der Deutsche gerne Hand in Hand mit dem Magyaren; selten wird er sich hierin einer andern Nationalität anschließen. Selbst der Siebenbürger Sachse, den heute so tiefes Weh erfüllt, hat im Grunde nur den Wunsch, daß es ihm ermöglicht werde, abermals dem Magyaren als politischer Bundesgenosse an die Seite treten zu können.

Kein anderer Volksstamm des Landes lernt die ungrische Sprache so gerne als der Deutsche; die deutschen Gemeinden in der Zips, in West- und Süd-Ungarn haben seit geraumer Zeit ihre Kinder in den oberen Volksschulclassen auch in der ungrischen Sprache unterrichten lassen. Aus der Mitte des deutschen Volksstammes in Ungarn sind die eifrigsten Pfleger und Verbreiter der magyarischen Sprache und Wissenschaft hervorgegangen. In Amt

und Schule, in der Literatur und Kunst begegnet man Tausenden
von Söhnen deutscher Ältern, welche in der Staatssprache ihrem
Vaterlande nützliche Dienste geleistet haben und fortdauernd leisten.
Wir vermeiden es absichtlich, hier Namen anzuführen; denn
es handelt sich nicht um Persönlichkeiten, sondern um die
Constatierung von Thatsachen. Und trotz alledem hat kein anderer
Volksstamm von den Chauvinisten so viele und heftige Anfechtungen
zu erleiden als gerade der Deutsche. Wer löset diesen Widerspruch,
wer deutet dieses Räthsel? Oder sollten diejenigen dennoch Recht
haben, die gerade in der Anschmiegung, in der vollen, treuen
Hingebung des Deutschen an den Magyaren und an sein neues
Vaterland die Wurzel dieses Übels erkannt zu haben vermeinen?

Und wie thöricht ist nicht jener Chauvinismus, der durch
seine unberechtigten, verletzenden Angriffe das staatstreue deutsche
Volkselement beleidigt! Welche Culturmacht in diesem Elemente
auch gegenwärtig noch fortlebt, das mögen einige Zahlen lehren.
Im Jahre 1869 gab es in Ungarn-Siebenbürgen 1232, im
Jahre 1872 aber 1810 Volksschulen mit rein deutscher Unterrichtssprache; im Jahre 1873 wurde in 2184 Lehrzimmern in
dieser Sprache Unterricht ertheilt. Außerdem war im Jahre 1869
das Deutsche noch in 957 Schulen neben anderen Sprachen Unterrichtssprache, so daß also in dem letztgenannten Jahre in 2189
Schulen in deutscher Sprache der Unterricht ertheilt wurde.
Diese Schulenanzahl hat seither noch beträchtlich zugenommen, wie
aus den folgenden Daten entnommen werden kann. Allerdings gab
es im Jahre 1879 nur 953 Volksschulen mit rein deutscher
Unterrichtssprache; man darf jedoch nicht übersehen, daß bei den
statistischen Aufnahmen auch jene deutschen Schulen als „gemischtsprachige" gezählt werden, in denen die ungrische Sprache nach
Vorschrift des Gesetzes bloß einen Lehrgegenstand bildet. Diese
Aufnahmen sind demnach incorrect.

Im Jahre 1869 gab es in den ungarisch-siebenbürgischen
Volksschulen 215.320 schulbesuchende Kinder deutscher Nationalität;
im Jahre 1879 betrug deren Zahl 271.513, also um 56.193 oder
26% mehr. Diese Vermehrung ist noch immer eine ansehnliche,

wenn man auch die seit 1874 incorporierte ehemalige Banater Militärgränze in Anschlag bringt. Bei den Deutschen besuchten schon im Jahre 1869 73·37% der Schulpflichtigen die Schule; dermalen ist dieses Verhältniß nahezu auf 80% gestiegen. Alle jene Landestheile, in denen Deutsche vorwiegend oder doch in größerer Minorität wohnen, zeichnen sich durch guten Schulbesuch aus. So finden wir im Jahre 1879 unter den Comitaten mit vorzüglichem Schulbesuch das überwiegend deutsche W i e s e l b u r g e r mit 96·2% an der Spitze des Landes; es folgen die Comitate S t u h l w e i ß e n b u r g (93%), E i s e n b u r g (92·9%), Z i p s (92·5%), B a r a n y a (92·4%), Ö d e n b u r g (92·3%), W e ß = p r i m (91·7%), K r o n s t a d t (89%), T o l n a (88·8%), G r o ß = K o k e l b u r g (87·3%), P r e ß b u r g (85·5%), B u d a p e s t (Haupt= stadt, 85·3%), T e m e s (83·2%), H e r m a n n s t a d t (78·8%), K r a s s ó (77·1%), B á c s (74·7%), B i s t r i ß = N a ß ó d (73·5%), T o r o n t á l (68·2%). In keinem Comitate mit stärkerer deutscher Bevölkerung steht die Zahl der Schulbesucher unter 50% der Schulpflichtigen.

In 232 Gemeinden mit dem Comitatssitze oder mit mehr als 5000 Einwohnern zählte man im Jahre 1879 insgesammt 1794 Elementar=, höhere Volks= und Bürgerschulen, davon waren mit nur deutscher Unterrichtssprache 87, mit deutscher und anderen (magyarischer, slovakischer) Unterrichtssprache 169, also insgesammt 256 Schulen oder nahezu 14%, in denen deutsch unterrichtet wurde, wobei die Hauptstadt nicht mitgerechnet wurde, in deren Lehr= anstalten die deutsche Sprache ebenfalls einen obligaten Gegenstand des Unterrichts bildet.

Dabei sei noch ein Umstand hervorgehoben. In dem officiellen Ausweise, dem wir diese Daten über die erwähnten 232 Ort= schaften entnehmen, sind nur 16 Orte angeführt, in denen das D e u t s c h e allein und 7, in denen es mit anderen Sprachen als die a m t l i c h e P r o t o k o l l s s p r a c h e der Gemeinde gilt. Diese Angabe entspricht nur äußerlich der Wirklichkeit, insoferne nämlich den höheren Behörden die Verhandlungen, Beschlüsse, Anträge der betreffenden Gemeinde in der Staatssprache vorgelegt werden. Im internen Verkehre der Vertretungskörper, in den Publicationen der Gemeinde-Behörden, in den Eingaben der Einwohner an diese Behörden u. s. w. ist die Amts- und Verkehrssprache in Kaschau, Fünf-kirchen, Modern, Tyrnau, Preßburg, Eperies, Ödenburg, Temes-vár, Werschetz, Banat-Komlós, Groß-Becskerek, Güns, Neusohl u. a. O. keineswegs ausschließlich, oft nicht einmal vorwiegend die ungrische, sondern fast überall hat noch das Deutsche die Vorhand. Als jene Groß-Gemeinden mit deutscher Protokollssprache werden genannt: Apatin (Bácser Comitat), Cservenka (ebenda), Bistritz (Bistritz-Naßóder Comitat), Kronstadt (Kronstädter Comitat), Dobschau (Gömörer Comitat), Reschitza (Krassóer Comitat), Ungarisch-Altenburg (Wiesel-burger Comitat), Schäßburg (Groß-Kokelburger Comitat), Hermannstadt (Hermannstädter Comitat), Göllnitz (Zipser Comitat), Igló oder Neudorf (ebenda), Leutschau (ebenda), Weißkirchen (Temeser Comitat), Perjámos (Torontaler Comitat), Hatzfeld (ebenda); als gemischtsprachige Gemeinden erscheinen: Neusatz (ungrisch-deutsch-serbisch), Broos (ungrisch-deutsch-rumänisch), Lugos (deutsch-rumänisch), Lippa (deutsch-rumänisch), Pancsova (ungrisch-deutsch-serbisch), Sächsisch-Regen (ungrisch-deutsch-rumänisch).

Geht man von der Gemeinde und der Volksschule eine Stufe höher, in die Mittelschule (Gymnasium und Realschule), so findet man das Deutschthum auch hier ansehnlich vertreten. Es waren an den Gymnasien

im Jahre 1867 . . . 3758 Schüler deutscher Nationalität
" " 1877 . . . 4.317 " " "

Die Zunahme beträgt also 559 = 15%.

An den Realschulen

im Jahre 1867 . . . 936 Schüler deutscher Nationalität
" " 1876 . . . 1877 " " "

Die Zunahme ist somit hier 941 oder über 100 Procent.

Beide Schulkategorien ergeben

im Jahre 1867 . . . . 4694 Schüler deutscher Nationalität
" " 1877 (resp. 1876) 6194 " " "

Das Wachsthum der Mittelschüler deutscher Nationalität innerhalb dieses Decenniums beträgt sonach 1500 = 32%. Dabei muß angemerkt werden, daß bei Aufnahme der Nationalität in den Mittelschulen häufig die „politische Nation" mit der „genetischen" oder „natürlichen Nationalität" verwechselt wird, so daß viele Schüler deutscher Abstammung als „Ungern" im genetischen Sinne gezählt wurden. In neuester Zeit hat man statt dessen die Constatierung der Sprachkenntnisse der Schüler angeordnet.

Diese Ziffern beweisen wohl zur Genüge, daß alljährlich ein erhebliches Contingent von geistigen Arbeitern aus der Mitte des deutschen Volksstammes dem ungarischen Vaterlande geliefert wird und daß diese Arbeiter nicht zu den schlechten gehören, davon über= zeugt ein Blick auf die leitenden Kreise des Landes, in denen die Söhne deutscher Ältern bis zu den höchsten Spitzen in Staat und Kirche zahlreiche und hervorragende Plätze verdienstvoll ein= nehmen.

Um die Stellung des ungarischen Deutschthums in cultureller Hinsicht des Weiteren zu kennzeichnen, werfen wir noch einen Blick auf die periodische Presse in deutscher Sprache. Im Jahre 1829 gab es in Ungarn vier deutsche Zeitungen (zwei politische, eine belletristische und eine mercantile). Im Jahre 1873 betrug die Zahl der deutschen Zeitungen 82, im Jahre 1881 aber 120. Nur von den magyarischen Blättern, deren Zahl im letzt= genannten Jahre 350 beträgt, werden die deutschen Journale an der Zahl übertroffen; ja die Deutschen in Ungarn haben mehr perio= dische Blätter als sämmtliche slavische und rumänische Volksstämme insgesammt; denn diese besitzen auch heute bloß 79 Zeit= schriften.

Betrachtet man die Höhe der Auflage oder die Abonnenten= zahl, somit die Verbreitung und den Leserkreis dieser Zeitschriften, so haben die deutschen Blätter sogar eine bessere Position als die ungrischen Journale. Es liegt uns darüber ein Ausweis aus= dem Jahre 1880 vor. Damals versendete die königlich ungarische Post von den im Lande erscheinenden Zeitschriften 27,722.577 Nummern. Davon entfielen auf die deutschen Blätter

8,897.260 Nummern der politischen Zeitungen
9.556 „ „ belletristischen „
377.430 „ „ Fach= „
6.600 „ „ Witzblätter ·
723.508 „ „ Local=Blätter

zusammen 10,014.354 Nummern deutscher Zeitschriften.

Bedenkt man, daß im Jahre 1875 an deutschen Zeitungs=
Exemplaren bloß 5,926,911 versendet wurden, so bedeutet obige
Gesammtziffer einen ungewöhnlichen Aufschwung des deutschen
Zeitungswesens in Ungarn. Die politischen Blätter in deutscher
Sprache kamen im Jahre 1880 in ihrer Verbreitung gleich nach
den magyarischen mit 9,741.907 (im Jahre 1875: 6,967.960) Num=
mern, während alle anderssprachigen politischen Journale bloß
1,438.828 (im Jahre 1875: 1,385 030) Nummern absetzten; ja
es entfiel auf die einzelnen deutschen Zeitungen auch ein weit
größerer Absatz als auf die magyarischen. Bei den damaligen
43 politischen Journalen in magyarischer Sprache kamen durch=
schnittlich 226.556 Nummern des Jahres auf ein Blatt; bei den
25 politischen Blättern in deutscher Sprache aber 355.890 Num=
mern. Dabei darf nicht übersehen werden, daß in Ungarn Wiener
und deutschländische Tagesblätter und andere deutsche Zeitschriften
ebenfalls zahlreich gehalten werden. Die auffällig niedrige Zahl
der belletristischen und Fachblätter Ungarns in deutscher Sprache
findet in diesem letztern Umstande ihre genügende Erklärung. Die
„Gartenlaube“, die Leipziger und Wiener „Illustrirte Zeitung“,
dann „Über Land und Meer“, „der Bazar“ u. a. Wochen= und
Monatsschriften gelangen in Tausenden von Exemplaren nach
Ungarn. Nicht minder ist Ungarn auch heutzutage noch ein
Hauptkäufer auf dem deutschen Büchermarkte.*)

---

*) Außer dem deutschen Theater in Budapest (wo auch ein deutsches
Sommertheater guten Bestand hat) gibt es in Ungarn noch ständige deutsche
Bühnen in Preßburg, Odenburg, Temesvár, Oravitza, Her=
mannstadt und Kronstadt; zeitweise (doch ziemlich alljährlich) werden
deutsche Theater=Vorstellungen gegeben in: Kaschau, Leutschau, Eperies,

Auf die Nationalitäten vertheilt kam im Jahre 1875 eine
Zeitung

bei den Magyaren auf	31.997	Seelen
„ „ Deutschen „	25.223	„
„ „ Rumänen „	217.343	„
„ „ Serben „	95.000	„
„ „ Slovaken „	131.095	„
„ „ Kroaten „ . . .	84.116	„
„ „ Ruthenen „	469.420	„

Nun ist es allerdings richtig, daß nicht alle Leser deutscher
Blätter dem deutschen Volksstamme zugezählt werden dürfen; man
wird vielmehr nahezu die Hälfte des Lesepublikums deutscher
Zeitschriften bei den nichtdeutschen Nationalitäten des Landes suchen
müssen. Aber das bezeugt doch nur wieder die hohe Bedeutung
der deutschen Sprache und deren wichtige Stellung als politischer
und cultureller Factor im Lande. Überdies ist es doch ohne
Zweifel eine sehr beachtenswerthe Thatsache, daß in Ungarn das
einflußreichste politische Tageblatt, der „Pester Lloyd", in deutscher
Sprache erscheint und daß die abonnentenreichste Zeitung, das
„Neue Pester Journal", ebenfalls deutsch ist.

Das deutsche Volkselement und damit die deutsche Sprache nimmt
sonach in Ungarn auch heute gleich nach dem Magyarischen
die nächste Stelle ein; dieses Verhältniß ist kein erkünsteltes,
sondern ein historisch und natürlich gewordenes, welches dem
Lande zu großem Nutzen gereicht. „Das deutsche Wort", so läßt
sich die von der ungarischen Akademie der Wissenschaften subven=
tionierte „Ungarische Revue" in ihrem Januarhefte 1881 ver=
nehmen, — „das deutsche Wort beherrscht zur Zeit noch nahezu
unangefochten die obersten Schichten der ungarischen Gesellschaft;

Fünfkirchen, Raab, Groß=Becskerek, Arad, Lugos, Werschetz,
Pancsova, Bistritz u. a. O. Zahlreiche deutsche Bühnenkünstler und
Künstlerinnen haben ihren Weg zum Ruhme auf den deutschen Bühnen
Ungarns begonnen. Dieser freie Verkehr der Künstler hat übrigens auch
der ungrischen Kunst großen Nutzen gebracht.

es thront auf der Königsburg zu Ofen, es tönt in dem Commando
der großen gemeinsamen Armee, es braust in kräftigen Accorden
durch eine ausgebreitete Publicistik, es wirkt gestaltend ein auf den
Bildungsproceß des magyarischen Idioms, es ist das Medium in
dem Verkehr der politischen Gewalten Ungarns und Österreichs
und es blüht aus den Ruinen verwitterter slavischer und rumäni=
scher Sprachelemente hervor." Und wieder: „Der deutsche Geist
zieht wie ein mächtiger Sturm durch das Gefilde unseres intellec=
tuellen Schaffens und Hervorbringens, er bringt durch tausend
unsichtbare Canäle in die Häuser und in die Institutionen, er
sickert durch die Fundamente unseres Staatswesens, er beeinflußt
leider nur zu ausschließlich und zu einseitig alles wissenschaftliche
Wesen und Walten; seinen Manifestationen begegnen wir auf den
Höhen der Volkserziehung und in den Niederungen gesellschaftlicher
Verirrungen, auf den Gipfeln der Staatskunst und in den Thälern
des Handels und Gewerbfleißes und solche Macht übt er noch
heutigen Tages aus, daß selbst die krankhaften Zustände des
deutschen Volkes sich zu uns herüber pflanzen wie Epidemien, gegen
welche es keinen menschlichen Schutz gibt."

Und wenn dem also ist (und der Verfasser hat in den meisten
obigen Punkten die volle Wahrheit gesprochen), so fragt es sich:
Welche Zukunft harret dem Deutschthum in Ungarn?
Wird es sich erhalten oder allmählich untergehen? Diese Fragen
wollen wir noch in aller Kürze und Objectivität zu beantworten
versuchen.

Ungarn trat als polyglottes Land in die Geschichte ein und
ist es bis heute geblieben; sein polyglottes Volksthum ist theils
Resultat der großen Völkerzüge aus dem Osten am Eingange des
Mittelalters, theils Folge späterer Rückströmungen westlicher Volks=
stämme in das ungarische Gebiet. Die großen Völkerwanderungen
seit dem IV. bis zu Ende des IX. Jahrhunderts hatten in Ungarn
eine ganz besondere ethnographische Erscheinung hervorgerufen.
Anderwärts wurde das einheimische Volksthum durch die Völker=
wanderung vielfach gestört, verschoben, umgebildet. Neue Völker=
schichten lagerten sich auf die vorhandenen, bedeckten und absor=

bierten sie oder wurden allmählich von ihnen aufgesogen, in jedem Falle giengen daraus neue Volksbildungen hervor. Nicht so in Ungarn. Hier besaß der herrschende Volksstamm gleich von Anbeginn nicht jene numerische Stärke und geistige Superiorität, wodurch er alles vorgefundene oder später zugeflossene andere Volksthum in sich aufnehmen und amalgamieren konnte. Dazu kam die Schwächung des magyarischen Volkes durch die fast hundertjährigen Einfälle in die Nachbarstaaten, durch innere Wirren und Bürgerkriege, durch die Mongolenfluth, dann später durch die Türkenherrschaft. Wenn die Magyaren auch partielle Angliede=rungen und Absorbierungen vollbrachten (namentlich hinsichtlich eines großen Theiles der bei ihrer Einwanderung vorgefundenen Slaven, dann der Chazaren, Petschenegen, Kumanen u. a. dem magyarischen Volksstamme verwandten Völkerschaften): so waren sie doch nicht im Stande, die übrigen nichtmagyarischen Nationali=täten des Landes in sich aufzunehmen und zu verschmelzen, um so weniger als diese Volksstämme mit ihren Connationalen außerhalb des ungarischen Reiches in unmittelbarer Berührung und stetem Verkehre standen. Von diesen Völkerelementen wurden von dem stärkern Nachbar höchstens jene Bruchtheile aufgesogen, die als abgesprengte, verlorene Posten in die ihnen fremde Volksmasse gerathen waren. Aber diese Aufsaugung geschah nicht bloß von magyarischer Seite, sondern sie war eine wechselseitige unter den Völkern in Ungarn. Auf diesem Wege mischte sich allmählich viel deutsches, slavisches und rumänisches Blut mit magyarischem oder es machten die Slovaken im Norden Ungarns erfolgreiche Anglie=derungen bei den Zipser Sachsen und den Ruthenen oder es eroberten die Rumänen Siebenbürgens sächsisches und magyarisches Element oder es wird durch die Schwaben im Banate dem rumänischen und serbischen Volksstamme Abbruch gethan. Ein derartiger „Krieg im Kleinen“ geht seit Jahrhunderten zwischen den Völkern Ungarns einher; allein es war ein „friedlicher“ Kampf, niemand fühlte sich irgendwie verletzt, niemand geschädigt in seinem volksthümlichen Wesen; denn es vollzog sich hier ein natürlicher Proceß. Erst die Leidenschaft, der Egoismus und die Herrschsucht der Menschen hat den ruhigen Gang der Dinge auch darin seit etwa einem halben Jahrhundert gewaltsam aufgerüttelt und dadurch den unseligen Streit und Haber der Nationalitäten angefacht. *)

Daß die Deutschen an diesem verwerflichen Bruderstreite im Großen und Ganzen unbetheiligt geblieben sind, zum mindesten keine herausfordernde Stellung angenommen haben, kann ihnen nur zur Ehre gereichen; obgleich die Wahrheit das Geständniß gebietet, daß dieser friedliche Sinn oft nur im Indifferentismus gegenüber dem eigenen Volksthum seinen Ursprung hatte. Der kosmopolitische Zug im Charakter der Deutschen offenbart sich in Ungarn häufig in jenem charakterlosen Allerweltssinn, der nur dem persönlichen Vortheil nachgeht und dabei das nationale Selbstbewußtsein nicht bloß verläugnet, sondern auch gänzlich einbüßt. Und doch liegt wieder in dieser Fähigkeit des Deutschen, sich den bestehenden Ver= hältnissen anpassen zu können, zugleich dessen hohe Bedeutung als Colonisationsvolk. Wer die gebildete Erde überschaut, begegnet überall dem deutschen Auswanderer und Colonisten und an jedem Orte, wo er sich eingepflanzt hat, bringt er bürgerliche Tüchtigkeit und Ordnung, die Kraft im Geist und in der Arbeit zur Geltung und wird dadurch einer der nützlichsten Culturfactoren.

Wir haben gesehen, in welcher Weise der Deutsche in Ungarn diesem seinem welthistorischen Berufe bis heute nachgekommen ist und diese Mission ist in den Ländern der Sct. Stefanskrone noch keineswegs geendigt. Je weiter Ungarn auf der Bahn der Ent=

---

*) Dieser unselige Streit muß in der Gegenwart um so verderblicher wirken, als bei der heutigen gegenseitigen numerischen Stärke der verschiedenen Volksstämme des Landes und angesichts der Thatsache, daß sämmtliche nichtmagyarische Nationalitäten mit ihren Volksgenossen außerhalb Ungarns im unmittelbaren Zusammenhange stehen (man vergleiche die Stellung der Deutschen in Westen, der Slovaken und Ruthenen im Norden und Nordosten, der Rumänen im Südosten und der Serben im Süden!) von einem Aufsaugen des eines Volksstammes durch den andern keine Rede sein kann. Ein dahin gerichtetes Bestreben stört nicht bloß den innern Frieden, sondern absorbiert auch die materiellen und geistigen Kräfte des Landes in solcher Weise, daß der culturelle Fortschritt die härtesten Nachtheile erleidet.

wickelung eines modernen Culturstaates fortschreitet, je mehr es in den Wettkampf der westlichen Culturnationen hineingezogen wird (und jede Locomotive, die auf den Eisenschienen über Ungarns Grenze braust, drängt das Land geistig mehr dem Westen zu): desto nothwendiger werden die Kräfte in Regierung und Verwaltung, in der Staats= und Volkswirthschaft, im Verkehr= nnd Schulwesen, in der Industrie und im Handel, welche jene Entwickelung zu fördern, diesen Kampf erfolgreicher zu machen vermögen. Und diese Kräfte bieten doch vor Allem die Deutschen im Lande und die steten Zuwanderungen aus den deutschen Provinzen Österreichs und aus den Ländern des deutschen Reiches selbst.

Daß die Zahl der Deutschen in Ungarn nicht abnimmt, lehren die Ziffern der Statistik (von den siebenbürgischen Deutschen kann das leider nicht behauptet werden); aber auch im öffentlichen Leben, auf den verschiedenen Gebieten der menschlichen Arbeit, insbesondere in den Kreisen des Bürgerthums, in Gewerbe und Handel, dann bei financiellen und industriellen Unternehmungen, endlich im ländlichen Grundbesitze, insbesondere in West= und Südungarn, befindet sich das ungarische Deutschthum keineswegs in der Stagnation oder gar im Rückgange. Weiter! Jeder Gebildete des Landes, mag er welcher Nationalität immer angehören, spricht und liest deutsch. An den beiden Landes=Universitäten zu Budapest und Klausenburg sind ordentliche Lehrkanzeln für deutsche Sprache und Literatur errichtet. Das Deutsche hat ferner als ordentlicher Lehrgegenstand in den Bürger=, Gymnasial=, Real=, Handels= und Gewerbeschulen und in den Lehrerseminarien zahlreiche Canäle zur fortgesetzten Verbreitung. Im Jahre 1878/9 waren z. B. von den ungarischen Gymnasiasten 37·2%, im Jahre 1879/80 bereits 41·8% der deutschen Sprache kundig. Und diese Bewegung hält an; denn der enragierteste magyarische Chauvinist erkennt die Nothwendigkeit, seine Kinder im Deutschen unterrichten zu lassen. Die Hauptgegner des Deutschthums stammen eben aus jener Generation, welche in den Jahren von 1860—1867 im Nichterlernen des Deutschen eine patriotische That erblickten, weil ja die nationale Reaction im Jahre 1861 das Deutsche überhaupt aus der Reihe der obligatorischen Lehrfächer des Gymnasiums streichen wollte. Tausende ungrischer Jünglinge studieren an den Universitäten und technischen Hochschulen in Österreich, Deutschland und der Schweiz und der Staat entsendet jährlich eine Anzahl künftiger Lehrer und Professoren zu ihrer Weiterbildung auf Staatskosten an deutsche Lehranstalten — abermals ein Beweis, daß von einem „officiellen Hasse" gegen das Deutsche in Ungarn keine Rede ist.

Im Mittelalter und bis zum Erwachen des exclusivistischen Nationalismus hat die lateinische Sprache den geistigen Verkehr unter den Gebildeten Europas vermittelt und damals war auch die Freizügigkeit der Gelehrten zwischen Ungarn und dem Westen eine ungehinderte. Dem stehen nun heutzutage insbesondere sprachliche Schwierigkeiten entgegen. Namentlich trifft diese linguistische Schranke das magyarische Volk und seine Schriftsteller empfindlich; denn bei dem Umstande, daß die magyarische Sprache außerhalb Ungarns nur im Finnischen einen gebildeten Verwandten hat, befindet sich der magyarische Gelehrte, Schriftsteller und Dichter in einer bedauerlichen Isoliertheit. Um aus dieser herauszukommen bildet gerade das D e u t s c h e das beste und bequemste Hilfsmittel, welches in neuerer Zeit auch stets mehr benutzt wird. Die ungarische Regierung publiciert ihre Rechenschaftsberichte, Verwaltungsresultate ꝛc. auch in deutscher Sprache; dasselbe thun auch Gesellschaften, Vereine und einzelne Männer, um auf diesem Wege ihre geistigen Erzeugnisse durch das M e d i u m e i n e r W e l t s p r a c h e d e r g e b i l d e t e n M e n s c h h e i t z u g ä n g l i c h z u m a c h e n. Demselben Bedürfnisse der Annäherung und Verständigung entsprangen die seit einem Jahrhunderte immer wieder aufgetauchten Versuche zur Herstellung solcher periodischer Unternehmungen, welche Ungarns materielle und geistige Zustände und Verhältnisse dem Auslande gegenüber bekannt zu machen strebten. Zu den älteren Zeitschriften dieser Art von W i n d i s c h, S c h e d i u s, H e n ß l m a n n u. A. kamen in neuester Zeit (die von der ungarischen Akademie der Wissenschaften der naturwissenschaftlichen Gesellschaft, endlich von der subventionierten) „Literarischen Berichte aus Ungarn"

und neueſtens die „Ungariſche Revue“, jene als Vierteljahres=
ſchrift, dieſe als Monatsſchrift, beide von Dr. Paul Hunfalvy,
zu dem Zwecke herausgegeben, um die oberwähnte Vermittlung
des geiſtigen Verkehrs zwiſchen Ungarn und dem Auslande zu
bewerkſtelligen. Die günſtige Aufnahme dieſer Unternehmungen
im In= und Auslande beweiſt das vorhandene Bedürfniß und der
Inhalt jener Zeitſchriften bekundet, daß es eben die deutſchunga=
riſchen Gelehrten und Schriftſteller ſind, welche dieſe Vermittler=
rolle mit beſtem Erfolge handhaben. Das iſt ebenfalls ein
Dienſt, den die Deutſchen in Ungarn und Siebenbürgen ſeit Jahr=
hunderten ihrem Vaterlande in ſelbſtloſer Weiſe leiſten und wofür
ſie dennoch von kurzſichtigen Leuten oftmals Angriffe, Verdächti=
gungen und Schelte zu ertragen hatten.

Aber auch im Innern des Landes, zwiſchen den einzelnen
Nationalitäten iſt das Deutſche unter den Gebildeten das allge=
meine geiſtige Verkehrsmittel und auch die nichtmagyariſchen
Gelehrten und Schriftſteller bedienen ſich gerne dieſer Sprache zur
weiteren Verbreitung ihrer Geiſteskinder. Auf ſolche Weiſe dient
das Deutſche allen Völkern Ungarns ohne Ausnahme, für alle iſt
es der bequemſte Canal ſich mit dem europäiſchen Weſten in Ver=
bindung zu ſetzen, von dort den ſtets fortflieſſenden Bildungsſtrom
in ſich aufzunehmen und die eigenen Errungenſchaften dem geiſtigen
Gemeingute der Menſchheit zuzuführen.

Staaten und Nationen haben ihre natürlichen Geſetze, denen
ſie ſich ungeſtraft nicht entziehen können. Ungarn iſt unter
deutſchem Einfluſſe, mit deutſcher Hilfe, nach deutſchem Vorbilde
als chriſtlicher Staat entſtanden nnd dieſe Einwirkung hat auch
ſpäter fortgedauert. Das Städteweſen, das Bürgerthum, Gewerbe
und Handel, aber auch Schule, Wiſſenſchaft, Literatur und Kunſt
verdanken in Ungarn zum größten Theile den Deutſchen und
ihrer Mitwirkung ihre Entſtehung und Fortentwicklung. Wer
demnach dieſe Einflußnahme und Mitarbeit deutſcher Kräfte dem
Lande fernhalten oder auch nur unterbinden will, der kann kein
aufrichtiger Freund Ungarns ſein. Der einſeitige Nationalismus
erſcheint culturfeindlich und inhuman und ſteht mit den Lebens=

bedingungen eines modernen Cultur= und Rechtsstaates im Wider=
spruch. Keine Nation kann sich ungestraft dem Einflusse der
kosmopolitischen Weltbildung entziehen. Diesen Einfluß vermittelt
in Ungarn vor Allem das einheimische Deutschthum.

Aber es sind noch andere, nicht weniger wichtige Momente,
die hier in Betracht kommen müssen. Ungarn befindet sich zu
seinem Heile im staatsrechtlich unauflösbaren Verbande mit
Österreich unter der erblichen Dynastie des habsburgischen
Herrscherhauses vereinigt. Die Deutschen bilden dies= und jenseits
der Leitha das Medium des Verkehrs unter den verschieden=
sprachigen Völkern des Reiches. Sie sind aber insbesondere mit
den Magyaren und den übrigen reichstreuen Volkselementen im
Bunde eine mächtige Schutzwehr gegen alle etwaigen centrifugalen
Tendenzen im Lande sowie gegenüber von Eventualitäten, welche
der Panslavismus oder weitere Zersetzungen und Neubildungen
auf der Balkanhalbinsel herbeiführen könnten.

Der deutschfeindliche Chauvinismus hat endlich einen selbst=
mörderischen Zug angesichts der politischen Nothwendigkeit für
Österreich=Ungarn, in allen großen Fragen des europäischen
Continents mit dem deutschen Reiche Hand in Hand zu
gehen — eine Politik, die ja in Ungarn jeden besonnenen und
maßgebenden Politiker zum unbedingten Vertheidiger hat. Wie
kann man aber erwarten, das deutsche Reich werde der Freund
und Bundesgenosse eines Landes verbleiben, in welchem man
etwa die Ausrottung oder doch die Verdrängung des Deutschthums
zum leitenden politischen Axiom erheben würde?

Zum Glücke für Ungarn sowie für die Monarchie überhaupt ist
solch herostratisches Beginnen nur der hirnverbrannte Gedanke einer
Clique von Chauvinisten, die bloß darum in Betracht kommen, weil
leider ein Theil der ungrischen Presse ihnen zur Verfügung steht.
Allein diese Schreier und Hetzer können weder die Deutschen in
Ungarn „ausrotten" oder „erwürgen", noch dürfen deren Ausschrei=
tungen dem magyarischen Volke oder dem ungarischen Staate zur
: gelegt werden. Wo sie es zu arg treiben, wie etwa in der
en Theater=Affaire in Budapest, da bleibt ihnen das be=
und demüthigende Fiasco ohnehin nicht aus.

Der Deutsche in Ungarn weiß, was er von dieser Sorte von Leuten zu halten hat. Freilich würden derlei Friedensstörer nicht aufkommen oder doch keine Bedeutung gewinnen können, wenn die Deutschen selbst zu rechter Zeit mehr Selbstgefühl, Energie und moralischen Muth entfalten würden. Ein ernstes Wort vonseite der Budapester Bürgerschaft hätte z. B. dem ganzen Scandal mit der Theatergeschichte im Jahre 1880 ein rasches Ende bereitet. Das Schmollen und Grollen in Privatkreisen, die „Faust im Sacke", das scheue Zurückbeben vor dem Maulheldenthum oder das Jammern und Klagen vor dem Auslande, nützt weder dem eigenen Volksthum noch auch dem Lande. Der Deutsche ist in Ungarn kein Frembling, kein bloß Geduldeter, sondern gleichberechtigter Mit= bürger; warum verschafft er sich nicht auf erlaubtem Wege selbst die Ruhe im eigenen Hause? Dazu hat er das Recht, ja auch die Pflicht, weil durch die Fortdauer der nationalen Reibereien die Kraft des Landes gelähmt, dessen Leistungsfähigkeit geschmälert und auch dessen Ansehen und Credit vor dem Auslande vermindert wird.

Der Deutsche in Ungarn und Siebenbürgen hat eine Zukunft, wenn er vor Allem an sich selber glaubt und der eigenen Kraft vertraut. Aber auch im Interesse des ungarischen Staates muß gewünscht werden, daß die mangel= haften Populations=Verhältnisse, die gerade bei der letztstattgefun= denen Volkszählung in so erschreckender Weise zu Tage getreten sind, durch Zuführung frischer Volkskräfte verbessert werden. Eine angemessene Colonisierung bildet für Ungarn eine Lebens= frage. Leistungsfähige Ansiedler sind aber nur aus Deutschland zu erhalten. Das lehrt die Geschichte der Einwanderungen in Ungarn unwiderlegbar. Wie soll aber der deutsche Auswanderer noch weiter Lust verspüren nach Ungarn zu kommen, wenn man daselbst dem Deutschthume den Vernichtungskrieg erklären wollte? Auch beweist die von uns dargestellte Geschichte des ungarischen Deutschthums, daß nur jene Colonien der Deutschen blühend wurden, welche man gemeindeweise und in räumlicher Nähe von einander anlegte. Vereinzelte deutsche Familien, ja selbst isolierte Gemeinden gerathen bald in Verfall und bieten keinerlei culturelle Vortheile.

Vor „pangermanischen" Tendenzen hat sich Niemand zu fürchten. Ein solches Phantom ist auch nur das krankhafte Erzeugniß leidenschaftlicher Phantasiepolitiker. Der Deutsche in Ungarn und Siebenbürgen hat es von jeher verstanden, seine Anhänglichkeit und Liebe zur angestammten Muttersprache mit den Pflichten für sein ungarisches Vaterland in Übereinstimmung zu bringen. Diese beiden Pflichten stehen zu einander in keinem Widerspruch. Der Deutsche in Ungarn und Siebenbürgen wird trotz vereinzelter Anfeindung und Verletzung seinem Vaterlande mit Treue und Hingebung dienen und sich in keiner Weise der Arbeit für dessen Wohl entziehen. Wenn er seine Sprache und sein Volksthum dabei nicht vernachlässigt, so liegt für den denkenden Staatsmann gerade darin ein beruhigendes Moment. Denn diese Treue gegen sich selbst bietet zugleich Bürgschaft für des Mannes tüchtigen Charakter, auf den man in guten und schlimmen Tagen mit Sicherheit rechnen kann. Kein Volksstamm übertrifft an Opferbereitschaft für das Vaterland und für die Mitbürger die Deutschen in Ungarn. Das lehrt die Geschichte und die Gegenwart in tausend Beispielen. Bei dem gefährlichen Umstande endlich, daß in Ungarn die gebildeten Schichten der Magyaren auch heute noch vorwiegend leidenschaftliche Politiker sind und die „Politik" (leider oft die einseitigste Parteipolitik) ihre meiste Thätigkeit absorbiert, erscheint die unverdrossen schaffende Arbeit der Deutschen als ein heilsames Gegengewicht, ohne welches der ungarische Staat rasch seinem Verfalle zueilen würde. Je mehr das arbeitende Deutschthum geschwächt, zurückgedrängt wird, desto näher rückt diese Gefahr.

Ein hervorragender Culturhistoriker unserer Tage sagt: „Als ob ein dunkles Verhängniß ihn triebe, stürzt der Deutsche sich oft kopflos in den Strom der Auswanderung, aber sowie er wieder einmal festen Boden unter seinen Füßen hat, sowie er einmal beginnt, die alten Sitten in der neuen Heimat aufzurichten, kehrt ihm auch der alte praktische Blick, der Mutterwitz, das heilsame Mißtrauen wieder. Seine Ausdauer und seine Zähigkeit machen den deutschen Bauer zum gebornen Colonisten; sie haben ihn zum großartigen weltgeschichtlichen Beruf geweiht, der Bannerträger deutschen Geistes und deutscher Gesittung an aller Welt Enden zu werden."

Kein Land predigt die Wahrheit dieser Sätze lauter als eben Ungarn und Siebenbürgen, dessen Culturboden durch deutsche Kraft gedüngt, von deutschem Geiste bearbeitet worden ist. Diese Arbeit darzustellen war ein Hauptziel dieses Buches, dessen Verfasser den festen Glauben in sich trägt, daß das Deutschthum im ungarischen Königreiche noch eine ehrenvolle Zukunft vor sich hat, weil seine welthistorische Mission daselbst noch lange nicht beendet ist. Darum mögen die Deutschen Ungarns und Siebenbürgens auf sich selbst vertrauen, die ausdauernde Culturarbeit unentwegt fortführen und bei aller Liebe und Anhänglichkeit für die eigene Sprache und Nationalität nach wie vor in friedlicher Nachbarschaft mit allen übrigen Volksstämmen, im freien Bruder=Bunde mit dem führenden magyarischen Volke und in unerschütterlichem Festhalten an dem Verbande mit Österreich unter Habsburgs Scepter ihrem ungarischen Vaterlande auch in Zukunft in alter Treue und Hingebung dienen!

Inhalt.

Vorwort . . . . Seite 1.

Erste Abtheilung.
Geschichte des Deutschthums in Ungarn.

Germanen in Ungarn bis zur Zeit Karls des Großen 1
Pannonien unter fränkischer Herrschaft 31
Die Deutschen in der ersten Zeit der ungrischen Herrschaft . . . 43
Nationale Reaction gegen das Deutschthum in Ungarn 63
Deutsche Colonisierungen unter den Árpáden 77
Die Deutschen und das Städtewesen in Ungarn 87
Die Blüthezeit des Deutschthums in Ungarn 106
Kampf des Adels gegen das Bürgerthum 126
Verfall des Deutschthums in Ungarn 150
Das Wiedererstarken des ungarischen Deutschthums 156
Das Deutschthum und der Josefinismus 165
Die Deutschen und die ungrisch-nationale Bewegung 179

Zweite Abtheilung.
Die Gegenwart des Deutschthums in Ungarn.

Die geographische Verbreitung der Deutschen in Ungarn-Siebenbürgen 197
Die westungarischen Deutschen 207
   A. Die Hienzen . . . . —
   B. Die Heidebauern 219
   C. Die Schwaben in Inner-Ungarn 228

Die norbungarischen Deutschen 236

    A. Die Deutschen in ben nieberungarischen Bergorten . . . 240

    B. Die Krickerhäuer 253

    C. Die beutschen Volksreste in Norbwest-Ungarn 257

    D. Die Deutschen in ber Zips 259

    E. Die Deutschen in ben oberungarischen Bergstäbten . . . 309

    F. Die Deutschen in ben Comitaten Abauj vnb Sáros . . 315

Die Deutschen in Süb-Ungarn 327

    A. Die Deutschen im Banate . . . . —

    B. Die Deutschen in ber Bácöla 390

Die Deutschen in Siebenbürgen 404

Die heutige Stellung ber Deutschen in Ungarn 488

Buchdruckerei von Karl Prochaska in Teschen